D1708292

SCRIPTORUM CLASSICORUM
BIBLIOTHECA OXONIENSIS

OXONII

E TYPOGRAPHEO CLARENDONIANO

LUCIANI

OPERA

RECOGNOVIT
BREVIQUE ADNOTATIONE CRITICA INSTRUXIT
M. D. MACLEOD

TOMUS IV
LIBELLI 69–86

OXONII
E TYPOGRAPHEO CLARENDONIANO
MCMLXXXVII

Oxford University Press, Walton Street, Oxford OX2 6DP

London New York Toronto
Delhi Bombay Calcutta Madras Karachi
Kuala Lumpur Singapore Hong Kong Tokyo
Nairobi Dar es Salaam Cape Town
Melbourne Auckland

and associated companies in
Beirut Berlin Ibadan Mexico City Nicosia

Oxford is a trade mark of Oxford University Press

Published in the United States
by Oxford University Press, New York

British Library Cataloguing in Publication Data
Lucian
Luciani opera.— (Oxford classical texts; IV)
Tomus 4: Libelli 69–86
I. Title   II. Macleod, M. D. (Matthew Donald)
888'.0109   PA4230.A2
ISBN 0-19-814596-9

Library of Congress Cataloging in Publication Data
(Revised for vol. 4)
Lucian, of Samosata.
Luciani Opera. (Scriptorum classicorum bibliotheca Oxoniensis)
Text in Greek.
Contents: — t. 2. Libelli 26–43 — — t. 4. Libelli 69–86.
I. Macleod, M. D.   II. Title.   III. Series.
PA4230.A2 1974   887'.01   75–567149
ISBN 0-19-814580-2 (v. 2)

Set by Cambridge University Press
Printed in Great Britain
at the University Printing House, Oxford
by David Stanford
Printer to the University

LIBELLORUM ORDO

TOMUS I

1. Φάλαρις Α   Phalaris 1
2. Φάλαρις Β   Phalaris 2
3. Ἱππίας ἢ Βαλανεῖον   Hippias
4. Διόνυσος   Bacchus
5. Ἡρακλῆς   Hercules
6. Περὶ τοῦ Ἠλέκτρου ἢ τῶν Κύκνων   Electrum
7. Μυίας Ἐγκώμιον   Muscae Encomium
8. Νιγρίνου Φιλοσοφία   Nigrinus
9. Δημώνακτος Βίος   Demonax
10. Περὶ τοῦ Οἴκου   De Domo
11. Πατρίδος Ἐγκώμιον   Patriae Encomium
12. Μακρόβιοι   Macrobii
13. Ἀληθῶν Διηγημάτων Α   Verae Historiae 1
14. Ἀληθῶν Διηγημάτων Β   Verae Historiae 2
15. Περὶ τοῦ μὴ ῥαδίως   Calumniae non
     πιστεύειν Διαβολῇ   temere credendum
16. Δίκη Συμφώνων   Lis Consonantium
     (= Iudicium
     Vocalium)

17. Συμπόσιον ἢ Λαπίθαι   Symposium
18. Ψευδοσοφιστὴς ἢ Σολοικιστής   Soloecista
19. Κατάπλους ἢ Τύραννος   Cataplus
20. Ζεὺς ἐλεγχόμενος   Iuppiter confutatus
21. Ζεὺς Τραγῳδός   Iuppiter Tragoedus
22. Ὄνειρος ἢ Ἀλεκτρυών   Gallus

23. Προμηθεύς — Prometheus
24. Ἰκαρομένιππος ἢ Ὑπερνέφελος — Icaromenippus
25. Τίμων — Timon

TOMUS II

26. Χάρων ἢ Ἐπισκοποῦντες — Contemplantes
27. Βίων Πρᾶσις — Vitarum Auctio
28. Ἀναβιοῦντες ἢ Ἁλιεύς — Piscator
29. Δὶς κατηγορούμενος — Bis Accusatus
30. Περὶ Θυσιῶν — De Sacrificiis
31. Πρὸς τὸν ἀπαίδευτον καὶ πολλὰ Βιβλία ὠνούμενον — Adversus indoctum
32. Περὶ τοῦ Ἐνυπνίου ἤτοι Βίος Λουκιανοῦ — Somnium sive Vita Luciani
33. Περὶ Παρασίτου ὅτι Τέχνη ἡ Παρασιτική — De Parasito
34. Φιλοψευδεῖς ἢ Ἀπιστῶν — Philopseudeis
35. Θεῶν Κρίσις — Dearum Iudicium
36. Περὶ τῶν ἐπὶ Μισθῷ συνόντων — De Mercede conductis
37. Ἀνάχαρσις ἢ Περὶ Γυμνασίων — Anacharsis
38. Μένιππος ἢ Νεκυομαντεία — Necyomantia
39. Λούκιος ἢ Ὄνος — Asinus
40. Περὶ Πένθους — De Luctu
41. Ῥητόρων Διδάσκαλος — Rhetorum Praeceptor
42. Ἀλέξανδρος ἢ Ψευδόμαντις — Alexander
43. Εἰκόνες — Imagines

TOMUS III

44. Περὶ τῆς Συρίης Θεοῦ   De Syria Dea
45. Περὶ Ὀρχήσεως   De Saltatione
46. Λεξιφάνης   Lexiphanes
47. Εὐνοῦχος   Eunuchus
48. Περὶ τῆς Ἀστρολογίης   De Astrologia
49. Ἔρωτες   Amores
50. Ὑπὲρ τῶν Εἰκόνων   Pro Imaginibus
51. Ψευδολογιστὴς ἢ Περὶ τῆς   Pseudologista
      Ἀποφράδος
52. Θεῶν Ἐκκλησία   Deorum Concilium
53. Τυραννοκτόνος   Tyrannicida
54. Ἀποκηρυττόμενος   Abdicatus
55. Περὶ τῆς Περεγρίνου Τελευτῆς De Morte Peregrini
56. Δραπέται   Fugitivi
57. Τόξαρις ἢ Φιλία   Toxaris
58. Δημοσθένους Ἐγκώμιον   Demosthenis En-
                                    comium
59. Πῶς δεῖ Ἱστορίαν συγγράφειν   Quomodo Historia
                                    conscribenda sit
60. Περὶ τῶν Διψάδων   Dipsades
61. Τὰ πρὸς Κρόνον κτλ.   Saturnalia
62. Ἡρόδοτος ἢ Ἀετίων   Herodotus
63. Ζεῦξις ἢ Ἀντίοχος   Zeuxis
64. Ὑπὲρ τοῦ ἐν τῇ Προσαγορεύσει Pro Lapsu inter salu-
      Πταίσματος   tandum
65. Ἀπολογία   Apologia
66. Ἁρμονίδης   Harmonides
67. Διάλογος πρὸς Ἡσίοδον   Hesiodus
68. Σκύθης ἢ Πρόξενος   Scytha

TOMUS IV

69. Ποδάγρα — Podagra
70. Ἑρμότιμος ἢ Περὶ Αἱρέσεων — Hermotimus
71. Πρὸς τὸν εἰπόντα Προμηθεὺς εἶ ἐν τοῖς Λόγοις — Prometheus es in Verbis
72. Ἀλκυὼν ἢ Περὶ Μεταμορφώσεων — Halcyon
73. Πλοῖον ἢ Εὐχαί — Navigium
74. Ὠκύπους — Ocypus
[75. Libanii Πρὸς Ἀριστείδην περὶ τῶν Ὀρχηστῶν — De Saltatoribus]
76. Κυνικός — Cynicus
77. Νεκρικοὶ Διάλογοι — Dialogi Mortuorum
78. Ἐνάλιοι Διάλογοι — Dialogi Marini
79. Θεῶν Διάλογοι — Dialogi Deorum
80. Ἑταιρικοὶ Διάλογοι — Dialogi Meretricii

Libelli adulterini

[81. Ἐπιστολαί — Epistulae]
82. Φιλόπατρις ἢ Διδασκόμενος — Philopatris
83. Χαρίδημος ἢ Περὶ Κάλλους — Charidemus
84. Νέρων — Nero
85. Ἐπιγράμματα — Epigrammata
86. Τιμαρίων ἢ Περὶ τῶν κατ' αὐτὸν Παθημάτων — Timarion

Corrigenda Tomorum I–III

Index Nominum

QUARTI TOMI PRAEFATIO

POST tomos priores editos duo fragmenta vetustissima corporis Lucianei agnita esse cognovi, de quibus Societatis Explorationis Aegyptiae venia usus pauca disseram. prius est fragmentum papyraceum secundo post Christum saeculo exeunte scriptum quo particula ultima *Halcyonis* (libelli nostri 72) et subscriptio, qua Platoni libellus tribuitur, continentur; nuper edidit W. Cockle, *Ox. Pap.* LII, 3683, cui ob notitiam operis nondum editi mecum communicatam gratias ago; alterum est fragmentum chartaceum quarto post Christum saeculo exaratum, P. Lit. Lond. 194 (= Pack² 2637), quod J. Lennaerts, *Chronique d'Égypte*, 97 (1974) 115–20 partem *Asini* (libelli 39) c. 47 ab ὁρῶντες usque ad ὅσα μὴ servare intellexit. itaque opera Lennaertsiana et textu, quem fragmentum habet vel haberet si integrum esset, fructus meas notas tomi ii ita corrigo vel suppleo:

p. 302.32 τῷ αὐτῷ Lond.

   303.1 μένοντα Lond.: quod lege, cf. Ap. *Met.* 10.5.4, remanere: ὄντα cett.

     2 ὡς et ἀπιόντες habent Lond. et Γ; om. N
      εἰς Lond. Γ: ἐπὶ N

     3 ὀπῇ τινι τῆς θύρας τὰ ὄμματα Lond., quod lege, cf. cc. 12, 52

     4 μηδὲν τότε τοῦδε τοῦ Lond. perperam

     6 ἐκάλουν Lond. Γ: ἐπεκάλουν N

     8 τί εἴη Bingen: deest Lond.

     9 καὶ om. Lond., fortasse recte
      τοῦ codd.: deest Lond., sed ἐκ τοῦ spatio indicatur

    13 λίχνος [. . .]ου Lond.: λίχνος σίτου Lennaerts: λίχνος ὄψου vel σνείου malim, cf. p. 302.21, p. 303.10: λίχνος cett.

unde fragmenti textum tum codicibus superstitibus et differre et aliquanto praestare tum codicem Γ recentioribus ita antecellere ut tamen neque absolutus neque perfectus esset Lennaerts recte censuisse apparebit.

Libelli 69–71, 73–4, 76 simplici servati sunt traditione; itidem eorum saltem codicum Lucianeorum, qui libellos 72 et 75 habent, traditio est simplex. ceteri tamen libelli corporis germani Lucianei, 77–80, et per β et per γ derivati sunt.

Iam de fine E codicis breviter disserendum est, cuius partis superstitis libelli 70 et 71 sunt ultimi. libelli 71 in E, sicut in Γ, titulo nomen Luciani antecedit. libelli quidem 70 finis in mediam paginam cadit, libellus tamen 71 ita exaratus est ut finis cum folii versi fine congrueret, id quod antea tantum inter libellos 45 et 46 invenies, ubi fortuito accidisse apparet. itaque finisne Harleiani sicut initium perierit incertum est.

Deinceps pauca de fine Γ codicis exponenda sunt. cuius scriba curavit ut libellus 70 et quaternio, si vocabulo quod octo foliorum compagi Nilén indidit uti licet, in eundem finem competerent, id quod antea tantum post libellum 18 evenerat. quo facto post libellum 70 Alexander se diorthosin fecisse testatus est. deinde quaternio proximus ita ordinatus est ut cum libellos 71, 72, 73 haberet tum libellus 73 perfectus et quaternionis finis iterum congruerent. libellorum 71 et 73 titulis nomen Luciani accedit, ante titulum libelli 72 deest. quos sequitur primum quinio (decem foliorum compages) qui libellum 74 et partem libelli 75 habet, deinde sex foliorum trione libelli 75 pars cetera et libellus 76 continentur. rursus libellus 76 ita perscriptus est ut toto uteretur trione. libelli 74 titulo Luciani nomen accedit; libelli 75 et 76 auctoris nomine carent; in margine tamen libelli 75 Alexander se Libanio quidem eum libellum attributum esse in alio codice invenisse, Lucianum tamen scripsisse sese credere testatus est. Nilén dubitanter rettulit se nescire an aliam manum aequalem et similem scribae ipsius in libello 76, fortasse etiam in libello 75, deprehendisset, nisi forte alio atramento ibi tantum uteretur. quod saltem

ad libellum 76 attinet, scripturam aliquantulum dif-
ferre ipse animadverti. postremo scriba ipse libellos 77–80
addidit, unde pars ultima libelli 79 et libellus 80 totus iam
perierunt. nihil tamen Alexander, si recte Rabe censuit,
dialogis minoribus addidit.

Qua igitur ratione libelli 71–76 in Γ codicem introducti
sunt? unde? primum tamen rei editoribus usque adhuc
neglectae rationem esse habendam moneo. nomen enim
Luciani titulus libelli 71 in E codice gerit, gerunt in Γ codice
tituli libellorum 71, 73, 74, id quod eos libellos aliunde ac
antecedentes provenisse significare posse censeo. quos igitur
libellos γ, fons et Γ et Ω codicum communis, comprehendit?
Carolus autem Mras libellos 71–76 in γ fuisse censuit; unde
tamen libellos 75, 76 omissos vel perditos ω stirpi defuisse. ego
contra rem ita se habere dubitanter conieci: γ fontem libellos
71, 72, 73 habuisse, libellos 75, 76 Γ codici aliunde ac e γ
codice accessisse; de libello 74 non liquere, qui nescio an ab
origine in γ fuerit; fieri tamen potuisse ut γ fonti deesset,
postea in ω stirpem irrepsisset; auctorem autem γ corporis,
cum libellos Lucianeos colligeret, plerosque ex uno fonte
sumpsisse, libellos 71, 72, 73 aliunde, ex auctorum diversorum
operum congerie, addidisse, in qua libelli 71 et 73 nomen
auctoris haberent, libellus 72 omitteret. praeterea si libellus
74 in eadem congerie esset, quia Acacio tribuendus esse
videretur, γ corpus post quartum saeculum medium com-
positum esse.

Redeamus igitur ad codicem Γ examinandum. ita fere rem
esse haud minus dubitanter conieci. libellos 1–70 ex
exemplari γ vel e γ derivato scribam transcripsisse, deinde,
quod otium vel exemplar non iam ei suppeteret vel alia de
causa desiisse; Alexandrum autem episcopum, quem suum in
usum sumptu suo codicem exarandum curavisse puto, certo
probare non possum, codici quem perfectum putaret correcto
subscriptionem addidisse; postea scribam libellos 71, 72, 73
sive eodem exemplari usum sive aliunde ascripsisse; deinceps
libellos 74, 75, 76 addidisse, quorum libellum 74 e γ sumere

potuisset, alios duo aliunde transcripsisset. libellum enim 74 neglegentia scribae vel quod antea, id quod rectum est, pro commenticio ductus esset, primo omitti potuisse. deinde, scribam libellum 75 addidisse Alexandro suadente; quem postea margini addidisse, quamquam in alio codice libellum Libanio attributum esse invenisset, sese ipsum opus Luciani esse credere. quae tamen omnia coniecturis parum certis niti, rem aliis rationibus explicari posse intelligo.

Textum libelli 72 *Halcyonis* codices et Platonici et Lucianei tradunt, quorum tamen neutri esse tribuendum constat. Diogenes Laertius enim, 3.62, *Halcyonem* Platoni falso assignatum esse testatur; immo Favorinum Leontis cuiusdam esse opus dixisse: vide praeterea quae ego, Ed. Loeb. 8, 1967, 303 seq. et nuperrime W. Cockle, *Ox. Pap.* 3683, de auctore *Halcyonis* disseruimus. O. Immisch, *Philologische Studien zu Plato*, 2 Heft, Leipzig, 1903, 43–7, lectionibus aliquot codicum relatis, Lucianeis praecellere arguit testes Platonicos, imprimis Parisinum gr. 1807, A; cuius apographum fere aequale partem posteriorem Vaticani gr. 1 (O) sc. eam cui *Halcyon* inest, esse docuit L. A. Post, *C.Q.*, 1928, 11–15; cf. id. *The Vatican Plato and its Relations*, American Philological Association Monograph IV, 1934 et W. C. Grene, *Scholia Platonica*, A.P.A. Monograph VIII, 1938. quin scribam O codicis esse Baanem, qui idem eodem fere tempore codicem Lucianeum E exaravisset vel exaraturus esset, Post agnovit.

Ante libellum 75 *Γ* codicis titulus πρὸς Ἀριστείδην περὶ τῶν ὀρχηστῶν accedit; in margine tamen Alexander, *Γ*ᵃ, addidit τοῦτον ἐν ἄλλῳ Λιβανίου μᾶλλον εὗρον ἐπιγεγραμμένον· ἐμὲ δὲ τὸ τῶν ἐπιχειρημάτων ἀταλαίπωρον καὶ τὸ τοῦ λόγου γοργόν τε καὶ πιθανόν, ἔτι δὲ καὶ τὸ τῆς συνθηκῆς λεῖον καὶ μάλιστα τὰ δι' ἱστορίας μαρτύρια καὶ τὸ μὴ πάμπολυ ποιητικῆς ἀπῳκίσθαι τὸν Λουκιανὸν πατέρα τοῦ λόγου διδάσκει. neque tamen dubitari potest et ob sermonem materiamque et ob ceterorum codicum testimonium et ob Liban. *Epist.* 530 (anni 361) quin auctor fuerit Libanius. quare lectoribus nostris textum editionis Teubnerianae, tom. iv, pp. 406–98, Lipsiae 1908, suppetere

sufficiat, cuius editor probus R. Foerster libellum codices
xxvii vel totos vel ex parte Libanianos, codices iv Aristideos,
codices v (Vat. Pal. gr. 174 accedat) Lucianeos tradidisse
docuit; quorum plerisque quidem titulus antecedit Λιβανίου
πρὸς ᾿Αριστείδην ὑπὲρ (vel περὶ) τῶν ὀρχηστῶν, trium tamen
codicum Lucianeorum, Γ et Vind. Phil. gr. 114 et Vat. Pal.
gr. 174 titulo Libanii nomen deest. qui error, sive quod libello
45 titulus similis, similis materia erat, sive quod Aristidis
Lucianus aequalis erat, oriri facile potuit. atqui codicem Γ
nostri Foerster, quamquam codices in duas discedere familias
docuit, ceteris testibus praecellere censuit.

De dialogorum minorum loco pristino valde ambigitur;
quos coniunctos Γ scriba postremo addidit. coniuncti saltem
in β fonte medio quoque esse visi sunt, quamvis ordinem lib.
79 (+ 35), 78, 80, 77 haberet. in ω tamen libelli 77–79 libellum
35, libellus 80 libellum 55 antecesserunt. qui ordo duplex γ
familiae codicum fortasse explicari potest si fons γ e duabus
partibus consistebat, quarum maior libellos 1–74, minor
separata libellos 77–80 habebat. ω stirps provenire potuit si
libelli 77–79 ante 35, quia *Dearum Iudicium* materiem libelli
79 redolet, consulto sunt translati, libellus 80, primo ob
materiem immundam omissus vel avulsus, postea prope
Peregrinum, opus Christianis itidem invisum, locatus est.
quibus de rebus hactenus ex parte Rothstein, ex parte Mras
sum secutus. quorum tamen utrique de mentione apud
Photium, tom. i., p. ix, libellorum 1, 77, 80 facta differo.
Rothstein enim Photium primum libellum corporis maioris,
primum et ultimum minoris memorasse censuit; Mras tamen
eum primum et ultimum unius corporis, nulla ratione libelli
77 habita, nominasse putavit; equidem tamen nescio an
Photius corpus ita ut ω ordinatum habuerit, in tres partes (1)
lib. 1–34 (2) lib. 77–79, 35, etc. usque ad 54 (3) 80, 55, etc.
secretum, quarum primos tres libellos nominaverit. num
enim patriarcha ideo tantum *Dialogos Meretricios*, opus ne-
quaquam Christianis probandum, sese legisse testatus esset,
quia ultimum locum habebant? itaque codex Photianus aut

ω esse aut ex Ω provenire potuit; quae si ita fuerunt, quamobrem alios titulos codex Ω, alios Photius libellis 13 et 14, vide tom. i, p. 82, tribuerint, explicandum est; qua de re nescio an Ω more suo negligens vel parum fidus fuerit. atqui is ordo quem Ω exhibet pristinus esse potuit, si primo scriba Γ codicis, suum exemplar medium transcribens dialogos minores vel consulto vel, quod veri similius est, negligenter praetermisit, postea errore cognito vel lacunam supplens fini codicis addidit. ceterum rem totam nondum satis probe explicatam esse confiteor.

Libellorum 77, 78, 79 dialogos singulos alio codices γ classis, alio β codices, alio textus vulgatus (editio Amstelodamensis, Teubneriana, etc.) ordine dispositos exhibent. hac autem in editione γ ordinem, ut antea in editione Loebiana, sum secutus, post tamen numerum ordinalem unius cuiusque dialogi eum locum, quem in vulgato habuit, uncinis inclusum addidi. quam rem summatim exponere expediet:

lib. 77 γ = 1–30 (Γ, Ω)
      L = 1–13, 16, 17, 19, 21, 22, 25–29, 14, 15, 18, 20, 30, 23, 24
      β = 1, 3, 10, 14–21, 25, 13, 12, 26, 11, 7, 5, 27, 6, 4, 2, 28–30, 8, 22, 9, 23, 24 (B, N, Ψ, a 26 ad 22 Φ)
      v = β
lib. 78 γ = 1–15 (Γ, Ω)
      β = 1–4, 7, 8, 11, 5, 6, 9, 10, 12–15 (B, N, L)
      v = β
lib. 79 γ = 1–25 (Γ, Ω)
      β = 1–7, 10, 8, 9, 11–14, 19, 20, 15–18, 21–25 (B, N, L, Ψ)
      v = 5–7, 10, 8, 9, 11, 13, 12, 14, 19, 20, 15–18, 21–23, lib. 35, 1–4, 24, 25

in libello 80 quem et γ et v exhibent eum ordinem servavi; β tamen ordo quem codices L, P, N, Ψ sequuntur fuit 1–5,

14–15, 6–13; atqui codex *A* dialogos 1–5, 14, 13, 11, 6, 7, 10, 12 habet, ceteris caret.

Ad librum 80 edendum magnopere sum adiutus Caroli Mras editione, Berlin 1930, qui L codicem ceteris β classis praestare, X codicem in hoc libello cui *Γ* codex deest inter codices γ classis excellere docuit. Aristaenetus autem, qui aliquae e libro 80 excerpsit vel imitatus est, codice β classis usus est qui similior *A* codici quam L codici, magis tamen probus quam *A* erat. codicibus L*A* consentientibus siglum β tribui; codices enim *Ψ*P adeo interpolati et contaminati sunt ut totos referre vix operae pretium fuerit; aliquot tamen locos citavi ubi *Ψ* vel P codices lectioni L codicis contra *A* favent; quibus in locis L*Ψ*P consentientibus siglum β dubitanter assignavi. Menandrum, quamquam noster perraro arte imitatur vel citat, hic liber totus redolet; quare locos Menandreos et nomina comica, quibus noster uti visus est, ex editione Oxon. Sandbachiana vel, ea deficiente, ex Teubneriana (Koerte–Thierfelder) notis memoravi.

Corpori germano (libellis 1–80) quinque libellos eo ordine quem Nilén statuit dispositos addidi; a quo tamen ideo differo quod libello 85 amplificato, quod antea unius tantum *in suum librum* epigrammatis fuerat, poemata ex anthologiis extracta ascripsi. denique, Wittek secutus, ei libello qui *Timarion* vocatur locum 86 assignavi. quorum tamen sex libellorum nihil omnino, aliquot epigrammatis fortasse exceptis, Lucianum condidisse scitote.

Locum 81 libelli eis epistulis quae perpaucis codicibus Lucianeis insunt Nilén assignavit. quod tamen eas Lucianum condidisse nequaquam veri simile videtur, textum non edidi. rem tamen exponam. codex L (post libellum 37 cui *Anacharsis* titulus est), *Anacharsidis Epistulas* 1–4, 9, 8, 7, 5, 6 (secundum ordinem quem R. Hercher, *Epistolographi graeci*, Paris 1873 exhibet), *Phalaridis Ep.* 57, *Pythagoreanorum Ep.* 2, *Phal. Ep.* 84, 6, 7, 68, 18, 19, 67, 20, 73, 22–4, 72, 74, 55, 56, 58, 78, 79, 25, 75, 26, 80, 81, 21, 1, 15, 32, 85, 33, 86 tradidit; quem codicem Cambridge Additional MS. 2603 (ibidem) et Laur.

57.1 (post lib. 37 ante *Synesii Epistulas*) ordine et materia paululum variatis sequuntur. codex C (extremo loco post lib. 82) *Anach. Ep.* 1–4, 9, 8, 7, 5, 6 tantum habet; codices Vaticani 88 et *Δ* (uterque ante lib. 82) easdem ix *Anach. Ep.* et *Phal. Ep.* 57, 56 continent. F. H. Reuters, *Die Briefe des Anacharsis*, Berlin 1963, xxv fere alios codices *Anach. Epistulas* habere testatus est; omnes codices e tribus hyparchetypis, α (codicem L et ceteros Lucianeos), β, γ esse derivatos. quintam certe epistulam, ut quae a Cicerone, *Tusc.* 5.90 Latine versa esset, pangere non potuit Lucianus; Reuters quidem, omnes epistulas eodem esse sermone et stilo ratus, tertio ante Christum saeculo conditas esse censuit, neque est quare dissentiam cum praesertim Reuters et novem epistularum quas codices Luciani habent (decima enim carent) textum et apparatum accuratum praebere mihi visus sit.

Quod tamen ad *Phal. Epistulas* attinet, res aliter se habet. ex enim cxlviii epistulis codex nostri L xxxii tantum epistulas ordine praepostero dispositas habet. immo editione *Epistolographorum graecorum* Hercheriana etiam nunc niti oportet, quamquam L. O. Th. Tudeer, *The Epistles of Phalaris, Preliminary Investigation of the Manuscripts*, Helsinki 1931, aliquantum profecit, cum indicem cxiv codicum *Phal. Epistularum* praebuerit, inter quos tres Lucianeos memoravit, Vaticanum tamen gr. 1322 et codicem Cantabrigiensem omisit. praeterea codices plerosque, ordine epistularum potius quam textu examinato, in quinque classes divisit; xiv tamen codices ita ordinatos ut quinque familiis nulla necessitudine coniuncti esse viderentur esse censuit; inter quos xiv esse codicem L; immo, excepto uno Ambrosiano 81, codicem nostri L multo vetustissimum e superstitibus esse animadvertendum est. *Phal. Epistulas* auctorem multo Phalaride ipso posteriorem finxisse primus Bentleius docuit. quamquam tamen ille cum sophista Luciani aequalis esse poterat tum eo sermone, qui κοινή vocatur, sicut Lucianus utebatur, a Luciano et vocabulis et syntaxi et materia paulum differre videtur. quas tamen ob libellos 1–2, sicut ob lib. 37 *Anach. Ep.*, ei ascriptas esse.

Libellum 82 plene et accurate edidit R. Anastasi, Messina 1968, cuius reperta pleraque probavi. textum enim sex codices tradiderunt quorum Vaticanus gr. 88 et Dochariou 268 et Escurialiensis Σ 1.12 et Ambrosianus 218 lectiones plerumque congruentes praebent; quibuscum Vat. gr. 1322 (Δ) interdum discrepat; denique Parisinus gr. 3011 (C) iam easdem ac Δ lectiones, iam textum et a Δ et a ceteris differentem, coniecturis, si recte censui, conflatum praebet. (septimus codex quem Wittek memoravit particulam tantum initialem vix legendam servat.) huic autem dialogo quod pannos iam Homericos, iam Aristophaneos, iam Lucianeos, auctor quicunque fuit, vide Anastasi, *op. cit.* et B. Baldwin, *Yale Classical Studies*, 1982, 321–44, passim inserit, non modo eos locos auctorum priscorum quos citat vel arte imitatur sed etiam vocabula singula nostrum redolentia notis criticis monstrare operae pretium esse duxi. similia tamen apud scriptores Luciano posteriores reperta equidem, quippe qui Luciani edam opera, non rettuli, alia apud Anastasi, alia apud Baldwin memorata invenies. de aetate auctoris *Philopatridis* docti inter sese adeo dissenserunt ut S. Reinach x saeculo, Anastasi xi saeculo, Romano xii saeculo libellum assignaverint.

Libelli 83 textus in tribus codicibus superest, Vat. gr. 1859 (xiv saeculi), $\Omega\omega$ (supplemento recenti Marciani 840, olim 434, xv saeculi), ρ (Marciano 700, olim 435, quem Bessarionis iussu anno 1471 Cosmas Hieromonachus exaravit). hunc libellum trium codicum lectionibus accurate relatis edidit R. Anastasi, *Incerti Auctoris Charidemus*, Bologna 1971; quocum tamen dissentio quod $\Omega\omega$ ex ρ descriptum esse putet; contra Nilén, Proleg. 66–7, mihi quidem melius censuisse videtur ρ ex $\Omega\omega$ ita descriptum esse ut tamen aliis codicibus interdum usus esset. atqui minimi res facienda est quia duobus locis exceptis uterque codex easdem lectiones tradit. quando libellus *Charidemus* pactus sit iudicanti indicia idonea omnino desunt.

Libellus 84 tantum in tribus codicibus Lucianeis, N et Vat. Pal. gr. 174 (*B* saeculi xiv–xv) et supplemento recentissimo

Urbinatis gr. 118, superest. unum tamen e Philostratis auctorem fuisse constat, quamquam alii docti ei qui *Vit. Apoll.* panxit, alii, Suda secuti, eius patri tribuunt; vide quae ad Ed. Loeb. tom. viii, 505–7 annotavi.

Epigrammata nunc tractemus. 85.1 tantum in codicibus Photianis et perpaucis recentibus nostri exstat; cetera epigrammata per codices anthologicos, quorum codex Palatinus 23 et codex Planudeus (Marcianus 481) primum locum obtinent, non per codices Lucianeos supersunt. qua autem ratione et quam incerte auctoribus epigrammata assignarentur A. S. F. Gow, *The Greek Anthology, Sources and Ascriptions*, London 1958, docuit; immo cum de Luciano agitur, aegerrime inter Lucillium, Neronis aequalem, et Lucianum ideo fit discrimen quod nomina ΛΟΥΚΙΑΝΟΥ et ΛΟΥΚΙΛΛΙΟΥ simillima sunt et scribae Palatini, qua sunt neglegentia, Luciano tribuentes iam Λουκιανοῦ iam Λουκια scribunt, Lucillio assignantes iam Λουκιλλίου iam Λουκίλλου[1] addunt, alias Λουκι quod alterutrum esse potest apponunt. quin nomina ΛΟΥΚΙΑΝΟΥ et ΙΟΥΛΙΑΝΟΥ haud multum differunt. quare omnia epigrammata huic tomo inclusi quae codicum scribae vel scholiastae vel ei editores quorum ratio hodie habetur Luciano tribuunt vel tractantes Luciani mentionem faciunt. Palatini ordinem secutus textum et titulos et marginalia Palatini et Marciani plene referre conatus sum si forte quae poemata Luciano iure tribuenda essent documentis expositis decernere alios iuvarem. Stadtmueller et editoribus Budeanis et Beckby multum debeo; quorum sigla ita servavi ut tamen siglo Pal. pro manibus vetustis quibuslibet Palatini uti plerumque conducere putarem. uncis vel punctis interrogativis poemata notavi ubi de auctore testimonio codicum ambigitur. e ceteris tamen omnia composuisse nostrum affirmare vix audeam, etsi a G. Setti, *Gli Epigrammi di Luciano*, Torino 1892, qui omnia Luciano abiudicavit, valde dissentio (cf. quoque B. Baldwin, Phoenix 1975, 311–35). 85.1 excepto Luciani editiones antiquae ante Basileensem tertiam anni

---

[1] nisi forte de duobus poetis, Lucillio et Lucillo, agitur; cf. A. Linnenkugel, *De Lucillo Tarrhaeo*, Paderborn 1926.

1563 epigrammatis carent; quae non modo epigrammata
1–34 (secundum ordinem Jacobitz) sed etiam sex poemata
Lucillii εἰς λεπτούς, A.P. 11.88, 90–94 et Moschi Ἔρως
Δραπέτης nostro tribuit; ex editoribus posterioribus Bourdelot
anno 1615 et poema Moschi et epigrammata 1–34 Luciano
tribuit, Reitz anno 1743, xiv epigrammatis additis, pro
Lucianeis xlviii edidit; quibus anno 1841 Jacobitz quinque
addidit. ex autem Anthologiae editoribus princeps fuit J.
Lascaris anno 1494; quem, quod plerumque cum Planudea
consentit, ubi sive per errorem sive testibus iam perditis fretus
a Planudea discrepat, ibi tantum citavi.

Aetati Byzantinae Luciani imitatores nequaquam defuere,
quorum e scriptis superstitibus *Mazaris* praecipue mentione
dignus est. quin etiam *Timarion*, cui locum 86 libelli, Wittek
secutus, tribui, adeo Luciani more modoque compositus est
ut ipsi Luciano in codice Vat. graeco 87 tributus sit. cuius
libelli editionem utilem R. Romano, Neapoli 1974, panxit,
qua xii saeculo ineunti opus tribui posse, auctorem Nicolam
Calliclem fortasse fuisse censuit; contra tamen B. Baldwin,
qui Anglice, Detroit 1984, vertit, Michaelem Italicum pan-
gere potuisse docuit. ego certe ad hanc editionem parandam
ex eis annotationibus quas Romano et Baldwin praebuerunt
multum percepi fructum.

Nominum indicem componens fontium rationem esse ha-
bendam putavi; quare sub aliquot auctoribus, praecipue
Homero, fontium catalogos addidi. atqui quotquot locos
Lucianus suum in usum adhibere potuit, eos omnes, etsi
cognovissem, mihi referenti vix spatium esset. itaque quos
locos noster citavit vel arte imitatus est vel parodiae ridiculae
causa variavit vel per paraphrasim revocavit vel quibus antea
alibi adhibitis nostrum mutatis de novo usum esse compertum
habueram, eos tantum catalogis addidi; praeterea complures
fontes quos in tomis i–iii me omisisse paenituit iam demum
addere potui. multos tamen locos quos in apparatu critico
comparaveram catalogis ideo exclusi quod, quamvis similes
essent, fontes non esse existimarem.

Denique opere tandem confecto omnes quotquot me

adiuverunt memorare non possum; multi enim bibliothecarii me ipsum comiter acceperunt vel imagines photographicas miserunt; Aerarii Leverhulmiani curatores et Academiae Britannicae socii impensis erogatis me sublevaverunt; immo multi collegae et amici, quorum in primis fuit R. V. Kerr, consilio vel scientia communicata mihi opitulati sunt. quibus omnibus magnas agere gratias me iuvat. doctos quidem Rothstein et Wingels et Mras et Wittek de Luciano et ei studentibus optime esse meritos antea testatus sum; ei tamen qui multos annos ad codices Lucianeos pernoscendos impendit hunc tomum dedicatum velim.

NILENI MANIBVS

Hantoniae, anno mcmlxxxiv   M. D. M.

SIGLA

Codices e γ derivati

Γ	= Vaticanus 90	saec. x
E	= Harleiani 5694 pars superstes	saec. x
Φ	= Laurentiani Conv. Soppr. 77 partes vetustae	saec. x
Ω	= Marciani 840 (olim 434) pars vetusta	saec. x/xi
L	= Laurentianus 57.51	saec. xi
S	= Mutinensis *a.* V. 8.15 (= 193 Puntoni)	saec. xi
X	= Vaticanus Palatinus 73	saec. xiii
I	= Urbinas 118	saec. xiii–xiv
V	= Vaticanus 89	saec. xiv–xv
M	= Parisinus 2954	saec. xiv

Eᵃ	= Arethae scholia et correctiones	saec. x
Γᶜ, Ωᶜ	= idem corrector	saec. xv

Testes β traditionis

Γᵃ	= Alexandri correctiones	saec. x
B	= Vindobonensis Phil. gr. 123	saec. x/xi
U	= Vaticanus 1324	saec. x/xi
Ωᵇ	= corrector	saec. xiii/xiv
Ψ	= Marcianus 314 (olim 436)	saec. xiv
P	= Vaticanus 76	saec. xiv

Codices mixti et interpolati

Z	= Vaticanus 1323	saec. xiii/xiv
A	= Vaticanus 87	saec. xiv
C	= Parisinus 3011	saec. xiv
Σ	= Vaticanus 224	saec. xiv
N	= Parisinus 2957	saec. xv

[1]	= prima lectio primae manus (ante correctionem quoquo modo et tempore effectam)
[2]	= correctio prima manu effecta
d	= correctio deletione effecta
a, s	= correctores scribae ipsi fere aequales
v, x	= correctores prima manu recentiores
r	= corrector recentissimus
:	= siglum quo loquendi vices in codicibus indicantur
cett.	= ceteri codices
codd.	= codices consentientes
dett.	= codices deteriores
rec.	= codex recens
recc.	= duo vel plures codices recentes
vett.	= codices vetusti consentientes
ss.	= superscripsit
uv.	= ut videtur
j[V]	= lectiones variae quas in exemplari quodam editionis principis Graevius repperit

Editiones praecipuae

Fl.	= Editio princeps, Florentina, 1496
Ald.[1]	= Editio Aldina prior, 1503
Ald.[2]	= Editio Aldina secunda, 1522
Junt.	= Editio Juntina, 1535
Bas.[1]	= Editio Basileensis, 1545
Bas.[2]	= Editio Basileensis secunda, 1555

Bourdelot, Parisiis, 1615

Salmuriensis, 1619

v = Editio Amstelodamensis, 1743 (Hemsterhuis et Reitz)

Lehmann, Lipsiae, 1822–31

Jacobitz, Lipsiae, 1836–41 et 1851

Bekker, Lipsiae, 1853

Dindorf, Lipsiae, 1840 et 1858

Fritzsche, Rostochii, 1860–82 (triginta libelli)

Sommerbrodt, Berolini, 1886–99 (plerique libelli)

Nilén, Lipsiae, 1906–23 (libelli 1–19)

Harmon, Londinii et Harvardii, Editio Loebiana, voll. 1–5, 1913–36

Kilburn, Londinii et Harvardii, Editio Loebiana, vol. 6, 1959

Macleod, Londinii et Harvardii, Editio Loebiana, voll. 7–8, 1961–7

ΠΟΔΑΓΡΑ

⟨ΠΟΔΑΓΡΟΣ, ΧΟΡΟΣ, ΠΟΔΑΓΡΑ, ΑΓΓΕΛΟΣ,⟩
ΙΑΤΡΟΣ, ΠΟΝΟΙ

ΠΟΔΑΓΡΟΣ

Ὦ στυγνὸν οὔνομ', ὦ θεοῖς στυγούμενον,
Ποδάγρα, πολυστένακτε, Κωκυτοῦ τέκνον,
ἣν Ταρτάρου κευθμῶσιν ἐν βαθυσκίοις
Μέγαιρ' Ἐρινὺς γαστρὸς ἐξεγείνατο
μαζοῖσί τ' ἐξέθρεψε, καὶ πικρῷ βρέφει   5
εἰς χεῖλος ἐστάλαξεν Ἀλληκτὼ γάλα,
τίς τὴν δυσώνυμόν σε δαιμόνων ἄρα
εἰς φῶς ἀνῆκεν; ἦλθες ἀνθρώποις βλάβος.
εἰ γὰρ τεθνῶσιν ἀμπλακημάτων τίσις
βροτοῖς ὀπηδεῖ τῶν ἔδρασαν ἐν φάει,   10
οὐ Τάνταλον ποτοῖσιν, οὐδ' Ἰξίονα
τροχῷ στροβητόν, οὐδὲ Σίσυφον πέτρῳ
ἔδει κολάζειν ἐν δόμοισι Πλουτέως,
ἁπλῶς δὲ πάντας τοὺς κακῶς δεδρακότας
τοῖς σοῖς προσάπτειν ἀρθροκηδέσιν πόνοις,   15
ὥς μου τὸ λυπρὸν καὶ ταλαίπωρον δέμας
χειρῶν ἀπ' ἄκρων εἰς ἄκρας ποδῶν βάσεις

Traditionis simplicis testes *Γ*VN rettuli   Dramatis personas om.
codd.   Titulus *ΠΟΔΑΓΡΑ* uv. *Γ*: *ΤΡΑΓΩΔΙΟΠΟΔΑΓΡΑ* uv. *Γ*ᵃ:
ΤΡΑΓΟΠΟΔΑΓΡΑ VN: *ΤΡΑΓΩΔΟΠΟΔΑΓΡΑ* recc.   1 ὄνομ' N   cf.
A. *Pers.* 472, Eur. *I.T.* 948   3 cf. A. *P.V.* 220   4 Μέγειρ' codd.: corr.
Fl.   Ἐρινὺς N   5 τ'] γ' *Γ*   πικρὸν Herwerden   6 Ἀλλήκτωι
Γ: Ἀληκτὼ N: Ἀλήκτω V   7 δαιμόνων *Γ*ᵃVN: δυστήνων *Γ*   an ἀρὰ?
8 cf. Soph. *Fr.* 557.7 R   10 βροτοῖς recc.: βροτῶν cett.   cf. Eur. *Hec.*
168, 706   15 ἀρθροκηδέσιν V: ἀθροκηδέσιν *Γ*: ἀρθροκηδέσι N
17 cf. Eur. *Hec.* 837

ἰχῶρι φαύλῳ καὶ πικρῷ χυμῷ χολῆς
πνεύματι βιαίῳ τόδε διασφίγγον πόρους
ἔστηκε καὶ μεμυκὸς ἐπιτείνει πόνους.   20
σπλάγχνων δ' ἐπ' αὐτῶν διάπυρον τρέχει κακόν,
δίναισι φλογμῶν σάρκα πυρπολούμενον,
ὁποῖα κρητὴρ μεστὸς Αἰτναίου πυρὸς
ἢ Σικελὸς αὐλὼν ἁλιπόρου διασφάγος,
ὅπου δυσεξέλικτα κυματούμενος   25
σήραγξι πετρῶν σκολιὸς εἱλεῖται κλύδων.
ὦ δυστέκμαρτον πᾶσιν ἀνθρώποις τέλος,
ὡς εἰς μάτην σε πάντες ἀμφιθάλπομεν
ἐλπίδι ματαίᾳ μωρὰ βουκολούμενοι.

ΧΟΡΟΣ

Ἀνὰ Δίνδυμον Κυβήβης   30
Φρύγες ἔνθεον ὀλολυγὴν
ἁπαλῷ τελοῦσιν Ἄττῃ,
καὶ πρὸς μέλος κεραύλου
Φρυγίου κατ' ὄρεα Τμώλου
κῶμον βοῶσι Λυδοί·   35
παραπλῆγες [δ'] ἀμφὶ ῥόπτροις
κελαδοῦσι Κρητὶ ῥυθμῷ
νόμον εὐὰν Κορύβαντες.
κλάζει δὲ βριθὺ σάλπιγξ

19 τόδε recc.: τῷδε ΓVN   διασφίγγων rec.   πόρους] πάθος
Zimmermann   21 ἐπ'] ἀπ' Schmidius   22 πυρπολούμενον Fl.:
πυρπολουμένην codd.: an φλογμοῦν...πυρπολουμένην?, cf. P. Mag. Berol.
1.126   23 κρατὴρ N¹   26 σήραξι ΓVN: corr. recc.   cf.
Soph. Fr. 549 R   27 τέλος] βέλος B. F. Hermann   29 βουκολούμενοι
ΓᵃVN: βακηλούμενοι Γ: βαυκαλώμενοι Radermacher: at cf. 74.8, A. Ag.
669, Alciphr. 3.2.3   30 seq. cf. Eur. Cycl. 495 seq., Bacch. 526 seq., Ana-
creontea 12 Preisendanz; vide notas metricas post librum additas   30 Δί-
δυμον N   Κυβήσης codd.: corr. ed. Veneta 1550   32 Ἄττει
NV   34 ὄρεα Γ: οὔρεα N: ὄρε sic V   36-7 om. V   36 δ'
del. Guyet: παραπλῆγα δ' conieci, nisi forte versus Ionicus fuit, e.g. παρα-
πλῆγες δ' ἐνὶ ῥόπτροις   ἀμφιρόπτροις Γ: ἄμφι ῥόπτροις sic N
38 νόμον Κορύβαντες εὐάν Gavelens; at cf. Eur. Cycl. 501, 509 etc.   εὐ
ἂν codd.   39 βριθὺ Dindorf: βρίθουσα codd.

2

69. ΠΟΔΑΓΡΑ

Ἄρει κρέκουσα θούρῳ   40
πολεμηίαν ἀϋτήν.
ἡμεῖς δὲ σοί, Ποδάγρα,
πρώταις ἔαρος ἐν ὥραις
μύσται τελοῦμεν οἴκτους,
ὅτε πᾶς χλοητόκοισιν   45
ποίαις τέθηλε λειμών,
Ζεφύρου δὲ δένδρα πνοιαῖς
ἁπαλοῖς κομᾷ πετήλοις,
ἁ δὲ δύσγαμος κατ' οἴκους
μερόπων θροεῖ χελιδών,   50
καὶ νύκτερος καθ' ὕλαν
τὸν Ἴτυν στένει δακρύουσ'
Ἀτθὶς γόοις ἀηδών.

ΠΟΔΑΓΡΟΣ

Ὤμοι πόνων ἀρωγόν, ὦ τρίτου ποδὸς
μοῖραν λελογχὸς βάκτρον, ἐξέρειδέ μου   55
βάσιν τρέμουσαν καὶ κατίθυνον τρίβον,
ἴχνος βέβαιον ὡς ἐπιστήσω πέδῳ.
ἔγειρε, τλῆμον, γυῖα δεμνίων ἄπο
καὶ λεῖπε μελάθρων τὴν ὑπώροφον στέγην.
σκέδασον δ' ἀπ' ὄσσων νύχιον ἀέρος βάθος   60
μολὼν θύραζε καὶ πρὸς ἡλίου φάος
ἀθόλωτον αὔραν πνεύματος φαιδροῦ σπάσον·
δέκατον γὰρ ἤδη τοῦτο πρὸς πέμπτῳ φάει,
ἐξ οὗ ζόφῳ σύγκλειστος ἡλίου δίχα
εὐναῖς ἐν ἀστρώτοισι τείρομαι δέμας.   65
ψυχὴ μὲν οὖν μοι καὶ προθυμία πάρα

41 ἄτην N   45 χλοητόκοισι N   46 ποίαις Γ°VN: πόλιος Γ
47 πνοαῖς codd.: corr. Gavelens   49 ἁ δὲ codd.: ὅτε Guyet: ά Dindorf:
an ᾷ?: vide notas metricas   51 νυκτέροις Guyet; at cf. 49.39, A. P.V.
797, Soph. Fr. 143.1 R   52 δακρύοις codd.: corr. Dindorf   53 Ἀτθὶ Γ
γόοις Γ: γόοισιν V: γόησιν N: γοῶ' Guyet   55 cf. Soph. Ph. 1403
55–9 cf. Eur. H.F. 107–9   57 τε βαιὸν codd.: corr. Guyet   58 cf.
Eur. Or. 44   59 λίπε Guyet   61 φάους V   63 φάος Guyet

3

ΛΟΥΚΙΑΝΟΥ

βάσεις ἀμείβειν ἐπὶ θύρας ὡρμημένῳ,
δέμας δὲ νωθρὸν οὐχ ὑπηρετεῖ πόθοις.
ὅμως δ' ἐπείγου, θυμέ, γιγνώσκων ὅτι
πτωχὸς ποδαγρῶν, περιπατεῖν μὲν ἂν θέλῃ   70
καὶ μὴ δύνηται, τοῦτον ἐν νεκροῖς τίθει.
ἀλλ' εἶα.
τίνες γὰρ οἵδε βάκτρα νωμῶντες χεροῖν,
κάρηνα φύλλοις ἀκτέας καταστεφεῖς;
τίνα δαιμόνων ἄγουσι κωμαστὴν χορόν;   75
μῶν, Φοῖβε Παιάν, σὸν γεραίρουσιν σέβας;
ἀλλ' οὐ στέφονται Δελφίδος φύλλῳ δάφνης.
ἢ μή τις ὕμνος Βακχίῳ κωμάζεται;
ἀλλ' οὐκ ἔπεστι κισσίνη σφραγὶς κόμαις.
τίνες ποθ' ἡμῖν, ὦ ξένοι, βεβήκατε;   80
αὐδᾶτε καὶ πρόεσθε νημερτῆ λόγον.
τίς δ' ἔστιν, ἣν ὑμνεῖτε, λέξατ', ὦ φίλοι.

ΧΟΡΟΣ

Σὺ δ' ὢν τίς ἡμᾶς καὶ τίνων προσεννέπεις;
ὡς γάρ σε βάκτρον καὶ βάσις μηνύετον,
μύστην ὁρῶμεν τῆς ἀνικήτου θεᾶς.   85

ΠΟΔΑΓΡΟΣ

Εἷς εἰμι κἀγὼ τῆς θεᾶς ἐπάξιος;

ΧΟΡΟΣ

Τὰν μὲν Κυπρίαν Ἀφροδίταν
σταγόνων προπεσοῦσαν ἀπ' αἰθέρος
ἀνεθρέψατο κόσμιον ἁρμογὰν

67 θύραις V   68 πόθοις Γ^aN: πόνοις Γ: πόροις V   69 cf.
A. P.V. 104, Soph. Ant. 188, O.C. 941   70 ποδαγρὸς NV   post
ποδαγρῶν punctum add. Radermacher   μὲν ἂν Fl.: ἂν μὴ codd.:
ἂν τις Radermacher: an ἐὰν?   75 τίνι Pelletus; cf. Ar. Thesm. 104
78 ἢ] ἢ Γ   Βακχίων N   κομάζεται Γ   81 cf. A. Pers. 246
84 βάσεις Γ   86 εἰσιμι Γ   ; om. codd.   87–111 vide notas met-
ricas   89 ἂν ἐθρέψατο N

69. ΠΟΔΑΓΡΑ

ἁλίοις ἐνὶ κύμασι Νηρεύς.   90
τὰν δ' Ὠκεανοῦ παρὰ παγαῖς
Ζηνὸς παράκοιτιν Ὀλυμπίου
λευκώλενον εὑρέσι κόλποις
Ἥραν ἐτιθήνατο Τηθύς.
κορυφαῖσι δὲ κρατὸς ἐν ἀφθίτου   95
ἐλόχευσε κόραν ἄτρομον φυὰν
Κρονίδας, μέγ' ἄριστος Ὀλυμπίων,
τὰν ἐγρεκύδοιμον Ἀθάναν.
τὰν δ' ἡμετέραν θεὸν ὀλβίαν
ὁ γέρων λιπαραῖσιν ἐν ἀγκάλαις   100
πρώταν ἐλόχευσεν Ὀφίων.
ὅτε παύσατο μὲν σκότιον χάος
ἀνέτειλέ τε λαμπέτις ἠὼς
καὶ παμφαὲς ἀελίου σέλας,
τότε καὶ Ποδάγρας ἐφάνη κράτος.   105
ὅτε γὰρ λαγόνων σε τεκοῦσα
Μοῖρα † Κλωθὼ τότ' ἔλουσεν,
ἐγέλασσεν ἅπαν σέλας οὐρανοῦ,
μέγα δ' ἔκτυπεν εὔδιος αἰθήρ·
τὴν δ' εὐγλαγέτοις ἐνὶ μαζοῖς   110
εὔολβος ἐθρέψατο Πλουτώ.

ΠΟΔΑΓΡΟΣ

Τίσιν δὲ τελεταῖς ὀργιάζει προσπόλους;

90 ἅλιος codd.: corr. Pelletus   Νιρεύς V   92 Ζανὸς Gavelens
93 cf. *Il.* 20.112 etc.   εὑρέσει Γ   94 Τιθύς N   96 κόραν
codd.: κόρης Fl.: κόρας Dindorf   cf. *Il.* 1.115 etc.   97 cf. *Il.* 2.82
98 ἐγρεκύδιμον V; cf. Hes. *Th.* 925   99 ἡμετέραν ΓΝ: ὑμετέραν VΓ^c:
ἀμετέραν Gavelens   101 cf. Ap. Rhod. 1.503   102 ὅτ' ἐπαύσατο
NV   χάος Boivin: φάος codd.; cf. Hes. *Th.* 116, 814   103 δὲ Bekker
λαμπέτης Γ   ἀὼς Dindorf   104 cf. A. *Eum.* 926, Eur. *Tr.* 548
106, 108 τότε γὰρ...ἐγέλασσέ θ' conieci   107 Μοῖρα Κλωθὼ τότ'
ἔλουσεν NV: Μοίρη τότ' ἔλευσεν λίθῳ Γ: ου super ευ, Κλωθὼ in mg. add.
Γ^a: Μοίρη τότ' ἔλουσε Κλωθώ Radermacher   108 ἐγέλασεν codd.: corr.
Reitz   109 cf. Soph. *O.C.* 1456   110 τὰν Dindorf   111 Πλουτών
codd.: corr. Grégoire et Goossens, cf. Hes. *Th.* 355   112 ὀργιάζεις VN

ΧΟΡΟΣ

Οὐχ αἶμα λάβρον προχέομεν ἀποτομαῖς
  σιδάρου,
οὐ τριχὸς ἀφέτον λυγίζεται στροφαῖσιν αὐχήν,
οὐδὲ πολυκρότοις ἀστραγάλοις πέπληγε νῶτα,   115
οὐδ' ὠμὰ λακιστῶν κρέα σιτούμεθα ταύρων·
ὅτε δὲ πτελέας ἔαρι βρύει τὸ λεπτὸν ἄνθος
καὶ πολυκέλαδος κόσσυφος ἐπὶ κλάδοισιν ᾄδει,
τότε διὰ μελέων ὀξὺ βέλος πέπηγε μύσταις,
ἀφανές, κρύφιον, δεδυκὸς ὑπὸ μυχοῖσι γυίων,   120
πόδα, γόνυ, κοτύλην, ἀστραγάλους, ἰσχία,
  μηρούς,
χέρας, ὠμοπλάτας, βραχίονας, κόρωνα, καρποὺς
ἔσθει, νέμεται, φλέγει, κρατεῖ, πυροῖ, μαλάσσει,
μέχρις ἂν ἡ θεὸς τὸν πόνον ἀποφυγεῖν κελεύσῃ.

ΠΟΔΑΓΡΟΣ

Εἷς ἄρα κἀγὼ τῶν κατωργιασμένων   125
ἔλαθον ὑπάρχων; τοιγὰρ ἱκέτῃ πρευμενὴς
δαίμων φανείης, σὺν δ' ἐγὼ μύσταις ὁμοῦ
ὕμνων κατάρξω τὸ ποδαγρῶν ᾄδων μέλος.

ΧΟΡΟΣ

Σῖγα μὲν αἰθὴρ [καὶ] νήνεμος ἔστω,
καὶ πᾶς ποδαγρῶν εὐφημείτω.   130
ἴδε, πρὸς θυμέλας ⟨ἡ⟩ κλινοχαρὴς
βαίνει δαίμων σκίπωνι βάσιν

113–24 vide notas metricas   113 προσχέομεν codd.: corr. Guyet
ἀποτομαῖς G. Hermann: ἀπὸ στόματος codd.   116 λακιστῶν Γ:
λακιστὸν V: λακιστὰ N   122 χεῖρας codd.   κόρωνα codd.: κορωνά
Jacobitz: κοχώνα Cobet   123 ἐσθίει codd.: corr. Gavelens; cf. 85.43.3
κρατεῖ, φλέγει Herwerden   124 μέχρι ΓV   125 ἄρα ΓVN: corr.
rec.   126 ἱκέτῃ Radermacher: ἵκετω sic Γ: ἥκέτω NV: ἧκε Reitz
127 φανείης Radermacher: φανεὶς ΓVN: φανεῖσα rec., Reitz   128 ὑμ-
νῶν Γ   129–30 cf. Eur. Hec. 532–3   129–32 cf. Mesomedes 2.1–6
Heitsch   129 σίγα ΓVN: corr. M   καὶ codd.; del. Dindorf
131 ἡ add. Pelletus

6

69. ΠΟΔΑΓΡΑ

στηριζομένη. χαίροις μακάρων
πολὺ πραοτάτη καὶ σοῖς προπόλοις
ἵλαος ἔλθοις ὄμματι φαιδρῷ,   135
δοίης δὲ πόνοις λύσιν ὠκεῖαν
ταῖσδ' εἰαριναῖσιν ⟨ἐν⟩ ὥραις.

ΠΟΔΑΓΡΑ

Τίς τὴν ἀνίκητόν με δεσπότιν πόνων
οὐκ οἶδε Ποδάγραν τῶν ἐπὶ χθονὸς βροτῶν;
ἣν οὔτε λιβάνων ἀτμὸς ἐξιλάσκεται   140
οὔτε χυθὲν αἷμα βωμίοις παρ' ἐμπύροις,
οὐ ναὸς ὄλβου περικρεμὴς ἀγάλμασιν,
ἣν οὔτε Παιὰν φαρμάκοις νικᾶν σθένει,
πάντων ἰατρὸς τῶν ἐν οὐρανῷ θεῶν,
οὐ παῖς ὁ Φοίβου πολυμαθὴς Ἀσκληπιός.   145
ἐξ οὗ γὰρ ἐφύη πρῶτον ἀνθρώποις γένος,
τολμῶσι πάντες τοὐμὸν ἐκβαλεῖν σθένος,
κυκῶντες ἀεὶ φαρμάκων τεχνήματα.
ἄλλος γὰρ ἄλλην ἐπ' ἐμὲ πειράζει τέχνην·
τρίβουσιν ἀρνόγλωσσα καὶ σέλινά μοι   150
καὶ φύλλα θριδάκων καὶ νομαίαν ἀνδράχνην,
ἄλλοι πράσιον, οἱ δὲ ποταμογείτονα,
ἄλλοι κνίδας τρίβουσιν, ἄλλοι σύμφυτον,
ἄλλοι φακοὺς φέρουσι τοὺς ἐκ τελμάτων,
σταφυλῖνον ἐφθόν, οἱ δὲ φύλλα Περσικῶν,   155
ὑοσκύαμον, μήκωνα, βολβούς, σίδια,
ψύλλιον, λίβανον, ῥίζαν ἐλλεβόρου, νίτρον,

133–5 versus post στηριζομένη, πραοτάτη, ἔλθοις, φαιδρῷ concludunt
ΓV   134 πολυπραοτάτη codd.   135 cf. A. Ag. 520, Eur. Med.
1043   136 cf. Eur. Andr. 900   137 ἐν add. Dindorf   140 ἀτμὶς Ν
143 φαρμάκων Ν   νικᾶν ΓᵃΝ: νίκα ΓV   144 πάντων ΓᵃVΝ:
παίων sic Γ: πασῶν Radermacher   145 ὁ om. Γ   148 αἰεὶ recc.
149 seq. cf. 34.6–8; Celsus 4.31   151 θρυδάκων Ν; cf. 85.38, 39
152 ἄλλοι δὲ πράσιον Dindorf, cf. Nic. Ther. 550   155 σταφυλῖνον Ν:
σταφύληνον Γ: σταφυλίον V   156 ὑὸς κύαμον ΓV   σίβδια
Guyet, cf. Hsch., Ar. Nub. 881   157 si metrum requiris, ψύλλεια
conieci

7

τῆλιν μετ' οἴνου, γυρίνην, κολλάμφακον,
κυπαρισσίνην κηκῖδα, γῦριν κριθίνην,
κράμβης ἀπέφθου φύλλα, γύψον ἐκ Πάρου,   160
σφυράθους ὀρείας αἰγός, ἀνθρώπου κόπρον,
ἄλευρα κυάμων, ἄνθος Ἀσσίου λίθου·
ἕψουσι φρύνους, μυγαλᾶς, σαύρας, γαλᾶς,
βατράχους, ὑαίνας, τραγελάφους, ἀλώπεκας.
ποῖον μέταλλον οὐ πεπείρασται βροτοῖς;   165
τίς οὐχὶ χυλός; ποῖον οὐ δένδρου δάκρυ;
ζῴων ἁπάντων ὀστά, νεῦρα, δέρματα,
στέαρ, αἷμα, μυελός, οὖρον, ἀπόπατος, γάλα.
πίνουσιν οἱ μὲν τὸ διὰ τεσσάρων ἄκος,
οἱ δὲ τὸ δι' ὀκτώ, τὸ δὲ δι' ἑπτὰ πλείονες.   170
ἄλλος δὲ πίνων τὴν ἱερὰν καθαίρεται,
ἄλλος ἐπαοιδαῖς ἐπιθετῶν ἐμπαίζεται.
Ἰουδαῖος ἕτερον μωρὸν ἐξᾴδει λαβών.
ὁ δὲ θεραπείαν ἔλαβε παρὰ τῆς Κυρράνης.
ἐγὼ δὲ τούτοις πᾶσιν οἰμώζειν λέγω   175
καὶ τοῖς ποιοῦσι ταῦτα καὶ πειρῶσί με
εἴωθ' ἀπαντᾶν μᾶλλον ὀργιλωτέρα·
τοῖς δὲ φρονοῦσι μηδὲν ἀντίξουν ἐμοὶ
ἤπιον ἔχω νοῦν εὐμενής τε γίνομαι.
ὁ γὰρ μεταλαβὼν τῶν ἐμῶν μυστηρίων   180
πρῶτον μὲν εὐθύς εὐστομεῖν διδάσκεται

---

158 κόλλαν, φακόν Zimmermann: κόλλαν σφάκον Th. Bergk: si quid
mutandum γυρίνην κόλλαν (glutinamentum rotundum) φακῶν vel σφάκων
conieci   159 κικίδα ΓVN: corr. M   γύριν codd.   160 an
ἀνέφθου?   Γάρου codd.: corr. Th. Bergk   161 σφυράθους Γ: σπυρά-
θους Γᵃ: πυράθους NV; cf. Nic. Th. 932   162 Ἀσίου codd.: corr. Th.
Bergk; cf. Plin. N.H. 28.96, 36.131–3   163 φρίνους N   μυγάλας Γ:
μυγαλάς, NV   γάλας Γ   164 cf. Plin. N.H. 28.92, 96   165 πε-
πείραται NV   166 χυμός ΓᵃNV   167 ὀστᾶ codd.: corr. Dindorf
167–8 cf. 34.7   172 ἐπιθέτων Γ   173 μῶρον ΓNV   174 ἔλαβεν
ΓV   Κυρράνης Th. Bergk: Κυράνης ΓN: Κυράνης V; cf. Men.
Fr. 865 K.–Th.   176 cf. Eur. Cycl. 581   177 cf. A. Th. 673
178 φρονοῦσιν Γ   181 cf. 82.17

69. ΠΟΔΑΓΡΑ

τέρπων ἅπαντας, εὐτραπέλους λέγων λόγους·
πᾶσιν δ' ὁρᾶται μετὰ γέλωτος καὶ κρότου,
ὅταν ἐπὶ λουτρὰ φερόμενος βαστάζεται.
"Ατην γὰρ ἦν "Ομηρος εἶφ' ἤδ' εἰμ' ἐγώ,   185
βαίνουσ' ἐπ' ἀνδρῶν κρᾶτα καὶ βάσεις ποδῶν
ἁπαλὰς ἔχουσα, παρὰ δὲ τοῖς πολλοῖς βροτῶν
Ποδάγρα καλοῦμαι, γινομένη ποδῶν ἄγρα.
ἀλλ' εἶα μύσται πάντες ὀργίων ἐμῶν,
γεραίρεθ' ὕμνοις τὴν ἀνίκητον θεάν.   190

ΧΟΡΟΣ

'Αδαμάντινον ἦθος ἔχουσα κόρα,
πουλυσθενές, ὀβριμόθυμε θεά,
κλύε σῶν ἱερῶν μερόπων ἐνοπάς.
μέγα σὸν κράτος, ὀλβιόφρον Ποδάγρα,
τὰν καὶ Διὸς ὠκὺ πέφρικε βέλος,   195
τρομέει δέ σε κύμαθ' ἁλὸς βυθίης,
τρομέει βασιλεὺς ἐνέρων 'Αΐδας,
ἐπιδεσμοχαρές, κατακλινοβατές,
κωλυσιδρόμα, βασαναστραγάλα,
σφυροπρησιπύρα, μογισαψεδάφα,   200
δοιδυκοφόβα, γονυκλαυσαγρύπνα,
περικονδυλοπωροφίλα,
γονυκαμψεπίκυρτε Ποδάγρα.

ΑΓΓΕΛΟΣ

Δέσποινα, καιρίῳ γὰρ ἤντησας ποδί,

182 cf. Soph. *El.* 672   184 ὅταν ἐπὶ codd.: ὅτ' ἐπὶ τὰ Guyet:
ὅτε γοῦν ἐπὶ conieci   βαστάζηται N   185 *Il.* 19.92–3   εἶπεν
"Ομηρος codd.: corr. Boivin   186 βαίνουσα Γ   189 εἶα ΓΝV
190 γεραίρετε ΓV   192 πολυσθενές ΓΝV: corr. rec.   ὀμβριμό-
θυμε N   193 cf. I.G. II/III² 4533.5   194 ὀλβιόφρων V   195 πέ-
φρικεν Γ   196 βυθίης Γ: βυθίας recc.: βαθείης NV: βαθέης Guyet
197 'Αΐδης V; cf. *Il.* 20.61   200 μόγις ἀψ. NV   201 δωδεικο-
φόβα ΓV   γονυκαυσαγρύπνα L. Dindorf   202 περικονδυλοπωρόφιλα
ΓVN sic: an ...όφιλε?: πυρικ. Guyet   204 ἤντησα N

ΛΟΥΚΙΑΝΟΥ

ἄκου᾽, ἔπος γὰρ οὐκ ἐτώσιον φέρω,   205
ἀλλ᾽ ἔστι πρᾶξις τῶν λόγων συνέμπορος·
ἐγὼ γάρ, ὡς ἔταξας, ἠρέμῳ ποδὶ
πόλεις ἰχνεύων πάντας ἠρεύνων δόμους
μαθεῖν ποθῶν εἴ τις σὸν οὐ τιμᾷ κράτος.
καὶ τῶν μὲν ἄλλων εἶδον ἥσυχον φρένα   210
νικωμένων, ἄνασσα, σαῖν βίας χεροῖν,
δύω δὲ τώδε φῶτε τολμηρῷ θράσει
ἐφραζέτην λαοῖσι καὶ κατωμνύτην,
ὡς οὐκέτ᾽ ἐστὶ σὸν κράτος σεβάσμιον,
ἀλλ᾽ ἔκβολον βροτῶν σε θήσουσιν βίου.   215
διόπερ κραταιῷ συνοχμάσας δεσμῷ πόδα
πεμπταῖος ἥκω στάδια διανύσας δύο.

ΠΟΔΑΓΡΑ

Ὡς κραιπνὸς ἔπτης, ἀγγέλων ὤκιστέ μοι.
τίνος δὲ καὶ γῆς ὅρια δυσβάτου λιπὼν
ἥκεις, σαφῶς μήνυσον, ὡς εἰδῶ τάχος.   220

ΑΓΓΕΛΟΣ

Πρῶτον μὲν ἔλιπον πέντε βασμῶν κλίμακα,
ξύλων τρέμουσαν διαλύτοισιν ἁρμογαῖς,
ὅθεν με δέχεται κορδυβαλλῶδες πέδον
σκληροῖσι ταρσοῖς ἀντερεῖδον κρούμασιν.
ὅπερ διανύσας ἴχνεσιν ἀλγεινοῖς ἐγὼ   225
ἐστρωμένην χάλιξιν εἰσέβην ὁδὸν
καὶ δυσπάτητον ὀξέσιν κέντροις λίθων.
μεθ᾽ ἣν ὀλίσθῳ περιπεσὼν λείας ὁδοῦ
ἔσπευδον εἰς τὸ πρόσθε, διάλυτος δέ μου
ἔσυρεν ὀπίσω πηλὸς ἀσθενῆ σφυρά,   230
δι᾽ ἧς περῶντι νότιος ἐκ μελῶν ἱδρὼς

211 σαῖ sic Γ   βίᾳ recc.   212 δύο Γ: τολμηρῶ NV
214 ὡς οὐκ ἔστι codd.: corr. Guyet   216 κραταιῶς codd.: corr.
Gavelens   218 ΘΕΟΣ ΠΟΔΑΓΡΑ ΓV   220 ἴδω codd.: corr.
Jacobitz   227 δυσπάθητον Γ   ὀξέσι NV   κέντροις Γ:
πέτροις NV

69. ΠΟΔΑΓΡΑ

†ἔρρει βάσιν μου σαθρὸν ἐκλύων μένος.
ὅθεν με δέχεται πᾶν δέμας κεκμηκότα
πλατεῖα μὲν κέλευθος ἀλλ' οὐκ ἀσφαλής.
τὰ μὲν γὰρ ἔνθεν, τὰ δὲ ⟨μ'⟩ ἐκεῖθ' ὀχήματα 235
ἤπειγεν, ἠνάγκαζεν, ἔσπερχεν τρέχειν.
ἐγὼ δὲ νωθρὸν ἐλαφρὰ κουφίζων πόδα
δόχμιος ἔβαινον εἰς ὁδοῦ πέζαν στενήν,
ἕως ἀπήνη παραδράμῃ τροχήλατος·
μύστης γὰρ ὢν σὸς ταχὺ τρέχειν οὐκ ἔσθενον. 240

ΠΟΔΑΓΡΑ

Οὐκ εἰς μάτην, βέλτιστε, πρᾶξις ἥδε σοι
ὀρθῶς πέπρακται. τῇ δὲ σῇ προθυμίᾳ
ἴσαισι τιμαῖς ἀντισηκώσω χάριν.
ἔστω δέ σοι δώρημα θυμῆρες τόδε,
ἐξῆς τριετίας πειράσῃ κούφων πόνων. 245
ὑμεῖς δὲ μιαροὶ καὶ θεοῖς ἐχθίστατοι,
τίνες ποτ' ὄντες καὶ τίνων πεφυκότες
τολμᾶτε Ποδάγρας ἀνθαμιλλᾶσθαι κράτει,
τῆς οὐδ' ὁ Κρονίδης οἶδε νικῆσαι βίαν;
λέγετ', ὦ κάκιστοι· καὶ γὰρ ἡρώων ἐγὼ 250
ἐδάμασα πλείστους, ὡς ἐπίστανται σοφοί.
Πρίαμος Ποδάρκης ποδαγρὸς ὢν ἐκλήζετο·
ἔθανε δ' Ἀχιλλεὺς ποδαγρὸς ὢν ὁ Πηλέως·
ὁ Βελλεροφόντης ποδαγρὸς ὢν ἐκαρτέρει·
Θηβῶν δυνάστης Οἰδίπους ποδαγρὸς ἦν· 255
ἐκ τῶν Πελοπιδῶν ποδαγρὸς ἦν ὁ Πλεισθένης.
Ποίαντος υἱὸς ποδαγρὸς ὢν ἦρχεν στόλου·

232 vix sanum σαθρὸν ἐκλύων μένος Radermacher: σαθρὰν ἐκλυομένῳ ΓΝ: σαθρὰν ἰλυσπωμένῳ ΓᵃV: σαθρὰν ἐκλελυμένῳ Gavelens: ἄρδει... σαθρὸν ἐκκλύζων μένος conieci 233 δέμας] μέλος rec. 235 ἔνθεν] ἐνθένδε Guyet δέ μ' Gavelens: δ' codd. 236 ἔσπερχε Ν 238 εἰσόδου codd.: corr. Pelletus 240 ΘΕΟΣ ΓV 241 post σοι punxit V 243 cf. A. Pers. 437 246 θεοῖσιν ΓV 249 Κρονίδας recc. 251 ὡς Bekker: καὶ ΓV: καί γ' Ν 252 cf. Apollod. Bibl. 2.6.4 256 Πλησθένης codd.: corr. Solanus 257 ἦρχε ΝV

ΛΟΥΚΙΑΝΟΥ

ἄλλος Ποδάρκης Θεσσαλῶν ἦν ἡγεμών,
ὅς, ἐπείπερ ἔπεσε Πρωτεσίλαος ἐν μάχῃ,
ὅμως ποδαγρὸς ὢν καὶ πονῶν ἦρχεν στόλου·   260
Ἰθάκης ἄνακτα Λαρτιάδην Ὀδυσσέα
ἐγὼ κατέπεφνον, οὐκ ἄκανθα τρυγόνος.
ὡς οὔτι χαιρήσοντες, ὦ δυσδαίμονες,
ἴσην πάσεσθε κόλασιν οἷς δεδράκατε.

ΙΑΤΡΟΣ

Σύροι μέν ἐσμεν, ἐκ Δαμασκοῦ τῷ γένει,   265
λιμῷ δὲ πολλῷ καὶ πενίᾳ κρατούμενοι
γῆν καὶ θάλασσαν ἐφέπομεν πλανώμενοι·
ἔχομεν δὲ χρῖσμα πατροδώρητον τόδε,
ἐν ᾧ παρηγοροῦμεν ἀλγούντων πόνους.

ΠΟΔΑΓΡΑ

Τί δὴ τὸ χρῖσμα καὶ τίς ἡ σκευή, φράσον.   270

ΙΑΤΡΟΣ

Μύστης με σιγᾶν ὅρκος οὐκ ἐᾷ φράσαι,
καὶ λοισθία θνήσκοντος ἐντολὴ πατρός,
ὃς ἔταξε κεύθειν φαρμάκου μέγα σθένος,
ὃ καὶ σὲ παύειν οἶδεν ἠγριωμένην.

ΠΟΔΑΓΡΑ

Εἶτ' ὦ κατάρατοι καὶ κακῶς ὀλούμενοι,   275
ἔστιν τις ἐν γῇ φαρμάκου δρᾶσις τόση,
ὃ χρισθὲν οἶδε τὴν ἐμὴν παῦσαι βίαν;

258 cf. Il. 2.704–7   259 ἔπεσεν ΓV   260 ἦρχε NV
261 Λαερτιάδην ΓNV: corr. rec.   262 cf. Od. 11.134, A. Fr. 275 R,
Soph. Fr. 452–61 R   263 ὡς] ὥστ' Radermacher   264 πάσεσθε Rad-
ermacher, cf. A. Th. 1036: παθῆσθε ΓVN: πάθησθε recc.: πάθητε Bekker:
an fuit forma futuri prava παθεῖσθε?   265, 271, 297 ΙΑΤΡΟΣ Γ: ΙΑΤΡΟΙ
V: ΙΑΤΡ. N   265 Σύροι Γ   268, 270 χρίσμα codd.   271 οὐκ]
οὐδ' Radermacher   273 cf. Eur. El. 427, 958   275 cf. Soph. Fr.
764.1 R, Eur. Fr. 915.1 N   276 δράσις (sic) τόση N: τόσση δράσις
Γ: τόση δράσα V: τόσση δόσις Radermacher   277 παύσειν N

69. ΠΟΔΑΓΡΑ

ἀλλ' εἶα, τήνδε σύμβασιν συνθώμεθα,
καὶ πειράσωμεν εἴ τι φαρμάκου σθένος
ὑπέρτερον πέφυκεν εἴτ' ἐμαὶ φλόγες.   280
δεῦτ', ὦ σκυθρωπαί, πάντοθεν ποτώμεναι
βάσανοι, πάρεδροι τῶν ἐμῶν βακχευμάτων,
πελάζετ' ἆσσον· καὶ σὺ μὲν ποδῶν ἄκρους
φλέγμαινε ταρσοὺς δακτύλων ποδῶν ἄχρις,
σὺ δὲ σφυροῖς ἔμβαινε, σὺ δὲ μηρῶν ἄπο   285
ἐς γόνατα λεῖβε πικρὸν ἰχώρων βάθος,
ὑμεῖς δὲ χειρῶν δακτύλους λυγίζετε.

ΠΟΝΟΙ

Ἴδ', ὡς ἔταξας πάντα σοι δεδράκαμεν·
κεῖνται βοῶντες οἱ ταλαίπωροι μέγα,
ἅπαντα γυῖα προσβολῇ στρεβλούμενοι.   290

ΠΟΔΑΓΡΑ

Φέρετ', ὦ ξένοι, μάθωμεν ἀτρεκέστερον,
εἰ χρισθὲν ὑμᾶς φάρμακον τόδ' ὠφελεῖ.
εἰ γὰρ σαφῶς τόδ' ἐστὶν ἀντίξουν ἐμοί,
λιποῦσα γαῖαν εἰς μυχοὺς εἶμι χθονός,
ἄϊστος, ἀφανής, πύματα Ταρτάρου βάθη.   295
ἰδού, κέχρισθε· χαλασάτω φλογῶν πόνος.

ΙΑΤΡΟΣ

Οἴμοι, παπαῖ γε, τείρομαι, διόλλυμαι,
ἅπαν πέπαρμαι γυῖον ἀσκόπῳ κακῷ·
οὐ Ζεὺς κεραυνοῦ τοῖον αἰωρεῖ βέλος,

278 εἶα ΓΝV   τήνδε ΓV   279 εἴ τι Γ: εἴτε ΝV   281 πω-
τώμεναι Γ   282 βακχμάτων Ν   284 ἄχρις Ν, Radermacher:
ἄκροις Γ: ἄχρι ΓᵃV   286 πικρῶν ΓΝ   πάθος Guyet   290 γυῖαν Γ
291 ΘΕΟΣ ΓV   291 ἀτρεκέστατον recc.   294 λείπουσα Γ   cf.
Eur. Suppl. 926   296 ΠΟΝΟΙ Ἴδού...πόνων. rec.: ΙΑΤΡΟΣ Ἴδού,
κέχρισθε· κοὔ χαλᾷ φλογμὸν πόνων...βροτῶν Fl.   χαλασάτω
φλογῶν πόνος Γ: κοὔ χαλᾷ φλογμὸς πόνων ΓᵃΝV   297 ΙΑΤΡΟΣ Γ:
ΙΑΤΡ. ΝV: ΠΟΔΑΓΡΟΣ v   παπαῖ ΓΝV   τείνομαι V

13

οὐδεὶς θαλάσσης τοῖα μαίνεται κλύδων,　　　　　300
οὐδὲ στροβητὴ λαίλαπος τόσσῃ βίᾳ.
μὴ κάρχαρον πορθεῖ με δῆγμα Κερβέρου;
μὴ τῆς Ἐχίδνης ἰὸς ἀμφιβόσκεται,
ἢ διαβραχεὶς ἰχῶρι Κενταύρου πέπλος;
ἐλέαιρ', ἄνασσα, φάρμακον γὰρ οὔτ' ἐμὸν　　　305
οὔτ' ἄλλο δύναται σὸν ἀναχαιτίσαι δρόμον,
ψήφοις δὲ πάσαις πᾶν ἔθνος νικᾷς βροτῶν.

ΠΟΔΑΓΡΑ

Παύσασθε, βάσανοι, καὶ πόνους μειώσατε
τῶν μετανοούντων εἰς ἐμὴν ἔριν μολεῖν.
γινωσκέτω δὲ πᾶς τις ὡς μόνη θεῶν　　　　310
ἄτεγκτος οὖσα φαρμάκοις οὐ πείθομαι.

ΧΟΡΟΣ

Οὔτε Διὸς βρονταῖς Σαλμωνέως ἤρισε βία,
ἀλλ' ἔθανε ψολόεντι δαμεὶς ἄθεον φρένα βέλει,
οὐκ ἐρίσας ἐχάρη Φοίβῳ σάτυρος Μαρσύας,
ἀλλὰ λιγὺ ψαίρει κείνου περὶ δέρμα⟨τι⟩ πίτυς.　　315
πένθος ἀείμνηστον δι' ἔριν τοκὰς ἔσχε Νιόβη,
ἀλλ' ἔτι μυρομένη προχέει πολὺ δάκρυ Σιπύλῳ.
Μαιονία δ' Ἀράχνη Τριτωνίδος ἦλθεν ἐς ἔριν,
ἀλλ' ὀλέσασα τύπον καὶ νῦν ἔτι νήματα πλέκει·
οὐ γὰρ ἴσον μακάρων ὀργαῖς θράσος ἐστὶ μερόπων,　320

301 τόσῃ; cf. l. 276　　　303 τῆς Guyet: τις codd.: τίς μ' Gavelens
cf. Soph. *Tr.* 771, Bacch. 5.60-2　　　304 διαβραχεὶς Zimmermann:
διαβραχὴς Γ: διαβρεχὴς NV　　　ἰχῶρι Κεντ. N: ἰχὼρ ἢ Κεντ. Γ: ἰχὼρ
ἵκεν τ. V　　　305 φάρμακα V　　　306 cf. 46.15, Men. *Sam.* 209
308 ΘΕΟΣ ΓV　　　312 vide notas metricas　　　Σαλμωνέος rec.　　cf.
25.2, Hes. *Fr.* 30.15-27, Soph. *Fr.* 537-44 R, Apollod. *Bibl.* 1.9.7
ἤρισεν codd.: corr. Guyet　　　313 ἔθανεν ΓV　　　δαμεὶς ἄθεον
G. Hermann: δαμεῖσα θεοῦ ΓV: δοθεῖσα θεοῦ N　　　314 cf. 79.18.2,
Apollod. *Bibl.* 1.4.2　　　315 δέρμα πίτυς codd.: corr. Schaefer: δέρμα
πίτυι Jensius　　　316 cf. 43.1, A. *Fr.* 154a-67 R, Soph. *Fr.* 441a-451 R,
Ox. Pap. 3653 etc.　　　317 πολύδακρυ uv. Γ: πολυδάκρυσι πύλῳ N
318 cf. Ov. *Met.* 6.5-145　　　ἐς Guyet: εἰς codd.

69. ΠΟΔΑΓΡΑ

ὡς Διός, ὡς Λητοῦς, ὡς Παλλάδος, ὡς Πυθίου.
ἤπιον, ὦ πάνδημε, φέροις ἄλγημα, Ποδάγρα,
κοῦφον, ἐλαφρόν, ἄδριμυ, βραχυβλαβές, ἀνώδυνον,
εὔφορον, εὔληκτον, ὀλιγοδρανές, εὐπερίπατον.
πολλαὶ μορφαὶ τῶν ἀτυχούντων,   325
μελέται δὲ πόνων καὶ τὸ σύνηθες
τοὺς ποδαγρῶντας παραμυθείσθω.
ὅθεν εὐθύμως, ὦ σύγκληροι,
λήσεσθε πόνων,
εἰ τὰ δοκηθέντ᾿ οὐκ ἐτελέσθη,   330
τοῖς δ᾿ ἀδοκήτοις πόρον εὗρε θεός.
πᾶς δ᾿ ἀνεχέσθω τῶν πασχόντων
ἐμπαιζόμενος καὶ σκωπτόμενος·
τοῖον γὰρ ἔφυ τόδε πρᾶγμα.

323 εὐώδυνον Guyet   325, 330, 331, 334 cf. Eur. Alc., Andr.,
Hel., Ba. fin., Luc. 17.48   326 cf. Thuc. 2.39.4   328–30 in
duo versus ὅθεν...λήσεσθε, πόνων...ἐτελέσθη div. ΓΝV   328 συν-
ναύκληροι ΓΝ: συναύκληροι V: corr. Guyet   329 λήσεσθε NV:
λήσασθαι Γ¹: λήσεσθαι Γ²   330 οὐκ] οὐ οὐκ Γ   331 εὗρεν NV
332 πᾶς δ᾿ ἀνεχ. N: πᾶσαν δ᾿ ἀνεχ. Γ: πᾶσαν ἐχ. V

CONSPECTUS METRORUM

30–53 versus Anacreontei
30–2, 34, 36–7, 41, 45, 47–8, 50, 52   ∪∪–∪–∪– –
  cf. Eur. Ba. 530–2, 545–6, 550–1, Cycl. 495–501, 503–8,
  511–6
33, 35, 39–40, 42, 44, 46, 51, 53   – –∪–∪– –
43   – –∪∪∪∪– –
38 Ionici a minore ∪∪– – | ∪∪– –
  cf. Eur. Ba. 528–9, 533–4, Cycl. 501, 509, 517, Anacreon
  33.5, 11, 36.5, 11 (Gentili), Anacreontea 16.3, 33.9,
  38.10, 11, 15, 42.5, 9, 10, 14 etc. (Preisendanz) ubi Ana-
  creonteis Ionici inseruntur.

15

49 versus Anacreonteus quem pes creticus incipit – ∪ – ∪ – –
   cf. Anacreontea 17.4, 5, 38.16, 40.4
87–111 versus anapaestici
87, 90–1, 93–4, 98, 101, 103, 106–7, 109–111 paroemiaci
ceteri apocroti, quorum pes quartus iambicus; cf. Mesomedes
   2, 3, 6–9, 11–12 (Heitsch, *Die griechischen Dichterfragmente der
   römischen Kaiserzeit*), Hippol. *Haer.* 5.10.2 (Heitsch 44.1),
   Philostr. *Her.* 208, 213, C.I.A. 111, Add. p. 488 171a etc.
113–24 versus Sotadei   ⏖⏖∪∪ | ⏖⏖∪∪ | ⏖⏖∪∪ |
                              vel   vel   vel   – ⏝

                          –∪–∪ | –∪–∪ | –∪–∪ |
   cf. J. U. Powell, *Collect. Alex.* 238–45, A. & E. Bernand,
   Inscr. Metr. de l' Égypte, 108, 168, *Ox. Pap.* 3010, *P. Gron.
   Inv.* 66 (*Z.P.E.* 41.1981, 70–83).

   versus Sotadei *Podagrae* ita accurate elaborati sunt ut
tamen syllaba quaevis longa membrorum Ionicorum vel
trochaicorum in breves duas nonnumquam solvatur. immo
omnes versus ultimo excepto aut incipere aut incipere posse
pedem Ionicum videbis. in versu 117 ἔαρι = –∪; cf. Hes.
Op. 462

129–37, 191–203 versus anapaestici
312–24 versus hexametri dactylici miuri; cf. *Il.* 12.208
   etc., *Ox. Pap.* 1795 (Heitsch 7), *P. Brit. Mus.* 2208,
   16–20 (Heitsch 9), Hippol. *Haer.* 6.37.7 (Heitsch 43).
   versuum omnium 323 et 324 exceptis verbum ultimum
   accentum paroxytonum gerere videbis.
325–34 versus anapaestici.

ΕΡΜΟΤΙΜΟΣ Η ΠΕΡΙ ΑΙΡΕΣΕΩΝ

ΛΥΚΙΝΟΣ

Ὅσον, ὦ Ἑρμότιμε, τῷ βιβλίῳ καὶ τῇ τοῦ βαδίσματος σπουδῇ 1
τεκμήρασθαι, παρὰ τὸν διδάσκαλον ἐπειγομένῳ ἔοικας.
ἐνενόεις
γοῦν τι μεταξὺ προϊὼν καὶ τὰ χείλη διεσάλευες ἠρέμα ὑποτονθο-
ρύζων καὶ τὴν χεῖρα ὧδε μετέφερες ὥσπερ τινὰ ῥῆσιν ἐπὶ
5 ἑαυτοῦ διατιθέμενος, ἐρώτημα δή τι τῶν ἀγκύλων συντιθεὶς ἢ
σκέμμα σοφιστικὸν ἀναφροντίζων, ὡς μηδὲ ὁδῷ βαδίζων σχολὴν
ἄγοις, ἀλλ᾽ ἐνεργὸς εἴης ἀεὶ σπουδαῖόν τι πράττων καὶ
ὃ πρὸ ὁδοῦ σοι γένοιτ᾽ ἂν ἐς τὰ μαθήματα.

ΕΡΜΟΤΙΜΟΣ

Νὴ Δί᾽, ὦ Λυκῖνε, τοιοῦτό τι· τὴν γὰρ χθιζὴν συνουσίαν καὶ
10 ἃ εἶπε πρὸς ἡμᾶς, ἀνεπεμπαζόμην ἐπιὼν τῇ μνήμῃ ἕκαστα. χρὴ
δὲ μηδένα καιρὸν οἶμαι παριέναι εἰδότας ἀληθὲς ὂν τὸ ὑπὸ τοῦ
Κῴου ἰατροῦ εἰρημένον, ὡς ἄρα "βραχὺς μὲν ὁ βίος, μακρὴ δὲ
ἡ τέχνη." καίτοι ἐκεῖνος ἰατρικῆς πέρι ταῦτα ἔλεγεν, εὐ-
μαθεστέρου πράγματος· φιλοσοφία δὲ καὶ μακρῷ τῷ χρόνῳ
15 ἀνέφικτος, ἢν μὴ πάνυ τις ἐγρηγορὼς ἀτενὲς ἀεὶ καὶ γοργὸν
ἀποβλέπῃ ἐς αὐτήν, καὶ τὸ κινδύνευμα οὐ περὶ μικρῶν—ἢ ἄθ-
λιον εἶναι ἐν τῷ πολλῷ τῶν ἰδιωτῶν συρφετῷ παραπολόμενον
ἢ εὐδαιμονῆσαι φιλοσοφήσαντα.

Traditionis simplicis testes ΓEL codices rettuli; nomina loquentium om.
ΓEL   4 ὧδε κἀκεῖσε recc.   5 σεαυτοῦ ΓᶜLˣ; cf. 9.17 etc.   δή
recc.: δὲ ἢ ΓE¹L   8 σοι Γᶜ: σου ΓEL   11 τἀληθὲς Γ
12 Hippocr. Aph. 1.1   15 ἐγρηγόρως sic ΓEL: ἐγρηγορότως Reitz
16 μικρῶν mg. Γᵃ, L: μικρὸν ΓE   16–17 ἆθλον ΓEL¹: corr. Γᵃ uv.,
Eˣ   17 cf. Pl. Tht. 152c, Ar. Pol. 1266a

ΛΥΚΙΝΟΣ

2 Τὰ μὲν ἆθλα, ὦ Ἑρμότιμε, θαυμάσια ἡλίκα εἴρηκας. οἶμαί γε
μὴν οὐ πόρρω σε εἶναι αὐτῶν, εἴ γε χρὴ εἰκάζειν τῷ τε χρόνῳ
ὁπόσον φιλοσοφεῖς καὶ προσέτι τῷ πόνῳ οἷόν μοι οὐ μέτριον ἐκ
πολλοῦ ἤδη ἔχειν δοκεῖς. εἰ γάρ τι μέμνημαι, σχεδὸν εἴκοσιν ἔτη
ταῦτά ἐστιν ἀφ' οὗ σε οὐδὲν ἄλλο ποιοῦντα ἑώρακα, ἢ παρὰ τοὺς 5
διδασκάλους φοιτῶντα καὶ ὡς τὸ πολὺ ἐς βιβλίον ἐπικεκυφότα
καὶ ὑπομνήματα τῶν συνουσιῶν ἀπογραφόμενον, ὠχρὸν ἀεὶ ὑπὸ
φροντίδων καὶ τὸ σῶμα κατεσκληκότα. δοκεῖς δέ μοι ἀλλ' οὐδὲ
ὄναρ ποτὲ ἀνιέναι σεαυτόν, οὕτως ὅλος εἶναι ἐν τῷ πράγματι.
ταῦτ' οὖν σκοπουμένῳ μοι φαίνῃ οὐκ ἐς μακρὰν ἐπιλήψεσθαι τῆς 10
εὐδαιμονίας, εἴ γε μὴ λέληθας ἡμᾶς καὶ πάλαι αὐτῇ συνών.

ΕΡΜΟΤΙΜΟΣ

Πόθεν, ὦ Λυκῖνε, ὃς νῦν ἄρχομαι παρακύπτειν ἐς τὴν ὁδόν;
ἡ δ' Ἀρετὴ πάνυ πόρρω κατὰ τὸν Ἡσίοδον οἰκεῖ καὶ ἔστιν ὁ
οἶμος ἐπ' αὐτὴν μακρός τε καὶ ὄρθιος καὶ τρηχύς, ἱδρῶτα οὐκ
ὀλίγον ἔχων τοῖς ὁδοιπόροις.   15

ΛΥΚΙΝΟΣ

Οὐχ ἱκανὰ οὖν ἵδρωταί σοι, ὦ Ἑρμότιμε, καὶ ὡδοιπόρηται;

ΕΡΜΟΤΙΜΟΣ

Οὔ φημι. οὐδὲν γὰρ ἐκώλυέ με πανευδαίμονα εἶναι ἐπὶ τῷ
ἄκρῳ γενόμενον. τὸ δὲ νῦν ἀρχόμεθα ἔτι, ὦ Λυκῖνε.

ΛΥΚΙΝΟΣ

3 Ἀλλὰ τήν γε ἀρχὴν ὁ αὐτὸς οὗτος Ἡσίοδος ἥμισυ τοῦ παντὸς
ἔφη εἶναι, ὥστε κατὰ μέσην τὴν ἄνοδον ἤδη λέγοντες εἶναί σε οὐκ 20
ἂν ἁμάρτοιμεν.

ΕΡΜΟΤΙΜΟΣ

Οὐδέπω οὐδὲ τοῦτο. πάμπολυ γὰρ ἂν ἡμῖν ἤνυστο.

1 cf. Dem. 19.24 etc.   2 cf. Pl. *Grg.* 486a etc.   8–9 cf.
Pl. *Tht.* 173d etc.   9 ὅλως L   εἶναι] εἰ recc.   13 Hes. *Op.*
289 seq.   16 ὁδοιπ. Γ   17 γὰρ] γὰρ ἂν Belin   an ἐκώλυεν
⟨ἂν⟩ ἐμέ?   19 ὁ om. E¹: ss. E²   cf. 32.3, Pl. *Lg.* 753e, Hes.
Op. 40   20 εἶναί σε ἤδη λέγοντες recc.

ΛΥΚΙΝΟΣ

Ἀλλὰ ποῦ γάρ σε φῶμεν τῆς ὁδοῦ τυγχάνειν ὄντα;

ΕΡΜΟΤΙΜΟΣ

Ἐν τῇ ὑπωρείᾳ κάτω ἔτι, ὦ Λυκῖνε, ἄρτι προβαίνειν βιαζό-
μενον. ὀλισθηρὰ δὲ καὶ τραχεῖα καὶ δεῖ χεῖρα ὀρέγοντος.

ΛΥΚΙΝΟΣ

Οὐκοῦν ὁ διδάσκαλός σοι τοῦτο ἱκανὸς ποιῆσαι ἄνωθεν ἐκ τοῦ
5 ἄκρου καθάπερ ὁ τοῦ Ὁμήρου Ζεὺς χρυσῆν τινα σειρὰν καθιεὶς
τοὺς αὐτοῦ λόγους, ὑφ᾽ ὧν σε ἀνασπᾷ δηλαδὴ καὶ ἀνακουφίζει
πρὸς αὑτόν τε καὶ τὴν ἀρετὴν αὐτὸς πρὸ πολλοῦ ἀναβεβηκώς.

ΕΡΜΟΤΙΜΟΣ

Αὐτὸ ἔφησθα, ὦ Λυκῖνε, τὸ γιγνόμενον. ὅσον γοῦν ἐπ᾽ ἐκείνῳ
πάλαι ἀνεσπάσμην ἂν καὶ συνῆν αὐτοῖς. τὸ δ᾽ ἐμὸν ἔτι ἐνδεῖ.

ΛΥΚΙΝΟΣ

10 Ἀλλὰ θαρρεῖν χρὴ καὶ θυμὸν ἔχειν ἀγαθὸν ἐς τὸ τέλος τῆς ὁδοῦ 4
ὁρῶντα καὶ τὴν ἄνω εὐδαιμονίαν, καὶ μάλιστα ἐκείνου ξυμπρο-
θυμουμένου. πλὴν ἀλλὰ τίνα σοι ἐλπίδα ὑποφαίνει ὡς δὴ πότε
ἀναβησομένῳ; εἰς νέωτα εἴκαζεν ἐπὶ τὸ ἄκρον ἔσεσθαί σε, οἷον
μετὰ τὰ μυστήρια τὰ μεγάλα ἢ Παναθήναια;

ΕΡΜΟΤΙΜΟΣ

15 Ὀλίγον φής, ὦ Λυκῖνε.

ΛΥΚΙΝΟΣ

Ἀλλ᾽ ἐς τὴν ἑξῆς ὀλυμπιάδα;

ΕΡΜΟΤΙΜΟΣ

Καὶ τοῦτο ὀλίγον ὡς πρὸς ἀρετῆς ἄσκησιν καὶ εὐδαιμονίας
κτῆσιν.

2 ἔτι om. E   4 ἱκανῶς E   5 cf. Il. 8.19, Pl. Tht. 153c
6 σε recc.: δὲ ΓΕ   ἀνακουφίζη Γ   8 ὅσῳ E   9 sic uv. L¹:
ἀνεσπάσμην (ἀνεσπασάμην E, corr. Eᵈ) ἄνω ΓΕ: ἂν ἐσπάσμην ἄνω Jacobs
12 ὑποφαίνειν ΓEL: corr. recc.   14 μεγάλα Struve: ἄλλα codd.; cf. Pl.
Grg. 497c

ΛΟΥΚΙΑΝΟΥ

ΛΥΚΙΝΟΣ

Μετὰ δύο μὲν δὴ ὀλυμπιάδας πάντως· ἢ πολλήν γ᾽ ἂν ὑμῶν
ῥαθυμίαν καταγνοίη τις εἰ μηδ᾽ ἐν τοσούτῳ χρόνῳ δύνασθε, ὅσον
τρὶς ἀπὸ Ἡρακλείων στηλῶν εἰς Ἰνδοὺς ἀπελθεῖν εἶτ᾽ ἐπανελθεῖν
ῥᾴδιον, εἰ καὶ μὴ εὐθεῖαν μηδὲ ἀεὶ βαδίζοι τις, ἀλλὰ ἐν τοῖς
διὰ μέσου ἔθνεσι περιπλανώμενος. καίτοι πόσῳ τινὶ βούλει   5
ὑψηλοτέραν καὶ λισσοτέραν θῶμεν εἶναι τὴν ἄκραν, ἐφ᾽ ἧς ὑμῖν
ἡ Ἀρετὴ οἰκεῖ, τῆς Ἀόρνου ἐκείνης, ἣν ἐντὸς ὀλίγων ἡμερῶν ὁ
Ἀλέξανδρος κατὰ κράτος εἷλεν;

ΕΡΜΟΤΙΜΟΣ

5   Οὐδὲν ὅμοιον, ὦ Λυκῖνε, οὐδ᾽ ἔστι τὸ πρᾶγμα τοιοῦτον οἷον
σὺ εἰκάζεις, ὡς ὀλίγῳ χρόνῳ κατεργασθῆναι καὶ ἁλῶναι, οὐδ᾽ ἂν   10
μυρίοι Ἀλέξανδροι προσβάλωσιν. ἐπεὶ πολλοὶ ἂν οἱ ἀνιόντες
ἦσαν. νῦν δὲ ἐνάρχονται μὲν οὐκ ὀλίγοι μάλα ἐρρωμένως καὶ
προσέρχονται ἐπὶ ποσόν, οἱ μὲν ἐπὶ πάνυ ὀλίγον, οἱ δὲ ἐπὶ πλέον·
ἐπειδὰν δὲ κατὰ μέσην τὴν ὁδὸν γένωνται πολλοῖς τοῖς ἀπόροις
καὶ δυσχερέσιν ἐντυγχάνοντες ἀποδυσπετοῦσί τε καὶ ἀναστρέφ-   15
ουσιν ἀσθμαίνοντες καὶ ἱδρῶτι ῥεόμενοι, οὐ φέροντες τὸν κάματον.
ὅσοι δ᾽ ἂν εἰς τέλος διακαρτερήσωσιν οὗτοι πρὸς τὸ ἄκρον
ἀφικνοῦνται καὶ τὸ ἀπ᾽ ἐκείνου εὐδαιμονοῦσιν θαυμάσιόν τινα
βίον τὸν λοιπὸν βιοῦντες, οἷον μύρμηκας ἀπὸ τοῦ ὕψους ἐπι-
σκοποῦντές τινας τοὺς ἄλλους.   20

ΛΥΚΙΝΟΣ

Παπαῖ, ὦ Ἑρμότιμε, ἡλίκους ἡμᾶς ἀποφαίνεις οὐδὲ κατὰ τοὺς
Πυγμαίους ἐκείνους, ἀλλὰ χαμαὶ παντάπασιν πατεῖν ἐν χρῷ τῆς
γῆς. εἰκότως—ὑψηλὰ γὰρ ἤδη φρονεῖς καὶ ἄνωθεν· ἡμεῖς δὴ ὁ
συρφετὸς καὶ ὅσοι χαμαὶ ἐρχόμενοι ἐσμέν, μετὰ τῶν θεῶν καὶ
ὑμᾶς προσευξόμεθα ὑπερνεφέλους γενομένους καὶ ἀνελθόντας οἳ   25
πάλαι σπεύδετε.

4 εὐθὺ Fl.   6 δισσοτέραν ΓEL: λισσοτέραν ss. Γᵃ   7 ἀόρου
Γ: corr. Γᵃ; cf. 41.7, 77.12.6, Arr. Anab. 4.28   ὁ om. recc.   11 προσ-
βάλλωσιν L   12 ἀνέρχονται E   19–20 ἐπισκοποῦντας ΓE¹
22 χαμαὶ πάντα παθεῖν ἐν ΓEL: χαμαιπετεῖς παντάπασιν ἐν recc.: corr. Mras
24 cf. 24.6, Il. 5.442

70. ΕΡΜΟΤΙΜΟΣ Η ΠΕΡΙ ΑΙΡΕΣΕΩΝ

ΕΡΜΟΤΙΜΟΣ

Εἰ γὰρ γένοιτο καὶ ἀνελθεῖν, ὦ Λυκῖνε. ἀλλὰ πάμπολυ τὸ λοιπόν.

ΛΥΚΙΝΟΣ

Ὅμως οὐκ ἔφησθα ὁπόσον, ὡς χρόνῳ περιβαλεῖν.   6

ΕΡΜΟΤΙΜΟΣ

Οὐδ' αὐτὸς γὰρ οἶδα, ὦ Λυκῖνε, τἀκριβές. εἰκάζω μέντοι οὐ
5 πλείω τῶν εἴκοσιν ἐτῶν ἔσεσθαι, μεθ' ἃ πάντως που ἐπὶ τῷ ἄκρῳ ἐσόμεθα.

ΛΥΚΙΝΟΣ

Ἡράκλεις, πολὺ λέγεις.

ΕΡΜΟΤΙΜΟΣ

Καὶ γὰρ περὶ μεγάλων, ὦ Λυκῖνε, οἱ πόνοι.

ΛΥΚΙΝΟΣ

Τουτὶ μὲν ἴσως ἀληθές. ὑπὲρ δὲ τῶν εἴκοσιν ἐτῶν ὅτι βιώσῃ
10 τοσαῦτα πότερον ὁ διδάσκαλός σου καθυπέσχετο, οὐ μόνον σοφός, ἀλλὰ καὶ μαντικὸς ὢν ἢ χρησμολόγος τις ἢ ὅσοι τὰς Χαλδαίων μεθόδους ἐπίστανται; φασὶ γοῦν εἰδέναι τὰ τοιαῦτα. οὐ γὰρ δὴ σέ γε εἰκὸς ἐπὶ τῷ ἀδήλῳ, εἰ βιώσῃ μέχρι πρὸς τὴν ἀρετήν, τοσούτους πόνους ἀνέχεσθαι καὶ ταλαιπωρεῖν νύκτωρ καὶ μεθ'
15 ἡμέραν οὐκ εἰδότα εἴ σε πλησίον ἤδη τοῦ ἄκρου γενόμενον τὸ χρεὼν ἐπιστὰν κατασπάσει λαβόμενον τοῦ ποδὸς ἐξ ἀτελοῦς τῆς ἐλπίδος.

ΕΡΜΟΤΙΜΟΣ

Ἄπαγε. δύσφημα γὰρ ταῦτα, ὦ Λυκῖνε. ἀλλ' εἴη βιῶναι ὡς μίαν γοῦν ἡμέραν εὐδαιμονήσω σοφὸς γενόμενος.

ΛΥΚΙΝΟΣ

20 Καὶ ἱκανή σοι ἀντὶ τῶν τοσούτων καμάτων ἡ μία ἡμέρα;

3 περιβαλεῖν ΓΕ: παραβαλεῖν L: περιλαβεῖν recc.   9 Τοῦτο recc.
13 μέχρι LΓᵃ uv. Eᵃ uv.: μὲν fort. Γ¹Ε¹

ΛΟΥΚΙΑΝΟΥ

ΕΡΜΟΤΙΜΟΣ

Ἐμοὶ μὲν καὶ ἀκαριαῖον ὁπόσον ἱκανόν.

ΛΥΚΙΝΟΣ

7 Τὰ δὲ δὴ ἄνω ὅτι εὐδαίμονα καὶ τοιαῦτα ὡς πάντα χρῆν
ὑπομεῖναι δι' αὐτὰ πόθεν ἔχεις εἰδέναι; οὐ γὰρ δὴ αὐτός πω
ἀνελήλυθας.

ΕΡΜΟΤΙΜΟΣ

Ἀλλὰ τῷ διδασκάλῳ πιστεύω λέγοντι. ὁ δὲ πάνυ οἶδεν ἅτε 5
ἀκρότατος ἤδη ὤν.

ΛΥΚΙΝΟΣ

Ἔλεγε δὲ πρὸς θεῶν ποῖα τὰ περὶ αὐτῶν ἢ τίνα τὴν εὐδαιμονίαν
εἶναι τὴν ἐκεῖ; ἢ που τινὰ πλοῦτον καὶ δόξαν καὶ ἡδονὰς
ἀνυπερβλήτους;

ΕΡΜΟΤΙΜΟΣ

Εὐφήμει, ὦ ἑταῖρε. οὐδὲν γάρ ἐστι ταῦτα πρὸς τὸν ἐν τῇ ἀρετῇ 10
βίον.

ΛΥΚΙΝΟΣ

Ἀλλὰ τίνα φησὶ τἀγαθὰ εἰ μὴ ταῦτα ἕξειν πρὸς τὸ τέλος τῆς
ἀσκήσεως ἐλθόντας;

ΕΡΜΟΤΙΜΟΣ

Σοφίαν καὶ ἀνδρείαν καὶ τὸ καλὸν αὐτὸ καὶ τὸ δίκαιον καὶ τὸ
πάντα ἐπίστασθαι βεβαίως πεπεισμένον ᾗ ἕκαστα ἔχει. πλούτους 15
δὲ καὶ δόξας καὶ ἡδονὰς καὶ ὅσα τοῦ σώματος ταῦτα πάντα
κάτω ἀφῆκεν καὶ ἀποδυσάμενος ἀνέρχεται, ὥσπερ φασὶ τὸν
Ἡρακλέα ἐν τῇ Οἴτῃ κατακαυθέντα θεὸν γενέσθαι· καὶ γὰρ
ἐκεῖνος ἀποβαλὼν ὁπόσον ἀνθρώπειον εἶχε παρὰ τῆς μητρὸς
καὶ καθαρόν τε καὶ ἀκήρατον φέρων τὸ θεῖον ἀνέπτατο ἐς τοὺς 20
θεοὺς διευκρινηθὲν ὑπὸ τοῦ πυρός. καὶ οὗτοι δὴ ὑπὸ φιλο-
σοφίας ὥσπερ ὑπό τινος πυρὸς ἅπαντα ταῦτα περιαιρεθέντες
ἃ τοῖς ἄλλοις θαυμαστὰ εἶναι δοκεῖ οὐκ ὀρθῶς δοξάζουσιν,

14 ἀνδρίαν Γ¹L   16 ὅσαι E   17 ἀφεῖκεν Mras
17–18 cf. Soph. *Tr.* 1191 seq.

22

ἀνελθόντες ἐπὶ τὸ ἄκρον εὐδαιμονοῦσιν πλούτου καὶ δόξης
καὶ ἡδονῶν ἀλλ᾽ οὐδὲ μεμνημένοι ἔτι, καταγελῶντες δὲ τῶν
οἰομένων ταῦτα εἶναι.

ΛΥΚΙΝΟΣ

Νὴ τὸν Ἡρακλέα, ὦ Ἑρμότιμε, τὸν ἐν Οἴτῃ, ἀνδρεῖα καὶ **8**
5 εὐδαίμονα λέγεις περὶ αὐτῶν. πλὴν ἀλλὰ τόδε μοι εἰπέ, καὶ
κατέρχονταί ποτε ἐκ τῆς ἄκρας (ἢν ἐθελήσωσι) χρησόμενοι τοῖς
κάτω ἃ καταλελοίπασιν; ἢ ἀνάγκη ἅπαξ ἀνελθόντας αὐτοὺς
μένειν καὶ συνεῖναι τῇ ἀρετῇ πλούτου καὶ δόξης καὶ ἡδονῶν
καταγελῶντας;

ΕΡΜΟΤΙΜΟΣ

10 Οὐ μόνον τοῦτο, ὦ Λυκῖνε, ἀλλ᾽ ὃς ἂν ἀποτελεσθῇ πρὸς ἀρετήν,
οὔτε ὀργῇ οὔτε φόβῳ οὔτε ἐπιθυμίαις ὁ τοιοῦτος ἂν δουλεύοι οὐδὲ
λυποῖτο οὐδὲ ὅλως πάθος ἔτι τοιοῦτον πάθοι ἄν.

ΛΥΚΙΝΟΣ

Καὶ μὴν εἴ γέ με δεῖ μηδὲν ὀκνήσαντα εἰπεῖν τἀληθές—ἀλλ᾽
εὐφημεῖν χρὴ οἶμαι μηδὲ ὅσιον εἶναι ἐξετάζειν τὰ ὑπὸ τῶν σοφῶν
15 γιγνόμενα.

ΕΡΜΟΤΙΜΟΣ

Μηδαμῶς, ἀλλ᾽ εἰπὲ ὅ τι καὶ λέγεις.

ΛΥΚΙΝΟΣ

Ὅρα, ὦ ἑταῖρε, ὡς ἔγωγε καὶ πάνυ ὀκνῶ.

ΕΡΜΟΤΙΜΟΣ

Ἀλλὰ μὴ ὄκνει, ὦ γενναῖε, πρός γε μόνον ἐμὲ λέγων.

ΛΥΚΙΝΟΣ

Τὰ μὲν τοίνυν ἄλλα, ὦ Ἑρμότιμε, διηγουμένῳ σοι παρειπόμην **9**
20 καὶ ἐπίστευον οὕτως ἔχειν, σοφούς τε γίγνεσθαι αὐτοὺς καὶ
ἀνδρείους καὶ δικαίους καὶ τὰ ἄλλα· καί πως ἐκηλούμην πρὸς

---

11 δουλεύῃ *ΓΕ*LN[1]: corr. N[2]   11–12 οὐδ᾽ εἰ λυποῖτο *ΓΕ*L[1] uv.: corr.
L[2] uv.   13 με δεῖ *Γ*[a]E[a]: μέλει fort. *ΓΕ*: δεῖ uv. L[1]   14 εἶναι recc.:
ἢ *ΓΕ*: ἢ L

ΛΟΥΚΙΑΝΟΥ

τὸν λόγον. ὁπότε δὲ καὶ πλούτου ἔφησθα καταφρονεῖν σφᾶς καὶ δόξης καὶ ἡδονῶν καὶ μήτε ὀργίζεσθαι μήτε λυπεῖσθαι, πάνυ ἐνταῦθα (μόνω γάρ ἐσμεν) ἐπέστην ἀναμνησθεὶς ἃ πρώην εἶδον ποιοῦντα— βούλει φῶ τίνα; ἢ ἱκανὸν καὶ ἄνευ τοῦ ὀνόματος;

ΕΡΜΟΤΙΜΟΣ

Μηδαμῶς, ἀλλὰ καὶ τοῦτο εἰπὲ ὅστις ἦν.   5

ΛΥΚΙΝΟΣ

Διδάσκαλος αὐτὸς οὗτος ὁ σός, ἀνὴρ τά τε ἄλλα αἰδοῦς ἄξιος καὶ γέρων ἤδη ἐς τὸ ὕστατον.

ΕΡΜΟΤΙΜΟΣ

Τί οὖν δὴ ἐποίει;

ΛΥΚΙΝΟΣ

Τὸν ξένον οἶσθα τὸν Ἡρακλεώτην ὃς ἐκ πολλοῦ συνεφιλοσόφει αὐτῷ μαθητὴς ὤν, τὸν ξανθόν, τὸν ἐριστικόν;   10

ΕΡΜΟΤΙΜΟΣ

Οἶδα ὃν λέγεις· Δίων αὐτῷ τοὔνομα.

ΛΥΚΙΝΟΣ

Ἐκεῖνον αὐτόν, ἐπεὶ τὸν μισθὸν οἶμαι μὴ ἀπεδίδου κατὰ καιρόν, ἀπήγαγε παρὰ τὸν ἄρχοντα ἔναγχος περιθείς γε αὐτῷ θοἰμάτιον περὶ τὸν τράχηλον καὶ ἐβόα καὶ ὠργίζετο, καὶ εἰ μὴ τῶν συνήθων τινὲς ἐν μέσῳ γενόμενοι ἀφείλοντο τὸν νεανίσκον   15 ἐκ τῶν χειρῶν αὐτοῦ, εὖ ἴσθι προσφὺς ἂν ἀπέτραγεν αὐτοῦ τὴν ῥῖνα ὁ γέρων, οὕτως ἠγανάκτει.

ΕΡΜΟΤΙΜΟΣ

10   Πονηρὸς γὰρ ἐκεῖνος ἀεὶ καὶ ἀγνώμων, ὦ Λυκῖνε, περὶ

3 μόνῳ γάρ LE^d mg. suppl. Γ^a: om. Γ: μόνωι γάρ uv. E¹; cf. 21.21, 79.14.2; an μόνοι?   ἔπεστιν EL et sine accentu Γ: corr. recc. πρώην ΓEL: πρότερον recc.   11 αὐτῷ] αὐτὸ ΕΓ¹   15 ἀφείλαντο uv. Γ¹E¹L   16 ἐκεῖνος ante προσφὺς add. recc.

τὰς ἀποδόσεις· ἐπεὶ τούς γε ἄλλους οἷς δανείζει πολλοὺς ὄντας
οὐδὲν τοιοῦτό πω διατέθεικεν. ἀποδιδόασι γὰρ αὐτῷ κατὰ
καιρὸν τοὺς τόκους.

ΛΥΚΙΝΟΣ

Τί δέ, ἂν μὴ ἀποδιδῶσιν, ὦ μακάριε, μέλει τι αὐτῷ καθαρθέντι
5 ἤδη ὑπὸ φιλοσοφίας καὶ μηκέτι τῶν ἐν τῇ Οἴτῃ καταλελειμμένων
δεομένῳ;

ΕΡΜΟΤΙΜΟΣ

Οἴει γὰρ ὅτι ἑαυτοῦ χάριν ἐκεῖνος περὶ τὰ τοιαῦτα ἐσπούδακεν;
ἀλλ᾽ ἔστιν αὐτῷ παιδία νεογνὰ ὧν κήδεται μὴ ἐν ἀπορίᾳ
καταβιώσωσιν.

ΛΥΚΙΝΟΣ

10 Δέον, ὦ Ἑρμότιμε, ἀναγαγεῖν κἀκεῖνα ἐπὶ τὴν ἀρετήν, ὡς
συνευδαιμονοῖεν αὐτῷ πλούτου καταφρονοῦντες.

ΕΡΜΟΤΙΜΟΣ

Οὐ σχολή μοι, ὦ Λυκῖνε, περὶ τούτων διαλέγεσθαί σοι· σπεύδω 11
γὰρ ἤδη ἀκροάσασθαι αὐτοῦ, μὴ καὶ λάθω τελέως ἀπολειφθείς.

ΛΥΚΙΝΟΣ

Θάρρει, ὦγαθέ. τὸ τήμερον γὰρ ἐκεχειρία ἐπήγγελται. ὥστε
15 ἐγὼ ἀφίημί σοι ὅσον ἔτι λοιπὸν τῆς ὁδοῦ.

ΕΡΜΟΤΙΜΟΣ

Πῶς λέγεις;

ΛΥΚΙΝΟΣ

Ὅτι ἐν τῷ παρόντι οὐκ ἂν ἴδοις αὐτόν, εἴ γε χρὴ πιστεύειν τῷ
προγράμματι. πινάκιον γάρ τι ἐκρέματο ὑπὲρ τοῦ πυλῶνος
μεγάλοις γράμμασι λέγον τήμερον οὐ συμφιλοσοφεῖν. ἐλέγετο δὲ
20 παρ᾽ Εὐκράτει τῷ πάνυ δειπνήσας χθὲς γενέθλια θυγατρὸς
ἑστιῶντι πολλά τε συμφιλοσοφῆσαι ἐν τῷ συμποσίῳ καὶ πρὸς

---

2 διατέθηκεν ΓΕ¹: διατέθεικεν LE^a   4 Τί δαὶ ἂν Ε   ἀπο-
δίδωσιν ΓΕ: ἀποδίδωσιν L¹   11 αὐτῷ L: αὖ τοῦ ΕΓ^a uv.: αὐτοῦ Γ¹ uv.
15 ἔτι] ἔτι τὸ recc.   20 παρ᾽ Γ^aΕ^a: περὶ ΓΕL

ΛΟΥΚΙΑΝΟΥ

Εὐθύδημον τὸν ἐκ τοῦ Περιπάτου παροξυνθῆναί τι καὶ ἀμφι-
σβητῆσαι αὐτῷ περὶ ὧν ἐκεῖνοι εἰώθασιν ἀντιλέγειν τοῖς ἀπὸ τῆς
Στοᾶς. ὑπό τε οὖν τῆς κραυγῆς πονηρῶς τὴν κεφαλὴν διατεθῆναι
καὶ ἱδρῶσαι μάλα πολλὰ ἐς μέσας νύκτας ἀποταθείσης, ὥς φασι,
τῆς συνουσίας. ἅμα δὲ καὶ πεπώκει οἶμαι πλέον τοῦ ἱκανοῦ, τῶν 5
παρόντων ὡς εἰκὸς φιλοτησίας προπινόντων, καὶ ἐδεδειπνήκει
πλείω ἢ κατὰ γέροντα· ὥστε ἀναστρέψας ἤμεσέ τε ὡς ἔφασκον
πολλὰ καὶ μόνον ἀριθμῷ παραλαβὼν τὰ κρέα ὁπόσα τῷ παιδὶ
κατόπιν ἑστῶτι παραδεδώκει καὶ σημηνάμενος ἐπιμελῶς τὸ
ἀπ᾽ ἐκείνου καθεύδει μηδένα εἰσδέχεσθαι παραγγείλας. ταῦτα 10
δὲ Μίδου ἤκουσα τοῦ οἰκέτου αὐτοῦ διηγουμένου τισὶ τῶν
μαθητῶν, οἳ καὶ αὐτοὶ ἀνέστρεφον μάλα πολλοί.

ΕΡΜΟΤΙΜΟΣ

12 Ἐκράτησε δὲ πότερος, ὦ Λυκῖνε, ὁ διδάσκαλος ἢ ὁ Εὐθύδημος;
ἢ τί καὶ τοιοῦτον ἔλεγεν ὁ Μίδας;

ΛΥΚΙΝΟΣ

Τὰ μὲν πρῶτά φασιν, ὦ Ἑρμότιμε, ἀγχώμαλα σφίσι γενέσθαι, 15
τὸ δ᾽ οὖν τέλος τῆς νίκης καθ᾽ ὑμᾶς ἐγένετο καὶ παρὰ πολὺ ὁ
πρεσβύτης ὑπερέσχε. τὸν γοῦν Εὐθύδημον οὐδὲ ἀναιμωτί φασιν
ἀπελθεῖν, ἀλλὰ τραῦμα παμμέγεθες ἔχοντα ἐν τῇ κεφαλῇ. ἐπεὶ
γὰρ ἀλαζὼν ἦν καὶ ἐλεγκτικὸς καὶ πείθεσθαι οὐκ ἤθελεν οὐδὲ
παρεῖχε ῥάδιον αὐτὸν ἐλέγχεσθαι, ὁ διδάσκαλός σου ὁ βέλτιστος 20
ὃν εἶχε σκύφον Νεστόρειόν τινα καταφέρει αὐτοῦ πλησίον κατα-
κειμένου, καὶ οὕτως ἐκράτησεν.

ΕΡΜΟΤΙΜΟΣ

Εὖ γε. οὐ γὰρ ἄλλως ἐχρῆν πρὸς τοὺς μὴ ἐθέλοντας εἴκειν τοῖς
κρείττοσι.

3 πονηρῶς ΓL   5 ἐπεπώκει recc.   7 πλείω ΓΕᵃL: πλέον
fort. Ε¹: πλεῖον recc.   11 Μίδα recc.: sed cf. 15.5   14 ἢ τί scripsi:
ἢ τι ΓΕ: εἴ τι L   τοιοῦτο Γ   17 ἀναιμωτεί Ε; cf. Il. 17.363 etc.
20 αὐτὸν ΓΕL   21 σκύφον ΓΕ   cf. Il. 11.632–5
23 εἴκειν LΓᵃ: ἥκειν Ε et fort. Γ¹

ΛΥΚΙΝΟΣ

Ταυτὶ μέν, ὦ Ἑρμότιμε, πάνυ εὔλογα. ἢ τί γὰρ παθὼν
Εὐθύδημος ἄνδρα γέροντα παρώξυνεν ἀόργητον καὶ θυμοῦ κρείτ-
τονα, σκύφον οὕτω βαρὺν ἐν τῇ χειρὶ ἔχοντα; ἀλλά, σχολὴν γὰρ **13**
ἄγομεν, τί οὐ διηγῇ μοι ἑταίρῳ ὄντι ὃν τρόπον ὡρμήθης τὸ
5 πρῶτον φιλοσοφεῖν, ὡς καὶ αὐτός, εἰ δυνατὸν ἔτι, συνοδοιποροίην
ὑμῖν τὸ ἀπὸ τοῦδε ἀρξάμενος. οὐ γὰρ ἀποκλείσετέ με δηλαδὴ
φίλοι ὄντες.

ΕΡΜΟΤΙΜΟΣ

Εἰ γὰρ ἐθελήσειας, ὦ Λυκῖνε· ὄψει ἐν βραχεῖ ὅσον διοίσεις τῶν
ἄλλων. παῖδας εὖ ἴσθι οἰήσῃ ἅπαντας ὡς πρὸς σέ, τοσοῦτον
10 ὑπερφρονήσεις αὐτός.

ΛΥΚΙΝΟΣ

Ἱκανόν, εἰ μετὰ εἴκοσιν ἔτη γενέσθαι ⟨οἷός τε εἴην⟩ τοιοῦτος
οἷος σὺ νῦν.

ΕΡΜΟΤΙΜΟΣ

Ἀμέλει. καὶ αὐτὸς κατὰ σὲ γεγονὼς ἠρξάμην φιλοσοφεῖν
τετταρακοντούτης σχεδόν—ὁπόσα οἶμαι σὺ νῦν γέγονας.

ΛΥΚΙΝΟΣ

15 Τοσαῦτα γάρ, ὦ Ἑρμότιμε. ὥστε τὴν αὐτὴν ἄγε λαβὼν
κἀμέ—δίκαιον γάρ. καὶ πρῶτόν γέ μοι τοῦτο εἰπέ· δίδοτε ἀντι-
λέγειν τοῖς μανθάνουσιν ἤν τι μὴ ὀρθῶς λέγεσθαι δοκῇ αὐτοῖς,
ἢ οὐκ ἐφίετε τοῦτο τοῖς νεωτέροις;

ΕΡΜΟΤΙΜΟΣ

Οὐ πάνυ. σὺ δέ, ἤν τι βούλῃ, ἐρώτα μεταξὺ καὶ ἀντίλεγε. ῥᾷον
20 γὰρ οὕτω μάθοις.

ΛΥΚΙΝΟΣ

Εὖ γε—νὴ τὸν Ἑρμῆν, ὦ Ἑρμότιμε, αὐτὸν οὗ ἐπώνυμος ὢν **14**

1 ἢ τί Γ: ἢ τί L: ἢ τι Ε   3 σκύφον ΓΕ   11 γενέσθαι
ΓΕL: γενέσθαι οἷός τε εἴην Mras: γενοίμην recc.; an potius δυνήσομαι
γενέσθαι?   14 τετταρακοντούτις uv. Γ¹Ε¹   18 ἐφίεται Γˣ
20 οὕτω μάθῃς ΓΕL: corr. recc.: ἂν οὕτω μάθοις recc., edd.   21 Ἑρμῇ Ε¹

ΛΟΥΚΙΑΝΟΥ

τυγχάνεις. ἀτὰρ εἰπέ μοι, μία τις ὁδός ἐστιν ἡ ἐπὶ φιλοσοφίαν ἄγουσα ἡ τῶν Στωϊκῶν ὑμῶν; ἢ ἀληθῆ ἐγὼ ἤκουον ὡς καὶ ἄλλοι πολλοί τινές εἰσιν;

ΕΡΜΟΤΙΜΟΣ

Μάλα πολλοί—Περιπατητικοὶ καὶ Ἐπικούρειοι καὶ οἱ τὸν Πλάτωνα ἐπιγραφόμενοι, καὶ αὖ Διογένους ἄλλοι τινὲς καὶ 5 Ἀντισθένους ζηλωταὶ καὶ οἱ ἀπὸ τοῦ Πυθαγόρου καὶ ἔτι πλείους.

ΛΥΚΙΝΟΣ

Ἀληθῆ ταῦτα· πολλοὶ γάρ εἰσιν. πότερον δή, ὦ Ἑρμότιμε, τὰ αὐτὰ οὗτοι λέγουσιν ἢ διάφορα;

ΕΡΜΟΤΙΜΟΣ

Καὶ πάνυ διάφορα.

ΛΥΚΙΝΟΣ

Τὸ δέ γε ἀληθὲς οἶμαι πάντως που ἓν ἦν αὐτῶν, ἀλλ᾽ οὐ πάντα, 10 διάφορά γε ὄντα.

ΕΡΜΟΤΙΜΟΣ

Πάνυ μὲν οὖν.

ΛΥΚΙΝΟΣ

15 Ἴθι δή, ὦ φιλότης, ἀπόκριναί μοι· τῷ ποτε πιστεύσας τὸ πρῶτον σύ, ὁπότε ᾔεις φιλοσοφήσων πολλῶν σοι θυρῶν ἀναπε- πταμένων, παρεὶς σὺ τὰς ἄλλας εἰς τὴν τῶν Στωϊκῶν ἧκες καὶ δι᾽ 15 ἐκείνης ἠξίους ἐπὶ τὴν ἀρετὴν εἰσιέναι ὡς δὴ μόνης ἀληθοῦς οὔσης καὶ τὴν εὐθεῖαν ἐπιδεικνυούσης, τῶν δὲ ἄλλων εἰς τυφλὰ καὶ ἀνέξοδα φερουσῶν; τίνι ταῦτα ἐτεκμαίρου τότε; καὶ μή μοι τὸν νῦν δὴ τοῦτον σεαυτὸν ἐννόει, τὸν εἴτε ἡμίσοφον εἴτε σοφὸν ἤδη τὰ βελτίω κρίνειν ὑπὲρ τοὺς πολλοὺς ἡμᾶς δυνάμενον, ἀλλὰ οὕτως 20 ἀπόκριναι ὁποῖος τότε ἦσθα, ἰδιώτης καὶ κατὰ τὸν νῦν ἐμέ.

ΕΡΜΟΤΙΜΟΣ

Οὐ συνίημι ὅ τι σοι τοῦτο βούλεται, ὦ Λυκῖνε.

2–3 ἄλλαι πολλαί recc.   4 Ἐπικούριοι ΓΕ per libellum
13 ποτε ΓEL: τότε rec.   14 σύ ΓEL: om. recc.

70. ΕΡΜΟΤΙΜΟΣ Η ΠΕΡΙ ΑΙΡΕΣΕΩΝ

ΛΥΚΙΝΟΣ

Καὶ μὴν οὐ πάνυ ἀγκύλον ἠρόμην· πολλῶν γὰρ ὄντων φιλο-
σόφων, οἷον Πλάτωνος καὶ Ἀριστοτέλους καὶ Ἀντισθένους καὶ
τῶν ὑμετέρων προγόνων, τοῦ Χρυσίππου καὶ Ζήνωνος καὶ τῶν
ἄλλων ὅσοι εἰσίν, τῷ σὺ πιστεύσας τοὺς μὲν ἄλλους εἴας, ἐξ
5 ἁπάντων δὲ προελόμενος ἅπερ προῄρησαι, ἀξιοῖς κατὰ ταῦτα
φιλοσοφεῖν; ἆρα καὶ σὲ ὥσπερ τὸν Χαιρεφῶντα ὁ Πύθιος
ἐξέπεμψεν ἐπὶ τὰ Στωϊκῶν ἀρίστους ἐξ ἁπάντων προειπών; ἔθος
γὰρ αὐτῷ ἄλλον ἐπ' ἄλλο εἶδος φιλοσοφίας προτρέπειν τὴν
ἁρμόττουσαν οἶμαι ἑκάστῳ εἰδότι.

ΕΡΜΟΤΙΜΟΣ

10 Ἀλλ' οὐδὲν τοιοῦτον, ὦ Λυκῖνε, οὐδὲ ἠρόμην περί γε τούτων
τὸν θεόν.

ΛΥΚΙΝΟΣ

Πότερον οὐκ ἄξιον θείας συμβουλίας ἡγούμενος αὐτὸ ἢ ἱκανὸς
ᾤου αὐτὸς εἶναι ἑλέσθαι τὸ βέλτιον κατὰ σαυτὸν ἄνευ τοῦ θεοῦ;

ΕΡΜΟΤΙΜΟΣ

Ὤιμην γάρ.

ΛΥΚΙΝΟΣ

15 Οὐκοῦν καὶ ἡμᾶς διδάσκοις ἂν τοῦτο πρῶτον, ὅπως δια- 16
γνωστέον ἡμῖν εὐθὺς ἐν ἀρχῇ, τίς ἡ ἀρίστη φιλοσοφία ἐστὶ καὶ ἡ
ἀληθεύουσα καὶ ἣν ἄν τις ἕλοιτο παρεὶς τὰς ἄλλας.

ΕΡΜΟΤΙΜΟΣ

Ἐγώ σοι φράσω. ἑώρων τοὺς πλείστους ἐπ' αὐτὴν ὁρμῶντας
ὥστε εἴκαζον ἀμείνω εἶναι αὐτήν.

ΛΥΚΙΝΟΣ

20 Πόσῳ τινὶ πλείους τῶν Ἐπικουρείων ἢ Πλατωνικῶν ἢ Περι-

---

1 ἀγκύλων ΓΕ: corr. EᵃL   4 σὺ EᵃL: σοὶ ΓΕ   6 cf.
Pl. Apol. 21a   7 προσειπών recc.   10 οὐδὲν ΓᵃEᵃL: οὐδὲ ΓΕ

ΛΟΥΚΙΑΝΟΥ

πατητικῶν; ἠρίθμησας γὰρ δηλαδὴ αὐτοὺς καθάπερ ἐν ταῖς χειροτονίαις.

ΕΡΜΟΤΙΜΟΣ

'Αλλ' οὐκ ἠρίθμησα ἔγωγε, εἴκαζον δέ.

ΛΥΚΙΝΟΣ

Ὡς οὐκ ἐθέλεις διδάξαι με ἀλλὰ ἐξαπατᾷς, ὃς περὶ τῶν τοιούτων εἰκασμῷ φὴς καὶ πλήθει κρῖναι ἀποκρυπτόμενος 5 λέγειν πρός με τἀληθές.

ΕΡΜΟΤΙΜΟΣ

Οὐ μόνον τοῦτο, ὦ Λυκῖνε, ἀλλὰ καὶ ἤκουον ἁπάντων λεγόντων ὡς οἱ μὲν Ἐπικούρειοι γλυκύθυμοι καὶ φιλήδονοί εἰσιν, ⟨οἱ⟩ Περιπατητικοὶ δὲ φιλόπλουτοι καὶ ἐριστικοί τινες, οἱ Πλατωνικοὶ δὲ τετύφωνται καὶ φιλόδοξοί εἰσιν, περὶ δὲ τῶν Στωϊκῶν πολλοὶ 10 ἔφασκον ὅτι ἀνδρώδεις καὶ πάντα γιγνώσκουσιν καὶ ὅτι ὁ ταύτην ἰὼν τὴν ὁδὸν μόνος βασιλεύς, μόνος πλούσιος, μόνος σοφὸς καὶ συνόλως ἅπαντα.

ΛΥΚΙΝΟΣ

17 Ἔλεγον δὲ ταῦτα πρὸς σὲ ἄλλοι δηλαδὴ περὶ αὐτῶν. οὐ γὰρ δὴ ἐκείνοις ἂν αὐτοῖς ἐπίστευσας ἐπαινοῦσιν τὰ αὐτῶν. 15

ΕΡΜΟΤΙΜΟΣ

Οὐδαμῶς, ἀλλὰ οἱ ἄλλοι ἔλεγον.

ΛΥΚΙΝΟΣ

Οἱ μὲν δὴ ἀντίδοξοι οὐκ ἔλεγον ὡς τὸ εἰκός. [οὗτοι δὲ ἦσαν οἱ τὰ ἄλλα φιλοσοφοῦντες.]

ΕΡΜΟΤΙΜΟΣ

Οὐ γάρ.

1 αὐτοὺς δηλαδὴ recc.   5 πλήθει κρῖναι Γ^aΕ^a: πλήκρίναι ΓΕ: πλήθει κριθῆναι L   8 οἱ recc.: om. ΓΕ   12 cf. 27.20, Cic. Fin. 3.75, Hor. Sat. 1.3.124, Ep. 1.1.106, Stoic. 4.131   15 αὐτῶν ΓΕL: corr. N   17 an εἰκός;?   17–18 οὗτοι...φιλοσοφοῦντες del. Solanus

30

ΛΥΚΙΝΟΣ

Οἱ δ' ἄρα ἰδιῶται ταῦτα ἔλεγον.

ΕΡΜΟΤΙΜΟΣ

Καὶ μάλα.

ΛΥΚΙΝΟΣ

Ὁρᾷς ὅπως αὖθις ἐξαπατᾷς με καὶ οὐ λέγεις τἀληθές. ἀλλὰ
οἴει Μαργίτῃ διαλέγεσθαί τινι, ὡς πιστεῦσαι ὅτι Ἑρμότιμος,
5 ἀνὴρ συνετός, ἔτη τότε γεγονὼς τεσσαράκοντα, περὶ φιλοσοφίας
καὶ φιλοσόφων ἀνδρῶν τοῖς ἰδιώταις ἐπίστευσεν καὶ κατὰ τὰ ὑπ'
ἐκείνων λεγόμενα ἐποιεῖτο τὴν αἵρεσιν καὶ τῶν κρειττόνων ἀξιῶν·
οὐ γὰρ πιστεύσαιμί σοι τοιαῦτα λέγοντι.

ΕΡΜΟΤΙΜΟΣ

Ἀλλ' οἶσθα, ὦ Λυκῖνε, οὐχὶ τοῖς ἄλλοις μόνον ἐπίστευον **18**
10 ἀλλὰ καὶ ἐμαυτῷ. ἑώρων γὰρ αὐτοὺς κοσμίως βαδίζοντας, ἀνα-
βεβλημένους εὐσταλῶς, φροντίζοντας ἀεί, ἀρρενωπούς, ἐν χρῷ
κουρίας τοὺς πλείστους, οὐδὲν ἁβρὸν οὐδ' αὖ πάνυ ἐς τὸ ἀδιά-
φορον ὑπερεκπῖπτον ὡς ἔκπληκτον εἶναι καὶ κυνικὸν ἀτεχνῶς,
ἀλλ' ἐπὶ τοῦ μέσου καταστήματος, ὃ δὴ ἄριστον ἅπαντες εἶναί
15 φασιν.

ΛΥΚΙΝΟΣ

Ἆρ' οὖν κἀκεῖνα εἶδες ποιοῦντας αὐτοὺς ἃ μικρῷ πρόσθεν
ἔλεγον αὐτὸς ἑωρακέναι τὸν σὸν διδάσκαλον, ὦ Ἑρμότιμε,
πράττοντα; οἷον δανείζοντας καὶ ἀπαιτοῦντας πικρῶς καὶ φιλο-
νίκως πάνυ ἐρίζοντας ἐν ταῖς ξυνουσίαις καὶ τὰ ἄλλα ὅσα
20 ἐπιδείκνυνται; ἢ τούτων ὀλίγον σοι μέλει, ἄχρι ἂν εὐσταλὴς ἡ
ἀναβολὴ καὶ ὁ πώγων βαθὺς καὶ ἐν χρῷ ἡ κουρά; καὶ πρὸς τὸ
λοιπὸν ἄρα ἔχωμεν τουτονὶ κανόνα καὶ στάθμην ἀκριβῆ τῶν

---

1 an ἔλεγον;?   4 post οἴει usque ad p. 33 l. 11 infra L deest
5 ἀνὴρ Γ: om. E   7–8 καὶ τῶν κρειττόνων ἀξιῶν· οὐ γὰρ πιστεῦσαί
(πιστεύσαιμί Fl.) ΓΕ: τῶν κρειττόνων· οὐ γὰρ ἄξιόν πιστεῦσαί Fritzsche:
pro ἀξιῶν coniecit ἀξίαν Guyet, ἀξίωσιν Struve: καταφρονῶν τῶν κρειτ-
τόνων ἀξιουμένων (vel ἀξιωμάτων)...temptaveram   9 ἴσθι Bekker
20 ἄχρι Γᵃᴱᵃ plene: ex compendio uv. Γ¹Ε¹   ⟨ἢ⟩ ἤ? Bekker

ΛΟΥΚΙΑΝΟΥ

τοιούτων, ὡς Ἑρμότιμός φησιν, καὶ χρὴ ἀπὸ σχημάτων καὶ
βαδισμάτων καὶ κουρᾶς διαγινώσκειν τοὺς ἀρίστους, ὃς δ' ἂν μὴ
ἔχῃ ταῦτα μηδὲ σκυθρωπὸς ᾖ καὶ φροντιστικὸς τὸ πρόσωπον,
19 ἀποδοκιμαστέος καὶ ἀποβλητέος; ἀλλ' ὅρα μὴ καὶ ταῦτα, ὦ
Ἑρμότιμε, παίζεις πρός με πειρώμενος εἰ ἐξαπατώμενος 5
συνίημι.

ΕΡΜΟΤΙΜΟΣ

Διὰ τί τοῦτο ἔφησθα;

ΛΥΚΙΝΟΣ

Ὅτι, ὦγαθέ, ἀνδριάντων ταύτην ἐξέτασιν λέγεις τὴν ἀπὸ τῶν
σχημάτων. παρὰ πολὺ γοῦν ἐκεῖνοι εὐσχημονέστεροι καὶ τὰς
ἀναβολὰς κοσμιώτεροι, Φειδίου τινὸς ἢ Ἀλκαμένους ἢ Μύρωνος
πρὸς τὸ εὐμορφότατον εἰκάσαντος. εἰ δὲ καὶ ὅτι μάλιστα χρὴ 10
τεκμαίρεσθαι τοῖς τοιούτοις, τί ἂν πάθοι τις, εἰ τυφλὸς ὢν
ἐπιθυμοίη φιλοσοφεῖν; τῷ διαγνῷ τὸν τὴν ἀμείνω προαίρεσιν
προῃρημένον οὔτε σχῆμα οὔτε βάδισμα ὁρᾶν δυνάμενος;

ΕΡΜΟΤΙΜΟΣ

Ἀλλ' ἔμοιγε οὐ πρὸς τυφλοὺς ὁ λόγος, ὦ Λυκῖνε, οὐδ' ἐμοὶ 15
μέλει τῶν τοιούτων.

ΛΥΚΙΝΟΣ

Ἐχρῆν μέν, ὦ χρηστέ, κοινόν τι τὸ γνώρισμα εἶναι τῶν οὕτω
μεγάλων καὶ ἅπασι χρησίμων. πλὴν εἰ δοκεῖ, οἱ μὲν ἔξω ἡμῖν
φιλοσοφίας μενέτωσαν οἱ τυφλοί, ἐπείπερ μηδὲ ὁρῶσι—καίτοι
ἀναγκαῖον ἦν τοῖς τοιούτοις μάλιστα φιλοσοφεῖν ὡς μὴ πάνυ 20
ἄχθοιντο ἐπὶ τῇ συμφορᾷ. οἱ δὲ δὴ βλέποντες κἂν πάνυ ὀξυδερκεῖς
ὦσιν τί ἂν δύναιντο συνιδεῖν τῶν τῆς ψυχῆς ἀπό γε τῆς ἔξωθεν
20 ταύτης περιβολῆς; ὃ δὲ βούλομαι εἰπεῖν τοιόνδε ἐστίν· οὐχ ὅτι
τῆς γνώμης τῶν ἀνδρῶν ἔρωτι προσήεις αὐτοῖς καὶ ἠξίους
ἀμείνων γίγνεσθαι ἐς τὰ τῆς γνώμης; 25

14 προειρημένον Γ: corr. Γᵃ   δυναμένῳ ΓΕ: corr. recc.
15 οὐδ' ἐμοὶ uv. Ε: οὐδὲ μοὶ sic Γ: οὐδέ μοι recc.   21 ὀξυδορκεῖς ΓΕ:
corr. recc.; cf. 25.25, 27.26   24 προσείης ΓΕ   καὶ] ἀλλὰ καὶ
Guyet; si quid mutandum, an ἔρωτι ⟨ἑάλως vel περιέπεσες⟩, προσῇεις?

70. ΕΡΜΟΤΙΜΟΣ Η ΠΕΡΙ ΑΙΡΕΣΕΩΝ

ΕΡΜΟΤΙΜΟΣ

Καὶ μάλα.

ΛΥΚΙΝΟΣ

Πῶς οὖν οἷόν τέ σοι ἦν ἀφ' ὧν ἔφησθα ἐκείνων τῶν γνωρισμάτων διορᾶν τὸν ὀρθῶς φιλοσοφοῦντα ἢ μή; οὐ γὰρ φιλεῖ τὰ τοιαῦτα οὕτω διαφαίνεσθαι, ἀλλ' ἔστιν ἀπόρρητα καὶ ἐν ἀφανεῖ
5 κείμενα, λόγοις καὶ συνουσίαις ἀναδεικνύμενα καὶ ἔργοις τοῖς ὁμοίοις ὀψὲ μόλις. ὁ γοῦν Μῶμος ἀκήκοας οἶμαι ἅτινα ᾐτιάσατο τοῦ Ἡφαίστου· εἰ δὲ μή, ἀλλὰ νῦν ἄκουε. φησὶ γὰρ ὁ μῦθος ἐρίσαι Ἀθηνᾶν καὶ Ποσειδῶνα καὶ Ἥφαιστον εὐτεχνίας πέρι, καὶ τὸν μὲν Ποσειδῶ ταῦρόν τινα ἀναπλάσαι, τὴν Ἀθηνᾶν δὲ οἰκίαν
10 ἐπινοῆσαι, ὁ Ἥφαιστος δὲ ἄνθρωπον ἄρα συνεστήσατο, καὶ ἐπείπερ ἐπὶ τὸν Μῶμον ἧκον ὅνπερ δικαστὴν προείλοντο, θεασάμενος ἐκεῖνος ἑκάστου τὸ ἔργον, τῶν μὲν ἄλλων ἅτινα ᾐτιάσατο περιττὸν ἂν εἴη λέγειν, ἐπὶ τοῦ ἀνθρώπου δὲ τοῦτο ἐμέμψατο καὶ τὸν ἀρχιτέκτονα ἐπέπληξε τὸν Ἥφαιστον διότι μὴ καὶ θυρίδας
15 ἐποίησεν αὐτῷ κατὰ τὸ στέρνον, ὡς ἀναπετασθεισῶν γνώριμα γίγνεσθαι ἅπασιν ἃ βουλεύεται καὶ ἐπινοεῖ καὶ εἰ ψεύδεται ἢ ἀληθεύει. ἐκεῖνος μὲν οὖν ἅτε ἀμβλυώττων οὕτω περὶ τῶν ἀνθρώπων διενοεῖτο, σὺ δὲ ὑπὲρ τὸν Λυγκέα ἡμῖν δέδορκας καὶ ὁρᾷς τὰ ἔνδον ὡς ἔοικεν διὰ τοῦ στέρνου καὶ ἀνέῳκταί σοι τὰ
20 πάντα, ὡς εἰδέναι μὴ μόνον ἃ βουλεύεται καὶ ἃ γιγνώσκει ἕκαστος ἀλλὰ καὶ πότερος ἀμείνων ἢ χείρων.

ΕΡΜΟΤΙΜΟΣ

Παίζεις, ὦ Λυκῖνε. ἐγὼ δὲ κατὰ θεὸν εἱλόμην καὶ οὐ μεταμέλει μοι τῆς αἱρέσεως. ἱκανὸν δὲ τοῦτο πρὸς γοῦν ἐμέ.   21

ΛΥΚΙΝΟΣ

Ὅμως οὐκ ἂν εἴποις, ὦ ἑταῖρε, καὶ πρὸς ἐμέ, ἀλλὰ περιόψει
25 με παραπολόμενον ἐν τῷ πολλῷ συρφετῷ;

---

7 cf. 8.32, 14.3, Babrius 59   9 τινα om. recc.   11 a -μον
ἧκον L suppetit   16 βούλεται L   εἰ Bas.²: ἢ codd.   20 βούλεται L
25 παραπωλόμενον ΓΕ: παραπολλόμενον sic L: corr. Eª; cf. c. 1

ΛΟΥΚΙΑΝΟΥ

ΕΡΜΟΤΙΜΟΣ

Οὐδὲν γάρ σοι ἀρέσκει ὧν ἂν εἴπω.

ΛΥΚΙΝΟΣ

Οὔκ, ὦγαθέ, ἀλλ' οὐδὲν ἐθέλεις εἰπεῖν ὁποῖον ἄν με ἀρέσειεν. ἐπεὶ δ' οὖν σὺ ἑκὼν ἀποκρύπτῃ καὶ φθονεῖς ἡμῖν ὡς μὴ ἐξ ἴσου γενοίμεθά σοι φιλοσοφήσαντες, ἐγὼ πειράσομαι ὅπως ἂν οἷός τε ὦ κατ' ἐμαυτὸν ἐξευρεῖν τὴν ἀκριβῆ περὶ τούτων κρίσιν καὶ τὴν 5 ἀσφαλεστάτην αἵρεσιν. ἄκουε δὲ καὶ σύ, εἰ βούλει.

ΕΡΜΟΤΙΜΟΣ

Ἀλλὰ βούλομαι, ὦ Λυκῖνε. ἴσως γάρ τι γνώριμον ἐρεῖς.

ΛΥΚΙΝΟΣ

Σκόπει δὴ καὶ μὴ καταγελάσῃς, εἰ παντάπασιν ἰδιωτικῶς ἀναζητῶ αὐτό· ἀνάγκη γὰρ οὕτως, ἐπεὶ μὴ σὺ ἐθέλεις σαφέστερον εἰπεῖν εἰδὼς ἄμεινον. 10

22 Ἔστω δή μοι ἡ μὲν ἀρετὴ τοιόνδε τι οἷον πόλις τις εὐδαίμονας ἔχουσα τοὺς ἐμπολιτευομένους (ὡς φαίη ἂν ὁ διδάσκαλος ὁ σὸς ἐκεῖθέν ποθεν ἀφιγμένος), σοφοὺς ἐς τὸ ἀκρότατον, ἀνδρείους ἅπαντας, δικαίους, σώφρονας, ὀλίγον θεῶν ἀποδέοντας· οἷα δὲ πολλὰ γίγνεται παρ' ἡμῖν, ἁρπαζόντων καὶ βιαζομένων καὶ 15 πλεονεκτούντων, οὐδὲν ἂν ἴδοις, φασίν, ἐν ἐκείνῃ τῇ πόλει τολμώμενον, ἀλλὰ ἐν εἰρήνῃ καὶ ὁμονοίᾳ ξυμπολιτεύονται, μάλ' εἰκότως· ἃ γὰρ ἐν ταῖς ἄλλαις πόλεσιν οἶμαι τὰς στάσεις καὶ φιλονικίας ἐγείρει καὶ ὧν ἕνεκα ἐπιβουλεύουσιν ἀλλήλοις, ταῦτα πάντα ἐκποδών ἐστιν ἐκείνοις. οὐ γὰρ οὔτε χρυσίον ἔτι οὔτε 20 ἡδονὰς οὔτε δόξας ὁρῶσιν ὡς διαφέρεσθαι περὶ αὐτῶν, ἀλλὰ πάλαι τῆς πόλεως ἐξεληλάκασιν αὐτὰ οὐκ ἀναγκαῖα ἡγησάμενοι ξυμπολιτεύεσθαι. ὥστε γαληνόν τινα καὶ πανευδαίμονα βίον βιοῦσιν ξὺν εὐνομίᾳ καὶ ἰσότητι καὶ ἐλευθερίᾳ καὶ τοῖς ἄλλοις ἀγαθοῖς.

25

2 με ΓEL: μοι recc.; cf. 30.13   8–9 cf. Pl. Euthd. 278d
9 ἐθέλῃς ΓE   17 cf. Zeno, Stoic. 1.61

34

ΕΡΜΟΤΙΜΟΣ

Τί οὖν, ὦ Λυκῖνε; οὐκ ἄξιον ἅπαντας ἐπιθυμεῖν πολίτας 23
γίγνεσθαι τῆς τοιαύτης πόλεως μήτε κάματον ὑπολογιζομένους
τὸν ἐν τῇ ὁδῷ μήτε πρὸς τὸ μῆκος τοῦ χρόνου ἀπαγορεύοντας,
εἰ μέλλουσιν ἀφικόμενοι ἐγγραφήσεσθαι καὶ αὐτοὶ καὶ μεθέξειν
5 τῆς πολιτείας;

ΛΥΚΙΝΟΣ

Νὴ Δία, ὦ Ἑρμότιμε, πάντων μάλιστα ἐπὶ τούτῳ σπου-
δαστέον, τῶν δὲ ἄλλων ἀμελητέον, καὶ μήτε πατρίδος τῆς
ἐνταῦθα ἐπιλαμβανομένης πολὺν ποιεῖσθαι λόγον μήτε παίδων ἢ
γονέων ὅτῳ εἰσὶν ἐπικατεχόντων καὶ κλαυθμυριζομένων ἐπι-
10 κλᾶσθαι, ἀλλὰ μάλιστα μὲν κἀκείνους παρακαλεῖν ἐπὶ τὴν
αὐτὴν ὁδόν, εἰ δὲ μὴ ἐθέλοιεν ἢ μὴ δύναιντο, ἀποσεισάμενον
αὐτοὺς χωρεῖν εὐθὺ τῆς πανευδαίμονος ἐκείνης πόλεως καὶ
αὐτὸ ἀπορρίψαντα τὸ ἱμάτιον εἰ τούτου ἐπειλημμένοι κατερύ-
κοιεν, ἐσσύμενον ἐκεῖσε—οὐ γὰρ δέος μή σέ τις ἀποκλείσῃ καὶ
15 γυμνὸν ἐκεῖσε ἥκοντα.

Ἤδη γάρ ποτε καὶ ἄλλοτε πρεσβύτου ἀνδρὸς ἤκουσα διεξιόντος 24
ὅπως τὰ ἐκεῖ πράγματα ἔχοι, καί με προύτρεπεν ἕπεσθαί οἱ πρὸς
τὴν πόλιν· ἡγήσεσθαι γὰρ αὐτὸς καὶ ἐλθόντα ἐγγράψειν καὶ
φυλέτην ποιήσεσθαι καὶ φατρίας μεταδώσειν τῆς αὑτοῦ, ὡς μετὰ
20 πάντων εὐδαιμονοίην. "ἀλλ᾽ ἐγὼ οὐ πιθόμην" ὑπ᾽ ἀνοίας καὶ
νεότητος τότε, πρὸ πεντεκαίδεκα σχεδὸν ἐτῶν· ἴσως γὰρ ἂν αὐτὰ
ἤδη ἀμφὶ τὰ προάστεια καὶ πρὸς ταῖς πύλαις ἦν. ἔλεγε δ᾽ οὖν περὶ
τῆς πόλεως, [ὡς] εἴ γε μέμνημαι, ἄλλα τε πολλὰ καὶ δὴ καὶ τάδε,
ὡς ξύμπαντες μὲν ἐπήλυδες καὶ ξένοι εἶεν, αὐθιγενὴς δὲ οὐδὲ εἷς,
25 ἀλλὰ καὶ βαρβάρους ἐμπολιτεύεσθαι πολλοὺς καὶ δούλους καὶ
ἀμόρφους καὶ μικροὺς καὶ πένητας, καὶ ὅλως μετέχειν τῆς πόλεως
τὸν βουλόμενον· τὸν γὰρ δὴ νόμον αὐτοῖς οὐκ ἀπὸ τιμημάτων
ποιεῖσθαι τὴν ἐγγραφὴν οὐδ᾽ ἀπὸ σχημάτων ἢ μεγέθους ἢ

8 τὸν λόγον recc. 9 ἔτι, κατ. Bekker 13 ἀπορρίψαντας ΓEL: corr.
recc. 13–14 cf. *Il.* 6.518, 16.9, *Od.* 15.73 19 φρατρίας recc.;
cf. 52.4 20 cf. *Il.* 5.201, *Od.* 9.228 22 προάστια LSJ; cf. 14.23,
31.12, 73.34, 77.25.2 23 εἰ recc.: ὡς εἰ ΓEL καὶ ἤδη καὶ codd.:
corr. Schaefer

κάλλους οὐδ' ἀπὸ γένους, [οὕτω λαμπρὸν ἐκ προγόνων], ἀλλὰ
ταῦτα μὲν οὐδὲ νομίζεσθαι παρ' αὐτοῖς, ἀποχρῆν δ' ἑκάστῳ πρὸς
τὸ πολίτην γενέσθαι σύνεσιν καὶ ἐπιθυμίαν τῶν καλῶν καὶ πόνον
καὶ τὸ λιπαρὲς καὶ τὸ μὴ ἐνδοῦναι μηδὲ μαλακισθῆναι πολλοῖς
τοῖς δυσχερέσιν κατὰ τὴν ὁδὸν ἐντυγχάνοντα, ὡς ὅστις ἂν ταῦτα   5
ἐπιδείξηται καὶ διεξέλθῃ πορευόμενος ἄχρι πρὸς πόλιν,
αὐτίκα μάλα πολίτην ὄντα τοῦτον ὅστις ἂν ᾖ καὶ ἰσότιμον
ἅπασι· τὸ δὲ χείρων ἢ κρείττων ἢ εὐπατρίδης ἢ ἀγενὴς ἢ
δοῦλος ἢ ἐλεύθερος οὐδὲ ὅλως εἶναι ἢ λέγεσθαι ἐν τῇ πόλει.

ΕΡΜΟΤΙΜΟΣ

25 Ὁρᾷς, ὦ Λυκῖνε, ὡς οὐ μάτην οὐδὲ περὶ μικρῶν κάμνω   10
πολίτης ἐπιθυμῶν γενέσθαι καὶ αὐτὸς οὕτω καλῆς καὶ εὐδαίμονος
πόλεως;

ΛΥΚΙΝΟΣ

Καὶ γὰρ αὐτός, ὦ Ἑρμότιμε, τῶν αὐτῶν σοι ἐρῶ καὶ οὐκ ἔστιν
ὅ τι ἄν μοι πρὸ τούτων εὐξαίμην γενέσθαι. εἰ μὲν οὖν πλησίον ἦν
ἡ πόλις καὶ φανερὰ ἰδεῖν ἅπασι, πάλαι ἄν, εὖ ἴσθι, μηδὲν   15
ἐνδοιάσας αὐτὸς ᾔειν ἐς αὐτὴν καὶ ἐπολιτευόμην ἂν ἐκ πολλοῦ,
ἐπεὶ δέ, ὡς ὑμεῖς φατε, σύ τε καὶ Ἡσίοδος ὁ ῥαψῳδός, πάνυ
πόρρω ἀπῴκισται, ἀνάγκη ζητεῖν ὁδόν τε τὴν ἄγουσαν ἐπ' αὐτὴν
καὶ ἡγεμόνα τὸν ἄριστον. ἢ οὐκ οἴει σὺ χρῆναι οὕτω ποιεῖν;

ΕΡΜΟΤΙΜΟΣ

Καὶ πῶς ἂν ἄλλως ἔλθοι τις;   20

ΛΥΚΙΝΟΣ

Οὐκοῦν ὅσον μὲν ἐπὶ τῷ ὑπισχνεῖσθαι καὶ φάσκειν εἰδέναι

---

1 οὕτω λαμπρὸν Γ et fort. E¹: οὐ τῶν λαμπρῶν Eᵃ: καὶ οὐ τὸ λαμπρὸν L:
οὐδὲ λαμπρῶν rec.: οὕτω...προγόνων delevi   2 cf. Pl. Grg. 466b
3 πόνων ΓL   4 λιπαρὲς ΓᵈEᵈ recc.; ἀλιπαρὲς Γ¹E¹L; cf. 41.9
6 πρὸς τὴν π. recc.   8 ἀγενὴς ΓΕ: εὐγενὴς L: ἀγεννὴς recc.   12 ; om. ΓL
17 Hes. Op. 290   20 Καὶ...τις ΛΥΚ. tribuit ΓL   21 ὅσον
Fritzsche: σὸν ΓEL: σοὶ recc.   ἐπὶ] ἔτι recc.   τῷ Fritzsche:
τὸ codd.; cf. 21.21, 70.3 etc.

πολλὴ ἀφθονία τῶν ἡγησομένων. πολλοὶ γὰρ ἕτοιμοι παρεστᾶσιν
αὐτόχθονες ἐκεῖθεν ἕκαστος εἶναι λέγοντες. ὁδός γε μὴν οὐ μία
καὶ ἡ αὐτὴ φαίνεται ἀλλὰ πολλαὶ καὶ διάφοροι καὶ οὐδὲν ἀλλήλαις
ὅμοιαι· ἡ μὲν γὰρ ἐπὶ τὰ ἑσπέρια, ἡ δὲ ἐπὶ τὴν ἕω φέρειν ἔοικεν,
5 ἡ δέ τις ἐπὶ τὰς ἄρκτους, καὶ ἄλλη εὐθὺ τῆς μεσημβρίας, καὶ ἡ
μὲν διὰ λειμώνων καὶ φυτῶν καὶ σκιᾶς ἔνυδρος καὶ ἡδεῖα καὶ οὐδὲν
ἀντίτυπον ἢ δύσβατον ἔχουσα, ἡ δὲ πετρώδης καὶ τραχεῖα πολὺν
ἥλιον καὶ δίψος καὶ κάματον προφαίνουσα. καὶ ὅμως αὗται πᾶσαι
πρὸς τὴν πόλιν ἄγειν λέγονται μίαν οὖσαν ἐς τὰ ἐναντιώτατα
10 τελευτῶσαι.
    Ἔνθα δή μοι καὶ ἡ πᾶσα ἀπορία ἐστίν. ἐφ᾽ ἣν γὰρ ἂν ἔλθω 26
αὐτῶν, ἀνὴρ κατὰ τὴν ἀρχὴν τῆς ἀτραποῦ ἑκάστης, ἐφεστὼς ἐν
τῇ εἰσόδῳ μάλα τις ἀξιόπιστος ὀρέγει τε τὴν χεῖρα καὶ προτρέπει
κατὰ τὴν αὐτοῦ ἀπιέναι, λέγων ἕκαστος αὐτῶν μόνος τὴν εὐθεῖαν
15 εἰδέναι τοὺς δὲ ἄλλους πλανᾶσθαι μήτε αὐτοὺς ἐληλυθότας μήτε
ἄλλοις ἡγήσασθαι δυναμένοις ἀκολουθήσοντας. κἂν ἐπὶ τὸν
πλησίον ἀφίκωμαι, κἀκεῖνος τὰ ὅμοια ὑπισχνεῖται περὶ τῆς αὐτοῦ
ὁδοῦ καὶ τοὺς ἄλλους κακίζει, καὶ ὁ παρ᾽ αὐτὸν ὁμοίως καὶ ἑξῆς
ἅπαντες. τό τε τοίνυν πλῆθος τῶν ὁδῶν καὶ τὸ ἀνόμοιον αὐτῶν
20 οὐ μετρίως ταράττει με καὶ ἀπορεῖν ποιεῖ, καὶ μάλιστα οἱ
ἡγεμόνες ὑπερδιατεινόμενοι καὶ τὰ αὐτῶν ἕκαστοι ἐπαινοῦντες.
οὐ γὰρ οἶδα ἥντινα τραπόμενος ἢ τῷ μᾶλλον ἀκολουθήσας
ἀφικοίμην ἂν πρὸς τὴν πόλιν.

ΕΡΜΟΤΙΜΟΣ

Ἀλλ᾽ ἐγώ σε ἀπολύσω τῆς ἀπορίας. τοῖς γὰρ προωδοιπορη- 27
25 κόσιν, ὦ Λυκῖνε, πιστεύσας οὐκ ἂν σφαλείης.

ΛΥΚΙΝΟΣ

Τίσι λέγεις; τοῖς κατὰ ποίαν ὁδὸν ἐλθοῦσιν; ἢ τίνι τῶν

---

1 πολλῇ ἀφθονίᾳ ΓEL: corr. recc.   5 τις rec.: τῆς ΓE: om. L
εὐθὺ Eᵈ L: εὐθὺς ΓE¹   6 ἔνυδρος ΓE¹L: εὔυδρος Eᵈ; cf. 13.28,
41.7, 73.20   καὶ⁴ om. recc.   οὐδὲν] οὐδὲ L   9 ἐναντι-
ώματα codd.: corr. Jensius   12 ἕκαστος codd.: corr. Jensius
16 ἄλλοις recc.: ἀλλήλοις ΓEL   ἀκολουθήσαντας recc.   21 αὐτῶν
L: αὐτῶν Γ et uv. E: ἑαυτῶν recc.

ἡγεμόνων ἀκολουθήσασιν; αὖθις γὰρ ἡμῖν τὸ αὐτὸ ἄπορον ἐν ἄλλῃ μορφῇ ἀναφαίνεται ἀπὸ τῶν πραγμάτων ἐπὶ τοὺς ἄνδρας μετεληλυθός.

ΕΡΜΟΤΙΜΟΣ

Πῶς τοῦτο φής;

ΛΥΚΙΝΟΣ

Ὅτι ὁ μὲν τὴν Πλάτωνος τραπόμενος καὶ συνοδοιπορήσας 5
μετ' αὐτοῦ ἐκείνην ἐπαινέσεται δῆλον ὅτι, ὁ δὲ τὴν Ἐπικούρου,
ἐκείνην, καὶ ἄλλος ἄλλην, σὺ δὲ τὴν ὑμετέραν. ἢ πῶς γάρ, ὦ
Ἑρμότιμε; οὐχ οὕτως;

ΕΡΜΟΤΙΜΟΣ

Πῶς γὰρ οὔ;

ΛΥΚΙΝΟΣ

Οὐ τοίνυν ἀπέλυσάς με τῆς ἀπορίας, ἀλλ' ἔτι ὁμοίως ἀγνοῶ 10
τῷ μᾶλλον χρὴ πιστεῦσαι τῶν ὁδοιπόρων. ὁρῶ γὰρ ἕκαστον
αὐτῶν, καὶ αὐτὸν καὶ τὸν ἡγεμόνα, μιᾶς πεπειραμένον καὶ ἐκείνην
ἐπαινοῦντα καὶ λέγοντα ὡς αὕτη μόνη ἄγει ἐπὶ τὴν πόλιν. οὐ
μέντοι ἔχω εἰδέναι εἰ ἀληθῆ φησιν. ἀλλ' ὅτι μὲν ἀφῖκται πρός
τι τέλος καὶ εἶδέ τινα πόλιν δώσω αὐτῷ ἴσως, εἰ δὲ ἐκείνην 15
εἶδεν ἣν ἐχρῆν ἐν ᾗ ἐπιθυμοῦμεν ἐγώ τε καὶ σὺ πολιτεύσασθαι,
ἢ δέον εἰς Κόρινθον ἐλθεῖν ὅδ' εἰς Βαβυλῶνα ἀφικόμενος οἴεται
Κόρινθον ἑωρακέναι, ἄδηλον ἐμοὶ γοῦν ἔτι—οὐ γὰρ πάντως ὁ
τινὰ πόλιν ἰδὼν Κόρινθον εἶδεν, εἴ γε οὐ μόνη πόλις ἐστὶν ἡ
Κόρινθος. ὃ δὲ δὴ μάλιστα εἰς ἀπορίαν με καθίστησιν, ἐκεῖνό 20
ἐστιν—τὸ εἰδέναι ὅτι πᾶσα ἀνάγκη μίαν εἶναι τὴν ἀληθῆ ὁδόν·
καὶ γὰρ ἡ Κόρινθος μία ἐστίν, αἱ δὲ ἄλλαι πανταχόσε μᾶλλον
ἢ εἰς Κόρινθον ἄγουσιν, εἰ μή τις οὕτω σφόδρα παραπαίει ὡς
οἴεσθαι καὶ τὴν ἐς Ὑπερβορέους καὶ τὴν εἰς Ἰνδοὺς ἄγουσαν εἰς
Κόρινθον στέλλειν. 25

3 μετεληλυθώς *Γ*[1]Ε[1]   4 πῶς τοῦτο φής; om. *Γ*   7 καὶ *Γ*L:
om. E   12 καί[2] om. recc.   15 οἶδέν L   17 ἢ δέον
Ald.[1] mg.: ἡδέως cett.; cf. Ar. *Fr.* 928 K.-A., Hor. *Ep.* 1.17.36   ὅδ' recc.:
ὁ δ' *Γ*EL; sed cf. p. 39 l. 17   23 παραπαίει Ε[1] uv.: παραπαίη Ε[a]

ΕΡΜΟΤΙΜΟΣ

Καὶ πῶς οἷόν τε, ὦ Λυκῖνε; ἄλλη γὰρ ἀλλαχόσε ἄγει.

ΛΥΚΙΝΟΣ

Οὐκοῦν, ὦ καλὲ Ἑρμότιμε, οὐ μικρᾶς δεῖ βουλῆς ἐπὶ τὴν 28
αἵρεσιν τῶν ὁδῶν τε καὶ ἡγεμόνων, οὐδὲ τοῦτο δὴ τὸ τοῦ λόγου
ποιήσομεν—ἔνθα ἂν ἡμᾶς οἱ πόδες φέρωσιν, ἐκεῖσε ἄπιμεν· ἐπεὶ
5 λήσομεν οὕτως ἀντὶ τῆς εἰς Κόρινθον ἀγούσης τὴν ἐπὶ Βαβυλῶνος
ἢ Βάκτρων ἀπιόντες. οὐδὲ γὰρ οὐδὲ ἐκεῖνο καλῶς ἔχει τῇ τύχῃ
ἐπιτρέπειν ὡς τάχα ἂν τὴν ἀρίστην ἑλομένους, εἰ καὶ ἄνευ
ἐξετάσεως ὁρμήσαιμεν ἐπὶ μίαν τῶν ὁδῶν ἡντιναοῦν. δυνατὸν μὲν
γὰρ καὶ τοῦτο γενέσθαι, καὶ ἴσως ποτὲ ἐγένετο ἐν τῷ μακρῷ
10 χρόνῳ· ἡμᾶς δέ γε περὶ τῶν οὕτω μεγάλων οὐκ οἶμαι δεῖν
παραβόλως ἀναρρίπτειν οὐδὲ ἐς στενὸν κομιδῇ κατακλείειν τὴν
ἐλπίδα ἐπὶ ῥιπός, ὡς ἡ παροιμία φησί, τὸν Αἰγαῖον ἢ τὸν Ἰόνιον
διαπλεῦσαι θέλοντας, ὅτε οὐδὲ αἰτιασαίμεθ' ἂν εὐλόγως τὴν
τύχην, εἰ τοξεύουσα καὶ ἀκοντίζουσα μὴ πάντως ἔτυχε τοῦ
15 ἀληθοῦς, ἑνὸς ὄντος ἐν μυρίοις τοῖς ψεύδεσιν, ὅπερ οὐδὲ τῷ
Ὁμηρικῷ τοξότῃ ὑπῆρξεν, ὃς δέον τὴν πελειάδα κατατοξεῦσαι,
ὁ δὲ τὴν μήρινθον ἐνέτεμεν, ὁ Τεῦκρος, οἶμαι. ἀλλὰ παρὰ πολὺ
ἐκεῖνο εὐλογώτερον τῶν πολλῶν τρωθήσεσθαι καὶ περιπεσεῖσθαι
τῷ τοξεύματι ἐλπίζειν ἢ πάντως ἐκεῖνο τὸ ἓν ἐξ ἁπάντων. ὁ δὲ
20 κίνδυνος ὅτι οὐ μικρός, εἰ ἀντὶ τῆς ἐπ' εὐθὺ ἀγούσης ἐς τῶν
πεπλανημένων μίαν ἀγνοοῦντες ἐμπέσοιμεν, ἐλπίζοντες ἄμεινον
αἱρήσεσθαι τὴν τύχην ὑπὲρ ἡμῶν, εἰκάζειν οἶμαι. οὐδὲ γὰρ
ἀναστρέψαι ἔτι καὶ ἀνασωθῆναι ὀπίσω ῥάδιον, ἢν ἅπαξ ἐπιδῷ τις
αὐτὸν τῇ πνεούσῃ τὰ ἀπόγεια λυσάμενος, ἀλλὰ ἀνάγκη ἐν τῷ
25 πελάγει διαφέρεσθαι ναυτιῶντα ὡς τὸ πολὺ καὶ δεδιότα καὶ
καρηβαροῦντα ὑπὸ τοῦ σάλου, δέον ἐξ ἀρχῆς πρὶν ἐκπλεῦσαι

---

1 οἷόν τε LΓᵃEᵃ: οἴονται Γ¹E¹   3–4 cf. Men. *Mis.* 166 etc.
4 cf. Theocr. 13.70, 14.42, Hor. *Carm.* 3.11.49, *Epod.* 16.21, *Anth. Pal.* 11.346
9 ἐν] καὶ ἐν recc.   11 ἀναρριπτεῖν Eᵃ   12–13 cf. Eur. *Fr.*
397, Ar. *Pax* 699   12 Ἰώνιον ΓE   14 τοῦ recc.: τῆς ΓEL
15 ψευδέσιν Lehmann   16 *Il.* 23.865 seq.   πελιάδα Γ
18 πολλῶν ⟨τι⟩ Guyet   22 οἶμαι] εὔμαρες ? Bekker   24 πλεούσῃ
codd.: corr. Solanus, Elsner, cf. *Act. Ap.* 27.40

ΛΟΥΚΙΑΝΟΥ

ἀναβάντας ἐπὶ σκοπήν τινα σκέψασθαι εἰ ἐπίφορόν ἐστι καὶ
οὔριον τὸ πνεῦμα τοῖς Κόρινθόνδε διαπλεῦσαι ἐθέλουσιν, καὶ νὴ
Δία κυβερνήτην ἕνα τὸν ἄριστον ἐκλέξασθαι καὶ ναῦν εὐπαγῆ
οἵαν διαρκέσαι πρὸς τηλικοῦτον κλύδωνα.

ΕΡΜΟΤΙΜΟΣ

29 Οὕτω γε ἄμεινον, ὦ Λυκῖνε, παρὰ πολύ. πλὴν οἶδά γε ὅτι 5
ἅπαντας ἐν κύκλῳ περιελθὼν οὐκ ἄλλους ἂν εὕροις οὔτε ἡγεμόνας
ἀμείνους οὔτε κυβερνήτας ἐμπειροτέρους τῶν Στωϊκῶν, καὶ ἢν
ἐθελήσῃς γε ἀφικέσθαι ποτὲ εἰς τὴν Κόρινθον, ἐκείνοις ἕψῃ κατὰ
τὰ Χρυσίππου καὶ Ζήνωνος ἴχνη προϊών. ἄλλως δὲ ἀδύνατον.

ΛΥΚΙΝΟΣ

Ὁρᾷς τοῦτο ὡς κοινόν, ὦ Ἑρμότιμε, εἴρηκας; εἴποι γὰρ ἂν 10
αὐτὸ καὶ ὁ τῷ Πλάτωνι ξυνοδοιπορῶν καὶ ὁ Ἐπικούρῳ ἑπόμενος
καὶ οἱ ἄλλοι, μὴ ἂν ἐλθεῖν με εἰς τὴν Κόρινθον εἰ μὴ μεθ᾽ ἑαυτοῦ,
ἕκαστος. ὥστε ἢ πᾶσι πιστεύειν χρή, ὅπερ γελοιότατον, ἢ
ἀπιστεῖν ὁμοίως. μακρῷ γὰρ ἀσφαλέστατον τὸ τοιοῦτο ἄχρι ἂν
εὕρωμεν ⟨τὸν⟩ τἀληθῆ ὑπισχνούμενον.   15

30 Ἐπεὶ φέρε, εἰ καθάπερ νῦν ἔχω, ἀγνοῶν ἔτι ὅστις ἐξ ἁπάντων
ἐστὶν ὁ ἀληθεύων, ἑλοίμην τὰ ὑμέτερα σοὶ πιστεύσας, ἀνδρὶ φίλῳ,
ἀτὰρ μόνα γε τὰ τῶν Στωϊκῶν εἰδότι καὶ μίαν ὁδὸν ὁδοιπορήσαντι
ταύτην, ἔπειτα θεῶν τις ἀναβιῶναι ποιήσειε Πλάτωνα καὶ
Πυθαγόραν καὶ Ἀριστοτέλη καὶ τοὺς ἄλλους, οἱ δὲ περιστάντες 20
ἐρωτῷέν με ἢ καὶ νὴ Δί᾽ ἐς δικαστήριον ἀγαγόντες ὕβρεως
ἕκαστος δικάζοιντο λέγοντες, Ὦ βέλτιστε Λυκῖνε, τί παθὼν ἢ τίνι
ποτὲ πιστεύσας Χρύσιππον καὶ Ζήνωνα προετίμησας ἡμῶν,
πρεσβυτέρων ὄντων παρὰ πολύ, χθὲς καὶ πρώην γενομένους, μήτε
λόγου μεταδοὺς ἡμῖν μήτε πειραθεὶς ὅλως ὧν φαμέν; εἰ ταῦτα 25

1 ἀναβάντα recc.   2 οὔρειον E   5 ἀμείνων ΓΕ
8 γε L: δὲ ΓΕ   10 εἴρηκας. ΓΕ   12 ἀνελθεῖν codd.: corr.
Jacobs   14 τοιοῦτον recc.   ἄχρι E et ex compendio Γ:
ἄχρις LΓᵃEᵃ uv.   15 sic scripsi: τἀληθῆ ὑπισχνούμενον ΓEL: τἀληθῆ
recc.: τὸν ἀληθῆ Fritzsche   20 Ἀριστοτέλην L   24 cf. Ar. Ran.
726, Pl. Lg. 677d etc.

40

λέγοιεν τί ἂν ἀποκριναίμην αὐτοῖς; ἢ ἐξαρκέσει μοι ἂν εἴπω ὅτι
Ἑρμοτίμῳ ἐπείσθην φίλῳ ἀνδρί; ἀλλὰ φαῖεν ἄν, οἶδ' ὅτι, Ἡμεῖς,
ὦ Λυκῖνε, οὐκ ἴσμεν τὸν Ἑρμότιμον τοῦτον ὅστις ποτέ ἐστιν οὐδὲ
ἐκεῖνος ἡμᾶς. ὥστε οὐκ ἐχρῆν ἁπάντων καταγιγνώσκειν οὐδὲ
5 ἐρήμην ἡμῶν καταδιαιτᾶν ἀνδρὶ πιστεύσαντα μίαν ὁδὸν ἐν
φιλοσοφίᾳ καὶ οὐδὲ ταύτην ἴσως ἀκριβῶς κατανοήσαντι. οἱ δέ γε
νομοθέται, ὦ Λυκῖνε, οὐχ οὕτω προστάττουσι ποιεῖν τοῖς
δικασταῖς οὐδὲ τοῦ ἑτέρου μὲν ἀκούειν, τὸν δὲ ἕτερον οὐκ ἐᾶν
λέγειν ὑπὲρ ἑαυτοῦ ἃ οἴεται ξυμφέρειν, ἀλλ' ὁμοίως ἀμφοῖν
10 ἀκροᾶσθαι, ὡς ῥᾷον ἀντεξετάζοντες τοὺς λόγους εὑρίσκοιεν
τἀληθῆ τε καὶ ψευδῆ, καὶ ἤν γε μὴ οὕτω ποιῶσιν ἐφιέναι δίδωσιν
ὁ νόμος εἰς ἕτερον δικαστήριον.

Τοιαῦτα ἄττα εἰκὸς ἐρεῖν αὐτούς. ἢ τάχ' ἄν τις αὐτῶν καὶ 31
προσέροιτό με, Εἰπέ μοι, λέγων, ὦ Λυκῖνε, εἴ τις Αἰθίοψ
15 μηδεπώποτε ἄλλους ἀνθρώπους ἰδών, οἷοι ἡμεῖς ἐσμεν, διὰ τὸ μὴ
ἀποδεδημηκέναι τὸ παράπαν, ἔν τινι συλλόγῳ τῶν Αἰθιόπων
διισχυρίζοιτο καὶ λέγοι μηδαμόθι τῆς γῆς ἀνθρώπους εἶναι
λευκοὺς ἢ ξανθοὺς μηδὲ ἄλλο τι ἢ μέλανας, ἆρα πιστεύοιτ' ἂν ὑπ'
αὐτῶν; ἢ εἴποι τις ἂν πρὸς αὐτὸν τῶν πρεσβυτέρων Αἰθιόπων,
20 Σὺ δὲ δὴ πόθεν ταῦτα, ὦ θρασύτατε, οἶσθα; οὐ γὰρ ἀπεδήμησας
παρ' ἡμῶν οὐδαμόσε οὐδὲ ⟨εἶδες⟩ νὴ Δία τὰ παρὰ τοῖς ἄλλοις
ὁποῖά ἐστι. φαίην ἂν ἔγωγε δίκαια ἐρωτῆσαι τὸν πρεσβύτην. ἢ
πῶς, ὦ Ἑρμότιμε, συμβουλεύεις;

ΕΡΜΟΤΙΜΟΣ

Οὕτω. δικαιότατα γὰρ ἐπιπλῆξαι δοκεῖ μοι.

ΛΥΚΙΝΟΣ

25 Καὶ γὰρ ἔμοιγε, ὦ Ἑρμότιμε. ἀλλὰ τὸ μετὰ τοῦτο οὐκέτ'
οἶδα εἰ ὁμοίως καὶ σοὶ δόξει. ἐμοὶ μὲν γὰρ καὶ τοῦτο πάνυ
δοκεῖ.

ΕΡΜΟΤΙΜΟΣ

Τὸ ποῖον;

7–8 τοῖς δ. ποιεῖν Ε¹   21 εἶδες recc.: om. ΓΕL   26 τοῦτο
καὶ πάνυ recc.

ΛΥΚΙΝΟΣ

32 Ἐπάξει δηλαδὴ ὁ ἀνὴρ καὶ φήσει πρός με ὧδέ πως,
Ἀνάλογον τοίνυν, ὦ Λυκῖνε, κείσθω τις ἡμῖν τὰ Στωϊκῶν
μόνα εἰδώς, καθάπερ ὁ σὸς φίλος οὗτος ὁ Ἑρμότιμος, ἀπο-
δημήσας δὲ μηδεπώποτε μήτε ἐς Πλάτωνος μήτε παρὰ τὸν
Ἐπίκουρον μήτε ὅλως πρὸς ἄλλον τινά. εἰ τοίνυν λέγοι μηδὲν 5
οὕτω καλὸν εἶναι μηδ᾽ ἀληθὲς παρὰ τοῖς πολλοῖς, οἷα τὰ τῆς
Στοᾶς ἐστι καὶ ἃ ἐκείνη φησίν, οὐκ ἂν εὐλόγως θρασὺς εἶναι
δόξειέν σοι περὶ πάντων ἀποφαινόμενος, καὶ ταῦτα ἓν εἰδώς,
οὐδεπώποτε ἐξ Αἰθιοπίας τὸν ἕτερον πόδα προελθών; τί βούλει
ἀποκρίνωμαι αὐτῷ; 10

ΕΡΜΟΤΙΜΟΣ

Τὸ ἀληθέστατον ἐκεῖνο δηλαδή, ὅτι ἡμεῖς τὰ μὲν Στωϊκῶν καὶ
πάνυ ἐκμανθάνομεν ὡς ἂν κατὰ ταῦτα φιλοσοφεῖν ἀξιοῦντες, οὐκ
ἀγνοοῦμεν δὲ καὶ τὰ ὑπὸ τῶν ἄλλων λεγόμενα. ὁ γὰρ διδάσκαλος
κἀκεῖνα μεταξὺ διέξεισι πρὸς ἡμᾶς καὶ ἀνατρέπει γε αὐτὰ
προσθεὶς αὐτός. 15

ΛΥΚΙΝΟΣ

33 Ἦ νομίζεις ἐνταῦθα σιωπήσεσθαι ἡμῖν τοὺς ἀμφὶ τὸν Πλάτωνα
καὶ Πυθαγόραν καὶ Ἐπίκουρον καὶ τοὺς ἄλλους, οὐχὶ δὲ ἀνα-
γελάσαντας ἂν εἰπεῖν πρὸς ἐμέ, Οἷα ποιεῖ, ὦ Λυκῖνε, ὁ ἑταῖρός σου
ὁ Ἑρμότιμος; ἀξιοῖ τοῖς ἀντιδίκοις περὶ ἡμῶν πιστεύειν καὶ
οἴεται τοιαῦτα εἶναι τὰ ἡμέτερα ὁποῖα ἂν ἐκεῖνοι φῶσιν ἢ οὐκ 20
εἰδότες ἢ κρυπτόμενοι τἀληθές; οὐκοῦν ἤν τινα καὶ τῶν ἀθλητῶν
ἴδῃ ἀσκούμενον πρὸ τοῦ ἀγῶνος λακτίζοντα εἰς τὸν ἀέρα ἢ πὺξ
κενὴν πληγήν τινα καταφέροντα, τὸν ἀνταγωνιστὴν δῆθεν
παίοντα, εὐθὺς ἀνακηρύξει αὐτὸν ἀγωνοθέτης ὢν ὡς ἄμαχόν τινα
ἢ ἐκεῖνα μὲν οἰήσεται ῥάδια εἶναι καὶ ἀσφαλῆ τὰ νεανιεύματα 25
οὐδενὸς ἀνταιρομένου αὐτῷ, τὴν δὲ νίκην τηνικαῦτα κρίνεσθαι

2 κείσθω τις ἡμῖν, ὦ Λ. recc.   5 μηδὲ ὅλως ΓEL
πρὸς ΓEL: παρ᾽ recc.   6 πολλοῖς] ἄλλοις Gesner   9 cf.
59.29   10 ἀποκρίνωμαι ΓL²: ἀποκρίνομαι EL¹; an ἀποκρινοῦμαι?
14 μεταξὺ] μεταξὺ καὶ recc.   15 vices loquendi om. codd.: corr.
Solanus   23 τὸν] ὡς τὸν Junt.   24 an ἀγωνοθέτης?
post ὦν punx. ΓE   25 cf. Pl. R. 390a   26 ἀντερομένου Γ:
ἀντερουμένου E: corr. ΓᵃEᵃ

70. ΕΡΜΟΤΙΜΟΣ Η ΠΕΡΙ ΑΙΡΕΣΕΩΝ

ὁπόταν καταγωνίσηται τὸν ἀντίπαλον αὐτὸν καὶ κρατήσῃ ὁ δ᾽
ἀπαγορεύσῃ, ἄλλως δὲ οὔ; μὴ τοίνυν μηδὲ ῾Ερμότιμος ἀφ᾽ ὧν ἂν
οἱ διδάσκαλοι αὐτοῦ σκιαμαχῶσι πρὸς ἡμᾶς ἀπόντας οἰέσθω
κρατεῖν αὐτοὺς ἢ τὰ ἡμέτερα τοιαῦτα εἶναι ὡς ἀνατρέπεσθαι
5 ῥᾳδίως. ἐπεὶ τὸ τοιοῦτο ὅμοιον ἂν εἴη τοῖς τῶν παιδίων οἰκοδο-
μήμασιν ἃ κατασκευάσαντες ἐκεῖνοι ἀσθενῆ εὐθὺς ἀνατρέπουσιν,
ἢ καὶ νὴ Δία τοῖς τοξεύειν μελετῶσιν, οἳ κάρφη τινὰ συνδήσαντες,
ἔπειτα ἐπὶ κοντοῦ πήξαντες οὐ πόρρω προθέμενοι στοχάζονται
ἀφιέντες, καὶ ἢν τύχωσί ποτε καὶ διαπείρωσι τὰ κάρφη ἀνέκραγον
10 εὐθὺς ὡς τι μέγα ποιήσαντες, εἰ διεξῆλθεν αὐτοῖς τὸ βέλος διὰ
τῶν φρυγάνων. ἀλλ᾽ οὐ Πέρσαι γε οὕτω ποιοῦσιν οὐδὲ Σκυθῶν
ὅσοι τοξόται, ἀλλὰ πρῶτον μὲν αὐτοὶ κινούμενοι ἀφ᾽ ἵππων ὡς
τὸ πολὺ τοξεύουσιν, ἔπειτα δὲ καὶ τὰ τοξευόμενα κινεῖσθαι
ἀξιοῦσιν οὐχ ἑστῶτα οὐδὲ περιμένοντα τὸ βέλος ἔστ᾽ ἂν ἐμπέσῃ,
15 ἀλλὰ διαδιδράσκοντα ὡς ἔνι μάλιστα. θηρία γέ τοι ὡς τὸ πολὺ
κατατοξεύουσιν, καὶ ὀρνίθων ἔνιοι τυγχάνουσιν. ἢν δέ ποτε καὶ
ἐπὶ σκοποῦ δέῃ πειραθῆναι τοῦ τόνου τῆς πληγῆς, ξύλον
ἀντίτυπον ἢ ἀσπίδα ὠμοβοΐνην προθέμενοι διελαύνουσιν, καὶ
οὕτως πιστεύουσιν κἂν δι᾽ ὅπλων σφίσιν χωρῆσαι τοὺς οἰστούς.
20 εἰπὲ τοίνυν, ὦ Λυκῖνε, παρ᾽ ἡμῶν ῾Ερμοτίμῳ ὅτι οἱ διδάσκαλοι
αὐτοῦ φρύγανα προθέμενοι κατατοξεύουσιν, εἶτά φασιν ἀνδρῶν
ὡπλισμένων κεκρατηκέναι, καὶ εἰκόνας ἡμῶν γραψάμενοι πυ-
κτεύουσιν πρὸς ἐκείνας, ⟨καὶ⟩ κρατήσαντες ὡς τὸ εἰκὸς ἡμῶν
κρατεῖν οἴονται. ἀλλὰ φαίημεν ἂν ἕκαστος πρὸς αὐτοὺς τὰ τοῦ
25 Ἀχιλλέως ἐκεῖνα, ἅ φησι περὶ τοῦ Ἕκτορος, ὅτι

οὐ γὰρ ἐμῆς κόρυθος λεύσσουσι μέτωπον.

ταῦτα μὲν οἱ ξύμπαντες ἐν τῷ μέρει ἕκαστος.

Ὁ Πλάτων δ᾽ ἄν μοι δοκεῖ καὶ διηγήσασθαί τι τῶν ἐκ Σικελίας 34

---

2 ἀπαγορεύσει ΓΕ   3 σκιωμαχῶσι Γ: σκιαμαχοῦσι Ε: σκιο-
μαχοῦσι L: corr. recc.; cf. Pl. *Apol.* 18d, *R.* 520c   οἰέσθαι
ΓEL: corr. recc., Lˣ   5 ῥᾳδίως ἐπὶ τὸ ΓEL¹: corr. EᵃΓᵃL² uv.
τοιοῦτο ΓL: τοιοῦτον ΓᵃΕ   ὅμοιος ΓEL¹: corr. Eᵃ
9 διαπήρωσι Eᵃ   10 εἰ διεξελήλυθεν Γᵃ mg., Eᵃ mg.   17 τοῦ
τόνου LΓᵃEᵃ: τοῦτον οὐ ΓΕ   23 καὶ recc.: om. ΓEL   26 λεύ-
σουσι ΓEL: corr. recc.; *Il.* 16.70   28 δοκῇ ΓEL: corr. recc.

43

ὡς ἂν εἰδὼς τὰ πλεῖστα· τῷ γὰρ Συρακουσίῳ Γέλωνί φασι
δυσῶδες εἶναι τὸ στόμα καὶ τοῦτο ἐπὶ πολὺ διαλαθεῖν αὐτὸν
οὐδενὸς τολμῶντος ἐλέγχειν τύραννον ἄνδρα, μέχρι δή τινα
γυναῖκα ξένην συνενεχθεῖσαν αὐτῷ τολμῆσαι καὶ εἰπεῖν ὅπως
ἔχοι. τὸν δὲ παρὰ τὴν γυναῖκα ἐλθόντα ⟨τὴν⟩ ἑαυτοῦ ὀργίζεσθαι 5
ὅτι οὐκ ἐμήνυσε πρὸς αὐτὸν εἰδυῖα μάλιστα τὴν δυσωδίαν,
τὴν δὲ παραιτεῖσθαι συγγνώμην ἔχειν αὐτῇ· ὑπὲρ γὰρ τοῦ μὴ
πεπειρᾶσθαι ἄλλου ἀνδρὸς μηδὲ ὁμιλῆσαι πλησίον οἰηθῆναι ἅπασι
τοῖς ἀνδράσι τοιοῦτό τι ἀποπνεῖν τοῦ στόματος. καὶ Ἑρμότιμος
τοίγαρ ἅτε μόνοις τοῖς Στωϊκοῖς ξυνών, φαίη ἂν ὁ Πλάτων, 10
εἰκότως ἀγνοεῖ ὁποῖα τῶν ἄλλων τὰ στόματά ἐστιν. ὅμοια δ᾽
ἂν καὶ Χρύσιππος εἴποι ἢ ἔτι πλείω τούτων, εἴπερ λιπὼν αὐτὸν
ἄκριτον ἐπὶ τὰ Πλάτωνος ὁρμήσαιμι πιστεύσας τινὶ τῶν μόνῳ
Πλάτωνι ὡμιληκότων. ἑνί τε λόγῳ ξυνελών φημι, ἄχρι ἂν ἄδηλον
ᾖ τίς ἀληθής ἐστι προαίρεσις ἐν φιλοσοφίᾳ, μηδεμίαν αἱρεῖσθαι. 15
ὕβρις γὰρ ἐς τὰς ἄλλας τὸ τοιοῦτον.

ΕΡΜΟΤΙΜΟΣ

35 Ὦ Λυκῖνε, πρὸς τῆς Ἑστίας, Πλάτωνα μὲν καὶ Ἀριστοτέλη
καὶ Ἐπίκουρον καὶ τοὺς ἄλλους ἀτρεμεῖν ἐάσωμεν· οὐ γὰρ κατ᾽
ἐμὲ ἀνταγωνίζεσθαι αὐτοῖς. νῶι δέ, ἐγώ τε καὶ σύ, ἐφ᾽ ἡμῶν
αὐτῶν ἐξετάσωμεν, εἰ τοιοῦτόν ἐστι τὸ φιλοσοφίας πρᾶγμα οἷον 20
ἐγώ φημι αὐτὸ εἶναι. Αἰθίοπας δέ γε ἢ τὴν Γέλωνος γυναῖκα τί
ἔδει καλεῖν ἐκ Συρακουσῶν ἐπὶ τὸν λόγον;

ΛΥΚΙΝΟΣ

Ἀλλ᾽ ἐκεῖνοι μὲν ἀπίτωσαν ἐκποδών, εἴ σοι δοκοῦσιν περιττοὶ
εἶναι πρὸς τὸν λόγον. σὺ δὲ λέγε ἤδη. θαυμαστὸν γάρ τι ἐρεῖν
ἔοικας. 25

5 τὴν ἑαυτοῦ recc.: ἑαυτοῦ E et ante ἐλθ. L: αὐτοῦ Γ 7 ὑπὸ
Bekker; at cf. 36.40 9 καὶ ὁ Ἑρμ. recc. 10 τοίγαρ ΓEL: οὖν
ss. ΓᵃEᵃ 13 ὁρμήσαιμι L: ὁρμῆσαι μὴ ΓE 14 ἕνι ΓᵃEᵃ: ἕν
ΓEL¹ τε] an γε? ἄχρις L 16 τοιοῦτο L 17 Ἀριστοτέλην L
19 νὼ Dindorf; cf. Pl. Phdr. 278b 23–4 Ἀλλ᾽...λόγον. Hermotimo trib.
ΓE: om. L

44

70. ΕΡΜΟΤΙΜΟΣ Η ΠΕΡΙ ΑΙΡΕΣΕΩΝ

ΕΡΜΟΤΙΜΟΣ

Δοκεῖ μοι, ὦ Λυκῖνε, καὶ πάνυ δυνατὸν εἶναι μόνον τὰ τῶν Στωικῶν ἐκμαθόντα εἰδέναι τἀληθὲς ἀπὸ τούτων, κἂν μὴ τὰ τῶν ἄλλων ἐπεξέλθῃ τις ἐκμανθάνων ἕκαστα. οὑτωσὶ δὲ σκόπει· ἤν τις λέγῃ πρός σε μόνον τοῦτο ὡς αἱ δύο δυάδες τὸν τέττα-
5 ρα ἀριθμὸν ἀποτελοῦσιν, ἆρα δεήσει περιιόντα σε πυνθάνεσθαι τῶν ἄλλων ὅσοι ἀριθμητικοὶ μή τις ἄρα εἴη πέντε ἢ ἑπτὰ λέγων αὐτὰς εἶναι; ἢ αὐτίκα εἰδείης ἂν ὅτι ὁ ἀνὴρ ἀληθῆ λέγει;

ΛΥΚΙΝΟΣ

Αὐτίκα, ὦ Ἑρμότιμε.

ΕΡΜΟΤΙΜΟΣ

Τί ποτ᾽ οὖν ἀδύνατον εἶναί σοι δοκεῖ, ἐντυγχάνοντά τινα μόνον
10 τοῖς Στωικοῖς λέγουσιν τἀληθῆ πείθεσθαί τε αὐτοῖς καὶ μηκέτι δεῖσθαι τῶν ἄλλων εἰδότα ὡς οὐκ ἄν ποτε τὰ τέτταρα πέντε γένοιντο, κἂν μυρίοι Πλάτωνες ἢ Πυθαγόραι λέγωσιν;

ΛΥΚΙΝΟΣ

Οὐδὲν πρὸς ἔπος, ὦ Ἑρμότιμε. τὰ γὰρ ὁμολογούμενα τοῖς **36**
ἀμφισβητουμένοις εἰκάζεις, πάμπολυ αὐτῶν διαφέροντα. ἢ τί ἂν
15 φαίης; ἔστιν ὧτινι ἐντετύχηκας λέγοντι τὰς δύο δυάδας συν-
τεθείσας τὸν ἑπτὰ ἢ ἕνδεκα ἀριθμὸν ἀποτελεῖν;

ΕΡΜΟΤΙΜΟΣ

Οὐκ ἔγωγε. ἢ μαίνοιτ᾽ ἂν ὁ μὴ τέτταρα ξυμβαίνειν λέγων.

ΛΥΚΙΝΟΣ

Τί δέ; ἐντετύχηκας πώποτε (καὶ πρὸς Χαρίτων πειρῶ ἀλη-
θεύειν) Στωικῷ τινι καὶ Ἐπικουρείῳ μὴ διαφερομένοις περὶ
20 ἀρχῆς ἢ τέλους;

---

1 μόνα recc.; cf. l. 9   4 μόνος Bekker   9 μόνοις recc.
12 γένοιτο L: cf. 37.20, 62.1   κἂν ΓL et in rasura E: οὐκ ἂν vel οὐδ᾽
ἂν recc.   18 Τί δαί; E ut fere   19 Ἐπικουρίῳ ΓE et itidem postea

ΛΟΥΚΙΑΝΟΥ

ΕΡΜΟΤΙΜΟΣ

Οὐδαμῶς.

ΛΥΚΙΝΟΣ

Ὅρα τοίνων μή πώς με παραλογίζῃ, ὦ γενναῖε, καὶ ταῦτα
φίλον ὄντα. ζητούντων γὰρ ἡμῶν οἵτινες ἀληθεύουσιν ἐν φιλο-
σοφίᾳ, σὺ τοῦτο προαρπάσας ἔδωκας φέρων τοῖς Στωϊκοῖς,
λέγων ὡς οὗτοί εἰσιν οἱ τὰ δὶς δύο τέτταρα τιθέντες, ὅπερ ἄδηλον 5
εἰ οὕτως ἔχει. φαῖεν γὰρ ἂν οἱ Ἐπικούρειοι ἢ Πλατωνικοί σφᾶς
μὲν οὕτω ξυντιθέναι, ὑμᾶς δὲ πέντε ἢ ἑπτὰ λέγειν αὐτά. ἢ οὐ
δοκοῦσί σοι τοῦτο ποιεῖν ὁπόταν ὑμεῖς μὲν μόνον τὸ καλὸν ἀγαθὸν
ἡγῆσθε εἶναι, οἱ Ἐπικούρειοι δὲ τὸ ἡδύ; καὶ ὅταν ὑμεῖς λέγητε
σώματα εἶναι ἅπαντα, ὁ Πλάτων δὲ νομίζῃ καὶ ἀσώματόν τι ἐν 10
τοῖς οὖσιν εἶναι; ἀλλ' ὅπερ ἔφην, πλεονεκτικῶς πάνυ τὸ ἀμφισβη-
τούμενον συλλαβὼν ὡς ἀναμφιλόγως ἴδιον τῶν Στωϊκῶν δίδως
αὐτὰ ἔχειν, καίτοι ἀντιλαμβανομένων τῶν ἄλλων καὶ λεγόντων
αὐτῶν τοῦτο εἶναι, ἔνθα δὴ κρίσεως μάλιστα οἶμαι δεῖ. ἂν μὲν
οὖν πρόδηλον γένηται τοῦτο ὡς Στωϊκῶν ἐστι μόνον τὰ δὶς δύο 15
τέτταρα ἡγεῖσθαι, ὥρα σιωπᾶν τοῖς ἄλλοις. ἄχρι δ' ἂν αὐτοῦ
τούτου πέρι διαμάχωνται, πάντων ὁμοίως ἀκουστέον ἢ εἰδέναι
ὅτι πρὸς χάριν δικάζειν δόξομεν.

ΕΡΜΟΤΙΜΟΣ

37 Οὔ μοι δοκεῖς, ὦ Λυκῖνε, ξυνιέναι πῶς βούλομαι εἰπεῖν.

ΛΥΚΙΝΟΣ

Οὐκοῦν σαφέστερον χρὴ λέγειν εἰ ἑτεροῖόν τι ἀλλὰ μὴ 20
τοιοῦτον φήσεις.

ΕΡΜΟΤΙΜΟΣ

Εἴσῃ αὐτίκα οἷόν τι λέγω. θῶμεν γάρ τινας δύο ἐσεληλυθέναι

2 μή πώς με μὴ ΓΕ   3 ζητοῦντα vel ζητοῦντι Γ¹Ε¹ uv.
6 εἰ LEᵃ: ἢ ΓΕ   7 οὑτωσὶ τιθ. Bekker   9 ἡγῆσθε L: ἡγεῖσθε Ε:
ἡγεῖσθαι Γ   10 νομίζει ΓΕL: corr. recc.   11 πλεονεκτικὸς Γ et
fort. Ε¹   13 αὐτὰ ΓΕL: αὐτὸ recc.: αὐτοῖς Marcilius   14 τοῦτο
Ε²: αὐτὸ ΓΕ¹L   15 sic L: Στωικόν...μόνον ΓΕ: Στωϊκῶν...μόνων
recc.   16 ὅρα Γ

70. ΕΡΜΟΤΙΜΟΣ Η ΠΕΡΙ ΑΙΡΕΣΕΩΝ

ἐς τὸ Ἀσκληπιεῖον ἢ ἐς τοῦ Διονύσου τὸ ἱερόν, εἶτα μέντοι φιάλην τινὰ τῶν ἱερῶν ἀπολωλέναι. δεήσει δή που ἀμφοτέρους ἐρευνηθῆναι αὐτοὺς ὁπότερος ὑπὸ κόλπου ἔχει τὴν φιάλην.

ΛΥΚΙΝΟΣ

Καὶ μάλα.

ΕΡΜΟΤΙΜΟΣ

5 Ἔχει δὲ πάντως ὁ ἕτερος.

ΛΥΚΙΝΟΣ

Πῶς γὰρ οὔ, εἴ γε ἀπόλωλεν;

ΕΡΜΟΤΙΜΟΣ

Οὐκοῦν ἂν παρὰ τῷ προτέρῳ εὕρῃς αὐτήν, οὐκέτι τὸν ἕτερον ἀποδύσεις. πρόδηλον γὰρ ὡς οὐκ ἔχει.

ΛΥΚΙΝΟΣ

Πρόδηλον γάρ.

ΕΡΜΟΤΙΜΟΣ

10 Καὶ εἴ γε μὴ εὕροιμεν ἐν τῷ τοῦ προτέρου κόλπῳ ὁ ἕτερος πάντως ἔχει, καὶ οὐδὲν ἐρεύνης οὐδὲ οὕτως δεῖ.

ΛΥΚΙΝΟΣ

Ἔχει γάρ.

ΕΡΜΟΤΙΜΟΣ

Καὶ ἡμεῖς τοίνυν εἰ εὕροιμεν ἤδη παρὰ τοῖς Στωϊκοῖς τὴν φιάλην, οὐκέτι ἐρευνᾶν τοὺς ἄλλους ἀξιώσομεν ἔχοντες ὃ πάλαι
15 ἐζητοῦμεν. ἢ τίνος γὰρ ἂν ἕνεκα ἔτι κάμνοιμεν;

ΛΥΚΙΝΟΣ

Οὐδενός, εἴ γε εὕροιτε καὶ εὑρόντες ἔχοιτε εἰδέναι ὡς ἐκεῖνο **38** ἦν τὸ ἀπολωλός, ἢ ὅλως γνώριμον ὑμῖν εἴη τὸ ἀνάθημα. νῦν δέ,

1 Ἀσκληπεῖον ΓΕ; cf. 9.27, 28.42   14 ἀξιώσωμεν Γ

47

ὦ ἑταῖρε, πρῶτον μὲν οὐ δύο εἰσὶν οἱ παρελθόντες ἐς τὸν νεών,
ὡς ἀναγκαῖον εἶναι τὸν ἕτερον αὐτοῖν τὰ φώρια ἔχειν, ἀλλὰ μάλα
πολλοί τινες, εἶτα καὶ τὸ ἀπολόμενον αὐτὸ ἄδηλον ὅ τι ποτέ ἐστιν,
εἴτε φιάλη τις ἢ σκύφος ἢ στέφανος. ὅσοι γοῦν ἱερεῖς, ἄλλος ἄλλο
εἶναι λέγουσιν καὶ οὐδὲ περὶ τῆς ὕλης αὐτῆς ὁμολογοῦσιν, ἀλλ' οἱ 5
μὲν χαλκοῦ, οἱ δὲ ἀργύρου, οἱ δὲ χρυσοῦ, οἱ δὲ κασσιτέρου εἶναι
αὐτὸ φάσκουσιν. ἀνάγκη τοίνυν ἅπαντας ἀποδῦσαι τοὺς
εἰσελθόντας, εἰ βούλει εὑρεῖν τὸ ἀπολωλός. καὶ γὰρ ἂν παρὰ τῷ
πρώτῳ εὐθὺς εὕρῃς φιάλην χρυσῆν, ἔτι καὶ τοὺς ἄλλους σοι
ἀποδυτέον. 10

ΕΡΜΟΤΙΜΟΣ

Διὰ τί, ὦ Λυκῖνε;

ΛΥΚΙΝΟΣ

Ὅτι ἄδηλον εἰ φιάλη τὸ ἀπολόμενον ἦν. εἰ δὲ καὶ τοῦτο ὑπὸ
πάντων ὁμολογηθείη, ἀλλ' οὔτι γε χρυσῆν ἅπαντές φασιν εἶναι
τὴν φιάλην. εἰ δὲ καὶ μάλιστα γνώριμον γένοιτο ὡς φιάλη
ἀπόλοιτο χρυσῆ, καὶ σὺ παρὰ τῷ πρώτῳ εὕροις φιάλην 15
χρυσῆν, οὐδὲ οὕτω παύσῃ διερευνώμενος τοὺς ἄλλους· οὐ γὰρ
δῆλόν που εἰ αὐτὴ ἦν ἡ τοῦ θεοῦ. ἢ οὐκ οἴει πολλὰς φιάλας εἶναι
χρυσᾶς;

ΕΡΜΟΤΙΜΟΣ

Ἔγωγε.

ΛΥΚΙΝΟΣ

Δεήσει δὴ ἐπὶ πάντας ἰέναι ἐρευνῶντα καὶ τὰ παρ' ἑκάστῳ 20
εὑρεθέντα πάντα εἰς μέσον καταθέντα εἰκάζειν ὅ τι ποτὲ αὐτῶν
πρέποι ἂν θεῖον κτῆμα οἴεσθαι.

39 Καὶ γὰρ αὖ τὸ τὴν πολλὴν ἀπορίαν παρεχόμενον τοῦτό ἐστιν,
ὅτι ἕκαστος τῶν ἀποδυθησομένων ἔχει τι πάντως, ὁ μὲν σκύφον,
ὁ δὲ φιάλην, ὁ δὲ στέφανον, καὶ ὁ μὲν ἐκ χαλκοῦ, ὁ δὲ ἐκ χρυσοῦ, 25
ὁ δὲ ἀργύρου. εἰ δὲ ὃ ἔχει, τοῦτο ἱερόν ἐστιν, οὐδέπω δῆλον. πᾶσα
τοίνυν ἀνάγκη ἀπορεῖν ὅντινα ἱερόσυλον εἴπῃς, ὅπου γε καὶ εἰ

1 πρῶτον recc.: πρότερον ΓΕL   3, 12 ἀπολόμενον Γ et fort. Ε¹
13 οὗτοι Bekker   23 αὖ τὸ] αὐτὸ recc.   26 τοῦτο ⟨τὸ⟩ Halm

πάντες τὰ ὅμοια εἶχον ἄδηλον ἦν καὶ οὕτως ὅστις ὁ τὰ τοῦ θεοῦ
ὑφῃρημένος—ἔστι γὰρ καὶ ἰδιωτικὰ ἔχειν. τὸ δ' αἴτιον τῆς
ἀγνοίας ἕν ἐστιν οἶμαι τὸ ἀνεπίγραφον εἶναι τὴν ἀπολομένην
φιάλην (θῶμεν γὰρ φιάλην ἀπολωλέναι), ὡς εἴ γε ἐπεγέγραπτο
5 τοῦ θεοῦ τὸ ὄνομα ἢ τοῦ ἀναθέντος ἧττον ἂν ἐκάμομεν καὶ
εὑρόντες τὴν ἐπιγεγραμμένην ἐπεπαύμεθ' ἂν ἀποδύοντες καὶ ἐν-
οχλοῦντες τοὺς ἄλλους. οἶμαι δέ σε, ὦ Ἑρμότιμε, καὶ ἀγῶνας
ἤδη γυμνικοὺς ἑωρακέναι πολλάκις.

ΕΡΜΟΤΙΜΟΣ

Καὶ ὀρθῶς οἴει. πολλάκις γὰρ καὶ πολλαχόθι.

ΛΥΚΙΝΟΣ

10 Ἦ οὖν ποτε καὶ παρὰ τοὺς ἀθλοθέτας αὐτοὺς ἐκαθέζου;

ΕΡΜΟΤΙΜΟΣ

Νὴ Δία, ἔναγχος Ὀλυμπίασιν ἐπὶ τὰ λαιὰ τῶν Ἑλλανοδικῶν,
Εὐανδρίδου τοῦ Ἠλείου θέαν μοι προκαταλαβόντος ἐν τοῖς
ἑαυτοῦ πολίταις· ἐπεθύμουν γὰρ ἐγγύθεν ἅπαντα ὁρᾶν τὰ παρὰ
τοῖς Ἑλλανοδίκαις γιγνόμενα.

ΛΥΚΙΝΟΣ

15 Οἶσθα οὖν καὶ τοῦτο, πῶς κληροῦσιν ὅντινα ᾧτινι χρὴ παλαίειν
ἢ παγκρατιάζειν;

ΕΡΜΟΤΙΜΟΣ

Οἶδα γάρ.

ΛΥΚΙΝΟΣ

Οὐκοῦν ἄμεινον σὺ εἴποις ὡς ἐγγύθεν ἰδών.

ΕΡΜΟΤΙΜΟΣ

Τὸ μὲν παλαιὸν ἐπὶ Ἡρακλέους ἀγωνοθετοῦντος φύλλα **40**
20 δάφνης —

---

5 ἐκάμνομεν recc.   14 sic ΓᵃΕᵃ: Ἑλλανοδίκοις L: Ἑλλανοδίκαι
Eᴵ uv., fort. Γᴵ   18 ⟨ἂν⟩ ἄμεινον Jacobitz

ΛΟΥΚΙΑΝΟΥ

ΛΥΚΙΝΟΣ

Μή μοι τὰ πάλαι, ὦ Ἑρμότιμε, ἃ δὲ εἶδες ἐγγύθεν, ἐκεῖνα λέγε.

ΕΡΜΟΤΙΜΟΣ

Κάλπις ἀργυρᾶ πρόκειται ἱερὰ τοῦ θεοῦ. ἐς ταύτην ἐμβάλλονται
κλῆροι μικροί, ὅσον δὴ κυαμιαῖοι τὸ μέγεθος, ἐπιγεγραμμένοι.
ἐγγράφεται δὲ ἐς δύο μὲν ἄλφα ἐν ἑκατέρῳ, ἐς δύο δὲ τὸ βῆτα,
καὶ ἐς ἄλλους δύο τὸ γάμμα καὶ ἑξῆς κατὰ τὰ αὐτά, ἢν πλείους   5
οἱ ἀθληταὶ ὦσι, δύο ἀεὶ κλῆροι τὸ αὐτὸ γράμμα ἔχοντες.
προσελθὼν δὴ τῶν ἀθλητῶν ἕκαστος προσευξάμενος τῷ Διὶ
καθεὶς τὴν χεῖρα ἐς τὴν κάλπιν ἀνασπᾷ τῶν κλήρων ἕνα καὶ μετ᾽
ἐκεῖνον ἕτερος, καὶ παρεστὼς μαστιγοφόρος ἑκάστῳ ἀνέχει
αὐτοῦ τὴν χεῖρα οὐ παρέχων ἀναγνῶναι ὅ τι τὸ γράμμα ἐστὶν ὃ   10
ἀνέσπακεν. ἁπάντων δὲ ἤδη ἐχόντων ὁ ἀλυτάρχης οἶμαι ἢ τῶν
Ἑλλανοδικῶν αὐτῶν εἷς (οὐκέτι γὰρ τοῦτο μέμνημαι) περιιὼν
ἐπισκοπεῖ τοὺς κλήρους ἐν κύκλῳ ἑστώτων καὶ οὕτως τὸν μὲν
τὸ ἄλφα ἔχοντα τῷ τὸ ἕτερον ἄλφα ἀνεσπακότι παλαίειν ἢ παγ-
κρατιάζειν συνάπτει, τὸν δὲ τὸ βῆτα ⟨τῷ⟩ τὸ βῆτα ὁμοίως   15
καὶ τοὺς ἄλλους τοὺς ὁμογράμμους κατὰ ταὐτά. οὕτω μέν, ἢν
ἄρτιοι ὦσιν οἱ ἀγωνισταί, οἷον ὀκτὼ ἢ τέτταρες ἢ δώδεκα, ἢν δὲ
περιττοί, πέντε ἑπτὰ ἐννέα, γράμμα τι περιττὸν ἑνὶ κλήρῳ
ἐγγραφὲν συμβάλλεται αὐτοῖς, ἀντίγραφον ἄλλο οὐκ ἔχον. ὃς
δ᾽ ἂν τοῦτο ἀνασπάσῃ ἐφεδρεύει περιμένων ἔστ᾽ ἂν ἐκεῖνοι ἀγω-   20
νίσωνται· οὐ γὰρ ἔχει τὸ ἀντίγραμμα. καὶ ἔστι τοῦτο οὐ μικρά
τις εὐτυχία τοῦ ἀθλητοῦ, τὸ μέλλειν ἀκμῆτα τοῖς κεκμηκόσι
συμπεσεῖσθαι.

ΛΥΚΙΝΟΣ

41 Ἔχ᾽ ἀτρέμα. τούτου γὰρ ἐδεόμην μάλιστα. οὐκοῦν ἐννέα
ὄντες ἀνεσπάκασιν ἅπαντες καὶ ἔχουσι τοὺς κλήρους. περιιὼν   25

6 γράμμα ἔχοντες recc.: γράφουσιν ἔχοντες ΓEL: γράφουσιν rec.: an
γράμμα ἔχουσιν?   14 τῷ...ἀνεσπακότι recc.: τὸν...ἀνεσπακότα ΓEL
15 τῷ recc.: om. ΓEL   16 ἀνὴρ ΓE: γὰρ L¹: μὲν γὰρ L²   17 οἷον
recc.: ὅλον ΓEL   20 περιμένειν ΓEL: corr. recc.   22 τις N:
τ᾽ ΓE: om. L: an γ᾽?   24 ἀτρέμας recc.; cf. Ar. *Nub.* 743 etc.

50

70. ΕΡΜΟΤΙΜΟΣ Η ΠΕΡΙ ΑΙΡΕΣΕΩΝ

δή (βούλομαι γάρ σε Ἑλλανοδίκην ἀντὶ θεατοῦ ποιῆσαι) ἐπι-
σκόπησον τὰ γράμματα, καὶ οὐ πρότερον οἶμαι μάθοις ἂν
ὅστις ὁ ἔφεδρός ἐστιν, ἢν μὴ ἐπὶ πάντας ἔλθῃς καὶ συζεύξῃς
αὐτούς.

ΕΡΜΟΤΙΜΟΣ

5 Πῶς, ὦ Λυκῖνε, τοῦτο φής;

ΛΥΚΙΝΟΣ

Ἀδύνατόν ἐστιν εὐθὺς εὑρεῖν τὸ γράμμα ἐκεῖνο τὸ δηλοῦν τὸν
ἔφεδρον, ἢ τὸ μὲν γράμμα ἴσως ἂν εὕροις, οὐ μὴν εἴσῃ γε εἰ
ἐκεῖνός ἐστιν· οὐ γὰρ προείρηται ὅτι τὸ Κ ἢ τὸ Μ ἢ τὸ Ι ἐστὶν τὸ
χειροτονοῦν τὸν ἔφεδρον. ἀλλ' ἐπειδὰν τῷ Α ἐντύχῃς, ζητεῖς τὸν
10 τὸ ἕτερον Α ἔχοντα καὶ εὑρὼν ἐκείνους μὲν ἤδη συνέζευξας, ἐν-
τυχὼν δὲ αὖθις τῷ βῆτα τὸ ἕτερον βῆτα ὅπου ἐστὶν ζητεῖς,
τὸ ἀντίπαλον τῷ εὑρεθέντι, καὶ ἐπὶ πάντων ὁμοίως, ἄχρι ἂν
ἐκεῖνός σοι περιλειφθῇ ὁ τὸ μόνον γράμμα ἔχων τὸ ἀνανταγώ-
νιστον.

ΕΡΜΟΤΙΜΟΣ

15 Τί δ' εἰ ἐκείνῳ πρώτῳ ἢ δευτέρῳ ἐντύχῃς, τί ποιήσεις;   **42**

ΛΥΚΙΝΟΣ

Οὐ μὲν οὖν, ἀλλὰ σὺ ὁ Ἑλλανοδίκης ἐθέλω εἰδέναι ὅ τι καὶ
πράξεις, πότερον αὐτίκα ἐρεῖς ὅτι οὗτός ἐστιν ὁ ἔφεδρος, ἢ δεήσει
ἐπὶ πάντας ἐν κύκλῳ ἐλθόντα ἰδεῖν εἴ που αὐτῷ γράμμα ὅμοιόν
ἐστιν; ὡς εἴ γε μὴ τοὺς πάντων κλήρους ἴδοις οὐκ ἂν μάθοις τὸν
20 ἔφεδρον.

ΕΡΜΟΤΙΜΟΣ

Καὶ μήν, ὦ Λυκῖνε, ῥᾳδίως ἂν μάθοιμι. ἐπὶ γοῦν τῶν ἐννέα ἢν
τὸ Ε εὕρω πρῶτον ἢ δεύτερον, οἶδα ὅτι ἔφεδρος ὁ τοῦτο ἔχων
ἐστίν.

1-2 ἐπισκοπῆς ΓΕ   7 ἢ om. ΓΕL: add. Γ^aE^a   9 τῷ
LE^a: τὸ ΓΕ   11 τῷ βῆτα LE²: τὸ βῆτα ΓΕ¹   12 ἄχρι ex com-
pendio Γ: ἄχρις EL   15 ἐντύχοις recc.; cf. 8.12, 50.27 etc.
17 δεήσῃ E: corr. E^a

ΛΟΥΚΙΑΝΟΥ

ΛΥΚΙΝΟΣ

Πῶς, ὦ Ἑρμότιμε;

ΕΡΜΟΤΙΜΟΣ

Οὕτως· τὸ A δύο αὐτῶν ἔχουσιν καὶ τὸ B ὁμοίως δύο, τῶν λοιπῶν δὲ τεττάρων ὄντων οἱ μὲν τὸ Γ, οἱ δὲ τὸ Δ πάντως ἀνεσπάκασιν καὶ ἀνήλωται ἤδη ἐς τοὺς ἀθλητὰς ὀκτὼ ὄντας τὰ τέτταρα γράμματα. δῆλον οὖν ὅτι μόνον ἂν οὕτω περιττὸν εἴη 5 τὸ ἑξῆς γράμμα τὸ E, καὶ ὁ τοῦτο ἀνεσπακὼς ἔφεδρός ἐστιν.

ΛΥΚΙΝΟΣ

Πότερον ἐπαινέσω σε, ὦ Ἑρμότιμε, τῆς συνέσεως, ἢ θέλεις ἀντείπω τά γ' ἐμοὶ δοκοῦντα ὁποῖα ἂν ᾖ;

ΕΡΜΟΤΙΜΟΣ

Νὴ Δία. διαπορῶ μέντοι ὅ τι ἂν εὔλογον ἀντειπεῖν ἔχοις πρὸς τοιοῦτον. 10

ΛΥΚΙΝΟΣ

43 Σὺ μὲν γὰρ ὡς ἑξῆς πάντων γραφομένων γραμμάτων εἴρηκας, οἷον πρώτου ⟨τοῦ⟩ A, δευτέρου δὲ τοῦ B καὶ κατὰ τὴν τάξιν, ἄχρι ἐς ἓν αὐτῶν τελευτήσῃ ὁ ἀριθμὸς τῶν ἀθλητῶν· καὶ δίδωμί σοι Ὀλυμπίασιν οὕτω γίγνεσθαι. τί δέ, εἰ ἐξελόντες ἀτάκτως πέντε γράμματα ἐξ ἁπάντων, τὸ X καὶ τὸ Σ καὶ τὸ 15 Z καὶ τὸ K καὶ τὸ Θ, τὰ μὲν ἄλλα τέτταρα διπλᾶ ἐπὶ τῶν κλήρων τῶν ὀκτὼ γράφοιμεν, τὸ δὲ Z μόνον ἐπὶ τοῦ ἐνάτου, ὃ δὴ καὶ δηλοῦν ἔμελλεν ἡμῖν τὸν ἔφεδρον, τί ποιήσεις πρῶτον εὑρὼν τὸ Z; τῷ διαγνώσῃ ἔφεδρον ὄντα τὸν ἔχοντα αὐτό, ἢν μὴ ἐπὶ πάντας ἐλθὼν εὕρῃς οὐδὲν αὐτῷ συμφωνοῦν; οὐ γὰρ εἶχες 20 ὥσπερ νῦν τῇ τάξει αὐτῶν τεκμαίρεσθαι.

ΕΡΜΟΤΙΜΟΣ

Δυσαπόκριτον τοῦτο ἐρωτᾷς.

---

7 Πότερον, ὦ Ἑρμ., ἐπ. recc.   8 γέ μοι ΓEL: corr. recc.
9–10 πρὸς τὸ τοιοῦτον recc.   11 γραφομένων τῶν γρ. recc.   12 τοῦ
recc.: om. ΓEL   13 ἄχρι ex comp. Γ: ἄχρις EL: ἄχρις ἂν recc.;
cf. 14.18, 45.3   14 τί δαί E   ἐξελόντες L^q: ἐξελθόντες ΓEL[1]
17 γράφοιμεν Solanus: γράφομεν ΓEL: γραφῶμεν sic E^a   ἐννάτου E

70. ΕΡΜΟΤΙΜΟΣ Η ΠΕΡΙ ΑΙΡΕΣΕΩΝ

ΛΥΚΙΝΟΣ

Ἰδοὺ δὴ καὶ ἑτέρως τὸ αὐτὸ ἐπισκόπησον. τί γάρ εἰ μηδὲ **44**
γράμματα γράφοιμεν ἐπὶ τῶν κλήρων ἀλλά τινα σημεῖα καὶ
χαρακτῆρας, οἷα πολλὰ Αἰγύπτιοι γράφουσιν ἀντὶ τῶν γραμμά-
των—κυνοκεφάλους τινὰς καὶ λεοντοκεφάλους ἀνθρώπους; ἢ
5 ἐκεῖνα μὲν ἐάσωμεν, ἐπείπερ ἀλλόκοτά ἐστιν. φέρε δὲ τὰ μονο-
ειδῆ καὶ ἁπλᾶ ἐπιγράψωμεν ὡς οἷόν τε εἰκάσαντες ἀνθρώπους
ἐπὶ δυοῖν κλήροιν, δύο ἵππους ἐπὶ δυοῖν καὶ ἀλεκτρυόνας δύο
καὶ κύνας δύο, τῷ δὲ ἐνάτῳ λέων ἔστω τοὐπίσημον. ἢν τοίνυν
τῷ λεοντοφόρῳ τούτῳ κλήρῳ ἐν ἀρχῇ ἐντύχῃς, πόθεν ἕξεις εἰπεῖν
10 ὅτι οὗτός ἐστιν ὁ τὸν ἔφεδρον ποιῶν, ἢν μὴ παραθεωρήσῃς
ἅπαντας ἐπιὼν εἴ τις καὶ ἄλλος λέοντα ἔχει;

ΕΡΜΟΤΙΜΟΣ

Οὐκ ἔχω ὅ τι σοι ἀποκρίνωμαι, ὦ Λυκῖνε.

ΛΥΚΙΝΟΣ

Εἰκότως· οὐδὲ γὰρ εὐπρόσωπον οὐδέν. ὥστε ἢν ἐθέλωμεν ἢ τὸν **45**
ἔχοντα τὴν ἱερὰν φιάλην εὑρεῖν ἢ τὸν ἔφεδρον ἢ τὸν ἄριστα
15 ἡγησόμενον ἡμῖν ἐς τὴν πόλιν ἐκείνην τὴν Κόρινθον, ἐπὶ πάντας
ἀναγκαίως ἀφιξόμεθα καὶ ἐξετάσομεν ἄκρως πειρώμενοι καὶ
ἀποδύοντες καὶ παραθεωροῦντες. μόλις γὰρ ἂν οὕτω τἀληθὲς
ἐκμάθοιμεν. καὶ εἴ γέ τις μέλλοι σύμβουλός μοι ἀξιόπιστος ἔσεσθαι
φιλοσοφίας πέρι ἥντινα φιλοσοφητέον, οὗτος ἂν εἴη μόνος ὁ τὰ
20 ὑπὸ πασῶν αὐτῶν λεγόμενα εἰδώς, οἱ δ' ἄλλοι ἀτελεῖς, καὶ οὐκ
ἂν πιστεύσαιμι αὐτοῖς, ἔστ' ἂν καὶ μιᾶς ἀπείρατοι ὦσιν—τάχα
γὰρ ἂν ἡ ἀρίστη ἐκείνη εἴη. οὐ γὰρ δὴ εἴ τις παραστησάμενος
καλὸν ἄνθρωπον λέγοι τοῦτον εἶναι κάλλιστον ἀνθρώπων
ἁπάντων, πιστεύσαιμεν αὐτῷ, ἢν μὴ εἰδῶμεν ὅτι πάντας ἀν-

4 cf. Hdt. 4.191   τινὰς] τινὰς ὄντας recc.   5 ἐάσωμεν
ΕΛΓ¹: corr. Γ² uv.   6 ἐπιγράψωμεν ΓΕ   8 ἐννάτῳ ΓΕ¹L
10 περιθ. recc.   12 ἀποκρίνομαι ΓΕ   16 sic L, Eᵃ uv.: ἐξετάσωμεν
Γ et fort. E¹   ἄκρως] an ἀκριβῶς (cf. c. 47)?   17 περιθ. recc.
18 μέλλει E   20 πάντων Fl.   22 οὐδὲ γὰρ ἂν εἰ ? Bekker
24 ἁπάντων om. L   πιστ. ⟨ἂν⟩ Jacobitz; at cf. cc. 49, 71, 79 etc.,
Glotta 1977, 215 seq.   ἴδωμεν ΓL

53

θρώπους ἑώρακεν. ἴσως μὲν γὰρ καὶ οὗτος καλός, εἰ δὲ πάντων
κάλλιστος οὐκ ἂν ἔχοι εἰδέναι μὴ ἰδὼν ἅπαντας. ἡμεῖς δὲ οὐκ
αὐτὸ μόνον καλοῦ, ἀλλὰ τοῦ καλλίστου δεόμεθα· καὶ ἢν μὴ
τοῦτο εὕρωμεν, οὐδὲν ἡμῖν πλέον πεπρᾶχθαι ἡγησόμεθα. οὐ
γὰρ ἀγαπήσομεν ὁποιῳδήποτε καλῷ ἐντυχόντες, ἀλλ' ἐκεῖνο τὸ 5
ἀκρότατον ζητοῦμεν κάλλος, ὅπερ ἀνάγκη ἓν εἶναι.

ΕΡΜΟΤΙΜΟΣ

46 'Αληθῆ.

ΛΥΚΙΝΟΣ

Τί οὖν; ἔχεις μοί τινα εἰπεῖν ἁπάσης ὁδοῦ πεπειραμένον ἐν
φιλοσοφίᾳ καὶ ὃς τά τε ὑπὸ Πυθαγόρου καὶ Πλάτωνος καὶ
'Αριστοτέλους καὶ Χρυσίππου καὶ 'Επικούρου καὶ τῶν ἄλλων 10
λεγόμενα εἰδὼς τελευτῶν μίαν εἵλετο ἐξ ἁπασῶν ὁδῶν ἀληθῆ τε
δοκιμάσας καὶ πείρᾳ μαθὼν ὡς μόνη ἄγει εὐθὺ τῆς εὐδαιμονίας;
εἰ γάρ τινα τοιοῦτον εὕροιμεν, παυσόμεθα πράγματα ἔχοντες.

ΕΡΜΟΤΙΜΟΣ

Οὐ ῥᾴδιον, ὦ Λυκῖνε, τοιοῦτον ἄνδρα εὑρεῖν.

ΛΥΚΙΝΟΣ

47 Τί δὴ οὖν πράξομεν, ὦ 'Ερμότιμε; οὐκ ἂν ἀπαγορευτέον οἶμαι 15
ἐπεὶ μηδενὸς ἡγεμόνος τοιούτου ἔς γε τὸ παρὸν εὐποροῦμεν ἄρα.
τὸ δὲ πάντων κράτιστόν ἐστιν καὶ ἀσφαλέστατον, αὐτὸν ἕκαστον
ἀρξάμενον διὰ πάσης προαιρέσεως χωρῆσαι καὶ ἐπισκέψασθαι
ἀκριβῶς τὰ ὑπὸ πάντων λεγόμενα.

ΕΡΜΟΤΙΜΟΣ

"Εοικεν ἀπό γε τούτων. πλὴν ἐκεῖνο μὴ ἐναντίον ᾖ ὃ μικρῷ 20
πρόσθεν ἔλεγες, ὡς οὐ ῥᾴδιον ἐπιδόντα ἑαυτὸν καὶ πετάσαντα τὴν

---

4 οὐδὲν E et ss. *Γ*²: οὐδαμῶς *ΓL*   5 ἀγαπήσωμεν L   ὁποίῳ
δήποτε *ΓE*   9 τε] an γε?   15 οὐκ ἂν codd.: οὐ γὰρ Seager:
οὐκ Jacobitz: si quid mutandum, lacunam suspicatus, οὐκ ἄνευ πόνου vel
ἀνιδρωτί vel aliquid tale coniciam   16–19 εὐποροῦμεν. ἄρα... λεγόμενα;
recc.; sed cf. 57.12   17 τόδε E   20–1 cf. c. 28

70. ΕΡΜΟΤΙΜΟΣ Η ΠΕΡΙ ΑΙΡΕΣΕΩΝ

ὀθόνην ἀναδραμεῖν αὖθις. πῶς γὰρ οἷόν τε πάσας ἐπελθεῖν τὰς ὁδοὺς ἐν τῇ πρώτῃ, ὡς φής, κατασχεθησομένῳ;

ΛΥΚΙΝΟΣ

Ἐγώ σοι φράσω. τὸ τοῦ Θησέως ἐκεῖνο μιμησόμεθα καί τι λίνον παρὰ τῆς τραγικῆς Ἀριάδνης λαβόντες εἴσιμεν ἐς τὸν
5 λαβύρινθον ἕκαστον, ὡς ἔχειν ἀπραγμόνως μηρυόμενοι αὐτὸ ἐξιέναι.

ΕΡΜΟΤΙΜΟΣ

Τίς ἂν οὖν ἡμῖν Ἀριάδνη γένοιτ' ἂν ἢ πόθεν τοῦ λίνου εὐπορήσομεν;

ΛΥΚΙΝΟΣ

Θάρρει, ὦ ἑταῖρε. δοκῶ γάρ μοι εὑρηκέναι οὗτινος ἐχόμενοι
10 ἐξέλθοιμεν ἄν.

ΕΡΜΟΤΙΜΟΣ

Τί οὖν τοῦτό ἐστιν;

ΛΥΚΙΝΟΣ

Οὐκ ἐμὸν ἐρῶ ἀλλά τινος τῶν σοφῶν, τό "νῆφε καὶ μέμνησο ἀπιστεῖν"· ἦν γὰρ μὴ ῥᾳδίως πιστεύωμεν ἀκούοντες ἀλλὰ δικαστικῶς αὐτὸ ποιῶμεν ἀπολιπόντες καὶ τοῖς ἑξῆς λόγον, ἴσως
15 ἂν εὐμαρῶς τοὺς λαβυρίνθους ἐκφύγοιμεν.

ΕΡΜΟΤΙΜΟΣ

Εὖ λέγεις, καὶ τοῦτο ποιῶμεν.

ΛΥΚΙΝΟΣ

Εἶεν. ἐπὶ τίνα δὴ αὐτῶν πρῶτον ἔλθοιμεν ἄν; ἢ τοῦτο μὲν οὐδὲν **48** διοίσει; ἀρξάμενοι δὲ ἀφ' ὁτουοῦν οἷον ἀπὸ Πυθαγόρου ἦν οὕτω τύχῃ, πόσῳ ἂν χρόνῳ οἰόμεθα ἐκμαθεῖν τὰ Πυθαγόρου ἅπαντα;

---

6 ἐξεῖναι ΓΕL: corr. recc.   7 Τίς οὖν recc.   12 cf. 20.10,
Eur. Mel. soph. Fr. 484.1 N   12–13 Epicharm. Fr. 250 Kaibel apud
Cic. Att. 1.19.6, cf. Eur. Hel. 1617   15 εὐμαρῶς om. E

καὶ ⟨μή⟩ μοι ἐξαίρει καὶ τὰ πέντε ἔτη ἐκεῖνα τὰ τῆς σιωπῆς· σὺν
δ' οὖν τοῖς πέντε ἱκανὰ τριάκοντα οἶμαι, εἰ δὲ μή, ἀλλὰ πάντως
γε εἴκοσι.

ΕΡΜΟΤΙΜΟΣ

Θῶμεν οὕτως.

ΛΥΚΙΝΟΣ

Εἶτα ἑξῆς τῷ Πλάτωνι θετέον δηλαδὴ τοσαῦτα ἕτερα, ἔτι μὴν   5
καὶ 'Αριστοτέλει οὐκ ἐλάττω.

ΕΡΜΟΤΙΜΟΣ

Οὐ γάρ.

ΛΥΚΙΝΟΣ

Χρυσίππῳ δέ γε οὐκέτι ἐρήσομαί σε πόσα. οἶδα γὰρ παρὰ σοῦ
ἀκούσας ὅτι τετταράκοντα μόγις ἱκανά.

ΕΡΜΟΤΙΜΟΣ

Οὕτως.   10

ΛΥΚΙΝΟΣ

Εἶτα ἑξῆς 'Επικούρῳ καὶ τοῖς ἄλλοις· ὡς δὲ οὐ πολλὰ ταῦτα
τίθημι, ἐκεῖθεν μάθοις ἄν, ἢν ἐννοήσῃς ὅσοι ὀγδοηκοντούτεις εἰσὶν
Στωϊκοὶ ἢ 'Επικούρειοι ἢ Πλατωνικοὶ ὁμολογοῦντες μὴ πάντα
εἰδέναι τὰ τῆς ἑαυτοῦ προαιρέσεως ἕκαστος, ὡς μηδὲν ἐνδεῖν
σφίσιν ἐς τὰ μαθήματα. εἰ δὲ μή, ἀλλὰ Χρύσιππός γε καὶ 'Αρι-   15
στοτέλης καὶ Πλάτων φαῖεν ἄν, καὶ πρὸ τούτων ὁ Σωκράτης
οὐδὲν φαυλότερος αὐτῶν, ὃς ἐκεκράγει πρὸς ἅπαντας οὐχ ὅπως
μὴ πάντα, ἀλλὰ μηδ' ὅλως εἰδέναι τι ἢ τοῦτο μόνον ὅτι οὐκ
οἶδεν. λογισόμεθα οὖν ἐξ ἀρχῆς· εἴκοσι τῷ Πυθαγόρᾳ ἐτίθεμεν,
εἶτα Πλάτωνι τοσαῦτα ἕτερα, εἶτα ἑξῆς τοῖς ἄλλοις. πόσα δ'   20
οὖν ταῦτα συντεθέντα ἐν κεφαλαίῳ γένοιτ' ἄν, εἰ δέκα μόνας
θεῖμεν τὰς προαιρέσεις ἐν φιλοσοφίᾳ;

1 μή μοι Reitz: μοι ΓEL: μὴ recc.   1 cf. 27.3, D.L. 8.10 etc.
14 αἱρέσεως Eᵃ; non opus est, cf. c. 47, 9.4, etc.   19 λογισώμεθα L;
cf. 21.18   20–1 δ' οὖν] δὴ οὖν Bekker   22 αἱρέσεις Eᵃ; vide supra

ΕΡΜΟΤΙΜΟΣ

Ὑπὲρ διακόσια, ὦ Λυκῖνε.

ΛΥΚΙΝΟΣ

Βούλει οὖν ἀφαιρῶμεν τὸ τέταρτον, ὡς πεντήκοντα καὶ ἑκατὸν
ἔτη ἱκανὰ εἶναι, ἢ τὸ ἥμισυ ὅλον;

ΕΡΜΟΤΙΜΟΣ

Αὐτὸς ἂν εἰδείης ἄμεινον· ἐγὼ δὲ ὁρῶ τοῦτο, ὅτι ὀλίγοι ἂν καὶ   49
5 οὕτω διὰ πασῶν ἐξέλθοιεν ἐκ γενετῆς εὐθὺς ἀρξάμενοι.

ΛΥΚΙΝΟΣ

Τί οὖν πάθοι τις, ὦ Ἑρμότιμε, εἰ τοιοῦτόν ἐστιν τὸ πρᾶγμα;
ἢ ἀνατρεπτέον ἐκεῖνα τὰ ἤδη ὡμολογημένα, ὡς οὐκ ἄν τις ἕλοιτο
ἐκ πολλῶν τὸ βέλτιστον μὴ οὐχὶ πειραθεὶς ἁπάντων; ὡς τόν γε
ἄνευ πείρας αἱρούμενον μαντείᾳ μᾶλλον ἢ κρίσει τἀληθὲς
10 ἀναζητοῦντα; οὐχ οὕτως ἐλέγομεν;

ΕΡΜΟΤΙΜΟΣ
Ναί.

ΛΥΚΙΝΟΣ

Πᾶσα τοίνυν ἀνάγκη ἐπὶ τοσοῦτον βιῶναι ἡμᾶς, εἰ μέλλοιμεν
εὖ τε αἱρήσεσθαι ἁπάντων πειραθέντες καὶ ἑλόμενοι φιλοσοφήσειν
καὶ φιλοσοφήσαντες εὐδαιμονήσειν. πρὶν δὲ οὕτω ποιῆσαι, ἐν
15 σκότῳ φασὶν ὀρχοίμεθ᾽ ἂν οἷς ἂν τύχωμεν προσπταίοντες καὶ ὅ
τι ἂν πρῶτον ἐς τὰς χεῖρας ἔλθῃ, τοῦτο εἶναι τὸ ζητούμενον
ὑπολαμβάνοντες διὰ τὸ μὴ εἰδέναι τἀληθές. εἰ δὲ καὶ εὕροιμεν
ἄλλως κατά τινα ἀγαθὴν τύχην περιπεσόντες αὐτῷ, οὐχ ἕξομεν
βεβαίως εἰδέναι εἰ ἐκεῖνό ἐστιν ὃ ζητοῦμεν. πολλὰ γάρ ἐστιν ὅμοια
20 αὐτοῖς, λέγοντα ἕκαστον αὐτὸ εἶναι τἀληθέστατον.

2 sic Ald.[1] mg.: ἀφαιρούμεν codd.   πεντεκαίδεκα ΓEL: corr. recc.
5 cf. Thuc. 1.1   6 cf. Men. *Ph.* 8 etc.   οὖν codd.: οὖν ἂν
Jacobitz: ἂν οὖν Bekker   7 cf. c. 45   13 τε] an γε?   14–15 cf.
Zenob. 3.71   17 μὴ om. Γ[1]L[1]   20 αὐτοῖς codd.: corr. Jacobitz

ΛΟΥΚΙΑΝΟΥ

ΕΡΜΟΤΙΜΟΣ

50 Ὦ Λυκῖνε, οὐκ οἶδα ὅπως εὔλογα μὲν δοκεῖς μοι λέγειν,
ἀτάρ—εἰρήσεται γὰρ τἀληθές—οὐ μετρίως ἀνιᾷς με διεξιὼν
αὐτὰ καὶ ἀκριβολογούμενος οὐδὲν δέον. ἴσως δὲ καὶ ἔοικα
οὐκ ἐπ' ἀγαθῷ ἐξεληλυθέναι τήμερον ἐκ τῆς οἰκίας καὶ ἐξελθὼν
ἐντετυχηκέναι σοι, ὅς με πλησίον ἤδη τῆς ἐλπίδος ὄντα εἰς 5
ἀπορίας φέρων ἐμβέβληκας ἀδύνατον ἀποφαίνων τῆς ἀληθείας
τὴν εὕρεσιν ἐτῶν γε τοσούτων δεομένην.

ΛΥΚΙΝΟΣ

Οὐκοῦν, ὦ ἑταῖρε, πολὺ δικαιότερον μέμφοιο ἂν τῷ πατρί σου
Μενεκράτει καὶ τῇ μητρὶ ἥτις ποτὲ ἐκαλεῖτο (οὐ γὰρ οἶδα), ἢ καὶ
πολὺ πρότερον τῇ φύσει ἡμῶν ὅτι σε μὴ κατὰ τὸν Τιθωνὸν 10
πολυετῆ καὶ μακρόβιον ἔθεσαν, ἀλλὰ περιέγραψαν μὴ πλείω
βιῶναι τὸ μήκιστον ἐτῶν ἑκατὸν ἄνθρωπον ὄντα. ἐγὼ δὲ μετὰ σοῦ
σκεπτόμενος εὗρον τὸ ἐκ τοῦ λόγου ἀποβάν.

ΕΡΜΟΤΙΜΟΣ

51 Οὔκ, ἀλλὰ ὑβριστὴς ἀεὶ σύ, καὶ οὐκ οἶδ' ὅ τι παθὼν μισεῖς
φιλοσοφίαν καὶ ἐς τοὺς φιλοσοφοῦντας ἀποσκώπτεις. 15

ΛΥΚΙΝΟΣ

Ὦ Ἑρμότιμε, ἥτις μὲν ἡ ἀλήθειά ἐστιν ὑμεῖς ἂν ἄμεινον
εἴποιτε οἱ σοφοί, σύ τε καὶ ὁ διδάσκαλος. ἐγὼ δὲ τό γε τοσοῦτον
οἶδα, ὡς οὐ πάνυ ἡδεῖά ἐστιν αὐτὴ τοῖς ἀκούουσιν, ἀλλὰ παρευ-
δοκιμεῖται ὑπὸ τοῦ ψεύδους παρὰ πολύ. εὐπροσωπότερον γὰρ
ἐκεῖνο καὶ διὰ τοῦτο ἥδιον, ἡ δὲ ἅτε μηδὲν κίβδηλον ἑαυτῇ 20
συνειδυῖα μετὰ παρρησίας διαλέγεται τοῖς ἀνθρώποις καὶ διὰ
τοῦτο ἄχθονται αὐτῇ. ἰδού γέ τοι, καὶ σὺ νῦν ἄχθῃ μοι τἀληθὲς
ἐξευρόντι περὶ τούτων μετὰ σοῦ καὶ δηλώσαντι οἵων ἐρῶμεν ἐγώ
τε καὶ σύ, ὡς οὐ πάνυ ῥᾳδίως, ὥσπερ εἰ ἀνδριάντος ἐρῶν
ἐτύγχανες καὶ ᾤου τεύξεσθαι ὑπολαμβάνων ἄνθρωπον εἶναι, ἐγὼ 25

3 δέον om. Γ¹ et fort. E¹   9 ἥτις recc.: εἴ τις ΓEL
10 cf. Hymn. Hom. 5.218 seq., Ar. Ach. 688, Zenob. 6.18, Luc. 77.17.1
14 cf. 18.9, Pl. Symp. 175e   18 αὕτη recc.   24–5 cf. 43.4, 49.15

δὲ κατιδὼν ὡς λίθος ἢ χαλκὸς εἴη ἐμήνυσα πρός σε ὑπ᾽ εὐνοίας
ὅτι ἀδυνάτων ἐρᾷς, καὶ τότε δύσνουν ἐμὲ εἶναι ᾤου ἂν
σαυτῷ διότι σε οὐκ εἴων ἐξαπατᾶσθαι ἀλλόκοτα καὶ ἀνέλπιστα
ἐλπίζοντα.

ΕΡΜΟΤΙΜΟΣ

5 Οὐκοῦν τοῦτο, ὦ Λυκῖνε, φής, ὡς οὐ φιλοσοφητέον ἡμῖν, ἀλλὰ 52
χρὴ ἀργίᾳ παραδιδόντας αὑτοὺς ἰδιώτας καταβιῶναι;

ΛΥΚΙΝΟΣ

Καὶ ποῦ τοῦτο ἤκουσας ἐμοῦ λέγοντος; ἐγὼ γὰρ οὐχ ὡς οὐ
φιλοσοφητέον φημί, ἀλλ᾽ ἐπείπερ φιλοσοφητέον ὁδοί τε πολλαί
εἰσιν, ἐπὶ φιλοσοφίαν ἑκάστη καὶ ἀρετὴν ἄγειν φάσκουσαι, ἡ δ᾽
10 ἀληθὴς ἐν αὐταῖς ἄδηλος, ἀκριβῆ ποιήσασθαι τὴν διαίρεσιν.
ἀδύνατον δέ γε ἡμῖν ἐφαίνετο πολλῶν προτεθέντων ἑλέσθαι τὸ
ἄριστον εἰ μὴ ἐπὶ πάντα ἴοι τις πειρώμενος· εἶτά πως μακρὰ ἡ
πεῖρα ὤφθη. σὺ δὲ πῶς ἀξιοῖς; αὖθις γὰρ ἐρήσομαι—ὅτῳ πρώτῳ
ἂν ἐντύχῃς, τούτῳ ἕψῃ καὶ συμφιλοσοφήσεις κἀκεῖνος ἕρμαιον
15 ποιήσεταί σε;

ΕΡΜΟΤΙΜΟΣ

Καὶ τί σοι ἀποκριναίμην ἂν ἔτι, ὃς οὔτε αὐτόν τινα κρίνειν οἷόν 53
τε εἶναι φής, ἢν μὴ φοίνικος ἔτη βιώῃ πάντας ἐν κύκλῳ περιιὼν
καὶ πειρώμενος οὔτε τοῖς προπεπειραμένοις πιστεύειν ἀξιοῖς
οὔτε τοῖς πολλοῖς ἐπαινοῦσιν καὶ μαρτυροῦσιν;

ΛΥΚΙΝΟΣ

20 Τίνας φῂς τοὺς πολλοὺς εἰδότας καὶ πεπειραμένους ἁπάντων;
εἰ γάρ τις τοιοῦτός ἐστιν, ἱκανὸς ἔμοιγε καὶ εἷς, καὶ οὐκέτι πολλῶν
δεήσει. ἢν δὲ τοὺς οὐκ εἰδότας λέγῃς, οὐδέν τι τὸ πλῆθος αὐτῶν

1–2 cf. 79.13, Eur. *HF* 318, Zenob. 1.29   6 αὐτοὺς *Γ*¹ uv., L
8 τε recc.: δὲ *Γ*EL   9 ἑκάστη *Γ*ᵈ: ἑκάστην EL*Γ*¹   13 ἂν πρώτῳ
recc.   14 ἐντύχῃς τούτῳ L: ἐντυτούτῳ E¹*Γ*¹: χοις ss. Eᵃ uv., *Γ*ᵃ uv.
16 ἔτι om. *Γ*¹   17 cf. Hes. *Fr.* 304 MW   βιώσῃ rec.; cf. Pl.
Ti. 89c, *Grg.* 512e, Ar. *Ran.* 177, Luc. 14.29, 59.5 etc.   22 δεήσει L:
δεήσῃ E: δεή sic *Γ*

ΛΟΥΚΙΑΝΟΥ

προσάξεταί με πιστεύειν ἄχρι ἂν ἢ μηδὲν ἢ ἓν εἰδότες περὶ
ἁπάντων ἀποφαίνωνται.

ΕΡΜΟΤΙΜΟΣ

Μόνος δὲ σὺ τἀληθὲς κατεῖδες, οἱ δὲ ἄλλοι ἀνόητοι ἅπαντες
ὅσοι φιλοσοφοῦσιν.

ΛΥΚΙΝΟΣ

Καταψεύδῃ μου, ὦ Ἑρμότιμε, λέγων ὡς ἐγὼ προτίθημί πῃ   5
ἐμαυτὸν τῶν ἄλλων ἢ τάττω ὅλως ἐν τοῖς εἰδόσι, καὶ οὐ
μνημονεύεις ὧν ἔφην, οὐκ αὐτὸς εἰδέναι τἀληθὲς ὑπὲρ τοὺς ἄλλους
διατεινόμενος ἀλλὰ μετὰ πάντων αὐτὸ ἀγνοεῖν ὁμολογῶν.

ΕΡΜΟΤΙΜΟΣ

54   Ἀλλ᾽, ὦ Λυκῖνε, τὸ μὲν ἐπὶ πάντας ἐλθεῖν χρῆναι καὶ
πειραθῆναι ὧν φασι καὶ τὸ μὴ ἂν ἄλλως ἑλέσθαι τὸ βέλτιον ἢ   10
οὕτως, εὔλογον ἴσως, τὸ δὲ τῇ πείρᾳ ἑκάστῃ τοσαῦτα ἔτη
ἀποδιδόναι, παγγέλοιον, ὥσπερ οὐχ οἷόν τε ὂν ἀπ᾽ ὀλίγων
καταμαθεῖν τὰ πάντα. ἐμοὶ δὲ καὶ πάνυ ῥᾴδιον εἶναι δοκεῖ τὸ
τοιοῦτον καὶ οὐ πολλῆς διατριβῆς δεόμενον. φασί γέ τοι τῶν
πλαστῶν τινα, Φειδίαν οἶμαι, ὄνυχα μόνον λέοντος ἰδόντα ἀπ᾽   15
ἐκείνου ἀναλελογίσθαι, ἡλίκος ἂν ὁ πᾶς λέων γένοιτο κατ᾽ ἀξίαν
τοῦ ὄνυχος ἀναπλασθείς. καὶ σὺ δέ, ἤν τίς σοι χεῖρα μόνην
ἀνθρώπου δείξῃ τὸ ἄλλο σῶμα κατακαλύψας, εἴσῃ, οἶμαι, αὐτίκα
ὅτι ἄνθρωπός ἐστι τὸ κεκαλυμμένον, κἂν μὴ τὸ πᾶν σῶμα ἴδῃς.
καὶ τοίνυν τὰ μὲν κεφαλαιώδη ὧν ἅπαντες λέγουσι, ῥᾴδιον   20
καταμαθεῖν ἐν ὀλίγῳ μορίῳ ἡμέρας, τὸ δὲ ὑπερακριβὲς τοῦτο καὶ
μακρᾶς τῆς ἐξετάσεως δεόμενον οὐ πάνυ ἀναγκαῖον ἐς τὴν αἵρεσιν
τοῦ βελτίονος, ἀλλ᾽ ἔνεστι κρῖναι καὶ ἀπ᾽ ἐκείνων.

ΛΥΚΙΝΟΣ

55   Παπαῖ, ὦ Ἑρμότιμε, ὡς ἰσχυρὰ ταῦτα εἴρηκας ἀπὸ τῶν μερῶν

---

1 ἄχρις EL: Γ ex compendio   2 ἀποφαίνονται ΓΕ   7 μνη-
μονεύῃς Γ   11 ἑκάστῃ τοσαύτῃ τοσαῦτα ΓEL: corr. recc.   15 cf.
Plut. *Mor.* 410c, Demetr. *Eloc.* 156   21 ὑπὲρ ἀκριβὲς ΓΕ¹   22 οὐ
πάνυ Fl: καὶ πάνυ codd.   23 ἔνεστι EL: ἔν ἐστι Γ sic: ἔστι recc.

ἀξιῶν τὰ ὅλα εἰδέναι. καίτοι ἐγὼ τὰ ἐναντία ἀκούσας μέμνημαι
ὡς ὁ μὲν τὸ ὅλον εἰδὼς εἰδείη ἂν καὶ τὸ μέρος, ὁ δὲ μόνον τὸ μέρος
οὐκέτι καὶ τὸ ὅλον.

ΕΡΜΟΤΙΜΟΣ

Οὕτως.

ΛΥΚΙΝΟΣ

5 Καί μοι τόδε ἀπόκριναι· ὁ Φειδίας ἄν ποτε ἰδὼν ὄνυχα λέοντος
ἔγνω ἂν ὅτι λέοντός ἐστιν, εἰ μὴ ἑωράκει ποτὲ λέοντα ὅλον; ἢ σὺ
ἀνθρώπου χεῖρα ἰδὼν ἔσχες ἂν εἰπεῖν ὅτι ἀνθρώπου ἐστὶ μὴ
πρότερον εἰδὼς μηδὲ ἑωρακὼς ἄνθρωπον; τί σιγᾷς; ἢ βούλει ἐγὼ
ἀποκρίνωμαι ὑπὲρ σοῦ τά γε ἀναγκαῖα ὅτι οὐκ ἂν εἶχες; ὥστε
10 κινδυνεύει ὁ Φειδίας ἄπρακτος ἀπεληλυθέναι μάτην ἀναπλάσας
τὸν λέοντα· οὐδὲν γὰρ πρὸς τὸν Διόνυσον ὦπται λέγων. ἢ πῶς
ταῦτα ἐκείνοις ὅμοια; τῷ μὲν γὰρ Φειδίᾳ καὶ σοὶ οὐδὲν ἄλλο τοῦ
γνωρίζειν τὰ μέρη αἴτιον ἦν ἢ τὸ εἰδέναι τὸ ὅλον—ἄνθρωπον
λέγω καὶ λέοντα· ἐν φιλοσοφίᾳ δέ, οἷον τῇ Στωϊκῶν, πῶς ἂν ἀπὸ
15 τοῦ μέρους καὶ τὰ λοιπὰ ἴδοις; ἢ πῶς ἂν ἀποφαίνοιο ὡς καλά;
οὐ γὰρ οἶσθα τὸ ὅλον οὗ μέρη ἐκεῖνά ἐστιν.

Ὁ δὲ φῄς, ὅτι τὰ κεφάλαια ῥάδιον ἀκοῦσαι ἁπάσης φιλοσοφίας 56
ἐν ὀλίγῳ μορίῳ ἡμέρας (οἷον ἀρχὰς αὐτῶν καὶ τέλη καὶ τί θεοὺς
οἴονται εἶναι, τί ψυχήν, καὶ τίνες μὲν σώματα πάντα φασί,
20 τίνες δὲ καὶ ἀσώματα εἶναι ἀξιοῦσιν, καὶ ὅτι οἱ μὲν ἡδονήν, οἱ
δὲ τὸ καλὸν ἀγαθὸν καὶ εὔδαιμον τίθενται καὶ τὰ τοιαῦτα)
οὑτωσὶ μὲν ἀκούσαντας ἀποφήνασθαι ῥάδιον καὶ ἔργον οὐδέν·
εἰδέναι δὲ ὅστις ὁ τἀληθῆ λέγων ἐστίν, ὅρα μὴ οὐχὶ μορίου
ἐστὶν ἡμέρας ἀλλὰ πολλῶν ἡμερῶν δέηται. ἢ τί γὰρ ἐκεῖνοι
25 παθόντες ὑπὲρ αὐτῶν τούτων ἑκατοντάδας καὶ χιλιάδας βιβλίων
ἕκαστοι συγγεγράφασιν, ὡς πείσαιεν οἶμαι ἀληθῆ εἶναι τὰ ὀλίγα
ἐκεῖνα καὶ ἃ σοι ἐδόκει ῥάδια καὶ εὐμαθῆ; νῦν δὲ μάντεως οἶμαι
δεήσει σοι κἀνταῦθα πρὸς τὴν αἵρεσιν τῶν κρειττόνων, εἰ μὴ

3–5 sic Γ: ὅλον. οὕτως καί E: ὅλον οὗτος· καί L   5 ἄν] ἀρά
Bekker   6 ποτὲ om. L   8 ἢ] εἰ L   9 ἀποκρίνομαι ΓEL:
corr. N   11 cf. 4.5   ὦπται Fl.: ὦ παῖ codd.   15 ἴδοις om. L
20 ὅτι om. L   24 ἐστὶν] ἔτι Bekker   γὰρ om. L   ἐκεῖνο ΓEL:
corr. N   27 δοκεῖ rec.

ἀνέχῃ τὴν διατριβὴν ὡς ἀκριβῶς ἐλέσθαι, αὐτὸς ἅπαντα καὶ
ὅλον ἕκαστον κατανοήσας. ἐπίτομος γὰρ αὕτη γένοιτ᾽ ἄν, οὐκ
ἔχουσα περιπλοκὰς οὐδ᾽ ἀναβολάς, εἰ μεταστειλάμενος τὸν
μάντιν ἀκούσας τῶν κεφαλαίων ἁπάντων σφαγιάζοιο ἐφ᾽
ἑκάστοις· ἀπαλλάξει γάρ σε ὁ θεὸς μυρίων πραγμάτων   5
δείξας ἐν τῷ τοῦ ἱερείου ἥπατι ἅτινά σοι αἱρετέον.

57   Εἰ δὲ βούλει, καὶ ἄλλο τι ἀπραγμονέστερον ὑποθήσομαί σοι,
ὡς μὴ ἱερεῖα καταθύῃς ταυτὶ καὶ θυσιάζῃ τῳ μηδὲ ἱερέα τινὰ τῶν
μεγαλομίσθων παρακαλῇς, ἀλλὰ ἐς κάλπιν ἐμβαλὼν γραμματεῖα
ἔχοντα τῶν φιλοσόφων ἑκάστου τοὔνομα κέλευε παῖδα—τῶν   10
ἀνήβων ἀμφιθαλῆ τινα—προσελθόντα πρὸς τὴν κάλπιν ἀνελέσθαι
ὅ τι ἂν πρῶτον ὑπὸ τὴν χεῖρα ἔλθῃ τῶν γραμματείων, καὶ τὸ
λοιπὸν κατὰ τὸν λαχόντα ἐκεῖνον ὅστις ἂν ᾖ φιλοσόφει.

ΕΡΜΟΤΙΜΟΣ

58   Ταυτὶ μέν, ὦ Λυκῖνε, βωμολοχικὰ καὶ οὐ κατὰ σέ. σὺ δὲ εἰπέ
μοι· ἤδη ποτὲ οἶνον ἐπρίω αὐτός;   15

ΛΥΚΙΝΟΣ

Καὶ μάλα πολλάκις.

ΕΡΜΟΤΙΜΟΣ

Ἆρ᾽ οὖν περιῄεις ἅπαντας ἐν κύκλῳ τοὺς ἐν τῇ πόλει καπήλους
ἀπογευόμενος καὶ παραβάλλων καὶ ἀντεξετάζων τοὺς οἴνους;

ΛΥΚΙΝΟΣ

Οὐδαμῶς.

ΕΡΜΟΤΙΜΟΣ

Ἀπόχρη γὰρ οἶμαί σοι τῷ πρώτῳ χρηστῷ καὶ ἀξίῳ ἐντυχόντι   20
ἀποφέρεσθαι.

1 ὡς] ὥστ᾽ Guyet   ἐλέσθαι, αὐτὸς Fritzsche: puncto carent ΓEL
2 κατανοήσας: Γ   5 ἑκάστης ΓEL: corr. Fl.   8 sic E: θυσίας
ζητῶν Γ: θυσιάζῃ τὸν L: θυσιάζῃς τῷ Lehmann   9 παρακαλεῖς ΓE¹L
γραμμάτια L   12 γραμματίων L   20 χρὴ codd.: corr. Dindorf

70. ΕΡΜΟΤΙΜΟΣ Η ΠΕΡΙ ΑΙΡΕΣΕΩΝ

ΛΥΚΙΝΟΣ

Νὴ Δία.

ΕΡΜΟΤΙΜΟΣ

Καὶ ἀπό γε τοῦ ὀλίγου ἐκείνου γεύματος εἶχες ἂν εἰπεῖν ὁποῖος ἅπας ⟨ὁ⟩ οἶνός ἐστιν;

ΛΥΚΙΝΟΣ

Εἶχον γάρ.

ΕΡΜΟΤΙΜΟΣ

5 Εἰ δὲ δὴ ἔλεγες προσελθὼν τοῖς καπήλοις, Ἐπειδὴ κοτύλην πρίασθαι βούλομαι, δότε μοι, ὦ οὗτοι, ἐκπιεῖν ὅλον ἕκαστος ὑμῶν τὸν πίθον, ὡς διὰ παντὸς ἐπεξελθὼν μάθοιμι ὅστις ἀμείνω τὸν οἶνον ἔχει καὶ ὅθεν μοι ὠνητέον. εἰ ταῦτα ἔλεγες, οὐκ ἂν οἴει καταγελάσαι σου αὐτούς, εἰ δὲ καὶ ἐπὶ πλέον ἐνοχλοίης, τάχα ἂν 10 καὶ προσχέαι τοῦ ὕδατος;

ΛΥΚΙΝΟΣ

Οἶμαι ἔγωγε καὶ δίκαιά γ' ἂν πάθοιμι.

ΕΡΜΟΤΙΜΟΣ

Κατὰ ταῦτα δὴ καὶ ἐν φιλοσοφίᾳ. τί δεῖ ἐκπιεῖν τὸν πίθον δυναμένους γε ἀπ' ὀλίγου τοῦ γεύματος εἰδέναι ὁποῖον τὸ πᾶν ἐστιν;

ΛΥΚΙΝΟΣ

15 Ὡς ὀλισθηρὸς εἶ, ὦ Ἑρμότιμε, καὶ διαδιδράσκεις ἐκ τῶν 59 χειρῶν. πλὴν ἀλλὰ ὤνησάς γε· οἰόμενος γὰρ ἐκπεφευγέναι ἐς τὸν αὐτὸν κύρτον ἐμπέπτωκας.

ΕΡΜΟΤΙΜΟΣ

Πῶς τοῦτο ἔφης;

3 ὁ N: om. ΓEL   8 ὠνητέος L   11 γ' om. L
12 ταῦτα ELΓ¹   17 cf. Pl. Soph. 235b, Euthd. 302b

ΛΟΥΚΙΑΝΟΥ

ΛΥΚΙΝΟΣ

Ὅτι αὐθομολογούμενον πρᾶγμα λαβὼν καὶ γνώριμον ἅπασι
τὸν οἶνον εἰκάζεις αὐτῷ τὰ ἀνομοιότατα καὶ περὶ ὧν ἀμφισβη-
τοῦσιν ἅπαντες ἀφανῶν ὄντων. ὥστε ἔγωγε οὐκ ἔχω εἰπεῖν
καθ' ὅ τι σοι ὅμοιος φιλοσοφία καὶ οἶνος, εἰ μὴ ἄρα κατὰ τοῦτο
μόνον, ὅτι καὶ οἱ φιλόσοφοι ἀποδίδονται τὰ μαθήματα ὥσπερ οἱ 5
κάπηλοι— κερασάμενοί γε οἱ πολλοὶ καὶ δολώσαντες καὶ κακο-
μετροῦντες. οὑτωσὶ δὲ ἐπισκοπήσωμεν ὅ τι καὶ λέγεις· τὸν
οἶνον φῂς τὸν ἐν τῷ πίθῳ ὅλον αὐτὸν αὑτῷ ὅμοιον εἶναι—καὶ
μὰ Δί' οὐδὲν ἄτοπον—ἀλλὰ καὶ εἴ τις γεύσαιτο ἀρυσάμενος
ὀλίγον ὅσον αὐτοῦ, εἴσεσθαι αὐτίκα ὁποῖος ἅπας ὁ πίθος ἐστίν, 10
ἀκόλουθον καὶ τοῦτο, καὶ οὐδὲν ἂν ἔγωγέ τι ἀντεῖπον. ὅρα
δὴ καὶ τὸ μετὰ τοῦτο· φιλοσοφία καὶ οἱ φιλοσοφοῦντες οἷον
ὁ διδάσκαλος ὁ σός, ἆρα ταὐτὰ πρὸς ὑμᾶς λέγει ὁσημέραι καὶ
περὶ τῶν αὐτῶν ἢ ἄλλα ἄλλοτε;

ΕΡΜΟΤΙΜΟΣ

Πολλὰ γάρ ἐστιν.   15

ΛΥΚΙΝΟΣ

Πρόδηλον, ὦ ἑταῖρε, ἢ οὐκ ἂν εἴκοσιν ἔτη παρέμενες αὐτῷ
κατὰ τὸν Ὀδυσσέα περινοστῶν καὶ περιπλανώμενος, εἰ τὰ αὐτὰ
ἔλεγεν, ἀλλὰ ἀπέχρη ἄν σοι καὶ ἅπαξ ἀκούσαντι.

ΕΡΜΟΤΙΜΟΣ

60 Πῶς γὰρ οὔ;

ΛΥΚΙΝΟΣ

Πῶς οὖν οἷόν τέ σοι ἦν ἀπὸ τοῦ πρώτου γεύματος εἰδέναι τὰ 20
πάντα; οὐ γὰρ τὰ αὐτά γε, ἀλλὰ ἀεὶ ἕτερα καινὰ ἐπὶ καινοῖς
ἐλέγετο, οὐχ ὥσπερ ὁ οἶνος ἀεὶ ὁ αὐτὸς ἦν. ὥστε, ὦ ἑταῖρε, ἢν

---

4 , εἰ μὴ ἄρα Solanus: εἴη, ἄρα ΓEL: εἴη, ἄρα recc.   6 γε ΓE: γὰρ
L   7 λέγῃς Γ   8 εἶναι; E   11 ἀντείπω recc.   13 ταῦτα
codd.   15 Πολλὰ γάρ ἐστιν. Hermotimo tribui: Lycino trib. ΓL
(ΕΡΜ. Πολλὰ...ἑταῖρε. E uv.)   16 seq. Πρόδηλον ὦ ἑταῖρε: Γ:
Πρόδηλον...οὔ: L   εἴκοσιν ἔτη Solanus: εἰκὸς ἔτι codd.; cf. Od.
16.206 etc.   22 ἀεὶ om. E   ἦν] εἰ Γ¹: corr. Γᶜ

70. ΕΡΜΟΤΙΜΟΣ Η ΠΕΡΙ ΑΙΡΕΣΕΩΝ

μὴ ὅλον ἐκπίῃς τὸν πίθον, ἄλλως μεθύων περιῄεις. ἀτεχνῶς γὰρ
ἐν τῷ πυθμένι δοκεῖ μοι ὁ θεὸς κατακρύψαι τὸ φιλοσοφίας ἀγαθὸν
ὑπὸ τὴν τρύγα αὐτήν. δεήσει οὖν ὅλον ἐξαντλῆσαι ἐς τέλος, ἢ
οὔποτ᾽ ἂν εὕροις τὸ νεκτάρεον ἐκεῖνο πόμα, οὗ πάλαι διψῆν μοι
5 δοκεῖς. σὺ δὲ οἴει τὸ τοιοῦτον αὐτὸ εἶναι, ὡς εἰ μόνον γεύσαιο
αὐτοῦ καὶ σπάσαις μικρὸν ὅσον, αὐτίκα σε πάνσοφον γενησόμενον,
ὥσπερ φασὶν ἐν Δελφοῖς τὴν πρόμαντιν, ἐπειδὰν πίῃ τοῦ ἱεροῦ
νάματος, ἔνθεον εὐθὺς γίγνεσθαι καὶ χρᾶν τοῖς προσιοῦσιν. ἀλλ᾽
οὐχ οὕτως ἔχειν ἔοικεν· σὺ γοῦν ὑπὲρ ἥμισυ τοῦ πίθου ἐκπεπωκὼς
10 ἐνάρχεσθαι ἔτι ἔλεγες. ὅρα τοίνυν μὴ τῷδε μᾶλλον φιλοσοφία 61
ἔοικεν· ὁ μὲν γὰρ πίθος ἔτι μενέτω σοι καὶ ὁ κάπηλος, ἐνέστω
δὲ μὴ οἶνος, ἀλλὰ πανσπερμία τις, πυρὸς ὑπεράνω καὶ μετὰ τοῦτον
κύαμοι, εἶτα κριθαὶ καὶ ὑπὸ ταύταις φακοί, εἶτα ἐρέβινθοι καὶ
ἄλλα ποικίλα. πρόσει δὴ σὺ ὠνήσασθαι ἐθέλων τῶν σπερμάτων,
15 καὶ ὃς ἀφελὼν τοῦ πυροῦ, οὗπερ ἦν, ἀνέδωκέ σοι δεῖγμα ἐς τὴν
χεῖρα, ὡς ἴδοις· ἆρα οὖν ἔχοις ἂν εἰπεῖν εἰς ἐκεῖνο ἀποβλέπων εἰ
καὶ οἱ ἐρέβινθοι καθαροὶ καὶ οἱ φακοὶ εὐτακεῖς καὶ οἱ κύαμοι οὐ
διάκενοι;

ΕΡΜΟΤΙΜΟΣ

Οὐδαμῶς.

ΛΥΚΙΝΟΣ

20   Οὐ τοίνυν οὐδὲ φιλοσοφίαν ἀφ᾽ ἑνὸς ὧν φήσει τις τοῦ πρώτου,
μάθοις ἂν ἅπασαν ὁποία ἐστίν· οὐ γὰρ ἕν τι ἦν ὥσπερ ὁ οἶνος,
ᾧπερ σὺ αὐτὴν ἀπεικάζεις ἀξιῶν ὁμοίαν εἶναι τῷ γεύματι, τὸ δὲ
ἑτεροῖόν τι ὤφθη οὐ παρέργου τῆς ἐξετάσεως δεόμενον. οἶνον μὲν
γὰρ φαῦλον πρίασθαι ἐν δυοῖν ὀβολοῖν ὁ κίνδυνος, αὐτὸν δέ τινα
25 ἐν τῷ συρφετῷ παραπολεῖσθαι καὶ αὐτὸς ἐν ἀρχῇ ἔφησθα οὐ
μικρὸν εἶναι κακόν. ἄλλως τε ὁ μὲν ὅλον ἀξιῶν ἐκπιεῖν τὸν πίθον,
ὡς κοτύλην πρίαιτο, ζημιῶσαι ἂν τὸν κάπηλον οὕτως ἀπίθανα

1 ἐκπίοις Γᶜ   ἄλλως ΓEL: καὶ ἄλλως ΓᵃEᵃ: τηνάλλως
C. F. Hermann   περίει Geist   2 cf. Hes. Op. 369, 471
4 διψεῖν ΓE   10 τῷδε E: τόδε ΓL   14 ποικίλα πρός· εἰ Eᵃ;
cf. 19.8, 72.8   21 μάθοις L: μάθοι ΓE   22 ᾧπερ] ᾧ L   σὺ
αὐτὴν E: αὐτὴν σὺ ΓL   23 πάρεργον L   25 καὶ] ὡς καὶ recc.
27 ζημιῶσαι ΓE¹L

γευόμενος, φιλοσοφία δὲ οὐδὲν ἂν τοιοῦτο πάθοι, ἀλλὰ κἂν ὅτι
πάμπολλα πίῃς, οὐδέν τι ἐλάττων ὁ πίθος γίγνεται οὐδὲ ζημι-
ώσεται ὁ κάπηλος. ἐπιρρεῖ γὰρ κατὰ τὴν παροιμίαν τὸ πρᾶγμα
ἐξαντλούμενον ἐς τὸ ἔμπαλιν ἢ ὁ τῶν Δαναΐδων πίθος. ἐκεῖνος
μὲν γὰρ τὸ ἐμβαλλόμενον οὐ συνεῖχεν, ἀλλὰ διέρρει εὐθύς. ἐν- 5
τεῦθεν δὲ ἦν ἀφέλῃς τι, πλεῖον τὸ λοιπὸν γίγνεται.

62 Ἐθέλω δέ σοι καὶ ἄλλο ὅμοιον εἰπεῖν φιλοσοφίας περὶ
γεύματος, καὶ μή με νομίσῃς βλασφημεῖν περὶ αὐτῆς ἢν εἴπω ὅτι
φαρμάκῳ ὀλεθρίῳ ἔοικεν, οἷον κωνείῳ ἢ ἀκονίτῳ ἢ ἄλλῳ τῶν
τοιούτων. οὐδὲ γὰρ ταῦτα, ἐπείπερ θανατηφόρα ἐστίν, ἀποκτείνοι 10
ἄν, εἴ τις ὀλίγον ὅσον ἀκαριαῖον ἀποξύσας αὐτῶν ἄκρῳ τῷ ὄνυχι
ἀπογεύσαιτο· ἀλλὰ ἢν μὴ τοσοῦτον ὅσον χρή, καὶ ὅπως καὶ ξὺν
οἷς, οὐκ ἂν ἀποθάνοι ὁ προσενεγκάμενος· σὺ δὲ ἠξίους τοὐλάχιστον
ἐξαρκεῖν, ὡς ἀποτελέσαι τὴν τοῦ ὅλου γνῶσιν.

ΕΡΜΟΤΙΜΟΣ

63 Ἔστω ταῦτα ὡς βούλει, Λυκῖνε. τί οὖν; ἑκατὸν χρὴ ἔτη 15
βιῶναι καὶ τοσαῦτα ὑπομεῖναι πράγματα; ἢ οὐκ ἂν ἄλλως
φιλοσοφήσαιμεν;

ΛΥΚΙΝΟΣ

Οὐ γάρ, ὦ Ἑρμότιμε· καὶ δεινὸν οὐδέν, εἴ γε ἀληθῆ ἔλεγες ἐν
ἀρχῇ, ὡς ὁ μὲν βίος βραχύς, ἡ δὲ τέχνη μακρή. νῦν δὲ οὐκ οἶδ'
ὅ τι παθὼν ἀγανακτεῖς, εἰ μὴ αὐθημερὸν ἡμῖν πρὶν δῦναι ἥλιον 20
Χρύσιππος ἢ Πλάτων ἢ Πυθαγόρας γένοιο.

ΕΡΜΟΤΙΜΟΣ

Περιέρχῃ με, ὦ Λυκῖνε, καὶ συνελαύνεις ἐς στενὸν οὐδὲν ὑπ'
ἐμοῦ δεινὸν παθών, ὑπὸ φθόνου δηλαδή, ὅτι ἐγὼ μὲν προὔκοπτον
ἐν τοῖς μαθήμασι, σὺ δὲ ὠλιγώρησας ἑαυτοῦ τηλικοῦτος ὤν.

2 ἐλαττον ΓEL: corr. recc.   3 Trag. Adesp. 89 N citat Γ^a mg.;
cf. 25.18, 60.6, 77.21.4, 78.8.3, Alciphr. 1.2   4 ἐς τὸ om. L
7 πέρι ΓEL: corr. N   9 κονείῳ Γ: κονίῳ E: corr. L   10 ἀπο-
κτείνει ΓEL: corr. N: ἀποκτείνειεν recc.   15 ; om. codd.: add.
Lehmann   19 vide c. 1   20 ἥλιον δῦναι recc.   24 σεαυτοῦ
Γ^e; at cf. 9.17, 70.1 etc.

ΛΥΚΙΝΟΣ

Οἶσθ' οὖν ὃ δρᾶσον; ἐμοὶ μὲν ὥσπερ κορυβαντιῶντι μὴ πρόσεχε
τὸν νοῦν, ἀλλ' ἔα ληρεῖν, σὺ δὲ ὡς ἔχεις προχώρει ἐς τὸ πρόσθε
τῆς ὁδοῦ καὶ πέραινε κατὰ τὰ ἐξ ἀρχῆς σοι δεδογμένα περὶ
τούτων.

ΕΡΜΟΤΙΜΟΣ

5 'Αλλ' οὐκ ἐᾷς σὺ βίαιος ὢν αἱρεῖσθαί τι, ἢν μὴ πειραθῶ
ἁπάντων.

ΛΥΚΙΝΟΣ

Καὶ μὴν εὖ εἰδέναι χρὴ ὡς οὐκ ἄν ποτε ἄλλο εἴποιμι. βίαιον
δὲ λέγων ἐμὲ ἀναίτιον δοκεῖς μοι κατὰ τὸν ποιητὴν αἰτιάασθαι,
αὐτόν, ἔστ' ἂν μὴ ἕτερός σοι λόγος συμμαχήσας ἀφέληται τῆς
10 βίας, ἤδη ἀγόμενον· ἰδού γέ τοι καὶ τάδε πολλῷ βιαιότερα φαίη
ἄν σοι ὁ λόγος· σὺ δὲ ἐκεῖνον παρεὶς ἐμὲ ἴσως αἰτιάσῃ.

ΕΡΜΟΤΙΜΟΣ

Τὰ ποῖα; θαυμάζω γάρ, εἴ τι ἄρρητον καταλέλειπται αὐτῷ.

ΛΥΚΙΝΟΣ

Οὐχ ἱκανὸν εἶναί φησι τὸ πάντα ἰδεῖν καὶ διεξελθεῖν δι' αὐτῶν, 64
ὡς ἔχειν ἤδη ἑλέσθαι τὸ βέλτιστον, ἀλλ' ἔτι τοῦ μεγίστου ἐνδεῖν.

ΕΡΜΟΤΙΜΟΣ

15 Τίνος τούτου;

ΛΥΚΙΝΟΣ

Κριτικῆς τινος, ὦ θαυμάσιε, καὶ ἐξεταστικῆς παρασκευῆς καὶ
νοῦ ὀξέος καὶ διανοίας ἀκριβοῦς καὶ ἀδεκάστου, οἵαν χρὴ εἶναι
τὴν περὶ τῶν τηλικούτων δικάσουσαν, ἢ μάτην ἂν ἅπαντα
ἑωραμένα εἴη. ἀποδοτέον οὖν φησι καὶ τῷ τοιούτῳ χρόνον οὐκ
20 ὀλίγον καὶ προθέμενον ἅπαντα εἰς μέσον αἱρεῖσθαι διαμέλλοντα

---

1 δρᾶσον *Γ*¹ uv. E¹ uv. δράσεις *Γ*ᵃ uv. Eᵃ uv. L; cf. Ar. *Eq.* 1158, Luc.
57.62, 77.13.6; Eur. *Cycl.* 131 etc.   8 *Il.* 13.775, cf. Luc. 23.4
αἰτιάσθαι *Γ*: αἰτιᾶσθαι EL   9 αὐτόν Eᵃ *Γ*ᵃ uv.: αὐτῷ *Γ*¹ uv.
E¹ uv.: αὐτῷ vel αὐτῶν L   17 ὀξέως *Γ*   20 τὸ μέσον L

καὶ βραδύνοντα καὶ πολλάκις ἐπισκοποῦντα, μήτε ἡλικίαν τοῦ
λέγοντος ἑκάστου μήτε σχῆμα ἢ δόξαν ἐπὶ σοφίᾳ αἰδούμενον,
ἀλλὰ κατὰ τοὺς Ἀρεοπαγίτας αὐτὸ ποιοῦντα, οἳ ἐν νυκτὶ καὶ
σκότῳ δικάζουσιν, ὡς μὴ ἐς τοὺς λέγοντας, ἀλλ' ἐς τὰ λεγόμενα
ἀποβλέποιεν. καὶ τότ' ἤδη ἐξέσται σοι βεβαίως ἑλομένῳ 5
φιλοσοφεῖν.

ΕΡΜΟΤΙΜΟΣ

Μετὰ τὸν βίον φής· ἐκ γὰρ τούτων οὐδενὸς ἀνθρώπων βίος
ἐξαρκέσειεν ἂν ὡς ἐπὶ πάντα ἐλθεῖν καὶ ἕκαστον ἀκριβῶς ἐπιδεῖν
καὶ ἐπιδόντα κρῖναι καὶ κρίναντα ἑλέσθαι καὶ ἑλόμενον φιλο-
σοφῆσαι· μόνως γὰρ δὴ οὕτως εὑρεθῆναι φῂς τἀληθές, ἄλλως δὲ 10
οὔ.

ΛΥΚΙΝΟΣ

65   Ὀκνῶ γάρ σοι εἰπεῖν, ὦ Ἑρμότιμε, ὅτι οὐδὲ τοῦτό πω ἱκανόν,
ἀλλ' ἔτι μοι δοκοῦμεν λεληθέναι ἡμᾶς αὐτοὺς οἰόμενοι μέν τι
εὑρηκέναι βέβαιον, εὑρόντες δὲ οὐδέν, ὥσπερ οἱ ἁλιεύοντες
πολλάκις καθέντες τὰ δίκτυα καὶ βάρους τινὸς αἰσθόμενοι 15
ἀνέλκουσιν, ἰχθῦς παμπόλλους γε περιβεβληκέναι ἐλπίζοντες,
εἶτα ἐπειδὰν κάμωσιν ἀνασπῶντες, ἢ λίθος τις ἀναφαίνεται
αὐτοῖς ἢ κεράμιον ψάμμῳ σεσαγμένον. σκόπει μὴ καὶ ἡμεῖς τι
τοιοῦτον ἀνεσπάκαμεν.

ΕΡΜΟΤΙΜΟΣ

Οὐ μανθάνω τί σοι τὰ δίκτυα ταῦτα βούλεται· ἀτεχνῶς με 20
γὰρ περιβάλλεις αὐτοῖς.

ΛΥΚΙΝΟΣ

Οὐκοῦν πειρῶ διεκδῦναι· σὺν θεῷ γὰρ οἶσθα νεῖν, εἰ καί τις
ἄλλος· ἐγὼ γὰρ κἂν ἐφ' ἅπαντας ἔλθωμεν πειρώμενοι καὶ τοῦτο
ἐργασώμεθά ποτε, οὐδέπω οὐδὲ τοῦτο δῆλον ἔσεσθαι νομίζω, εἴ
τις ἐξ αὐτῶν ἔχει τὸ ζητούμενον ἢ πάντες ὁμοίως ἀγνοοῦσιν. 25

2 σοφίαν L   3-4 cf. 10.18; noster errare vel mentiri videtur
10 γὰρ δὴ codd.: καὶ δὴ Fl.: γὰρ ἂν Post   20-1 γάρ με recc.
cf. c. 59, Pl. *Euthd.* 302b   24 ἐργασόμεθά ΕΓ¹: corr. L Γᶜ
25 ὁμοίως om. L

ΕΡΜΟΤΙΜΟΣ

Τί φής; οὐδὲ τούτων τις πάντως ἔχει;

ΛΥΚΙΝΟΣ

Ἄδηλον. ἢ σοι ἀδύνατον δοκεῖ ἅπαντας ψεύδεσθαι, τὸ δ᾽ ἀληθὲς ἄλλο τι εἶναι πρὸς μηδενὸς αὐτῶν πω εὑρημένον;

ΕΡΜΟΤΙΜΟΣ

Πῶς οἷόν τε;   66

ΛΥΚΙΝΟΣ

5 Οὕτως· ἔστω γὰρ ὁ μὲν ἀληθὴς ἀριθμὸς ἡμῖν εἴκοσιν, οἷον, κυάμους τις εἴκοσιν ἐς τὴν χεῖρα λαβών, ἐπικλεισάμενος ἐρωτάτω δέκα τινάς, ὁπόσοι εἰσὶν οἱ κύαμοι ἐν τῇ χειρὶ αὐτοῦ, οἱ δὲ εἰκάζοντες ὁ μὲν ἑπτά, ὁ δὲ πέντε, ὁ δὲ τριάκοντα λεγέτωσαν, ὁ δέ τις δέκα ἢ πεντεκαίδεκα, καὶ ὅλως ἄλλος ἄλλον τινὰ ἀριθμόν·
10 ἐνδέχεται μέντοι καὶ τυχεῖν τινα ἀληθεῦσαι, ἢ γάρ;

ΕΡΜΟΤΙΜΟΣ

Ναί.

ΛΥΚΙΝΟΣ

Οὐ μὴν οὐδὲ τοῦτο ἀδύνατον, ἅπαντας ἄλλον ἄλλους ἀριθμοὺς εἰπεῖν, τοὺς ψευδεῖς καὶ οὐκ ὄντας, μηδένα δὲ αὐτῶν φάναι ὅτι εἴκοσιν ὁ ἀνὴρ κυάμους ἔχει. ἢ τί φής;

ΕΡΜΟΤΙΜΟΣ

15 Οὐκ ἀδύνατον.

ΛΥΚΙΝΟΣ

Κατὰ ταὐτὰ τοίνυν ἅπαντες μὲν οἱ φιλοσοφοῦντες τὴν

1–3 sic E: Τί φής; : Οὐδὲ…ἔχει: Ἄδηλον: Εἴ σοι…εὑρημένον: Γ: Τί φής; : Οὐδὲ…ψεύδεσθαι: L   2 εἴ recc.: ἢ ΓEL   4–5 Πῶς οἷόν τε οὕτως· ἔστω ΓEL   10 καὶ τυχεῖν L² uv., N: καὶ τύχην ΓEL¹: καὶ κατὰ τύχην Fl.; cf. 47.8, 49.37, nisi forte κατὰ τύχην legendum 12 ἅπαντας recc.: ἅπαντα ΓE: ἅπαν L   12–13 ἀριθμοὺς εἰπεῖν] ἀριθμεῖν L   16 ταῦτα Γ¹E¹L

ΛΟΥΚΙΑΝΟΥ

εὐδαιμονίαν ζητοῦσιν ὁποῖόν τί ἐστιν, καὶ λέγουσιν ἄλλος ἄλλο τι αὐτὴν εἶναι, ὁ μὲν ἡδονήν, ὁ δὲ τὸ καλόν, ὁ δὲ ὅσα ἕτερά φασι περὶ αὐτῆς. εἰκὸς μὲν οὖν καὶ τούτων ἕν τι εἶναι τὸ εὔδαιμον, οὐκ ἀπεικὸς δὲ καὶ ἄλλο τι παρ' αὐτὰ πάντα. καὶ ἐοίκαμεν ἡμεῖς ἀνάπαλιν ἢ ἐχρῆν, πρὶν τὴν ἀρχὴν εὑρεῖν, ἐπείγεσθαι πρὸς τὸ 5 τέλος. ἔδει δέ μοι πρότερον φανερὸν γενέσθαι ὅτι ἔγνωσται τἀληθὲς καὶ πάντως ἔχει τις αὐτὸ εἰδὼς τῶν φιλοσοφούντων. εἶτα μετὰ τοῦτο τὸ ἑξῆς ἂν ἦν ζητῆσαι, ᾧ πειστέον ἐστίν.

ΕΡΜΟΤΙΜΟΣ

Ὥστε, ὦ Λυκῖνε, τοῦτο φής, ὅτι οὐδ' ἂν διὰ πάσης φιλοσοφίας χωρήσωμεν, οὐδὲ τότε πάντως ἕξομεν τἀληθὲς εὑρεῖν. 10

ΛΥΚΙΝΟΣ

Μὴ ἐμέ, ὦγαθέ, ἐρώτα, ἀλλὰ τὸν λόγον αὖθις αὐτόν· καὶ ἴσως ἂν ἀποκρίναιτό σοι ὅτι οὐδέπω, ἔστ' ἂν ἄδηλον ᾖ εἰ ἕν τι τούτων ἐστὶν ὧν οὗτοι λέγουσιν.

ΕΡΜΟΤΙΜΟΣ

67 Οὐδέποτε ἄρα ἐξ ὧν σὺ φῂς εὑρήσομεν οὐδὲ φιλοσοφήσομεν, ἀλλὰ δεήσει ἡμᾶς ἰδιώτην τινὰ βίον ζῆν ἀποστάντας τοῦ φιλο- 15 σοφεῖν. τοῦτο ξυμβαίνει γε ⟨ἐξ⟩ ὧν φῂς, ἀδύνατον εἶναι φιλο- σοφῆσαι καὶ ἀνέφικτον ἀνθρώπῳ γε ὄντι. ἀξιοῖς γὰρ τὸν φιλοσοφήσειν μέλλοντα ἑλέσθαι πρῶτον φιλοσοφίαν τὴν ἀρίστην, ἡ δὲ αἵρεσις οὕτω σοι ἐδόκει μόνως ἀκριβὴς ἂν γενέσθαι, εἰ διὰ πάσης φιλοσοφίας χωρήσαντες ἑλοίμεθα τὴν ἀληθεστάτην. εἶτα 20 λογιζόμενος ἐτῶν ἀριθμόν, ὁπόσος ἑκάστῃ ἱκανός, ὑπερεξέ- πιπτες ἀπομηκύνων τὸ πρᾶγμα ἐς γενεὰς ἄλλας, ὡς ὑπερήμερον γίγνεσθαι τἀληθὲς τοῦ ἑκάστου βίου. τελευτῶν δὲ καὶ τοῦτο αὐτὸ οὐκ ἀνενδοίαστον ἀποφαίνεις, ἄδηλον εἶναι λέγων εἴτε εὕρηται πρὸς τῶν φιλοσοφούντων πάλαι τἀληθὲς εἴτε καὶ μή. 25

1 καὶ om. ΓEL: ss. Γ^aE^aL² uv.   6 δέ μοι ΓEL: δ' οἶμαι Fl.
8 πιστέον ΓE   16 γε ἐξ ὧν Bas.²: γε ὧν Γ^aEL: γε ὧν Γ sic
17–18 Ἀξιοῖς...ἀρίστην. Lycino trib. Γ   19 μόνως ΓE: ὡς L
21–2 λογιζόμενος...ὑπερεξέπιπτες om. Γ¹: mg. suppl. et Γ² et Γ^a
ἱκανός] ἐστὶν ἱκανός L   23 γενέσθαι L

ΛΥΚΙΝΟΣ

Σὺ δὲ πῶς, Ἑρμότιμε, δύναιο ἂν ἐπομοσάμενος εἰπεῖν ὅτι
εὕρηται πρὸς αὐτῶν; ἐγὼ μὲν οὐκ ἂν ὀμόσαιμι. καίτοι πόσα
ἄλλα παρεῖδον ἑκών σοι ἐξετάσεως μακρᾶς καὶ αὐτὰ δεόμενα;

ΕΡΜΟΤΙΜΟΣ

Τὰ ποῖα;   68

ΛΥΚΙΝΟΣ

5 Οὐκ ἀκούεις τῶν Στωϊκῶν ἢ Ἐπικουρείων ἢ Πλατωνικῶν
εἶναι φασκόντων τοὺς μὲν εἰδέναι τοὺς λόγους ἑκάστους, τοὺς δὲ
μή, καίτοι τά γε ἄλλα πάνυ ἀξιοπίστους ὄντας;

ΕΡΜΟΤΙΜΟΣ

Ἀληθῆ ταῦτα.

ΛΥΚΙΝΟΣ

Τὸ τοίνυν διακρῖναι τοὺς εἰδότας καὶ διαγνῶναι ἀπὸ τῶν οὐκ
10 εἰδότων μέν, φασκόντων δέ, οὔ σοι δοκεῖ πάνυ ἐργῶδες εἶναι;

ΕΡΜΟΤΙΜΟΣ

Καὶ μάλα.

ΛΥΚΙΝΟΣ

Δεήσει τοίνυν σέ, εἰ μέλλεις Στωϊκῶν τὸν ἄριστον εἴσεσθαι,
εἰ καὶ μὴ ἐπὶ πάντας, ἀλλ' οὖν ἐπὶ τοὺς πλείστους αὐτῶν ἐλθεῖν
καὶ πειραθῆναι καὶ τὸν ἀμείνω προστήσασθαι διδάσκαλον,
15 γυμνασάμενόν γε πρότερον καὶ κριτικὴν τῶν τοιούτων δύναμιν
πορισάμενον, ὡς μή σε λάθῃ ὁ χείρων προκριθείς. καὶ σὺ καὶ πρὸς
τοῦτο ὅρα ὅσου δεῖ τοῦ χρόνου, οὗ ἑκὼν παρῆκα δεδιὼς μὴ σὺ

---

1 ὦ Ἑρ. recc.   2–3 sic Γ: : Ἐγώ...δεόμενα: EL: ΕΡΜ. Ἐγώ...
ΛΥΚ. Καίτοι...δεόμενα recc.   5 Οὐκ ἀκούεις ΕΓᵃ: Ἀκούεις Γ:
Οὐκ οἴει L   9 ἀπὸ τῶν] ἀπ' αὐτῶν L   13–14 αὐτῶν ἐλθεῖν καὶ
ΕΓᵃ: αὐτῶν ἐλθεῖν Γ: ἐλθεῖν αὐτῶν καὶ L   16 sic E: προκριθείς:
καὶ σοί: καὶ πρὸς Γ: προκριθείς· καὶ σὺ πρὸς L   17 δεῖται L

ἀγανακτήσῃς, καίτοι τό γε μέγιστόν τε ἅμα καὶ ἀναγκαιότατον ἐν
τοῖς τοιούτοις, λέγω δὴ τοῖς ἀδήλοις τε καὶ ἀμφιβόλοις, ἓν τοῦτό
ἐστιν οἶμαι. καὶ μόνη σοι αὕτη πιστὴ καὶ βέβαιος ἐλπὶς ἐπὶ τὴν
ἀλήθειάν τε καὶ εὕρεσιν αὐτῆς, ἄλλη δὲ οὐδ᾽ ἡτισοῦν ἢ τὸ κρίνειν
δύνασθαι καὶ χωρίζειν ἀπὸ τῶν ἀληθῶν τὰ ψευδῆ ὑπάρχειν σοι 5
καὶ κατὰ τοὺς ἀργυρογνώμονας διαγιγνώσκειν ἅ τε δόκιμα καὶ
ἀκίβδηλα καὶ ἃ παρακεκομμένα, καὶ εἴ ποτε τοιαύτην τινὰ
δύναμιν καὶ τέχνην πορισάμενος ἴῃς ἐπὶ τὴν ἐξέτασιν τῶν
λεγομένων· εἰ δὲ μή, εὖ ἴσθι ὡς οὐδὲν κωλύσει σε τῆς ῥινὸς
ἕλκεσθαι ὑφ᾽ ἑκάστων ἢ θαλλῷ προδειχθέντι ἀκολουθεῖν ὥσπερ 10
τὰ πρόβατα· μᾶλλον δὲ τῷ ἐπιτραπεζίῳ ὕδατι ἐοικὼς ἔσῃ, ἐφ᾽
ὅ τι ἂν μέρος ἑλκύσῃ σέ τις ἄκρῳ τῷ δακτύλῳ ἀγόμενος, ἢ καὶ
νὴ Δία καλάμῳ τινὶ ἐπ᾽ ὄχθῃ παραποταμίᾳ πεφυκότι καὶ πρὸς
πᾶν τὸ πνέον καμπτομένῳ, κἂν μικρά τις αὔρα διαφυσήσασα
διασαλεύσῃ αὐτόν. 15

69 Ὡς εἴ γέ τινα εὕρῃς διδάσκαλον, ὃς ἀποδείξεως πέρι καὶ τῆς
τῶν ἀμφισβητουμένων διακρίσεως τέχνην τινὰ εἰδὼς διδάξειέ
σε, παύσῃ δηλαδὴ πράγματα ἔχων. αὐτίκα γάρ σοι τὸ βέλτιον
φανεῖται καὶ τἀληθὲς ὑπαχθὲν τῇ ἀποδεικτικῇ ταύτῃ τέχνῃ καὶ
τὸ ψεῦδος ἐλεγχθήσεται, καὶ σὺ βεβαίως ἑλόμενος καὶ κρίνας 20
φιλοσοφήσεις καὶ τὴν τριπόθητον εὐδαιμονίαν κτησάμενος
βιώσῃ μετ᾽ αὐτῆς ἅπαντα συλλήβδην ἔχων τἀγαθά.

ΕΡΜΟΤΙΜΟΣ

Εὖ γε, ὦ Λυκῖνε. παρὰ πολὺ γὰρ ταῦτα ἀμείνω καὶ ἐλπίδος
οὐ μικρᾶς ἐχόμενα λέγεις, καὶ ζητητέος, ὡς ἔοικεν, ἡμῖν ἀνήρ τις
τοιοῦτος, διαγνωστικούς τε καὶ διακριτικοὺς ποιήσων ὑμᾶς 25
καὶ τὸ μέγιστον ἀποδεικτικούς· ὡς τά γε μετὰ ταῦτα ῥᾴδια
ἤδη καὶ ἀπράγμονα καὶ οὐ πολλῆς διατριβῆς δεόμενα. καὶ
ἔγωγε ἤδη χάριν οἶδά σοι ἐξευρόντι σύντομόν τινα ταύτην ἡμῖν
καὶ ἀρίστην ὁδόν.

1 ἀγανακτήσεις Γ uv.: corr. Γᶜ   7 ἀκίβδηλα L: ἃ κίβδηλα
ΓΕ; cf. Pl. Lg. 916d   8 ἴῃς L: εἴης ΓΕ: ἄγεις N: ἤεις Fl.: ἴοις ? Bekker
9 sic LΓᶜ: κωλύσῃ ΓΕ   10 cf. Pl. Phdr. 230d   12 ὅτι N: ὅτῳ ΓΕL
14 πνεόμενον καμπ. L   16 εὕρῃς Ε: εὕρεις Γ: εὔροις L; cf. c. 42
18 βέλτιον ΓΕ: βέλτιστον L   24 ζητήσεως L

70. ΕΡΜΟΤΙΜΟΣ Η ΠΕΡΙ ΑΙΡΕΣΕΩΝ

ΛΥΚΙΝΟΣ

Καὶ μὴν οὐδέπω χάριν ἄν μοι εἰδείης εἰκότως· οὐδὲν γάρ σοι
ἐξευρηκὼς ἔδειξα, ὡς ἐγγυτέρω σε ποιήσειν τῆς ἐλπίδος, τὸ δὲ
πολὺ πορρωτέρω γεγόναμεν ἢ πρότερον ἦμεν καὶ κατὰ τοὺς
παροιμιαζομένους "πολλὰ μοχθήσαντες ὁμοίως ἐσμέν."

ΕΡΜΟΤΙΜΟΣ

5 Πῶς τοῦτο φῄς; πάνυ γὰρ λυπηρόν τι καὶ δύσελπι ἐρεῖν ἔοικας.

ΛΥΚΙΝΟΣ

Ὅτι, ὦ ἑταῖρε, κἂν εὕρωμεν ὑπισχνούμενόν τινα εἰδέναι τε **70**
ἀπόδειξιν καὶ ἄλλον διδάξειν, οὐκ αὐτίκα, οἶμαι, πιστεύσομεν
αὐτῷ, ἀλλά τινα ζητήσομεν τὸν κρῖναι δυνάμενον, εἰ ἀληθῆ ὁ ἀνὴρ
λέγει. κἂν τούτου εὐπορήσωμεν, ἄδηλον ἔτι ἡμῖν εἰ ὁ ἐπιγνώμων
10 οὗτος οἶδε διαγιγνώσκειν τὸν ὀρθῶς κρινοῦντα ἢ μή, καὶ ἐπ᾽ αὐτὸν
αὖθις τοῦτον ἄλλου ἐπιγνώμονος, οἶμαι, δεῖ. ἡμεῖς γὰρ πόθεν ἂν
εἰδείημεν διακρίνειν τὸν ἄριστα κρῖναι δυνάμενον; ὁρᾷς ὅποι
τοῦτο ἀποτείνεται καὶ ὡς ἀπέραντον γίγνεται, στῆναί ποτε καὶ
καταληφθῆναι μὴ δυνάμενον; ἐπεὶ καὶ τὰς ἀποδείξεις αὐτάς,
15 ὁπόσας οἷόν τε εὑρίσκειν, ἀμφισβητουμένας ὄψει καὶ μηδὲν
ἐχούσας βέβαιον. αἱ γοῦν πλεῖσται αὐτῶν δι᾽ ἄλλων ἀμφισβη-
τουμένων πείθειν ἡμᾶς βιάζονται εἰδέναι, αἱ δὲ τοῖς πάνυ προδήλοις
τὰ ἀφανέστατα συνάπτουσαι οὐδὲν αὐτοῖς κοινωνοῦντα ἀποδείξεις
ὅμως αὐτῶν εἶναι φάσκουσιν, ὥσπερ εἴ τις οἴοιτο ἀποδείξειν εἶναι
20 θεούς, διότι βωμοὶ αὐτῶν ὄντες φαίνονται. ὥστε, ὦ Ἑρμότιμε,
οὐκ οἶδ᾽ ὅπως καθάπερ οἱ ἐν κύκλῳ θέοντες ἐπὶ τὴν αὐτὴν ἀρχὴν
καὶ ἀπορίαν ἐπανεληλύθαμεν.

ΕΡΜΟΤΙΜΟΣ

Οἷά με εἰργάσω, ὦ Λυκῖνε, ἄνθρακάς μοι τὸν θησαυρὸν **71**

1 εἰδείης. εἰκότως. E   2 ἐγγυτέρωι E   4 προ-
οιμιαζομένους ΓEL: corr. Eᵃ   cf. Eur. Hcld. 448   13 ὡς om. L
καὶ² om. L   17 τοῖς N: ταῖς ΓEL   19 αὐτῶν ὅμως L
23 με] μὲν Γ¹Ε¹   ἠργάσω Γ   cf. Soph. Ph. 928   cf. 25.41,
34.32, 63.2, 73.26, Phaedr. 5.6.6, Alciphr. 4.18.13

ἀποφήνας, καὶ ὡς ἔοικεν ἀπολεῖταί μοι τὰ τοσαῦτα ἔτη καὶ ὁ κάματος ὁ πολύς.

ΛΥΚΙΝΟΣ

'Αλλ', ὦ Ἑρμότιμε, πολὺ ἔλαττον ἀνιάσῃ, ἢν ἐννοήσῃς ὅτι οὐ μόνος ἔξω μένεις τῶν ἐλπισθέντων ἀγαθῶν, ἀλλὰ πάντες ὡς ἔπος εἰπεῖν περὶ ὄνου σκιᾶς μάχονται οἱ φιλοσοφοῦντες. ἢ [εἰ] τίς ἄρα 5 δύναιτο δι' ἐκείνων ἁπάντων χωρῆσαι ὧν ἔφην; ὅπερ ἀδύνατον καὶ αὐτὸς λέγεις εἶναι. νῦν δὲ ὅμοιόν μοι δοκεῖς ποιεῖν ὥσπερ εἴ τις δακρύοι καὶ αἰτιῷτο τὴν τύχην, ὅτι μὴ δύναιτο ἀνελθεῖν εἰς τὸν οὐρανόν, ἢ ὅτι μὴ βύθιος ὑποδὺς εἰς τὴν θάλατταν ἀπὸ Σικελίας ἐς Κύπρον ἀναδύσεται, ἢ ὅτι μὴ ἀρθεὶς πτηνὸς αὐθημε- 10 ρὸν ἀπὸ τῆς Ἑλλάδος εἰς Ἰνδοὺς τελεῖ. τὸ δ' αἴτιον τῆς λύπης, ὅτι ἠλπίκει, οἶμαι, ἢ ὄναρ ποτὲ ἰδὼν τοιοῦτον ἢ αὐτὸς αὑτῷ ἀναπλάσας, οὐ πρότερον ἐξετάσας εἰ ἐφικτὰ εὔχεται καὶ κατὰ τὴν ἀνθρώπου φύσιν. καὶ δὴ καὶ σέ, ὦ ἑταῖρε, πολλὰ καὶ θαυμαστὰ ὀνειροπολοῦντα νύξας ὁ λόγος ἀπὸ τοῦ ὕπνου ἐκθορεῖν ἐποίησεν· 15 εἶτα ὀργίζῃ αὐτῷ ἔτι μόλις τοὺς ὀφθαλμοὺς ἀνοίγων καὶ τὸν ὕπνον οὐ ῥᾳδίως ἀποσειόμενος ὑφ' ἡδονῆς ὧν ἑώρας. πάσχουσι δὲ αὐτὸ καὶ οἱ τὴν κενὴν μακαρίαν ἑαυτοῖς ἀναπλάττοντες, ἢν μεταξὺ πλουτοῦσιν αὐτοῖς καὶ θησαυροὺς ἀνορύττουσιν καὶ βασιλεύουσιν καὶ τὰ ἄλλα εὐδαιμονοῦσιν—οἷα πολλὰ ἡ θεὸς ἐκείνη ῥᾳδιουργεῖ, 20 ἡ Εὐχή, μεγαλόδωρος οὖσα καὶ πρὸς οὐδὲν ἀντιλέγουσα, κἂν πτηνὸς θέλῃ τις γενέσθαι, κἂν κολοσσιαῖος τὸ μέγεθος, κἂν ὄρη ὅλα χρυσᾶ εὑρίσκειν· ἢν τοίνυν ταῦτα ἐννοοῦσιν αὐτοῖς ὁ παῖς προσελθὼν ἔρηταί τι τῶν ἀναγκαίων, οἷον ὅθεν ἄρτους ὠνητέον ⟨ἢ⟩ ὅ τι φατέον πρὸς τὸν ἀπαιτοῦντα τοὐνοίκιον ἐκ πολλοῦ 25 περιμένοντα, οὕτως ἀγανακτοῦσιν ὡς ὑπὸ τοῦ ἐρομένου καὶ παρενοχλήσαντος ἀφαιρεθέντες ἅπαντα ἐκεῖνα τἀγαθὰ καὶ ὀλίγου δέουσι τὴν ῥῖνα τοῦ παιδὸς ἀποτραγεῖν.

5 cf. Ar. *Vesp.* 191, *Fr.* 99 K.–A., Soph. *Fr.* 331 R, Pl. *Phdr.* 260c
5 ἢ εἴ τις ΓEL: corr. N   8 δακρύει ΓEL: corr. recc.   8 seq.
cf. Luc. 73 passim   17 ἑώρακας L   18 κενὴν μακαρίαν L,
Γᵃ in schol., Eᵃ in schol.: κενὴν καὶ μακαρίαν in versu ΓE; cf. 73.11
19 πλουτῶσιν E   25 ἢ ss. ΓᵃEᵃ: om. ΓEL

'Αλλὰ σύ, ὦ φιλότης, μὴ πάθῃς αὐτὸ πρὸς ἐμέ, εἴ σε θησαυροὺς 72
ἀνορύττοντα καὶ πετόμενον καί τινας ἐννοίας ὑπερφυεῖς ἐννοοῦντα
καί τινας ἐλπίδας ἀνεφίκτους ἐλπίζοντα φίλος ὢν οὐ περιεῖδον διὰ
παντὸς τοῦ βίου ὀνείρῳ ἤδει μὲν ἴσως, ἀτὰρ ὀνείρῳ γε συνόντα,
5 διαναστάντα δὲ ἀξιῶ πράττειν τι τῶν ἀναγκαίων καὶ ὅ σε
παραπέμψει ἐς τὸ λοιπὸν τοῦ βίου τὰ κοινὰ ταῦτα φρονοῦντα. ἐπεὶ
ὅ γε νῦν ἔπραττες καὶ ἐπενόεις, οὐδὲν τῶν Ἱπποκενταύρων καὶ
Χιμαιρῶν καὶ Γοργόνων διαφέρει, καὶ ὅσα ἄλλα ὄνειροι καὶ
ποιηταὶ καὶ γραφεῖς ἐλεύθεροι ὄντες ἀναπλάττουσιν οὔτε γενό-
10 μενα πώποτε οὔτε γενέσθαι δυνάμενα. καὶ ὅμως ὁ πολὺς λεὼς
πιστεύουσιν αὐτοῖς καὶ κηλοῦνται ὁρῶντες ἢ ἀκούοντες τὰ τοι-
αῦτα διὰ τὸ ξένα καὶ ἀλλόκοτα εἶναι.

Καὶ σὺ δὴ μυθοποιοῦ τινος ἀκούσας ὡς ἔστιν τις γυνὴ ὑπερφυὴς 73
τὸ κάλλος, ὑπὲρ τὰς Χάριτας αὐτὰς ἢ τὴν Οὐρανίαν καὶ μὴ
15 πρότερον ἐξετάσας εἰ ἀληθῆ λέγει καὶ εἰ ἔστι που τῆς γῆς
ἄνθρωπος αὕτη, ἤρας εὐθύς, ὥσπερ φασὶ τὴν Μήδειαν ἐξ ὀνείρατος
ἐρασθῆναι τοῦ Ἰάσονος. ὃ δὲ δὴ μάλιστά σε πρὸς τὸν ἔρωτα
ἐπηγάγετο καὶ τοὺς ἄλλους δέ, ὁπόσοι τοῦ αὐτοῦ σοι εἰδώλου
ἐρῶσι, τοῦτο ἦν, ὥς γέ μοι εἰκάζοντι φαίνεται, τὸ τὸν λέγοντα
20 ἐκεῖνον περὶ τῆς γυναικός, ἐπείπερ ἐπιστεύθη τὸ πρῶτον ὅτι
ἀληθῆ λέγει, ἀκόλουθα ἐπάγειν· εἰς τοῦτο γὰρ ἑωρᾶτε μόνον,
καὶ διὰ τοῦτο εἷλκεν ὑμᾶς τῆς ῥινός, ἐπείπερ ἅπαξ τὴν πρώτην
λαβὴν ἐνεδώκατε αὐτῷ, καὶ ἦγεν ἐπὶ τὴν ἀγαπωμένην δι' ἧς
ἔλεγεν εὐθείας ὁδοῦ. ῥᾴδια γάρ, οἶμαι, τὰ μετὰ ταῦτα καὶ οὐδεὶς
25 ὑμῶν ἔτι ἐπιστρεφόμενος εἰς τὴν εἴσοδον ἐξήταζεν εἰ ἀληθής
ἐστιν καὶ εἰ μὴ ἔλαθεν καθ' ἢν οὐκ ἐχρῆν εἰσελθών, ἀλλ'
ἠκολούθει τοῖς τῶν προωδευκότων ἴχνεσι, καθάπερ τὰ πρόβατα
πρὸς τὸν ἡγούμενον, δέον ἐπὶ τῇ εἰσόδῳ καὶ κατὰ τὴν ἀρχὴν
εὐθὺς σκέψασθαι, εἴπερ εἰσιτητέον.

30 Ὃ δέ φημι, σαφέστερον ἂν μάθοις, ἤν τι τοιοῦτον ὅμοιον 74

7-8 cf. Pl. *Phdr.* 229d   11-12 τὰ τοιαῦτα om. L   14 καὶ Solanus:
εἶναι ΓEL: οἶμαι Longolius: del. Jacobitz   14-15 μὴ πρότερον ΓᵃEᵃL:
μικρότερον uv. Γ¹E¹   16 ἤ ante ἀνθ. ss. Eᵃ: om. ΓEL   cf.
Ap. Rhod. 3.287 seq., 618 seq.; noster aliquantulum differt   17 Ἰά-
σωνος Γ¹E   23 λαβεῖν ΓEL¹: corr. EᵃL²; cf. Ar. *Eq.* 847, *Lys.* 671
26 οὐκ ΓE: οὐδ' L   28 δέον] δὲ Γ¹

παραθεωρήσῃς αὐτῷ· λέγοντος γάρ τινος τῶν μεγαλοτόλμων
τούτων ποιητῶν, ὡς γένοιτό ποτε τρικέφαλος καὶ ἑξάχειρ ἄν-
θρωπος, ἂν τὸ πρῶτον ταῦτα ἀπραγμόνως ἀποδέξῃ μὴ ἐξετάσας
εἰ δυνατόν, ἀλλὰ πιστεύσῃς, εὐθὺς ἀκολούθως ἂν ἐπάγοι τὰ λοιπά,
ὡς καὶ ὀφθαλμοὺς ὁ αὐτὸς εἶχεν ἓξ καὶ ὦτα ἓξ καὶ φωνὰς τρεῖς   5
ἅμα ἠφίει καὶ ἤσθιεν διὰ τριῶν στομάτων καὶ δακτύλους
τριάκοντα εἶχεν, οὐχ ὥσπερ ἕκαστος ἡμῶν δέκα ἐν ἀμφοτέραις
ταῖς χερσί· καὶ εἰ πολεμεῖν δέοι, αἱ τρεῖς μὲν χεῖρες ἑκάστη πέλτην
ἢ γέρρον ἢ ἀσπίδα εἶχον, αἱ τρεῖς δὲ ἡ μὲν πέλεκυν κατέφερεν,
ἡ δὲ λόγχην ἠφίει, ἡ δὲ τῷ ξίφει ἐχρῆτο. καὶ τίς ἔτι ἂν   10
ἀπιστήσειεν ταῦτα λέγοντι αὐτῷ; ἀκόλουθα γὰρ τῇ ἀρχῇ, περὶ
ἧς ἐχρῆν εὐθὺς σκοπεῖν εἴπερ δεκτέα καὶ εἰ συγχωρητέα οὕτως
ἔχειν. ἢν δὲ ἅπαξ ἐκεῖνα δῷς, ἐπιρρεῖ τὰ λοιπὰ καὶ οὔ-
ποτε στήσεται καὶ τὸ ἀπιστεῖν αὐτοῖς οὐκέτι ῥᾴδιον, ἐπεί-
περ ἀκόλουθα καὶ ὅμοιά ἐστιν τῇ συγχωρηθείσῃ ἀρχῇ· ἅπερ   15
καὶ ὑμεῖς πάσχετε. ὑπὸ γὰρ δὴ ἔρωτος καὶ προθυμίας
οὐκ ἐξετάσαντες τὰ κατὰ τὴν εἴσοδον ἑκάστην ὅπως ὑμῖν ἔχει,
προχωρεῖτε ὑπὸ τῆς ἀκολουθίας ἑλκόμενοι, οὐκ ἐννοοῦντες
εἴ τι γένοιτο ἂν ἀκόλουθόν τι αὐτῷ καὶ ψεῦδος ὄν· οἷον, εἴ τις
λέγοι τὰ δὶς πέντε ἑπτὰ εἶναι καὶ σὺ πιστεύσειας αὐτῷ μὴ   20
ἀριθμήσας ἐπὶ σαυτοῦ, ἐπάξει δηλαδὴ ὅτι καὶ τετράκις πέντε
τεσσαρεσκαίδεκα πάντως ἐστὶν καὶ μέχρι ἂν ὅτε ἐθελήσῃ. οἷα
καὶ ἡ θαυμαστὴ γεωμετρία ποιεῖ—κἀκείνη γὰρ τοὺς ἐν ἀρχῇ
ἀλλόκοτά τινα αἰτήματα αἰτήσασα καὶ συγχωρηθῆναι αὑτῇ
ἀξιώσασα οὐδὲ συστῆναι δυνάμενα—σημεῖά τινα ἀμερῆ καὶ   25
γραμμὰς ἀπλατεῖς καὶ τὰ τοιαῦτα, ἐπὶ σαθροῖς τοῖς θεμελίοις
τούτοις οἰκοδομεῖ τὰ τοιαῦτα καὶ ἀξιοῖ εἰς ἀπόδειξιν ἀληθῆ
λέγειν ἀπὸ ψευδοῦς τῆς ἀρχῆς ὁρμωμένη.

2-3 cf. 57.62   4 πιστεύσῃς scripsi: πιστεύσεις ΓΕLN:
πιστεύσας recc.   , εὐθὺς Ε: εὐθύς, ΓL   5 ὁ αὐτὸς om. L
10 ἔτι ἂν ΓΕ: ἂν ἔτι L   11 λεγόντων αὐτῶν L   12 εἴπερ
παραδεκτέα Cobet   19 τι¹] πῃ Ν   αὐτῷ codd.   20 λέγει Fl.
21 σαυτῷ L   22 μέχρι L: μέχρις Ε: Γ ex compendio   ἂν ὅτε
codd.: ἂν ὅτου Junt.: ἂν ὅτι Polus: lacunam vel errorem suspicatus, μέχρι
⟨numerus aliquis⟩ ὅτε ἐθελήσει vel μέχρις ἀνύσει ὅτι ἐθελήσει conieci
23 ἐκείνη L   26 τοιαῦτα] λοιπὰ Struve

70. ΕΡΜΟΤΙΜΟΣ Η ΠΕΡΙ ΑΙΡΕΣΕΩΝ

Κατὰ ταὐτὰ τοίνυν καὶ ὑμεῖς δόντες τὰς ἀρχὰς τῆς προαιρέσεως 75
ἑκάστης πιστεύετε τοῖς ἑξῆς καὶ γνώρισμα τῆς ἀληθείας αὐτῶν
τὴν ἀκολουθίαν ἡγεῖσθε εἶναι ψευδῆ οὖσαν. εἶτα οἱ μὲν ὑμῶν
ἐναποθνήσκουσιν ταῖς ἐλπίσι, πρὶν ἰδεῖν τἀληθὲς καὶ καταγνῶναι
5 τῶν ἐξαπατησάντων ἐκείνων, οἱ δὲ κἂν αἴσθωνται ἐξηπατημένοι
ὀψέ ποτε γέροντες ἤδη γενόμενοι, ὀκνοῦσιν ἀναστρέφειν αἰδού-
μενοι εἰ δεήσει τηλικούτους αὐτοὺς ὄντας ἐξομολογήσασθαι ὅτι
παίδων πρᾶγμα ἔχοντες οὐ συνίεσαν· ὥστε ἐμμένουσιν τοῖς αὐτοῖς
ὑπ᾽ αἰσχύνης καὶ ἐπαινοῦσι τὰ παρόντα καὶ ὁπόσους ἂν δύνωνται
10 προτρέπουσιν ἐπὶ τὰ αὐτά, ὡς ἂν μὴ μόνοι ἐξηπατημένοι ὦσιν
ἀλλὰ ἔχουσιν παραμυθίαν τὸ καὶ πολλοὺς ἄλλους τὰ ὅμοια
παθεῖν αὐτοῖς. καὶ γὰρ αὖ κἀκεῖνο ὁρῶσιν, ὅτι ἢν τἀληθὲς εἴπ-
ωσιν οὐκέτι σεμνοὶ ὥσπερ νῦν καὶ ὑπὲρ τοὺς πολλοὺς δόξουσιν
οὐδὲ τιμήσονται ὁμοίως. οὐκ ἂν οὖν ἑκόντες εἴποιεν εἰδότες, ἀφ᾽
15 οἵων ἐκπεσόντες ὅμοιοι τοῖς ἄλλοις δόξουσιν. ὀλίγοις δ᾽ ἂν πάνυ
ἐντύχοις ὑπ᾽ ἀνδρείας τολμῶσι λέγειν ὅτι ἐξηπάτηνται καὶ τοὺς
ἄλλους ἀποτρέπειν τῶν ὁμοίων πειρωμένους. εἰ δ᾽ οὖν τινι
τοιούτῳ ἐντύχοις, φιλαλήθη τε κάλει τὸν τοιοῦτον καὶ χρηστὸν
καὶ δίκαιον καί, εἰ βούλει, φιλόσοφον· οὐ γὰρ ἂν φθονήσαιμι
20 τούτῳ μόνῳ τοῦ ὀνόματος. οἱ δ᾽ ἄλλοι ἢ οὐδὲν ἀληθὲς ἴσασιν
οἰόμενοι εἰδέναι ἢ εἰδότες ἀποκρύπτονται ὑπὸ δειλίας καὶ
αἰσχύνης καὶ τοῦ προτιμᾶσθαι βούλεσθαι.

Καίτοι πρὸς τῆς Ἀθηνᾶς ἅπαντα μὲν ἃ ἔφην, ἐάσωμεν αὐτοῦ 76
καταβαλόντες καὶ λήθη τις ἔστω αὐτῶν ὥσπερ τῶν πρὸ Εὐκλείδου
25 ἄρχοντος πραχθέντων. ὑποθέμενοι δὲ ταύτην φιλοσοφίαν ὀρθὴν
εἶναι τὴν τῶν Στωϊκῶν, ἄλλην δὲ μηδ᾽ ἡντιναοῦν, ἴδωμεν εἰ
ἐφικτὴ αὕτη καὶ δυνατή ἐστιν, ἢ μάτην κάμνουσιν ὁπόσοι
ἐφίενται αὐτῆς. τὰς μὲν γὰρ ὑποσχέσεις ἀκούω θαυμαστάς τινας,

1 ταῦτα Γ¹L   3 ἡγεῖσθαι Γ   6 ὀψέ ποτε] ὁπότε L
8 πρᾶγμα ΓΕ: πράγματα L   9 δύνανται Ε   11 ἔχουσιν ΓΕ:
ἔχωσι ΝΓᶜL   καὶ πολλοὺς ἄλλους ΓΕ: καὶ πολλοὺς L: καὶ ἄλλους
πολλοὺς recc.: πολλοὺς καὶ ἄλλους Fritzsche   12 αὐτοῖς ΓΕ: αὐτά L
16 ἀνδρίας Γ   17 οὖν ΓΕ: αὖ L   18 τὸν τ. del. Bekker   20 ἢ ΓL:
ἃ Ε   21 εἰδότες Γ¹L: ἰδόντες Ε: εἰδόντες Γᵃ uv.   24 cf. 19.6,
Aeschin. In Tim. 39   26 an τὴν τῶν Στωϊκῶν delendum?

77

ἡλίκα εὐδαιμονήσουσιν οἱ ἐς τὸ ἀκρότατον ἐλθόντες, μόνους γὰρ
τούτους πάντα συλλαβόντας ἕξειν τὰ τῷ ὄντι ἀγαθά. τὸ μετὰ
ταῦτα δὲ σὺ ἄμεινον εἰδείης, εἴ τινι ἐντετύχηκας Στωϊκῷ τοιούτῳ
ἐς Στωϊκῶν τὸ ἄκρον, οἵῳ μήτε λυπεῖσθαι μήτε ὑφ' ἡδονῆς
κατασπᾶσθαι μήτε ὀργίζεσθαι, φθόνου δὲ κρείττονι καὶ πλούτου 5
καταφρονοῦντι καὶ συνόλως εὐδαίμονι, ὁποῖον χρὴ τὸν κανόνα
εἶναι καὶ γνώμονα τοῦ κατὰ τὴν ἀρετὴν βίου—ὁ γὰρ καὶ
κατὰ μικρότατον ἐνδέων ἀτελής, κἂν πάντα πλείω ἔχῃ—εἰ δὲ
τοῦτο οὐχί, οὐδέπω εὐδαίμων.

ΕΡΜΟΤΙΜΟΣ

77   Οὐδένα τοιοῦτον εἶδον.   10

ΛΥΚΙΝΟΣ

Εὖ γε, Ἑρμότιμε, ὅτι οὐ ψεύδῃ ἑκών. εἰς τί δ' οὖν ἀποβλέπων
φιλοσοφεῖς, ὅταν ὁρᾷς μήτε τὸν διδάσκαλον τὸν σὸν μήτε τὸν
ἐκείνου μήτε τὸν πρὸ αὐτοῦ μηδ' ἂν εἰς δεκαγονίαν ἀναγάγῃς
μηδένα αὐτῶν σοφὸν ἀκριβῶς καὶ διὰ τοῦτο εὐδαίμονα γεγενη-
μένον; οὐδὲ γὰρ ἂν ἐκεῖνο ὀρθῶς εἴποις ὡς ἀπόχρη κἂν πλησίον 15
γένῃ τῆς εὐδαιμονίας, ἐπεὶ οὐδὲν ὄφελος· ὁμοίως γὰρ ἔξω τοῦ
οὐδοῦ ἐστιν καὶ ἐν τῷ ὑπαίθρῳ ὅ τε παρὰ τὴν θύραν ἔξω ἑστὼς
καὶ ὁ πόρρω· διαλλάττοιεν δ' ἄν, ὅτι μᾶλλον οὗτος ἀνιάσεται ὁρῶν
ἐγγύθεν οἵων ἐστέρηται. εἶτα ἵνα πλησίον γένῃ τῆς εὐδαιμονίας
(δώσω γὰρ τοῦτό σοι) τοσαῦτα πονεῖς κατατρύχων σεαυτόν, καὶ 20
παραδεδράμηκέν σε ὁ βίος τοσοῦτος ἐν ἀκηδίᾳ καὶ καμάτῳ καὶ
ἀγρυπνίαις κάτω νενευκότα· καὶ εἰσαῦθις πονήσεις, ὡς φής, ἄλλα
εἴκοσιν ἔτη τοὐλάχιστον, ἵνα ὀγδοηκοντούτης γενόμενος (εἴ τις
ἐγγυητής ἐστί σοι ὅτι βιώσῃ τοσαῦτα) ὅμως ᾖς ἐν τοῖς μηδέπω

1 ἡνίκα codd.: corr. Graevius   οἱ om. L   3 ἂν
ante ἄμεινον add. Jacobitz   εἰδοίης ΓΕ: ἰδοίης L: corr. recc.
3–4 τοιούτῳ Στωϊκῷ τῶν ἄκρων ceteris deletis Fritzsche   4 τὸ
ἄκρον Ν: τῷ ἄκρῳ ΓΕL: an ἐς...ἄκρον delendum?   11 ὦ Ἑρμ. Ν
δ' οὖν Fritzsche: γοῦν codd.   16–17 τοῦ οὐδοῦ Solanus: τῆς ὁδοῦ
codd.; cf. 36.23   21 ὁ βίος ὁ τοσ. L   ἀηδίᾳ Pierson   23 ἢ
τις Γ: ἢ τις Ε: ἢ τίς LN: corr. Bas.²

78

εὐδαιμονοῦσιν—εἰ μὴ μόνος οἴει τεύξεσθαι τούτου καὶ αἱρήσειν
διώκων ὃ πρὸ σοῦ μάλα πολλοὶ καὶ ἀγαθοὶ καὶ ὠκύτεροι παρὰ
πολὺ διώκοντες οὐ κατέλαβον.

Ἀλλὰ καὶ κατάλαβε, εἰ δοκεῖ, καὶ ἔχε ὅλον συλλαβών· τὸ μὲν 78
5 δὴ πρῶτον οὐχ ὁρῶ ὅ τι ποτ' ἂν εἴη τἀγαθόν, ὡς ἀντάξιον δοκεῖν
τῶν πόνων τῶν τοσούτων. ἔπειτα ἐς πόσον ἔτι τὸν λοιπὸν χρόνον
ἀπολαύσεις αὐτοῦ γέρων ἤδη καὶ παντὸς ἡδέος ἔξωρος ὢν καὶ τὸν
ἕτερον πόδα φασὶν ἐν τῇ σορῷ ἔχων· εἰ μή τι ἐς ἄλλον, ὦ γενναῖε,
βίον προγυμνάζῃς ἑαυτόν, ὡς ἐς ἐκεῖνον ἐλθὼν ἄμεινον διαγάγοις,
10 εἰδὼς ὅντινα τρόπον χρὴ βιοῦν ὅμοιον ὡς εἴ τις ἐς τοσοῦτο
σκευάζοι τε καὶ εὐτρεπίζοι ὡς δειπνήσων ἄμεινον ἄχρι ἂν λάθῃ
ὑπὸ λιμοῦ διαφθαρείς.

Ἀλλὰ μὴν οὐδ' ἐκεῖνό πω κατανενόηκας οἶμαι ὡς ἡ μὲν ἀρετὴ 79
ἐν ἔργοις δήπου ἐστίν, οἷον ἐν τῷ δίκαια πράττειν καὶ σοφὰ
15 καὶ ἀνδρεῖα, ὑμεῖς δὲ (τὸ δὲ ὑμεῖς ὅταν εἴπω, τοὺς ἄκρους
τῶν φιλοσοφούντων φημί) ἀφέντες ταῦτα ζητεῖν καὶ ποιεῖν
ῥημάτια δύστηνα μελετᾶτε καὶ συλλογισμοὺς καὶ ἀπορίας καὶ τὸ
πλεῖστον τοῦ βίου ἐπὶ τούτοις διατρίβετε, καὶ ὃς ἂν κρατῇ ἐν
αὐτοῖς καλλίνικος ὑμῖν δοκεῖ. ἀφ' ὧν οἶμαι καὶ τὸν διδάσκαλον
20 τουτονὶ θαυμάζετε γέροντα ἄνδρα, ὅτι τοὺς προσομιλοῦντας ἐς
ἀπορίαν καθίστησιν καὶ οἶδεν ὡς χρὴ ἐρέσθαι καὶ σοφίσασθαι
καὶ πανουργῆσαι καὶ ἐς ἄφυκτα ἐμβαλεῖν, καὶ τὸν καρπὸν
ἀτεχνῶς ἀφέντες—οὗτος δὲ ἦν περὶ τὰ ἔργα—περὶ τὸν φλοιὸν
ἀσχολεῖσθε τὰ φύλλα καταχέοντες ἀλλήλων ἐν ταῖς ὁμιλίαις.
25 ἢ γὰρ ἄλλα ἐστὶν ἃ πράττετε, ὦ Ἑρμότιμε, πάντες ἕωθεν εἰς
ἑσπέραν;

ΕΡΜΟΤΙΜΟΣ

Οὔκ, ἀλλὰ ταῦτα.

ΛΥΚΙΝΟΣ

Ἦ οὖν οὐχὶ καὶ ὀρθῶς τις φαίη τὴν σκιὰν ὑμᾶς θηρεύειν

6 τὸν om. L   8 ἐν τῷ σορῷ ΓΕ: corr. ΓᵃΕᵃ   cf. 65.1
9 προγυμνάζῃς ΓΕ: προγυμνάζεις L: προγυμνάζοις recc.   σεαυτόν Ν
ἐς om. Γ   ἀμείνων ΓΕ¹L   10 τοσοῦτον L   11 κατα-
σκευάζοι L   εὐτρεπίζει ΓΕL: corr. Ν   22 cf. Pl. Euthd. 276e
24 καταχέαντες L   25 ὦ Ἑρμ. ἇ πρ. L   28 οὖν om. L

ΛΟΥΚΙΑΝΟΥ

ἐάσαντας τὸ σῶμα ἢ τοῦ ὄφεως τὸ σύφαρ ἀμελήσαντας τοῦ ὁλκοῦ;
μᾶλλον δὲ τὸ ὅμοιον ποιεῖν ὥσπερ εἴ τις ἐς ὅλμον ὕδωρ ἐγχέας
ὑπέρῳ σιδηρῷ πτίττοι πράττειν ἀναγκαῖόν τι καὶ προὔργου
οἰόμενος, οὐκ εἰδὼς ὅτι ἂν ἀποβάλῃ φασὶ τοὺς ὤμους πτίττων,
ὕδωρ ὁμοίως τὸ ὕδωρ μένει;   5

80 Καί μοι δὸς ἐνταῦθα ἤδη ἐρέσθαι σε εἰ ἐθέλοις ἂν ἔξω τῶν
λόγων τὰ ἄλλα ἐοικέναι τῷ διδασκάλῳ, οὕτω μὲν ὀργίλος, οὕτω
δὲ μικρολόγος, οὕτω δὲ φιλόνικος ὢν καὶ φιλήδονος νὴ Δί',
εἰ καὶ μὴ τοῖς πολλοῖς δοκεῖ. τί σιγᾷς, ὦ Ἑρμότιμε; θέλεις
διηγήσομαι ἃ πρώην ἤκουσα ὑπὲρ φιλοσοφίας τινὸς λέγοντος   10
ἀνδρὸς πάνυ γεγηρακότος, ᾧ πάμπολλοι τῶν νέων ἐπὶ σοφίᾳ
πλησιάζουσιν· ἀπαιτῶν γὰρ παρά τινος τῶν μαθητῶν τὸν μισθὸν
ἠγανάκτει, λέγων ὑπερήμερον εἶναι καὶ ἐκπρόθεσμον τοῦ
ὀφειλήματος, ὃν ἔδει πρὸ ἑκκαίδεκα ἡμερῶν ἐκτετικέναι τῇ ἔνῃ
καὶ νέᾳ· οὕτω γὰρ συνθέσθαι.   15

81 Καὶ ἐπεὶ ταῦτα ἠγανάκτει, παρεστὼς ὁ θεῖος τοῦ νεανίσκου,
ἄγροικος ἄνθρωπος καὶ ἰδιώτης ὡς πρὸς τὰ ὑμέτερα, Πέπαυσο,
εἶπεν, ὦ θαυμάσιε, τὰ μέγιστ' ἠδικῆσθαι λέγων, εἰ ῥημάτια
παρὰ σοῦ πριάμενοι μηδέπω ἐκτετίκαμεν διάφορον. καίτοι
ἃ μὲν ἡμῖν πέπρακας, ἔχεις ἔτι καὶ αὐτὸς καὶ οὐδὲν ἔλαττον   20
γέγονέ σοι τῶν μαθημάτων. τὰ δὲ ἄλλ' ὧν ἐξ ἀρχῆς ἐπιθυμῶν
συνέστησά σοι τὸν νεανίσκον, οὐδὲν ἀμείνων γεγένηται διὰ σέ,
ὃς τοὐμοῦ γείτονος Ἐχεκράτους τὴν θυγατέρα συναρπάσας παρ-
θένον οὖσαν διέφθειρεν καὶ ὀλίγου δίκην ἔφυγον βιαίων, εἰ
μὴ ἐγὼ ταλάντου ὠνησάμην τὸ πλημμέλημα παρὰ πένητος   25
ἀνδρὸς τοῦ Ἐχεκράτους. τὴν μητέρα δὲ πρώην ἐρράπισεν, ὅτι
αὐτοῦ ἐλάβετο ὑπὸ κόλπου ἐκκομίζοντος τὸν κάδον, ὡς ἔχῃ

---

1 ἐάσαντες Γ: corr. Γᵃ   σύφαρ Γ: σύφαρ Ε: σύρμα L
2 ἐκχ. codd.: corr. Bekker, cf. 26.22   3 πτήττοι ΓΕ   4 πτήττων ΓΕ
8 φιλόνεικος ΓEL   9 δοκῇ Ε   τί σιγᾷς Graevius:
τίσι γε Γ et, Hermotimo uv. tribuens, Ε: τί σε L   13 ἐκπρόθεσμον
Γ² uv. in versu, Γᵃ mg., Εᵃ mg., L: ἐκπρόθετον Γ¹ uv. et Ε   14 ὀφ-
λήματος L; cf. 77.14.2   ἔνῃ ΓEL   16 ἐπεὶ Longolius: ἐπὶ codd.
20 καὶ² om. Γ: add. Γᵃ   22 ὁ δ' vel ὅδ' ante οὐδὲν add. recc.
24 ἔφυγεν Salmuriensis   26 Ἐχεκράτου ΓΕ¹   27 ἔχῃ LN:
ἔχει ΓΕ: ἔχοι Salmuriensis

80

συμβολὰς οἶμαι καταθεῖναι. τὰ μὲν γὰρ ἐς ὀργὴν καὶ θυμὸν καὶ
ἀναισχυντίαν καὶ ἐς τόλμαν καὶ ψεῦδος μακρῷ τινι ἄμεινον εἶχεν
πέρυσιν ἢ νῦν. καίτοι ἐβουλόμην ἂν αὐτὸν ἐς ταῦτα ὠφελῆσθαι
ὑπὸ σοῦ μᾶλλον ἤπερ ἐκεῖνα εἰδέναι, ἃ καθ' ἑκάστην ἡμέραν
5 πρὸς ἡμᾶς οὐδὲν δεομένους ἐπὶ τὸ δεῖπνον διεξέρχεται, ὡς
κροκόδειλος ἥρπασε παιδίον, καὶ ὑπέσχηται ἀποδώσειν αὐτό, ἂν
ἀποκρίνηται ὁ πατὴρ οὐκ οἶδ' ὅ τι, ἢ ὡς ἀναγκαῖόν ἐστιν ἡμέρας
οὔσης μὴ νύκτα εἶναι. ἐνίοτε δὲ καὶ κέρατα ἡμῖν ὁ γενναῖος
ἀναφύει οὐκ οἶδ' ὅπως περιπλέκων τὸν λόγον. ἡμεῖς δὲ γελῶμεν
10 ἐπὶ τούτοις, καὶ μάλιστα ὅταν ἐπιβυσάμενος τὰ ὦτα μελετᾷ
πρὸς αὑτὸν ἕξεις τινὰς καὶ σχέσεις καὶ καταλήψεις καὶ φαν-
τασίας καὶ τοιαῦτα πολλὰ ὀνόματα διεξιών. ἀκούομεν δὲ αὐτοῦ
λέγοντος ὡς καὶ ὁ θεὸς οὐκ ἐν οὐρανῷ ἐστιν ἀλλὰ διὰ πάντων πε-
φοίτηκεν, οἷον ξύλων καὶ λίθων καὶ ζώων ἄχρι καὶ τῶν ἀτιμο-
15 τάτων. καὶ τῆς γε μητρὸς ἐρομένης αὐτὸν τί ταῦτα ληρεῖ,
καταγελάσας αὐτῆς, Ἀλλὰ ἢν τὸν λῆρον τοῦτον, ἔφη, ἐκμάθω
ἀκριβῶς, οὐδὲν κωλύσει με μόνον πλούσιον μόνον βασιλέα εἶναι,
τοὺς δὲ ἄλλους ἀνδράποδα καὶ καθάρματα νομίζεσθαι ὡς πρὸς
ἐμέ.

20 Τοιαῦτα τοῦ ἀνδρὸς εἰπόντος, ὁ φιλόσοφος ὅρα οἵαν ἀπόκρισιν 82
ἀπεκρίνατο, ὦ Ἑρμότιμε, ὡς πρεσβυτικήν· ἔφη γάρ, Ἀλλ' εἴ γε
μὴ ἐμοὶ ἐπλησίαζεν οὗτος, οὐκ οἴει μακρῷ χείρω ἂν αὐτὸν
ἐξεργάσασθαι ἢ καὶ νὴ Δία ἴσως τῷ δημίῳ παραδεδόσθαι;
ὡς νῦν γε χαλινόν τινα ἐμβέβληκεν αὐτῷ ἡ φιλοσοφία καὶ ἡ
25 πρὸς ταύτην αἰδώς, καὶ διὰ τοῦτο μετριώτερός ἐστιν ὑμῖν καὶ
φορητὸς ἔτι. φέρει γάρ τινα αἰσχύνην αὐτῷ, εἰ ἀνάξιος φαίνοιτο
τοῦ σχήματος καὶ τοῦ ὀνόματος, ἃ δὴ παρακολουθοῦντα
παιδαγωγεῖ αὐτόν. ὥστε δίκαιος ἂν εἴην, εἰ καὶ μὴ ὢν βελτίω
ἀπέφηνα, μισθὸν παρ' ὑμῶν λαβεῖν, ἀλλ' οὖν ἐκείνων γε ἃ μὴ
30 δέδρακεν αἰδούμενος φιλοσοφίαν. ἐπεὶ καὶ αἱ τίτθαι τοιάδε

---

3 ὠφελῆσθαι: ὠφελεῖσθαι ΓEL   4 εἴπερ Γ   6 seq. cf. 27.22,
77.1.2, Quint. Inst. Or. 1.10.5   7–8 cf. D.L. 7.78 seq.   8–9 cf.
D.L. 7.187, Luc. 77.1.2, Quint. Inst. Or. 1.10.5, Gell. 18.2.9   11 αὐτὸν
ΓL   17 cf. D.L. 7.122–3 etc.   23 δήμῳ ΓEL: corr. recc.
28 ὢν recc.: ὃν ΓEL   30 τηθαὶ L

λέγουσι περὶ τῶν παιδίων, ὡς ἀπιτητέον αὐτοῖς ἐς διδασκάλου·
καὶ γὰρ ἂν μηδέπω μαθεῖν ἀγαθόν τι δύνωνται, ἀλλ' οὖν
φαῦλον οὐδὲν ποιήσουσιν ἐκεῖ μένοντες. ἐγὼ μὲν οὖν τὰ ἄλλα
πάντα ἀποπλῆσαί μοι δοκῶ, καὶ ὄντινα ἂν ἐθέλῃς τῶν εἰδότων
τὰ ἡμέτερα, ἧκέ μοι ἐς αὔριον παραλαβὼν ὄψει τε ὅπως   5
ἐρωτᾷ καὶ πῶς ἀποκρίνεται καὶ ὅσα μεμάθηκεν καὶ ὅσα ἤδη
ἀνέγνωκε βιβλία περὶ ἀξιωμάτων, περὶ συλλογισμῶν, περὶ
καταλήψεως, περὶ καθηκόντων καὶ ἄλλα ποικίλα. εἰ δὲ ἢ τὴν
μητέρα ἔτυπτεν ἢ παρθένους συνήρπαζεν, τί ταῦτα πρὸς ἐμέ;
οὐ γὰρ παιδαγωγόν με ἐπεστήσατε αὐτῷ.   10

83 Τοιαῦτα γέρων ἄνθρωπος ὑπὲρ φιλοσοφίας ἔλεγε. σὺ δὲ
καὶ αὐτὸς ἂν φαίης, ὦ Ἑρμότιμε, ἱκανὸν εἶναι ὡς διὰ τοῦτο
φιλοσοφοίημεν, ὡς μηδὲν τῶν φαυλοτέρων πράττοιμεν; ἢ ἐπ'
ἄλλαις ἐλπίσιν ἐξ ἀρχῆς φιλοσοφεῖν ἠξιοῦμεν, οὐχ ὡς τῶν
ἰδιωτῶν κοσμιώτεροι εἴημεν περινοστοῦντες; τί οὖν οὐκ ἀποκρίνῃ   15
καὶ τοῦτο;

ΕΡΜΟΤΙΜΟΣ

Τί δὲ ἄλλο ἢ ὅτι καὶ δακρῦσαι ὀλίγου δέω; ἐς τοσοῦτό με
καθίκετο ὁ λόγος ἀληθὴς ὤν, καὶ ὀδύρομαι, ὅσον ἄθλιος χρόνον
ἀνάλωκα καὶ προσέτι μισθοὺς οὐκ ὀλίγους τελῶν ἀντὶ τῶν
πόνων. νυνὶ γὰρ ὥσπερ ἐκ μέθης ἀνανήφων ὁρῶ οἷα μέν ἐστιν   20
ὧν ἤρων, ὁπόσα δὲ πέπονθα διὰ ταῦτα.

ΛΥΚΙΝΟΣ

84 Καὶ τί δεῖ δακρύων, ὦ χρηστέ; τὸ γὰρ τοῦ μύθου ἐκεῖνο πάνυ
συνετόν, οἶμαι, ὃν Αἴσωπος διηγεῖτο· ἔφη γὰρ ἄνθρωπόν τινα ἐπὶ
τῇ ἠϊόνι καθεζόμενον ἐπὶ τὴν κυματωγὴν ἀριθμεῖν τὰ κύματα,
σφαλέντα δὲ ἄχθεσθαι καὶ ἀνιᾶσθαι, ἄχρι δὴ τὴν κερδὼ παρα-   25
στᾶσαν εἰπεῖν αὐτῷ, Τί, ὦ γενναῖε, ἀνιᾷ τῶν παρελθόντων ἕνεκα,

1 ἀπιτέον L   5 ἡμέτερα Γ²L: ὑμέτερα Γ¹E   12 εἶναι
om. L   ὡς] εἰ Bekker   17 Τί δαὶ ἄλλο E   με EL: μου Γᶜ: Γ¹
incert.   18 καθήκετο Γ¹E   ὁ ἄθλιος L   22 δεῖ om. L
24 ἠϊόνα L   cf. 49.2, Theocr. 16.60, Aesopica 429 (Perry)   καθιζό-
μενον L   κυματωγὴν N: κυματώγην Eᵃ: κυμαγώγην mg. Γᵃ: κυμα-
τώδη ΓE¹L; cf. 25.56, 73.8   25 δὲ] δὲ καὶ recc.

δέον τὰ ἐντεῦθεν ἀρξάμενον ἀριθμεῖν ἀμελήσαντα ἐκείνων; Καὶ
σὺ τοίνυν, ἐπείπερ οὕτω σοι δοκεῖ, ἐς τὸ λοιπὸν ἂν ἄμεινον
ποιήσαις βίον τε κοινὸν ἅπασι βιοῦν ἀξιῶν καὶ συμπολιτεύσῃ τοῖς
πολλοῖς οὐδὲν ἀλλόκοτον καὶ τετυφωμένον ἐλπίζων, καὶ οὐκ
5 αἰσχυνῇ, ἤνπερ εὖ φρονῇς, εἰ γέρων ἄνθρωπος μεταμαθήσῃ καὶ
μεταχωρήσεις πρὸς τὸ βέλτιον. ταῦτα πάντα, ὦ φιλότης, ὁπόσα   85
εἶπον, μή με νομίσῃς κατὰ τῆς Στοᾶς παρεσκευασμένον ἢ ἔχθραν
τινὰ ἐξαίρετον πρὸς Στωϊκοὺς ἐπανῃρημένον εἰρηκέναι, ἀλλὰ
κοινὸς ἐπὶ πάντας ὁ λόγος. τὰ γὰρ αὐτὰ πρὸς σὲ εἶπον ἄν, εἰ τὰ
10 Πλάτωνος ἢ Ἀριστοτέλους ᾕρησο τῶν ἄλλων ἀκρίτων ἐρήμην
καταγνούς. νῦν δὲ ἐπεὶ τὰ Στωϊκῶν προετίμησας, πρὸς τὴν Στοὰν
ἀποτετάσθαι ὁ λόγος ἔδοξεν οὐδὲν ἐξαίρετον πρὸς αὐτὴν ἔχων.

ΕΡΜΟΤΙΜΟΣ

Εὖ λέγεις· ἄπειμι γοῦν ἐπ᾽ αὐτὸ τοῦτο, ὡς μεταβαλοίμην καὶ   86
αὐτὸ δὴ τὸ σχῆμα. ὄψει γοῦν οὐκ εἰς μακρὰν οὔτε πώγωνα ὥσπερ
15 νῦν λάσιον καὶ βαθὺν οὔτε δίαιταν κεκολασμένην, ἀλλὰ ἄνετα
πάντα καὶ ἐλεύθερα. τάχα δὲ καὶ πορφυρίδα μεταμφιάσομαι, ὡς
εἰδεῖεν ἅπαντες ὅτι μηκέτι μοι τῶν λήρων ἐκείνων μέτεστιν.
ὡς εἴθε γε καὶ ἐξεμέσαι δυνατὸν ἦν ἅπαντα ἐκεῖνα, ὁπόσα
ἤκουσα παρ᾽ αὐτῶν, καὶ εὖ ἴσθι, οὐκ ἂν ὤκνησα καὶ ἐλλέβορον
20 πιεῖν διὰ τοῦτο ἐς τὸ ἔμπαλιν ἢ ὁ Χρύσιππος, ὅπως μηδὲν ἔτι
νοήσαιμι ὧν φασιν. σοὶ δ᾽ οὖν οὐ μικρὰν χάριν οἶδα, ὦ Λυκῖνε,
ὅτι με παραφερόμενον ὑπὸ θολεροῦ τινος χειμάρρου καὶ τραχέος,
ἐπιδιδόντα ἐμαυτὸν καὶ κατὰ ῥοῦν συρρέοντα τῷ ὕδατι, ἀνέ-
σπασας ἐπιστάς, τὸ τῶν τραγῳδῶν τοῦτο, θεὸς ἐκ μηχανῆς
25 ἐπιφανείς. δοκῶ δέ μοι οὐκ ἀλόγως ἂν καὶ ξυρήσασθαι τὴν
κεφαλὴν ὥσπερ οἱ ἐκ τῶν ναυαγίων ἀποσωθέντες ἐλεύθεροι, ἅτε
καὶ σωτήρια τήμερον ἄξων τοσαύτην ἀχλὺν ἀποσεισάμενος τῶν

---

5 αἰσχύνη ΓEL: αἰσχύνη N: corr. Fritzsche   μεταθήσῃ Fl.
8–9 ἀλλὰ κοινῶς· τὰ γὰρ (cet. om.) L   12 sic ΓᵈE mg.: ἀποπετάσθαι
fort. Γ¹: ἀποπετάσθαι E: ἀποπέτασθαι L   15 κεκολασμένην ΓᵃE²L:
κεκλασμένην Γ¹: κεολασμένην uv. E¹   18 γε om. L   20 cf. 27.23
22 περιφερ. Fl.   24–5 cf. Men. Theoph. Fr. 227, Pl. Clit. 407a,
Dem. 40.59   27 ἄξειν ΓEL: corr. N

ὀμμάτων. φιλοσόφῳ δὲ εἰς τὸ λοιπὸν κἂν ἄκων ποτὲ ἐν ὁδῷ βαδίζων ἐντύχω, οὕτως ἐκτραπήσομαι καὶ περιστήσομαι ὥσπερ τοὺς λυττῶντας τῶν κυνῶν.

1 ἐν del. Fritzsche; cf. 25.5 etc.

subscriptionem   Διώρθωσα ἐγὼ Ἀλέξανδρος ἐπίσκοπος τῆς πολυκάρπου καὶ μεγαλοδόξου Νικαίας μετὰ Ἰακώβου τοῦ ὁμαίμονος ἀδελφοῦ καὶ μητροπολίτου Λαρίσσης τῆς ὑπὸ πολλῶν ὑμνουμένης σοφῶν add. Γᵃ

71

ΠΡΟΣ ΤΟΝ ΕΙΠΟΝΤΑ, ΠΡΟΜΗΘΕΥΣ ΕΙ ΕΝ ΛΟΓΟΙΣ

Οὐκοῦν Προμηθέα με εἶναι φῄς; εἰ μὲν κατὰ τοῦτο, ὦ ἄριστε, 1
ὡς πηλίνων κἀμοὶ τῶν ἔργων ὄντων, γνωρίζω τὴν εἰκόνα καί
φημι ὅμοιος εἶναι αὐτῷ, οὐδ' ἀναίνομαι πηλοπλάθος ἀκούειν,
εἰ καὶ φαυλότερος ἐμοὶ ὁ πηλὸς οἷος ἐκ τριόδου, βόρβορός τις παρὰ
5 μικρόν. εἰ δὲ ὑπερεπαινῶν τοὺς λόγους ὡς δῆθεν εὐμηχάνους
ὄντας τὸν σοφώτατον τῶν Τιτάνων ἐπιφημίζεις αὐτοῖς, ὅρα μή
τις εἰρωνείαν φῇ καὶ μυκτῆρα οἷον τὸν Ἀττικὸν προσεῖναι τῷ
ἐπαίνῳ. ἢ πόθεν γὰρ εὐμήχανον τοὐμόν; τίς δὲ ἡ περιττὴ σοφία
καὶ προμήθεια ἐν τοῖς γράμμασιν; ὡς ἔμοιγε ἱκανὸν εἰ μὴ πάνυ
10 σοι γήϊνα ἔδοξεν μηδὲ κομιδῇ ἄξια τοῦ Καυκάσου. καίτοι πόσῳ
δικαιότερον ὑμεῖς ἂν εἰκάζοισθε τῷ Προμηθεῖ, ὁπόσοι ἐν
δίκαις εὐδοκιμεῖτε ξὺν ἀληθείᾳ ποιούμενοι τοὺς ἀγῶνας;
ζῶα γοῦν ὡς ἀληθῶς καὶ ἔμψυχα ὑμῖν τὰ ἔργα, καὶ νὴ Δία
καὶ τὸ θερμὸν αὐτῶν ἐστι διάπυρον· καὶ τοῦτο ἐκ τοῦ Προ-
15 μηθέως ἂν εἴη, πλὴν εἰ μὴ ἓν διαλλάττοιτε, ὅτι μηδ' ἐκ πηλοῦ
πλάττετε ἀλλὰ χρυσᾶ ὑμῖν τοῖς πολλοῖς τὰ πλάσματα.
Ἡμεῖς δὲ οἱ ἐς τὰ πλήθη παριόντες καὶ τὰς τοιαύτας τῶν 2
ἀκροάσεων ἐπαγγέλλοντες εἴδωλα ἄττα ἐπιδεικνύμεθα, καὶ τὸ
μὲν ὅλον ἐν πηλῷ, καθάπερ ἔφην μικρὸν ἔμπροσθεν, ἡ πλαστικὴ
20 κατὰ ταὐτὰ τοῖς κοροπλάθοις· τὰ δ' ἄλλα οὔτε κίνησις ὁμοία

Traditionis simplicis testes ΓΕ codices rettuli   Ante titulum
accedit ΛΟΥΚΙΑΝΟΥ Γ et (antea et in subscriptione) E: om. recc.: aut in
titulo esse potuit aut libellus ex complurium auctorum congerie provenit
1 φῄς. ΓΕ   3 πηλόπλαθος Γ¹Ε¹   4 βάρβαρος Γ¹Ε¹: corr. ΓᵃΕᵃ
8 τίς δὲ] τίς δαὶ Ε   13 ζῶια ΓΕ: corr. recc.: ζῶντα Fritzsche   14 ἐστι
διάπυρον· καὶ] ὅτι διάπυρον, καὶ Κ. Schwartz   15 μὴ ἓν scripsi:
μὲν ΓΕ: μὴ recc.: μὴ ἐνὶ Fritzsche   μηδ' ἐκ ΓΕ: μὴ ἐκ Hemsterhuis:
μηδὲν Struve: ἐκ Ν: an μηδὲν ἐκ?

πρόσεστιν οὔτε ψυχῆς δεῖγμά τι, ἀλλὰ τέρψις ἄλλως καὶ παιδιὰ
τὸ πρᾶγμα. ὥστε μοι ἐνθυμεῖσθαι ἔπεισι μὴ ἄρα οὕτω με
Προμηθέα λέγοις εἶναι ὡς ὁ κωμικὸς τὸν Κλέωνα· φησίν, οἶσθα,
περὶ αὑτοῦ·

Κλέων Προμηθεύς ἐστι μετὰ τὰ πράγματα. 5

καὶ αὐτοὶ δὲ Ἀθηναῖοι τοὺς χυτρέας καὶ ἱπνοποιοὺς καὶ πάντας
ὅσοι πηλουργοὶ Προμηθέας ἀπεκάλουν ἐπισκώπτοντες ἐς τὸν
πηλὸν ἢ καὶ τὴν ἐν πυρὶ οἶμαι τῶν σκευῶν ὄπτησιν. καὶ εἴ
γε σοὶ τοῦτο βούλεται εἶναι ὁ Προμηθεύς, πάνυ εὐστόχως ἀπο-
τετόξευται καὶ ἐς τὴν Ἀττικὴν δριμύτητα τῶν σκωμμάτων, 10
ἐπεὶ καὶ εὔθρυπτα ἡμῖν τὰ ἔργα ὥσπερ ἐκείνοις τὰ χυτρίδια,
καὶ μικρόν τις λίθον ἐμβαλὼν συντρίψει ἅπαντα.

3   Καίτοι, φαίη τις παραμυθούμενος, οὐ ταῦτα εἴκασέ ⟨σε⟩ τῷ
Προμηθεῖ, ἀλλὰ τὸ καινουργὸν τοῦτο ἐπαινῶν καὶ μὴ πρός τι ἄλλο
ἀρχέτυπον μεμιμημένον, ὥσπερ ἐκεῖνος, οὐκ ὄντων ἀνθρώπων 15
τέως, ἐννοήσας αὐτοὺς ἀνέπλασεν, τοιαῦτα ζῷα μορφώσας καὶ
διακοσμήσας ὡς εὐκίνητά τε εἴη καὶ ὀφθῆναι χαρίεντα. καὶ τὸ μὲν
ὅλον ἀρχιτέκτων αὐτὸς ἦν, ξυνειργάζετο δέ τι καὶ ἡ Ἀθηνᾶ
ἐμπνέουσα τὸν πηλὸν καὶ ἔμψυχα ποιοῦσα εἶναι τὰ πλάσματα. ὁ
μὲν ταῦτα ἂν εἴποι, πρός γε τὸ εὐφημότατον ἐξηγούμενος τὸ 20
εἰρημένον, καὶ ἴσως οὗτος ὁ νοῦς ἦν τῷ λελεγμένῳ. ἐμοὶ δὲ οὐ
πάνυ ἱκανόν, εἰ καινοποιεῖν δοκοίην, μηδὲ ἔχοι τις λέγειν
ἀρχαιότερόν τι τοῦ πλάσματος οὗ τοῦτο ἀπόγονόν ἐστιν.
ἀλλὰ εἰ μὴ χαρίεντα φαίνοιτο, αἰσχυνοίμην ἄν, εὖ ἴσθι, ἐπ'
αὐτῷ καὶ ξυμπατήσας ἂν ἀφανίσαιμι. οὐδ' ἂν ὠφελήσειεν αὐτό, 25
παρὰ γοῦν ἐμοί, ἡ καινότης, μὴ οὐχὶ συντετρῖφθαι ἄμορφον ὄν.

3 λέγεις Schaefer; sed cf. 36.14, 71.7   Κλέωνα· φησίν, scripsi:
Κλέωνα φησίν· codd.: Κλέωνα· φησὶν δέ, Dindorf   5 Eupolidi (*Fr.* 456)
dubitanter trib. Kock; cf. Ar. *Fr.* 654 K.-A.   ἐστιν ΓΕ   6 ἱπν.
ΓΕ   8 ἢ καὶ Ald.²: εἶναι ΓΕ: καὶ Γᵃ   12 συντρίψει ἅπαντα Γ:
συντρίψειεν ἅπαντα Ε: συντρίψειεν ἂν πάντα recc.   13 τις ΓΕ: τις ἂν
recc.; cf. *Glotta* 1977, 215 seq.   εἴκασέ σε Hemsterhuis: εἰκάσαι
codd.   13–14 εἰκάσαι...ἐπαινεῖν Benedictus   20 γε Hemsterhuis:
τε codd.   21 οὕτως ΓΕ: corr. recc.   22 λέγων ΓΕ: corr. recc.
24 καὶ ante χαρ. add. recc.   χαρίεντα ΓΕ: χάριεν recc. vel χάριέν
τι recc.   26 γοῦν Junt.: γὰρ codd.: γ' Solanus

καὶ εἴ γε μὴ οὕτω φρονοίην, ἄξιος ἂν ⟨εἶναί⟩ μοι δοκῶ ὑπὸ
ἑκκαίδεκα γυπῶν κείρεσθαι, οὐ συνιεὶς ὡς πολὺ ἀμορφότερα τὰ
μετὰ τοῦ ξένου αὐτὰ πεπονθότα.

Πτολεμαῖος γοῦν ὁ Λάγου δύο καινὰ ἐς Αἴγυπτον ἄγων, **4**
5 κάμηλόν τε Βακτριανὴν παμμέλαιναν καὶ δίχρωμον ἄνθρωπον, ὡς
τὸ μὲν ἡμίτομον αὐτοῦ ἀκριβῶς μέλαν εἶναι, τὸ δὲ ἕτερον ἐς
ὑπερβολὴν λευκόν, ἐπ' ἴσης δὲ μεμερισμένον, ἐς τὸ θέατρον
συναγαγὼν τοὺς Αἰγυπτίους ἐπεδείκνυτο αὐτοῖς ἄλλα τε πολλὰ
θεάματα καὶ τὸ τελευταῖον καὶ ταῦτα, τὴν κάμηλον καὶ τὸν
10 ἡμίλευκον ἄνθρωπον, καὶ ᾤετο ἐκπλήξειν τῷ θεάματι. οἱ δὲ πρὸς
μὲν τὴν κάμηλον ἐφοβήθησαν καὶ ὀλίγου διέφυγον ἀναθορόντες,
καίτοι χρυσῷ πᾶσα ἐκεκόσμητο καὶ ἀλουργίδι ἐπέστρωτο καὶ ὁ
χαλινὸς ἦν λιθοκόλλητος, Δαρείου τινὸς ἢ Καμβύσου ἢ Κύρου
αὐτοῦ κειμήλιον. πρὸς δὲ τὸν ἄνθρωπον οἱ μὲν πολλοὶ ἐγέλων,
15 οἱ δέ τινες ὡς ἐπὶ τέρατι ἐμυσάττοντο. ὥστε ὁ Πτολεμαῖος
συνεὶς ὅτι οὐκ εὐδοκιμεῖ ἐπ' αὐτοῖς οὐδὲ θαυμάζεται ὑπὸ τῶν
Αἰγυπτίων ἡ καινότης, ἀλλὰ πρὸ αὐτῆς τὸ εὔρυθμον καὶ τὸ
εὔμορφον κρίνουσι, μετέστησεν αὐτὰ καὶ [τὸν ἄνθρωπον] οὐκέτι
διὰ τιμῆς ἦγεν ὡς πρὸ τοῦ. ἀλλ' ἡ μὲν κάμηλος ἀπέθανεν
20 ἀμελουμένη, τὸν ἄνθρωπον δὲ τὸν διττὸν Θέσπιδι τῷ αὐλητῇ
ἐδωρήσατο καλῶς αὐλήσαντι παρὰ τὸν πότον.

Δέδοικα δὲ μὴ καὶ τοὐμὸν κάμηλος ἐν Αἰγυπτίοις ᾖ, οἱ δὲ **5**
ἄνθρωποι τὸν χαλινὸν ἔτι αὐτῆς θαυμάζουσι καὶ τὴν ἀλουργίδα,
ἐπειδὴ οὐδὲ τὸ ἐκ δυοῖν τοῖν καλλίστοιν ξυγκεῖσθαι, διαλόγου καὶ
25 κωμῳδίας, οὐδὲ τοῦτο ἀπόχρη εἰς εὐμορφίαν, εἰ μὴ καὶ ἡ μίξις
ἐναρμόνιος καὶ κατὰ τὸ σύμμετρον γίγνοιτο. ἔστι γοῦν ἐκ δύο
καλῶν ἀλλόκοτον τὴν ξυνθήκην εἶναι, οἷον ἐκεῖνο τὸ προχειρότα-
τον, ὁ ἱπποκένταυρος· οὐ γὰρ ἂν φαίης ἐπέραστόν τι ζῷον τουτὶ

---

1 εἶναί add. Schaefer   3 αὐτὰ πεπονθότα recc.: αὐτὰ πεποιθότα
ΓΕ: αὐτὸ πεπονθότα Marcilius: ταὐτὸ πεπονθότα Brodaeus: (post τὰ μόνου
τοῦ ξένου) ἀντιποιηθέντα Hemsterhuis: an delendum?   4 γοῦν
Seager: οὖν codd.   11 διέφυγον ΓΕ: δεῖν ἔφυγον Εᵃ   18 τὸν ἄνθρωπον
del. Lehmann   20 non alibi notus est; cf. tamen 31.8   23 θαυμά-
ζωσι Marcilius; sed cf. Glotta 1977, 215 seq.   24 , ἐπειδὴ recc.: . ἐπεὶ
δὲ ΓΕ, fort. recte si sensus non conficitur   27 τὴν om. Γ   28 cf.
29.33, 63.3, Pl. Phdr. 229d

ΛΟΥΚΙΑΝΟΥ

γενέσθαι, ἀλλὰ καὶ ὑβριστότατον, εἰ χρὴ πιστεύειν τοῖς ζωγράφοις
ἐπιδεικνυμένοις τὰς παροινίας καὶ σφαγὰς αὐτῶν. τί οὖν; οὐχὶ καὶ
ἔμπαλιν γένοιτ᾽ ἂν εὔμορφόν τι ἐκ δυοῖν τοῖν ἀρίστοιν ξυντεθέν,
ὥσπερ ἐξ οἴνου καὶ μέλιτος τὸ ξυναμφότερον ἥδιστον; φημὶ
ἔγωγε. οὐ μὴν περί γε τῶν ἐμῶν ἔχω διατείνεσθαι ὡς τοιούτων   5
ὄντων, ἀλλὰ δέδια μὴ τὸ ἑκατέρου κάλλος ἡ μίξις συνέφθειρεν.

6   Οὐ πάνυ γοῦν συνήθη καὶ φίλα ἐξ ἀρχῆς ἦν ὁ διάλογος καὶ ἡ
κωμῳδία, εἴ γε ὁ μὲν οἴκοι καὶ καθ᾽ ἑαυτὸν ἰδίᾳ ⟨ἢ⟩ ἐν τοῖς
περιπάτοις μετ᾽ ὀλίγων τὰς διατριβὰς ἐποιεῖτο, ἡ δὲ παραδοῦσα
τῷ Διονύσῳ ἑαυτὴν θεάτρῳ ὡμίλει καὶ ξυνέπαιζεν καὶ ἐγελωτο-   10
ποίει καὶ ἐπέσκωπτε καὶ ἐν ῥυθμῷ ἔβαινε πρὸς αὐλὸν ἐνίοτε καὶ
τὸ ὅλον ἀναπαίστοις μέτροις ἐποχουμένη, τὰ πολλὰ τοὺς τοῦ
διαλόγου ἑταίρους ἐχλεύαζε φροντιστὰς καὶ μετεωρολέσχας καὶ
τὰ τοιαῦτα προσαγορεύουσα. καὶ μίαν ταύτην προαίρεσιν ἐπε-
ποίητο ἐκείνους ἐπισκώπτειν καὶ τὴν Διονυσιακὴν ἐλευθερίαν   15
καταχεῖν αὐτῶν, ἄρτι μὲν ἀεροβατοῦντας δεικνύουσα καὶ νεφέλαις
ξυνόντας, ἄρτι δὲ ψυλλῶν πηδήματα διαμετροῦντας, ὡς δῆθεν τὰ
ἀέρια λεπτολογουμένους. ὁ διάλογος δὲ σεμνοτάτας ἐποιεῖτο τὰς
συνουσίας φύσεώς τε πέρι καὶ ἀρετῆς φιλοσοφῶν. ὥστε, τὸ τῶν
μουσικῶν τοῦτο, δὶς διὰ πασῶν εἶναι τὴν ἁρμονίαν, ἀπὸ τοῦ   20
ὀξυτάτου ἐς τὸ βαρύτατον. καὶ ὅμως ἐτολμήσαμεν ἡμεῖς
τὰ οὕτως ἔχοντα πρὸς ἄλληλα ξυναγαγεῖν καὶ ξυναρμόσαι οὐ
πάνυ πειθόμενα οὐδὲ εὐμαρῶς ἀνεχόμενα τὴν κοινωνίαν.

7   Δέδια τοίνυν μὴ αὖθις ὅμοιόν τι τῷ Προμηθεῖ τῷ σῷ πε-
ποιηκὼς φαίνομαι τὸ θῆλυ τῷ ἄρρενι ἐγκαταμίξας καὶ δι᾽   25
αὐτὸ δίκην ὑπόσχω, μᾶλλον δὲ καὶ ⟨   ⟩
ἐξαπατῶν ἴσως τοὺς ἀκούοντας καὶ ὀστᾶ παραθεὶς αὐτοῖς κε-
καλυμμένα τῇ πιμελῇ, γέλωτα κωμικὸν ὑπὸ σεμνότητι φιλο-
σόφῳ. τὸ γὰρ τῆς κλεπτικῆς—καὶ γὰρ κλεπτικῆς ὁ θεός—

2 τί οὖν οὐχὶ ΓΕ   καὶ² om. Γ   8 ἰδίᾳ ⟨ἢ⟩ Bekker: νὴ Δία codd.
12 ἐποχουμένη τὰ πολλά· τοὺς distinxit Fl.: · τὰ π. ⟨δὲ⟩ Bekker   13 cf.
Ar. *Nub.* 228, Pl. *Ap.* 18b etc.   14 προαίρεσιν recc.: προέλευσιν ΓΕ
16 κατασχεῖν Ε   16–17 cf. Ar. *Nub.* 225, 230, 252 etc.   17 cf. ibid.
145   25 φαίνομαι ΓΕ: φαίνωμαι ΓᶜEᵃ uv.; cf. *Glotta*, 1977,
215   26–7 inter καὶ et ἐξαπατῶν spatium c. x litterarum Γ, c. xvii litt.
Ε linquunt: κατ᾽ ἄλλο τι τοιοῦτος (τοιοῦτο Eᵃ?) φανείην suppl. Eᵃ, recc.
28 cf. 23.3, Hes. *Th.* 541   28–9 φιλοσοφῷ ΓΕ   29 κλέπτης ὁ θ.
Bekker

88

71. ΠΡΟΜΗΘΕΥΣ ΕΙ ΕΝ ΤΟΙΣ ΛΟΓΟΙΣ

ἄπαγε. τοῦτο μόνον οὐκ ἂν εἴποις ἐνεῖναι τοῖς ἡμετέροις. ἢ παρὰ
τοῦ γὰρ ἂν ἐκλέπτομεν; εἰ μὴ ἄρα τις ἐμὲ διέλαθεν τοιούτους
ἱπποκάμπους καὶ τραγελάφους καὶ αὐτὸς συντεθεικώς. πλὴν
ἀλλὰ τί ἂν πάθοιμι; ἐμμενετέον γὰρ οἷς ἅπαξ προειλόμην·
5 ἐπεὶ τό γε μεταβουλεύεσθαι Ἐπιμηθέως ἔργον, οὐ Προμηθέως
ἐστίν.

3 πιτυοκάμπας ΓΕ[1]: corr. Ε[2] vel Ε[a]   αὐτὸς ΕΓ[d]; αὐτοὺς uv.
Γ[1]   4 cf. 25.39, 26.2, Men. Pk. 425, Phasm. 8

ΑΛΚΥΩΝ Η ΠΕΡΙ ΜΕΤΑΜΟΡΦΩΣΕΩΝ

ΧΑΙΡΕΦΩΝ

1 Τίς ἡ φωνὴ προσέβαλεν ἡμῖν, ὦ Σώκρατες, πόρρωθεν ἀπὸ
τῶν αἰγιαλῶν καὶ τῆς ἄκρας ἐκείνης; ὡς ἡδεῖα ταῖς ἀκοαῖς. τί
ποτ' ἄρ' ἐστιν τὸ φθεγγόμενον ζῷον; ἄφωνα γὰρ δὴ τά γε καθ'
ὕδατος διαιτώμενα.

ΣΩΚΡΑΤΗΣ

Θαλαττία τις, ὦ Χαιρεφῶν, ὄρνις ἀλκυὼν ὀνομαζομένη, 5
πολύθρηνος καὶ πολύδακρυς, περὶ ἧς δὴ παλαιὸς ἀνθρώποις
μεμύθευται λόγος· φασὶ γυναῖκά ποτε οὖσαν Αἰόλου τοῦ Ἕλληνος
θυγατέρα κουρίδιον ἄνδρα τὸν αὐτῆς τεθνεῶτα θρηνεῖν πόθῳ
φιλίας, Κήϋκα τὸν Τραχίνιον τὸν Ἐωσφόρου τοῦ ἀστέρος, καλοῦ
πατρὸς καλὸν υἱόν· εἶτα δὴ πτερωθεῖσαν διά τινα δαιμονίαν 10
βούλησιν εἰς ὄρνιθος τρόπον περιπέτεσθαι τὰ πελάγη ζητοῦσαν

Codices Lucianeos ΓΝV (Λ = Lucianei consentientes) et codicem Pla-
tonicum A (Par. Gr. 1807 ix saeculi) et marginalia codicis Platonici O (Vat.
Gr. 1, ineuntis x saeculi, qui est Parisini apographum) rettuli. lectiones ex
codice Platonico Y (Vind. Phil. Gr. 21 xiv vel xv saeculi) ubi ab A discrepat
addidi. Π = codd. Platonici; π = unus vel plures e codicibus Platonicis;
A² = corrector ix saeculi; O² = corrector aetatis incertae; O³ = corrector
x–xi saeculi. vide L. A. Post, *The Vatican Plato and its Relations*, Am. Phil.
Ass. Monograph IV (1934) p. 5, W. C. Grene, *Scholia Platonica*, A.P.A.
Mon. VIII (1938), *Ox. Pap.* LII, 3683 ed. W. Cockle

Titulus ΑΛΚΥΩΝ...ΜΕΤΑΜΟΡΦΩΣΕΩΣ Π   3 δὴ om. NV
5–7 cf. *Il.* 9.561–4, Ov. *Met.* xi, 410–748, Apollod. *Bibl.* 1.7.4, Luc. 13.31,
14.40   6–7 παλαιὸς...λόγος versum agnovit Kock, *Fr.* 1250
7 γυναῖκά] γρ. ταύτην O³   8 αὐτῆς A: ἑαυτῆς ΓΝ: ἐπ' αὐτῆς V:
αὐτῆς Yπ

ἐκεῖνον, ἐπειδὴ πλαζομένη γῆν πέρι πᾶσαν οὐχ οἷα τ᾽ ἦν
εὑρεῖν.

ΧΑΙΡΕΦΩΝ

Ἀλκυὼν τοῦτ᾽ ἔστιν, ὃ σὺ φῇς; οὐ πώποτε πρόσθεν ἠκηκόειν 2
τῆς φωνῆς, ἀλλά μοι ξένη τις τῷ ὄντι προσέπεσε· γοώδη γοῦν
5 ὡς ἀληθῶς τὸν ἦχον ἀφίησιν τὸ ζῷον. πηλίκον δέ τι καὶ ἔστιν,
ὦ Σώκρατες;

ΣΩΚΡΑΤΗΣ

Οὐ μέγα· μεγάλην μέντοι διὰ τὴν φιλανδρίαν εἴληφε παρὰ θεῶν
τιμήν· ἐπὶ γὰρ τῇ τούτων νεοττείᾳ καὶ τὰς ἀλκυονίδας
προσαγορευομένας ἡμέρας ὁ κόσμος ἄγει κατὰ χειμῶνα μέσον
10 διαφερούσας ταῖς εὐδίαις, ὧν ἐστι καὶ ἡ τήμερον παντὸς μᾶλλον.
οὐχ ὁρᾷς ὡς αἴθρια μὲν τὰ ἄνωθεν, ἀκύμαντον δὲ καὶ γαληνιῶν
ἅπαν τὸ πέλαγος, ὅμοιον ὡς εἰπεῖν κατόπτρῳ;

ΧΑΙΡΕΦΩΝ

Λέγεις ὀρθῶς· φαίνεται γὰρ ἀλκυονὶς ἡ τήμερον ὑπάρχειν
ἡμέρα, καὶ χθὲς δὲ τοιαύτη τις ἦν. ἀλλὰ πρὸς θεῶν, πῶς
15 ποτε χρὴ πεισθῆναι τοῖς ἐξ ἀρχῆς, ὦ Σώκρατες, ὡς ἐξ ὀρνί-
θων γυναῖκές ποτε ἐγένοντο ἢ ὄρνιθες ἐκ γυναικῶν; παντὸς
γὰρ μᾶλλον ἀδύνατον φαίνεται πᾶν τὸ τοιοῦτον.

ΣΩΚΡΑΤΗΣ

Ὦ φίλε Χαιρεφῶν, ἐοίκαμεν ἡμεῖς τῶν δυνατῶν τε καὶ 3
ἀδυνάτων ἀμβλυωποί τινες εἶναι κριταὶ παντελῶς· δοκιμάζομεν

1 περὶ codd.: corr. Hermann   2–3 εὑρεῖν. ἀλκυών...φῇς. ΧΑΙΡ. Γ uv.
4 γοῦν] οὖν Γ¹π   5 τὸν] τὸ Γ¹   8 νεοττίᾳ ΝVπ   ἀλκυονίδας
γρ. Ο³, π: ἀλκυόνας Λ: ἀλκυόνων ΑΥ: ἀλκυονίας recc.; cf. Ar. Av. 1594,
Arist. HA 542b, Ael. ΝΑ 1.36   16 τήμερον] mg. νῦν παροῦσα Ο³
παντὸς Π: πάντως ΓV: πάντων Ν; cf. Pl. Grg. 527b etc.   11 γρ.
αἰθριαίτατα Ο³   γαλήνιον ΛΠ: corr. Budaeus   12 ἅπαν om. Υ
κατόπτρῳ] τῷ πρωΐ Λ   13 ἀλκυωνὶς ΓV   ὑπάρχει Γ¹
14–15 πῶς ποτε ΝΥᵈπ: πῶς πώποτε ΓΑΥ¹: πώποτε V   16 παντὸς
recte ΛΠ   18 ante ἐοίκ. c. xv litterae ex A erasae sunt, ἑταῖρε
Σωκράτους habent Υπ   19 ἀμβλυωποί mg. Α²

γὰρ δὴ κατὰ δύναμιν ἀνθρωπίνην ἄγνωστον οὖσαν καὶ ἄπιστον
καὶ ἀόρατον· πολλὰ οὖν φαίνεται ἡμῖν καὶ τῶν εὐπόρων ἄπορα
καὶ τῶν ἐφικτῶν ἀνέφικτα, συχνὰ μὲν καὶ δι᾽ ἀπειρίαν, συχνὰ
δὲ καὶ διὰ νηπιότητα φρενῶν· τῷ ὄντι γὰρ νήπιος ἔοικεν εἶναι πᾶς
ἄνθρωπος, καὶ ὁ πάνυ γέρων, ἐπεί τοι μικρὸς πάνυ καὶ νεογιλλὸς   5
ὁ τοῦ βίου χρόνος πρὸς τὸν πάντα αἰῶνα. τί δ᾽ ἄν, ὦγαθέ, οἱ
ἀγνοοῦντες τὰς τῶν θεῶν καὶ δαιμονίων δυνάμεις ἢ τὰς τῆς ὅλης
φύσεως ἔχοιεν ἂν εἰπεῖν, πότερον δυνατὸν ἢ ἀδύνατόν τι τῶν
τοιούτων; ἑώρας, Χαιρεφῶν, τρίτην ἡμέραν ὅσος ἦν ὁ χειμών;
καὶ ἐνθυμηθέντι γάρ τῳ δέος ἐπέλθοι τὰς ἀστραπὰς ἐκείνας καὶ   10
βροντὰς ἀνέμων τε ἐξαίσια μεγέθη· ὑπέλαβεν ἄν τις τὴν
οἰκουμένην ἅπασαν καὶ δὴ συμπεσεῖσθαι.

4   Μετὰ μικρὸν δὲ θαυμαστή τις κατάστασις εὐδίας ἐγένετο καὶ
διέμεινεν αὕτη γε ἕως τοῦ νῦν. πότερον οὖν οἴει μεῖζόν τε καὶ
ἐργωδέστερον εἶναι τοιαύτην αἰθρίαν ἐξ ἐκείνης τῆς ἀνυποστάτου   15
λαίλαπος καὶ ταραχῆς μεταθεῖναι καὶ εἰς γαλήνην ἀγαγεῖν τὸν
ἅπαντα κόσμον, ἢ γυναικὸς εἶδος μεταπλασθὲν εἰς ὄρνιθός
τινος ποιῆσαι; τὸ μὲν γὰρ τοιοῦτον καὶ τὰ παιδάρια τὰ παρ᾽
ἡμῖν τὰ πλάττειν ἐπιστάμενα, πηλὸν ἢ κηρὸν ὅταν λάβῃ, ῥᾳδίως
ἐκ τοῦ αὐτοῦ πολλάκις ὄγκου μετασχηματίζει πολλὰς ἰδεῶν   20
φύσεις. τῷ δαιμονίῳ δὲ μεγάλην καὶ οὐδὲ συμβλητὴν ὑπεροχὴν
ἔχοντι πρὸς τὰς ἡμετέρας δυνάμεις εὐχερῆ τυχὸν ἴσως ἅπαντα
τὰ τοιαῦτα καὶ λίαν. ἐπεὶ τὸν ὅλον οὐρανὸν πόσῳ τινὶ σαυτοῦ
δοκεῖς εἶναι μείζω φράσαις ἄν;

2-3 cf. Eur. *Alc.* 1159-63 etc.   5 νεογιλλὸς ΑΛ: νεογιλὸς Υπ LSJ, cf.
Od. 12.86   6-9 *ΧΑΙΡ. Τί*...τοιούτων; ΑΛ: corr. recc.   7-8 ἦ...
φύσεως om. Λ   8 δυν. ἦ ἀδ.] γρ. ἐνὸν ἢ οὐκ ἐνὸν π   9 ἑώρακας
recc.   10 τῳ ΠΓ^x: τὸ Γ¹ΝV: τοι recc.   ἂν ἐπέλθοι π   καὶ
τὰς recc.   12 καὶ δὴ ΠΓ: ἤδη VN   14 γε π: τε ΑΥΓΝ: om. V
μεῖζόν τε Π: om. in lacuna ΓV: om. Ν: ἀμήχανόν τι suppl. Γ^x: μεῖζόν
τι Fl.   15 αἰθρίαν] εὐδίαν Ν   16 ἀναγαγεῖν recc.   18 τινος]
τινος μορφὴν Ο²   τοιοῦτο Λ   21 δὲ] δὴ recc.   οὐδὲ ΛΑ: οὐ Υπ
22 δυνάμεις om. Hermann   cf. 74.76   23 καὶ λίαν. ΑΠ:
καὶ λεῖα. Fl.: an καὶ λίαν ἐπεὶ κτλ.?   24 μεῖζω; φράσαις ἄν; Ald.¹
φράσαι ἄν rec.

72. ΑΛΚΥΩΝ

ΧΑΙΡΕΦΩΝ

Τίς δ' ἀνθρώπων, ὦ Σώκρατες, νοῆσαι δύναιτ' ἂν ἢ ὀνομάσαι 5
τι τῶν τοιούτων; οὐδὲ γὰρ εἰπεῖν ἐφικτόν.

ΣΩΚΡΑΤΗΣ

Οὔκουν δὴ θεωροῦμεν καὶ ἀνθρώπων πρὸς ἀλλήλους συμβαλ-
λομένων μεγάλας τινὰς ὑπεροχὰς ἐν ταῖς δυνάμεσι καὶ ἐν ταῖς
5 ἀδυναμίαις ὑπαρχούσας; ἡ γὰρ τῶν ἀνδρῶν ἡλικία πρὸς τὰ νήπια
παντελῶς βρέφη, τὰ πεμπταῖα ἐκ γενετῆς ἢ δεκαταῖα, θαυμαστὴν
ὅσην ἔχει τὴν διαφορὰν δυνάμεώς τε καὶ ἀδυναμίας ἐν πάσαις
σχεδὸν ταῖς κατὰ τὸν βίον πράξεσιν, καὶ ὅσα διὰ τῶν τεχνῶν
τούτων οὕτως πολυμηχάνων καὶ ὅσα διὰ τοῦ σώματος καὶ τῆς
10 ψυχῆς ἐργάζονται· ταῦτα γὰρ τοῖς νέοις, ὥσπερ εἶπον, παιδίοις
οὐδ' εἰς νοῦν ἐλθεῖν δυνατὰ φαίνεται.

Καὶ τῆς ἰσχύος δὲ τῆς ἑνὸς ἀνδρὸς τελείου τὸ μέγεθος 6
ἀμέτρητον ὅσην ἔχει τὴν ὑπεροχὴν πρὸς ἐκεῖνα· μυριάδας γὰρ τῶν
τοιούτων εἷς ἀνὴρ πάνυ πολλὰς χειρώσαιτ' ἂν ῥᾳδίως· ἡ γὰρ
15 ἡλικία παντελῶς ἄπορος δήπου πάντων καὶ ἀμήχανος ἐξ ἀρχῆς
παρακολουθεῖ τοῖς ἀνθρώποις κατὰ φύσιν. ὁπηνίκ' οὖν ἄνθρωπος,
ὡς ἔοικεν, ἀνθρώπου τοσούτῳ διαφέρει, τί νομίσωμεν τὸν σύμ-
παντα οὐρανὸν πρὸς τὰς ἡμετέρας δυνάμεις φανῆναι ἂν τοῖς τὰ
τοιαῦτα θεωρεῖν ἐφικνουμένοις; πιθανὸν οὖν ἴσως δόξει πολλοῖς,
20 ὅσην ἔχει τὸ μέγεθος τοῦ κόσμου τὴν ὑπεροχὴν πρὸς τὸ
Σωκράτους ἢ Χαιρεφῶντος εἶδος, τηλικοῦτον καὶ τὴν δύναμιν
αὐτοῦ καὶ τὴν φρόνησιν καὶ διάνοιαν ἀνάλογον διαφέρειν τῆς
περὶ ἡμᾶς διαθέσεως.

Σοὶ μὲν οὖν καὶ ἐμοὶ καὶ ἄλλοις πολλοῖς τοιούτοις οὖσι πόλλ' 7

1–2 ὀνομάσαι τι Π: ὄνομά ἐστι ΓV· ὀνομάσαι τί ἐστι Ν   3 Οὐκοῦν
...; recc.: Οὐκοῦν...; Hermann: Οὐκοῦν (Οὐκοῦν Γ) sine; ΛΑ   καὶ
om. Λ   6 δεκταῖα Γ: corr. Γˣ   8 τεχνῶν Π: τειχῶν ΓV: τυχῶν Ν
9 οὕτω Λ   10 ὥσπερ Π: ὡς ἂν Λ   12–13 μέγεθος οὔσης
ἀμετρ. Ν   14 τοσοῦτον Ν   17 νομίσωμεν Α¹π: νομίσομεν ΑᵈΥΛ
18 ἂν τοῖς ΓˣΝΥπ: αὖ τοῖς Α: αὐτοῖς Γ¹: τοῖς V   21 τηλικαύτην Λ
22 αὐτὸς Λ   ἀνὰ λόγον recc.

ἅττ' ἀδύνατα τῶν ἑτέροις πάνυ ῥᾳδίων· ἐπεὶ καὶ αὐλῆσαι τοῖς
ἀναύλοις καὶ ἀναγνῶναι ἢ γράψαι τοῖς ἀγραμμάτοις γραμματι-
κὸν τρόπον ἀδυνατώτερόν ἐστιν, τέως ἂν ὦσιν ἀνεπιστήμονες,
τοῦ ποιῆσαι γυναῖκας ἐξ ὀρνίθων ἢ ὄρνιθας ἐκ γυναικῶν. ἡ δὲ
φύσις ἐν κηρίῳ σχεδὸν παραβάλλουσα ζῷον ἄπουν καὶ ἄπτερον 5
πόδας ὑποθεῖσα καὶ πτερώσασα ποικιλίᾳ τε φαιδρύνασα πολλῇ
καὶ καλῇ καὶ παντοδαπῇ χρωμάτων μέλιτταν ἀπέδειξε σοφὴν
θείου μέλιτος ἐργάτιν, ἔκ τε ᾠῶν ἀφώνων καὶ ἀψύχων πολλὰ
γένη πλάττει πτηνῶν τε καὶ πεζῶν καὶ ἐνύδρων ζῴων, τέχναις,
ὡς λόγος τινῶν, ἱεραῖς αἰθέρος μεγάλου προσχρωμένη.   10

8   Τὰς οὖν ἀθανάτων δυνάμεις μεγάλας οὔσας θνητοὶ καὶ σμικροὶ
παντελῶς ὄντες καὶ οὔτε τὰ μεγάλα δυνάμενοι καθορᾶν οὔτ' αὖ
τὰ σμικρά, τὰ πλείω δ' ἀποροῦντες καὶ τῶν περὶ ἡμᾶς συμ-
βαινόντων παθῶν, οὐκ ἂν ἔχοιμεν εἰπεῖν βεβαίως οὔτ' ἀλκυόνων
πέρι οὔτ' ἀηδόνων· κλέος δὲ μύθων, οἷον παρέδοσαν πατέρες,   15
τοιοῦτον καὶ παισὶν ἐμοῖς, ὦ ὄρνι θρήνων μελῳδέ, παραδώσω
τῶν σῶν ὕμνων πέρι, καὶ σοῦ τὸν εὐσεβῆ καὶ φίλανδρον ἔρωτα
πολλάκις ὑμνήσω γυναιξὶ ταῖς ἐμαῖς Ξανθίππῃ τε καὶ Μυρτοῖ
λέγων τά τε ἄλλα, πρὸς δὲ καὶ τιμῆς οἵας ἔτυχες παρὰ θεῶν.
ἆρά γε καὶ σὺ ποιήσεις τι τοιοῦτον, ὦ Χαιρεφῶν;   20

ΧΑΙΡΕΦΩΝ

Πρέπει γοῦν, ὦ Σώκρατες, καὶ τὰ ὑπὸ σοῦ ῥηθέντα διπλασίαν
ἔχει τὴν παράκλησιν πρὸς γυναικῶν τε καὶ ἀνδρῶν ὁμιλίαν.

ΣΩΚΡΑΤΗΣ

Οὐκοῦν ἀσπασαμένοις τὴν Ἀλκυόνα προάγειν ἤδη πρὸς ἄστυ
καιρὸς ἐκ τοῦ Φαληρικοῦ.

1 ἀδύνατον Γ   ἑταίροις Γ   3 τέως ΛΥ: τε ὡς Α in textu,
corr. in mg.   5 παραλαβοῦσα rec.   ἄπνουν V   ἄπτερον γρ. Α²,
γρ. Ο³, Υ: ἄχειρον ΑΛ   7 σοφὴν ἀπέδειξε(ν) Λ   9–10 ζῴων·
ὡς λόγος τέχναις τινῶν Λ   14 ἔχοιμι Ν   16 τοιοῦτο Λ   17 καί
σοι τὸν Π   18 ταῖς Π: τ' Λ   cf. Plut. Arist. 27, D.L. 2.26, Athen.
13.556a   19 τά τε ἄλλα Π: τε τἆλλα ΓV: τἆλλα τε Ν   20 τοιοῦτο Λ
22 ἔχειν Υπ

94

72. ΑΛΚΥΩΝ

ΧΑΙΡΕΦΩΝ

Πάνυ μὲν οὖν· ποιῶμεν οὕτω.

1 *Ox. Pap.* LII 3683 (exeuntis ii post Christum saeculi, sc. aevi Luciano ipso vix prioris) particulam ultimam ex parte servavit: πάνυ [   ] οὖν ποιῶ [   ] τως   *Πλάτων*[   ] 'Αλκύων   οὖν ποιῶμεν sine puncto *Γ*V, *Ox. Pap.*   οὕτως habuisset *Ox. Pap.*

ΠΛΟΙΟΝ Η ΕΥΧΑΙ

ΛΥΚΙΝΟΣ

1   Οὐκ ἐγὼ ἔλεγον ὅτι θᾶττον τοὺς γῦπας ἕωλος νεκρὸς ἐν φανερῷ
κείμενος ἢ θέαμά τι τῶν παραδόξων Τιμόλαον διαλάθοι, κἂν εἰς
Κόρινθον δέοι ἀπνευστὶ θέοντα ἀπιέναι διὰ τοῦτο; οὕτω φιλο-
θεάμων σύ γε καὶ ἄοκνος τὰ τοιαῦτα.

ΤΙΜΟΛΑΟΣ

Τί γὰρ ἔδει ποιεῖν, ὦ Λυκῖνε, σχολὴν ἄγοντα πυθόμενον οὕτως   5
ὑπερμεγέθη ναῦν καὶ πέρα τοῦ μέτρου ἐς τὸν Πειραιᾶ κατα-
πεπλευκέναι μίαν τῶν ἀπ' Αἰγύπτου ἐς Ἰταλίαν σιταγωγῶν;
οἶμαι δὲ καὶ σφώ, σέ τε καὶ Σάμιππον τουτονί, μὴ κατ' ἄλλο
τι ἐξ ἄστεως ἥκειν ἢ ὀψομένους τὸ πλοῖον.

ΛΥΚΙΝΟΣ

Νὴ Δία, καὶ Ἀδείμαντος ὁ Μυρρινούσιος εἵπετο μεθ' ἡμῶν,   10
ἀλλ' οὐκ οἶδ' ὅποι νῦν ἐκεῖνός ἐστιν ἀποπλανηθεὶς ἐν τῷ πλήθει
τῶν θεατῶν. ἄχρι μὲν γὰρ τῆς νεὼς ἅμα ἤλθομεν καὶ ἀνιόντες ἐς
αὐτήν, σὺ μέν, οἶμαι, Σάμιππε, προῄεις, μετὰ σὲ δὲ ὁ Ἀδείμαντος
ἦν, εἶτ' ἐγὼ μετ' ἐκεῖνον ἐχόμενος αὐτοῦ ἀμφοτέραις, καί με διὰ
τῆς ἀποβάθρας ὅλης παρέπεμψε χειραγωγῶν ὑποδεδεμένον   15

Codd. ΓVN plene rettuli; γ = ΓV consentientes; recc. = Α et alii;
traditio est simplex   Titulus ΛΟΥΚΙΑΝΟΥ ΠΛΟΙΟΝ Η ΕΥΧΑΙ γ et,
om. ΛΟΥΚΙΑΝΟΥ, N   1 sic recc.: ἐγὼ 'λεγον VN: ἐγώλεγον uv. Γ
2 ⟨ἂν⟩ διαλάθοι Husson; non opus est, cf. 70.79, 71.3 etc.   3 δέη rec.
ἀπνευστεὶ Γ   παριέναι N   ἀπιέναι διὰ τοῦτο οὕτω κτλ. punxit γ
3-4 cf. Pl. R. 476a   6 μετρίου rec.; sed cf. 19.2, 50.17   7 ἀπ' om. N
8 σφώ, σέ τε] σφᾶς ἔτι N   9 ἄστεος N   10 cf. Pl. R. 327c
Μυρινούσιος γ; cf. Pl. Symp. 176d   11 ὅπου recc.   13 ὁ om. N
15 παρέπεμπε recc.

73. ΠΛΟΙΟΝ Η ΕΥΧΑΙ

ἀνυπόδητος αὐτὸς ὤν, τὸ ἀπὸ τούτου δὲ οὐκέτι αὐτὸν εἶδον οὔτε
ἔνδον οὔτε ἐπεὶ κατεληλύθαμεν.

ΣΑΜΙΠΠΟΣ

Οἶσθα οὖν, ὦ Λυκῖνε, ὅπου ἡμᾶς ἀπέλιπεν; ὁπότε, οἶμαι, τὸ 2
ὡραῖον ἐκεῖνο μειράκιον ἐκ τῆς θαλάμης προῆλθε τὸ τὴν καθαρὰν
5 ὀθόνην ἐνδεδυκός, ἀναδεδεμένον ἐς τοὐπίσω τὴν κόμην ἐπ'
ἀμφότερα τοῦ μετώπου ἀπηγμένην. εἰ τοίνυν ἐγὼ Ἀδείμαντον
οἶδα, οἶμαι, γλαφυρὸν οὕτω θέαμα ἐκεῖνος ἰδὼν μακρὰ χαίρειν
φράσας τῷ Αἰγυπτίῳ ναυπηγῷ περιηγουμένῳ τὸ πλοῖον παρέ-
στηκε δακρύων, ὥσπερ εἴωθεν. ταχύδακρυς γὰρ ὁ ἀνὴρ ἐς τὰ
10 ἐρωτικά.

ΛΥΚΙΝΟΣ

Καὶ μὴν οὐ πάνυ καλός, ὦ Σάμιππε, ὁ μειρακίσκος ἔδοξέ μοι,
ὡς ἂν καὶ Ἀδείμαντον ἐκπλῆξαι, ᾧ τοσοῦτοι Ἀθήνησι καλοὶ
ἕπονται, πάντες ἐλεύθεροι, στωμύλοι τὸ φθέγμα, παλαίστρας
ἀποπνέοντες, οἷς καὶ παραδακρῦσαι οὐκ ἀγεννές. οὗτος δὲ πρὸς
15 τῷ μελάγχρους εἶναι καὶ πρόχειλός ἐστι καὶ λεπτὸς ἄγαν τοῖν
σκελοῖν, καὶ ἐφθέγγετο ἐπισεσυρμένον τι καὶ συνεχὲς καὶ ἐπί-
τροχον, Ἑλληνιστὶ μέν, ἐς τὸ πάτριον δὲ τῷ ψόφῳ καὶ τῷ τῆς
φωνῆς τόνῳ, ἡ κόμη δὲ καὶ ἐς τοὐπίσω ὁ πλόκαμος συνε-
σπειραμένος οὐκ ἐλευθέριόν φησιν αὐτὸν εἶναι.

ΤΙΜΟΛΑΟΣ

20 Τοῦτο μὲν εὐγενείας, ὦ Λυκῖνε, σημεῖόν ἐστιν Αἰγυπτίας ἡ 3
κόμη. ἅπαντες γὰρ αὐτῆς οἱ ἐλεύθεροι παῖδες ἀναπλέκονται
ἔστε πρὸς τὸ ἐφηβικόν, ἔμπαλιν ἢ οἱ πρόγονοι ἡμῶν, οἷς ἐδόκει
καλὸν εἶναι κομᾶν τοὺς γέροντας ἀναδουμένους κρωβύλον
ὑπὸ τέττιγι χρυσῷ ἀνειλημμένον.

1 ἀνυπόδετος N   6 ἀπηλλαμένην V   7 μακρὰν V²   8 Αἰ-
γυπτίων Γ   8–9 περιέστηκε rec.   15 τῷ] τὸ γ   πρόχειλος VN:
πρόχειρος Γ; cf. 34.34 ubi πρόχειλον scribendum fuit   19 ἐλεύθερον
Solanus   αὐτὸν φησιν rec.   20 Αἰγυπτίοις rec.   21 αὐτὴν
rec.   22 ἔμπαλιν ἢ Ald.²: ἐν παλήνῃ V¹: ἐν παλλήνῃ V² cett.
23 sic Γ: κρόβυλον V: κρώβυλλον N   24 ὑπὸ] ἐπὶ Γᶜ

ΛΟΥΚΙΑΝΟΥ

ΣΑΜΙΠΠΟΣ

Εὖ γε, ὦ Τιμόλαε, ὅτι ἡμᾶς ἀναμιμνήσκεις τῶν Θουκυδίδου συγγραμμάτων, ἃ ἐν τῷ προοιμίῳ περὶ τῆς ἀρχαίας ἡμῶν τρυφῆς εἶπεν ἐν τοῖς Ἴωσιν, ὁπότε οἱ τότε συναπῴκησαν.

ΛΥΚΙΝΟΣ

4   Ἀτάρ, ὦ Σάμιππε, νῦν ἀνεμνήσθην, ὁπόθεν ἡμῶν ἀπελείφθη Ἀδείμαντος, ὅτε παρὰ τὸν ἱστὸν ἐπὶ πολὺ ἔστημεν ἀναβλέποντες,   5 ἀριθμοῦντες τῶν βυρσῶν τὰς ἐπιβολὰς καὶ θαυμάζοντες ἀνιόντα τὸν ναύτην διὰ τῶν κάλων, εἶτα ἐπὶ τῆς κεραίας ἄνω ἀσφαλῶς διαθέοντα τῶν κεροιάκων ἐπειλημμένον.

ΣΑΜΙΠΠΟΣ

Εὖ λέγεις. τί δ᾽ οὖν χρὴ ποιεῖν ἡμᾶς; ἐνταῦθα καραδοκεῖν αὐτόν, ἢ ἐθέλεις ἐγὼ αὖθις ἐπάνειμι εἰς τὸ πλοῖον;   10

ΤΙΜΟΛΑΟΣ

Μηδαμῶς, ἀλλὰ προΐωμεν. εἰκὸς γὰρ ἤδη παρεληλυθέναι ἐκεῖνον ἀποσοβοῦντα ἐς τὸ ἄστυ, ἐπεὶ μηκέθ᾽ ἡμᾶς εὑρεῖν ἐδύνατο. εἰ δὲ μή, ἀλλ᾽ οἶδε τὴν ὁδὸν Ἀδείμαντος, καὶ δέος οὐδὲν μὴ ἀπολειφθεὶς ἡμῶν ἀποβουκοληθῇ.

ΛΥΚΙΝΟΣ

Ὁρᾶτε μὴ σκαιὸν ᾖ φίλον ἀπολιπόντας αὐτοὺς ἀπιέναι.   15 βαδίζωμεν δ᾽ ὅμως, εἰ καὶ Σαμίππῳ τοῦτο δοκεῖ.

ΣΑΜΙΠΠΟΣ

Καὶ μάλα δοκεῖ, ἤν πως ἀνεῳγυῖαν ἔτι τὴν παλαίστραν
5 καταλάβωμεν. ἀλλὰ μεταξὺ λόγων, ἡλίκη ναῦς, εἴκοσι καὶ ἑκατὸν πήχεων ἔλεγεν ὁ ναυπηγὸς τὸ μῆκος, εὖρος δὲ ὑπὲρ τὸ τέταρτον

---

1 ἀναμιμνήσκει Γ: corr. Γᶜ   1–3 Thuc. 1.6.3   3 συν-
απῴκισαν γ: συναπῴκίσθησαν Ν: corr. Bekker   5 περὶ Ν
8 sic V: ἐπειλημμένων Γ: ἐπιλημμένον Ν   17–18 cf. Pl. *Lys.* init.
18 μ. τῶν λόγων Ν   ἡ ναῦς V   19 ἔλεγε τὸ μῆκος ὁ ν. recc.

μάλιστα τούτου, καὶ ἀπὸ τοῦ καταστρώματος ἐς τὸν πυθμένα, ᾗ
βαθύτατον κατὰ τὸν ἄντλον, ἐννέα πρὸς τοῖς εἴκοσι. τὰ δ' ἄλλα
ἡλίκος μὲν ὁ ἱστός, ὅσην δὲ ἀνέχει τὴν κεραίαν, οἵῳ δὲ προτόνῳ
συνέχεται, ὡς δὲ ἡ πρύμνα μὲν ἐπανέστηκεν ἠρέμα καμπύλη
5 χρυσοῦν χηνίσκον ἐπικειμένη, καταντικρὺ δὲ ἀνάλογον ἡ πρῷρα
ὑπερβέβηκεν ἐς τὸ πρόσω ἀπομηκυνομένη, τὴν ἐπώνυμον τῆς
νεὼς θεὸν ἔχουσα τὴν Ἶσιν ἑκατέρωθεν. ὁ μὲν γὰρ ἄλλος κόσμος,
αἱ γραφαὶ καὶ τοῦ ἱστίου τὸ παράσειον πυραυγές, ⟨καὶ⟩ πρὸ
τούτων αἱ ἄγκυραι καὶ στροφεῖα καὶ περιαγωγεῖς καὶ αἱ κατὰ τὴν
10 πρύμνην οἰκήσεις θαυμάσια πάντα μοι ἔδοξεν. καὶ τὸ τῶν ναυτῶν   6
πλῆθος στρατοπέδῳ ἄν τις εἰκάσειεν. ἐλέγετο δὲ καὶ τοσοῦτον
ἄγειν σῖτον, ὡς ἱκανὸν εἶναι πᾶσι τοῖς ἐν τῇ Ἀττικῇ ἐνιαύσιον
πρὸς τροφήν. κἀκεῖνα πάντα μικρός τις ἀνθρωπίσκος γέρων ἤδη
ἐσῴζεν ὑπὸ λεπτῇ κάμακι τὰ τηλικαῦτα πηδάλια περιστρέφων·
15 ἐδείχθη γάρ μοι ἀναφαλαντίας τις, οὖλος, Ἥρων, οἶμαι, τοὔνομα.

ΤΙΜΟΛΑΟΣ

Θαυμάσιος τὴν τέχνην, ὡς ἔφασκον οἱ ἐμπλέοντες, καὶ τὰ
θαλάττια σοφὸς ὑπὲρ τὸν Πρωτέα. ἠκούσατε δὲ ὅπως δεῦρο   7
κατήγαγον τὸ πλοῖον, οἷα ἔπαθον πλέοντες ἢ ὡς ὁ ἀστὴρ αὐτοὺς
ἔσωσεν;

ΛΥΚΙΝΟΣ

20 Οὔκ, ὦ Τιμόλαε, ἀλλὰ νῦν ἡδέως ἂν ἀκούσαιμεν.

ΤΙΜΟΛΑΟΣ

Ὁ ναύκληρος αὐτὸς διηγεῖτό μοι, χρηστὸς ἀνὴρ καὶ προσ-
ομιλῆσαι δεξιός. ἔφη δὲ ἀπὸ τῆς Φάρου ἀπάραντας οὐ πάνυ

---

3 δὲ²] καὶ recc.   4 συνέχεται] κέχρηται καὶ συνέχεται recc.
5 ἡ πρῷρα om. N.   7 Ἶσιν] ἴσην γ   8 παράσιον N   καὶ²
om. γ   9 αἱ² om. Γ   κατὰ Seager: μετὰ codd.   10 πρύμναν
recc.; cf. 13.42   12 ἐνιαύσια recc.; sed cf. Thuc. 4.117, 5.1   15 cf.
Hdt. 2.104.2   , οἶμαι, Ἥρων N   15–19 τοὔνομα θαυμάσιος...
ἔσωσεν: continuo γ   17 cf. Od. 4.384 seq.   18 κατήγαγε N
19 ἔσωσεν] ἔπλαξεν N   ; deest in ΓN

βιαίῳ πνεύματι ἑβδομαίους ἰδεῖν τὸν Ἀκάμαντα, εἶτα ζεφύρου
ἀντιπνεύσαντος ἀπενεχθῆναι πλαγίους ἄχρι Σιδῶνος, ἐκεῖθεν δὲ
χειμῶνι μεγάλῳ δεκάτῃ ἐπὶ Χελιδονέας διὰ τοῦ Αὐλῶνος ἐλθεῖν,
8 ἔνθα δὴ παρὰ μικρὸν ὑποβρυχίους δῦναι ἅπαντας. οἶδα δέ ποτε
παραπλεύσας καὶ αὐτὸς Χελιδονέας ἡλίκον ἐν τῷ τόπῳ ἀνίσταται 5
τὸ κῦμα, καὶ μάλιστα περὶ τὸν λίβα, ὁπόταν ἐπιλάβῃ καὶ τοῦ
νότου· κατ᾽ ἐκεῖνο γὰρ δὴ συμβαίνει μερίζεσθαι τὸ Παμφύλιον
ἀπὸ τῆς Λυκιακῆς θαλάττης, καὶ ὁ κλύδων ἅτε ἀπὸ πολλῶν
ῥευμάτων περὶ τῷ ἀκρωτηρίῳ σχιζόμενος—ἀπόξυροι δέ εἰσιν
πέτραι καὶ ὀξεῖαι παραθηγόμεναι τῷ κλύσματι—καὶ φο- 10
βερωτάτην ποιεῖ τὴν κυματωγὴν καὶ τὸν ἦχον μέγαν, καὶ τὸ
9 κῦμα πολλάκις αὐτῷ ἰσομέγεθες τῷ σκοπέλῳ. τοιαῦτα καὶ
σφᾶς καταλαβεῖν ἔφασκεν ὁ ναύκληρος ἔτι καὶ νυκτὸς οὔσης καὶ
ζόφου ἀκριβοῦς. ἀλλὰ πρὸς τὴν οἰμωγὴν αὐτῶν ἐπικλασθέντας
τοὺς θεοὺς πῦρ τε ἀναδεῖξαι ἀπὸ τῆς Λυκίας, ὡς γνωρίσαι 15
τὸν τόπον ἐκεῖνον, καί τινα λαμπρὸν ἀστέρα Διοσκούρων τὸν
ἕτερον ἐπικαθίσαι τῷ καρχησίῳ καὶ κατευθῦναι τὴν ναῦν
ἐπὶ τὰ λαιὰ ἐς τὸ πέλαγος ἤδη τῷ κρημνῷ προσφερομένην.
τοὐντεῦθεν δὲ ἅπαξ τῆς ὀρθῆς ἐκπεσόντας διὰ τοῦ Αἰγαίου
πλεύσαντας ἑβδομηκοστῇ ἀπ᾽ Αἰγύπτου ἡμέρᾳ πρὸς ἀντίους 20
τοὺς ἐτησίας πλαγιάζοντας ἐς Πειραιᾶ χθὲς καθορμίσασθαι
τοσοῦτον ἀποσυρέντας ἐς τὸ κάτω, οὓς ἔδει τὴν Κρήτην δεξιὰν
λαβόντας ὑπὲρ τὸν Μαλέαν πλεύσαντας ἤδη εἶναι ἐν Ἰταλίᾳ.

ΛΥΚΙΝΟΣ

Νὴ Δία, θαυμάσιόν τινα φὴς κυβερνήτην τὸν Ἥρωνα ἢ τοῦ
10 Νηρέως ἡλικιώτην, ὃς τοσοῦτον ἀπεσφάλη τῆς ὁδοῦ. ἀλλὰ τί 25
τοῦτο; οὐκ Ἀδείμαντος ἐκεῖνός ἐστιν;

1 cf. Str. 14.6.1-3   3 περιπεσόντας post μεγάλῳ add. N   cf.
49.7, Ath. *Deipn.* 7.298a, Str. 14.4.8   6 ἐπιβάλῃ recc.   7 κατ᾽] μετ᾽ N
9 ἀπόξηροι Γ   11 κυμαγωγὴν γ   14 ἀλλά γε πρὸς V   16 Διό-
σκουρον Γ; cf. 79.25, 36.1 etc.   21 τοὺς ἐτησίου N   καθορμή-
σασθαι γ   23 τὸν] τὴν Reitz   *Μαλεον* sic Γ: *Μαλεον* sic V: *Μαλέα* N:
corr. recc.   24 ἥρωα V   ἢ (ἡ V) τοῦ codd.: τοῦ Sommerbrodt:
ἢ που Halm

73. ΠΛΟΙΟΝ Η ΕΥΧΑΙ

ΤΙΜΟΛΑΟΣ

Πάνυ μὲν οὖν, Ἀδείμαντος αὐτός. ἐκβοήσωμεν οὖν. Ἀδεί-
μαντε, σέ φημι τὸν Μυρρινούσιον τὸν Στρομβίχου.

ΛΥΚΙΝΟΣ

Δυεῖν θάτερον, ἢ δυσχεραίνει καθ᾽ ἡμῶν ἢ ἐκκεκώφωται.
Ἀδείμαντος γάρ, οὐκ ἄλλος τίς ἐστι. πάνυ ἤδη σαφῶς ὁρῶ, καὶ
5 θοἰμάτιον αὐτοῦ καὶ τὸ βάδισμα ἐκείνου, καὶ ἐν χρῷ ἡ κουρά.
ἐπιτείνωμεν δὲ ὅμως τὸν περίπατον, ὡς καταλάβωμεν αὐτόν.
ἢν μὴ τοῦ ἱματίου λαβόμενοί σε ἐπιστρέψωμεν, ὦ Ἀδείμαντε, 11
οὐχ ὑπακούσεις ἡμῖν βοῶσιν, ἀλλὰ καὶ φροντίζοντι ἔοικας ἐπὶ
συννοίας τινὸς οὐ μικρὸν οὐδὲ εὐκαταφρόνητον πρᾶγμα, ὡς
10 δοκεῖς, ἀνακυκλῶν.

ΑΔΕΙΜΑΝΤΟΣ

Οὐδέν, ὦ Λυκῖνε, χαλεπόν, ἀλλά με καινή τις ἔννοια μεταξὺ
βαδίζοντα ὑπελθοῦσα παρακοῦσαι ὑμῶν ἐποίησεν ἀτενὲς πρὸς
αὐτὴν ἅπαντι τῷ λογισμῷ ἀποβλέποντα.

ΛΥΚΙΝΟΣ

Τίς αὕτη; μὴ γὰρ ὀκνήσῃς εἰπεῖν, εἰ μή τίς ἐστι τῶν πάνυ
15 ἀπορρήτων. καίτοι ἐτελέσθημεν, ὡς οἶσθα, καὶ σιγᾶν
μεμαθήκαμεν.

ΑΔΕΙΜΑΝΤΟΣ

Ἀλλ᾽ αἰσχύνομαι ἔγωγε εἰπεῖν πρὸς ὑμᾶς. οὕτω γὰρ μειρακι-
ῶδες ὑμῖν δόξει τὸ φρόντισμα.

ΛΥΚΙΝΟΣ

Μῶν ἐρωτικόν τί ἐστιν; οὐδὲ γὰρ οὐδὲ τοῦτο ἀμυήτοις ἡμῖν

1 ἐκβοήσωμεν Γ¹V: ἐκβοήσωμεν Γ^d: ἐμβοήσωμεν N   2 Μυρρ. recte
γ; cf. c. 1   sic Γ: Στρομμίχου V: Στροβίχου N   3 δυοῖν N
4 ἤδη] δὴ N   7 σε λ. recc.   cf. Pl. R. 327b   8 ὑπακούσει
Jacobitz; sed cf. 54.26   9 cf. 68.6   11 κενή rec.   13 τῷ om.
N   15 σιγᾶν coniecit, non opus esse censuit Solanus: σέ γ᾽ ἂν γN:
στέγειν Fl., Solanus

ΛΟΥΚΙΑΝΟΥ

ἐξαγορεύσεις, ἀλλὰ ὑπὸ λαμπρᾷ τῇ δᾳδὶ καὶ αὐτοῖς
τετελεσμένοις.

ΑΔΕΙΜΑΝΤΟΣ

12 Οὐδέν, ὦ θαυμάσιε, τοιοῦτον, ἀλλά τινα πλοῦτον ἐμαυτῷ
ἀνεπλαττόμην, ἣν κενὴν μακαρίαν οἱ πολλοὶ καλοῦσιν, καί μοι ἐν
ἀκμῇ τῆς περιουσίας καὶ τρυφῆς ἐπέστητε.   5

ΛΥΚΙΝΟΣ

Οὐκοῦν τὸ προχειρότατον τοῦτο, κοινὸς Ἑρμᾶς φασι, καὶ ἐς
μέσον κατατίθει φέρων τὸν πλοῦτον. ἄξιον γὰρ ἀπολαῦσαι τὸ
μέρος φίλους ὄντας τῆς Ἀδειμάντου τρυφῆς.

ΑΔΕΙΜΑΝΤΟΣ

Ἀπελείφθην μὲν ὑμῶν εὐθὺς ἐν τῇ πρώτῃ ἐς τὴν ναῦν ἐπιβάσει,
ἐπεὶ σέ, ὦ Λυκῖνε, κατέστησα ἐς τὸ ἀσφαλές. περιμετροῦντος γάρ   10
13 μου τῆς ἀγκύρας τὸ πάχος οὐκ οἶδ᾽ ὅπου ὑμεῖς ἀπέστητε. ἰδὼν
δὲ ὅμως τὰ πάντα ἠρόμην τινὰ τῶν ναυτῶν, ὁπόσην ἀποφέρει ἡ
ναῦς τῷ δεσπότῃ ὡς ἐπὶ τὸ πολὺ κατ᾽ ἔτος ἕκαστον τὴν
μισθοφορίαν. ὁ δέ μοι, Δώδεκα, ἔφη, Ἀττικὰ τάλαντα, εἰ πρὸς
τοὐλάχιστόν τις λογίζοιτο. τοὐντεῦθεν οὖν ἐπανιὼν ἐλογιζόμην,   15
εἴ τις θεῶν τὴν ναῦν ἄφνω ἐμὴν ποιήσειεν εἶναι, οἷον ἄν, ὡς εὐ-
δαίμονα βίον ἐβίωσα εὖ ποιῶν τοὺς φίλους καὶ ἐπιπλέων ἐνίοτε
μὲν αὐτός, ἐνίοτε δὲ οἰκέτας ἐκπέμπων. εἶτα ἐκ τῶν δώδεκα
ἐκείνων ταλάντων οἰκίαν τε ἤδη ᾠκοδομησάμην ἐν ἐπικαίρῳ
μικρὸν ὑπὲρ τὴν Ποικίλην, τὴν παρὰ τὸν Ἰλισσὸν ἐκείνην τὴν   20
πατρῴαν ἀφείς, καὶ οἰκέτας ὠνούμην καὶ ἐσθῆτας καὶ ζεύγη καὶ
ἵππους. νυνὶ δὲ ἤδη καὶ ἔπλεον ὑφ᾽ ἁπάντων εὐδαιμονιζόμενος
τῶν ἐπιβατῶν, φοβερὸς τοῖς ναύταις καὶ μονονουχὶ βασιλεὺς

4 cf. 70.71   πολλοὶ] παλαιοὶ recc.   6 Ἑρμῆς Husson;
cf. Thphr. Char. 30.9, Men. Epitr. 284 Sbch   7 τὸν πλοῦτον om. N
9 Ἀπελείφθη Γ: Ἀπελήφθην V: corr. N   εὐθὺς om. N   11 πάχος]
μέγεθος N   13 τὸ om. N   ἕκαστον om. NV   14 Ἀττικὰ
in textu ΓV: ναυτικὰ mg. ΓV   16 ὡς om. V; an ὡς εὐδαίμονα
delendum?   17 ἐπεβίωσα recc.   20 ἵλιππον ΓV: cf. 10.4,
Pl. Phdr. 230b   21 ἀφείς, N: , ἀφ᾽ ἧς γ   22 ἤδη om. recc.

73. ΠΛΟΙΟΝ Η ΕΥΧΑΙ

νομιζόμενος. ἔτι δέ μοι τὰ κατὰ τὴν ναῦν εὐθετίζοντι καὶ ἐς λιμένα
πόρρωθεν ἀποβλέποντι ἐπιστάς, ὦ Λυκῖνε, κατέδυσας τὸν
πλοῦτον καὶ ἀνέτρεψας εὖ φερόμενον τὸ σκάφος οὐρίῳ τῆς εὐχῆς
πνεύματι.

ΛΥΚΙΝΟΣ

5 Οὐκοῦν, ὦ γενναῖε, λαβόμενός μου ἄπαγε πρὸς τὸν στρατηγὸν **14**
ὥς τινα πειρατὴν ἢ καταποντιστήν, ὃς τηλικοῦτον ναυάγιον
εἴργασμαι, καὶ ταῦτα ἐν γῇ κατὰ τὴν ἐκ Πειραιῶς ἐς τὸ ἄστυ.
ἀλλὰ ὅρα ὅπως παραμυθήσομαί σου τὸ πταῖσμα· πέντε γάρ, εἰ
βούλει, καλλίω καὶ μείζω τοῦ Αἰγυπτίου πλοῖα ἤδη ἔχε, καὶ τὸ
10 μέγιστον οὐδὲ καταδῦναι δυνάμενα, καὶ τάχα σοι πεντάκις ἐξ
Αἰγύπτου κατ' ἔτος ἕκαστον σιταγωγείτων σιταγωγίαν, καί, ὦ
ναυκλήρων ἄριστε, δῆλος εἶ ἀφόρητος ἡμῖν τότε γενησόμενος.
ὃς γὰρ ἔτι ἑνὸς πλοίου τουτουὶ δεσπότης ὢν παρήκουες βο-
ώντων, εἰ πέντε κτήσαιο πρὸς τούτῳ τριάρμενα πάντα καὶ
15 ἀνώλεθρα, οὐδὲ ὄψει δηλαδὴ τοὺς φίλους. σὺ μὲν οὖν εὐπλόει,
ὦ βέλτιστε, ἡμεῖς δὲ ἐν Πειραιεῖ καθεδούμεθα καὶ τοὺς ἐξ
Αἰγύπτου ἢ Ἰταλίας καταπλέοντας ἀνακρίνοντες, εἴ που τὸ
μέγα Ἀδειμάντου πλοῖον τὴν Ἰσίν τις εἶδεν—

ΑΔΕΙΜΑΝΤΟΣ

Ὁρᾷς; διὰ τοῦτο ὤκνουν εἰπεῖν ἃ ἐνενόουν, εἰδὼς ὅτι ἐν γέλωτι **15**
20 καὶ σκώμματι ποιήσεσθέ μου τὴν εὐχήν. ὥστε ἐπιστὰς μικρόν,
ἔστ' ἂν ὑμεῖς προχωρήσητε, ἀποπλευσοῦμαι πάλιν ἐπὶ τῆς νεώς.
πολὺ γὰρ ἄμεινον τοῖς ναύταις προσλαλεῖν ἢ ὑφ' ὑμῶν
καταγελᾶσθαι.

ΛΥΚΙΝΟΣ

Μηδαμῶς, ἐπεὶ συνεμβησόμεθά σοι καὶ αὐτοὶ ὑποστάντες.

1 λογιζόμενος V   9 πλοίου recc.   11 σιταγωγείτωσαν recc.
καί codd.: εἰ καί Solanus: . καίτοι Bekker   13 ὃς recc.: ὡς γN
14 πρὸς τοῦτο γ   16 καὶ τοὺς codd.: τοὺς Dindorf (non opus est si
loquens interpellatur)   18 Ἰσην Γ¹VN   interpellationem statui
19 Ὁρᾷς διὰ γ   20 ποιήσεσθαί γ   22 ἡμῶν NV   24 ἐπιστάντες
Guyet

ΛΟΥΚΙΑΝΟΥ

ΑΔΕΙΜΑΝΤΟΣ

Ἀλλὰ ὑφαιρήσω τὴν ἀποβάθραν προεισελθών.

ΛΥΚΙΝΟΣ

Οὐκοῦν ἡμεῖς γε προσνηξόμεθα ὑμῖν. μὴ γὰρ οἴου σοὶ μὲν εἶναι
ῥᾴδιον τηλικαῦτα πλοῖα κτᾶσθαι μήτε πριαμένῳ μήτε ναυπηγη-
σαμένῳ, ἡμεῖς δὲ οὐκ αἰτήσομεν παρὰ τῶν θεῶν ἐπὶ πολλοὺς
σταδίους ἀκμῆτες δύνασθαι νεῖν; καίτοι πρώην καὶ ἐς Αἴγιναν 5
ἐπὶ τὴν τῆς Ἐνοδίας τελετήν, οἶσθα, ἐν ἡλίκῳ σκαφιδίῳ
πάντες ἅμα οἱ φίλοι τεττάρων ἕκαστος ὀβολῶν διεπλεύσαμεν,
καὶ οὐδὲν ἐδυσχέραινες ἡμᾶς συμπλέοντας, νῦν δὲ ἀγανακτεῖς,
εἰ συνεμβησόμεθά σοι, καὶ τὴν ἀποβάθραν προεισελθὼν ἀφ-
αιρεῖς; ὑπερμαζᾷς γάρ, ὦ Ἀδείμαντε, καὶ ἐς τὸν κόλπον οὐ 10
πτύεις, οὐδὲ οἶσθα ὅστις ὢν ναυκληρεῖς. οὕτως ἐπῆρέν σε ἡ
οἰκία ἐν καλῷ τῆς πόλεως οἰκοδομηθεῖσα καὶ τῶν ἀκολούθων
τὸ πλῆθος. ἀλλ᾽ ὦγαθέ, πρὸς τῆς Ἴσιδος κἂν τὰ Νειλαῖα ταῦτα
ταρίχη τὰ λεπτὰ μέμνησο ἡμῖν ἄγειν ἀπ᾽ Αἰγύπτου ἢ μύρον
ἀπὸ τοῦ Κανώπου ἢ ἶβιν ἐκ Μέμφιδος, εἰ δὲ ἡ ναῦς ἡδύνατο, καὶ 15
τῶν πυραμίδων μίαν.

ΤΙΜΟΛΑΟΣ

16   Ἅλις παιδιᾶς, ὦ Λυκῖνε. ὁρᾷς, ὡς ἐρυθριᾶν Ἀδείμαντον
ἐποίησας πολλῷ τῷ γέλωτι ἐπικλύσας τὸ πλοῖον, ὡς ὑπέραντλον
εἶναι καὶ μηκέτι ἀντέχειν πρὸς τὸ ἐπιρρέον;

Καὶ ἐπείπερ ἔτι πολὺ ἡμῖν τὸ λοιπόν ἐστιν πρὸς τὸ ἄστυ, 20
διελόμενοι τετραχῇ τὴν ὁδὸν κατὰ τοὺς ἐπιβάλλοντας ἕκαστος
σταδίους αἰτῶμεν ἅπερ ἂν δοκῇ παρὰ τῶν θεῶν. οὕτω γὰρ ἂν ἡμᾶς
ὅ τε κάματος λάθοι καὶ ἅμα εὐφρανούμεθα ὥσπερ ἡδίστῳ
ὀνείρατι ἑκουσίῳ περιπεσόντες, ἐφ᾽ ὅσον βουλόμεθα, εὖ ποιήσοντι

2 γε] τε ΓV   3-4 μήτε ναυπ. μήτε πρ. N   5 πρῶτον codd.:
corr. Jacobs   6 Ἐνωδίας γ   τελετήν] ἑορτήν N   ἡλίκῳ]
ὀλίγῳ N   10 οὐ om. N   11 cf. 65.6, Thphr. Char. 16.15
13 Νειλαῖα Γ² uv. (Γ¹ incert.): Νειλέα V: Νειλῶα N   13-15 cf. Hdt.
2.76-7   15 Κανώβου recc.   19 ; om. γN   21 ἕκαστος
Γ¹VN: ἕκαστω sic Γᵃ uv.   22 αἰτοῦμεν γ   24 ἐφ᾽] ἐς V

ἡμᾶς· παρ᾽ αὐτῷ γὰρ ἑκάστῳ τὸ μέτρον τῆς εὐχῆς, καὶ οἱ θεοὶ
πάντα ὑποκείσθωσαν παρέξοντες, εἰ καὶ τῇ φύσει ἀπίθανα ἔσται.
τὸ δὲ μέγιστον, ἐπίδειξις ἔσται τὸ πρᾶγμα ὅστις ἂν ἄριστα
χρήσεται τῷ πλούτῳ καὶ τῇ εὐχῇ, δηλώσει γὰρ οἷος ἂν καὶ
5 πλουτήσας ἐγένετο.

ΣΑΜΙΠΠΟΣ

Καλῶς, ὦ Τιμόλαε, καὶ πείθομαί σοι καὶ ὅταν ὁ καιρὸς καλῇ, **17**
εὔξομαι ἅπερ ἂν δοκῇ. εἰ μὲν γὰρ Ἀδείμαντος βούλεται, οὐδὲ
ἐρωτᾶν οἶμαι, ὅς γε δὴ ἐν τῇ νηὶ τὸν ἕτερον πόδα ἔχει. χρὴ δὲ
καὶ Λυκίνῳ δοκεῖν.

ΛΥΚΙΝΟΣ

10 Ἀλλὰ πλουτῶμεν, εἰ τοῦτο ἄμεινον, μὴ καὶ βασκαίνειν ἐπὶ
ταῖς κοιναῖς εὐτυχίαις δοκῶ.

ΑΔΕΙΜΑΝΤΟΣ

Τίς οὖν πρῶτος ἄρξεται;

ΛΥΚΙΝΟΣ

Σύ, ὦ Ἀδείμαντε, εἶτα μετὰ σὲ οὑτοσὶ Σάμιππος, εἶτα
Τιμόλαος, ἐγὼ δὲ ὀλίγον ὅσον ἡμιστάδιον τὸ πρὸ τοῦ Διπύλου
15 ἐπιλήψομαι τῇ εὐχῇ, καὶ τοῦτο ὡς οἷόν τε παραδραμών.

ΑΔΕΙΜΑΝΤΟΣ

Οὐκοῦν ἐγὼ μὲν οὐδὲ νῦν ἀποστήσομαι τῆς νεώς, ἀλλ᾽, εἴπερ **18**
ἔξεστιν, ἐπιμετρήσω τῇ εὐχῇ. ὁ δὲ Ἑρμῆς ὁ κερδῷος ἐπινευσάτω
ἅπασιν. ἔστω γὰρ τὸ πλοῖον καὶ τὰ ἐν αὐτῷ πάντα ἐμὰ καὶ ὁ
φόρτος οἱ ἔμποροι αἱ γυναῖκες οἱ ναῦται.

1 ἑκάστῳ ⟨ἔστω⟩ Fritzsche   2 ὑποκείσθωσαν] ἀγωνίσθωσαν Ν
3–4 ἂν ἄρ. χρήσεται γ: ἄρ. χρήσεται Ν: ἂν ἄρ. χρήσαιτο recc.; cf. 2.10,
C.Q. 1956, 102   cf. Philostr. V.S. 2.1.1   10 ἐπὶ] ἐν recc.   12 οὖν
V: γοῦν ΓΝ: δ᾽ οὖν Jacobitz   cf. Pl. Symp. 177d   13 οὑτωσὶ γ
16 ἐπείπερ recc.   19 seq. ναῦται καὶ...ἀπάντων: codd.: corr. Bekker

ΛΟΥΚΙΑΝΟΥ

ΣΑΜΙΠΠΟΣ

Καὶ ἄλλο ὅτι ἥδιστον κτημάτων ἁπάντων λέληθας σεαυτὸν ἔχων ἐν τῇ νηΐ.

ΑΔΕΙΜΑΝΤΟΣ

Τὸν παῖδα φής, ὦ Σάμιππε, τὸν κομήτην. κἀκεῖνος οὖν ἔστω ἐμός. ὁπόσος δὲ ὁ πυρὸς ἔνδον ἐστίν, οὗτος ὁ ἀριθμὸς ἅπας χρυσίον ἐπίσημον γενέσθω, τοσοῦτοι δαρεικοί. 5

ΛΥΚΙΝΟΣ

19 Τί τοῦτο, ὦ Ἀδείμαντε; καταδύσεταί σοι τὸ πλοῖον, οὐ γὰρ ἴσον βάρος πυροῦ καὶ τοῦ ἰσαρίθμου χρυσίου.

ΑΔΕΙΜΑΝΤΟΣ

Μὴ φθόνει, ὦ Λυκῖνε, ἀλλ᾽ ἐπειδὰν εἰς σὲ παρέλθῃ ἡ εὐχή, τὴν Πάρνηθα ἐκείνην, εἰ θέλοις, ὅλην χρυσῆν ποιήσας ἔχε, κἀγὼ σιωπήσομαί σοι. 10

ΛΥΚΙΝΟΣ

Ἀλλ᾽ ὑπὲρ ἀσφαλείας τοῦτο ἔγωγε τῆς σῆς ἐποιησάμην, ὡς μὴ ἀπολέσθαι ἅπαντας μετὰ τοῦ χρυσίου. καὶ τὰ μὲν ὑμέτερα μέτρια, τὸ μειράκιον δὲ τὸ ὡραῖον ἀποπνιγήσεται ἄθλιον νεῖν οὐκ ἐπιστάμενον.

ΤΙΜΟΛΑΟΣ

Θάρσει, ὦ Λυκῖνε. οἱ δελφῖνες γὰρ αὐτὸ ὑποδύντες ἐξοίσουσιν 15 ἐπὶ τὴν γῆν. ἢ νομίζεις κιθαρῳδὸν μέν τινα σωθῆναι παρ᾽ αὐτῶν καὶ ἀπολαβεῖν τὸν μισθὸν ἀντὶ τῆς ᾠδῆς καὶ νεκρόν τι ἄλλο παιδίον ἐς τὸν Ἰσθμὸν ἐπὶ δελφῖνος ὁμοίως προσκομισθῆναι, τὸν δὲ Ἀδειμάντου οἰκέτην τὸν νεώνητον ἀπορήσειν δελφῖνος ἐρωτικοῦ; 20

ΑΔΕΙΜΑΝΤΟΣ

Καὶ σὺ γάρ, Τιμόλαε, μιμῇ Λυκῖνον καὶ ἐπιμετρεῖς τῶν σκωμμάτων, καὶ ταῦτα εἰσηγητὴς αὐτὸς γενόμενος;

1 ὅτι] εἴ τι recc.   4 ὅ² om. N   9 Πάρνιθα γ   θέλεις recc.
12 ἡμέτερα Gesner   15 Θάρρει recc.   15–18 cf. Hdt. 1.23–4, Luc.
78.5, 78.6, Paus. 1.44.8, Philostr. V.S. 2.1.5   18 προκομ. recc.

ΤΙΜΟΛΑΟΣ

Ἄμεινον γὰρ ἦν πιθανώτερον αὐτὸ ποιεῖν καί τινα θησαυρὸν **20**
ὑπὸ τῇ κλίνῃ ἀνευρεῖν, ὡς μὴ πράγματα ἔχοις ἐκ τοῦ πλοίου
μετατιθεὶς χρυσίον ἐς τὸ ἄστυ.

ΑΔΕΙΜΑΝΤΟΣ

Εὖ λέγεις, καὶ ἀνορωρύχθω θησαυρὸς ὑπὸ τὸν Ἑρμῆν τὸν
5 λίθινον, ὅς ἐστιν ἡμῖν ἐν τῇ αὐλῇ, μέδιμνοι χίλιοι ἐπισήμου
χρυσίου. εὐθὺς οὖν κατὰ τὸν Ἡσίοδον οἶκος τὸ πρῶτον, ὡς ἂν
ἐπισημότατα οἰκοίην, καὶ τὰ περὶ τὸ ἄστυ πάντα ὠνησάμην ἤδη
πλὴν ὅσα θύμον καὶ λίθοι, καὶ ἐν Ἐλευσῖνι ὅσα ἐπὶ θαλάττῃ καὶ
περὶ τὸν Ἰσθμὸν ὀλίγα τῶν ἀγώνων εἵνεκα, εἴ ποτε δὴ τὰ Ἴσθμια
10 ἐπιδημήσαιμι, καὶ τὸ Σικυώνιον πεδίον, καὶ ὅλως εἴ πού τι ἢ
συνηρεφὲς ἢ ἔνυδρον ἢ εὔκαρπον ἐν τῇ Ἑλλάδι, πάντα ἐν ὀλίγῳ
Ἀδειμάντου ἔσται. ὁ χρυσὸς δὲ κοῖλος ἡμῖν ἐμφαγεῖν, τὰ δὲ
ἐκπώματα οὐ κοῦφα ὡς τὰ Ἐχεκράτους, ἀλλὰ διτάλαντον
ἕκαστον τὴν ὁλκήν.

ΛΥΚΙΝΟΣ

15 Εἶτα πῶς ὁ οἰνοχόος ὀρέξει πλῆρες οὕτω βαρὺ ἔκπωμα; ἢ σὺ **21**
δέξῃ παρ' αὐτοῦ ἀμογητὶ οὐ σκύφον, ἀλλὰ Σισύφειόν τι βάρος
ἀναδιδόντος;

ΑΔΕΙΜΑΝΤΟΣ

Ἄνθρωπε, μή μοι ἀνάλυε τὴν εὐχήν. ἐγὼ δὲ καὶ τραπέζας ὅλας
χρυσᾶς ποιήσομαι καὶ τὰς κλίνας χρυσᾶς, εἰ δὲ μὴ σιωπήσῃ, καὶ
20 τοὺς διακόνους αὐτούς.

ΛΥΚΙΝΟΣ

Ὅρα μόνον μὴ ὥσπερ τῷ Μίδᾳ καὶ ὁ ἄρτος σοι καὶ τὸ ποτὸν

1 γὰρ om. recc.   3 μετατιθεὶς γ: μεταθεὶς Fl.: μετατεθεὶς N   5–6 χρ.
ἐπισ. recc.   6 Op. 405   8 θυμὸν καὶ λιθοῖ γ: corr. recc.: καὶ
λιθοῖ N: Ἰσθμοῖ καὶ Πυθοῖ recc.   9 δὴ] δὲ γ   11 εὔυδρον Γᵈ, recc.;
cf. 70.25   12 ἔστω Fl.   13 cf. Pl. Phd. init.   16 cf. Il. 11.637
Σισύφιόν γ; cf. Od. 11.594   18 μοι Fritzsche: μ' codd.   καὶ
⟨τὰς⟩ τρ. Halm   19 ποιήσομαι...χρυσᾶς] ἔξω N (cet. om.)

107

ΛΟΥΚΙΑΝΟΥ

χρυσὸς γένηται καὶ πλουτῶν ἄθλιος ἀπόλῃ λιμῷ διαφθαρεὶς
πολυτελεῖ.

ΑΔΕΙΜΑΝΤΟΣ

Τὰ σὰ ῥυθμιεῖς πιθανώτερον, ὦ Λυκῖνε, μετ᾽ ὀλίγον, ἐπειδὰν
22 αὐτὸς αἰτῇς. ἐσθὴς ἐπὶ τούτοις ἁλουργὶς καὶ ὁ βίος οἷος ἁβρότατος,
ὕπνος ἐφ᾽ ὅσον ἥδιστος, φίλων πρόσοδοι καὶ δεήσεις καὶ τὸ 5
ἅπαντας ὑποπτήσσειν καὶ προσκυνεῖν, καὶ οἱ μὲν ἔωθεν πρὸς ταῖς
θύραις ἄνω καὶ κάτω περιπατήσουσιν, ἐν αὑτοῖς δὲ καὶ Κλεαίνετος
καὶ Δημοκράτης οἱ πάνυ, καὶ προσελθοῦσίν γε αὐτοῖς καὶ πρὸ τῶν
ἄλλων εἰσδεχθῆναι ἀξιοῦσι θυρωροὶ ἑπτὰ ἐφεστῶτες, εὐμεγέθεις
βάρβαροι, προσαραξάτωσαν ἐς τὸ μέτωπον εὐθὺ τὴν θύραν, οἷα 10
νῦν αὐτοὶ ποιοῦσιν. ἐγὼ δέ, ὁπόταν δόξῃ, προκύψας ὥσπερ ὁ ἥλιος
ἐκείνων μὲν οὐδ᾽ ἐπιβλέψομαι ἐνίους, εἰ δέ τις πένης, οἷος ἦν ἐγὼ
πρὸ τοῦ θησαυροῦ, φιλοφρονήσομαι τοῦτον καὶ λουσάμενον ἥκειν
κελεύσω τὴν ὥραν ἐπὶ τὸ δεῖπνον. οἱ δὲ ἀποπνιγήσονται οἱ
πλούσιοι ὁρῶντες ὀχήματα, ἵππους καὶ παῖδας ὡραίους ὅσον 15
23 δισχιλίους, ἐξ ἁπάσης ἡλικίας ὅ τι περ τὸ ἀνθηρότατον. εἶτα
δεῖπνα ἐπὶ χρυσοῦ—εὐτελὴς γὰρ ὁ ἄργυρος καὶ οὐ κατ᾽ ἐμέ—
τάριχος μὲν ἐξ Ἰβηρίας, οἶνος δὲ ἐξ Ἰταλίας, ἔλαιον δὲ ἐξ
Ἰβηρίας καὶ τοῦτο, μέλι δὲ ἡμέτερον τὸ ἄπυρον, καὶ ὄψα
πανταχόθεν καὶ σύες καὶ λαγώς, καὶ ὅσα πτηνά, ὄρνις ἐκ Φάσιδος 20
καὶ ταῶς ἐξ Ἰνδίας καὶ ἀλεκτρυὼν Νομαδικός· οἱ δὲ σκευάζοντες
ἕκαστα σοφισταί τινες περὶ πέμματα καὶ χυμοὺς ἔχοντες. εἰ δέ
τινι προπίοιμι σκύφον ἢ φιάλην αἰτήσας, ὁ ἐκπιὼν ἀποφερέτω
24 καὶ τὸ ἔκπωμα. οἱ δὲ νῦν πλούσιοι πρὸς ἐμὲ *Ἴροι καὶ . . . .

1 χρυσὸν V   4 αἰτεῖς Γ   ἁλουργὶς pro adiectivo perperam
intellectum reicit LSJ   οἷος om. N   7 cf. Men. *Georg.* et *Fab.*
Incert. (Sandbach p. 296), Alciphr. 3.36.2 (Schepers 1905)   8 Δημο-
κράτης γ: Τιμοκράτης N: Δημόκριτος recc.   9 ἑστῶτες N   10 εὐθὺς N
12 οὐδ᾽] οὐκ N   ἐπιβλέψομαι Dindorf: ἐπιβλέψοιμι codd.: ἐπιβλέψαιμι
Halm   13 φιλοφρονήσαιμι N   18 cf. Str. 3.4.2, Plin. *N.H.* 9.92
cf. Alciphr. 4.13.9   18–19 cf. Paus. 10.32.19   20 ὄρνεις γ
20–1 cf. Petr. 93.1, 2, Mart. 3.58.15–16, Juv. 11.139–43 etc.   21 ταῶς Γ
ἀλ. ὁ Νομ. recc.   23–4 cf. Xen. *Cyr.* 8.3.35   24 cf. *Od.* 18.6,
Kock, *Com. Adesp.* 527, Mart. 5.39.9   post καὶ lacunam c. 8–9
litterarum linquit Γ (V continuo): πτωχοὶ N: προσαίται Fl.

73. ΠΛΟΙΟΝ Η ΕΥΧΑΙ

δηλαδὴ ἅπαντες, καὶ οὐκέτι τὸ ἀργυροῦν πινάκιον ἢ τὸν σκύφον
ἐπιδείξεται Διόνικος ἐν τῇ πομπῇ, καὶ μάλιστα ἐπειδὰν ὁρᾷ τοὺς
οἰκέτας τοὺς ἐμοὺς ἀργύρῳ τοσούτῳ χρωμένους. τῇ πόλει δὲ
ταῦτα ἐξαίρετα παρ᾽ ἐμοῦ ὑπῆρχεν ἄν, αἱ μὲν διανομαὶ κατὰ μῆνα
5 ἕκαστον δραχμαὶ τῷ μὲν ἀστῷ ἑκατόν, τῷ δὲ μετοίκῳ ἥμισυ
τούτων, δημοσίᾳ δὲ ἐς κάλλος θέατρα καὶ βαλανεῖα, καὶ τὴν
θάλατταν ἄχρι πρὸς τὸ Δίπυλον ἥκειν κἀνταῦθά που λιμένα εἶναι
ἐπαχθέντος ὀρύγματι μεγάλῳ τοῦ ὕδατος, ὡς τὸ πλοῖόν μου
πλησίον ὁρμεῖν καταφανὲς ὂν ἐκ τοῦ Κεραμεικοῦ. τοῖς φίλοις δὲ 25
10 ὑμῖν, Σαμίππῳ μὲν εἴκοσι μεδίμνους ἐπισήμου χρυσίου παρα-
μετρῆσαι τὸν οἰκονόμον ἐκέλευσα ἄν, Τιμολάῳ δὲ πέντε χοίνικας,
Λυκίνῳ δὲ χοίνικα, ἀπομεμαγμένην καὶ ταύτην, ὅτι λάλος ἐστὶ
καὶ ἐπισκώπτει μου τὴν εὐχήν. τοῦτον ἐβουλόμην βιῶναι τὸν βίον
πλουτῶν ἐς ὑπερβολὴν καὶ τρυφῶν καὶ πάσαις ἡδοναῖς ἀφθόνως
15 χρώμενος. εἴρηκα, καί μοι ὁ Ἑρμῆς τελεσιουργήσειεν αὐτά.

ΛΥΚΙΝΟΣ

Οἶσθα οὖν, ὦ Ἀδείμαντε, ὡς πάνυ σοι ἀπὸ λεπτῆς κρόκης ὁ 26
πᾶς οὑτοσὶ πλοῦτος ἀπήρτηται, καὶ ἢν ἐκείνη ἀπορραγῇ, πάντα
οἴχεται καὶ ἄνθρακές σοι ὁ θησαυρὸς ἔσται;

ΑΔΕΙΜΑΝΤΟΣ

Πῶς λέγεις, ὦ Λυκῖνε;

ΛΥΚΙΝΟΣ

20 Ὅτι, ὦ ἄριστε, ἄδηλον ὁπόσον χρόνον βιώσεις πλουτῶν. τίς
γὰρ οἶδεν εἰ ἔτι παρακειμένης σοι τῆς χρυσῆς τραπέζης, πρὶν
ἐπιβαλεῖν τὴν χεῖρα καὶ ἀπογεύσασθαι τοῦ ταὼ ἢ τοῦ Νομάδος

---

2 ἐπιδέξεται γ   cf. 17.1   3 ἀργύρῳ] χρυσῷ E. H. Warmington
4 cf. Philost. V.S. 2.1.3   ὑπῆρξεν recc.   6 δημοσίᾳ Ν: δημόσια γ:
θαυμάσια Lehmann   δὲ] δὲ ὅσα Fritzsche   6–9 cf. Philost. V.S.
2.1.3   9 ὁρμᾶν Ν   Κεραμικοῦ Γ   10 ἐπισήμου om. Ν   16 οὖν
om. V   17 οὑτωσὶ Γ   18 cf. 25.41, 34.32, 63.2, 70.71, Paroem.
Gr. 1.32   ἐστι Ν   20 βιώσει Dindorf; cf. 70.6, 77, 80.15.1 etc
21 ἔτι] ἄρτι Guyet   22 ταὼ ΓΝ

109

ΛΟΥΚΙΑΝΟΥ

ἀλεκτρυόνος, ἀποφυσήσας τὸ ψυχίδιον ἄπει γυψὶ καὶ κόραξι
πάντα ἐκεῖνα καταλιπών· ἢ ἐθέλεις καταριθμήσομαί σοι τοὺς μὲν
αὐτίκα πρὶν ἀπολαῦσαι τοῦ πλούτου ἀποθανόντας, ἐνίους δὲ καὶ
ζῶντας ἀποστερηθέντας ὧν εἶχον ὑπό τινος βασκάνου πρὸς τὰ
τοιαῦτα δαίμονος; ἀκούεις γάρ που τὸν Κροῖσον καὶ τὸν Πολυ- 5
κράτην πολύ σου πλουσιωτέρους γενομένους ἐκπεσόντας ἐν
27 βραχεῖ τῶν ἀγαθῶν ἁπάντων. ἵνα δέ σοι καὶ τούτους ἀφῶ, τό γε
ὑγιαίνειν ἐχέγγυον οἴει σοι γενήσεσθαι καὶ βέβαιον; ἢ οὐχ ὁρᾷς
πολλοὺς τῶν πλουσίων κακοδαιμόνως διάγοντας ὑπὸ τῶν ἀλγη-
δόνων, τοὺς μὲν οὐδὲ βαδίζειν δυναμένους, ἐνίους δὲ τυφλοὺς 10
ἢ τῶν ἐντοσθιδίων τι ἀλγοῦντας; ὅτι μὲν γὰρ οὐκ ἂν ἕλοιο
πλουτῶν δὶς τοσοῦτον πλοῦτον ὅμοια πάσχειν Φανομάχῳ τῷ
πλουσίῳ καὶ θηλύνεσθαι ὡς ἐκεῖνος εὖ οἶδα, κἂν μὴ εἴπῃς. ἐῶ
λέγειν ὅσας ἐπιβουλὰς μετὰ τοῦ πλούτου ἢ λῃστὰς καὶ φθόνον
καὶ μῖσος παρὰ τῶν πολλῶν. ὁρᾷς οἵων σοι πραγμάτων αἴτιος ὁ 15
θησαυρὸς γίγνεται;

ΑΔΕΙΜΑΝΤΟΣ

Ἀεὶ σύ μοι, ὦ Λυκῖνε, ὑπεναντίος· ὥστε οὐδὲ τὴν χιονικίδα
ἔτι λήψῃ ἐς τέλος μου τῆς εὐχῆς ἐπηρεάζων.

ΛΥΚΙΝΟΣ

Τοῦτο μὲν ἤδη κατὰ τοὺς πολλοὺς τῶν πλουσίων ἀναδύῃ καὶ
ἀνακαλεῖς τὴν ὑπόσχεσιν. ἀλλὰ σὺ ἤδη ὁ Σάμιππος εὔχου. 20

ΣΑΜΙΠΠΟΣ

28 Ἐγὼ δέ—ἠπειρώτης γάρ εἰμι, Ἀρκὰς ἐκ Μαντινείας, ὡς
ἴστε—ναῦν μὲν οὐκ αἰτήσομαι γενέσθαι, ἤν γε τοῖς πολίταις
ἐπιδείξασθαι ἀδύνατον, οὐδὲ μικρολογήσομαι πρὸς τοὺς θεοὺς

---

1 cf. Hadr. Imp. apud Spartianum, *Vit. Hadr.* 25   2 ἐθέλοις γ
7 γε Guyet: τε codd.   8 γεννήσεσθαι V   9 τῶν πλουσίων
πολλοὺς N   11 ἐντοσθίων N   12 cf. Alciphr. 3.36.1   14 μετὰ γ:
οἶδα μετὰ N   ἢ γ: καὶ N   17 οὐδὲ Fritzsche: οὔτε ΓΝ: οὐ V
χοίνικα recc.   18 τῆς εὐχῆς γ: ταῖς εὐχαῖς N: τῇ εὐχῇ Husson
22 αἰτήσομαι γΝ: αἰτήσω μοι recc.: αἰτήσομαί μοι Fritzsche   γε] τε γ

θησαυρὸν αἰτῶν καὶ μεμετρημένον χρυσίον. ἀλλὰ δύνανται
γὰρ πάντα οἱ θεοί, καὶ τὰ μέγιστα εἶναι δοκοῦντα, καὶ ὁ νόμος
τῆς εὐχῆς ὃν Τιμόλαος ἔθηκεν φήσας μηδὲν ὀκνεῖν αἰτεῖν, ὡς
ἐκείνων πρὸς οὐδὲν ἀνανευόντων. αἰτῶ δὴ βασιλεὺς γενέσθαι
5 οὐχ οἷος Ἀλέξανδρος ὁ Φιλίππου ἢ Πτολεμαῖος ἢ Μιθριδάτης
ἢ εἴ τις ἄλλος ἐκδεξάμενος τὴν βασιλείαν παρὰ πατρὸς ἦρξεν,
ἀλλά μοι τὸ πρῶτον ἀπὸ λῃστείας ἀρξαμένῳ ἑταῖροι καὶ συνω-
μόται ὅσον τριάκοντα, πιστοὶ μάλα καὶ πρόθυμοι, γενέσθω-
σαν, εἶτα κατ᾽ ὀλίγον τριακόσιοι προσιόντες ἡμῖν ἄλλοι ἐπ᾽
10 ἄλλοις, εἶτα χίλιοι καὶ μετ᾽ οὐ πολὺ μύριοι, καὶ τὸ πᾶν εἰς πέντε
μυριάδας ὁπλιτικόν, ἱππεῖς δὲ ἀμφὶ τοὺς πεντακισχιλίους. ἐγὼ 29
δὲ χειροτονητὸς ὑφ᾽ ἁπάντων προκριθεὶς ἄρχων, ἄριστος εἶναι
δόξας ἀνθρώπων ἡγεῖσθαι καὶ πράγμασι χρῆσθαι. ὡς τοῦτό
γε αὐτὸ ἤδη μεῖζον εἶναι τῶν ἄλλων βασιλέων, ἅτε ἀρετῇ προ-
15 χειρισθέντα ὑπὸ τῆς στρατιᾶς ἄρχειν, οὐ κληρονόμον γενόμενον
ἄλλου πονήσαντος ἐς τὴν βασιλείαν· ἐπεὶ τῷ Ἀδειμάντου
θησαυρῷ παραπλήσιον τὸ τοιοῦτο, καὶ τὸ πρᾶγμα οὐχ
ὅμοιον ἡδύ, ὥσπερ ὅταν εἴδῃ τις αὐτὸς δι᾽ αὑτοῦ κτησάμενος
τὴν δυναστείαν.

ΛΥΚΙΝΟΣ

20 Παπαῖ, ὦ Σάμιππε, οὐδὲν μικρόν, ἀλλὰ τὸ κεφάλαιον αὐτὸ
τῶν ἀγαθῶν ἁπάντων σύ γε ᾔτησας, ἄρχειν ἀσπίδος τοσαύτης
ἄριστος δὴ προκριθεὶς ὑπὸ τῶν πεντακισμυρίων. τοιοῦτον
ἡμῖν ἡ Μαντίνεια θαυμαστὸν βασιλέα καὶ στρατηγὸν ἐλελήθει
ἀνατρέφουσα. πλὴν ἀλλὰ βασίλευε καὶ ἡγοῦ τῶν στρατιωτῶν
25 καὶ διακόσμει τό τε ἱππικὸν καὶ τοὺς ἀνέρας τοὺς ἀσπιδιώτας·
ἐθέλω γὰρ εἰδέναι οἷ βαδιεῖσθε τοσοῦτοι ὄντες ἐξ Ἀρκαδίας ἢ
ἐπὶ τίνας ἀθλίους πρώτους ἀφίξεσθε.

5 Μιθραδάτης V   9-10 ἄλλοι ἐπ᾽ ἄλλοις Bekker, cf. 42.30, 61.37:
ἄλλους ἐπ᾽ ἄλλους γ: ἄλλοι ἐπ᾽ ἄλλους recc. Fl.: ἄλλος ἐπ᾽ ἄλλῳ N   11 τὸ
ὁπλ. Fl.   14 ἤδη γ: ἤδη, N: ἡδύ, (...βασιλέων ἄτε) Sommerbrodt
μεῖζον γ: μείζονα N: μείζω Lehmann   ἄτε] τε γ   16 τῷ Ἀδεί-
μαντος γ   18 εἴδῃ scripsi: ἤδη γN: ἴδῃ recc., Fl.   δι᾽ αὑτοῦ codd.
25 cf. Il. 2.554   26 βαδιεῖσθε Γᵈ, N: fort. ἐμβαδιεῖσθε Γ¹: βαδιεῖσθαι V

ΛΟΥΚΙΑΝΟΥ

ΣΑΜΙΠΠΟΣ

30 Ἄκουε, ὦ Λυκῖνε, μᾶλλον δέ, εἴ σοι φίλον, ἀκολούθει μεθ᾽ ἡμῶν. ἵππαρχον γάρ σε τῶν πεντακισχιλίων ἀποφανῶ.

ΛΥΚΙΝΟΣ

Ἀλλὰ τῆς μὲν τιμῆς, ὦ βασιλεῦ, χάριν οἶδά σοι καὶ ὑποκύψας ἐς τὸ Περσικὸν προσκυνῶ σε περιαγαγὼν εἰς τοὐπίσω τὼ χεῖρε τιμῶν τὴν τιάραν ὀρθὴν οὖσαν καὶ τὸ διάδημα. σὺ δὲ τῶν 5 ἐρρωμένων τούτων τινὰ ποίησον ἵππαρχον. ἐγὼ γάρ σοι δεινῶς ἄφιππός εἰμι καὶ οὐδὲ ὅλως ἐπέβην ἵππου ἐν τῷ πρὸ τοῦ χρόνῳ. δέδια τοίνυν μὴ τοῦ σαλπιγκτοῦ ἐποτρύνοντος καταπεσὼν ἔγωγε συμπατηθῶ ἐν τῇ τύρβῃ ὑπὸ τοσαύταις ὁπλαῖς, ἢ καὶ θυμοειδὴς ὢν ὁ ἵππος ἐξενέγκῃ με τὸν χαλινὸν ἐνδακὼν ἐς μέσους τοὺς 10 πολεμίους, ἢ δεήσει καταδεθῆναί με πρὸς τὸ ἐφίππιον, εἰ μέλλω μενεῖν τε ἄνω καὶ ἕξεσθαι τοῦ χαλινοῦ.

ΑΔΕΙΜΑΝΤΟΣ

31 Ἐγώ σοι, ὦ Σάμιππε, ἡγήσομαι τῶν ἱππέων, Λυκῖνος δὲ τὸ δεξιὸν κέρας ἐχέτω. δίκαιος δ᾽ ἂν εἴην τυχεῖν παρὰ σοῦ τῶν μεγίστων τοσούτοις σε μεδίμνοις δωρησάμενος ἐπισήμου 15 χρυσίου.

ΣΑΜΙΠΠΟΣ

Καὶ αὐτοὺς ἐρώμεθα, ὦ Ἀδείμαντε, τοὺς ἱππέας, εἰ δέξονται ἄρχοντά σε σφῶν γενέσθαι. ὅτῳ δοκεῖ, ὦ ἱππεῖς, Ἀδείμαντον ἱππαρχεῖν, ἀνατεινάτω τὴν χεῖρα.

ΑΔΕΙΜΑΝΤΟΣ

Πάντες, ὡς ὁρᾷς, ὦ Σάμιππε, ἐχειροτόνησαν.   20

---

5 τεμὼν codd.: corr. Fl.   6 ἐρωμένων V   7 cf. Pl. *Prt.*
350a, R. 335c   10 ἵππος] ἵππαρχος Γ   11 ἐφίππειον N
12 μενεῖν Γˣ: μένειν Γ¹ cett., fort. recte, cf. *Glotta* 1977, 215 seq.
17–19 cf. Xen. *Anab.* 7.3.6   20 Πάντες...ἐχειροτόνησαν sine nomine
loquentis γ: SAMIPPO trib., N, Fl.   ὦ Σάμιππε Γ: ὦ Ἀδείμαντε N,
Fl.

112

73. ΠΛΟΙΟΝ Η ΕΥΧΑΙ

ΣΑΜΙΠΠΟΣ

Ἀλλὰ σὺ μὲν ἄρχε τῆς ἵππου, Λυκῖνος δὲ ἐχέτω τὸ δεξιόν.
οὑτοσὶ δὲ Τιμόλαος ἐπὶ τοῦ εὐωνύμου τετάξεται. ἐγὼ δὲ
κατὰ μέσον, ὡς νόμος βασιλεῦσι τῶν Περσῶν, ἐπειδὰν αὐτοὶ
συμπαρ⟨........⟩. προΐωμεν δὲ ἤδη τὴν ἐπὶ Κορίνθου 32
5 διὰ τῆς ὀρεινῆς ἐπευξάμενοι τῷ βασιλείῳ Διΐ· κἀπειδὰν τὰν
τῇ Ἑλλάδι πάντα ἤδη χειρωσώμεθα—οὐδεὶς γὰρ ὁ ἐναντιωθησό-
μενος ἡμῖν τὰ ὅπλα τοσούτοις οὖσιν, ἀλλ᾽ ἀκονιτὶ κρατοῦμεν—
ἐπιβάντες ἐπὶ τὰς τριήρεις καὶ τοὺς ἵππους εἰς τὰς ἱππαγωγοὺς
ἐμβιβάσαντες—παρεσκεύασται δ᾽ ἐν Κεγχρεαῖς καὶ σῖτος
10 ἱκανὸς καὶ τὰ πλοῖα διαρκῆ καὶ τἆλλα πάντα—διαλάβωμεν
τὸν Αἰγαῖον ἐς τὴν Ἰωνίαν, εἶτα ἐκεῖ τῇ Ἀρτέμιδι θύσαντες
καὶ τὰς πόλεις ἀτειχίστους λαβόντες ῥᾳδίως ἄρχοντας ἀπο-
λιπόντες προχωρῶμεν ἐπὶ Συρίας διὰ Καρίας, εἶτα Λυκίας καὶ
Παμφυλίας καὶ Πισιδῶν καὶ τῆς παραλίου καὶ ὀρεινῆς Κιλικίας,
15 ἄχρις ἂν ἐπὶ τὸν Εὐφράτην ἀφικώμεθα.

ΛΥΚΙΝΟΣ

Ἐμέ, ὦ βασιλεῦ, εἰ δοκεῖ, σατράπην τῆς Ἑλλάδος κατάλιπε. 33
δειλὸς γάρ εἰμι καὶ τῶν οἴκοι πολὺ ἀπελθεῖν οὐκ ἂν ἡδέως
ὑπομείναιμι. σὺ δὲ ἔοικας ἐπὶ Ἀρμενίους καὶ Παρθυαίους
20 ἐλάσειν μάχιμα φῦλα καὶ τὴν τοξικὴν εὔστοχα. ὥστε ἄλλῳ
παραδοὺς τὸ δεξιὸν ἐμὲ Ἀντίπατρόν τινα ἔασον ἐπὶ τῆς Ἑλλάδος,
μή με καὶ διαπείρῃ τις οἰστῷ ἄθλιον βαλὼν ἐς τὰ γυμνὰ περὶ
Σοῦσα ἢ Βάκτρα ἡγούμενόν σου τῆς φάλαγγος.

2 τὸ εὐώνυμον N   3 cf. Xen. *Anab.* 1.8.21–2, Arr. *Anab.* 2.8.11
4 post συμπαρ lacunam c. 7–9 litterarum linquit *Γ*: lacunam aliquanto
maiorem linquit V: συμπαρῶσι recc.: συμπαρεδρεύειν αὐτοῖς βούλωνταί
(βούλωνταί N) τινας N, Fl.: συμπαρατάσσωνται vel συμπαριππεύωσι malim
4 προσίωμεν γN: corr. recc.   κρατήσομεν N
8 ἱππαγωγοὺς *Γ*   9 δ᾽] δὲ καὶ N   καὶ om. N
10 διαβάλωμεν Gesner; at cf. Thuc. 6.30 etc.   14 Πισιδῶν γN, Fl.:
corr. *Γ*ᶜ   15 ἄχρι Jacobitz   19 ἄλλο V   20 τινα om. *Γ*¹N:
ss. *Γ*² uv.   cf. Arr. *Anab.* 1.11.3   21 οἰστὸν V   22 σοι Fl.

ΣΑΜΙΠΠΟΣ

'Αποδιδράσκεις, ὦ Λυκῖνε, τὸν κατάλογον δειλὸς ὤν. ὁ δὲ
νόμος ἀποτετμῆσθαι τὴν κεφαλήν, εἴ τις λιπὼν φαίνοιτο τὴν
τάξιν. ἀλλ' ἐπεὶ κατὰ τὸν Εὐφράτην ἤδη ἐσμὲν καὶ ὁ ποταμὸς
ἔζευκται καὶ κατόπιν ὁπόσα διεληλύθαμεν ἀσφαλῶς ἡμῖν ἔχει
καὶ πάντα ὕπαρχοι κατέχουσιν ὑπ' ἐμοῦ ἑκάστῳ ἔθνει ἐπ-   5
εισαχθέντες, οἱ δὲ καὶ ἀπίασι τὴν Φοινίκην ἡμῖν ἐν τούτῳ
καὶ τὴν Παλαιστίνην εἶτα καὶ τὴν Αἴγυπτον προσαξόμενοι, σὺ
πρῶτος, ὦ Λυκῖνε, διάβαινε τὸ δεξιὸν ἄγων, εἶτα ἐγὼ καὶ μετ'
ἐμὲ οὑτοσὶ Τιμόλαος· ἐπὶ πᾶσι δὲ τὸ ἱππικὸν ἄγε σύ, ὦ 'Αδεί-
34 μαντε. καὶ διὰ μὲν τῆς Μεσοποταμίας οὐδεὶς ἀπήντηκεν ἡμῖν   10
πολέμιος, ἀλλὰ ἑκόντες αὑτούς τε καὶ τὰς ἀκροπόλεις ἄνθρωποι
ἐνεχείρισαν, καὶ ἐπὶ Βαβυλῶνα ἐλθόντες ἀπροσδόκητοι παρήλθ-
ομεν εἰς τὸ εἴσω τῶν τειχῶν καὶ ἔχομεν τὴν πόλιν. ὁ βασιλεὺς
δὲ περὶ Κτησιφῶντα διατρίβων ἤκουσεν τὴν ἔφοδον, εἶτα εἰς
Σελεύκειαν παρελθὼν παρασκευάζεται ἱππέας τε ὅτι πλείστους   15
μεταπεμπόμενος καὶ τοξότας καὶ σφενδονήτας. ἀπαγγέλλουσι
δ' οὖν οἱ σκοποὶ ἀμφὶ τὰς ἑκατὸν ἤδη μυριάδας τοῦ μαχίμου
συνειλέχθαι καὶ τούτων εἴκοσιν ἱπποτοξότας, καίτοι οὔπω ὁ
'Αρμένιος [πω] πάρεστιν οὔτε οἱ κατὰ τὴν Κασπίαν θάλατταν
οἰκοῦντες οὔτε οἱ ἀπὸ Βάκτρων, ἀλλ' ἐκ τῶν πλησίον καὶ προ-   20
αστείων τῆς ἀρχῆς· οὕτω ῥᾳδίως τοσαύτας μυριάδας κατέλεξε.
καιρὸς οὖν ἤδη σκοπεῖν ἡμᾶς ὅ τι χρὴ ποιεῖν.

ΑΔΕΙΜΑΝΤΟΣ

35 'Αλλ' ἐγὼ μέν φημι δεῖν ὑμᾶς τὸ πεζὸν ἀπιέναι τὴν ἐπὶ
Κτησιφῶντος, ἡμᾶς δὲ τὸ ἱππικὸν αὐτοῦ μένειν τὴν Βαβυλῶνα
διαφυλάξοντας.   25

1-3 cf. 13.29, Xen. Anab. 1.10.1   3 ἐπειδὴ NV   ἐσμὲν ἤδη N
4 ἡμῖν om. recc.   5-6 ἐπιταχθ. Bekker   6 τούτῳ γ: τοσούτῳ N,
Fl.   8-9 μετ' ἐμοῦ V   9 οὑτοσὶ N, Fl.: οὑτωσὶ γ   δὲ om. N
11 αὑτούς...ἄνθρωποι codd.   12 ἐνεχείρησαν γ   17 ἤδη om.
N   18 οὔπω] an οὔτε, postea πω servato? πω iterant γN: om. recc.
19 οἱ recc.: om. γN   20-1 προαστίων LSJ   21 κατέαξε
codd.: corr. Pelletus   23 ἐπὶ N, Fl.: τοῦ γ   25 διαφυλάξαντας Γ¹

73. ΠΛΟΙΟΝ Η ΕΥΧΑΙ

ΣΑΜΙΠΠΟΣ

Ἀποδειλιᾷς καὶ σύ, ὦ Ἀδείμαντε, πλησίον τοῦ κινδύνου
γενόμενος; σοὶ δὲ τί δοκεῖ, ὦ Τιμόλαε;

ΤΙΜΟΛΑΟΣ

Ἁπάσῃ τῇ στρατιᾷ βαδίζειν ἐπὶ τοὺς πολεμίους, μηδὲ περι-
μένειν ἔστ' ἂν ἄμεινον παρασκευάσωνται πανταχόθεν τῶν συμ-
5 μάχων προσγενομένων, ἀλλ' ἕως ἔτι καθ' ὁδόν εἰσιν οἱ πολέμιοι,
ἐπιχειρῶμεν αὐτοῖς.

ΣΑΜΙΠΠΟΣ

Εὖ λέγεις. σὺ δὲ τί, ὦ Λυκῖνε, δοκιμάζεις;

ΛΥΚΙΝΟΣ

Ἐγώ σοι φράσω. ἐπειδὴ κεκμήκαμεν συντόνως ὁδεύοντες,
ὁπότε κατῄειμεν ἔωθεν ἐς τὸν Πειραιᾶ, καὶ νῦν δὲ ἤδη τριάκοντά
10 που σταδίους προκεχωρήκαμεν καὶ ὁ ἥλιος πολύς, κατὰ μεσημ-
βρίαν γὰρ ἤδη μάλιστα, ἐνταῦθά που ὑπὸ τὰς ἐλαίας ἐπὶ τῆς
ἀνατετραμμένης στήλης καθίσαντας ἀναπαύσασθαι, εἶτα οὕτως
ἀναστάντας ἀνύειν τὸ λοιπὸν ἐς τὸ ἄστυ.

ΣΑΜΙΠΠΟΣ

Ἔτι γὰρ Ἀθήνησιν, ὦ μακάριε, εἶναι δοκεῖς, ὃς ἀμφὶ Βαβυλῶνα
15 ἐν τῷ πεδίῳ πρὸ τῶν τειχῶν ἐν τοσούτοις στρατιώταις κάθησαι
περὶ τοῦ πολέμου διασκοπούμενος;

ΛΥΚΙΝΟΣ

Ὑπέμνησας· ἐγὼ δὲ νήφειν ᾤμην καὶ σοὶ ὕπαρ ἀποφανεῖσθαι
τὴν γνώμην.

4-5 παρασκευάζωνται πανταχόθεν αὐτοῖς συμμάχων Ν   9 δὲ om. N
cf. D.L. 6.2   10-11 cf. 37.16, Pl. Phdr. 229a, 259a   11 ὑπὸ Bekker:
ἐπὶ codd.   11-12 ἐπὶ τῆς ἀναγεγραμμένης codd.: corr. Gesner; cf.
25.5, 68.2   12 ἀναπαύεσθαι Ν   13 ἀναστάντας πορεύεσθαι καὶ
ἀνύειν Ν, Fl.   17 ⟨Εὖ γε⟩ ὑπέμνησας· Dindorf, cf. 34.38, 38.19
etc.   σοὶ ὕπαρ ἀποφαν. scripsi: ὕπαρ ἀποφαίνεσθαι Bekker: σὺ παρὰ τὸ
φαν. codd.: οὐ παραποφαν. Dindorf

ΛΟΥΚΙΑΝΟΥ

ΣΑΜΙΠΠΟΣ

36 Πρόσιμεν δή, εἴ σοι δοκεῖ. καὶ ὅπως ἄνδρες ἀγαθοὶ ἐν τοῖς κινδύνοις ἔσεσθε μηδὲ προδώσετε τὸ πάτριον φρόνημα. ἤδη γάρ που καὶ οἱ πολέμιοι ἐπιλαμβάνουσιν. ὥστε τὸ μὲν σύνθημα ἔστω Ἐννάλιος. ὑμεῖς δὲ ἐπειδὰν σημάνῃ ὁ σαλπιγκτής, ἀλαλάξαντες καὶ τὰ δόρατα κρούσαντες πρὸς τὰς ἀσπίδας ἐπείγεσθε συμμῖξαι 5 τοῖς ἐναντίοις καὶ ἐντὸς γενέσθαι τῶν τοξευμάτων, ὡς μηδὲ πληγὰς λαμβάνωμεν ἀκροβολίζεσθαι αὐτοῖς διδόντες. καὶ ἐπειδὴ ἐς χεῖρας ἤδη συνεληλύθαμεν, τὸ μὲν εὐώνυμον καὶ ὁ Τιμόλαος ἐτρέψαντο τοὺς καθ᾽ αὑτοὺς Μήδους ὄντας, τὸ δὲ κατ᾽ ἐμὲ ἰσόπαλον ἔτι, Πέρσαι γάρ εἰσι καὶ ὁ βασιλεὺς ἐν αὐτοῖς. ἡ δὲ ἵππος 10 ἅπασα τῶν βαρβάρων ἐπὶ τὸ δεξιὸν ἡμῶν ἐλαύνουσιν, ὥστε, ὦ Λυκῖνε, αὐτός τε ἀνὴρ ἀγαθὸς γίγνου καὶ τοῖς μετὰ σαυτοῦ παρακελεύου δέχεσθαι τὴν ἐπέλασιν.

ΛΥΚΙΝΟΣ

37 Ὢ τῆς τύχης. ἐπ᾽ ἐμὲ γὰρ οἱ ἱππεῖς ἅπαντες καὶ μόνος ἐπιτήδειος αὐτοῖς ἔδοξα ἐπελαύνεσθαι. καί μοι δοκῶ, ἢν 15 βιάζωνται, αὐτομολήσειν προσδραμὼν ἐς τὴν παλαίστραν ἔτι πολεμοῦντας ὑμᾶς καταλιπών.

ΣΑΜΙΠΠΟΣ

Μηδαμῶς. κρατεῖς γὰρ αὐτῶν καὶ σὺ ἤδη τὸ μέρος. ἐγὼ δέ, ὡς ὁρᾷς, καὶ μονομαχήσω πρὸς τὸν βασιλέα· προκαλεῖται γάρ με καὶ ἀναδῦναι πάντως αἰσχρόν. 20

ΛΥΚΙΝΟΣ

Νὴ Δία καὶ τετρώσῃ αὐτίκα μάλα πρὸς αὐτοῦ. βασιλικὸν γὰρ καὶ τὸ τρωθῆναι περὶ τῆς ἀρχῆς μαχόμενον.

---

2 προδῶτε recc.   4 σαλπικτὴς Ν; cf. Xen. *Anab.* 4.3.29 etc.   5 ἐπεί-
γεσθε Γᶜ, cett.: ἐπείγεσθαι Γ   12 ἀγαθὸς ἀνὴρ Ν   16 cf. 14.23,
33.43, Plut. *Mor.* 581e, fort. perperam e Plat. *Charm.* 153a   19 μονο-
μαχήσων Ν   προσκαλεῖται γ: corr. Ν

73. ΠΛΟΙΟΝ Η ΕΥΧΑΙ

ΣΑΜΙΠΠΟΣ

Εὖ λέγεις. ἐπιπόλαιον μέν μοι τὸ τραῦμα καὶ οὐκ εἰς τὰ φανερὰ
τοῦ σώματος, ὡς μηδὲ τὴν οὐλὴν ὕστερον ἄμορφον γενέσθαι.
πλὴν ἀλλὰ ὁρᾷς ὅπως ἐπελάσας μιᾷ πληγῇ αὐτόν τε καὶ τὸν
ἵππον διέπειρα τὴν λόγχην ἀφείς; εἶτα τὴν κεφαλὴν ἀπο-
5 τεμὼν καὶ ἀφελὼν τὸ διάδημα βασιλεὺς ἤδη γέγονα προσ-
κυνούμενος ὑφ' ἁπάντων. οἱ βάρβαροι προσκυνείτωσαν. ὑμῶν **38**
κατὰ τὸν Ἑλλήνων νόμον ἄρξω εἰς στρατηγὸς ὀνομαζόμενος. ἐπὶ
τούτοις ἆρα ἐννοεῖτε ὅσας μὲν πόλεις ἐπωνύμους ἐπ' ἐμαυτοῦ
οἰκιῶ, ὅσας δὲ καὶ καθαιρήσω ἑλὼν κατὰ κράτος, οἳ ἂν
10 ὑβρίσωσί τι ἐς τὴν ἀρχήν. ἁπάντων δὲ μάλιστα Κυδίαν τὸν
πλούσιον μετελεύσομαι, ὃς ὅμορος ἤδη ὤν μοι ἐξέωσεν τοῦ
ἀγροῦ ἐπιβαίνων κατ' ὀλίγον ἐς τὸ εἴσω τῶν ὅρων.

ΛΥΚΙΝΟΣ

Πέπαυσο ἤδη, ὦ Σάμιππε, καιρὸς γὰρ σὲ ἤδη μὲν νενικηκότα **39**
τηλικαύτην μάχην ἐν Βαβυλῶνι εὐωχεῖσθαι τὰ ἐπινίκια—
15 ἐκστάδιος γὰρ οἶμαί σοι ἡ ἀρχή—Τιμόλαον δὲ ἐν τῷ μέρει
εὔχεσθαι ὅπερ ἂν ἐθέλῃ.

ΣΑΜΙΠΠΟΣ

Τί δ' οὖν, ὦ Λυκῖνε; οἷά σοι ᾐτῆσθαι δοκῶ;

ΛΥΚΙΝΟΣ

Παρὰ πολύ, ὦ θαυμασιώτατε βασιλέων, ἐπιπονώτερα καὶ
βιαιότερα τῶν Ἀδειμάντου, παρ' ὅσον ἐκεῖνος μὲν ἐτρύφα
20 διτάλαντα χρύσεα ἐκπώματα προπίνων τοῖς συμπόταις, σὺ δὲ καὶ

---

1 μέν μοι N, Fl.: μέν σοι γ: μέντοι Bekker   3 ὅπως] ὅσον N
cf. 77.22.3   4 ; hic addidi   6 ὑπὸ πάντων N   ; post
ἁπάντων add. Dindorf   sic Marcilius: προσκυνείτωσαν (-ήτωσαν V)
ἡμῖν· κατὰ codd.: an προσκυνείτωσαν· ⟨ἀλλ'⟩ ὑμῶν...?   7 τὸν
recc.: τῶν γ: τὸν τῶν N   8 ἐπ' om. N; at cf. Hdt. 4.184   cf.
Plut. *Mor.* 328e   9 οἳ γ: αἳ N; non opus est si τούτων intellexeris
11 ἤδη del. Fritzsche   13 μὲν ἤδη N   15 ἐκστάδιος Γ: ἑξστάδιος
N, Fl., V: ἑκστάδιος rec.; vide *Glotta*, 1980, 259   16 ἔχεσθαι γ: corr. N
ἂν] ἐὰν γ   17 ἡττῆσθαι V   19 βεβαιότερα Γ   20 προ-
τείνων γΝ: προτεινόμενος recc.: corr. Cobet; cf. c. 23   συμπολίταις N

ἐτιτρώσκου μονομαχῶν καὶ ἐδεδίεις καὶ ἐφρόντιζες νύκτωρ καὶ
μεθ' ἡμέραν· οὐ μόνον γάρ σοι τὰ παρὰ τῶν πολεμίων φοβερὰ ἦν,
ἀλλὰ καὶ ἐπιβουλαὶ μυρίαι καὶ φθόνος παρὰ τῶν συνόντων καὶ
μῖσος καὶ κολακεία, φίλος δὲ οὐδεὶς ἀληθής, ἀλλὰ πρὸς τὸ δέος
ἅπαντες ἢ πρὸς τὴν ἐλπίδα εὖνοι δοκοῦντες εἶναι. ἀπόλαυσις μέν 5
γε οὐδὲ ὄναρ τῶν ἡδέων, ἀλλὰ δόξα μόνον καὶ πορφυρὶς χρυσῷ
ποικίλη καὶ ταινία λευκὴ περὶ τῷ μετώπῳ καὶ δορυφόροι
προϊόντες, τὰ δ' ἄλλα κάματος ἀφόρητος καὶ ἀηδία πολλή, καὶ
ἢ χρηματίζειν δεῖ τοῖς παρὰ τῶν πολεμίων ἥκουσιν ἢ δικάζειν
ἢ καταπέμπειν τοῖς ὑπηκόοις ἐπιτάγματα, καὶ ἤτοι ἀφέστηκέν 10
τι ἔθνος ἢ ἐπελαύνουσί τινες τῶν ἔξω τῆς ἀρχῆς. δεδιέναι
οὖν δεῖ πάντα καὶ ὑφορᾶσθαι, καὶ ὅλως ὑπὸ πάντων μᾶλλον
40 ἢ ὑπὸ σεαυτοῦ εὐδαιμονίζεσθαι. καὶ γὰρ οὖν καὶ τόδε πῶς οὐ
ταπεινόν, ὅτι καὶ νοσεῖς τὰ ὅμοια τοῖς ἰδιώταις καὶ ὁ πυρετὸς
οὐ διαγινώσκει σε βασιλέα ὄντα οὐδ' ὁ θάνατος δέδιε τοὺς 15
δορυφόρους, ἀλλ' ἐπιστάς, ὁπόταν αὐτῷ δοκῇ, ἄγει οἰμώζοντα
οὐκ αἰδούμενος τὸ διάδημα; σὺ δέ, ὁ οὕτως ὑψηλός, κατα-
πεσὼν ἀνάσπαστος ἐκ τοῦ βασιλείου θρόνου τὴν αὐτὴν ὁδὸν ἄπει
τοῖς πολλοῖς, ἰσότιμος ἐλαυνόμενος ἐν τῇ ἀγέλῃ τῶν νεκρῶν,
χῶμα ὑψηλὸν ὑπὲρ γῆς καὶ στήλην μακρὰν ἢ πυραμίδα εὔγραμ- 20
μον τὰς γωνίας ἀπολιπών, ἐκπρόθεσμα καὶ ἀνεπαίσθητα φιλο-
τιμήματα. εἰκόνες δὲ ἐκεῖναι καὶ νεώ, οὓς ἀνιστᾶσιν αἱ πόλεις
θεραπεύουσαι, καὶ τὸ μέγα ὄνομα πάντα κατ' ὀλίγον ὑπορρεῖ
καὶ ἄπεισιν ἀμελούμενα. ἢν δὲ καὶ ὅτι μάλιστα ἐπὶ πλεῖστον
παραμένῃ, τίς ἔτι ἀπόλαυσις ἀναισθήτῳ αὐτῷ γενομένῳ; ὁρᾷς 25
ὁρᾷς οἷα μὲν ζῶν ἔτι ἕξεις πράγματα δεδιὼς καὶ φροντίζων
καὶ κάμνων, οἷα δὲ καὶ μετὰ τὴν ἀπαλλαγὴν ἔσται;
41 'Αλλ' ἤδη σὸν αἰτεῖν, ὦ Τιμόλαε, καὶ ὅπως ὑπερβάλῃ τούτους,
ὥσπερ εἰκὸς ἄνδρα συνετὸν καὶ πράγμασιν χρῆσθαι εἰδότα.

3 φθόνοι V   6 μόνη recc.   9 ἢ¹ om. N   16 ὁπότε
ἂν γN: corr. rec.   17 ὁ οὗτος γ: ὦ οὗτος N: corr. recc.   19 cf.
19.15 etc.   20 cf. 19.11, 26.22, 38.17 etc.   22 νεῴς codd.: corr. Guyet
23 ἀπορρεῖ recc.   25 παραμείνῃ recc.   αὐτῷ γ: αὐτῶν N
26 ἔτι ζῶν N   27 καὶ² om. N   28 ὑπερβάλῃ γN   29 cf. 59.37
χρήσασθαι N

ΤΙΜΟΛΑΟΣ

Σκόπει γοῦν, ὦ Λυκῖνε, εἴ τι ἐπιλήψιμον εὔξομαι καὶ ὅ τι ἂν εὐθῦναί τις δυνηθείη. χρυσὸν μὲν οὖν καὶ θησαυροὺς καὶ μεδίμνους νομίσματος ἢ βασιλείας καὶ πολέμους καὶ δείματα ὑπὲρ τῆς ἀρχῆς, [ἃ] εἰκότως διέβαλες. ἀβέβαια γὰρ ταῦτά γε καὶ πολλὰς
5 τὰς ἐπιβουλὰς ἔχοντα καὶ πλέον τοῦ ἡδέος τὸ ἀνιαρὸν ἐν αὐτοῖς ἦν. ἐγὼ δὲ βούλομαι τὸν Ἑρμῆν ἐντυχόντα μοι δοῦναι δακτυλίους 42 τινὰς τοιούτους τὴν δύναμιν, ἕνα μὲν ὥστε ἀεὶ ἐρρῶσθαι καὶ ὑγιαίνειν τὸ σῶμα καὶ ἄτρωτον εἶναι καὶ ἀπαθῆ, ἕτερον δὲ ὡς μὴ ὁρᾶσθαι τὸν περιθέμενον, οἷος ἦν ὁ τοῦ Γύγου, τὸν δέ τινα ὡς
10 ἰσχύειν ὑπὲρ ἄνδρας μυρίους καὶ ὅ τι ἂν ἄχθος ἅμα μυρίοι κινῆσαι μόλις δύναιντο, τοῦτο ἐμὲ ῥαδίως μόνον ἀνατίθεσθαι, ἔτι δὲ καὶ πέτεσθαι πολὺ ἀπὸ τῆς γῆς ἀρθέντα, καὶ πρὸς τοῦτό μοι εἶναι δακτύλιόν τινα. καὶ μὴν καὶ ἐς ὕπνον κατασπᾶν ὁπόσους ἂν ἐθέλω καὶ ἅπασαν θύραν προσιόντι μοι ἀνοίγεσθαι χαλωμένου τοῦ
15 κλείθρου καὶ τοῦ μοχλοῦ ἀφαιρουμένου, ταῦτα ἀμφότερα εἰς δακτύλιος δυνάσθω. τὸ δὲ μέγιστον ἄλλος τις ἔστω ἐπὶ πᾶσιν ὁ 43 ἥδιστος, ὡς ἐράσμιον εἶναί με περιθέμενον παισὶ τοῖς ὡραίοις καὶ γυναιξὶ καὶ δήμοις ὅλοις καὶ μηδένα εἶναι ἀνέραστον καὶ εἴ τῳ μὴ ποθεινότατος ἐγὼ καὶ ἀνὰ στόμα, ὥστε πολλὰς γυναῖκας οὐ
20 φερούσας τὸν ἔρωτα καὶ ἀναρτᾶν ἑαυτὰς καὶ τὰ μειράκια ἐπιμεμηνέναι μοι καὶ εὐδαίμονα εἶναι δοκεῖν, εἴ τινα καὶ μόνον προσβλέψαιμι αὐτῶν, εἰ δὲ ὑπερορῷην, κἀκεῖνα ὑπὸ λύπης ἀπολλύσθω, καὶ ὅλως ὑπὲρ τὸν Ὑάκινθον ἢ Ὕλαν ἢ Φάωνα τὸν Χῖον εἶναί με. καὶ ταῦτα πάντα ἔχειν μὴ ὀλιγοχρόνιον ὄντα 44
25 μηδὲ κατὰ μέτρον ζῶντα τῆς ἀνθρωπίνης βιοτῆς, ἀλλ' ἔτη χίλια νέον ἐκ νέου γιγνόμενον διαβιῶναι ἀμφὶ τὰ ἑπτακαίδεκα ἔτη ἀεὶ ἀποδυόμενον τὸ γῆρας ὥσπερ οἱ ὄφεις. οὐδὲν γὰρ δεήσει με ταῦτα ἔχοντα· πάντα γὰρ ἐμὰ ἦν ἂν τὰ τῶν ἄλλων, ἐς ὅσον

2 μὲν om. V   4 ἃ del. Bekker   post διέβαλες add. οὐκ
αἰτήσομαι Fl., Bekker, add. οὐ κτήσομαι N   7 καὶ τοιούτους recc.
9 cf. 29.21, Pl. R. 359d   11 μόνον om. recc.   12 μοι εἶναι γ:
εἶναι N: εἶναί μοι recc.   18 εἴ τῳ] ὅτῳ Fl.   23 Ὕλλαν N
24 μὴ] με μὴ N   28 ἂν om. N

ἀνοίγειν τε τὰς θύρας ἐδυνάμην καὶ κοιμίζειν τοὺς φύλακας καὶ
ἀθέατος εἶναι εἰσιών. εἰ δέ τι ἐν Ἰνδοῖς ἢ Ὑπερβορέοις θέαμα
παράδοξον ἢ κτῆμα τίμιον ἢ ὅσα ἐμφαγεῖν ἢ πιεῖν ἡδέα, οὐ
μεταστειλάμενος, ἀλλ᾽ αὐτὸς ἐπιπετόμενος ἀπέλαυον ἁπάντων
ἐς κόρον. καὶ ἐπεὶ γρὺψ ὑπόπτερον θηρίον ἢ φοῖνιξ ὄρνεον 5
ἐν Ἰνδοῖς ἀθέατον τοῖς ἄλλοις, ἐγὼ δὲ καὶ τοῦτο ἑώρων ἄν, καὶ
τὰς πηγὰς δὲ τὰς Νείλου μόνος ἂν ἠπιστάμην καὶ ὅσον τῆς γῆς
ἀοίκητον, καὶ εἴ τινες ἀντίποδες ἡμῖν οἰκοῦσι τὸ νότιον τῆς γῆς
ἡμίτομον ἔχοντες. ἔτι δὲ καὶ ἀστέρων φύσιν καὶ σελήνης καὶ
αὐτοῦ ἡλίου ῥᾳδίως ἔγνων ἂν ἀπαθὴς ὢν τῷ πυρί, καὶ τὸ 10
πάντων ἥδιστον, αὐθημερὸν ἀγγεῖλαι ἐς Βαβυλῶνα, τίς ἐνίκησεν
Ὀλύμπια, καὶ ἀριστήσαντα, εἰ τύχοι, ἐν Συρίᾳ δειπνῆσαι ἐν
Ἰταλίᾳ. εἰ δέ τις ἐχθρὸς εἴη, ἀμύνασθαι καὶ τοῦτον ἐκ τοῦ
ἀφανοῦς πέτρον ἐμβαλόντα τῇ κεφαλῇ, ὡς ἐπιτετρίφθαι τὸ
κρανίον, τούς τε αὖ φίλους εὖ ποιεῖν ἐπιχέοντα κοιμωμένοις 15
αὐτοῖς τὸ χρυσίον. καὶ μὴν εἴ τις ὑπερόπτης εἴη ἢ τύραννος
πλούσιος ὑβριστής, ἀράμενος αὐτὸν ὅσον ἐπὶ σταδίους εἴκοσιν
ἀφῆκα φέρεσθαι κατὰ τῶν κρημνῶν. τοῖς παιδικοῖς δὲ ὁμιλεῖν
ἀκωλύτως ἂν ἐξῆν εἰσιόντα ἀθέατον κοιμίσαντα ἅπαντας ἄνευ
ἐκείνων μόνων. οἷον δὲ κἀκεῖνο ἦν, τοὺς πολεμοῦντας ἐπισκοπεῖν 20
ἔξω βέλους ὑπεραιωρούμενον; καὶ εἰ δόξειέ μοι, προσθέμενος
ἂν τοῖς ἡττημένοις κοιμίσας τοὺς κρατοῦντας νικᾶν παρ-
εῖχον τοῖς φεύγουσιν ἀναστρέψασιν ἀπὸ τῆς τροπῆς. καὶ τὸ ὅλον,
παιδιὰν ἐποιούμην ἂν τὸν τῶν ἀνθρώπων βίον καὶ πάντα ἐμὰ ἦν
καὶ θεὸς ἐδόκουν τοῖς ἄλλοις. τοῦτο ἡ ἄκρα εὐδαιμονία ἐστὶν 25
μήτε ἀπολέσθαι μήτε ἐπιβουλευθῆναι δυναμένη, καὶ μάλιστα
45 μεθ᾽ ὑγείας ἐν μακρῷ τῷ βίῳ. τί ἂν αἰτιάσαιο, ὦ Λυκῖνε, τῆς
εὐχῆς;

2 Ὑπερβοραίοις Γ   4 ἀπέλαυον ἁπάντων γ: ἀπέλαυον ἂν πάντων Ν
7 cf. Hdt. 2.28 seq., Str. 15.1.25 etc.   10 ἔγνω ἂν Ν   11–12 cf.
29.2, 36.13   12 τύχοι Ν: τύχοιμι γ; cf. 38.16, Pl. Hp. Mi. 367a
13–14 τἀφανοῦς Ν   14 πέτραν Ν   15 ἐπιχέαντα Fl.   18 cf.
28.44, Thuc. 7.45   18–19 ἀκωλ. ὁμιλ. recc.   19 ἀνέξειν γ: ἂν ἔξειν
Ν: corr. Guyet   20 μόνον γ: corr. Ν   δὲ] δὴ recc.   23 ἀνατρ. γ:
corr. Ν   27 ὑγιείας alibi apud nostrum

ΛΥΚΙΝΟΣ

Οὐδέν, ὦ Τιμόλαε. οὐδὲ γὰρ ἀσφαλὲς ἐναντιοῦσθαι ἀνδρὶ
πτηνῷ καὶ ὑπὲρ μυρίους τὴν ἰσχύν, πλὴν ἀλλὰ ἐκεῖνο ἐρήσομαί
σε, εἴ τινα ἄλλον εἶδες ἐν τοσούτοις ἔθνεσιν, ὅσα ὑπερέπτης,
γέροντα ἤδη ἄνδρα οὕτω παρακεκινηκότα τὴν γνώμην, ἐπὶ
5 δακτυλίου μικροῦ ὀχούμενον, ὄρη ὅλα κινεῖν ἄκρῳ τῷ δακτύλῳ
δυνάμενον, ἐπέραστον πᾶσι, καὶ ταῦτα φαλακρὸν ὄντα καὶ τὴν
ῥῖνα σιμόν; ἀτὰρ εἰπέ μοι καὶ τόδε, τί δή ποτε οὐχ εἷς δακτύλιος
ἅπαντα ταῦτα δύναταί σοι, ἀλλὰ τοσούτους περιημμένος βαδιῇ
τὴν ἀριστερὰν πεφορτισμένος κατὰ δάκτυλον ἕνα; μᾶλλον δὲ
10 ὑπερπαίει ὁ ἀριθμός, καὶ δεήσει καὶ τὴν δεξιὰν συνεπιλαβεῖν.
καίτοι ἑνὸς τοῦ ἀναγκαιοτάτου προσδεῖ, ὃς περιθέμενόν σε παύσει
μωραίνοντα τὴν πολλὴν ταύτην κόρυζαν ἀπομύξας. ἢ τοῦτο μὲν
καὶ ὁ ἐλλέβορος ἱκανὸς ποιῆσαι ζωρότερος ποθείς;

ΤΙΜΟΛΑΟΣ

Ἀλλὰ πάντως, ὦ Λυκῖνε, καὶ αὐτὸς εὔξῃ τι ἤδη ποτέ, ὡς ἂν **46**
15 μάθωμεν οἷα αἰτήσεις ἀνεπίληπτα καὶ ἀνέγκλητα ὁ συκοφαντῶν
τοὺς ἄλλους.

ΛΥΚΙΝΟΣ

Ἀλλ' οὐ δέομαι εὐχῆς ἐγώ. ἤκομεν γὰρ ἤδη πρὸς τὸ Δίπυλον,
καὶ ὁ βέλτιστος οὑτοσὶ Σάμιππος ἀμφὶ Βαβυλῶνα μονομαχῶν,
καὶ σύ, ὦ Τιμόλαε, ἀριστῶν μὲν ἐν Συρίᾳ, δειπνῶν δὲ ἐν Ἰταλίᾳ
20 καὶ τοῖς ἐμοὶ ἐπιβάλλουσι σταδίοις κατεχρήσασθε καλῶς
ποιοῦντες. ἄλλως τε οὐκ ἂν δεξαίμην πλουτήσας ἐπ' ὀλίγον
ὑπηνέμιόν τινα πλοῦτον ἀνιᾶσθαι μετ' ὀλίγον ψιλὴν τὴν μᾶζαν
ἐσθίων, οἷα ὑμεῖς πείσεσθε μετ' ὀλίγον, ἐπειδὰν ἡ εὐδαιμονία

---

6 δυναμένης Γ   7 τάδε γN: corr. recc.   10 καὶ² om. N
συνεπιβαλεῖν N   11 προσδεῖ ὃς Ald.¹: προσδεῖ οὓς Fl.: πρὸς Διὸς codd.
12 ἀπομύξας post LSJ scripsi: ἀποξύσας codd.; cf. Pl. R. 343a   13 καὶ
om. Γ   cf. 70.86 etc.   17 ἤδη γ: δὴ recc.: om. N
18 οὑτωσὶ Γ   19 ἐν² N: om. γ   20 καταχρήσασθε N   22 ἀνι-
αθῆναι N   22–3 ψιλὴν...ὀλίγον om. V

μὲν ὑμῖν καὶ ὁ πολὺς πλοῦτος οἴχηται ἀποπτάμενος, αὐτοὶ δὲ
καταβάντες ἀπὸ τῶν θησαυρῶν τε καὶ διαδημάτων ὥσπερ
ἐξ ἡδίστου ὀνείρατος ἀνεγρόμενοι ἀνόμοια τὰ ἐπὶ τῆς οἰκίας
εὑρίσκητε ὥσπερ οἱ τοὺς βασιλεῖς ὑποκρινόμενοι τραγῳδοὶ ἐξ-
ελθόντες ἀπὸ τοῦ θεάτρου λιμώττοντες οἱ πολλοί, καὶ ταῦτα 5
πρὸ ὀλίγου Ἀγαμέμνονες ὄντες ἢ Κρέοντες. λυπήσεσθε οὖν, ὡς
τὸ εἰκός, καὶ δυσάρεστοι ἔσεσθε τὰ ἐπὶ τῆς οἰκίας, καὶ μάλιστα
σύ, ὦ Τιμόλαε, ὁπόταν δέῃ σε τὸ αὐτὸ παθεῖν τῷ Ἰκάρῳ τῆς
πτερώσεως διαλυθείσης καταπεσόντα ἐκ τοῦ οὐρανοῦ χαμαὶ
βαδίζειν ἀπολέσαντα τοὺς δακτυλίους ἐκείνους ἅπαντας ἀπορρυ- 10
έντας τῶν δακτύλων. ἐμοὶ δὲ καὶ τοῦτο ἱκανὸν ἀντὶ πάντων
θησαυρῶν καὶ Βαβυλῶνος αὐτῆς τὸ γελάσαι μάλα ἡδέως ἐφ᾽
οἷς ὑμεῖς ᾐτήσατε τοιούτοις οὖσιν, καὶ ταῦτα φιλοσοφίαν
ἐπαινοῦντες.

1 ὁ πλοῦτος ὁ πολὺς N   cf. Il. 2.71   6 πρὸς ὀλίγον
sic N   ἢ Κρέοντες om. N   12 ἐφ᾽ Γ^cN: ὑφ᾽ ΓV

ΩΚΥΠΟΥΣ

Ὠκύπους Ποδαλειρίου καὶ Ἀστασίας υἱὸς ἐγένετο, κάλλει καὶ
δυνάμει διαφέρων, γυμνασίων τε καὶ κυνηγεσίων μὴ ἀμελῶν.
πολλάκις δὲ θεωρῶν τοὺς ἐχομένους ὑπὸ τῆς ἀτέγκτου Ποδάγρας
κατεγέλα φάσκων μηδὲν ὅλως εἶναι τὸ πάθος. ἡ θεὸς ἀγανακτεῖ
5 καὶ διὰ ποδῶν εἰστρέχει. τοῦ δὲ εὐτόνως φέροντος καὶ ἀρνου-
μένου, ὕπτιον ὅλως τίθησιν ἡ θεός.
    τὰ τοῦ δράματος πρόσωπα Ποδάγρα, Ὠκύπους, Τροφεύς,
Ἰατρός, [Πόνος, Ἄγγελος].
    ἡ μὲν σκηνὴ τοῦ δράματος ὑπόκειται ἐν Θήβαις· ὁ δὲ χορὸς
10 συνέστηκεν ἐξ ἐπιχωρίων ποδαγρῶν συνελεγχόντων τὸν Ὠκύ-
πουν. τὸ δὲ δρᾶμα τῶν πάνυ ἀστείων.

ΠΟΔΑΓΡΑ

Δεινὴ μὲν ἐν βροτοῖσι καὶ δυσώνυμος
Ποδάγρα κέκλημαι, δεινὸν ἀνθρώποις πάθος,
δεσμῷ δὲ νευρίνοισι τοὺς πόδας βρόχοις,
ἄρθροισιν εἰσδραμοῦσα μὴ νοουμένη.
γελῶ δὲ τοὺς πληγέντας ὑπ᾽ ἐμοῦ πρὸς ⟨βίαν⟩   5
καὶ μὴ λέγοντας τἀτρεκῆ τῆς συμφορᾶς,
ἀλλ᾽ εἰς ματαίαν πρόφασιν ἐξησκημένους.
ἅπας γὰρ αὐτὸν βουκολεῖ ψευδοστομῶν,

Codd. Γ et N et, dum suppetit, V rettuli   Titulus ΛΟΥΚΙΑΝΟΥ
ΩΚΥΠΟΥΣ ΓV   1 cf. 42.11 seq.   3 cf. 69.311   8 Πόνος,
Ἄγγελος ΓNV: om. rec.; cf. 69.221, 288, 74.15   9 ἀνάκειται codd.:
corr. Fl.; cf. A. Th. hypothesis

1–2 cf. Eur. Hipp. 1–2   3 δεσμῷ V: δεσμῶ Γ: δεσμοῖς N
5 πρὸς βίαν Radermacher: πρ vel πο Γ: προ N: πρ V: πόδας Γᶜ: πόδας ἄκρους
conieci   6 ἀτρεκῆ NV   8 ἑαυτὸν ΓV   cf. 69.29

ὡς ἐνσεσεικὼς ἤ τι προσκόψας βάσιν
λέγει φίλοισι, μὴ φράσας τὴν αἰτίαν·   10
ὃ μὴ λέγει γάρ, ὡς δοκῶν λαθεῖν τινας,
χρόνος δέ γ᾿ ἕρπων μηνύει, κἂν μὴ θέλῃ.
καὶ τότε δαμασθείς, ὀνομάσας μου τοὔνομα,
πᾶσι θρίαμβος ἐκβεβάστακται φίλοις.
Πόνος δέ μοι συνεργός ἐστι τῶν κακῶν·   15
ἐγὼ γὰρ οὐδέν εἰμι τούτου δίχα μόνη.
τοῦτ᾿ οὖν δάκνει με καὶ φρενῶν καθάπτεται,
ὅτι τὸν ἅπασιν αἴτιον Πόνον κακῶν
οὐδεὶς κακούργοις λοιδορεῖ βλασφημίαις,
ἀλλὰ κατ᾿ ἐμοῦ πέμπουσι δυσφήμους ἀρὰς   20
ὡς δεσμὸν ἐλπίζοντες ἐκφυγεῖν ἐμόν.
τί ταῦτα φλυαρῶ κοὐ λέγω τίνος χάριν
πάρειμι μὴ φέρουσα τὴν ἐμὴν χολήν;
ὁ γὰρ Δόλων γενναῖος, ὁ θρασὺς Ὠκύπους,
φρονεῖ καθ᾿ ἡμῶν μηδὲν εἶναί μέ τι λέγων.   25
ἐγὼ δ᾿ ὑπ᾿ ὀργῆς ὡς γυνὴ δεδηγμένη
ἀντέδακα τοῦτον ἀθεράπευτον εὐστόχως,
ὡς ἦν ἔθος μοι κονδύλου ποδὸς τυχεῖν.
ἤδη δ᾿ ὁ δεινὸς Πόνος ἔχει λεπτὸν τόπον
καὶ τὴν βάσιν νυγμοῖσι τρυπᾷ τὴν κάτω.   30
ὁ δ᾿ ὡς δρόμοισιν ἢ πάλῃ πλήξας ἴχνος
πλανᾷ γέροντα παιδαγωγὸν ἄθλιον.
καὶ κλεψίχωλον πόδα τιθεὶς ἰχνευμένον
δύστηνος αὐτὸς ἐκ δόμων προέρχεται.

9 ἐνσεσεικὼς rec. ex corr.? ἐνσεσηκὼς cett.   ποι προσκόψας Γ:
ποι προκόψας V: προκόψας ποι N: corr. Radermacher   10 ἀλγεῖ,
Radermacher   12 contra metrum tragicum cf. Soph. O.C. 1188 etc.,
Luc. 69.84, 74.82, at cf. Hymn. Hom. 4.254   13 καὶ τότε] καίτοι
Pelletus   14 πᾶσιν Dindorf   ἐμβεβ. Fl.   15 ἐστιν ΓV
16 τούτου] τοῦδε Radermacher   17 cf. Eur. Med. 55   24 Δόλων
ΓNV: δόλον fort. rec., Guyet: δόλῳ Zimmermann, cf. Soph. O.T. 1469,
El. 287: an δολῶν?   25 μ᾿ ἔτι Guyet   26 δεδειγμένη N
29 τόπων Γ   31 ἡ πάλη ΓV   33 τίθης ΓV   ἱκνούμενον
Gavelens   34 προσέρχεται Fl.

74. ΩΚΥΠΟΥΣ

πόθεν δ' ὁ δεινὸς κατὰ ποδῶν οὗτος παρῆν 35
ἀτραυμάτιστος, ἄβατος, ἄστατος πόνος;
τείνω δὲ νεῦρον οἷα τοξότης ἀνὴρ
βέλος προπέμπων καὶ λέγειν βιάζεται·
τὸ τῶν πονούντων ἔσχατον στοιχεῖ χρόνῳ.

ΤΡΟΦΕΥΣ

Ἔπαιρε σαυτόν, ὦ τέκνον, καὶ κούφισον. 40
μή πώς με πίπτων καταβάλῃς σὺ χωλὸς ὤν.

ΩΚΥΠΟΥΣ

Ἰδού, κρατῶ σε δίχα βάρους καὶ πείθομαι
καὶ τὸν πονοῦντα πόδα τιθῶ καὶ καρτερῶ·
νεωτέρῳ γὰρ αἶσχος ἐν πεσήμασι
ὑπηρέτης ἀδύνατος γογγύζων γέρων. 45

ΤΡΟΦΕΥΣ

Μή, μή τι ταῦτα, μωρέ, μή με κερτόμει,
μή μ' ὡς νέος κόμπαζε, τοῦτ' εἰδὼς ὅτι
ἐν ταῖς ἀνάγκαις πᾶς γέρων ἐστὶν νέος.
πείθου λέγοντι· τὸ πέρας ἂν ὑποσπάσω,
ἔστην ὁ πρέσβυς, σὺ δ' ὁ νέος πίπτεις χαμαί. 50

ΩΚΥΠΟΥΣ

Σὺ δ' ἂν σφαλῇς, πέπτωκας ἄπονος ὢν γέρων.
προθυμία γὰρ ἐν γέρουσι παρέπεται,
πρᾶξις δὲ τούτοις οὐκέτ' ἐστὶν εὔτονος.

35–9 ΩΚΥΠ. Πόθεν...χρόνῳ. Guyet 35 καταποδῶν ΓV
37 τείνει Guyet cf. Ox. Pap. 2532.5 38 προσπ. Γ στένειν
Guyet 39 ΠΑΙΔΑΓΩΓΟΣ Τὸ...χρόνῳ F. Hermann 40–1 Pod-
agrae oratione continua trib. ΓV 40 cf. Eur. Alc. 250, Andr. 1077, Ar.
Lys. 937 44 ἐν πεσήμασι Radermacher: ἐν παισὶν ἀεὶ codd.: an εἰ
πέσῃ χαμαί?, cf. 50 45 ἀδύνατος codd. contra metrum: ἀδύνατα
Dindorf; cf. 12 γογγύζων fort. Γ, cett. codd.: γογγίζων fort. Γ:
ἐγγίζων conieci 46 μὴ μέτι Γ: μή, μὴ σὺ Guyet 47 cf.
Soph. Ant. 649 50 cf. Eur. Med. 1170 52 γέρουσιν Γ

125

[ΛΟΥΚΙΑΝΟΥ]

TΡΟΦΕΥΣ

Τί μοι σοφίζῃ, κοὐ λέγεις οἵῳ τρόπῳ
πόνος προσῆλθε σοῦ ποδὸς κοίλην βάσιν;   55

ΩΚΥΠΟΥΣ

Δρόμοισιν ἀσκῶν, κοῦφον ὡς τιθῶ πόδα,
τρέχων ἔτεινα, καὶ συνεσμίχθην πόνῳ.

TΡΟΦΕΥΣ

Πάλιν τρέχ', ὥς τις εἶπεν, ὃς καθήμενος
πώγωνα τίλλει κουριῶν ὑπ' ὠλέναις.

ΩΚΥΠΟΥΣ

Οὐκοῦν παλαίων, ὡς θέλω παρεμβολὴν   60
βαλεῖν, ἐπλήγην. τοῦτο δὴ πίστευέ μοι.

TΡΟΦΕΥΣ

Ποῖος στρατιώτης γέγονας, ἵνα παρεμβολὴν
βαλὼν σὺ πληγῇς; περικυκλεῖς ψευδῆ λόγον.
τὸν αὐτὸν ἡμεῖς εἴχομεν λόγον ποτὲ
μηδενὶ λέγοντες τὴν ἀλήθειαν φίλων.   65
νῦν δ' εἰσορᾷς ἅπαντας ἐξ⟨ευρηκότας⟩.
ὁ πόνος ἐλελίξας ἐμμελῶς διαστρέφει.

ΙΑΤΡΟΣ

Ποῖ ποῖ καθεύρω κλεινὸν Ὠκύπουν, φίλοι,
τὸν πόδα πονοῦντα καὶ βάσιν παρειμένον;

55 προῆλθε NV   57 ἔτεινα Jacobitz: ἔτειλα ΓV: ἔστειλα N;
cf. Ox. Pap. 2532.5   συνεσμίχθην Γ: συνεμίχθην NV: συνεμμίχθην
Gavelens: συνηνέχθην Dindorf: an συνεσεμίχθην?   58 π. τρέχ' ὥς NV:
π. τρέχων Γ: τρέχ' αὖθις Erasmus   εἶπεν ὃς Erasmus: εἶπεν ἢ codd.
59 τίλλε Dindorf   κουρέων codd.: corr. Erasmus   60 θέλων
NV   63 περικυκλοῖς N: cf. 82.23   ψευδῆ λόγον Jacobitz:
ψευδηλογῶν ΓNV: ψευδῆ λέγων Dindorf[1] (1840)   66 post ἐξ lacunam
linquunt codd.: sic supplevi: ἐξαρνουμένους Zimmermann   67 ὁ πόνος
δ' ἑλίξας rec.   68 an Πῇ πῇ? at cf. Eur. H.F. 1157

74. ΩΚΥΠΟΥΣ

ἰατρὸς ὢν γὰρ ἔκλυον ὑπὸ φίλου τινὸς 70
πάσχοντα δεινὰ τοῦτον ἀστάτῳ πάθει.
ἀλλ' αὐτὸς οὗτος ἐγγὺς ὀμμάτων ἐμῶν
κεῖται κατ' εὐνῆς ὕπτιος βεβλημένος.
ἀσπάζομαί σε πρὸς θεῶν, καὶ σὸν ⟨πάθος·⟩
τί ⟨πότ' ἐστι⟩ τοῦτο; λέξον, Ὠκύπου, τάχα. 75
εἰ γὰρ μάθοιμι, τυχὸν ἴσως ἰάσομαι
τὸ δεινὸν ἄλγος, τοῦ πάθους τὴν συμφοράν.

ΩΚΥΠΟΥΣ

Ὁρᾷς με, Σωτὴρ καὶ πάλιν Σωτήριχε,
Σάλπιγγος αὐτῆς ὄνομ' ἔχων Σωτήριχε,
δεινὸς πόνος με τοῦ ποδὸς δάκνει κακῶς, 80
δειλὸν δὲ βῆμα κοὐχ ἁπλοῦν τιθῶ ποσίν.

ΙΑΤΡΟΣ

Πόθεν παθών; μήνυσον, ἢ ποίῳ τρόπῳ;
μαθὼν ἀλήθειαν γὰρ [ὁ] ἰατρὸς ἀσφαλῶς
κρεῖττον πρόσεισι, σφάλλεται δὲ μὴ μαθών.

ΩΚΥΠΟΥΣ

Δρόμον τιν' ἀσκῶν καὶ τέχνην γυμναστικὴν 85
δεινῶς ἐπλήγην ὑπὸ φίλων ὁμηλίκων.

ΙΑΤΡΟΣ

Πῶς οὖν ἀηδὴς οὐ πάρεστι φλεγμονὴ
τόπου κατ' αὐτοῦ κοὐκ ἔχεις τιν' ἐμβροχήν;

---

70 post τινὸς deficit V   73 κεῖται] κέκληται N   74 πάθος
suppl. Gavelens: an κακόν?   75 versum sic supplevi: ποιόν τι
τοῦτο...Gavelens   τάχα codd.: τάχ' ὡς μάθω Gesner   76 τυχὼν
Γ   cf. 72.4, Men. *Epit.* 504, *Pk.* 337 etc.   79 οὔνομ' N
cf. Paus. 2.21.3   81 ποσίν Γ: ποδισι (sic) N: ποδί Fl.   83 γὰρ
ἀλήθειαν ὁ codd.: corr. Dindorf: an ἀλήθειάν γ'?   cf. Eur. *Fr.* 1072
86 ὁμιλήκων N   88 κοὐκ rec.: οὐκ cett.   τιν' Fl.: τὴν codd.
ἐμβολήν N

ΩΚΥΠΟΥΣ

Οὐ γὰρ στέγω τὰ δεσμὰ τῶν ἐριδίων,
εὐμορφίαν ἄχρηστον εἰς πολλοὺς καλήν.   90

ΙΑΤΡΟΣ

Τί οὖν δοκεῖ σοι; κατακνίσω σου τὸν πόδα;
ἂν γὰρ παράσχῃς μοί ⟨σε⟩, γιγνώσκειν σε δεῖ,
ὡς ταῖς τομαῖσι πλεῖστον αἷμά σου κενῶ.

ΩΚΥΠΟΥΣ

Ποίησον εἴ τι καινὸν ἐξευρεῖν ἔχεις,
ἵν' εὐθὺ δεινὸν ἐκ ποδῶν παύσῃς πόνον.   95

ΙΑΤΡΟΣ

Ἰδού, σιδηρόχαλκον ἐπιφέρω τομήν,
ὀξεῖαν, αἱμόδιψον, ἡμιστρόγγυλον.

ΩΚΥΠΟΥΣ

Ἔα, ἔα

ΤΡΟΦΕΥΣ

Σῶτερ, τί ποιεῖς; μὴ τύχοις σωτηρίας.
τολμᾷς σιδηρόσπαρτον ἐπιβαλεῖν πόνον;   100
μηδὲν κατειδὼς προσφέρεις κακὸν ποσίν.
ψευδεῖς γὰρ ἔκλυες ὧν ἀκήκοας λόγων.
οὐ γὰρ πάλαισιν ἢ δρόμοισιν, ὡς λέγει,
ἀσκῶν ἐπλήγη. τοῦτο γοῦν ἄκουέ μου.
ἦλθεν μὲν οὖν τὸ πρῶτον ὑγιὴς ἐν δόμοις,   105
φαγὼν δὲ πολλὰ καὶ πιὼν ὁ δυστυχὴς
κλίνης ὕπερθε καταπεσὼν ὑπνοῖ μόνος·

91 cf. Men. *Epitr.* 226, 313 etc.   κατακνήσω N   92 *μοί σε*
Reitz: *μοι* codd.: *τοῦτο* Guyet   *σε χρή* N   93 *τομαῖσι*]
τομαῖς σοι N   98–9 *ΩΚ.* Ἔα, ἔα. *ΤΡ. Σῶτερ* N: *ΤΡ.* Ἔα, ἔα. *Σῶτερ* Γ
102 *ψευδεῖς* Gavelens: *ψευδὴς* codd.: an *ψευσθεὶς*?   *λόγων* Gavelens:
ἔργων codd.   105 *ἦλθε* N

74. ΩΚΥΠΟΥΣ

ἔπειτα νυκτὸς διυπνίσας ἐκραύγασεν
ὡς δαίμονι πληγείς, †ὡς φόβον πάντας λαβεῖν.†
ἔλεξε δ᾽, Οἴμοι, πόθεν ἔχω κακὴν τύχην;   110
δαίμων τάχα κρατῶν †ἐξολώλεκεν πόδα.†
πρὸς ταῦτα νυκτὸς ἀνακαθήμενος μόνος
ὁποῖα κηῢξ ἐξεθρήνει τὸν πόδα.
ἐπεὶ δ᾽ ἀλέκτωρ ἡμέραν ἐσάλπισεν,
οὗτος προσῆλθε χεῖρα θεὶς ἐμοὶ πικρὰν   115
θρηνῶν πυρέσσων εἶπέ μοι ⟨βάσιν νοσεῖν.⟩
ἃ πρὶν δὲ σοὶ κατεῖπε, πάντ᾽ ἐψεύσατο,
τὰ δεινὰ κρύπτων τῆς νόσου μυστήρια.

ΩΚΥΠΟΥΣ

Γέρων μὲν ἀεὶ τοῖς λόγοις ὁπλίζεται
καυχώμενος τὰ πάντα, μηδὲ ἓν σθένων.   120
ὁ γὰρ πονῶν τι καὶ φίλοις ψευδῆ λέγων
πεινῶντ᾽ ἔοικε μαστίχην μασωμένῳ.

ΙΑΤΡΟΣ

Πλανᾷς ἅπαντας, ἄλλα δ᾽ ἐξ ἄλλων λέγεις,
λέγων πονεῖν μέν, ὃ δὲ πονεῖς οὔπω λέγεις.

ΩΚΥΠΟΥΣ

Πῶς οὖν φράσω σοι τοῦ πάθους τὴν συμφοράν;   125
πάσχων γὰρ οὐδὲν οἶδα, πλὴν πονῶ μόνον.

109 ὡς φόβον πάντας λαβεῖν desperanter conieci: καὶ πάντα φόβον λαβεῖν
codd.: πάντας ὡς φόβον λαβεῖν Dindorf: καὶ πλανᾷ (vel κἀπατᾷ) φόβον
λαβών Radermacher   111 versum sic suppl. Radermacher: δαίμων
τάχα κρατῶν ἔξω ποδός ΓΝ: δ. τ. κ. ἐξωθεῖ ποδός rec.: δαίμων μ᾽ ἔχει
κρατῶν τις ἐξωλὴς ποδός conieci   113 κῆρυξ codd.: corr. Nauck: an
κηῢκ'?; cf. 72.1   115 προῆλθε Γ   116 εἶπέ μοι βάσιν
νοσεῖν Radermacher: ἐπ᾽ ἐμοὶ βα Γ: ἐπ᾽ ἐμοὶ βάζων Ν: εἶπέ μοι βαίνειν
μόλις conieci   119 αἰεὶ Gavelens   120 cf. Ar. Pl. 37,
Men. Epitr. 317 etc.   121 ὁ Ν: οὐ Γ: an οὐ...;?   122 μασσωμένῳ
Ν: μασσομένῳ Γ: corr. rec.   123 cf. Ox. Pap. 2532.3

129

ΙΑΤΡΟΣ

Ὅταν ἀφορμῆς δίχα πονῇ τις τὸν πόδα,
πλάσσει τὸ λοιπὸν οὓς θέλει κενοὺς λόγους
εἰδὼς τὸ δεινὸν ᾧ συνέζευκται κακῷ.
καὶ νῦν μὲν ἀκμὴν εἰς ⟨σε ποὺς λυπεῖ μόνον.⟩   130
ἐπὰν δὲ καὶ τὸν ἕτερον ἀλγυνθῇς πόδα,
στένων δακρύσεις. ἓν δέ σοι φράσαι θέλω·
τοῦτ' ἔστ' ἐκεῖνο, κἂν θέλῃς, κἂν μὴ θέλῃς.

ΩΚΥΠΟΥΣ

Τί δ' ἔστ' ἐκεῖνό γ', εἰπέ, καὶ τί κλήζεται;

ΙΑΤΡΟΣ

Ἔχει μὲν ὄνομα συμφορᾶς γέμον διπλῆς.   135

ΩΚΥΠΟΥΣ

Οἴμοι. τί τοῦτο; λέξον, ἄντομαι, γέρον.

ΙΑΤΡΟΣ

Ἐκ τοῦ τόπου μὲν οὗ πονεῖς ἀρχὴν ἔχει.

ΩΚΥΠΟΥΣ

Ποδὸς μὲν ἀρχὴν ὄνομ' ἔχει, καθὼς λέγεις;

ΙΑΤΡΟΣ

Τούτῳ σὺ πρόσθες ἐπὶ τέλει δεινὴν ἄγραν.

130 lacunam sic supplevi: κ. ν. μ. εἰς σε ποὺς ἀκμὴν λυπεῖ μόνον Zimmer-
mann: κ. ν. μ. ἀκμὴν εἰς ποδῶν δεινῶς ἔχει Gavelens   131 ἀλγυνθῇς
scripsi, cf. A. *P.V.* 245: ἀλγύνῃς codd.: ἀλγύνη Zimmermann: ἀλγήσῃς Fl.
132 δακρύεις codd.: corr. Gavelens   φράσαιο Γ   133 cf. Eur.
Hel. 622   cf. Soph. *Aj.* 1068, *Ant.* 45, *Phil.* 1298   134 γ' N:
om. Γ   135, 137, 139, 141 *TP.* tribuit N   135 γέμων Γ
136 ἄντομαι Gavelens, cf. l. 155: δέομαι codd.: οὗ δέομαι temptaveram: ὦ
δέομαι Fl.   γέρων Γ   138 λέγεις om. Γ   139 σὺ N:
σοι Γ

74. ΩΚΥΠΟΥΣ

ΩΚΥΠΟΥΣ

Καὶ πῶς με τὸν δύστηνον ἔτι ⟨νέον κρατεῖ;⟩   140

ΙΑΤΡΟΣ

Δεινή περ οὖσα, φείδεται γὰρ οὐδενός.

ΩΚΥΠΟΥΣ

Σωτήρ, τί λέγεις; τί δέ με . . . . .

ΙΑΤΡΟΣ

Ἄφες με μικρόν, ἠλόγημαι σοῦ χάριν.

ΩΚΥΠΟΥΣ

Τί δ' ἐστὶ δεινὸν ἢ τί συμβέβηκέ μοι;

ΙΑΤΡΟΣ

Εἰς δεινὸν ἦλθες πόνον ἀχώριστον ποδός.   145

ΩΚΥΠΟΥΣ

Οὐκοῦν με δεῖ πρόχωλον ἐξαντλεῖν βίον;

ΙΑΤΡΟΣ

Χωλὸς μὲν ἂν ᾖς, οὐδέν ἐστι, μὴ φοβοῦ.

ΩΚΥΠΟΥΣ

Τί δ' ἐστὶ χεῖρον . . . . .

ΙΑΤΡΟΣ

Ἀμφοῖν ποδοῖν σε συμποδισθῆναι μένει.

140 νέον κρατεῖ suppl. Radermacher: δεινὴν ἄγραν suppl. Paetzolt: an δεινῶς ἀγρεῖ?   142 τί δέ με codd.: τί δεῖ με προσδοκᾶν κακόν; F. Hermann: τί δαί με προσμένει κακόν; exempli gratia conieci 145 ἦλθες πόνον ἀχ. Boivin: καὶ ἀχ. πόνον ἦλθες Γ: ἀχ. πόνον ἦλθες N 146 βίον. Γ: πόνον; N; cf. Eur. *Fr.* 454, Men. *Asp. Fr.* 68 K.-Th., Eur. *Cycl.* 10   148 lacunam e.g. τοῦδ' ὃ φῂς κακοῦ; φράσον suppl. Herwerden

ΩΚΥΠΟΥΣ

Οἴμοι. πόθεν με καινὸς εἰσῆλθεν πόνος   150
ποδὸς δι' ἄλλου ὥστε συμπάσχει κακῶς;
ἢ πῶς ὅλος πέπηγα μεταβῆναι θέλων;
δειλαίνομαι δὲ πολλὰ μεταστῆσαι πόδα,
νήπιος ὁποῖα βρέφος ἄφνω φοβούμενος.
ἀλλ' ἄντομαί σε πρὸς θεῶν, Σωτήριχε,   155
εἴπερ ⟨τι⟩ τέχνη σῇ δύναται, μηδὲν φθονῶν
θεράπευσον ἡμᾶς, εἰ δὲ μή, διοίχομαι·
πάσχων γὰρ ἀφανῶς κατὰ ποδῶν τοξεύομαι.

ΙΑΤΡΟΣ

Τοὺς μὲν πλανήτας περιελὼν λόγους ἐγώ,
τοὺς τῶν ἰατρῶν τῶν ὁμιλούντων μόνον   160
ἔργῳ δὲ μηδὲν εἰδότων σωτήριον,
τὰ πάντα σοι πάσχοντι συντόμως φράσω.
ἄφευκτον ἦλθες πρῶτον ἐς βάθος κακῶν·
οὐ γὰρ σιδηρόπλαστον ὑπεδύσω βάσιν,
ὃ τοῖς κακούργοις εὑρέθη τεκμήριον,   165
δεινὴν δὲ καὶ κρυφαῖον εἰς πάντας κάκην,
ἧς οὐκ ἂν ἄραιτ' ἄχθος ἀνθρώπων φύσις.

ΩΚΥΠΟΥΣ

Αἰαῖ αἰαῖ, οἴμοι οἴμοι.
πόθεν με τρυπᾷ τὸν πόδα κρυπτὸς πόνος;

151 ὥστε συμπάσχει κακῶς conieci: καί με συμπάσχει κακῶς codd.:
κἀμὲ συμπάσχειν κακῶς Radermacher: καί νιν (vel μιν) ἀμπίσχει κακοῖς
conieceram 152 ὅλως Ν 156 τι τέχνη vel τέχνη τι doctus
quidam anno 1739: τέχνη codd.: an γε τέχνη? 158 πάσχω Ν
161 ἔργον Ν 163 βάθος κακῶν rec., cf. Eur. *Hel.* 303: πάθος
κακόν ΓΝ 164 ὑπεδήσω L. Dindorf 166 κρυφαίαν codd.:
corr. Dindorf κάκην ΓΝ: corr. rec. 167 ἄραιτ' ἄχθος Dindorf:
ἄροιτ' ἄχθος Ν: ἄλγος ἄροιτ' Γ; cf. 21.1, Eur. *Or.* 3 169 με
Dindorf: μοι codd.

74. ΩΚΥΠΟΥΣ

δέξασθε χεῖρας τὰς ἐμὰς πρὸ τοῦ πεσεῖν,   170
ὁποῖα Σάτυροι Βακχίους ὑπ' ὠλένας.

ΤΡΟΦΕΥΣ

Γέρων μέν εἰμι, πλὴν ἰδού, σοὶ πείθομαι,
καὶ τὸν νέον σε χειραγωγῶ πρέσβυς ὤν.

170 πρὸ τοῦ πεσεῖν Ν: πρὸ τοῦ πέσω Γ: πρὸς τοὐπίσω rec.   171 Βακ-
χίους pro Μαινάδας intellecto textum traditum dubitanter servavi

76

ΚΥΝΙΚΟΣ

ΛΥΚΙΝΟΣ

1 Τί ποτε σύ, οὗτος, πώγωνα μὲν ἔχεις καὶ κόμην, χιτῶνα δὲ
οὐκ ἔχεις καὶ γυμνοδερκῇ καὶ ἀνυποδητεῖς τὸν ἀλήτην καὶ
ἀπάνθρωπον βίον καὶ θηριώδη ἐπιλεξάμενος καὶ ἀεὶ τοῖς ἐναντί-
οις τὸ ἴδιον δέμας οὐχ ὡς οἱ πολλοὶ διαχρησάμενος περι-
νοστεῖς ἄλλοτε ἀλλαχοῦ, καὶ εὐνηθησόμενος ἐπὶ ξηροῦ δαπέδου, 5
ὡς ἄσην πάμπολλον [τουτὶ] τὸ τριβώνιον φέρειν, οὐ μέντοι καὶ
τοῦτο λεπτὸν οὐδὲ μαλακὸν οὐδὲ ἀνθηρόν;

ΚΥΝΙΚΟΣ

Οὐδὲ γὰρ δέομαι· τοιοῦτον δὲ ὁποῖον ἂν πορισθείη ῥᾷστα καὶ
τῷ κτησαμένῳ πράγματα ὡς ἐλάχιστα παρέχον· τοιοῦτον γὰρ
2 ἀρκεῖ μοι. σὺ δὲ πρὸς θεῶν εἰπέ μοι, τῇ πολυτελείᾳ οὐ νομίζεις 10
κακίαν προσεῖναι;

ΛΥΚΙΝΟΣ

Καὶ μάλα.

ΚΥΝΙΚΟΣ

Τῇ δὲ εὐτελείᾳ ἀρετήν;

ΛΥΚΙΝΟΣ

Καὶ μάλα.

Codd. ΓΝ plene rettuli: codd. recc. M (Par. 2954) et R (Laur. 57.28)
interdum citavi   Titulus ΚΥΝΙΚΟΣ ΦΙΛΟΣΟΦΟΣ recc.   nomina
personarum om. Γ: ΛΥΚΙΝΟΣ, ΚΥΝΙΚΟΣ recc.: ΞΕΝΟΣ, ΚΥΝΙΚΟΣ Ν,
cf. Pl. Lg.   2 καὶ γυμνοδερκῇ Γ: ἀλλὰ Ν: καὶ γυμνοδερμῇ Guyet
5 εὐνηθησόμενος Γ: εὐναζόμενος Ν: εὐνάζῃ μόνος Fritzsche   6 ἄσην
recc.: ἄτην ΓΝ: ἄσιν Guyet   τουτὶ ΓΝ: om. recc.   φέρεις Ν
7 τοῦτο Ν: τὸ τριβώνιον Γ   9 παρέχοι Bekker   10–11 Σὺ
δὲ...προσεῖναι alii personae trib. Γ

ΚΥΝΙΚΟΣ

Τί ποτε οὖν ὁρῶν ἐμὲ τῶν πολλῶν εὐτελέστερον διαιτώμενον, τοὺς δὲ πολυτελέστερον, ἐμὲ αἰτιᾷ καὶ οὐκ ἐκείνους;

ΛΥΚΙΝΟΣ

Ὅτι οὐκ εὐτελέστερόν μοι, μὰ Δία, τῶν πολλῶν διαιτᾶσθαι δοκεῖς, ἀλλ' ἐνδεέστερον, μᾶλλον δὲ τελέως ἐνδεῶς καὶ ἀπόρως· 5 διαφέρεις γὰρ οὐδὲν σὺ τῶν πτωχῶν, οἳ τὴν ἐφήμερον τροφὴν μεταιτοῦσιν.

ΚΥΝΙΚΟΣ

Βούλει οὖν ἴδωμεν, ἐπεὶ προελήλυθεν ἐνταῦθα ὁ λόγος, τί τὸ **3** ἐνδεὲς καὶ τί τὸ ἱκανόν ἐστιν;

ΛΥΚΙΝΟΣ

Εἴ σοι δοκεῖ.

ΚΥΝΙΚΟΣ

10 Ἆρ' οὖν ἱκανὸν μὲν ἑκάστῳ ὅπερ ἂν ἐξικνῆται πρὸς τὴν ἐκείνου χρείαν, ἢ ἄλλο τι λέγεις;

ΛΥΚΙΝΟΣ

Ἔστω τοῦτο.

ΚΥΝΙΚΟΣ

Ἐνδεὲς δὲ ὅπερ ἂν ἐνδεέστερον ᾖ τῆς χρείας καὶ μὴ ἐξικνῆται πρὸς τὸ δέον;

ΛΥΚΙΝΟΣ

15 Ναί.

ΚΥΝΙΚΟΣ

Οὐδὲν ἄρα τῶν ἐμῶν ἐνδεές ἐστιν· οὐδὲν γὰρ αὐτῶν ὅ τι οὐ τὴν χρείαν ἐκτελεῖ τὴν ἐμήν.

1 τῶν] τὸν N   12 Ἔστι Fritzsche   17 ἐκπληροῖ N

ΛΥΚΙΝΟΣ

4 Πῶς τοῦτο λέγεις;

ΚΥΝΙΚΟΣ

Ἐὰν σκοπῇς πρὸς ὅ τι γέγονεν ἕκαστον ὧν δεόμεθα, οἷον οἰκία, ἆρ' οὐχὶ σκέπης;

ΛΥΚΙΝΟΣ

Ναί.

ΚΥΝΙΚΟΣ

Τί δέ; ἐσθὴς τοῦ χάριν; ἆρα οὐχὶ αὐτῆς τῆς σκέπης;   5

ΛΥΚΙΝΟΣ

Ναί.

ΚΥΝΙΚΟΣ

Τῆς δὲ σκέπης αὐτῆς πρὸς θεῶν τίνος ἐδεήθημεν ἕνεκα; οὐχ ὥστε ἄμεινον ἔχειν τὸν σκεπόμενον;

ΛΥΚΙΝΟΣ

Δοκεῖ μοι.

ΚΥΝΙΚΟΣ

Πότερ' οὖν τὼ πόδε κάκιον ἔχειν δοκῶ σοι;   10

ΛΥΚΙΝΟΣ

Οὐκ οἶδα.

ΚΥΝΙΚΟΣ

Ἀλλ' οὕτως ἂν μάθοις· τί ποδῶν ἔστ' ἔργον;

ΛΥΚΙΝΟΣ

Πορεύεσθαι.

5 Τί δέ; ἐσθὴς recc.: Τί δαὶ ἐσθῆτος. Γ: Ἡ δὲ ἐσθής, Ν   αὐτῆς
Γ: καὶ αὐτὴ Ν: καὶ αὕτη conieceram   8 τὸν Γ: τὸ Ν   10 δοκεῖ Ν

ΚΥΝΙΚΟΣ

Κάκιον οὖν πορεύεσθαί σοι δοκοῦσιν οἱ ἐμοὶ πόδες ἢ ⟨οἱ⟩ τῶν πολλῶν;

ΛΥΚΙΝΟΣ

Τοῦτο μὲν οὐκ ἴσως.

ΚΥΝΙΚΟΣ

Οὐ τοίνυν οὐδὲ χεῖρον ἔχουσιν, εἰ μὴ χεῖρον τὸ ἑαυτῶν
5 ἔργον ἀποδιδόασιν.

ΛΥΚΙΝΟΣ

Ἴσως.

ΚΥΝΙΚΟΣ

Τοὺς μὲν δὴ πόδας οὐδὲν φαίνομαι χεῖρον διακειμένους τῶν πολλῶν ἔχειν.

ΛΥΚΙΝΟΣ

Οὐκ ἔοικας.

ΚΥΝΙΚΟΣ

10 Τί δέ; τοὐμὸν σῶμα τὸ λοιπὸν ἆρα κάκιον; εἰ γὰρ κάκιον, καὶ
ἀσθενέστερον· ἀρετὴ γὰρ σώματος ἰσχύς. ἆρ' οὖν τὸ ἐμὸν
ἀσθενέστερον;

ΛΥΚΙΝΟΣ

Οὐ φαίνεται.

ΚΥΝΙΚΟΣ

Οὐ τοίνυν οὔθ' οἱ πόδες φαίνοιντό μοι σκέπης ἐνδεῶς ἔχειν οὔτε
15 τὸ λοιπὸν σῶμα· εἰ γὰρ ἐνδεῶς εἶχον, κακῶς ἂν εἶχον. ἡ γὰρ ἔνδεια
πανταχοῦ κακὸν καὶ χεῖρον ἔχειν ποιεῖ ταῦτα οἷς ἂν προσῇ. ἀλλὰ
μὴν οὐδὲ τρέφεσθαί γε φαίνεται χεῖρον τὸ σῶμα τοὐμόν, ὅτι ἀπὸ
τῶν τυχόντων τρέφεται.

1 οἱ recc.: om. ΓΝ   4 οὐδὲ recc.: οὐδ' εἰ ΓΝ   εἰ recc.:
ἢ ΓΝ   7 διακειμένους scripsi: διακείμενος codd.   10 Τί
δαὶ τοὐμὸν sine puncto Γ   τῶν λοιπῶν Ν   14 φαίνονταί recc.;
cf. *Glotta* 1977, 221–2

ΛΥΚΙΝΟΣ

Δῆλον γάρ.

ΚΥΝΙΚΟΣ

Οὐδὲ εὔρωστον, εἰ κακῶς ἐτρέφετο· λυμαίνονται γὰρ αἱ
πονηραὶ τροφαὶ τὰ σώματα.

ΛΥΚΙΝΟΣ

῎Εστι ταῦτα.

ΚΥΝΙΚΟΣ

5   Τί ποτ' οὖν, εἰπέ μοι, τούτων οὕτως ἐχόντων αἰτιᾷ μου καὶ   5
φαυλίζεις τὸν βίον καὶ φῂς ἄθλιον;

ΛΥΚΙΝΟΣ

῞Οτι, νὴ Δία, τῆς φύσεως, ἣν σὺ τιμᾷς, καὶ τῶν θεῶν γῆν ἐν
μέσῳ κατατεθεικότων, ἐκ δὲ αὐτῆς ἀναδεδωκότων πολλὰ
κἀγαθά, ὥστε ἔχειν ἡμᾶς πάντα ἄφθονα μὴ πρὸς τὴν χρείαν
μόνον, ἀλλὰ καὶ πρὸς ἡδονήν, σὺ πάντων τούτων ἢ τῶν γε   10
πλείστων ἄμοιρος εἶ καὶ οὐδενὸς μετέχεις αὐτῶν οὐδὲν μᾶλλον
ἢ τὰ θηρία· πίνεις μὲν γὰρ ὕδωρ ὅπερ καὶ τὰ θηρία, σιτῇ δὲ ὅπερ
ἂν εὑρίσκῃς, ὥσπερ οἱ κύνες, εὐνὴν δὲ οὐδὲν κρείττω τῶν κυνῶν
ἔχεις· χόρτος γὰρ ἀρκεῖ σοι καθάπερ ἐκείνοις. ἔτι δὲ ἱμάτιον
φορεῖς οὐδὲν ἐπιεικέστερον ἀκλήρου. καίτοι εἰ σὺ τούτοις   15
ἀρκούμενος ὀρθῶς φρονήσεις, ὁ θεὸς οὐκ ὀρθῶς ἐποίησεν
τοῦτο μὲν πρόβατα ποιήσας ἔμμαλλα, τοῦτο δ' ἀμπέλους ἡδυ-
οίνους, τοῦτο δὲ τὴν ἄλλην παρασκευὴν θαυμαστῶς ποικίλην
καὶ ἔλαιον καὶ μέλι καὶ τὰ ἄλλα, ὡς ἔχειν μὲν ἡμᾶς σιτία παντο-
δαπά, ἔχειν δὲ ποτὸν ἡδύ, ἔχειν δὲ χρήματα, ἔχειν δὲ εὐνὴν   20
μαλακήν, ἔχειν δὲ οἰκίας καλὰς καὶ τὰ ἄλλα πάντα θαυμαστῶς
κατεσκευασμένα· καὶ γὰρ αὖ τὰ τῶν τεχνῶν ἔργα δῶρα τῶν

2 Οὐδὲ] οὐδὲ γὰρ N   5 Τί ποτ' N: Πότ' Γ: Πῶς ποτ' recc.
6 φαυλίζῃ Γ   13 ὡς οἱ N   κρείττω recc.: χείρω Γ:
βελτίω N   συῶν Bekker   14 γὰρ ἀρκεῖ recc.: παραρκεῖ Γ: γὰρ
παραρκεῖ N   17 ἔμμαλα N   17-18 cf. Xen. An. 6.4.6
ἡδιοίνους Γ   19 μὲν om. N

θεῶν ἐστι. τὸ δὲ πάντων τούτων ζῆν ἀπεστερημένον ἄθλιον
μέν, εἰ καὶ ὑπὸ ἄλλου τινὸς ἀπεστέρητο καθάπερ οἱ ἐν τοῖς δεσ-
μωτηρίοις· πολὺ δὲ ἀθλιώτερον, εἴ τις αὐτὸς ἑαυτὸν ἀποστεροίη
πάντων τῶν καλῶν, μανία ἤδη τοῦτό γε σαφής.

ΚΥΝΙΚΟΣ

5   Ἀλλ' ἴσως ὀρθῶς λέγεις. ἐκεῖνο δέ μοι εἰπέ, εἴ τις ἀνδρὸς 6
πλουσίου προθύμως καὶ φιλοφρόνως ἑστιῶντος καὶ ξενίζοντος
πολλοὺς ἅμα καὶ παντοδαπούς, τοὺς μὲν ἀσθενεῖς, τοὺς δὲ
ἐρρωμένους, κἄπειτα παραθέντος πολλὰ καὶ παντοδαπά, πάντα
ἁρπάζοι καὶ πάντα ἐσθίοι, μὴ τὰ πλησίον μόνον, ἀλλὰ καὶ τὰ
10   πόρρω τὰ τοῖς ἀσθενοῦσι παρεσκευασμένα ὑγιαίνων αὐτός, καὶ
ταῦτα μίαν μὲν κοιλίαν ἔχων, ὀλίγων δὲ ὥστε τραφῆναι δεόμενος,
ὑπὸ τῶν πολλῶν ἐπιτριβήσεσθαι μέλλων, οὗτος ὁ ἀνὴρ ποῖός
τις δοκεῖ σοι εἶναι; ἆρά γε φρόνιμος;

ΛΥΚΙΝΟΣ

Οὐκ ἔμοιγε.

ΚΥΝΙΚΟΣ

15   Τί δέ; σώφρων;

ΛΥΚΙΝΟΣ

Οὐδὲ τοῦτο.

ΚΥΝΙΚΟΣ

Τί δέ; εἴ τις μετέχων τῆς αὐτῆς ταύτης τραπέζης τῶν μὲν 7
πολλῶν καὶ ποικίλων ἀμελεῖ, ἓν δὲ τῶν ἔγγιστα κειμένων
ἐπιλεξάμενος, ἱκανῶς ἔχον πρὸς τὴν ἑαυτοῦ χρείαν, τοῦτο ἐσθίοι
20   κοσμίως καὶ τούτῳ μόνῳ χρῷτο, τοῖς δὲ ἄλλοις οὐδὲ προσβλέποι,
τοῦτον οὐχ ἡγῇ σωφρονέστερον καὶ ἀμείνω ἄνδρα ἐκείνου;

ΛΥΚΙΝΟΣ

Ἔγωγε.

3 αὐτὸν N   4 τοῦτο ἤδη N   6 φιλοφρόνως ΓΝ:
φιλανθρώπως ἔτι τε φιλοφρόνως recc.   12 ἀνήρ· ἆρά γε ποῖός Γ
15 τί δὲ σώφρων ΓΝ   17 Τί δὲ εἰ ΓΝ   18 ἀμελοῖ Ν; sed
cf. *Glotta* 1977, 215 seq.

ΚΥΝΙΚΟΣ

Πότερον οὖν συνίῃς, ἢ ἐμὲ δεῖ λέγειν;

ΛΥΚΙΝΟΣ

Τὸ ποῖον;

ΚΥΝΙΚΟΣ

Ὅτι ὁ μὲν θεὸς τῷ ξενίζοντι καλῶς ἐκείνῳ ἔοικε παρατιθεὶς πολλὰ καὶ ποικίλα καὶ παντοδαπά, ὅπως ἔχωσιν ἁρμόζοντα, τὰ μὲν ὑγιαίνουσι, τὰ δὲ νοσοῦσι, καὶ τὰ μὲν ἰσχυροῖς, τὰ δὲ 5 ἀσθενοῦσιν, οὐχ ἵνα χρώμεθα ἅπασι πάντες, ἀλλ' ἵνα τοῖς καθ' ἑαυτὸν ἕκαστος καὶ τῶν καθ' ἑαυτὸν ὅτουπερ ἂν τύχῃ μάλιστα δεόμενος.

8 Ὑμεῖς δὲ τῷ δι' ἀπληστίαν τε καὶ ἀκρασίαν ἁρπάζοντι πάντα τούτῳ μάλιστα ἐοίκατε πᾶσι χρῆσθαι ἀξιοῦντες καὶ τοῖς 10 ἀπανταχοῦ, μὴ τοῖς παρ' ὑμῖν μόνον, οὐ γῆν οὐ θάλασσαν τὴν καθ' αὑτοὺς αὐταρκεῖν νομίζοντες, ἀλλ' ἀπὸ περάτων γῆς ἐμπορευόμενοι τὰς ἡδονὰς καὶ τὰ ξενικὰ τῶν ἐπιχωρίων ἀεὶ προτιμῶντες καὶ τὰ πολυτελῆ τῶν εὐτελῶν καὶ τὰ δυσπόριστα τῶν εὐπορίστων, καθόλου δὲ πράγματα καὶ κακὰ ἔχειν μᾶλλον 15 ἐθέλοντες ἢ ἄνευ πραγμάτων ζῆν· τὰ γὰρ δὴ πολλὰ καὶ τίμια καὶ εὐδαιμονικὰ παρασκευάσματα, ἐφ' οἷς ἀγάλλεσθε, διὰ πολλῆς ὑμῖν ταῦτα κακοδαιμονίας καὶ ταλαιπωρίας παραγίγνεται. σκόπει γάρ, εἰ βούλει, τὸν πολύευκτον χρυσόν, σκόπει τὸν ἄργυρον, σκόπει τὰς οἰκίας τὰς πολυτελεῖς, σκόπει τὰς ἐσ- 20 θῆτας τὰς ἐσπουδασμένας, σκόπει τὰ τούτοις ἀκόλουθα πάντα, πόσων πραγμάτων ἐστὶν ὤνια, πόσων πόνων, πόσων κινδύνων, μᾶλλον δὲ αἵματος καὶ θανάτου καὶ διαφθορᾶς ἀνθρώπων πόσης, οὐ μόνον ὅτι πλέοντες ἀπόλλυνται διὰ ταῦτα πολλοὶ καὶ ζητοῦντες καὶ δημιουργοῦντες δεινὰ πάσχουσιν, ἀλλ' ὅτι καὶ 25 πολυμάχητά ἐστι καὶ ἐπιβουλεύετε ἀλλήλοις διὰ ταῦτα καὶ φίλοις φίλοι καὶ πατράσι παῖδες καὶ γυναῖκες ἀνδράσιν. οὕτως οἶμαι καὶ τὴν Ἐριφύλην διὰ τὸν χρυσὸν προδοῦναι τὸν ἄνδρα.

1 συνιεὶς Γ   4 ἔχουσιν N   7 ὅσουπερ L. A. Post
τύχοι recc.   17 ἀγάλλεσθαι Γ   27–8 οὕτως...ἄνδρα
del. Fritzsche   28 cf. Apollod. Bibl. 3.6.2

Καὶ ταῦτα μέντοι πάντα γίνεται, τῶν μὲν ποικίλων ἱματίων 9
οὐδέν τι μᾶλλον θάλπειν δυναμένων, τῶν δὲ χρυσορόφων οἰκιῶν
οὐδέν τι μᾶλλον σκεπουσῶν, τῶν δὲ ἐκπωμάτων τῶν ἀργυρῶν οὐκ
ὠφελούντων τὸν πότον οὐδὲ τῶν χρυσῶν, οὐδ᾽ αὖ τῶν ἐλεφαντίνων
5 κλινῶν τὸν ὕπνον ἡδίω παρεχομένων, ἀλλ᾽ ὄψει πολλάκις ἐπὶ τῆς
ἐλεφαντίνης κλίνης καὶ τῶν πολυτελῶν στρωμάτων τοὺς
εὐδαίμονας ὕπνου λαχεῖν οὐ δυναμένους. ὅτι μὲν γὰρ αἱ
παντοδαπαὶ περὶ τὰ βρώματα πραγματεῖαι τρέφουσι μὲν οὐδὲν
μᾶλλον, λυμαίνονται δὲ τὰ σώματα καὶ τοῖς σώμασι νόσους
10 ἐμποιοῦσι, τί δεῖ λέγειν; τί δὲ καὶ λέγειν, ὅσα τῶν ἀφροδισίων 10
ἕνεκα πράγματα ποιοῦσί τε καὶ πάσχουσιν οἱ ἄνθρωποι; καίτοι
ῥάδιον θεραπεύειν ταύτην τὴν ἐπιθυμίαν, εἰ μή τις ἐθέλοι τρυφᾶν.
καὶ οὐδ᾽ εἰς ταύτην ἡ μανία καὶ διαφθορὰ φαίνεται τοῖς ἀνθρώποις
ἀρκεῖν, ἀλλ᾽ ἤδη καὶ τῶν ὄντων τὴν χρῆσιν ἀναστρέφουσιν,
15 ἑκάστῳ χρώμενοι πρὸς ὃ μὴ πέφυκεν, ὥσπερ εἴ τις ἀνθ᾽ ἁμάξης
ἐθέλοι τῇ κλίνῃ καθάπερ ἁμάξῃ χρήσασθαι.

ΛΥΚΙΝΟΣ

Καὶ τίς οὗτος;

ΚΥΝΙΚΟΣ

Ὑμεῖς, οἳ τοῖς ἀνθρώποις ἅτε ὑποζυγίοις χρῆσθε, κελεύετε δὲ
αὐτοὺς ὥσπερ ἁμάξας τὰς κλίνας τοῖς τραχήλοις ἄγειν, αὐτοὶ
20 δ᾽ ἄνω κατάκεισθε τρυφῶντες καὶ ἐκεῖθεν ὥσπερ ὄνους ἡνιοχεῖτε
τοὺς ἀνθρώπους, ταύτην ἀλλὰ μὴ ταύτην τρέπεσθαι κελεύοντες·
καὶ οἱ ταῦτα μάλιστα ποιοῦντες μάλιστα μακαρίζεσθε. οἱ δὲ τοῖς 11
κρέασι μὴ τροφῇ χρώμενοι μόνον, ἀλλὰ καὶ βαφὰς μηχανώμενοι
δι᾽ αὐτῶν, οἷοί γέ εἰσιν οἱ τῇ πορφύρᾳ βάπτοντες, οὐχὶ καὶ αὐτοὶ
25 παρὰ φύσιν χρῶνται τοῖς τοῦ θεοῦ κατασκευάσμασιν;

1 μὲν N, recc.: τε Γ   5 ἡδίωι Γ   7 ὅτι μὲν γὰρ
N, recc.: τί μὲν γὰρ Γ: ἔτι δὲ καὶ rec.   10 τί δεῖ λέγειν; τί δὲ καὶ
λέγειν Γ: τί δεῖ καὶ λέγειν, τί δὲ N: τί δὲ δεῖ λέγειν recc.   11 πράγματα
del. Jacobs   15, 16, 19 ἀντ᾽ ἁμ., ἁμ., ἁμ. Γ   17 καὶ τίς οὗτος
eidem personae trib. ΓN   23 καὶ om. N   24 γε recc.: τε Γ:
om. N   τὴν πορφύραν codd.: corr, Mras

ΛΥΚΙΝΟΣ

Νὴ Δία· δύναται γὰρ βάπτειν, οὐκ ἐσθίεσθαι μόνον τὸ τῆς πορφύρας κρέας.

ΚΥΝΙΚΟΣ

'Αλλ' οὐ πρὸς τοῦτο γέγονεν· ἐπεὶ καὶ τῷ κρατῆρι δύναιτ' ἄν τις βιαζόμενος ὥσπερ χύτρᾳ χρήσασθαι, πλὴν οὐ πρὸς τοῦτο γέγονεν. ἀλλὰ γὰρ πῶς ἅπασαν τὴν τούτων τις κακοδαιμονίαν 5 διελθεῖν δύναιτ' ἄν; τοσαύτη τίς ἐστι. σὺ δέ μοι, διότι μὴ βούλομαι ταύτης μετέχειν, ἐγκαλεῖς· ζῶ δὲ καθάπερ ὁ κόσμιος ἐκεῖνος, εὐωχούμενος τοῖς κατ' ἐμαυτὸν καὶ τοῖς εὐτελεστάτοις χρώμενος, τῶν δὲ ποικίλων καὶ παντοδαπῶν οὐκ ἐφιέμενος.

12 Κἄπειτα εἰ θηρίου βίον βραχέων δεόμενος καὶ ὀλίγοις χρώμενος 10 δοκῶ σοι ζῆν, κινδυνεύουσιν οἱ θεοὶ καὶ τῶν θηρίων εἶναι χείρονες κατά γε τὸν σὸν λόγον· οὐδενὸς γὰρ δέονται. ἵνα δὲ καταμάθῃς ἀκριβέστερον τό τε ὀλίγων καὶ τὸ πολλῶν δεῖσθαι ποῖόν τι ἑκάτερόν ἐστιν, ἐννόησον ὅτι δέονται πλειόνων οἱ μὲν παῖδες τῶν τελείων, αἱ δὲ γυναῖκες τῶν ἀνδρῶν, οἱ δὲ νοσοῦντες τῶν 15 ὑγιαινόντων, καθόλου δὲ πανταχοῦ τὸ χεῖρον τοῦ κρείττονος πλειόνων δεῖται. διὰ τοῦτο θεοὶ μὲν οὐδενός, οἱ δὲ ἔγγιστα θεοῖς ἐλαχίστων δέονται.

13 Ἢ νομίζεις τὸν Ἡρακλέα τὸν πάντων ἀνθρώπων ἄριστον, θεῖον δὲ ἄνδρα καὶ θεὸν ὀρθῶς νομισθέντα, διὰ κακοδαιμονίαν 20 περινοστεῖν γυμνόν, δέρμα μόνον ἔχοντα καὶ μηδενὸς τῶν αὐτῶν ὑμῖν δεόμενον; ἀλλ' οὐ κακοδαίμων ἦν ἐκεῖνος, ὃς καὶ τῶν ἄλλων ἀπήμυνε τὰ κακά, οὐδ' αὖ πένης, ὃς γῆς καὶ θαλάττης ἦρχεν· ἐφ' ὅ τι γὰρ ὁρμήσειεν, ἁπανταχοῦ πάντων ἐκράτει καὶ οὐδενὶ τῶν τότε ἐνέτυχεν ὁμοίῳ οὐδὲ κρείττονι ἑαυτοῦ, μέχριπερ ἐξ ἀνθ- 25 ρώπων ἀπῆλθεν. ἢ σοὶ δοκεῖ στρωμάτων καὶ ὑποδημάτων ἀπόρως ἔχειν καὶ διὰ τοῦτο περιιέναι τοιοῦτος; οὐκ ἔστιν εἰπεῖν, ἀλλ'

1–2 νὴ...κρέας. eidem personae trib. Γ   1 Νὴ] Μὰ Solanus
γὰρ] γὰρ καὶ Ν   5 ἅπασιν Γ   6 διεξελθεῖν Ν
τοιαύτη rec.   10 κἄπειτα εἰ recc.: κἄπει τῶν Γ: κἄπειτα Ν: an
κἀπεὶ (vel καὶ εἰ) τὸν?   17 θεοῖς] θεῶν Fl.   22 ἡμῖν ΓΝ:
corr. recc.; cf. p. 143 l. 7   24 ἂν ὁρμήσειεν Jacobitz   26 σοὶ
δοκεῖ Ν: σὺ δοκεῖς cett., edd.   27 τοιοῦτος codd.: τοιοῦτον Fl.

ἐγκρατὴς καὶ καρτερικὸς ἦν καὶ κρατεῖν ἤθελε καὶ τρυφᾶν οὐκ
ἐβούλετο. ὁ δὲ Θησεὺς ὁ τούτου μαθητὴς οὐ βασιλεὺς μὲν ἦν
πάντων Ἀθηναίων, υἱὸς δὲ Ποσειδῶνος, ὥς φασιν, ἄριστος δὲ
τῶν καθ' αὑτόν; ἀλλ' ὅμως κἀκεῖνος ἤθελεν ἀνυπόδητος εἶναι καὶ **14**
5 γυμνὸς βαδίζειν καὶ πώγωνα καὶ κόμην ἔχειν ἤρεσκεν αὐτῷ, καὶ
οὐκ ἐκείνῳ μόνῳ, ἀλλὰ καὶ πᾶσι τοῖς παλαιοῖς ἤρεσκεν· ἀμείνους
γὰρ ἦσαν ὑμῶν, καὶ οὐκ ἂν ὑπέμειναν οὐδὲ εἷς αὐτῶν
οὐδὲν μᾶλλον ἢ τῶν λεόντων τις ξυρώμενος· ὑγρότητα γὰρ καὶ
λειότητα σαρκὸς γυναιξὶ πρέπειν ἡγοῦντο, αὐτοὶ δ' ὥσπερ
10 ἦσαν, καὶ φαίνεσθαι ἄνδρες ἤθελον καὶ τὸν πώγωνα κόσμον
ἀνδρὸς ἐνόμιζον ὥσπερ καὶ ἵππων χαίτην καὶ λεόντων γένεια, οἷς
ὁ θεὸς ἀγλαΐας καὶ κόσμου χάριν προσέθηκέ τινα· οὑτωσὶ δὲ καὶ
τοῖς ἀνδράσι τὸν πώγωνα προσέθηκεν. ἐκείνους οὖν ἐγὼ ζηλῶ
τοὺς παλαιοὺς καὶ ἐκείνους μιμεῖσθαι βούλομαι, τοὺς δὲ νῦν
15 οὐ ζηλῶ τῆς θαυμαστῆς ταύτης εὐδαιμονίας ἣν ἔχουσι καὶ
περὶ τραπέζας καὶ ἐσθῆτας καὶ λεαίνοντες καὶ ψιλούμενοι πᾶν
τοῦ σώματος μέρος καὶ μηδὲ τῶν ἀπορρήτων μηδέν, ᾗ πέφυκεν,
ἔχειν ἐῶντες.

Εὔχομαι δέ μοι τοὺς μὲν πόδας ὁπλῶν ἱππείων οὐδὲν διαφέρειν, **15**
20 ὥσπερ φασὶ τοὺς Χείρωνος, αὐτὸς δὲ μὴ δεῖσθαι στρωμάτων
ὥσπερ οἱ λέοντες, οὐδὲ τροφῆς δεῖσθαι πολυτελοῦς μᾶλλον ἢ οἱ
κύνες· εἴη δέ μοι γῆν μὲν ἅπασαν εὐνὴν αὐτάρκη ἔχειν, οἶκον δὲ
τὸν κόσμον νομίζειν, τροφὴν δὲ αἱρεῖσθαι τὴν ῥάστην πορισθῆναι.
χρυσοῦ δὲ καὶ ἀργύρου μὴ δεηθείην μήτ' οὖν ἐγὼ μήτε τῶν ἐμῶν
25 φίλων μηδείς· πάντα γὰρ τὰ κακὰ τοῖς ἀνθρώποις ἐκ τῆς τούτων
ἐπιθυμίας φύονται, καὶ στάσεις καὶ πόλεμοι καὶ ἐπιβουλαὶ καὶ
σφαγαί. ταυτὶ πάντα πηγὴν ἔχει τὴν ἐπιθυμίαν τοῦ πλείονος· ἀλλ'
ἡμῶν αὕτη ἀπείη, καὶ πλεονεξίας μήποτε ὀρεχθείην, μειονεκτῶν
δ' ἀνέχεσθαι δυναίμην.

7 ἡμῶν N   ὑπέμεινεν N   8 cf. Pl. R. 341c
12 προσέθηκέ τινα recc.: προσέθηκεν τινόν Γ: προσέθηκε N: προσέθηκεν ἡντινοῦν
Mras: an προσέθηκεν τιμῶν?   15 ἧς recc.   17 μηδὲ
τῶν] μὴ δρόντων sic Γ   21 οὔτε codd.: corr. Jacobitz
24 cf. Anacharsidos Epistulae 10   26 φύονται] cf. c. 20 (p. 146, l. 6),
77.11.5 etc.   27 ταῦτα N   28–9 μεῖον ἐκ τῶνδ' Γ

16 Τοιαῦτά σοι τά γε ἡμέτερα, πολὺ δήπου διάφωνα τοῖς τῶν
πολλῶν βουλήμασι· καὶ θαυμαστὸν οὐδέν, εἰ τῷ σχήματι δια-
φέρομεν αὐτῶν, ὁπότε καὶ τῇ προαιρέσει τοσοῦτον διαφέρομεν.
θαυμάζω δέ σου πῶς ποτε κιθαρῳδοῦ μέν τινα νομίζεις στολὴν
καὶ σχῆμα, καὶ αὐλητοῦ νὴ Δία σχῆμα, καὶ στολὴν τραγῳδοῦ, 5
ἀνδρὸς δὲ ἀγαθοῦ σχῆμα καὶ στολὴν οὐκέτι νομίζεις, ἀλλὰ τὴν
αὐτὴν αὐτὸν οἴει δεῖν ἔχειν τοῖς πολλοῖς, καὶ ταῦτα τῶν πολλῶν
κακῶν ὄντων. εἰ μὲν δεῖ ἑνὸς ἰδίου σχήματος τοῖς ἀγαθοῖς, τί
πρέποι ἂν μᾶλλον ἢ τοῦθ' ὅπερ ἀναιδέστατον [μᾶλλον] τοῖς
ἀκολάστοις ἐστὶ καὶ ὅπερ ἀπεύξαιντ' ἂν οὗτοι μάλιστα ἔχειν; 10

17 Οὐκοῦν τό γε ἐμὸν σχῆμα τοιοῦτόν ἐστιν, αὐχμηρὸν εἶναι,
λάσιον εἶναι, τρίβωνα ἔχειν, κομᾶν, ἀνυποδητεῖν, τὸ δ' ὑμέτερον
ὅμοιον τῷ τῶν κιναίδων, καὶ διακρίνειν οὐδὲ εἷς ἂν ἔχοι, οὐ τῇ
χροιᾷ τῶν ἱματίων, οὐ τῇ μαλακότητι, οὐ τῷ πλήθει τῶν
χιτωνίσκων, οὐ τοῖς ἀμφιέσμασιν, οὐχ ὑποδήμασιν, οὐ κατασκευῇ 15
τριχῶν, οὐκ ὀδμῇ· καὶ γὰρ καὶ ἀπόζετε ἤδη παραπλήσιον ἐκείνοις
οἱ εὐδαιμονέστατοι οὗτοι μάλιστα. καίτοι τί ἂν δῴη τις ἀνδρὸς
τὴν αὐτὴν τοῖς κιναίδοις ὀδμὴν ἔχοντος; τοιγαροῦν τοὺς μὲν
πόνους οὐδὲν ἐκείνων μᾶλλον ἀνέχεσθε, τὰς δὲ ἡδονὰς οὐδὲν
ἐκείνων ἧττον· καὶ τρέφεσθε τοῖς αὐτοῖς καὶ κοιμᾶσθε ὁμοίως καὶ 20
βαδίζετε· μᾶλλον δὲ βαδίζειν οὐκ ἐθέλετε, φέρεσθε δὲ ὥσπερ τὰ
φορτία οἱ μὲν ὑπ' ἀνθρώπων, οἱ δὲ ὑπὸ κτηνῶν· ἐμὲ δὲ οἱ πόδες
φέρουσιν ὅποιπερ ἂν δέωμαι. κἀγὼ μὲν ἱκανὸς καὶ ῥίγους
ἀνέχεσθαι καὶ θάλπος φέρειν καὶ τοῖς τῶν θεῶν ἔργοις μὴ
δυσχεραίνειν, διότι ἄθλιός εἰμι, ὑμεῖς δὲ διὰ τὴν εὐδαιμονίαν 25
οὐδενὶ τῶν γινομένων ἀρέσκεσθε καὶ πάντα μέμφεσθε καὶ τὰ μὲν
παρόντα φέρειν οὐκ ἐθέλετε, τῶν δὲ ἀπόντων ἐφίεσθε, χειμῶνος
μὲν εὐχόμενοι θέρος, θέρους δὲ χειμῶνα, καὶ καύματος μὲν ῥῖγος,
ῥίγους δὲ καῦμα καθάπερ οἱ νοσοῦντες δυσάρεστοι καὶ
μεμψίμοιροι ὄντες· αἰτία δὲ ἐκείνοις μὲν ἡ νόσος, ὑμῖν δὲ ὁ τρόπος. 30

5 νὴ Δία γε dett.   9 μᾶλλον² codd.: om. Fl.   10 ἀπεύξαιτ'
Γ¹   13 τῷ] τὸ Γ   15 ἀμφιάσμασιν Ν   16 ὀσμῇ recc.
καὶ² om. Ν   17–18 ἀνδρὶ...ἔχοντι Ν   18 ὀσμὴν recc.
19 ἀνέχεσθαι Γ   20 τρέφεσθαι...κοιμᾶσθαι Γ   21 φέρεσθαι recc.
23 ὅπουπερ Ν   26 μὲν om. Ν

Κἄπειτα δὲ ἡμᾶς μετατίθεσθε καὶ ἐπανορθοῦτε τὰ ἡμέτερα, 18
⟨ὡς⟩ κακῶς βουλευομένοις πολλάκις περὶ ὧν πράττομεν, αὐτοὶ
ἄσκεπποι ὄντες περὶ τῶν ἰδίων καὶ μηδὲν αὐτῶν κρίσει
καὶ λογισμῷ ποιοῦντες, ἀλλ᾽ ἔθει καὶ ἐπιθυμίᾳ. τοιγαροῦν
5 οὐδὲν ὑμεῖς διαφέρετε τῶν ὑπὸ χειμάρρου φερομένων· ἐκεῖνοί
τε γάρ, ὅπου ἂν ἴῃ τὸ ῥεῦμα, ἐκεῖ φέρονται, καὶ ὑμεῖς ὅπου
ἂν αἱ ἐπιθυμίαι. πάσχετε δὲ παραπλήσιόν τι ὅ φασι παθεῖν τινα
ἐφ᾽ ἵππον ἀναβάντα μαινόμενον· ἁρπάσας γὰρ αὐτὸν ἔφερεν ἄρα
ὁ ἵππος· ὁ δὲ οὐκέτι καταβῆναι τοῦ ἵππου θέοντος ἐδύνατο. καί
10 τις ἀπαντήσας ἠρώτησεν αὐτὸν ποίαν ἄπεισιν; ὁ δὲ εἶπεν, Ὅπου
ἂν τούτῳ δοκῇ, δεικνὺς τὸν ἵππον. καὶ ὑμᾶς ἄν τις ἐρωτᾷ ποῖ
φέρεσθε, τἀληθὲς ἐθέλοντες λέγειν ἐρεῖτε ἁπλῶς μέν, ὅπουπερ
ἂν ταῖς ἐπιθυμίαις δοκῇ, κατὰ μέρος δέ, ὅπουπερ ἂν τῇ ἡδονῇ
δοκῇ, ποτὲ δέ, ὅπου τῇ δόξῃ, ποτὲ δὲ αὖ, τῇ φιλοκερδίᾳ·
15 ποτὲ δὲ ὁ θυμός, ποτὲ δὲ ὁ φόβος, ποτὲ δὲ ἄλλο τι τοιοῦτον ὑμᾶς
ἐκφέρειν φαίνεται· οὐ γὰρ ἐφ᾽ ἑνός, ἀλλ᾽ ἐπὶ πολλῶν ὑμεῖς γε
ἵππων βεβηκότες ἄλλοτε ἄλλων, καὶ μαινομένων πάντων,
φέρεσθε. τοιγαροῦν ἐκφέρουσιν ὑμᾶς εἰς βάραθρα καὶ κρημνούς.
ἴστε δ᾽ οὐδαμῶς πρὶν πεσεῖν ὅτι πείσεσθαι μέλλετε.
20 Ὁ δὲ τρίβων οὗτος, οὗ καταγελᾶτε, καὶ ἡ κόμη καὶ τὸ σχῆμα 19
τοὐμὸν τηλικαύτην ἔχει δύναμιν, ὥστε παρέχειν μοι ζῆν ἐφ᾽
ἡσυχίας καὶ πράττοντι ὅ τι βούλομαι καὶ συνόντι οἷς βούλομαι·
τῶν γὰρ ἀμαθῶν ἀνθρώπων καὶ ἀπαιδεύτων οὐδεὶς ἂν ἐθέλοι μοι
προσιέναι διὰ τὸ σχῆμα, οἱ δὲ μαλακοὶ καὶ πάνυ πόρρωθεν
25 ἐκτρέπονται· προσίασι δὲ οἱ κομψότατοι καὶ ἐπιεικέστατοι καὶ
ἀρετῆς ἐπιθυμοῦντες. οὗτοι μάλιστά μοι προσίασι· τοῖς γὰρ

1 ὑμᾶς...ὑμέτερα Γ   sic M: μετατίθεσθαι ΓΝ   sic scripsi:
ἐπανορθοῦν codd. post τὰ ἡμέτερα add. ἀλλήλοις ἐπιτιμῶμεν Ν: add. ἀξιοῦτε
Fl.   2 ὡς add. Mras   βουλευομένοις ΓΝ: βουλευομένους Μ,
Mras: βουλευόμενοι ἴσως rec.: βουλευομένων Fl.   πράττουσι Γ
6 ἴῃ recc.: εἴη ΓΝ   7 ᾧ? Bekker   8 cf. Halm, Aesop. 302
ἐφ᾽ ἵππων ἀναβάντων Γ   γὰρ] μὲν γὰρ Ν   9 ὁ δὲ recc.: ὅδ᾽ Ν:
οὐδ᾽ Γ   11 ποῖ om. Γ   12, 13 ὅποιπερ recc.   14 δοκεῖ Γ
φιλοκερδείᾳ Ν   16 φέρειν Ν   φαίνεται] δύναται recc.
17 ἄλλων] ἄλλας Γ   19 πείσεσθαι Γ: πεσεῖσθαι recc.: πεσεῖσθε Ν
23 γὰρ] δὲ Ν

τοιούτοις ἐγὼ χαίρω συνών. θύρας δὲ τῶν καλουμένων εὐ-
δαιμόνων οὐ θεραπεύω, τοὺς δὲ χρυσοῦς στεφάνους καὶ τὴν
20 πορφύραν τῦφον νομίζω καὶ τῶν ἀνθρώπων καταγελῶ. ἵνα δὲ
μάθῃς περὶ τοῦ σχήματος, ὡς οὐκ ἀνδράσι μόνον ἀγαθοῖς, ἀλλὰ
καὶ θεοῖς πρέποντος ἔπειτα καταγελᾷς αὐτοῦ, σκέψαι τὰ ἀγάλ- 5
ματα τῶν θεῶν, πότερά σοι δοκοῦσιν ὁμοίως ἔχειν ὑμῖν ἢ ἐμοί;
καὶ μὴ μόνον γε τῶν Ἑλλήνων, ἀλλὰ καὶ τῶν βαρβάρων τοὺς
ναοὺς ἐπισκόπει περιιών, πότερον αὐτοὶ οἱ θεοὶ κομῶσι καὶ
γενειῶσιν ὡς ἐγὼ ἢ καθάπερ ὑμεῖς ἐξυρημένοι πλάττονται καὶ
γράφονται. καὶ μέντοι καὶ ἀχίτωνας ὄψει τοὺς πολλοὺς ὥσπερ 10
ἐμέ. τί ἂν οὖν ἔτι τολμῴης περὶ τούτου τοῦ σχήματος λέγειν ὡς
φαῦλον, ὁπότε καὶ θεοῖς φαίνεται πρέπον;

1-2 καλουμένων εὐδαιμόνων Wetstenius: καλουμένων ἀνθρώπων codd.:
καλλωπιζομένων (vel καλλυνομένων) ἀνθρώπων Lennep: ζηλουμένων
ἀνθρώπων conieceram   5 ἔπειτα μὴ κ. N   6 ἔχειν ὁμοίως dett.
8 αὐτοὶ om. dett.   11 ἔτι om. N   12 φαύλου N

77

ΝΕΚΡΙΚΟΙ ΔΙΑΛΟΓΟΙ

1 (1)

ΔΙΟΓΕΝΟΥΣ ΚΑΙ ΠΟΛΥΔΕΥΚΟΥΣ

ΔΙΟΓΕΝΗΣ

Ὦ Πολύδευκες, ἐντέλλομαί σοι, ἐπειδὰν τάχιστα ἀνέλθῃς,— **1**
σὸν γάρ ἐστιν, οἶμαι, ἀναβιῶναι αὔριον—ἤν που ἴδῃς Μένιππον
τὸν κύνα—εὕροις δ' ἂν αὐτὸν ἐν Κορίνθῳ κατὰ τὸ Κράνειον ἢ
ἐν Λυκείῳ τῶν ἐριζόντων πρὸς ἀλλήλους φιλοσόφων κατα-
5 γελῶντα—εἰπεῖν πρὸς αὐτὸν ὅτι Σοί, ὦ Μένιππε, κελεύει ὁ
Διογένης, εἴ σοι ἱκανῶς τὰ ὑπὲρ γῆς καταγεγέλασται, ἥκειν
ἐνθάδε πολλῷ πλείω ἐπιγελασόμενον· ἐκεῖ μὲν γὰρ ἐν ἀμφιβόλῳ
σοὶ ἔτι ὁ γέλως ἦν καὶ πολὺ τό "Τίς γὰρ ὅλως οἶδε τὰ μετὰ τὸν
βίον;" ἐνταῦθα δὲ οὐ παύσῃ βεβαίως γελῶν καθάπερ ἐγὼ νῦν,
10 καὶ μάλιστα ἐπειδὰν ὁρᾷς τοὺς πλουσίους καὶ σατράπας καὶ
τυράννους οὕτω ταπεινοὺς καὶ ἀσήμους, ἐκ μόνης οἰμωγῆς
διαγινωσκομένους, καὶ ὅτι μαλθακοὶ καὶ ἀγεννεῖς εἰσι με-
μνημένοι τῶν ἄνω.

Ταῦτα λέγε αὐτῷ, καὶ προσέτι ἐμπλησάμενον τὴν πήραν ἥκειν
15 θέρμων τε πολλῶν καὶ εἴ που εὕροι ἐν τῇ τριόδῳ Ἑκάτης δεῖπνον
κείμενον ἢ ᾠὸν ἐκ καθαρσίου ἤ τι τοιοῦτον.

Codices ΓΩLBNΨ rettuli; γ = ΓΩL; β = BN consentientes, quibus in-
terdum Ω^b accedit; hoc tantum in dialogo codicem Ψ plene rettuli ut quam
improbus esset intellegeretur   1 cf. 79.25   2 οἶμαι om. Ψ
τὸ ante ἀν. add NΩ^b   3 κατὰ] περὶ Ω^b   Κράνιον ΓΒ   cf.
59.3, D.L. 6.38, 77 etc.   4 Λυκίῳ Β   5 σοι NΨΩ^bL: σὺ ΓΩΒ
7 πλεῖον Ψ   μὲν om. Ψ   8 ἦν] ἔστι Ψ   11 μόνης ⟨τῆς⟩
Jacobitz   12–13 εἰσι καὶ μεμ. Ψ   14 ἐμπλησάμενος Ψ: ἐμπιπλάμενον Ω

ΛΟΥΚΙΑΝΟΥ

ΠΟΛΥΔΕΥΚΗΣ

2 'Αλλ' ἀπαγγελῶ ταῦτα, ὦ Διόγενες. ὅπως δὲ εἰδῶ μάλιστα ὁποῖός τίς ἐστι τὴν ὄψιν—

ΔΙΟΓΕΝΗΣ

Γέρων, φαλακρός, τριβώνιον ἔχων πολύθυρον, ἅπαντι ἀνέμῳ ἀναπεπταμένον καὶ ταῖς ἐπιπτυχαῖς τῶν ῥακίων ποικίλον, γελᾷ δ' ἀεὶ καὶ τὰ πολλὰ τοὺς ἀλαζόνας τούτους φιλοσόφους 5 ἐπισκώπτει.

ΠΟΛΥΔΕΥΚΗΣ

Ῥάδιον εὑρεῖν ἀπό γε τούτων.

ΔΙΟΓΕΝΗΣ

Βούλει καὶ πρὸς αὐτοὺς ἐκείνους ἐντείλωμαί τι τοὺς φιλοσόφους;

ΠΟΛΥΔΕΥΚΗΣ

Λέγε· οὐ βαρὺ γὰρ οὐδὲ τοῦτο.   10

ΔΙΟΓΕΝΗΣ

Τὸ μὲν ὅλον παύσασθαι αὐτοῖς παρεγγύα ληροῦσι καὶ περὶ τῶν ὅλων ἐρίζουσιν καὶ κέρατα φύουσιν ἀλλήλοις καὶ κροκοδείλους ποιοῦσι καὶ τὰ τοιαῦτα ἄπορα ἐρωτᾶν διδάσκουσι τὸν νοῦν.

ΠΟΛΥΔΕΥΚΗΣ

'Αλλὰ ἐμὲ ἀμαθῆ καὶ ἀπαίδευτον εἶναι φάσκουσι κατηγοροῦντα τῆς σοφίας αὐτῶν.   15

ΔΙΟΓΕΝΗΣ

Σὺ δὲ οἰμώζειν αὐτοὺς παρ' ἐμοῦ λέγε.

1 'Αλλ' om. N   ἀπαγγέλλω ΓL   ἴδω ΓL   4 ποικίλλον Ψ   8 ἐντείλομαι Γ: ἐντείλλομαι Ψ   10 οὐ om. γ 11 αὐτοὺς Γ¹Ω¹L¹ΨB uv.   12 cf. Quint. *Inst.* 1.1.10.5, Gell. 18.2.9, Luc. 70.81, 27.22   13 τὰ om. ΓΩΨ   διερωτᾶν Ω τοὺς νέους. Bekker   14 καὶ om. Ψ   16 αὐτοῖς recc.

77. ΝΕΚΡΙΚΟΙ ΔΙΑΛΟΓΟΙ

ΠΟΛΥΔΕΥΚΗΣ

Καὶ ταῦτα, ὦ Διόγενες, ἀπαγγελῶ.

ΔΙΟΓΕΝΗΣ

Τοῖς πλουσίοις δ᾽, ὦ φίλτατον Πολυδεύκιον, ἀπάγγελλε ταῦτα **3**
παρ᾽ ἡμῶν· τί, ὦ μάταιοι, τὸν χρυσὸν φυλάττετε; τί δὲ τιμωρεῖσθε
ἑαυτοὺς λογιζόμενοι τοὺς τόκους καὶ τάλαντα ἐπὶ ταλάντοις
5 συντιθέντες, οὓς χρὴ ἕνα ὀβολὸν ἔχοντας ἥκειν μετ᾽ ὀλίγον;

ΠΟΛΥΔΕΥΚΗΣ

Εἰρήσεται καὶ ταῦτα πρὸς ἐκείνους.

ΔΙΟΓΕΝΗΣ

Ἀλλὰ καὶ τοῖς καλοῖς τε καὶ ἰσχυροῖς λέγε, Μεγίλλῳ τε τῷ
Κορινθίῳ καὶ Δαμοξένῳ τῷ παλαιστῇ, ὅτι παρ᾽ ἡμῖν οὔτε ἡ ξανθὴ
κόμη οὔτε τὰ χαροπὰ ἢ μέλανα ὄμματα ἢ ἐρύθημα ἐπὶ τοῦ
10 προσώπου ἔτι ἔστιν ἢ νεῦρα εὔτονα ἢ ὦμοι καρτεροί, ἀλλὰ πάντα
μία ἡμῖν κόνις, φασί, κρανία γυμνὰ τοῦ κάλλους.

ΠΟΛΥΔΕΥΚΗΣ

Οὐ χαλεπὸν οὐδὲ ταῦτα εἰπεῖν πρὸς τοὺς καλοὺς καὶ ἰσχυρούς.

ΔΙΟΓΕΝΗΣ

Καὶ τοῖς πένησιν, ὦ Λάκων,—πολλοὶ δ᾽ εἰσὶ καὶ ἀχθόμενοι τῷ **4**
πράγματι καὶ οἰκτείροντες τὴν ἀπορίαν—λέγε μήτε δακρύειν
15 μήτε οἰμώζειν διηγησάμενος τὴν ἐνταῦθα ἰσοτιμίαν, καὶ ὅτι
ὄψονται τοὺς ἐκεῖ πλουσίους οὐδὲν ἀμείνους αὐτῶν· καὶ Λακε-
δαιμονίοις δὲ τοῖς σοῖς ταῦτα, εἰ δοκεῖ, παρ᾽ ἐμοῦ ἐπιτίμησον
λέγων ἐκλελύσθαι αὐτούς.

1–2 ἀπαγγελῶ τοῖς πλουσίοις: ὦ φίλτ. Ψ   3 δὲ] δαὶ B   3–4 cf.
Men. *Fr.* 127–35 K.–Th.   7 καὶ¹ om. Ψ   τοῖς om. Ω
cf. 19.22   8 Δειμοξένῳ Ψ; cf. Paus. 8.40.3   10 ἐστὶν ἔτι Ψ
11 ἡμῖν κόνις] Μύκονος Hemsterhuis, cf. Plut. *Mor.* 616b, Clem. Al. *Strom.*
1.355, Them. *Or.* 21.250; at cf. 77.6.2   φασί βΓL: εἰσί Ω:
φαθί D. A. Russell   14 λέγε om. Ω: ss. Ωᵇ   16 αὐτῶν γΨΒ¹

ΛΟΥΚΙΑΝΟΥ

ΠΟΛΥΔΕΥΚΗΣ

Μηδέν, ὦ Διόγενες, περὶ Λακεδαιμονίων λέγε· οὐ γὰρ ἀνέξομαί γε. ἃ δὲ πρὸς τοὺς ἄλλους ἔφησθα, ἀπαγγελῶ.

ΔΙΟΓΕΝΗΣ

Ἐάσωμεν τούτους, ἐπεί σοι δοκεῖ· σὺ δὲ οἷς προεῖπον ἀπένεγκον παρ' ἐμοῦ τοὺς λόγους.

2 (22)

ΧΑΡΩΝΟΣ ΚΑΙ ΜΕΝΙΠΠΟΥ

ΧΑΡΩΝ

1 Ἀπόδος, ὦ κατάρατε, τὰ πορθμεῖα. 5

ΜΕΝΙΠΠΟΣ

Βόα, εἰ τοῦτό σοι, ὦ Χάρων, ἥδιον.

ΧΑΡΩΝ

Ἀπόδος, φημί, ἀνθ' ὧν σε διεπορθμευσάμην.

ΜΕΝΙΠΠΟΣ

Οὐκ ἂν λάβοις παρὰ τοῦ μὴ ἔχοντος.

ΧΑΡΩΝ

Ἔστι δέ τις ὀβολὸν μὴ ἔχων;

ΜΕΝΙΠΠΟΣ

Εἰ μὲν καὶ ἄλλος τις οὐκ οἶδα, ἐγὼ δ' οὐκ ἔχω. 10

ΧΑΡΩΝ

Καὶ μὴν ἄγξω σε νὴ τὸν Πλούτωνα, ὦ μιαρέ, ἢν μὴ ἀποδῷς.

3 ἐπειδή N   2. Codd. ΓΩLΦΒ rettuli; ΓΩL = γ; ΒΦ = β
Titulus ΠΟΡΘΜΕΩΣ ΚΑΙ ΜΕΝΙΠΠΟΥ ΓL   5 πορθμία ΩLΦΝ
7 διεπορθμεύσαμεν β

77. ΝΕΚΡΙΚΟΙ ΔΙΑΛΟΓΟΙ

ΜΕΝΙΠΠΟΣ

Καὶ μὴν τῷ ξύλῳ σου πατάξας διαλύσω τὸ κρανίον.

ΧΑΡΩΝ

Μάτην οὖν ἔσῃ πεπλευκὼς τοσοῦτον πλοῦν;

ΜΕΝΙΠΠΟΣ

Ὁ Ἑρμῆς ὑπὲρ ἐμοῦ σοι ἀποδότω, ὅς με παρέδωκέ σοι.

ΕΡΜΗΣ

Νὴ Δί' ὀναίμην, εἰ μέλλω γε καὶ ὑπερεκτίνειν τῶν νεκρῶν.   2

ΧΑΡΩΝ

5 Οὐκ ἀποστήσομαί σου.

ΜΕΝΙΠΠΟΣ

Τούτου γε ἕνεκα νεωλκήσας τὸ πορθμεῖον παράμενε· πλὴν ἀλλ'
ὅ γε μὴ ἔχω, πῶς ἂν λάβοις;

ΧΑΡΩΝ

Σὺ δ' οὐκ ᾔδεις κομίζειν δέον;

ΜΕΝΙΠΠΟΣ

Ἤιδειν μέν, οὐκ εἶχον δέ. τί οὖν; ἐχρῆν διὰ τοῦτο μὴ
10 ἀποθανεῖν;

ΧΑΡΩΝ

Μόνος οὖν αὐχήσεις προῖκα πεπλευκέναι;

---

1 Καὶ μὴν γΦ: Κἀγὼ ΒΝΩ^b   διαλύσω τὸ κρανίον β: τὸ κράνιον
παραλύσω γ   2 ἔσῃ πεπλευκὼς γ: πέπλευκας β   ; om. β
3 σοὶ om. γ   4 ὀναίμην, εἰ μέλλω γε γ: ὠνάμην γε εἰ μέλλω β
6 καὶ νεωλκ. recc.   8 κομίζειν γΦ: ὡς κομίζειν Β: ὡς κομίζεσθαι Ν:
κομίζεσθαι recc.   9 δέ om. Ω¹   μὴ] με ΓL   11 ; om. Γ

151

ΛΟΥΚΙΑΝΟΥ

ΜΕΝΙΠΠΟΣ

Οὐ προῖκα, ὦ βέλτιστε· καὶ γὰρ ἤντλησα καὶ τῆς κώπης συνεπελαβόμην καὶ οὐκ ἔκλαον μόνος τῶν ἄλλων ἐπιβατῶν.

ΧΑΡΩΝ

Οὐδὲν ταῦτα πρὸς τὰ πορθμεῖα· τὸν ὀβολὸν ἀποδοῦναί σε δεῖ· οὐ γὰρ θέμις ἄλλως γενέσθαι.

ΜΕΝΙΠΠΟΣ

3 Οὐκοῦν ἄπαγέ με αὖθις εἰς τὸν βίον.   5

ΧΑΡΩΝ

Χάριέν γε λέγεις, ἵνα καὶ πληγὰς ἐπὶ τούτῳ παρὰ τοῦ Αἰακοῦ προσλάβω.

ΜΕΝΙΠΠΟΣ

Μὴ ἐνόχλει οὖν.

ΧΑΡΩΝ

Δεῖξον τί ἐν τῇ πήρᾳ ἔχεις.

ΜΕΝΙΠΠΟΣ

Θέρμους, εἰ θέλεις, καὶ τῆς Ἑκάτης τὸ δεῖπνον.   10

ΧΑΡΩΝ

Πόθεν τοῦτον ἡμῖν, ὦ Ἑρμῆ, τὸν κύνα ἤγαγες; οἷα δὲ καὶ ἐλάλει παρὰ τὸν πλοῦν τῶν ἐπιβατῶν ἁπάντων καταγελῶν καὶ ἐπισκώπτων καὶ μόνος ᾄδων οἰμωζόντων ἐκείνων.

ΕΡΜΗΣ

Ἀγνοεῖς, ὦ Χάρων, ὅντινα ἄνδρα διεπόρθμευσας; ἐλεύθερον ἀκριβῶς· οὐδενὸς αὐτῷ μέλει. οὗτός ἐστιν ὁ Μένιππος.   15

2 ἐπελαβόμην β   ἔκλαιον τῶν ἄλλων ἐγὼ μόνος ἐπιβατῶν ὀδυρομένων γ   3 πρὸς πορθμέα β   σε] σοι Φ 4 γὰρ om. β   5 ἀπάγαγέ ΩΝ   6 γε om. β   παρὰ τοῦ Αἰακοῦ om. γ; cf. 26.2: παρὰ τῷ Αἰακῷ Ω^b   8 οὖν] οὖν με Φ 10 τὸ om. Ν   14 ὅντινα γ: ὁποῖον β   15 οὐδενὸς...μέλει γ: κοὐδενὸς κτλ. recc.: om. β

77. ΝΕΚΡΙΚΟΙ ΔΙΑΛΟΓΟΙ

ΧΑΡΩΝ

Καὶ μὴν ἄν σε λάβω ποτέ—

ΜΕΝΙΠΠΟΣ

Ἂν λάβῃς, ὦ βέλτιστε· δὶς δὲ οὐκ ἂν λάβοις.

3 (2)

ΝΕΚΡΩΝ ΠΛΟΥΤΩΝΙ ΚΑΤΑ ΜΕΝΙΠΠΟΥ

ΚΡΟΙΣΟΣ

Οὐ φέρομεν, ὦ Πλούτων, Μένιππον τουτονὶ τὸν κύνα παρ- **1**
οικοῦντα· ὥστε ἢ ἐκεῖνόν ποι κατάστησον ἢ ἡμεῖς μετοικήσομεν
5 εἰς ἕτερον τόπον.

ΠΛΟΥΤΩΝ

Τί δ᾽ ὑμᾶς δεινὸν ἐργάζεται ὁμόνεκρος ὤν;

ΚΡΟΙΣΟΣ

Ἐπειδὰν ἡμεῖς οἰμώζωμεν καὶ στένωμεν ἐκείνων μεμνημένοι
τῶν ἄνω, Μίδας μὲν οὑτοσὶ τοῦ χρυσίου, Σαρδανάπαλλος δὲ τῆς
πολλῆς τρυφῆς, ἐγὼ δὲ Κροῖσος τῶν θησαυρῶν, ἐπιγελᾷ καὶ
10 ἐξονειδίζει ἀνδράποδα καὶ καθάρματα ἡμᾶς ἀποκαλῶν, ἐνίοτε δὲ
καὶ ᾄδων ἐπιταράττει ἡμῶν τὰς οἰμωγάς, καὶ ὅλως λυπηρός
ἐστιν.

ΠΛΟΥΤΩΝ

Τί ταῦτά φασιν, ὦ Μένιππε;

ΜΕΝΙΠΠΟΣ

Ἀληθῆ, ὦ Πλούτων· μισῶ γὰρ αὐτοὺς ἀγεννεῖς καὶ ὀλεθρίους

1-2 sic β: λάβω. *ΜΕΝ. Πότε ἂν λάβῃς, ὦ γ*   **3.** Codd.
ΓΩLBN rettuli; *ΓΩL* = γ; BN = β   Titulus sic γ: *ΠΛΟΥΤΩΝ*
Η ΚΑΤΑ ΜΕΝΙΠΠΟΥ β   De re cf. 38.18   4 *μετάστησον*
Schaefer   *μετοικήσομεν* ΒΨΩ uv.: *μετοικίσομεν* ΓL¹N: *μετοικήσωμεν*
recc.; cf. 38.18   6 *ἡμᾶς* Fl.   8 *οὗτος* γ
Σαρδανάπαλος LΩᵈN   10 *ὀνειδίζει* Ω   14 *ἀγενεῖς* ΓΩ¹
ὀλέθρους Coraes

153

ὄντας, οἷς οὐκ ἀπέχρησεν βιῶναι κακῶς, ἀλλὰ καὶ ἀποθανόντες
ἔτι μέμνηνται καὶ περιέχονται τῶν ἄνω· χαίρω τοιγαροῦν ἀνιῶν
αὐτούς.

ΠΛΟΥΤΩΝ

᾿Αλλ᾿ οὐ χρή· λυποῦνται γὰρ οὐ μικρῶν στερούμενοι.

ΜΕΝΙΠΠΟΣ

Καὶ σὺ μωραίνεις, ὦ Πλούτων, ὁμόψηφος ὢν τοῖς τούτων 5
στεναγμοῖς;

ΠΛΟΥΤΩΝ

Οὐδαμῶς, ἀλλ᾿ οὐκ ἂν ἐθέλοιμι στασιάζειν ὑμᾶς.

ΜΕΝΙΠΠΟΣ

2 Καὶ μήν, ὦ κάκιστοι Λυδῶν καὶ Φρυγῶν καὶ ᾿Ασσυρίων,
οὕτω γινώσκετε ὡς οὐδὲ παυσομένου μου· ἔνθα γὰρ ἂν ἴητε,
ἀκολουθήσω ἀνιῶν καὶ κατάδων καὶ καταγελῶν.   10

ΚΡΟΙΣΟΣ

Ταῦτα οὐχ ὕβρις;

ΜΕΝΙΠΠΟΣ

Οὔκ, ἀλλ᾿ ἐκεῖνα ὕβρις ἦν, ἃ ὑμεῖς ἐποιεῖτε, προσκυνεῖσθαι
ἀξιοῦντες καὶ ἐλευθέροις ἀνδράσιν ἐντρυφῶντες καὶ τοῦ θανάτου
παράπαν οὐ μνημονεύοντες· τοιγαροῦν οἰμώξεσθε πάντων
ἐκείνων ἀφῃρημένοι.   15

ΚΡΟΙΣΟΣ

Πολλῶν γε, ὦ θεοί, καὶ μεγάλων κτημάτων.

ΜΙΔΑΣ

῞Οσου μὲν ἐγὼ χρυσοῦ.

4 στερόμενοι Γ   6 ; Ψ: om. ΒΝγ   10 κατάδων ΓLβ:
κατεπάδων Ω: ἐπάδων Fritzsche   11 cf. Ar. *Ran.* 21   14 τὸ
παράπαν Ν   οἰμώζεσθε ΓΝ   16 seq. *ΝΕΚΡΟΙ* Πολλῶν...
δὲ τρυφῆς ἐγώ. Ψ

77. ΝΕΚΡΙΚΟΙ ΔΙΑΛΟΓΟΙ

ΣΑΡΔΑΝΑΠΑΛΛΟΣ

Ὅσης δὲ ἐγὼ τρυφῆς.

ΜΕΝΙΠΠΟΣ

Εὖ γε· οὕτω ποιεῖτε· ὀδύρεσθε μὲν ὑμεῖς, ἐγὼ δὲ τὸ γνῶθι σαυτὸν πολλάκις συνείρων ἐπάσομαι ὑμῖν· πρέποι γὰρ ἂν ταῖς τοιαύταις οἰμωγαῖς ἐπᾳδόμενον.

4 (21)

ΜΕΝΙΠΠΟΥ ΚΑΙ ΚΕΡΒΕΡΟΥ

ΜΕΝΙΠΠΟΣ

5 ᵀΩ Κέρβερε—συγγενὴς γάρ εἰμί σοι, κύων καὶ αὐτὸς ὤν—εἰπέ **1** μοι πρὸς τῆς Στυγός, οἷος ἦν ὁ Σωκράτης, ὁπότε κατῄει παρ' ὑμᾶς· εἰκὸς δέ σε θεὸν ὄντα μὴ ὑλακτεῖν μόνον, ἀλλὰ καὶ ἀνθρωπίνως φθέγγεσθαι, ὁπότ' ἐθέλοις.

ΚΕΡΒΕΡΟΣ

Πόρρωθεν μέν, ὦ Μένιππε, παντάπασιν ἐδόκει ἀτρέπτῳ τῷ
10 προσώπῳ προσιέναι καὶ οὐ πάνυ δεδιέναι τὸν θάνατον δοκῶν καὶ τοῦτο ἐμφῆναι τοῖς ἔξω τοῦ στομίου ἑστῶσιν ἐθέλων, ἐπεὶ δὲ κατέκυψεν εἴσω τοῦ χάσματος καὶ εἶδε τὸν ζόφον, κἀγὼ ἔτι διαμέλλοντα αὐτὸν δακὼν [τῷ κωνείῳ] κατέσπασα τοῦ ποδός, ὥσπερ τὰ βρέφη ἐκώκυεν καὶ τὰ ἑαυτοῦ παιδία ὠδύρετο καὶ
15 παντοῖος ἐγίνετο.

---

2 γε οὕτω sine puncto γβ   2–3 cf. Pl. *Prt.* 343b
4. Codd. ΓΩLBΦ rettuli; ΓΩL = γ; ΒΦΝ = β   6 παρ' γ:
πρὸς β   7 ἡμᾶς Φ   8 ἀνθρωπικῶς β; cf. 22.2
9 παντάπασιν om. β   ἀτρέστῳ Bʳ mg.; cf. 14.23
10 προσιέναι καὶ οὐ πάνυ δεδιέναι γ: προσίεσθαι β   11–12 cf. Pl. *R.*
615d, *Phd.* 112a   13 διαμέλλοντα] βραδύνοντα mg. Γ
δακὼν] δοκῶν Guyet   τῷ κωνείῳ del. Sbdt.: fort. transponendum
est: lacunam ante τῷ κ. statuit D. A. Russell: Erasmi interpretatio
aconito mordens difficilis videtur   15 ἐγένετο β; cf. Hdt. 9.109.3 etc.

ΛΟΥΚΙΑΝΟΥ

ΜΕΝΙΠΠΟΣ

2 Οὐκοῦν σοφιστὴς ὁ ἄνθρωπος ἦν καὶ οὐκ ἀληθῶς κατεφρόνει
τοῦ πράγματος.

ΚΕΡΒΕΡΟΣ

Οὔκ, ἀλλ' ἐπείπερ ἀναγκαῖον αὐτὸ ἑώρα, κατεθρασύνετο ὡς
δῆθεν οὐκ ἄκων πεισόμενος ὃ πάντως ἔδει παθεῖν, ὡς θαυμά-
σονται οἱ θεαταί. καὶ ὅλως περὶ πάντων γε τῶν τοιούτων εἰπεῖν ἂν 5
ἔχοιμι, ἕως τοῦ στομίου τολμηροὶ καὶ ἀνδρεῖοι, τὰ δὲ ἔνδοθεν
ἔλεγχος ἀκριβής.

ΜΕΝΙΠΠΟΣ

Ἐγὼ δὲ πῶς σοι κατεληλυθέναι ἔδοξα;

ΚΕΡΒΕΡΟΣ

Μόνος, ὦ Μένιππε, ἀξίως τοῦ γένους, καὶ Διογένης πρὸ σοῦ,
μὴ ἀναγκαζόμενοι εἰσήειτε μηδ' ὠθούμενοι, ἀλλ' ἐθελούσιοι, 10
γελῶντες, οἰμώζειν παραγγείλαντες ἅπασιν.

5 (18)

ΜΕΝΙΠΠΟΥ ΚΑΙ ΕΡΜΟΥ

ΜΕΝΙΠΠΟΣ

1 Ποῦ δαὶ οἱ καλοί εἰσιν ἢ αἱ καλαί, ὦ Ἑρμῆ; ξενάγησόν με
νέηλυν ὄντα.

ΕΡΜΗΣ

Οὐ σχολὴ μέν, ὦ Μένιππε· πλὴν κατ' ἐκεῖνο ἀπόβλεψον, ἐπὶ
τὰ δεξιά, ἔνθα Ὑάκινθός τέ ἐστιν καὶ Νάρκισσος καὶ Νιρεὺς καὶ 15

2 πράγματος. γβ Fl.: ; add. edd.   3 ἀναγκαῖον ⟨ὂν⟩ Desrousseaux
4 οὐκ ἄκων] οὐ κακὸν Φ   θαυμάσονται ΓΩ¹ΒΦ: θαυμάσωνται
LN; cf. 27.1, 58.27   5 γε τῶν τοιούτων ΒΝ: τούτων γ: καὶ
τούτων Φ   ἂν om. ΒΦ¹Ν   6 τὰ β: τὸ γ   5. ΓΩL = γ;
ΒΦ = β   Titulus ΕΡΜ. ΚΑΙ ΜΕΝ. β   12 δαὶ Β: δὲ cett.
ὦ om. γ   cf. Pl. Phdr. 230c   14 cf. 79.4   μέν]
μοι recc.   ἀπόβλεψον γ: αὐτὸ βλέψον β   ἐπὶ β: ὡς ἐπὶ γ
15 ὁ Ὑάκ. γ   ὁ Νάρκ. ΩLΦ²

77. ΝΕΚΡΙΚΟΙ ΔΙΑΛΟΓΟΙ

Ἀχιλλεὺς καὶ Τυρὼ καὶ Ἑλένη καὶ Λήδα καὶ ὅλως τὰ ἀρχαῖα πάντα κάλλη.

ΜΕΝΙΠΠΟΣ

Ὀστᾶ μόνον ὁρῶ καὶ κρανία τῶν σαρκῶν γυμνά, ὅμοια τὰ πολλά.

ΕΡΜΗΣ

5 Καὶ μὴν ἐκεῖνά ἐστιν ἃ πάντες οἱ ποιηταὶ θαυμάζουσι, τὰ ὀστᾶ ὧν σὺ ἔοικας καταφρονεῖν.

ΜΕΝΙΠΠΟΣ

Ὅμως τὴν Ἑλένην μοι δεῖξον· οὐ γὰρ ἂν διαγνοίην ἔγωγε.

ΕΡΜΗΣ

Τουτὶ τὸ κρανίον ἡ Ἑλένη ἐστίν.

ΜΕΝΙΠΠΟΣ

Εἶτα διὰ τοῦτο αἱ χίλιαι νῆες ἐπληρώθησαν ἐξ ἁπάσης τῆς 2
10 Ἑλλάδος καὶ τοσοῦτοι ἔπεσον Ἕλληνές τε καὶ βάρβαροι καὶ τοσαῦται πόλεις ἀνάστατοι γεγόνασιν;

ΕΡΜΗΣ

Ἀλλ' οὐκ εἶδες, ὦ Μένιππε, ζῶσαν τὴν γυναῖκα· ἔφης γὰρ ἂν καὶ σὺ ἀνεμέσητον εἶναι

τοιῇδ' ἀμφὶ γυναικὶ πολὺν χρόνον ἄλγεα πάσχειν,

15 ἐπεὶ καὶ τὰ ἄνθη ξηρὰ ὄντα εἴ τις βλέποι ἀποβεβληκότα τὴν βαφήν, ἄμορφα δῆλον ὅτι αὐτῷ δόξει, ὅτε μέντοι ἀνθεῖ καὶ ἔχει τὴν χρόαν, κάλλιστά ἐστιν.

2 κάλλη πάντα β   3 μόνα β   5 ἐστίν om. L
9 αἱ χ. ν. διὰ τοῦτο β   τῆς om. Ω   9–11 cf. A. Ag. 689
12 ἔφης γὰρ ἂν β: φῇς γὰρ ἂν ΓL: φῇς γὰρ Ω   13–14 cf. Il. 3.156–7
15 τὰ om. γ   16 βαφήν] μορφήν Ω   17 χροιὰν β

ΛΟΥΚΙΑΝΟΥ

ΜΕΝΙΠΠΟΣ

Οὐκοῦν τοῦτο, ὦ Ἑρμῆ, θαυμάζω, εἰ μὴ συνίεσαν οἱ Ἀχαιοὶ περὶ πράγματος οὕτως ὀλιγοχρονίου καὶ ῥᾳδίως ἀπανθοῦντος πονοῦντες.

ΕΡΜΗΣ

Οὐ σχολὴ συμφιλοσοφεῖν σοι. ὥστε ἐπιλεξάμενος τόπον, ἔνθα ἂν ἐθέλῃς, κεῖσο καταβαλὼν σεαυτόν, ἐγὼ δὲ τοὺς ἄλλους 5 νεκροὺς ἤδη μετελεύσομαι.

6 (20)

ΜΕΝΙΠΠΟΥ ΚΑΙ ΑΙΑΚΟΥ

ΜΕΝΙΠΠΟΣ

1 Πρὸς τοῦ Πλούτωνος, ὦ Αἰακέ, περιήγησαί μοι τὰ ἐν ᾅδου πάντα.

ΑΙΑΚΟΣ

Οὐ ῥᾴδιον, ὦ Μένιππε, ἅπαντα· ὅσα μέντοι κεφαλαιώδη, μάνθανε· οὗτος μὲν ὅτι Κέρβερός ἐστιν οἶσθα, καὶ τὸν πορθμέα 10 τοῦτον, ὅς σε διεπέρασεν, καὶ τὴν λίμνην καὶ τὸν Πυριφλεγέθοντα ἤδη ἑώρακας εἰσιών.

ΜΕΝΙΠΠΟΣ

Οἶδα ταῦτα καὶ σέ, ὅτι πυλωρεῖς, καὶ τὸν βασιλέα εἶδον καὶ τὰς Ἐρινῦς· τοὺς δὲ ἀνθρώπους μοι τοὺς πάλαι δεῖξον καὶ μάλιστα τοὺς ἐπισήμους αὐτῶν. 15

---

1 Οὔκουν Φ   εἰ μὴ γ: ἐπεὶ ΒΝ: ἐπεὶ μὴ Φ   4 Οὐ σχολή μοι, ὦ Μένιππε, συμφ. γ   ὥστε β: ὥστε σὺ μὲν γ 5 θέλῃς ΓΩ   τοὺς β: καὶ τοὺς γ   6. ΓΩL = γ; ΒΝΦ = β De re cf. 38.10–19   Titulus ΑΙΑΚΟΥ ΚΑΙ ΜΕΝΙΠΠΟΥ β 7 τοῦ Πλούτωνος ΩLΓᶜ: τοῦ Πλάτωνος Γ: Διονύσου κωλοάνου οὐ κωτοβάτου (κατωβάτου, omisso οὐ Ν) β: Διονύσου Κολωνάτου Mras (cf. Paus. 3.13.7): Διονύσου τοῦ καταιβάτου Fritzsche: an τοῦ Ἀϊδωνέως, cf. 40.16, 77.14.1? 10 οὑτοσὶ β   14 ἐρινῦς Ν   15 ἐπισήμους γ: ἐνδόξους β; cf. 14.17

77. ΝΕΚΡΙΚΟΙ ΔΙΑΛΟΓΟΙ

ΑΙΑΚΟΣ

Οὗτος μὲν Ἀγαμέμνων, οὗτος δὲ Ἀχιλλεύς, οὗτος δὲ Ἰδο-
μενεὺς πλησίον, ἔπειτα Ὀδυσσεύς, εἶτα Αἴας καὶ Διομήδης
καὶ οἱ ἄριστοι τῶν Ἑλλήνων.

ΜΕΝΙΠΠΟΣ

Βαβαί, ὦ Ὅμηρε, οἷά σοι τῶν ῥαψῳδιῶν τὰ κεφάλαια χαμαὶ 2
5 ἔρριπται ἄγνωστα καὶ ἄμορφα, κόνις πάντα καὶ λῆρος πολύς,
ἀμενηνὰ ὡς ἀληθῶς κάρηνα. οὗτος δέ, ὦ Αἰακέ, τίς ἐστιν;

ΑΙΑΚΟΣ

Κῦρός ἐστιν· οὗτος δὲ Κροῖσος, ὁ δ᾽ ὑπὲρ αὐτὸν Σαρδανά-
παλλος, ὁ δ᾽ ὑπὲρ τούτους Μίδας, ἐκεῖνος δὲ Ξέρξης.

ΜΕΝΙΠΠΟΣ

Εἶτα σέ, ὦ κάθαρμα, ἡ Ἑλλὰς ἔφριττε ζευγνύντα μὲν τὸν
10 Ἑλλήσποντον, διὰ δὲ τῶν ὀρῶν πλεῖν ἐπιθυμοῦντα; οἷος δὲ καὶ
ὁ Κροῖσός ἐστιν. τὸν Σαρδανάπαλλον δέ, ὦ Αἰακέ, πατάξαι μοι
κατὰ κόρρης ἐπίτρεψον.

ΑΙΑΚΟΣ

Μηδαμῶς· διαθρύπτεις γὰρ αὐτοῦ τὸ κρανίον γυναικεῖον ὄν.

ΜΕΝΙΠΠΟΣ

Οὐκοῦν προσπτύσομαί γε πάντως αὐτῷ ἀνδρογύνῳ ὄντι.

ΑΙΑΚΟΣ

15 Βούλει σοὶ ἐπιδείξω καὶ τοὺς σοφούς; 3

2 ἔπειτα ΦΝ: εἶτα γ: οὗτος δὲ Β   6 cf. *Od.* 10.521 etc.
6-7 κάρηνα. ΑΙ. Οὗτος δέ, ὦ Μένιππε, Κῦρός ἐστιν· οὗτος Ξέρξης,
οὗτος δὲ Κροῖσος β   7 ὑπὲρ αὐτὸν β: παρ᾽ αὐτῷ γ   7-8 Σαρδανά-
παλος γ   8-9 Μίδας. ΜΕΝ. Σέ, ὦ κάθ. β   9 ὦ om. γ
9-12 cf. Hdt. 1, 7-9 passim, Luc. 26 passim, 38.16-18, Juv. *Sat.* 10.
174-86, 274-5, 362 etc.   11 Σαρδανάπαλον ΛΩΦ¹   13 δια-
θρύψεις Ν, Φ' uv.   γὰρ om. ΓΩ   14 Οὐκοῦν ἀλλὰ πρ. β
προσπτύξομαι Ν   αὐτῷ om. Β   γε ante ὄντι iterant ΒΦ
15 καὶ om. β

ΛΟΥΚΙΑΝΟΥ

ΜΕΝΙΠΠΟΣ

Νὴ Δία γε.

ΑΙΑΚΟΣ

Πρῶτος οὗτός σοι ὁ Πυθαγόρας ἐστί.

ΜΕΝΙΠΠΟΣ

Χαῖρε, ὦ Εὔφορβε ἢ ῎Απολλον ἢ ὅ τι ἂν θέλῃς.

ΠΥΘΑΓΟΡΑΣ

Νὴ καὶ σύ γε, ὦ Μένιππε.

ΜΕΝΙΠΠΟΣ

Οὐκέτι χρυσοῦς ὁ μηρός ἐστί σοι;   5

ΠΥΘΑΓΟΡΑΣ

Οὐ γάρ· ἀλλὰ φέρε ἴδω εἴ τί σοι ἐδώδιμον ἡ πήρα ἔχει.

ΜΕΝΙΠΠΟΣ

Κυάμους, ὦγαθέ· ὥστε οὔτι σοὶ ἐδώδιμον.

ΠΥΘΑΓΟΡΑΣ

Δὸς μόνον· ἄλλα παρὰ νεκροῖς δόγματα· ἔμαθον γάρ, ὡς οὐδὲν
ἴσον κύαμοι καὶ κεφαλαὶ τοκήων ἐνθάδε.

ΑΙΑΚΟΣ

4   Οὗτος δὲ Σόλων ὁ ᾽Εξηκεστίδου καὶ Θαλῆς ἐκεῖνος καὶ παρ᾽   10
αὐτοὺς Πιττακὸς καὶ οἱ ἄλλοι· ἑπτὰ δὲ πάντες εἰσὶν ὡς ὁρᾷς.

ΜΕΝΙΠΠΟΣ

῎Αλυποι, ὦ Αἰακέ, οὗτοι μόνοι καὶ φαιδροὶ τῶν ἄλλων·

2 οὗτος om. β   ὁ om. γ   3 χαίρετε γ   ἂν
ἐθέλοις Ω   3–5 cf. 14.21, 22.4 seq., D.L. 8.4, 11   4 γε om.
LΩN; cf. Men. *Georg.* 41, *Sam.* 129, Luc. 25.46 etc.   5 ἐστί om. γ
σοι] σου L   7 οὔτι γ: οὐ τοῦτο β   8–9 cf.
22.4, Gell. 4.11, D.L. 8.19 etc.   10 ὁ Σόλων ὁ γ   11 αὐτοὺς
β Γ¹L: αὐτοῖς Ω Γˣ   ἑπτὰ] ἔπειτα Φ

77. ΝΕΚΡΙΚΟΙ ΔΙΑΛΟΓΟΙ

ὁ δὲ σποδοῦ ἀνάπλεως καθάπερ ἐγκρυφίας ἄρτος, ὁ ταῖς
φλυκταίναις ὅλος ἐξηνθηκώς, τίς ἐστιν;

ΑΙΑΚΟΣ

Ἐμπεδοκλῆς, ὦ Μένιππε, ἡμίεφθος ἀπὸ τῆς Αἴτνης παρών.

ΜΕΝΙΠΠΟΣ

Ὦ χαλκόπου βέλτιστε, τί παθὼν σεαυτὸν εἰς τοὺς κρατῆρας
5 ἐνέβαλες;

ΕΜΠΕΔΟΚΛΗΣ

Μελαγχολία τις, ὦ Μένιππε.

ΜΕΝΙΠΠΟΣ

Οὐ μὰ Δί' ἀλλὰ κενοδοξία καὶ τῦφος καὶ πολλὴ κόρυζα, ταῦτά
σε ἀπηνθράκωσεν αὐταῖς κρηπῖσιν οὐκ ἀνάξιον ὄντα· πλὴν ἀλλ'
οὐδέν σε ὤνησεν τὸ σόφισμα· ἐφωράθης γὰρ τεθνεώς. ὁ Σωκράτης
10 δέ, ὦ Αἰακέ, ποῦ ποτε ἄρα ἐστίν;

ΑΙΑΚΟΣ

Μετὰ Νέστορος καὶ Παλαμήδους ἐκεῖνος ληρεῖ τὰ πολλά.

ΜΕΝΙΠΠΟΣ

Ὅμως ἐβουλόμην ἰδεῖν αὐτόν, εἴ που ἐνθάδε ἐστίν.

ΑΙΑΚΟΣ

Ὁρᾷς τὸν φαλακρόν;

ΜΕΝΙΠΠΟΣ

Ἅπαντες φαλακροί εἰσιν· ὥστε πάντων ἂν εἴη τοῦτο
15 γνώρισμα.

1 ἀνάπλεως καθάπερ γ: πλέως ὥσπερ β   1–2 ὁ τὰς φλυκταίνας
ἐξηνθ. β; cf. 14.30, 28.6 (β), Thuc. 2.49   3 seq. cf. 14.21, 24.13,
D.L. 8.69 etc.   3 ἡμίαιφθος Γ   4 σαυτὸν β   6 Aeaco
tribuit Ω   8 οὐκ ἄξιον LΦ¹   ἀλλ' om. β   9 τὸ σόφ. ὤν. β
11–12 Μετὰ...ἐστίν om. B   11 cf. 14.17, 38.18, Pl. Apol. 41b
14 εἴη τοῦτο] τοῦτο εἴη Ω   τοῦτο γ: τὸ β: τοῦτο τὸ recc.

ΑΙΑΚΟΣ

Τὸν σιμὸν λέγω.

ΜΕΝΙΠΠΟΣ

Καὶ τοῦτο ὅμοιον· σιμοὶ γὰρ ἅπαντες.

ΣΩΚΡΑΤΗΣ

5 Ἐμὲ ζητεῖς, ὦ Μένιππε;

ΜΕΝΙΠΠΟΣ

Καὶ μάλα, ὦ Σώκρατες.

ΣΩΚΡΑΤΗΣ

Τί τὰ ἐν Ἀθήναις;   5

ΜΕΝΙΠΠΟΣ

Πολλοὶ τῶν νέων φιλοσοφεῖν λέγουσι, καὶ τά γε σχήματα αὐτὰ
καὶ τὰ βαδίσματα εἰ θεάσαιτό τις, ἄκροι φιλόσοφοι.

ΣΩΚΡΑΤΗΣ

Μάλα πολλοὺς ἑώρακα.

ΜΕΝΙΠΠΟΣ

Ἀλλὰ ἑώρακας, οἶμαι, οἷος ἧκεν παρὰ σοὶ Ἀρίστιππος ἢ
Πλάτων αὐτός, ὁ μὲν ἀποπνέων μύρου, ὁ δὲ τοὺς ἐν Σικελίᾳ   10
τυράννους θεραπεύειν ἐκμαθών.

ΣΩΚΡΑΤΗΣ

Περὶ δὲ ἐμοῦ τί φρονοῦσιν;

ΜΕΝΙΠΠΟΣ

Εὐδαίμων, ὦ Σώκρατες, ἄνθρωπος εἶ τά γε τοιαῦτα. πάντες

6 αὐτὰ om. γ   7 θεάσαιτό ΩΝ: θεάσοιτό ΓΛΒΦ   7–8 sic
ΒΝ: φιλόσοφοι μάλα πολλοί· τὰ δ' ἄλλα ἑώρακας Φγ   9 ἢ γ: καὶ β
10 μύρων Ω   12 Περὶ ἐμοῦ δὲ β   13 cf. Pl. *Phd.* 58e

77. ΝΕΚΡΙΚΟΙ ΔΙΑΛΟΓΟΙ

γοῦν σε θαυμάσιον οἴονται ἄνδρα γεγενῆσθαι καὶ πάντα
ἐγνωκέναι καὶ ταῦτα—οἶμαι γὰρ τἀληθῆ λέγειν—οὐδὲν εἰδότα.

ΣΩΚΡΑΤΗΣ

Καὶ αὐτὸς ἔφασκον ταῦτα πρὸς αὐτούς, οἱ δὲ εἰρωνείαν τὸ
πρᾶγμα ᾤοντο εἶναι.

ΜΕΝΙΠΠΟΣ

5 Τίνες δὲ οὗτοί εἰσιν οἱ περὶ σέ;   6

ΣΩΚΡΑΤΗΣ

Χαρμίδης, ὦ Μένιππε, καὶ Φαῖδρος καὶ ὁ τοῦ Κλεινίου.

ΜΕΝΙΠΠΟΣ

Εὖ γε, ὦ Σώκρατες, ὅτι κἀνταῦθα μέτει τὴν σεαυτοῦ τέχνην
καὶ οὐκ ὀλιγωρεῖς τῶν καλῶν.

ΣΩΚΡΑΤΗΣ

Τί γὰρ ἂν ἄλλο πράττοιμι; ἀλλὰ πλησίον ἡμῶν κατάκεισο, εἰ
10 δοκεῖ.

ΜΕΝΙΠΠΟΣ

Μὰ Δί', ἐπεὶ παρὰ τὸν Κροῖσον καὶ τὸν Σαρδανάπαλλον ἄπειμι
πλησίον οἰκήσων αὐτῶν· ἔοικα γοῦν οὐκ ὀλίγα γελάσεσθαι
οἰμωζόντων ἀκούων.

ΑΙΑΚΟΣ

Κἀγὼ ἤδη ἄπειμι, μὴ καί τις ἡμᾶς νεκρὸς λάθῃ διαφυγών.
15 τὰ πολλὰ δ' εἰσαῦθις ὄψει, ὦ Μένιππε.

ΜΕΝΙΠΠΟΣ

Ἄπιθι· καὶ ταυτὶ γὰρ ἱκανά, ὦ Αἰακέ.

---

1 γοῦν γ: οὖν β   2 καὶ om. β   οἶμαι γὰρ Ω: γὰρ
οἶμαι ΓL: δεῖ γὰρ οἶμαι β   τἀληθὲς Φ   3–4 ᾤοντο τὸ πρ. β
5 εἰσιν οὗτοι β   7 κἀνταῦθα μεγίστην ἀσκεῖς σαυτοῦ τέχνην β
9 ἂν ἄλλο β: ἂν ἥδιον ἄλλο Γ: ἄλλο ἥδιον Ω: ἂν ἄλλο ἥδιον L   11 ἐπεὶ
παρὰ τὸν Κρ. β: ἐπὶ τὸν Κρ. γὰρ γ   τὸν² βL: om. ΓΩ   Σαρδανά-
παλλον ΒΦ²Γ: Σαρδανάπαλον ΩLΦ¹N   12 γελάσασθαι Γ¹Ω¹
15 τὰ πολλὰ βγ: τὰ λοιπὰ Fritzsche: τἄλλα Courier   16 Ἄπιθι om. β

163

7 (17)

ΜΕΝΙΠΠΟΥ ΚΑΙ ΤΑΝΤΑΛΟΥ

ΜΕΝΙΠΠΟΣ

1 Τί κλάεις, ὦ Τάνταλε; ἢ τί σεαυτὸν ὀδύρῃ ἐπὶ τῇ λίμνῃ ἑστώς;

ΤΑΝΤΑΛΟΣ

Ὅτι, ὦ Μένιππε, ἀπόλωλα ὑπὸ τοῦ δίψους.

ΜΕΝΙΠΠΟΣ

Οὕτως ἀργὸς εἶ, ὡς μὴ ἐπικύψας πιεῖν ἢ καὶ νὴ Δία γε ἀρυσάμενος κοίλῃ τῇ χειρί;

ΤΑΝΤΑΛΟΣ

Οὐδὲν ὄφελος, εἰ ἐπικύψαιμι· φεύγει γὰρ τὸ ὕδωρ, ἐπειδὰν 5 προσιόντα αἴσθηταί με· καὶ ἦν δέ ποτε καὶ ἀρύσωμαι καὶ προσενέγκω τῷ στόματι, οὐ φθάνω βρέξας ἄκρον τὸ χεῖλος, καὶ διὰ τῶν δακτύλων διαρρυὲν οὐκ οἶδ' ὅπως αὖθις ἀπολείπει ξηρὰν τὴν χεῖρά μοι.

ΜΕΝΙΠΠΟΣ

Τεράστιόν τι πάσχεις, ὦ Τάνταλε. ἀτὰρ εἰπέ μοι, τί δαὶ καὶ 10 δέῃ τοῦ πιεῖν; οὐ γὰρ σῶμα ἔχεις, ἀλλ' ἐκεῖνο μὲν ἐν Λυδίᾳ που τέθαπται, ὅπερ καὶ πεινῆν καὶ διψῆν ἐδύνατο, σὺ δὲ ἡ ψυχὴ πῶς ἂν ἔτι ἢ διψῴης ἢ πίοις;

ΤΑΝΤΑΛΟΣ

Τοῦτ' αὐτὸ ἡ κόλασίς ἐστι, τὸ διψῆν τὴν ψυχὴν ὡς σῶμα οὖσαν.

7. ΓΩL = γ; ΒΦ = β   De re cf. *Od.* 11.582-92, Apollodor.
Epit. 2.1 etc.   1 κλάεις ΒΝ: κλαίεις γΦ   ὀδύρῃ β:
οἰκτείρεις γ   cf. 40.8; in lacu tamen stat secundum *Od.* 11.583
etc., cf. Luc. 60.6   3 γε om. β; cf. 27.20 etc.   6 καὶ¹ om. β
ἀρύσω γ   10 δαὶ Β: δὲ ΦΝΓL: γὰρ Ω   11 τοῦ πιεῖν om. Ω
13 ἔτι ἢ rec.: ἔτι β: ἢ γ

77. ΝΕΚΡΙΚΟΙ ΔΙΑΛΟΓΟΙ

ΜΕΝΙΠΠΟΣ

Ἀλλὰ τοῦτο μὲν οὕτως πιστεύσομεν, ἐπεὶ φῂς κολάζεσθαι τῷ 2
δίψει. τί δ᾽ οὖν σοι τὸ δεινὸν ἔσται; ἢ δέδιας μὴ ἐνδείᾳ τοῦ ποτοῦ
ἀποθάνῃς; οὐχ ὁρῶ γὰρ ἄλλον ᾅδην μετὰ τοῦτον ἢ θάνατον
ἐντεῦθεν εἰς ἕτερον τόπον.

ΤΑΝΤΑΛΟΣ

5 Ὀρθῶς μὲν λέγεις· καὶ τοῦτο δ᾽ οὖν μέρος τῆς καταδίκης ἐστὶ
τὸ ἐπιθυμεῖν πιεῖν μηδὲν δεόμενον.

ΜΕΝΙΠΠΟΣ

Ληρεῖς, ὦ Τάνταλε, καὶ ὡς ἀληθῶς ποτοῦ δεῖσθαι δοκεῖς,
ἀκράτου γε ἐλλεβόρου νὴ Δία, ὅστις τοὐναντίον τοῖς ὑπὸ τῶν
λυττώντων κυνῶν δεδηγμένοις πέπονθας, οὐ τὸ ὕδωρ ἀλλὰ τὴν
10 δίψαν πεφοβημένος.

ΤΑΝΤΑΛΟΣ

Οὐδὲ τὸν ἐλλέβορον, ὦ Μένιππε, ἀναίνομαι πιεῖν, γένοιτό μοι
μόνον.

ΜΕΝΙΠΠΟΣ

Θάρρει, ὦ Τάνταλε, ὡς οὔτε σὺ οὔτε ἄλλος πίεται τῶν νεκρῶν·
ἀδύνατον γάρ· καίτοι οὐ πάντες ὥσπερ σὺ ἐκ καταδίκης διψῶσι
15 τοῦ ὕδατος αὐτοὺς οὐχ ὑπομένοντος.

8 (26)

ΜΕΝΙΠΠΟΥ ΚΑΙ ΧΕΙΡΩΝΟΣ

ΜΕΝΙΠΠΟΣ

Ἤκουσα, ὦ Χείρων, ὡς θεὸς ὢν ἐπεθύμησας ἀποθανεῖν. 1

1 οὕτω γ   τῷ δ. κολ. γ   2 ἢ ΩΦΝ: ἢ ΒΓL
4 ἐντεῦθεν εἰς Fl.: ἐντεῦθεν ἢ β: ἐνταῦθα εἰς ΓL: ἐνταῦθά που εἰς Ω; cf. 77.8.2
5 ἐστὶ om. β   8 ἐλλ. Ν   8–9 ὑπὸ κυνῶν λυττ. Ω;
cf. 8.38   11 μοι om. β   13 σὺ οὔτε om. γ   15 τοῦ]
καὶ τοῦ Φ   8. ΓΩL = γ; ΒΦ = β   16 ἐπιθυμήσειας β

ΛΟΥΚΙΑΝΟΥ

ΧΕΙΡΩΝ

Ἀληθῆ ταῦτα ἤκουσας, ὦ Μένιππε, καὶ τέθνηκα, ὡς ὁρᾷς, ἀθάνατος εἶναι δυνάμενος.

ΜΕΝΙΠΠΟΣ

Τίς δαί σε ἔρως τοῦ θανάτου ἔσχεν, ἀνεράστου τοῖς πολλοῖς χρήματος;

ΧΕΙΡΩΝ

Ἐρῶ πρὸς σὲ οὐκ ἀσύνετον ὄντα. οὐκ ἦν ἔτι ἡδὺ ἀπολαύειν τῆς 5 ἀθανασίας.

ΜΕΝΙΠΠΟΣ

Οὐχ ἡδὺ ἦν ζῶντα ὁρᾶν τὸ φῶς;

ΧΕΙΡΩΝ

Οὔκ, ὦ Μένιππε· τὸ γὰρ ἡδὺ ἔγωγε ποικίλον τι καὶ οὐχ ἁπλοῦν ἡγοῦμαι εἶναι. ἐγὼ δὲ ἔζων ἀεὶ καὶ ἀπέλαυον τῶν ὁμοίων, ἡλίου, φωτός, τροφῆς, αἱ ὧραι δὲ αἱ αὐταὶ καὶ τὰ γινόμενα ἅπαντα ἑξῆς 10 ἕκαστον, ὥσπερ ἀκολουθοῦντα θάτερον θατέρῳ· ἐνεπλήσθην οὖν αὐτῶν· οὐ γὰρ ἐν τῷ αὐτῷ ἀεί, ἀλλὰ ἐν τῷ μετασχεῖν ἄλλων τὸ τερπνὸν ἦν.

ΜΕΝΙΠΠΟΣ

Εὖ λέγεις, ὦ Χείρων. τὰ ἐν ᾅδου δὲ πῶς φέρεις, ἀφ' οὗ προελόμενος αὐτὰ ἥκεις; 15

ΧΕΙΡΩΝ

2   Οὐκ ἀηδῶς, ὦ Μένιππε· ἡ γὰρ ἰσοτιμία πάνυ δημοτικὴ καὶ τὸ

2 cf. Apollodor. 2.5.4   3 δαί Β: δὲ γΦ   τοῦ
θ. ἔρως γ   5 οὐκ ἦν ἔτι β: οὐδέν τι γ   ἀπέλαυον γ
8 οὐχ ἁπλοῦν β: οὐ ταὐτὸν γ   9 ζῶν...ἀπολαύων β   καὶ ἀπ.]
κἀπέλαυον...τροφῆς versum trochaicum agnovit Kock, *Fr.* 772   10 αἱ
αὐταὶ βL: αὐταὶ Ω: αὗται Γ   11 θάτερον
om. β   οὖν γ: γοῦν β   12 αὐτῷ om. β   ἀλλὰ γ: ἀλλὰ καὶ β
μετασχεῖν ἄλλων Wetstenius: μετασχεῖν ὅλως codd.: μὴ μετα-
σχεῖν ὅλως G. Hermann: μεταβαλεῖν ὅλως Lehmann: μεταλλάσσειν ὅλως
L. A. Post: μεταβολῆς μετασχεῖν ὅλως Marcovich: an μεταβολὰς ἔχειν
ὅλως, cf. Thuc. 1.2.3?

166

77. ΝΕΚΡΙΚΟΙ ΔΙΑΛΟΓΟΙ

πρᾶγμα οὐδὲν ἔχει τὸ διάφορον ἐν φωτὶ εἶναι ἢ ἐν σκότῳ· ἄλλως
τε οὔτε διψῆν ὥσπερ ἄνω οὔτε πεινῆν δεῖ, ἀλλ᾽ ἀνεπιδεεῖς τούτων
ἁπάντων ἐσμέν.

ΜΕΝΙΠΠΟΣ

Ὅρα, ὦ Χείρων, μὴ περιπίπτῃς σεαυτῷ καὶ ἐς τὸ αὐτό σοι ὁ
5 λόγος περιστῇ.

ΧΕΙΡΩΝ

Πῶς τοῦτο ἔφης;

ΜΕΝΙΠΠΟΣ

Ὅτι εἰ τῶν ἐν τῷ βίῳ τὸ ὅμοιον ἀεὶ καὶ ταὐτὸν ἐγένετό σοι
προσκορές, καὶ τὰ ἐνταῦθα ὅμοια ὄντα προσκορῆ ὁμοίως ἂν
γένοιτο, καὶ δεήσει μεταβολήν σε ζητεῖν τινα καὶ ἐντεῦθεν εἰς
10 ἄλλον βίον, ὅπερ οἶμαι ἀδύνατον.

ΧΕΙΡΩΝ

Τί οὖν πάθοι τις, ὦ Μένιππε;

ΜΕΝΙΠΠΟΣ

Ὅπερ, οἶμαι, καὶ χρῆν, συνετὸν ὄντα πᾶσιν ἀρέσκεσθαι καὶ
ἀγαπᾶν τοῖς παροῦσι καὶ μηδὲν αὐτῶν ἀφόρητον οἴεσθαι.

9 (28)

ΜΕΝΙΠΠΟΥ ΚΑΙ ΤΕΙΡΕΣΙΟΥ

ΜΕΝΙΠΠΟΣ

Ὦ Τειρεσία, εἰ μὲν καὶ τυφλὸς εἶ, οὐκέτι διαγνῶναι ῥᾴδιον. 1

1 ἐν τῷ φωτὶ γ   ἢ β: ἢ καὶ γ   2 ἀνεπιδεεῖς β:
ἀτελεῖς γ   5 περιπέσῃ β   6 ἔφης γ: φής β   7 εἰ
τῶν om. γ   ταὐτὸν β: τὸ αὐτὸ γ   8 τὰ om. β
9 δεήσῃ B ut saepe   σε γ: γε β   10 cf. Euc. Elem. 1.7
11 οὖν γ: οὖν ἂν β; cf. Glotta 1977, 221–2, Luc. 38.3, 77.26.3, Men.
Ph. 8   12 καὶ χρῆν γ: φασί β   πᾶσιν om. β
9. ΓΛΩ = γ; BN = β   De re cf. 38.6, 21, Hes. Fr. 275 M–W.,
Ov. Met. 3.316 seq.

ἅπασι γὰρ ἡμῖν ὅμοια τὰ ὄμματα, κενά, μόνον δὲ αἱ χῶραι αὐτῶν·
τὰ δ' ἄλλα οὐκέτ' ἂν εἰπεῖν ἔχοις, τίς ὁ Φινεὺς ἦν ἢ τίς ὁ Λυγκεύς.
ὅτι μέντοι μάντις ἦσθα καὶ ὅτι ἀμφότερα ἐγένου μόνος καὶ ἄρρην
καὶ γυνή, τῶν ποιητῶν ἀκούσας οἶδα. πρὸς τῶν θεῶν τοιγαροῦν
εἰπέ μοι, ὁποτέρου ἡδίονος ἐπειράθης τῶν βίων, ὁπότε ἀνὴρ ἦσθα, 5
ἢ ὁ γυναικεῖος ἀμείνων ἦν;

ΤΕΙΡΕΣΙΑΣ

Παρὰ πολύ, ὦ Μένιππε, ὁ γυναικεῖος· ἀπραγμονέστερος γάρ.
καὶ δεσπόζουσι τῶν ἀνδρῶν αἱ γυναῖκες, καὶ οὔτε πολεμεῖν
ἀνάγκη αὐταῖς οὔτε παρ' ἐπάλξεις ἑστάναι οὔτ' ἐν ἐκκλησίαις
διαφέρεσθαι οὔτ' ἐν δικαστηρίοις ἐξετάζεσθαι. 10

ΜΕΝΙΠΠΟΣ

2 Οὐ γὰρ ἀκήκοας, ὦ Τειρεσία, τῆς Εὐριπίδου Μηδείας, οἷα
εἶπεν οἰκτείρουσα τὸ γυναικεῖον, ὡς ἀθλίας οὔσας καὶ ἀφόρη-
τόν τινα τὸν ἐκ τῶν ὠδίνων πόνον ὑφισταμένας; ἀτὰρ εἰπέ μοι,—
ὑπέμνησε γάρ με τὰ τῆς Μηδείας ἰαμβεῖα—καὶ ἔτεκές ποτε,
ὁπότε γυνὴ ἦσθα, ἢ στεῖρα καὶ ἄγονος διετέλεσας ἐν ἐκείνῳ 15
τῷ βίῳ;

ΤΕΙΡΕΣΙΑΣ

Τί τοῦτο, Μένιππε, ἐρωτᾷς;

ΜΕΝΙΠΠΟΣ

Οὐδὲν χαλεπόν, ὦ Τειρεσία· πλὴν ἀπόκριναι, εἴ σοι ῥάδιον.

ΤΕΙΡΕΣΙΑΣ

Οὐ στεῖρα μὲν ἤμην, οὐκ ἔτεκον δ' ὅμως.

---

1 sic β: ὁμοίως...κενά, κτλ. Junt.: ὅμοια ἡμῖν τὰ ὄμματα, κεναὶ μόναι
(an μοναί?) χῶραι αὐτῶν γ   2 ὅστις Φινεὺς ἢ ὅστις ὁ Λυγκεὺς
ἦν γ   3 καὶ ἄρρην γ: ἀνὴρ β   5 ἐπειρ. ἡδ. β
6–7 γυναικεῖος. ΤΕΙΡ. 'Αμείνων ἦν παρά π. β   7 γυναικεῖος
ἀπραγμονέστερος καὶ δεσπ. γ   cf. Eur. Fr. 193, Pl. R. 565a, Ar.
Ran. 185   8 seq. cf. Eur. Med. 230–51   9 παρ' ἔπαλξιν β
ἐν ἐκκλησίᾳ β   11 οἷον γ   13 τὸν om. γ   14 με] μοι L
16 τῷ βίῳ om. γ   17 Τί τοῦτ' ὦ Μ. γ   19 ὅμως γ: ὅλως β

77. ΝΕΚΡΙΚΟΙ ΔΙΑΛΟΓΟΙ

ΜΕΝΙΠΠΟΣ

Ἱκανὸν τοῦτο· εἰ γὰρ καὶ μήτραν εἶχες ἐβουλόμην εἰδέναι.

ΤΕΙΡΕΣΙΑΣ

Εἶχον δηλαδή.

ΜΕΝΙΠΠΟΣ

Χρόνῳ δέ σοι ἡ μήτρα ἠφανίσθη καὶ τὸ μόριον τὸ γυναικεῖον ἀπεφράγη καὶ οἱ μαστοὶ ἀπεστάθησαν καὶ τὸ ἀνδρεῖον ἀνεφύη 5 καὶ πώγωνα ἐξήνεγκας, ἢ αὐτίκα ἐκ γυναικὸς ἀνὴρ ἀνεφάνης;

ΤΕΙΡΕΣΙΑΣ

Οὐχ ὁρῶ τί σοι βούλεται τὸ ἐρώτημα· δοκεῖς γοῦν μοι ἀπιστεῖν, εἰ ταῦθ' οὕτως ἐγένετο.

ΜΕΝΙΠΠΟΣ

Οὐ χρὴ γὰρ ἀπιστεῖν, ὦ Τειρεσία, τοῖς τοιούτοις, ἀλλὰ καθ- άπερ τινὰ βλᾶκα μὴ ἐξετάζοντα, εἴτε δυνατά ἐστιν εἴτε καὶ 10 μή, παραδέχεσθαι;

ΤΕΙΡΕΣΙΑΣ

Σὺ οὖν οὐδὲ τὰ ἄλλα πιστεύεις οὕτω γενέσθαι, ὁπόταν 3 ἀκούσῃς ὅτι ὄρνεα ἐκ γυναικῶν ἐγένοντό τινες ἢ δένδρα ἢ θηρία, τὴν Ἀηδόνα ἢ τὴν Δάφνην ἢ τὴν τοῦ Λυκάονος θυγατέρα;

ΜΕΝΙΠΠΟΣ

Ἦν που κἀκείναις ἐντύχω, εἴσομαι ὅ τι καὶ λέγουσι. σὺ δέ, 15 ὦ βέλτιστε, ὁπότε γυνὴ ἦσθα, καὶ ἐμαντεύου τότε ὥσπερ καὶ ὕστερον, ἢ ἅμα ἀνὴρ καὶ μάντις ἔμαθες εἶναι;

1 καὶ βΩ: μὴ L: om. Γ 1, 3 μίτρ. Β 2 Καὶ εἶχον δ. γ
3 μόριον β: χόριον γ: χωρίον Γ² vel Γˣ uv.   4 ἀπεφρύγη L
μαστοὶ γ ΝΩᵇ: μασθοὶ Β   ἀπετάθησαν γ   ἀνέφυ β
5 ἐφάνης ΝL¹   6 γοῦν γ: δ' οὖν β   7 τοῦθ' β
11 οὖν β: δὲ γ   13 cf. Od. 19.518   cf. 13.8, Ov. Met. 1.548;
cf. 45.48, Ov. Met. 2.478   14 Ἦν β: εἰ L: ἢ ΓΩ   ἐντυχὼν γ

ΛΟΥΚΙΑΝΟΥ

ΤΕΙΡΕΣΙΑΣ

Ὁρᾷς; ἀγνοεῖς τὰ περὶ ἐμοῦ ἅπαντα, ὡς καὶ διέλυσά τινα ἔριν τῶν θεῶν, καὶ ἡ μὲν Ἥρα ἐπήρωσέν με, ὁ δὲ Ζεὺς παρεμυθήσατο τῇ μαντικῇ τὴν συμφοράν.

ΜΕΝΙΠΠΟΣ

Ἔτι ἔχῃ, ὦ Τειρεσία, τῶν ψευσμάτων; ἀλλὰ κατὰ τοὺς μάντεις τοῦτο ποιεῖς· ἔθος γὰρ ὑμῖν μηδὲν ὑγιὲς λέγειν.   5

10 (3)

ΜΕΝΙΠΠΟΥ ΚΑΙ ΤΡΟΦΩΝΙΟΥ

ΜΕΝΙΠΠΟΣ

1 Σφὼ μέντοι, ὦ Τροφώνιε καὶ Ἀμφίλοχε, νεκροὶ ὄντες οὐκ οἶδ᾽ ὅπως ναῶν κατηξιώθητε καὶ μάντεις δοκεῖτε, καὶ οἱ μάταιοι τῶν ἀνθρώπων θεοὺς ὑμᾶς ὑπειλήφασιν εἶναι.

ΤΡΟΦΩΝΙΟΣ

Τί οὖν ἡμεῖς αἴτιοι, εἰ ὑπὸ ἀνοίας ἐκεῖνοι τοιαῦτα περὶ νεκρῶν δοξάζουσιν;   10

ΜΕΝΙΠΠΟΣ

Ἀλλ᾽ οὐκ ἂν ἐδόξαζον, εἰ μὴ ζῶντες καὶ ὑμεῖς τοιαῦτα ἐτερατεύεσθε ὡς τὰ μέλλοντα προειδότες καὶ προειπεῖν δυνάμενοι τοῖς ἐρομένοις.

1–3 Ὁρᾷς ὡς ἀγνοεῖς… συμφοράν; γ (; om. ΓΩ)   2 τῶν om. L
4 ἔχεις ΩΓ¹   10. ΓΩL = γ: BN = β   Titulus
ΜΕΝΙΠΠΟΥ· ΑΜΦΙΛΟΧΟΥ· ΚΑΙ ΤΡΟΦΩΝΙΟΥ N   6 cf. 42.19,
52.12, Paus. 1.34.3   cf. 38.22, 52.12, Paus. 9.39.14 seq.
9–10 Τί…δοξάζουσιν Trophonio trib. γN: nomina personarum passim om.
B: Amphilocho trib. Hemsterhuis

77. ΝΕΚΡΙΚΟΙ ΔΙΑΛΟΓΟΙ

ΤΡΟΦΩΝΙΟΣ

Ὦ Μένιππε, Ἀμφίλοχος μὲν οὗτος ἂν εἰδείη ὅ τι αὑτῷ
ἀποκριτέον ὑπὲρ αὑτοῦ, ἐγὼ δὲ ἥρως εἰμὶ καὶ μαντεύομαι, ἤν τις
κατέλθῃ παρ' ἐμέ. σὺ δὲ ἔοικας οὐκ ἐπιδεδημηκέναι Λεβαδείᾳ τὸ
παράπαν· οὐ γὰρ ⟨ἂν⟩ ἠπίστεις σὺ τούτοις.

ΜΕΝΙΠΠΟΣ

5   Τί φῄς; εἰ μὴ εἰς Λεβάδειαν γὰρ παρέλθω καὶ ἐσταλμένος ταῖς   2
ὀθόναις γελοίως μᾶζαν ἐν ταῖν χεροῖν ἔχων εἰσερπύσω διὰ τοῦ
στομίου ταπεινοῦ ὄντος ἐς τὸ σπήλαιον, οὐκ ἂν ἠδυνάμην εἰδέναι,
ὅτι νεκρὸς εἶ ὥσπερ ἡμεῖς μόνῃ τῇ γοητείᾳ διαφέρων; ἀλλὰ πρὸς
τῆς μαντικῆς, τί δαὶ ὁ ἥρως ἐστίν; ἀγνοῶ γάρ.

ΤΡΟΦΩΝΙΟΣ

10   Ἐξ ἀνθρώπου τι καὶ θεοῦ σύνθετον.

ΜΕΝΙΠΠΟΣ

Ὃ μήτε ἄνθρωπός ἐστιν, ὡς φῄς, μήτε θεός, καὶ συναμφότερόν
ἐστιν; νῦν οὖν ποῦ σοὶ τὸ θεῶν ἐκεῖνο ἡμίτομον ἀπελήλυθεν;

ΤΡΟΦΩΝΙΟΣ

Χρᾷ, ὦ Μένιππε, ἐν Βοιωτίᾳ.

ΜΕΝΙΠΠΟΣ

Οὐκ οἶδα, ὦ Τροφώνιε, ὅ τι καὶ λέγεις· ὅτι μέντοι ὅλος εἶ νεκρὸς
15   ἀκριβῶς ὁρῶ.

1 οὗτος] αὐτὸς Fritzsche   2 ὑπὲρ αὑτοῦ γN   3 Λεβαδία
Γ¹, fort. L¹   4 γὰρ codd.: γὰρ ἂν Matthiaeus   σὺ] ἂν N
5 Λεβαδίαν Γ¹L¹   6 μάζαν βγ   7 ἠδυνάμην ΓLB: ἐδυνάμην
Ω: δυναίμην N   9 δαὶ B: δὲ γN   11–12 sic β: , ὃ...ἐστιν²
Trophonio tribuit γ   12 σοῦ β

11 (16)

ΔΙΟΓΕΝΟΥΣ ΚΑΙ ΗΡΑΚΛΕΟΥΣ

ΔΙΟΓΕΝΗΣ

1 Οὐχ Ἡρακλῆς οὗτός ἐστιν; οὐ μὲν οὖν ἄλλος, μὰ τὸν Ἡρακλέα.
τὸ τόξον, τὸ ῥόπαλον, ἡ λεοντῆ, τὸ μέγεθος, ὅλος Ἡρακλῆς ἐστιν.
εἶτα τέθνηκεν Διὸς υἱὸς ὤν; εἰπέ μοι, ὦ καλλίνικε, νεκρὸς εἶ; ἐγὼ
γάρ σοι ἔθυον ὑπὲρ γῆς ὡς θεῷ.

ΗΡΑΚΛΗΣ

Καὶ ὀρθῶς ἔθυες· αὐτὸς μὲν γὰρ ὁ Ἡρακλῆς ἐν τῷ οὐρανῷ τοῖς 5
θεοῖς σύνεστι "καὶ ἔχει καλλίσφυρον Ἥβην," ἐγὼ δὲ εἴδωλόν
εἰμι αὐτοῦ.

ΔΙΟΓΕΝΗΣ

Πῶς λέγεις; εἴδωλον τοῦ θεοῦ; καὶ δυνατὸν ἐξ ἡμισείας μέν
τινα θεὸν εἶναι, τεθνάναι δὲ τῷ ἡμίσει;

ΗΡΑΚΛΗΣ

Ναί· οὐ γὰρ ἐκεῖνος τέθνηκεν, ἀλλ' ἐγὼ ἡ εἰκὼν αὐτοῦ.   10

ΔΙΟΓΕΝΗΣ

2 Μανθάνω· ἄντανδρόν σε τῷ Πλούτωνι παραδέδωκεν ἀνθ'
ἑαυτοῦ, καὶ σὺ νῦν ἀντ' ἐκείνου νεκρὸς εἶ.

ΗΡΑΚΛΗΣ

Τοιοῦτό τι.

11. ΓΩL = γ; ΒΦΝ = β   De re cf. 79.14. *Od.* 11.601 seq.
1–2 cf. Ar. *Ran.* 495–6   2 λεοντή γΒΦ   3 cf. D.L. 6.50,
Archil. 324W   5 γὰρ om. γ   τῷ om. γ   6 cf.
Od. 11.602–3   7 αὐτοῦ εἰμι Φ   8 καὶ δυνατὸν...εἶναι
om. ΒΝ   9 θεὸν εἶναί τινα Φ   11 παρέδωκεν ΩΒΝ
12 νῦν ΓLΦΝ: τοίνυν Β: μὲν Ω   13 Τοιοῦτό τι ΓΩ: Τοιοῦτο L:
om. β

77. ΝΕΚΡΙΚΟΙ ΔΙΑΛΟΓΟΙ

ΔΙΟΓΕΝΗΣ

Πῶς οὖν ἀκριβὴς ὢν ὁ Αἰακὸς οὐ διέγνω σε μὴ ὄντα ἐκεῖνον, ἀλλὰ παρεδέξατο ὑποβολιμαῖον Ἡρακλέα παρόντα;

ΗΡΑΚΛΗΣ

Ὅτι ἐῴκειν ἀκριβῶς.

ΔΙΟΓΕΝΗΣ

Ἀληθῆ λέγεις· ἀκριβῶς γάρ, ὥστε αὐτὸς ἐκεῖνος εἶναι. 5 ὅρα γοῦν μὴ τὸ ἐναντίον ἐστί· σὺ μὲν εἶ ὁ Ἡρακλῆς, τὸ δὲ εἴδωλον γεγάμηκεν τὴν Ἥβην παρὰ τοῖς θεοῖς.

ΗΡΑΚΛΗΣ

Θρασὺς εἶ καὶ λάλος, καὶ εἰ μὴ παύσῃ σκώπτων εἰς ἐμέ, εἴσῃ 3 αὐτίκα οἵου θεοῦ εἴδωλόν εἰμι.

ΔΙΟΓΕΝΗΣ

Τὸ μὲν τόξον γυμνὸν καὶ πρόχειρον· ἐγὼ δὲ τί ἂν ἔτι φοβοίμην 10 σε ἅπαξ τεθνεώς; ἀτὰρ εἰπέ μοι πρὸς τοῦ σοῦ Ἡρακλέους, ὁπότε ἐκεῖνος ἔζη, συνῆς αὐτῷ καὶ τότε εἴδωλον ὤν; ἢ εἷς μὲν ἦτε παρὰ τὸν βίον, ἐπεὶ δὲ ἀπεθάνετε, διαιρεθέντες ὁ μὲν εἰς θεοὺς ἀπέπτατο, σὺ δὲ τὸ εἴδωλον, ὥσπερ εἰκὸς ἦν, εἰς ᾅδου πάρει;

ΗΡΑΚΛΗΣ

Ἐχρῆν μὲν μηδὲ ἀποκρίνεσθαι πρὸς ἄνδρα ἐξεπίτηδες 15 ἐρεσχηλοῦντα· ὅμως δ᾽ οὖν καὶ τοῦτο ἄκουσον· ὁπόσον μὲν γὰρ Ἀμφιτρύωνος ἐν τῷ Ἡρακλεῖ ἦν, τοῦτο τέθνηκεν καί εἰμι ἐγὼ ἐκεῖνο πᾶν, ὃ δὲ ἦν τοῦ Διός, ἐν οὐρανῷ σύνεστι τοῖς θεοῖς.

1 ὁ Αἰακὸς ὢν β   οὐκ ἔγνω γ   2 ἀλλ᾽ ἐδέξατο Ἡρ. ὑπ. ὄντα Ω
4 ἐκεῖνος om. β   5 σὺ] καὶ σὺ N   εἰ om. γ
8–11 εἰμι...εἴδωλον om. Φ   9 cf. Od. 11.607   10 τεθνηκώς β
ἀτὰρ β: ἀλλὰ γὰρ γ   11 συνεὶς B   11–12 π. τῷ βίῳ Ω
12 ἐπειδὴ δὲ γ   14 ἀποκρίνασθαι βL   ἐξεπίτηδες γ: οὕτως β
15 ἐρεσχελοῦντα βΓΩ

173

ΛΟΥΚΙΑΝΟΥ

ΔΙΟΓΕΝΗΣ

4 Σαφῶς νῦν μανθάνω· δύο γὰρ φὴς ἔτεκεν ἡ Ἀλκμήνη κατὰ τὸ αὐτὸ Ἡρακλέας, τὸν μὲν ὑπ' Ἀμφιτρύωνι, τὸν δὲ παρὰ τοῦ Διός, ὥστε ἐλελήθειτε δίδυμοι ὄντες ὁμομήτριοι.

ΗΡΑΚΛΗΣ

Οὔκ, ὦ μάταιε· ὁ γὰρ αὐτὸς ἄμφω ἦμεν.

ΔΙΟΓΕΝΗΣ

Οὐκέτι τοῦτο μαθεῖν ῥᾴδιον, συνθέτους δύο ὄντας Ἡρακλέας, 5 ἐκτὸς εἰ μὴ ὥσπερ ἱπποκένταυρός τις ἦτε εἰς ἓν συμπεφυκότες ἄνθρωπός τε καὶ θεός.

ΗΡΑΚΛΗΣ

Οὐ γὰρ καὶ πάντες οὕτως σοι δοκοῦσι συγκεῖσθαι ἐκ δυεῖν, ψυχῆς καὶ σώματος; ὥστε τί τὸ κωλῦόν ἐστι τὴν μὲν ψυχὴν ἐν οὐρανῷ εἶναι, ἥπερ ἦν ἐκ Διός, τὸ δὲ θνητὸν ἐμὲ παρὰ τοῖς 10 νεκροῖς;

ΔΙΟΓΕΝΗΣ

5 Ἀλλ', ὦ βέλτιστε Ἀμφιτρυωνιάδη, καλῶς ἂν ταῦτα ἔλεγες, εἰ σῶμα ἦσθα, νῦν δὲ ἀσώματον εἴδωλον εἶ· ὥστε κινδυνεύεις τριπλοῦν ἤδη ποιῆσαι τὸν Ἡρακλέα.

ΗΡΑΚΛΗΣ

Πῶς τριπλοῦν; 15

ΔΙΟΓΕΝΗΣ

Ὧδέ πως· εἰ μὲν γὰρ ὁ μέν τις ἐν οὐρανῷ, ὁ δὲ παρ' ἡμῖν σὺ

1 ἡ om. ΓΩ   3 ὄντες καὶ ὁμ. Γ   4 ἤμην Graevius
5 Οὔκ ἔστι recc.   μαθεῖν τοῦτο β   6 cf. Pl. *Phdr.* 229d,
Luc. 29.33, 70.72 etc.   τις om. γ   ἐμπεφ. Ω^b   7 τε
om. β   8 δυοῖν ΛΦ   9 καὶ ΓΒΝ: τε καὶ ΩΛΦ
τὸ κωλῦόν ἐστι βΓ: κωλῦόν ἐστι L: κωλύει Ω   10 τὸ βΩ: τὸν ΓL
16 μὲν¹ om. β   cf. *Od.* 11.602

77. ΝΕΚΡΙΚΟΙ ΔΙΑΛΟΓΟΙ

τὸ εἴδωλον, τὸ δὲ σῶμα ἐν Οἴτῃ κόνις ἤδη γενόμενον, τρία
ταῦτα ἤδη γεγένηνται· καὶ σκόπει ὅντινα τὸν τρίτον πατέρα
ἐπινοήσεις τῷ σώματι.

ΗΡΑΚΛΗΣ

Θρασὺς εἶ καὶ σοφιστής· τίς δαὶ καὶ ὢν τυγχάνεις;

ΔΙΟΓΕΝΗΣ

5 Διογένους τοῦ Σινωπέως εἴδωλον, αὐτὸς δὲ οὐ μὰ Δία "μετ᾽
ἀθανάτοισι θεοῖσιν," ἀλλὰ τοῖς βελτίστοις τῶν νεκρῶν σύνεστιν
Ὁμήρου καὶ τῆς τοιαύτης ψυχρολογίας καταγελῶν.

12 (14)

ΦΙΛΙΠΠΟΥ ΚΑΙ ΑΛΕΞΑΝΔΡΟΥ

ΦΙΛΙΠΠΟΣ

Νῦν μέν, ὦ Ἀλέξανδρε, οὐκ ἂν ἔξαρνος γένοιο μὴ οὐκ ἐμὸς 1
υἱὸς εἶναι· οὐ γὰρ ἂν τεθνήκεις Ἄμμωνός γε ὤν.

ΑΛΕΞΑΝΔΡΟΣ

10 Οὐδ᾽ αὐτὸς ἠγνόουν, ὦ πάτερ, ὡς Φιλίππου τοῦ Ἀμύντου υἱός
εἰμι, ἀλλ᾽ ἐδεξάμην τὸ μάντευμα, χρήσιμον εἰς τὰ πράγματα
εἶναι οἰόμενος.

1 ἐν Οἴτῃ γ: ἐλύθη β; cf. Soph. *Tr.* 1191 seq.   2 ταῦτα
ἤδη γΦ: ταῦτα δὴ ΒΩ^b: δὴ ταῦτα Ν   γεγένηνται γ: γεγένηται rec.:
γίγνεται ΒΦ: γίνεται Ν; at cf. 21.40, 37.20 bis, 62.1 etc.   τὸν
τρίτον πατέρα γ: δὴ πατέρα τὸν τρίτον ΒΦ² (τὸν om. Φ¹): δὴ πατέρα Ν
4 δαὶ Β: δὲ γΦΝ   καὶ ὤν] ὢν καὶ Ν   5–6 cf. *Od.* 11.602
6 τῶν νεκρῶν γ: νεκρῶν ἀνδρῶν β   συνὼν β   7 τοσαύτης β
καταγελῶ Φ^d recc.   **12.** ΓΩL = γ; ΒΝ = β
ΑΛΕΞΑΝΔΡΟΥ ΚΑΙ ΦΙΛΙΠΠΟΥ β   De re cf. 77.13, 77.25
9 εἶναι om. γ   ἐτεθνήκεις β   cf. 77.13.1, Str. 17.1.43,
D.S. 17.51, Plut. *Alex.* 27, 28, Arr. *An.* 3.3–4   10–11 Οὐδ᾽ ...
εἰμι om. γ   11 cf. 77.13.1   , ὡς χρήσιμον β
12 οἰόμενος εἶναι β

175

ΛΟΥΚΙΑΝΟΥ

ΦΙΛΙΠΠΟΣ

Πῶς λέγεις; χρήσιμον ἐδόκει σοι τὸ παρέχειν σεαυτὸν ἐξαπατηθησόμενον ὑπὸ τῶν προφητῶν;

ΑΛΕΞΑΝΔΡΟΣ

Οὐ τοῦτο, ἀλλ' οἱ βάρβαροι κατεπλάγησάν με καὶ οὐδεὶς ἔτι ἀνθίστατο οἰόμενοι θεῷ μάχεσθαι, ὥστε ῥᾷον ἐκράτουν αὐτῶν.

ΦΙΛΙΠΠΟΣ

2 Τίνων ἐκράτησας σύ γε ἀξιομάχων ἀνδρῶν, ὃς δειλοῖς ἀεὶ 5
συνηνέχθης τοξάρια καὶ πελτάρια καὶ γέρρα οἰσύϊνα προβεβλη
μένοις; Ἑλλήνων κρατεῖν ἔργον ἦν, Βοιωτῶν καὶ Φωκέων καὶ
Ἀθηναίων, καὶ τὸ Ἀρκάδων ὁπλιτικὸν καὶ τὴν Θετταλὴν ἵππον
καὶ τοὺς Ἠλείων ἀκοντιστὰς καὶ τὸ Μαντινέων πελταστικὸν ἢ
Θρᾷκας ἢ Ἰλλυριοὺς ἢ καὶ Παίονας χειρώσασθαι, ταῦτα μεγάλα· 10
Μήδων δὲ καὶ Περσῶν καὶ Χαλδαίων, χρυσοφόρων ἀνθρώπων καὶ
ἁβρῶν, οὐκ οἶσθα ὡς πρὸ σοῦ μύριοι μετὰ Κλεάρχου ἀνελθόντες
ἐκράτησαν οὐδ' εἰς χεῖρας ὑπομεινάντων ἐλθεῖν ἐκείνων, ἀλλὰ
πρὶν ἢ τόξευμα ἐξικνεῖσθαι φυγόντων;

ΑΛΕΞΑΝΔΡΟΣ

3 Ἀλλ' οὐ Σκύθαι γε, ὦ πάτερ, οὐδὲ Ἰνδῶν ἐλέφαντες εὐκατα 15
φρόνητόν τι ἔργον, καὶ ὅμως οὐ διαστήσας αὐτοὺς οὐδὲ προ
δοσίαις ὠνούμενος τὰς νίκας ἐκράτουν αὐτῶν· οὐδ' ἐπιώρκησα

1 Πῶς γ: Τί β   παρασχεῖν Ω   3 Οὐ τοῦτο om. Ω:
suppl. Ωᵇ   με κατεπλάγησαν γ   5 Τίνων Ν: Τίνων γε Βγ:
Τίνων δὲ Jacobitz   σύ γε β: σὺ γ   6 πελτίδια γ; cf. 4.1
οἰσύϊνα ΓΩ¹   6–7 προβεβλημένους Γ   8 Θετταλικὴν γ
10 Ἰλλυρίους ΓΒ   ἢ² om. γ   11 Χαλδ. καὶ χρυσ. β
12 cf. Xen. An. 1.7.9–10   13–14 cf. 63.10, Xen. An. 1.8.19   14 ἢ γ:
ἢ τὸ β   φευγόντων γ   15 Ἀλλ' οὐ γ: Ἀλλὰ β: Ἀλλ' οἱ recc.
οὐδὲ γ: καὶ οἱ β   15–16 cf. D.S. 17.87, Plut. Alex. 60–2, Arr.
An. 5.9–18, Luc. 77.25.5 etc.   οὐκ εὐκατ. β   16 τι Ω² uv.:
τὸ ΓΩ¹LB: om. N   διασπάσας γ   17 τὰς δίκας γΒ¹ uv.
ἐπιορκήσας Γ

77. ΝΕΚΡΙΚΟΙ ΔΙΑΛΟΓΟΙ

πώποτε ἢ ὑποσχόμενος ἐψευσάμην ἢ ἄπιστον ἔπραξά τι τοῦ
νικᾶν ἕνεκα. καὶ τοὺς Ἕλληνας δὲ τοὺς μὲν ἀναιμωτὶ παρέ-
λαβον, Θηβαίους δὲ ἴσως ἀκούεις ὅπως μετῆλθον.

ΦΙΛΙΠΠΟΣ

Οἶδα ταῦτα πάντα· Κλεῖτος γὰρ ἀπήγγειλέ μοι, ὃν σὺ τῷ
5 δορατίῳ διελάσας μεταξὺ δειπνοῦντα ἐφόνευσας, ὅτι με πρὸς
τὰς σὰς πράξεις ἐπαινέσαι ἐτόλμησεν. σὺ δὲ καὶ τὴν Μακεδονικὴν 4
χλαμύδα καταβαλὼν κάνδυν, ὥς φασι, μετενέδυς καὶ τιάραν
ὀρθὴν ἐπέθου καὶ προσκυνεῖσθαι ὑπὸ Μακεδόνων, ἐλευθέρων
ἀνδρῶν, ἠξίους, καὶ τὸ πάντων γελοιότατον, ἐμιμοῦ τὰ τῶν νε-
10 νικημένων. ἐῶ γὰρ λέγειν ὅσα ἄλλα ἔπραξας, λέουσι συγκατα-
κλείων πεπαιδευμένους ἄνδρας καὶ τοσούτους γαμῶν γάμους
καὶ Ἡφαιστίωνα ὑπεραγαπῶν. ἓν ἐπήνεσα μόνον, ἀκούσας
ὅτι ἀπέσχου τῆς Δαρείου γυναικὸς καλῆς οὔσης, καὶ τῆς
μητρὸς αὐτοῦ καὶ τῶν θυγατέρων ἐπεμελήθης· βασιλικὰ γὰρ
15 ταῦτα.

ΑΛΕΞΑΝΔΡΟΣ

Τὸ φιλοκίνδυνον δέ, ὦ πάτερ, οὐκ ἐπαινεῖς καὶ τὸ ἐν Ὀξυδράκαις 5
πρῶτον καθαλέσθαι ἐντὸς τοῦ τείχους καὶ τοσαῦτα λαβεῖν
τραύματα;

ΦΙΛΙΠΠΟΣ

Οὐκ ἐπαινῶ τοῦτο, ὦ Ἀλέξανδρε, οὐχ ὅτι μὴ καλὸν οἴομαι εἶναι

2 Ἕλληνας β: ἄλλους γ: ἄλλους Ἕλληνας Fritzsche   2–3 cf.
D.S. 17.8.13–14, Plut. Alex. 11.5–6, Arr. An. 1.8–9   3 ὅπως β:
πῶς γ   4–5 cf. 59.38, 77.13.6, Plut. Alex. 50–1, Arr. An. 4.8–9
5 με om. Ω: ss. Ω^b   8 ὑπ' ἐλευθ. β   ἀνδρῶν om. L
10 cf. Plin. N.H. 8.21.54, Justin. 15.3, Curt. 8.1.17   11 γάμους
τοιούτους γαμῶν β   cf. D.S. 17.110.8, 114, Plut. Alex. 72, Arr.
An. 7.14, 23   13 τῆς τοῦ β   13–14 cf. D.S. 17.37–8, Plut.
Alex. 30, Arr. An. 2.12.4–5   17 cf. Arr. An. 6.9.5, Luc. 56.6
καθάλλεσθαι εἰς τὸ ἐντὸς γ   cf. D.S. 17.99; contra Plut. Alex. 63,
Arr. An. 6.11.3 haec in Mallis gesta esse narrant   19 ὦ om. L
εἶναι οἶμαι γ

ΛΟΥΚΙΑΝΟΥ

καὶ τιτρώσκεσθαί ποτε τὸν βασιλέα καὶ προκινδυνεύειν τοῦ
στρατοῦ, ἀλλ' ὅτι σοὶ τὸ τοιοῦτο ἥκιστα συνέφερεν· θεὸς γὰρ
εἶναι δοκῶν εἴ ποτε τρωθείης, καὶ βλέποιέν σε φοράδην τοῦ
πολέμου ἐκκομιζόμενον, αἵματι ῥεόμενον, οἰμώζοντα ἐπὶ τῷ
τραύματι, ταῦτα γέλως ἦν τοῖς ὁρῶσιν, καὶ ὁ Ἄμμων γόης καὶ 5
ψευδόμαντις ἠλέγχετο καὶ οἱ προφῆται κόλακες. ἢ τίς οὐκ ἂν
ἐγέλασεν ὁρῶν τὸν τοῦ Διὸς υἱὸν λιποψυχοῦντα, δεόμενον τῶν
ἰατρῶν βοηθεῖν; νῦν μὲν γὰρ ὁπότε ἤδη τέθνηκας, οὐκ οἴει
πολλοὺς εἶναι τοὺς τὴν προσποίησιν ἐκείνην ἐπικερτομοῦντας,
ὁρῶντας τὸν νεκρὸν τοῦ θεοῦ ἐκτάδην κείμενον, μυδῶντα ἤδη καὶ 10
ἐξῳδηκότα κατὰ νόμον ἁπάντων τῶν σωμάτων; ἄλλως τε καὶ
τοῦτο, ὃ χρήσιμον ἔφης, ὦ Ἀλέξανδρε, τὸ διὰ τοῦτο κρατεῖν
ῥᾳδίως, πολύ σε τῆς δόξης ἀφῃρεῖτο τῶν κατορθουμένων· πᾶν γὰρ
ἐδόκει ἐνδεὲς ὑπὸ θεοῦ γίγνεσθαι δοκοῦν.

ΑΛΕΞΑΝΔΡΟΣ

6 Οὐ ταῦτα φρονοῦσιν οἱ ἄνθρωποι περὶ ἐμοῦ, ἀλλὰ Ἡρακλεῖ καὶ 15
Διονύσῳ ἐνάμιλλον τιθέασί με. καίτοι τὴν Ἄορνον ἐκείνην,
οὐδετέρου ἐκείνων λαβόντος, ἐγὼ μόνος ἐχειρωσάμην.

ΦΙΛΙΠΠΟΣ

Ὁρᾷς ὅτι ταῦτα ὡς Ἄμμωνος υἱὸς λέγεις, ὃς Ἡρακλεῖ καὶ
Διονύσῳ παραβάλλεις σεαυτόν; καὶ οὐκ αἰσχύνῃ, ὦ Ἀλέξανδρε,

---

1 cf. 77.25.5   2 τοιοῦτον β   4 ἐπὶ β: πρὸς γ
5 καὶ¹ γ: ἢ καὶ N, Ωᵇ, fort. B: ἢ καὶ fort. B: ἢ καὶ recc.: an εἰ καὶ?
Ἄμμων] μάντις Ωᵇ   7 λειπ. β: corr. Bekker: ἀποψύχοντα γ; cf. 27.25,
Arr. An. 6.11.2   7–8 δεόμενον τῶν ἰατρῶν γ: δεόμενον τὸν
ἰατρὸν B: τὸν ἰατρὸν δεόμενον N; cf. Arr. An. 6.11.1   9 προσ-
κύνησιν rec., Fl.   cf. Arr. An. 7.8.3   11 σωμάτων ἁπάντων β
12 τοῦτο ὃ χρήσιμον β: τὸ χρήσιμον ὃ (ᾧ L) γ   ὦ om. N
13 σὲ om. β   ἀφῃρεῖτο ΓLN: ἀφῄρητο Ω: ἀφῄρει B
15–16 cf. Arr. An. 4.10.6, 5.26.5   17 οὐδὲ ἑτέρου γ: οὐθ' ἑτέρου β:
corr. Lehmann   cf. Arr. An. 4.28.1–4, D.S. 17.85   18 υἱὸς
Ἄμμωνος β   19 ἑαυτὸν B   αἰσχύνη B

77. ΝΕΚΡΙΚΟΙ ΔΙΑΛΟΓΟΙ

οὐδὲ τὸν τῦφον ἀπομαθήσῃ καὶ γνώσῃ σεαυτὸν καὶ συνήσεις ἤδη νεκρὸς ὤν;

13 (13)

ΔΙΟΓΕΝΟΥΣ ΚΑΙ ΑΛΕΞΑΝΔΡΟΥ

ΔΙΟΓΕΝΗΣ

Τί τοῦτο, ὦ Ἀλέξανδρε; καὶ σὺ τέθνηκας ὥσπερ καὶ ἡμεῖς 1 ἅπαντες;

ΑΛΕΞΑΝΔΡΟΣ

5 Ὁρᾷς, ὦ Διόγενες· οὐ παράδοξον δέ, εἰ ἄνθρωπος ὢν ἀπέθανον.

ΔΙΟΓΕΝΗΣ

Οὐκοῦν ὁ Ἄμμων ἐψεύδετο λέγων ἑαυτοῦ σε εἶναι, σὺ δὲ Φιλίππου ἄρα ἦσθα;

ΑΛΕΞΑΝΔΡΟΣ

Φιλίππου δηλαδή· οὐ γὰρ ἂν ἐτεθνήκειν Ἄμμωνος ὤν.

ΔΙΟΓΕΝΗΣ

10 Καὶ μὴν καὶ περὶ τῆς Ὀλυμπιάδος ὅμοια ἐλέγετο, δράκοντα ὁμιλεῖν αὐτῇ καὶ βλέπεσθαι ἐν τῇ εὐνῇ, εἶτα οὕτω σε τεχθῆναι, τὸν δὲ Φίλιππον ἐξηπατῆσθαι οἰόμενον πατέρα σου εἶναι.

1 γνώσεις β   ἑαυτὸν Β   συνήσεις doctus Lehmanno notus: συνῇς ΝΩ: συνῇς Β: συνιεὶς Γ: συνίῃς L   **13.** ΓΩL = γ; ΒΝ = β   Titulus ΑΛΕΞΑΝΔΡΟΥ ΚΑΙ ΔΙΟΓΕΝΟΥΣ β
De re cf. 77.12, 77.25   3 καὶ² om. βΩ   7–8 cf. 77.12.1
8 punct. interrog. om. β   7–9 εἶναι υἱόν, σὺ δὲ Φιλίππου δηλαδή: Οὐ γὰρ γ   10 καὶ² om. γ   ὅμοια om. γ ἐλέγοντο β   10–11 cf. 77.25.2, Plut. Alex. 2–3, Arr. An. 4.10.2
11 καὶ κλέπτεσθαι ἐν αὐτῇ L   12 παρ' ἑαυτοῦ σε εἶναι recc.

ΑΛΕΞΑΝΔΡΟΣ

Κἀγὼ ταῦτα ἤκουον ὥσπερ σύ, νῦν δὲ ὁρῶ ὅτι οὐδὲν ὑγιὲς οὔτε ἡ μήτηρ οὔτε οἱ τῶν Ἀμμωνίων προφῆται ἔλεγον.

ΔΙΟΓΕΝΗΣ

Ἀλλὰ τό γε ψεῦδος αὐτῶν οὐκ ἄχρηστόν σοι, ὦ Ἀλέξανδρε, πρὸς τὰ πράγματα ἐγένετο· πολλοὶ γὰρ ὑπέπτησσον θεὸν εἶναί
2 σε νομίζοντες. ἀτὰρ εἰπέ μοι, τίνι τὴν τοσαύτην ἀρχὴν 5 καταλέλοιπας;

ΑΛΕΞΑΝΔΡΟΣ

Οὐκ οἶδα, ὦ Διόγενες· οὐ γὰρ ἔφθασα ἐπισκῆψαί τι περὶ αὐτῆς ἢ τοῦτο μόνον, ὅτι ἀποθνῄσκων Περδίκκᾳ τὸν δακτύλιον ἐπέ-δωκα. πλὴν ἀλλὰ τί γελᾷς, ὦ Διόγενες;

ΔΙΟΓΕΝΗΣ

Τί γὰρ ἄλλο ἢ ἀνεμνήσθην οἷα ἐποίει ἡ Ἑλλάς, ἄρτι σε 10 παρειληφότα τὴν ἀρχὴν κολακεύοντες καὶ προστάτην αἱρούμενοι καὶ στρατηγὸν ἐπὶ τοὺς βαρβάρους, ἔνιοι δὲ καὶ τοῖς δώδεκα θεοῖς προστιθέντες καὶ οἰκοδομοῦντές σοι νεὼς καὶ θύοντες ὡς
3 δράκοντος υἱῷ. ἀλλ' εἰπέ μοι, ποῦ σε οἱ Μακεδόνες ἔθαψαν;

ΑΛΕΞΑΝΔΡΟΣ

Ἔτι ἐν Βαβυλῶνι κεῖμαι τριακοστὴν ἡμέραν ταύτην, ὑπισχ- 15 νεῖται δὲ Πτολεμαῖος ὁ ὑπασπιστής, ἤν ποτε ἀγάγῃ σχολὴν ἀπὸ τῶν θορύβων τῶν ἐν ποσίν, εἰς Αἴγυπτον ἀπαγαγών με θάψειν ἐκεῖ, ὡς γενοίμην εἷς τῶν Αἰγυπτίων θεῶν.

2 οἱ τοῦ Ἄμμωνος πρ. Ω   3 γε om. βL   σοι om. β
8 cf. D.S. 17.117.3   10 γὰρ β: δὲ γ   13 οἰκοδομοῦντές σοι
νεὼς β (σοι om. N): νεὼς οἰκοδομούμενοι γ   14 σε] σοι Γ
15 τρίτην codd.: corr. Solanus, cf. Ael. *V.H.* 12.64   ταύτην
ἡμέραν β   16 ἤν] εἴ L   17 με om. β

ΔΙΟΓΕΝΗΣ

Μὴ γελάσω οὖν, ὦ Ἀλέξανδρε, ὁρῶν σε καὶ ἐν ᾅδου ἔτι
μωραίνοντα καὶ ἐλπίζοντα Ἄνουβιν ἢ Ὄσιριν γενήσεσθαι; πλὴν
ἀλλὰ ταῦτα μέν, ὦ θειότατε, μὴ ἐλπίσῃς· οὐ γὰρ θέμις ἀνελθεῖν
τινα τῶν ἅπαξ διαπλευσάντων τὴν λίμνην καὶ εἰς τὸ εἴσω τοῦ
5 στομίου παρελθόντων· οὐ γὰρ ἀμελὴς ὁ Αἰακὸς οὐδὲ ὁ Κέρβερος
εὐκαταφρόνητος. ἐκεῖνο δέ γε ἡδέως ἂν μάθοιμι παρὰ σοῦ, πῶς 4
φέρεις, ὁπόταν ἐννοήσῃς ὅσην εὐδαιμονίαν ὑπὲρ γῆς ἀπολιπὼν
ἀφῖξαι, σωματοφύλακας καὶ ὑπασπιστὰς καὶ σατράπας καὶ
χρυσὸν τοσοῦτον καὶ ἔθνη προσκυνοῦντα καὶ Βαβυλῶνα καὶ
10 Βάκτρα καὶ τὰ μεγάλα θηρία καὶ τιμὴν καὶ δόξαν καὶ τὸ ἐπί-
σημον εἶναι ἐξελαύνοντα διαδεδεμένον ταινίᾳ λευκῇ τὴν κεφαλὴν
πορφυρίδα ἐμπεπορπημένον. οὐ λυπεῖ ταῦτά σε ὑπὲρ τὴν μνήμην
ἰόντα; τί δακρύεις, ὦ μάταιε; οὐδὲ ταῦτά σε ὁ σοφὸς Ἀριστο-
τέλης ἐπαίδευσεν μὴ οἴεσθαι βέβαια εἶναι, τὰ παρὰ τῆς τύχης;

ΑΛΕΞΑΝΔΡΟΣ

15 Σοφὸς ἐκεῖνος, ἁπάντων κολάκων ἐπιτριπτότατος ὤν; ἐμὲ 5
μόνον ἔασον τὰ Ἀριστοτέλους εἰδέναι, ὅσα μὲν ᾔτησεν παρ' ἐμοῦ,
οἷα δὲ ἐπέστελλεν, ὡς δὲ κατεχρῆτό μου τῇ περὶ παιδείαν
φιλοτιμίᾳ θωπεύων καὶ ἐπαινῶν ἄρτι μὲν πρὸς τὸ κάλλος, ὡς καὶ
τοῦτο μέρος ὂν τἀγαθοῦ, ἄρτι δὲ ἐς τὰς πράξεις καὶ τὸν πλοῦτον.
20 καὶ γὰρ αὖ καὶ τοῦτο ἀγαθὸν ἡγεῖτο εἶναι, ὡς μὴ αἰσχύνοιτο καὶ
αὐτὸς λαμβάνων· γόης, ὦ Διόγενες, ἄνθρωπος καὶ τεχνίτης. πλὴν
ἀλλὰ τοῦτό γε ἀπολέλαυκα τῆς σοφίας αὐτοῦ, τὸ λυπεῖσθαι ὡς ἐπὶ
μεγίστοις ἀγαθοῖς ἐκείνοις, ἃ κατηριθμήσω μικρῷ γε ἔμπροσθεν.

---

1 ὁρῶν καὶ ἐν ᾅδου ἔτι σε β   2 Ὄσιριν ἢ Ἄνουβιν γ
6 ἐκεῖνα δὲ ἡδέως β   7 πόσην γ   11 ἐλαύνοντα LN
12 ὑπὸ β   13 τοῦτο Bekker   14–15 τύχης· ὁ σοφὸς ἁπάντων
ἐκεῖνος κολάκων ἐπιτρ. ὤν; ΑΛΕΞ. Ἐμὲ β   15 cf. Plut. Alex. 74.3
18 πρὸς β: εἰς γ   19 τοῦτο μέρος ὂν (ὢν Β) β: τούτου μέρους ὄντος γ
ἐς om. γ   20 τοῦτον Bekker   αἰσχύνοιτο βΩ: αἰσχύνεται L:
αἰσχύνετο Γ   21 an ἄνθρωπος?   τεχνήτης Γ   22 αὐτοῦ τῆς σοφίας β
23 ἐκείνοις om. β

ΛΟΥΚΙΑΝΟΥ

ΔΙΟΓΕΝΗΣ

6 Ἀλλ' οἶσθα ὃ δράσεις; ἄκος γάρ τί σοι τῆς λύπης ὑποθήσομαι. ἐπεὶ ἐνταῦθά γε ἐλλέβορος οὐ φύεται, σὺ δὲ κἂν τὸ Λήθης ὕδωρ χανδὸν ἐπισπασάμενος πίε καὶ αὖθις πίε καὶ πολλάκις· οὕτω γὰρ ἂν παύσαιο ἐπὶ τοῖς Ἀριστοτέλους ἀγαθοῖς ἀνιώμενος. καὶ γὰρ καὶ Κλεῖτον ἐκεῖνον ὁρῶ καὶ Καλλισθένην καὶ ἄλλους 5 πολλοὺς ἐπὶ σὲ ὁρμῶντας, ὡς διασπάσαιντο καὶ ἀμύναιντό σε ὧν ἔδρασας αὐτούς. ὥστε τὴν ἑτέραν σὺ ταύτην βάδιζε καὶ πῖνε πολλάκις, ὡς ἔφην.

14 (4)

ΕΡΜΟΥ ΚΑΙ ΧΑΡΩΝΟΣ

ΕΡΜΗΣ

1 Λογισώμεθα, ὦ πορθμεῦ, εἰ δοκεῖ, ὁπόσα μοι ὀφείλεις ἤδη, ὅπως μὴ αὖθις ἐρίζωμέν τι περὶ αὐτῶν.   10

ΧΑΡΩΝ

Λογισώμεθα, ὦ Ἑρμῆ· ἄμεινον γὰρ ὡρίσθαι καὶ ἀπραγμονέστερον.

ΕΡΜΗΣ

Ἄγκυραν ἐντειλαμένῳ ἐκόμισα πέντε δραχμῶν.

ΧΑΡΩΝ

Πολλοῦ λέγεις.

---

1 δράσεις βΓΩ: δράσειας L: δρᾶσον Cobet; cf. 57.62, 70.63   τί σοι Ω: σοι τί sic Γ: σοι Β: σοι τὸ Ν: τὸ L   2 δὲ] an γε?   3 πίε² om. Ω   4 ἂν παύσαιο γ: παύσῃ β   4–5 γὰρ καὶ γ: γὰρ β   5 cf. 59.38, 77.12.3–4   6 σε² ante καὶ trs. Ω   ἀμύναινταί Γ   7 πίνε LΓ   14. ΓΩL = γ; ΒΝ = β   10 περὶ αὐτῶν ante καὶ add. L   14 πολλοὺς Γ et fort. Ω¹

77. ΝΕΚΡΙΚΟΙ ΔΙΑΛΟΓΟΙ

ΕΡΜΗΣ

Νὴ τὸν Ἀϊδωνέα, τῶν πέντε ὠνησάμην, καὶ τροπωτῆρα δύο ὀβολῶν.

ΧΑΡΩΝ

Τίθει πέντε δραχμὰς καὶ ὀβολοὺς δύο.

ΕΡΜΗΣ

Καὶ ἀκέστραν ὑπὲρ τοῦ ἱστίου· πέντε ὀβολοὺς ἐγὼ κατέβαλον.

ΧΑΡΩΝ

5   Καὶ τούτους προστίθει.

ΕΡΜΗΣ

Καὶ κηρὸν ὡς ἐπιπλάσαι τοῦ σκαφιδίου τὰ ἀνεῳγότα καὶ ἥλους δὲ καὶ καλῴδιον, ἀφ' οὗ τὴν ὑπέραν ἐποίησας, δύο δραχμῶν ἅπαντα.

ΧΑΡΩΝ

Εὖ γε· καὶ ἄξια ταῦτα ὠνήσω.

ΕΡΜΗΣ

10   Ταῦτά ἐστιν, εἰ μή τι ἄλλο ἡμᾶς διέλαθεν ἐν τῷ λογισμῷ. πότε δ' οὖν ταῦτα ἀποδώσειν φής;

ΧΑΡΩΝ

Νῦν μέν, ὦ Ἑρμῆ, ἀδύνατον, ἢν δὲ λοιμός τις ἢ πόλεμος 2 καταπέμψῃ ἀθρόους τινάς, ἐνέσται τότε ἀποκερδᾶναι παραλογιζόμενον ἐν τῷ πλήθει τὰ πορθμεῖα.

---

1 Ἀδωνέα ΓΩ   2 ὀβολοῖν Ωˣ recc.   4 ἱστίου
πέντε sine puncto γΒ   ἐγὼ om. Ν   6 ἐπιπλάσαιο Ω
7 ἐποίησα Β   9 Εὖ γε om. β   καὶ om. L   13 ἀθρόους Ω
14 ἐν τῷ πλήθει om. β: ante παρ. trs. L   πορθμία LΩᵇ

183

ΕΡΜΗΣ

2 Νῦν οὖν ἐγὼ καθεδοῦμαι τὰ κάκιστα εὐχόμενος γενέσθαι, ὡς ἂν ἀπὸ τούτων ἀπολάβοιμι;

ΧΑΡΩΝ

Οὐκ ἔστιν ἄλλως, ὦ Ἑρμῆ. νῦν δὲ ὀλίγοι, ὡς ὁρᾷς, ἀφικνοῦνται ἡμῖν· εἰρήνη γάρ.

ΕΡΜΗΣ

Ἄμεινον οὕτως, εἰ καὶ ἡμῖν παρατείνοιτο ὑπὸ σοῦ τὸ ὄφλημα. 5
πλὴν ἀλλ᾽ οἱ μὲν παλαιοί, ὦ Χάρων, οἶσθα οἷοι παρεγίγνοντο,
ἀνδρεῖοι ἅπαντες, αἵματος ἀνάπλεοι καὶ τραυματίαι οἱ πολλοί· νῦν
δὲ ἢ φαρμάκῳ τις ὑπὸ τοῦ παιδὸς ἀποθανὼν ἢ ὑπὸ τῆς γυναικὸς
ἢ ὑπὸ τρυφῆς ἐξῳδηκὼς τὴν γαστέρα καὶ τὰ σκέλη, ὠχροὶ
ἅπαντες καὶ ἀγεννεῖς οὐδὲ ὅμοιοι ἐκείνοις. οἱ δὲ πλεῖστοι αὐτῶν 10
διὰ χρήματα ἥκουσιν ἐπιβουλεύοντες ἀλλήλοις, ὡς ἐοίκασι.

ΧΑΡΩΝ

Πάνυ γὰρ περιπόθητά ἐστι ταῦτα.

ΕΡΜΗΣ

Οὐκοῦν οὐδ᾽ ἐγὼ δόξαιμι ἂν ἁμαρτάνειν πικρῶς ἀπαιτῶν τὰ ὀφειλόμενα παρὰ σοῦ.

15 (5)

ΠΛΟΥΤΩΝΟΣ ΚΑΙ ΕΡΜΟΥ

ΠΛΟΥΤΩΝ

1 Τὸν γέροντα οἶσθα, τὸν πάνυ γεγηρακότα λέγω, τὸν πλούσιον 15

2 ἀπολαύοιμι Ψ   3 Οὐκ ἔστιν γὰρ ἄλλως ΓΩ   5 ἀπο-
τείνοιτο ὑπὲρ Ω: corr. Ω^b   7 ἀνάπλεωι Ω; cf. 25.13, 32.6
9 ἐξῳδηκὼς] φυσηθεὶς et ss. et in mg. add. Ω   10 ἀγενεῖς οὐδὲν L
οὐδὲ...ἐκείνοις om. Ω: suppl. Ω^b   13 ἂν om. L
15. ΓΩL = γ; BN = β

77. ΝΕΚΡΙΚΟΙ ΔΙΑΛΟΓΟΙ

Εὐκράτην, ᾧ παῖδες μὲν οὐκ εἰσίν, οἱ τὸν κλῆρον δὲ θηρῶντες
πεντακισμύριοι;

ΕΡΜΗΣ

Ναί, τὸν Σικυώνιον φής. τί οὖν;

ΠΛΟΥΤΩΝ

Ἐκεῖνον μέν, ὦ Ἑρμῆ, ζῆν ἔασον ἐπὶ τοῖς ἐνενήκοντα ἔτεσιν,
5 ἃ βεβίωκεν, ἐπιμετρήσας ἄλλα τοσαῦτα, εἴ γε οἷόν τε ἦν, καὶ ἔτι
πλείω, τοὺς δὲ κόλακας αὐτοῦ Χαρῖνον τὸν νέον καὶ Δάμωνα καὶ
τοὺς ἄλλους κατάσπασον ἐφεξῆς ἅπαντας.

ΕΡΜΗΣ

Ἄτοπον ἂν δόξειε τὸ τοιοῦτον.

ΠΛΟΥΤΩΝ

Οὐ μὲν οὖν, ἀλλὰ δικαιότατον· τί γὰρ ἐκεῖνοι παθόντες
10 εὔχονται ἀποθανεῖν ἐκεῖνον ἢ τῶν χρημάτων ἀντιποιοῦνται οὐδὲν
προσήκοντες; ὃ δὲ πάντων ἐστὶ μιαρώτατον, ὅτι καὶ τὰ τοιαῦτα
εὐχόμενοι ὅμως θεραπεύουσιν ἔν γε τῷ φανερῷ, καὶ νοσοῦντος ἃ
μὲν βουλεύονται πᾶσι πρόδηλα, θύσειν δὲ ὅμως ὑπισχνοῦνται, ἢν
ῥαΐσῃ, καὶ ὅλως ποικίλη τις ἡ κολακεία τῶν ἀνδρῶν. διὰ ταῦτα
15 ὁ μὲν ἔστω ἀθάνατος, οἱ δὲ προαπίτωσαν αὐτοῦ μάτην
ἐπιχανόντες.

ΕΡΜΗΣ

Γελοῖα πείσονται, πανοῦργοι ὄντες.   2

ΠΛΟΥΤΩΝ

Πολλὰ κἀκεῖνος εὖ μάλα διαβουκολεῖ αὐτοὺς καὶ ἐπελπίζει, καὶ

1 cf. 22.7,33, 70.11   οἱ δὲ τὸν κλ. L   3 φής; ΩΒ
5 γε] δὲ Voigtländer   καὶ om. ΓΩ   6 cf. 17.1, 80.4;
cf. 57.19   9 ἀλλὰ καὶ δ. L   17 Γελοῖα...ὄντες Plutoni trib. β:
om. L   18 seq. Πολλὰ...τιθέντες Mercurio trib. N:
Πολλὰ...ἀποθανόντες: perperam distinxit B   18 ἐπελπίζει N:
ἐλπίζει γΒΨ: ταῖς ἐλπίσι ss. Lˣ

ΛΟΥΚΙΑΝΟΥ

ὅλως αἰεὶ θανέοντι ἐοικὼς ἔρρωται πολὺ μᾶλλον τῶν νέων. οἱ δὲ
ἤδη τὸν κλῆρον ἐν σφίσι διῃρημένοι βόσκονται ζωὴν μακαρίαν
πρὸς ἑαυτοὺς τιθέντες. οὐκοῦν ὁ μὲν ἀποδυσάμενος τὸ γῆρας
ὥσπερ Ἰόλεως ἀνηβησάτω, οἱ δὲ ἀπὸ μέσων τῶν ἐλπίδων τὸν
ὀνειροποληθέντα πλοῦτον ἀπολιπόντες ἡκέτωσαν ἤδη κακοὶ 5
κακῶς ἀποθανόντες.

ΕΡΜΗΣ

Ἀμέλησον, ὦ Πλούτων· μετελεύσομαι γάρ σοι ἤδη αὐτοὺς
καθ᾽ ἕνα ἑξῆς· ἑπτὰ δέ, οἶμαι, εἰσί.

ΠΛΟΥΤΩΝ

Κατάσπα, ὁ δὲ παραπέμψει ἕκαστον ἀντὶ γέροντος αὖθις
πρωθήβης γενόμενος.   10

16 (6)

ΤΕΡΨΙΩΝΟΣ ΚΑΙ ΠΛΟΥΤΩΝΟΣ

ΤΕΡΨΙΩΝ

1 Τοῦτο, ὦ Πλούτων, δίκαιον, ἐμὲ μὲν τεθνάναι τριάκοντα ἔτη
γεγονότα, τὸν δὲ ὑπὲρ τὰ ἐνενήκοντα γέροντα Θούκριτον ζῆν
ἔτι;

ΠΛΟΥΤΩΝ

Δικαιότατον μὲν οὖν, ὦ Τερψίων, εἴ γε ὁ μὲν ζῇ μηδένα
εὐχόμενος ἀποθανεῖν τῶν φίλων, σὺ δὲ παρὰ πάντα τὸν χρόνον 15
ἐπεβούλευες αὐτῷ περιμένων τὸν κλῆρον.

ΤΕΡΨΙΩΝ

Οὐ γὰρ ἐχρῆν γέροντα ὄντα καὶ μηκέτι χρήσασθαι τῷ πλούτῳ

---

1 αἰεὶ codd.: αἰεὶ ex *Od.* 11.608 scripsi; cf. *C.R.* 1960, 103   θανέοντι
ΓΩ: θανοῦντι ΒΨ: θανόντι LN   οἱ δὲ] οὐδὲ Γ
2 σφίσι ΓΒΨ   4 ὅιλέως vel ὅιλεως βγ: corr. recc.; cf. 1.8,
49.2, Eur. *Hcld.* 852, Ov. *Met.* 9.399   10 προθήβης β
16. ΓΩL = γ; ΒΝ = β   12 γέροντα] ἔτη Ω   14 εἴ γε
om. Ω: ss. Ω^b

77. ΝΕΚΡΙΚΟΙ ΔΙΑΛΟΓΟΙ

αὐτὸν δυνάμενον ἀπελθεῖν τοῦ βίου παραχωρήσαντα τοῖς νέοις;

ΠΛΟΥΤΩΝ

Καινά, ὦ Τερψίων, νομοθετεῖς, τὸν μηκέτι τῷ πλούτῳ χρήσασθαι δυνάμενον πρὸς ἡδονὴν ἀποθνήσκειν· τὸ δὲ ἄλλως ἡ Μοῖρα καὶ ἡ Φύσις διέταξεν.

ΤΕΡΨΙΩΝ

5 Οὐκοῦν ταύτης αἰτιῶμαι τῆς διατάξεως· ἐχρῆν γὰρ τὸ πρᾶγμα 2 ἑξῆς πως γίνεσθαι, τὸν πρεσβύτερον πρότερον καὶ μετὰ τοῦτον ὅστις καὶ τῇ ἡλικίᾳ μετ᾽ αὐτόν, ἀναστρέφεσθαι δὲ μηδαμῶς, μηδὲ ζῆν μὲν τὸν ὑπέργηρων ὀδόντας τρεῖς ἔτι λοιποὺς ἔχοντα, μόγις ὁρῶντα, οἰκέταις γε τέτταρσιν ἐπικεκυφότα, κορύζης 10 μὲν τὴν ῥῖνα, λήμης δὲ τοὺς ὀφθαλμοὺς μεστὸν ὄντα, οὐδὲν ἔτι ἡδὺ εἰδότα, ἔμψυχόν τινα τάφον ὑπὸ τῶν νέων καταγελώμενον, ἀποθνήσκειν δὲ καλλίστους καὶ ἐρρωμενεστάτους νεανίσκους· ἄνω γὰρ ποταμῶν τοῦτό γε· ἢ τὸ τελευταῖον εἰδέναι γε ἐχρῆν, πότε καὶ τεθνήξεται τῶν γερόντων ἕκαστος, ἵνα μὴ μάτην ἂν 15 ἐνίους ἐθεράπευον. νῦν δὲ τὸ τῆς παροιμίας, ἡ ἄμαξα τὸν βοῦν [πολλάκις ἐκφέρει].

ΠΛΟΥΤΩΝ

Ταῦτα μέν, ὦ Τερψίων, πολὺ συνετώτερα γίνεται ἤπερ σοὶ 3 δοκεῖ. καὶ ὑμεῖς δὲ τί παθόντες ἀλλοτρίοις ἐπιχαίνετε καὶ τοῖς ἀτέκνοις τῶν γερόντων εἰσποιεῖτε φέροντες αὑτούς; τοιγαροῦν 20 γέλωτα ὀφλισκάνετε πρὸ ἐκείνων κατορυττόμενοι, καὶ τὸ πρᾶγμα τοῖς πολλοῖς ἥδιστον γίνεται· ὅσῳ γὰρ ὑμεῖς ἐκείνους ἀποθανεῖν εὔχεσθε, τοσούτῳ ἅπασιν ἡδὺ προαποθανεῖν ὑμᾶς αὐτῶν. καινὴν

---

1 αὐτὸν om. Ω   3 πρὸς ἡδονὴν om. L   7 καί] ἀεὶ Cobet
9 γε ΓΛΒΨ: om. Ω: τε Ν   12 cf. Eur. Med. 410, Dem. 19.287,
D.L. 6.36, Luc. 65.1 etc.   13 τὸ τελευταῖον] τοὐλάχιστον
Sommerbrodt   γε om. recc.   15 cf. Paroem. Gr. 1.219
16 πολλάκις ἐκφέρει del. Hemsterhuis   18 ἐπιχαίρετε γΒ;
cf. 77.15.1

187

γάρ τινα ταύτην τὴν τέχνην ἐπινενοήκατε γραῶν καὶ γερόντων
ἐρῶντες, καὶ μάλιστα εἰ ἄτεκνοι εἶεν, οἱ δὲ ἔντεκνοι ὑμῖν ἀνέ-
ραστοι. καίτοι πολλοὶ ἤδη τῶν ἐρωμένων συνέντες ὑμῶν τὴν
πανουργίαν τοῦ ἔρωτος, ἢν καὶ τύχωσι παῖδας ἔχοντες,
μισεῖν αὐτοὺς πλάττονται, ὡς καὶ αὐτοὶ ἐραστὰς ἔχωσιν· εἶτα ἐν   5
ταῖς διαθήκαις ἀπεκλείσθησαν μὲν οἱ πάλαι δορυφορήσαντες,
ὁ δὲ παῖς καὶ ἡ φύσις, ὥσπερ ἐστὶ δίκαιον, κρατοῦσι πάντων,
οἱ δὲ ὑποπρίουσι τοὺς ὀδόντας ἀπομυγέντες.

ΤΕΡΨΙΩΝ

4 Ἀληθῆ ταῦτα φής· ἐμοῦ γοῦν Θούκριτος πόσα κατέφαγεν ἀεὶ
τεθνήξεσθαι δοκῶν καὶ ὁπότε εἰσίοιμι ὑποστένων καὶ μύχιόν τι   10
καθάπερ ἐξ ᾠοῦ νεοττὸς ἀτελὴς ὑποκρώζων ὥστ᾽ ἐμὲ ὅσον αὐ-
τίκα οἰόμενον ἐπιβήσειν αὐτὸν τῆς σοροῦ ἐσπέμπειν τὰ πολλά,
ὡς μὴ ὑπερβάλλοιτό με οἱ ἀντερασταὶ τῇ μεγαλοδωρεᾷ, καὶ
τὰ πολλὰ ὑπὸ φροντίδων ἄγρυπνος ἐκείμην ἀριθμῶν ἕκαστα καὶ
διατάττων. ταῦτα γοῦν μοι καὶ τοῦ ἀποθανεῖν αἴτια γεγένηται,   15
ἀγρυπνία καὶ φροντίδες· ὁ δὲ τοσοῦτόν μοι δέλεαρ καταπιὼν
ἐφειστήκει θαπτομένῳ πρώην ἐπιγελῶν.

ΠΛΟΥΤΩΝ

5 Εὖ γε, ὦ Θούκριτε· ζῴης ἐπὶ μήκιστον πλουτῶν ἅμα καὶ τῶν
τοιούτων καταγελῶν, μηδὲ πρότερόν γε σὺ ἀποθάνοις ἢ προ-
πέμψας πάντας τοὺς κόλακας.   20

ΤΕΡΨΙΩΝ

Τοῦτο μέν, ὦ Πλούτων, καὶ ἐμοὶ ἥδιστον ἤδη, εἰ καὶ Χαροι-
άδης προτεθνήξεται Θουκρίτου.

---

1 τὴν ΓL: om. βΩ   γραιῶν Γ   6 μὲν om. Ω:
ss. Ωᵇ   δωρυφορήσαντες uv. Γ: δωροφορήσαντες Bourdelot
8 ἀποσμυγέντες βΩ; cf. Men. 427 (K.–Th.), Poll. 2.78, emungo Latine
11–12 ὥστ᾽ ἔγωγε...οἰόμενος recc.   12 ἐσπέμπειν LΩᵇ: ἐσπέμπει ΓΩ:
ἐσέπεμπον β recc.   τὰ γB: τε Ν   13 μεγαλοδωρία Bekker
16 ἀγρύπνως γ   18 ζῴης Fl.; cf. infra p. 189 l. 3: ζώοις βγ

77. ΝΕΚΡΙΚΟΙ ΔΙΑΛΟΓΟΙ

ΠΛΟΥΤΩΝ

Θάρρει, ὦ Τερψίων· καὶ Φείδων γὰρ καὶ Μέλανθος καὶ ὅλως ἅπαντες προελεύσονται αὐτοῦ ὑπὸ ταῖς αὐταῖς φροντίσιν.

ΤΕΡΨΙΩΝ

Ἐπαινῶ ταῦτα. ζῴης ἐπὶ μήκιστον, ὦ Θούκριτε.

17 (7)

ΖΗΝΟΦΑΝΤΟΥ ΚΑΙ ΚΑΛΛΙΔΗΜΙΔΟΥ

ΖΗΝΟΦΑΝΤΟΣ

Σὺ δέ, ὦ Καλλιδημίδη, πῶς ἀπέθανες; ἐγὼ μὲν γὰρ ὅτι 1
5 παράσιτος ὢν Δεινίου πλέον τοῦ ἱκανοῦ ἐμφαγὼν ἀπεπνίγην, οἶσθα· παρῆς γὰρ ἀποθνήσκοντί μοι.

ΚΑΛΛΙΔΗΜΙΔΗΣ

Παρῆν, ὦ Ζηνόφαντε· τὸ δὲ ἐμὸν παράδοξόν τι ἐγένετο. οἶσθα γὰρ καὶ σύ που Πτοιόδωρον τὸν γέροντα;

ΖΗΝΟΦΑΝΤΟΣ

Τὸν ἄτεκνον, τὸν πλούσιον, ᾧ σε τὰ πολλὰ ᾔδειν συνόντα.

ΚΑΛΛΙΔΗΜΙΔΗΣ

10 Ἐκεῖνον αὐτὸν ἀεὶ ἐθεράπευον ὑπισχνούμενον ἐπ᾽ ἐμοὶ τεθνή-ξεσθαι. ἐπεὶ δὲ τὸ πρᾶγμα εἰς μήκιστον ἐπεγίνετο καὶ ὑπὲρ τὸν Τιθωνὸν ὁ γέρων ἔζη, ἐπίτομόν τινα ὁδὸν ἐπὶ τὸν κλῆρον ἐξηῦρον·

2 αὐταῖς] αὐτοῦ Ω: corr. Ω^b   3 ζῴης ΓΒ: ζώοις LΩΝ; vide supra p. 188 l. 18   **17.** ΓΩL = γ; BN = β   Titulus ΖΗΝΟΦΑΝΤΟΥ ΚΑΙ ΚΑΛΛΙΔΗΜΟΔΟΥ Β   4 ὦ Καλλιδημόδη Β 7 ὦ Ζηνόφαντες Ν   8 Πτυόδωρον ΒΨ   9 sic recc.: τὸν ἄτεκνον...συνόντα Callidemidae sine vicibus loquenti trib. ΓLΒ: γέροντα, τὸν ἄτεκνον. ΖΗΝ. Τὸν πλούσιον...συνόντα. Ω: ΖΗΝ. Τὸν ἄτεκνον...τὰ πολλὰ συνόντα ἑώρων Ν   11 ἐπετείνετο Bekker   12 ἐ. τ. κλ.] τῶν κλήρων Ω

189

πριάμενος γὰρ φάρμακον ἀνέπεισα τὸν οἰνοχόον, ἐπειδὰν τάχιστα
ὁ Πτοιόδωρος αἰτήσῃ πιεῖν,—πίνει δὲ ἐπιεικῶς ζωρότερον—
ἐμβαλόντα εἰς κύλικα ἕτοιμον ἔχειν αὐτὸ καὶ ἐπιδοῦναι αὐτῷ· εἰ
δὲ τοῦτο ποιήσει, ἐλεύθερον ἐπωμοσάμην ἀφήσειν αὐτόν.

ΖΗΝΟΦΑΝΤΟΣ

Τί οὖν ἐγένετο; πάνυ γάρ τι παράδοξον ἐρεῖν ἔοικας.   5

ΚΑΛΛΙΔΗΜΙΔΗΣ

2 Ἐπεὶ τοίνυν λουσάμενοι ἥκομεν, δύο δὴ ὁ μειρακίσκος κύλικας
ἑτοίμους ἔχων τὴν μὲν τῷ Πτοιοδώρῳ τὴν ἔχουσαν τὸ φάρμακον,
τὴν δὲ ἑτέραν ἐμοί, σφαλεὶς οὐκ οἶδ᾽ ὅπως ἐμοὶ μὲν τὸ φάρμακον,
Πτοιοδώρῳ δὲ τὸ ἀφάρμακτον ἔδωκεν· εἶτα ὁ μὲν ἔπινεν, ἐγὼ δὲ
αὐτίκα μάλα ἐκτάδην ἐκείμην ὑποβολιμαῖος ἀντ᾽ ἐκείνου νεκρός.   10
τί τοῦτο γελᾷς, ὦ Ζηνόφαντε; καὶ μὴν οὐκ ἔδει γε ἑταίρῳ ἀνδρὶ
ἐπιγελᾶν.

ΖΗΝΟΦΑΝΤΟΣ

Ἀστεῖα γάρ, ὦ Καλλιδημίδη, πέπονθας. ὁ γέρων δὲ τί πρὸς
ταῦτα;

ΚΑΛΛΙΔΗΜΙΔΗΣ

Πρῶτον μὲν ὑπεταράχθη πρὸς τὸ αἰφνίδιον, εἶτα συνείς, οἶμαι,   15
τὸ γεγενημένον ἐγέλα καὶ αὐτός, οἷά γε ὁ οἰνοχόος εἴργασται.

ΖΗΝΟΦΑΝΤΟΣ

Πλὴν ἀλλ᾽ οὐδὲ σὲ τὴν ἐπίτομον ἐχρῆν τραπέσθαι· ἧκε γὰρ
ἄν σοι διὰ τῆς λεωφόρου ἀσφαλέστερον, εἰ καὶ ὀλίγῳ βραδύτερος
ἦν.

2 ὁ Πτυόδωρος ΒΨ   πάνυ super ἐπιεικῶς ss. Ω   4 ποι-
ήσει γ et fort. Ψ: ποιήσῃ Β: ποιήσοι Ν   7 Πτυοδώρῳ ΒΨ
9 ἐπέδωκεν Ω   ἔπιεν Ω: corr. Ω^b   10 αὐτίκα μάλα
om. Ω: ss. Ω^b   11 ὦ Ζηνόφαντες Ν   13 ὦ Καλλιδημόδη ΒΨ
16 γε] με Fritzsche   17 vices loquentis om. βΓL   τρέπεσθαι γ
18–19 βραδύτερος ἦν] βραδύτερον recc.

18 (8)

ΚΝΗΜΩΝΟΣ ΚΑΙ ΔΑΜΝΙΠΠΟΥ

ΚΝΗΜΩΝ

Τοῦτο ἐκεῖνο τὸ τῆς παροιμίας· ὁ νεβρὸς τὸν λέοντα.

ΔΑΜΝΙΠΠΟΣ

Τί ἀγανακτεῖς, ὦ Κνήμων;

ΚΝΗΜΩΝ

Πυνθάνῃ ὅ τι ἀγανακτῶ; κληρονόμον ἀκούσιον καταλέλοιπα
κατασοφισθεὶς ἄθλιος, οὓς ἐβουλόμην ἂν μάλιστα σχεῖν τἀμὰ
5 παραλιπών.

ΔΑΜΝΙΠΠΟΣ

Πῶς τοῦτο ἐγένετο;

ΚΝΗΜΩΝ

Ἑρμόλαον τὸν πάνυ πλούσιον ἄτεκνον ὄντα ἐθεράπευον ἐπὶ
θανάτῳ, κἀκεῖνος οὐκ ἀηδῶς τὴν θεραπείαν προσίετο. ἔδοξε δή
μοι καὶ σοφὸν τοῦτο εἶναι, θέσθαι διαθήκας εἰς τὸ φανερόν, ἐν αἷς
10 ἐκείνῳ καταλέλοιπα τἀμὰ πάντα, ὡς κἀκεῖνος ζηλώσειεν καὶ τὰ
αὐτὰ πράξειεν.

ΔΑΜΝΙΠΠΟΣ

Τί οὖν δὴ ἐκεῖνος;

ΚΝΗΜΩΝ

Ὅ τι μὲν αὐτὸς ἐνέγραψεν ταῖς ἑαυτοῦ διαθήκαις οὐκ οἶδα· ἐγὼ
γοῦν ἄφνω ἀπέθανον τοῦ τέγους μοι ἐπιπεσόντος, καὶ νῦν
15 Ἑρμόλαος ἔχει τἀμὰ ὥσπερ τις λάβραξ καὶ τὸ ἄγκιστρον τῷ
δελέατι συγκατασπάσας.

---

18. ΓΩL = γ; ΒΝ = β   De nominibus cf. Men. *Dysc.*, Ael.
Ep. 13–16, *Glotta* 1981, 160–1   3 ἀκούσιος Ν   4 ἄθλιος β:
ἀθλίως ΓΩ: ὁ ἄθλιος LΨ   8 δή] δέ L   12 δὴ om. Ω: ss. Ωᵇ
13 αὐτὸς om. Ω: ss. Ωᵇ   ἀνέγραψε β   14 στέγους Ω

ΛΟΥΚΙΑΝΟΥ

ΔΑΜΝΙΠΠΟΣ

Οὐ μόνον, ἀλλὰ καὶ αὐτόν σε τὸν ἁλιέα· ὥστε τὸ σόφισμα κατὰ σεαυτοῦ συντέθεικας.

ΚΝΗΜΩΝ

Ἔοικα· οἰμώζω τοιγαροῦν.

19 (9)

ΣΙΜΥΛΟΥ ΚΑΙ ΠΟΛΥΣΤΡΑΤΟΥ

ΣΙΜΥΛΟΣ

1 Ἥκεις ποτέ, ὦ Πολύστρατε, καὶ σὺ παρ' ἡμᾶς ἔτη οἶμαι οὐ πολὺ ἀποδέοντα τῶν ἑκατὸν βεβιωκώς; 5

ΠΟΛΥΣΤΡΑΤΟΣ

Ὀκτὼ ἐπὶ τοῖς ἐνενήκοντα, ὦ Σιμύλε.

ΣΙΜΥΛΟΣ

Πῶς δαὶ τὰ μετ' ἐμὲ ταῦτα ἐβίως τριάκοντα; ἐγὼ γὰρ ἀμφὶ τὰ ἑβδομήκοντά σου ὄντος ἀπέθανον.

ΠΟΛΥΣΤΡΑΤΟΣ

Ὑπερήδιστα, εἰ καὶ σοὶ παράδοξον τοῦτο δόξει.

ΣΙΜΥΛΟΣ

Παράδοξον, εἰ γέρων τε καὶ ἀσθενὴς ἄτεκνός τε προσέτι 10 ἤδεσθαι τοῖς ἐν τῷ βίῳ ἐδύνασο.

1 τὸ om. βL   2 σαυτοῦ B   **19.** ΓΩL = γ; BN = β
6 etc. Σίμυλε βΓΩ: Σίμυλλε L; cf. 57.19, Men. *Fr.* 276.5   7 δαὶ B:
δὲ γN   8 σοῦ L   9–10 sic βΩ: τοῦτο. ΣΙΜ. Δόξει
παραδ. ΓL   10 τε προσέτι· N: τε· προσέτι Ω: τε καὶ προσέτι ΒΓL

77. ΝΕΚΡΙΚΟΙ ΔΙΑΛΟΓΟΙ

ΠΟΛΥΣΤΡΑΤΟΣ

Τὸ μὲν πρῶτον ἅπαντα ἐδυνάμην· ἔτι καὶ παῖδες ὡραῖοι ἦσαν 2
πολλοὶ καὶ γυναῖκες ἁβρόταται καὶ μύρα καὶ οἶνος ἀνθοσμίας
καὶ τράπεζα ὑπὲρ τὰς ἐν Σικελίᾳ.

ΣΙΜΥΛΟΣ

Καινὰ ταῦτα· ἐγὼ γάρ σε πάνυ φειδόμενον ἠπιστάμην.

ΠΟΛΥΣΤΡΑΤΟΣ

5 'Αλλ' ἐπέρρει μοι, ὦ γενναῖε, παρὰ ἄλλων τὰ ἀγαθά· καὶ ἕωθεν
μὲν εὐθὺς ἐπὶ θύρας ἐφοίτων μάλα πολλοί, μετὰ δὲ παντοῖά μοι
δῶρα προσήγετο ἀπανταχόθεν τῆς γῆς τὰ κάλλιστα.

ΣΙΜΥΛΟΣ

'Ετυράννησας, ὦ Πολύστρατε, μετ' ἐμέ;

ΠΟΛΥΣΤΡΑΤΟΣ

Οὔκ, ἀλλ' ἐραστὰς ἔσχον μυρίους.

ΣΙΜΥΛΟΣ

10 'Εγέλασα· ἐραστὰς σὺ τηλικοῦτος ὤν, ὀδόντας τέτταρας ἔχων;

ΠΟΛΥΣΤΡΑΤΟΣ

Νὴ Δία, τοὺς ἀρίστους γε τῶν ἐν τῇ πόλει· καὶ γέροντά με καὶ
φαλακρόν, ὡς ὁρᾷς, ὄντα καὶ λημῶντα προσέτι καὶ κορυζῶντα
ὑπερήδοντο θεραπεύοντες, καὶ μακάριος ἦν αὐτῶν ὅντινα ἂν καὶ
μόνον προσέβλεψα.

ΣΙΜΥΛΟΣ

15 Μῶν καὶ σύ τινα ὥσπερ ὁ Φάων τὴν 'Αφροδίτην ἐκ Χίου

---

1 ἐδυνάμην ἔτι· καὶ ΓL   2 μύρα γ: μοῖρα B: μῦρα N
3 cf. Pl. R. 404d   ἐν τῇ Σ. L   4 καινὰ γὰρ ταῦτα L
7 τὰ om. β   9 ἔσχον ΩL: ἔχων ΓB: εἶχον N   11 γε βL:
τε ΓΩ   11–14 cf. 77.16.2   15 cf. 50.2
τὴν del. Fritzsche

193

ΛΟΥΚΙΑΝΟΥ

διεπόρθμευσας, εἶτά σοι εὐξαμένῳ ἔδωκεν νέον εἶναι καὶ καλὸν
ἐξ ὑπαρχῆς καὶ ἀξιέραστον;

ΠΟΛΥΣΤΡΑΤΟΣ

Οὔκ, ἀλλὰ τοιοῦτος ὢν περιπόθητος ἦν.

ΣΙΜΥΛΟΣ

Αἰνίγματα λέγεις.

ΠΟΛΥΣΤΡΑΤΟΣ

3 Καὶ μὴν πρόδηλός γε ὁ ἔρως οὑτοσὶ πολὺς ὢν ὁ περὶ τοὺς 5
ἀτέκνους καὶ πλουσίους γέροντας.

ΣΙΜΥΛΟΣ

Νῦν μανθάνω σου τὸ κάλλος, ὦ θαυμάσιε, ὅτι παρὰ τῆς χρυσῆς
Ἀφροδίτης ἦν.

ΠΟΛΥΣΤΡΑΤΟΣ

Ἀτάρ, ὦ Σιμύλε, οὐκ ὀλίγα τῶν ἐραστῶν ἀπολέλαυκα
μονονουχὶ προσκυνούμενος ὑπ' αὐτῶν· καὶ ἐθρυπτόμην δὲ 10
πολλάκις καὶ ἀπέκλειον αὐτῶν τινας ἐνίοτε, οἱ δὲ ἡμιλλῶντο
καὶ ἀλλήλους ὑπερεβάλλοντο ἐν τῇ περὶ ἐμὲ φιλοτιμίᾳ.

ΣΙΜΥΛΟΣ

Τέλος δ' οὖν πῶς ἐβουλεύσω περὶ τῶν κτημάτων;

ΠΟΛΥΣΤΡΑΤΟΣ

Εἰς τὸ φανερὸν μὲν ἕκαστον αὐτῶν κληρονόμον ἀπολιπεῖν
ἔφασκον, ὁ δ' ἐπίστευέν τε ἂν καὶ κολακευτικώτερον παρε- 15
σκεύαζεν αὐτόν, ἄλλας δὲ τὰς ἀληθεῖς διαθήκας ἐκείνας ἔχων,
κατέλιπον οἰμώζειν ἅπασι φράσας.

5 οὑτωσὶ γ   9 Σίμυλλε L et hic Γ   13 δ' οὖν] δὲ L
15 τε om. βL   κολακικώτερον L   16 αὐτὸν ΒΩ: αὐτὸν ΓL:
ἑαυτὸν Ν   ἐκείνας ἔχων, βΓL: ἔχων, ἐκείνας Ω   16–17 cf. Hor.
Sat. 2.5.69

77. ΝΕΚΡΙΚΟΙ ΔΙΑΛΟΓΟΙ

ΣΙΜΥΛΟΣ

Τίνα δὲ αἱ τελευταῖαι τὸν κληρονόμον ἔσχον; ἢ πού τινα τῶν **4**
ἀπὸ τοῦ γένους;

ΠΟΛΥΣΤΡΑΤΟΣ

Οὐ μὰ Δία, ἀλλὰ νεώνητόν τινα τῶν μειρακίων τῶν ὡραίων
Φρύγα.

ΣΙΜΥΛΟΣ

5 Ἀμφὶ πόσα ἔτη, ὦ Πολύστρατε;

ΠΟΛΥΣΤΡΑΤΟΣ

Σχεδὸν ἀμφὶ τὰ εἴκοσι.

ΣΙΜΥΛΟΣ

Ἤδη μανθάνω ἅτινά σοι ἐκεῖνος ἐχαρίζετο.

ΠΟΛΥΣΤΡΑΤΟΣ

Πλὴν ἀλλὰ πολὺ ἐκείνων ἀξιώτερος κληρονομεῖν, εἰ καὶ
βάρβαρος ἦν καὶ ὄλεθρος, ὃν ἤδη καὶ αὐτῶν οἱ ἄριστοι θεραπεύ-
10 ουσιν. ἐκεῖνος τοίνυν ἐκληρονόμησέ μου καὶ νῦν ἐν τοῖς εὐπατρί-
δαις ἀριθμεῖται ὑπεξυρημένος μὲν τὸ γένειον καὶ βαρβαρίζων,
Κόδρου δὲ εὐγενέστερος καὶ Νιρέως καλλίων καὶ Ὀδυσσέως
συνετώτερος λεγόμενος εἶναι.

ΣΙΜΥΛΟΣ

Οὔ μοι μέλει· καὶ στρατηγησάτω τῆς Ἑλλάδος, εἰ δοκεῖ,
15 ἐκεῖνοι δὲ ⟨μὴ⟩ κληρονομείτωσαν μόνον.

1 τῶν BLΩ: τὸν N: om. Γ   6–7 ΠΟΛ. Ἀμφὶ τὰ εἴκοσιν
ἤδη. ΣΙΜ. Μανθάνω Ω   9 αὐτῶν ΒΓL: αὐτοὶ N: αὐτὸν Ω
10–13 ΣΙΜ. Καὶ νῦν...εἶναι. ΠΟΛ. Οὔ...μόνον β   11 καταριθμ. Ω
μὲν om. Ω   13 εἶναι; φορτ. B¹   14 μέλλει Ω¹L¹N
15 μὴ Ωᵇ, recc.: om. βγ   an potius lacuna, e.g. οἰμώζειν, ante
μόνον statuenda vel μηδέν pro μόνον legendum?

ΛΟΥΚΙΑΝΟΥ

20 (10)

ΧΑΡΩΝΟΣ ΚΑΙ ΕΡΜΟΥ ΚΑΙ ΝΕΚΡΩΝ ΔΙΑΦΟΡΩΝ

ΧΑΡΩΝ

1 Ἀκούσατε ὡς ἔχει ὑμῖν τὰ πράγματα. μικρὸν μὲν ὑμῖν, ὡς ὁρᾶτε, τὸ σκαφίδιον καὶ ὑπόσαθρόν ἐστιν καὶ διαρρεῖ τὰ πολλά, καὶ ἢν τραπῇ ἐπὶ θάτερα, οἰχήσεται περιτραπέν, ὑμεῖς δὲ τοσοῦτοι ἅμα ἥκετε πολλὰ ἐπιφερόμενοι ἕκαστος. ἢν οὖν μετὰ τούτων ἐμβῆτε, δέδια μὴ ὕστερον μετανοήσητε, καὶ μάλιστα 5 ὁπόσοι νεῖν οὐκ ἐπίστασθε.

ΝΕΚΡΟΙ

Πῶς οὖν ποιήσαντες εὐπλοήσομεν;

ΧΑΡΩΝ

Ἐγὼ ὑμῖν φράσω· γυμνοὺς ἐπιβαίνειν χρὴ τὰ περιττὰ ταῦτα πάντα ἐπὶ τῆς ἠϊόνος καταλιπόντας· μόλις γὰρ ἂν καὶ οὕτως δέξαιτο ὑμᾶς τὸ πορθμεῖον. σοὶ δέ, ὦ Ἑρμῆ, μελήσει τὸ ἀπὸ 10 τούτου μηδένα παραδέχεσθαι αὐτῶν, ὃς ἂν μὴ ψιλὸς ᾖ καὶ τὰ ἔπιπλα, ὥσπερ ἔφην, ἀποβαλών. παρὰ δὲ τὴν ἀποβάθραν ἑστὼς διαγίνωσκε αὐτοὺς καὶ ἀναλάμβανε, γυμνοὺς ἐπιβαίνειν ἀναγκάζων.

ΕΡΜΗΣ

2 Εὖ λέγεις, καὶ οὕτω ποιήσωμεν.—Οὑτοσὶ τίς ὁ πρῶτός ἐστιν; 15

ΜΕΝΙΠΠΟΣ

Μένιππος ἔγωγε. ἀλλ' ἰδοὺ ἡ πήρα μοι, ὦ Ἑρμῆ, καὶ τὸ

20. ΓΩL = γ; ΒΝ = β   Titulo ΚΑΙ ΝΕΚΡΩΝ ΔΙΑΦΟΡΩΝ
add. recc.: om. βγ   1 ὑμῖν¹] ἡμῖν Ν   ὑμῖν²] ἡμῖν recc.   4 ἅμα
τοσοῦτοι recc.   7 ΝΕΚΡΟΙ ΓΩΝ: ΕΡΜΗΣ recc.: nomen om. Β
(ut passim) et L εὐπλοήσωμεν Γ² uv.   8 seq. cf. Pl. Grg. 523c
8–9 ἐπὶ τῆς ἠϊόνος post γυμνοὺς add. L, postea omittit   10 δέξαιτο
LΩ^c: δέξοιτο ΓΩ¹β   πορθμίον Ω¹   11 ᾖ] ἤκῃ recc.
12 ὑποβάθραν L   15 ποιήσωμεν β, Γ² uv., fort. Ω¹: ποιήσομεν
L, fort. Γ¹, Ω vel Ω^d

77. ΝΕΚΡΙΚΟΙ ΔΙΑΛΟΓΟΙ

βάκτρον εἰς τὴν λίμνην ἀπερρίφθων, τὸν τρίβωνα δὲ οὐδὲ
ἐκόμισα εὖ ποιῶν.

ΕΡΜΗΣ

Ἔμβαινε, ὦ Μένιππε ἀνδρῶν ἄριστε, καὶ τὴν προεδρίαν ἔχε
παρὰ τὸν κυβερνήτην ἐφ᾽ ὑψηλοῦ, ὡς ἐπισκοπῆς ἅπαντας. ὁ **3**
5 καλὸς δ᾽ οὗτος τίς ἐστιν;

ΧΑΡΜΟΛΕΩΣ

Χαρμόλεως ὁ Μεγαρικὸς ἐπέραστος, οὗ τὸ φίλημα διτάλαντον
ἦν.

ΕΡΜΗΣ

Ἀπόδυθι τοιγαροῦν τὸ κάλλος καὶ τὰ χείλη αὐτοῖς φιλήμασι
καὶ τὴν κόμην τὴν βαθεῖαν καὶ τὸ ἐπὶ τῶν παρειῶν ἐρύθημα καὶ
10 τὸ δέρμα ὅλον. ἔχει καλῶς, εὔζωνος εἶ, ἐπίβαινε ἤδη. ὁ δὲ τὴν **4**
πορφυρίδα οὑτοσὶ καὶ τὸ διάδημα ὁ βλοσυρὸς τίς ὢν τυγχάνεις;

ΛΑΜΠΙΧΟΣ

Λάμπιχος Γελώων τύραννος.

ΕΡΜΗΣ

Τί οὖν, ὦ Λάμπιχε, τοσαῦτα ἔχων πάρει;

ΛΑΜΠΙΧΟΣ

Τί οὖν; ἐχρῆν, ὦ Ἑρμῆ, γυμνὸν ἥκειν τύραννον ἄνδρα;

ΕΡΜΗΣ

15 Τύραννον μὲν οὐδαμῶς, νεκρὸν δὲ μάλα· ὥστε ἀπόθου ταῦτα.

ΛΑΜΠΙΧΟΣ

Ἰδού σοι ὁ πλοῦτος ἀπέρριπται.

1 ἀπερρίφθω ΓΩ; cf. 21.7   οὐ διεκόμισα rec.
4 ἅπαντα rec.   6 Χαρμόλεος Γ et uv. Ω¹   ὁ ante ἐπερ.
iterat Ω^b   11 βλοσσυρὸς Ω uv., Γ² uv.   14 Τί οὖν ἐχρῆν γ:
Ὅτι οὐκ ἐχρῆν Bekker   15 cf. 19.13

ΛΟΥΚΙΑΝΟΥ

ΕΡΜΗΣ

Καὶ τὸν τῦφον ἀπόρριψον, ὦ Λάμπιχε, καὶ τὴν ὑπεροψίαν·
βαρήσει γὰρ τὸ πορθμεῖον συνεμπεσόντα.

ΛΑΜΠΙΧΟΣ

Οὐκοῦν ἀλλὰ τὸ διάδημα ἔασόν με ἔχειν καὶ τὴν ἐφεστρίδα.

ΕΡΜΗΣ

Οὐδαμῶς, ἀλλὰ καὶ ταῦτα ἄφες.

ΛΑΜΠΙΧΟΣ

Εἶέν. τί ἔτι; πᾶν γὰρ ἀφῆκα, ὡς ὁρᾷς.　　　　　　5

ΕΡΜΗΣ

Καὶ τὴν ὠμότητα καὶ τὴν ἄνοιαν καὶ τὴν ὕβριν καὶ τὴν ὀργήν·
καὶ ταῦτα ἄφες.

ΛΑΜΠΙΧΟΣ

Ἰδού σοι ψιλός εἰμι.

ΕΡΜΗΣ

5　Ἔμβαινε ἤδη. σὺ δὲ ὁ παχύς, ὁ πολύσαρκος τίς εἶ;

ΔΑΜΑΣΙΑΣ

Δαμασίας ὁ ἀθλητής.　　　　　　10

ΕΡΜΗΣ

Ναί, ἔοικας· οἶδα γάρ σε πολλάκις ἐν ταῖς παλαίστραις ἰδών.

ΔΑΜΑΣΙΑΣ

Ναί, ὦ Ἑρμῆ· ἀλλὰ παράδεξαί με γυμνὸν ὄντα.

2 συμπεσόντα L　　　　5 πάντα ΩᵇN　　　　6 τὴν⁴ om. β
9 τίς εἶ; β: τίς ὢν τυγχάνεις; recc.: om. ΓΩ　　　　10 cf. 46.11, Ox.
Pap. XII, Col. vi, Euseb. 1, 206, 214

198

77. ΝΕΚΡΙΚΟΙ ΔΙΑΛΟΓΟΙ

ΕΡΜΗΣ

Οὐ γυμνόν, ὦ βέλτιστε, τοσαύτας σάρκας περιβεβλημένον·
ὥστε ἀπόδυθι αὐτάς, ἐπεὶ καταδύσεις τὸ σκάφος τὸν ἕτερον πόδα
ὑπερθεὶς μόνον· ἀλλὰ καὶ τοὺς στεφάνους τούτους ἀπόρριψον καὶ
τὰ κηρύγματα.

ΔΑΜΑΣΙΑΣ

5 Ἰδού σοι γυμνός, ὡς ὁρᾷς, ἀληθῶς εἰμι καὶ ἰσοστάσιος τοῖς
ἄλλοις νεκροῖς.

ΕΡΜΗΣ

Οὕτως ἄμεινον, ἀβαρῆ εἶναι· ὥστε ἔμβαινε. καὶ σὺ τὸν πλοῦτον 6
ἀποθέμενος, ὦ Κράτων, καὶ τὴν μαλακίαν δὲ προσέτι καὶ τὴν
τρυφὴν μηδὲ τὰ ἐντάφια κόμιζε μηδὲ τὰ τῶν προγόνων ἀξιώματα,
10 κατάλιπε δὲ καὶ γένος καὶ δόξαν καὶ εἴ ποτέ σε ἡ πόλις ἀνεκήρυξεν
καὶ τὰς τῶν ἀνδριάντων ἐπιγραφάς, μηδὲ ὅτι μέγαν τάφον ἐπί σοι
ἔχωσαν λέγε· βαρύνει γὰρ καὶ ταῦτα μνημονευόμενα.

ΚΡΑΤΩΝ

Οὐχ ἑκὼν μέν, ἀπορρίψω δέ· τί γὰρ ἂν καὶ πάθοιμι;

ΕΡΜΗΣ

Βαβαί. σὺ δὲ ὁ ἔνοπλος τί βούλει; ἢ τί τὸ τρόπαιον τοῦτο φέρεις; 7

ΣΤΡΑΤΗΓΟΣ

15 Ὅτι ἐνίκησα, ὦ Ἑρμῆ, καὶ ἠρίστευσα καὶ ἡ πόλις ἐτίμησέν
με.

ΕΡΜΗΣ

Ἄφες ὑπὲρ γῆς τὸ τρόπαιον· ἐν ᾅδου γὰρ εἰρήνη καὶ οὐδὲν

1 ὦ om. L   5 ἀληθῶς, ὡς ὁρᾷς, L   7 ἀβαρῆ εἶναι
del. Desrousseaux   καὶ σὺ δὲ N   8 cf. Men. *Theoph.*,
Androg. Fr. 49 (K.–Th.)   10 ἐνεκήρυξεν Β   post ἀνεκ. add.
εὐεργέτην δηλονότι βL: ὡς εὐεργέτην δηλονότι mg. add. Γ   12 an
βαρυνεῖ?   13 vide 71.7   14 τὸ om. L   15 καὶ² ante
ἡ ss. Ωᵇ   17 ὑπὸ γῆς fort. Γ¹, corr. Γᵃ uv.   τὸ om. NL
οὐδὲ L

ΛΟΥΚΙΑΝΟΥ

8 ὅπλων δεήσει. ὁ σεμνὸς δὲ οὗτος ἀπό γε τοῦ σχήματος καὶ
βρενθυόμενος, ὁ τὰς ὀφρῦς ἐπηρκώς, ὁ ἐπὶ τῶν φροντίδων τίς
ἐστιν, ὁ τὸν βαθὺν πώγωνα καθειμένος;

ΜΕΝΙΠΠΟΣ

Φιλόσοφός τις, ὦ Ἑρμῆ, μᾶλλον δὲ γόης καὶ τερατείας μεστός·
ὥστε ἀπόδυσον καὶ τοῦτον· ὄψει γὰρ πολλὰ καὶ γελοῖα ὑπὸ τῷ 5
ἱματίῳ σκεπόμενα.

ΕΡΜΗΣ

Κατάθου σὺ τὸ σχῆμα πρῶτον, εἶτα καὶ ταυτὶ πάντα. ὦ Ζεῦ,
ὅσην μὲν τὴν ἀλαζονείαν κομίζει, ὅσην δὲ ἀμαθίαν καὶ ἔριν καὶ
κενοδοξίαν καὶ ἐρωτήσεις ἀπόρους καὶ λόγους ἀκανθώδεις καὶ
ἐννοίας πολυπλόκους, ἀλλὰ καὶ ματαιοπονίαν μάλα πολλὴν καὶ 10
λῆρον οὐκ ὀλίγον καὶ ὕθλους καὶ μικρολογίαν, νὴ Δία καὶ χρυσίον
γε τουτὶ καὶ ἡδυπάθειαν δὲ καὶ ἀναισχυντίαν καὶ ὀργὴν καὶ
τρυφὴν καὶ μαλακίαν· οὐ λέληθεν γάρ με, εἰ καὶ μάλα περικρύπτεις
αὐτά. καὶ τὸ ψεῦδος δὲ ἀπόθου καὶ τὸν τῦφον καὶ τὸ οἴεσθαι
ἀμείνων εἶναι τῶν ἄλλων· ὡς εἴ γε ταῦτα πάντα ἔχων ἐμβαίης, 15
ποία πεντηκόντορος δέξαιτο ἄν σε;

ΦΙΛΟΣΟΦΟΣ

Ἀποτίθεμαι τοίνυν αὐτά, ἐπείπερ οὕτω κελεύεις.

ΧΑΡΩΝ

9 Ἀλλὰ καὶ τὸν πώγωνα τοῦτον ἀποθέσθω, ὦ Ἑρμῆ, βαρύν τε
ὄντα καὶ λάσιον, ὡς ὁρᾷς· πέντε μναῖ τριχῶν εἰσι τοὐλάχιστον.

ΕΡΜΗΣ

Εὖ λέγεις· ἀπόθου καὶ τοῦτον. 20

1 δεήσῃ B   4–6 ΧΑΡ. Φιλόσοφος…σκεπόμενα γ   7 Ἀπό-
θου recc.   12 δὲ βL: δὲν sic Γ: om. Ω   12–13 τρυφὴν καὶ
ὀργὴν Ω   18–19 ΧΑΡ. LΩ: ΜΕΝ. N: nomen om. ΓΒ
20 seq. ΕΡΜ. Εὖ…ἔσται. N

77. ΝΕΚΡΙΚΟΙ ΔΙΑΛΟΓΟΙ

ΦΙΛΟΣΟΦΟΣ

Καὶ τίς ὁ ἀποκείρων ἔσται;

ΕΡΜΗΣ

Μένιππος οὑτοσὶ λαβὼν πέλεκυν τῶν ναυπηγικῶν ἀποκόψει αὐτὸν ἐπικόπῳ τῇ ἀποβάθρᾳ χρησάμενος.

ΜΕΝΙΠΠΟΣ

Οὔκ, ὦ Ἑρμῆ, ἀλλὰ πρίονά μοι ἀνάδος· γελοιότερον γὰρ 5 τοῦτο.

ΕΡΜΗΣ

Ὁ πέλεκυς ἱκανός. εὖ γε. ἀνθρωπινώτερος γὰρ νῦν ἀναπέφηνας ἀποθέμενος σαυτοῦ τὴν κινάβραν.

ΜΕΝΙΠΠΟΣ

Βούλει μικρὸν ἀφέλωμαι καὶ τῶν ὀφρύων;

ΕΡΜΗΣ

Μάλιστα· ὑπὲρ τὸ μέτωπον γὰρ καὶ ταύτας ἐπῆρκεν, οὐκ οἶδα 10 ἐφ' ὅτῳ ἀνατείνων ἑαυτόν. τί τοῦτο; καὶ δακρύεις, ὦ κάθαρμα, καὶ πρὸς θάνατον ἀποδειλιᾷς; ἔμβηθι δ' οὖν.

ΜΕΝΙΠΠΟΣ

Ἕν ἔτι τὸ βαρύτατον ὑπὸ μάλης ἔχει.

ΕΡΜΗΣ

Τί, ὦ Μένιππε;

ΜΕΝΙΠΠΟΣ

Κολακείαν, ὦ Ἑρμῆ, πολλὰ ἐν τῷ βίῳ χρησιμεύσασαν αὐτῷ.

1 ΦΙΛ. ΓΩ: ΧΑΡ. L   6–8 ΜΕΝ. Εὖ γε…ὀφρύων. Ν et sine nomine loquentis B   6 ἀνθρωπινώτερον γ   γὰρ om. recc.   7 σαυτοῦ recc.: αὐτοῦ Γ: αὐτοῦ ΩLβ   9–11 ΧΑΡ. Μάλιστα…δ' οὖν ΓΩ   10–11 ΧΑΡ. Τί…δ' οὖν. βL   12 τὸ om. Γ¹

ΦΙΛΟΣΟΦΟΣ

Οὐκοῦν καὶ σύ, ὦ Μένιππε, ἀπόθου τὴν ἐλευθερίαν καὶ παρρησίαν καὶ τὸ ἄλυπον καὶ τὸ γενναῖον καὶ τὸν γέλωτα· μόνος γοῦν τῶν ἄλλων γελᾷς.

ΕΡΜΗΣ

Μηδαμῶς, ἀλλὰ καὶ ἔχε ταῦτα, κοῦφα γὰρ καὶ πάνυ εὔφορα
10 ὄντα καὶ πρὸς τὸν κατάπλουν χρήσιμα. καὶ ὁ ῥήτωρ δὲ σὺ ἀπόθου 5
τῶν ῥημάτων τὴν τοσαύτην ἀπεραντολογίαν καὶ ἀντιθέσεις καὶ
παρισώσεις καὶ περιόδους καὶ βαρβαρισμοὺς καὶ τὰ ἄλλα βάρη
τῶν λόγων.

ΡΗΤΩΡ

Ἦν ἰδού, ἀποτίθεμαι.

ΕΡΜΗΣ

Εὖ ἔχει· ὥστε λύε τὰ ἀπόγεια, τὴν ἀποβάθραν ἀνελώμεθα, τὸ 10
ἀγκύριον ἀνεσπάσθω, πέτασον τὸ ἱστίον, εὔθυνε, ὦ πορθμεῦ, τὸ
11 πηδάλιον· εὐπλοῶμεν. τί οἰμώζετε, ὦ μάταιοι, καὶ μάλιστα ὁ
φιλόσοφος σὺ ὁ ἀρτίως τὸν πώγωνα δεδηωμένος;

ΦΙΛΟΣΟΦΟΣ

Ὅτι, ὦ Ἑρμῆ, ἀθάνατον ᾤμην τὴν ψυχὴν ὑπάρχειν.

ΜΕΝΙΠΠΟΣ

Ψεύδεται· ἄλλα γὰρ ἔοικε λυπεῖν αὐτόν. 15

ΕΡΜΗΣ

Τὰ ποῖα;

ΜΕΝΙΠΠΟΣ

Ὅτι μηκέτι δειπνήσει πολυτελῆ δεῖπνα μηδὲ νύκτωρ ἐξιὼν

6 τὴν τοσαύτην τῶν ῥημάτων L   τοσαύτην om. Ω
9 Ἦν om. LN   12 εὐπάθωμεν ΩΓ: εὖ πάθωμεν β: corr. recc.
13 ὁ om. BL   14 sic βΓ: ὦ Ἑρμῆ, ᾤμην ἀθάνατον Ω: ᾤμην, ὦ
Ἑρμῆ, ἀθάνατον L   15–16 ΕΡΜ. Ψεύδεται κτλ. ΦΙΛ. Τὰ ποῖα; L

77. ΝΕΚΡΙΚΟΙ ΔΙΑΛΟΓΟΙ

ἅπαντας λανθάνων τῷ ἱματίῳ τὴν κεφαλὴν κατειλήσας περίεισιν
ἐν κύκλῳ τὰ χαμαιτυπεῖα, καὶ ἔωθεν ἐξαπατῶν τοὺς νέους ἐπὶ
τῇ σοφίᾳ ἀργύριον λήψεται· ταῦτα λυπεῖ αὐτόν.

ΦΙΛΟΣΟΦΟΣ

Σὺ γάρ, ὦ Μένιππε, οὐκ ἄχθῃ ἀποθανών;

ΜΕΝΙΠΠΟΣ

5 Πῶς, ὃς ἔσπευσα ἐπὶ τὸν θάνατον καλέσαντος μηδενός; ἀλλὰ 12
μεταξὺ λόγων οὐ κραυγή τις ἀκούεται ὥσπερ τινῶν ἀπὸ γῆς
βοώντων;

ΕΡΜΗΣ

Ναί, ὦ Μένιππε, οὐκ ἀφ᾽ ἑνός γε χώρου, ἀλλ᾽ οἱ μὲν εἰς τὴν
ἐκκλησίαν συνελθόντες ἄσμενοι γελῶσι πάντες ἐπὶ τῷ Λαμπίχου
10 θανάτῳ καὶ ἡ γυνὴ αὐτοῦ συνέχεται πρὸς τῶν γυναικῶν καὶ τὰ
παιδία νεογνὰ ὄντα ὁμοίως κἀκεῖνα ὑπὸ τῶν παίδων βάλλεται
ἀφθόνοις τοῖς λίθοις· ἄλλοι δὲ Διόφαντον τὸν ῥήτορα ἐπαινοῦσιν
ἐν Σικυῶνι ἐπιταφίους λόγους διεξιόντα ἐπὶ Κράτωνι τούτῳ. καὶ
νὴ Δία γε ἡ Δαμασίου μήτηρ κωκύουσα ἐξάρχει τοῦ θρήνου σὺν
15 γυναιξὶν ἐπὶ τῷ Δαμασίᾳ· σὲ δὲ οὐδείς, ὦ Μένιππε, δακρύει, καθ᾽
ἡσυχίαν δὲ κεῖσαι μόνος.

ΜΕΝΙΠΠΟΣ

Οὐδαμῶς, ἀλλ᾽ ἀκούσῃ τῶν κυνῶν μετ᾽ ὀλίγον ὠρυομένων 13
οἴκτιστον ἐπ᾽ ἐμοὶ καὶ τῶν κοράκων τυπτομένων τοῖς πτεροῖς,
ὁπόταν συνελθόντες θάπτωσί με.

ΕΡΜΗΣ

20 Γεννάδας εἶ, ὦ Μένιππε. ἀλλ᾽ ἐπεὶ κατεπλεύκαμεν ἡμεῖς,

4 γὰρ om. BL: δ᾽ N   5 cf. D.L. 6.100   καλέσοντος Γ
6 ἀπὸ LΩᵇΨN: ὑπὲρ Ω: ὑπὸ ΓΒ   8 χωρίου Ω   ἄλλοι
μὲν recc.   9 ἐλθόντες Ω: συν ss. Ωᵇ   12 τὸν om. Β
15 δὲ om. L   15–16 Σὲ...μόνος. alii trib. βL   19 με om. Ω:
ss. Ωᵇ

ΛΟΥΚΙΑΝΟΥ

ὑμεῖς μὲν ἄπιτε πρὸς τὸ δικαστήριον εὐθεῖαν ἐκείνην προϊόντες,
ἐγὼ δὲ καὶ ὁ πορθμεὺς ἄλλους μετελευσόμεθα.

ΜΕΝΙΠΠΟΣ

Εὐπλοεῖτε, ὦ Ἑρμῆ· προΐωμεν δὲ καὶ ἡμεῖς. τί οὖν ἔτι καὶ
μέλλετε; δικασθῆναι δεήσει, καὶ τὰς καταδίκας φασὶν εἶναι
βαρείας, τροχοὺς καὶ λίθους καὶ γῦπας· δειχθήσεται δὲ ὁ ἑκάστου 5
βίος.

21 (11)

ΚΡΑΤΗΤΟΣ ΚΑΙ ΔΙΟΓΕΝΟΥΣ

ΚΡΑΤΗΣ

1 Μοίριχον τὸν πλούσιον ἐγίνωσκες, ὦ Διόγενες, τὸν πάνυ
πλούσιον, τὸν ἐκ Κορίνθου, τὸν τὰς πολλὰς ὁλκάδας ἔχοντα, οὗ
ἀνεψιὸς Ἀριστέας, πλούσιος καὶ αὐτὸς ὤν, τὸ Ὁμηρικὸν ἐκεῖνο
εἰώθει ἐπιλέγειν, "ἤ μ' ἀνάειρ' ἢ ἐγὼ σέ." 10

ΔΙΟΓΕΝΗΣ

Τίνος ἕνεκα, ὦ Κράτης;

ΚΡΑΤΗΣ

Ἐθεράπευον ἀλλήλους τοῦ κλήρου ἕνεκα ἑκάτερος ἡλικιῶται
ὄντες, καὶ τὰς διαθήκας εἰς τὸ φανερὸν ἐτίθεντο, Ἀριστέαν μὲν
ὁ Μοίριχος, εἰ προαποθάνοι, δεσπότην ἀφιεὶς τῶν ἑαυτοῦ πάντων,
Μοίριχον δὲ ὁ Ἀριστέας, εἰ προαπέλθοι αὐτοῦ. ταῦτα μὲν 15
ἐγέγραπτο, οἱ δὲ ἐθεράπευον ὑπερβαλλόμενοι ἀλλήλους τῇ κο-
λακείᾳ. καὶ οἱ μάντεις, εἴτε ἀπὸ τῶν ἄστρων τεκμαιρόμενοι τὸ
μέλλον εἴτε ἀπὸ τῶν ὀνειράτων, ὥς γε Χαλδαίων παῖδες, ἀλλὰ

4 πάντως ante δικ. add. recc.   φασὶν εἶναι] εἶναι σφίσι L
6 ἀκριβῶς post βίος add. recc.   21. ΓΩL = γ; BN = β   8 οὗ]
καὶ οὗ L   9 ὤν· ὃς τὸ recc.   10 λέγειν L   Il. 23.724
11–12 ΔΙΟΓ. Τίνος...ἀλλήλους; ΚΡ. Τοῦ κλ. βγ: corr. recc.   13 cf.
77.19.3   14 μὲν ἀφιεὶς L   15 ὁ om. Ω
17–18 εἴτε...εἴτε] οἵ τε...οἵ τε Hemsterhuis

77. ΝΕΚΡΙΚΟΙ ΔΙΑΛΟΓΟΙ

καὶ ὁ Πύθιος αὐτὸς ἄρτι μὲν Ἀριστέᾳ παρεῖχε τὸ κράτος, ἄρτι
δὲ Μοιρίχῳ, καὶ τὰ τάλαντα ποτὲ μὲν ἐπὶ τοῦτον, νῦν δ' ἐπ'
ἐκεῖνον ἔρρεπεν.

ΔΙΟΓΕΝΗΣ

Τί οὖν πέρας ἐγένετο, ὦ Κράτης; ἀκοῦσαι γὰρ ἄξιον. 2

ΚΡΑΤΗΣ

5 Ἄμφω τεθνᾶσιν ἐπὶ μιᾶς ἡμέρας, οἱ δὲ κλῆροι εἰς Εὐνόμιον
καὶ Θρασυκλέα περιῆλθον ἄμφω συγγενεῖς ὄντας οὐδεπώποτε
προμαντευομένους οὕτω γενέσθαι ταῦτα· διαπλέοντες γὰρ ἀπὸ
Σικυῶνος εἰς Κίρραν κατὰ μέσον τὸν πόρον πλαγίῳ περιπεσόντες
τῷ Ἰάπυγι ἀνετράπησαν.

ΔΙΟΓΕΝΗΣ

10 Εὖ ἐποίησαν. ἡμεῖς δὲ ὁπότε ἐν τῷ βίῳ ἦμεν, οὐδὲν τοιοῦτον 3
ἐνενοοῦμεν περὶ ἀλλήλων· οὔτε πώποτε ηὐξάμην Ἀντισθένην
ἀποθανεῖν, ὡς κληρονομήσαιμι τῆς βακτηρίας αὐτοῦ—εἶχεν δὲ
πάνυ καρτερὰν ἐκ κοτίνου ποιησάμενος—οὔτε οἶμαι σὺ ὁ
Κράτης ἐπεθύμεις κληρονομεῖν ἀποθανόντος ἐμοῦ τὰ κτήματα
15 καὶ τὸν πίθον καὶ τὴν πήραν χοίνικας δύο θέρμων ἔχουσαν.

ΚΡΑΤΗΣ

Οὐδὲν γάρ μοι τούτων ἔδει, ἀλλ' οὐδὲ σοί, ὦ Διόγενες· ἃ γὰρ
ἐχρῆν, σύ τε Ἀντισθένους ἐκληρονόμησας καὶ ἐγὼ σοῦ, πολλῷ
μείζω καὶ σεμνότερα τῆς Περσῶν ἀρχῆς.

ΔΙΟΓΕΝΗΣ

Τίνα ταῦτα φῄς;

2 νῦν] ποτὲ Ω   3 ἔτρεπεν Γ¹ uv.   7 ταῦτα· διπλὰ
πλέοντες Γ   10 Εὖ] Εὖ γε L   ὁπότε] ὅτ' ἂν Ω
11 οὔτε πώποτε] οὔτε ἐγώ ποτε recc.   13–14 ὦ Κράτης L
14 ἐπεθύμησας γ   15 καὶ¹ del. Struve   16 σοί] σύ Γ
17 cf. D.L. 6.21, 85

ΛΟΥΚΙΑΝΟΥ

ΚΡΑΤΗΣ

Σοφίαν, αὐτάρκειαν, ἀλήθειαν, παρρησίαν, ἐλευθερίαν.

ΔΙΟΓΕΝΗΣ

Νὴ Δία, μέμνημαι τοῦτον διαδεξάμενος τὸν πλοῦτον παρὰ Ἀντισθένους καὶ σοὶ ἔτι πλείω καταλιπών.

ΚΡΑΤΗΣ

4 Ἀλλ' οἱ ἄλλοι ἠμέλουν τῶν τοιούτων κτημάτων καὶ οὐδεὶς ἐθεράπευεν ἡμᾶς κληρονομήσειν προσδοκῶν, εἰς δὲ τὸ χρυσίον 5 πάντες ἔβλεπον.

ΔΙΟΓΕΝΗΣ

Εἰκότως· οὐ γὰρ εἶχον ἔνθα δέξαιντο τὰ τοιαῦτα παρ' ἡμῶν διερρυηκότες ὑπὸ τρυφῆς, καθάπερ τὰ σαπρὰ τῶν βαλλαντίων· ὥστε εἴ ποτε καὶ ἐμβάλοι τις ἐς αὐτοὺς ἢ σοφίαν ἢ παρρησίαν ἢ ἀλήθειαν, ἐξέπιπτεν εὐθὺς καὶ διέρρει, τοῦ πυθμένος στέγειν οὐ 10 δυναμένου, οἷόν τι πάσχουσιν αἱ τοῦ Δαναοῦ αὗται παρθένοι εἰς τὸν τετρυπημένον πίθον ἐπαντλοῦσαι· τὸ δὲ χρυσίον ὀδοῦσι καὶ ὄνυξι καὶ πάσῃ μηχανῇ ἐφύλαττον. οὐκοῦν ἡμεῖς μὲν ἕξομεν κἀνταῦθα τὸν πλοῦτον, οἱ δὲ ὀβολὸν ἥξουσι κομίζοντες καὶ τοῦτον ἄχρι τοῦ πορθμέως.

15

22 (27)

ΔΙΟΓΕΝΟΥΣ ΚΑΙ ΑΝΤΙΣΘΕΝΟΥΣ ΚΑΙ ΚΡΑΤΗΤΟΣ

ΔΙΟΓΕΝΗΣ

1 Ἀντίσθενες καὶ Κράτης, σχολὴν ἄγομεν· ὥστε τί οὐκ ἄπιμεν

2 τοῦτον] καὶ τοῦτον recc.   7 ἔνθ' ἂν recc.   8 τὰ σαθρὰ
τῶν βαλαντίων β; cf. Bion Borysth. apud Stob. *Flor.* 4.31a33   9 ἐμ-
βάλλοι Β   11 cf. 25.18, 70.61, Xen. *Oec.* 7.40   12 τετρημένον
recc.   13–15 ΚΡ. Οὐκοῦν...πορθμέως. Ν   22. ΓΩ = γ;
ΒΦ = β; lectiones nonnullas e codicibus LN addidi

77. ΝΕΚΡΙΚΟΙ ΔΙΑΛΟΓΟΙ

εὐθὺ τῆς καθόδου περιπατήσοντες, ὀψόμενοι τοὺς κατιόντας οἷοί
τινές εἰσι καὶ τί ἕκαστος αὐτῶν ποιεῖ;

ΑΝΤΙΣΘΕΝΗΣ

Ἀπίωμεν, ὦ Διόγενες· καὶ γὰρ ἡδὺ τὸ θέαμα γένοιτο,
τοὺς μὲν δακρύοντας αὐτῶν ὁρᾶν, τοὺς δὲ ἱκετεύοντας ἀφεθῆναι,
5 ἐνίους δὲ μόλις κατιόντας καὶ ἐπὶ τράχηλον ὠθοῦντος τοῦ Ἑρμοῦ
ὅμως ἀντιβαίνοντας καὶ ὑπτίους ἀντερείδοντας οὐδὲν δέον.

ΚΡΑΤΗΣ

Ἔγωγ' οὖν καὶ διηγήσομαι ὑμῖν ἃ εἶδον ὁπότε κατῄειν κατὰ
τὴν ὁδόν.

ΔΙΟΓΕΝΗΣ

Διήγησαι, ὦ Κράτης· ἔοικας γάρ τινα ἑωρακέναι παγγέλοια.

ΚΡΑΤΗΣ

10 Καὶ ἄλλοι μὲν πολλοὶ συγκατέβαινον ἡμῖν, ἐν αὐτοῖς δὲ 2
ἐπίσημοι Ἰσμηνόδωρός τε ὁ πλούσιος ὁ ἡμέτερος καὶ Ἀρσάκης
ὁ Μηδίας ὕπαρχος καὶ Ὀροίτης ὁ Ἀρμένιος. ὁ μὲν οὖν
Ἰσμηνόδωρος—ἐπεφόνευτο γὰρ ὑπὸ λῃστῶν ὑπὸ τὸν Κιθαιρῶνα
Ἐλευσῖνάδε οἶμαι βαδίζων—ἔστενε καὶ τὸ τραῦμα ἐν ταῖν χεροῖν
15 εἶχε καὶ τὰ παιδία, ἃ νεογνὰ καταλελοίπει, ἀνεκαλεῖτο καὶ ἑαυτῷ
ἐπεμέμφετο τῆς τόλμης, ὃς Κιθαιρῶνα ὑπερβάλλων καὶ τὰ περὶ

---

1 περιπατήσαντες N   2 τινές γ: τέ β   3–6 ANT. ΚΑΙ
ΚΡΑΤ. γ   3 καὶ γὰρ ἂν τὸ θέαμα ἡδὺ γένοιτο β   4 δὲ]
δὲ καὶ Ω   5 καὶ om. γ   6 ἀντερείδοντος. ἐγὼ
δὲ καὶ (cet. om.) διηγήσομαι ὦ (ὁ Ν) Κράτης: ἔοικας γάρ τινα παγγέλοια
ἐρεῖν: β   6–7 δέον. ἔγωγ' οὖν (sine:) Γ   10 Καὶ ἄλλοι
μὲν γ: οἱ μὲν ἄλλοι β   11, 13 Μηνόδωρος β; cf. 80.5.4, Plut. Mor. 582d
11 cf. D.L. 6.85   12 Ὀροίτης ΩL: Ὀρύτης Γ: Ὀρώδης β: Ἡρώδης N
οὖν om. β   13 γὰρ om. γ   ὑπὸ τῶν λ. γ   ὑπὸ² γ:
περὶ β   14 ἐς Ἐλευσῖνα β   καὶ γ: τε καὶ β: δὲ καὶ recc.
15 ἃ νεογνὰ γ: τὰ νεογνὰ ἃ β   15–16 καὶ ἑαυτῷ ἐπεμέμφετο om. Φ;
ἑαυτῷ ἐπεμέμφετο β: αὐτὸν ᾐτιᾶτο γ

207

ΛΟΥΚΙΑΝΟΥ

τὰς Ἐλευθερὰς χωρία πανέρημα ὄντα ὑπὸ τῶν πολέμων διοδεύων
δύο μόνους οἰκέτας ἐπηγάγετο, καὶ ταῦτα φιάλας πέντε χρυσᾶς
3 καὶ κυμβία τέσσαρα μεθ᾽ ἑαυτοῦ κομίζων. ὁ δὲ Ἀρσάκης—γη-
ραιὸς ἤδη καὶ νὴ Δί᾽ οὐκ ἄσεμνος τὴν ὄψιν—εἰς τὸ βαρβαρικὸν
ἤχθετο καὶ ἠγανάκτει πεζὸς βαδίζων καὶ ἠξίου τὸν ἵππον αὐτῷ 5
προσαχθῆναι· καὶ γὰρ καὶ ὁ ἵππος αὐτῷ συνετεθνήκει, μιᾷ πληγῇ
ἀμφότεροι διαπαρέντες ὑπὸ Θρᾳκός τινος πελταστοῦ ἐν τῇ ἐπὶ
τῷ Ἀράξῃ πρὸς τὸν Καππαδόκην συμπλοκῇ. ὁ μὲν γὰρ Ἀρσάκης
ἐπήλαυνεν, ὡς διηγεῖτο, πολὺ τῶν ἄλλων προεξορμήσας, ὑποστὰς
δὲ ὁ Θρᾷξ τῇ πέλτῃ μὲν ὑποδὺς ἀποσείεται τὸν Ἀρσάκου κοντόν, 10
ὑποθεὶς δὲ τὴν σάρισαν αὐτόν τε διαπείρει καὶ τὸν ἵππον.

ΑΝΤΙΣΘΕΝΗΣ

4   Πῶς οἷόν τε, ὦ Κράτης, μιᾷ πληγῇ τουτὶ γενέσθαι;

ΚΡΑΤΗΣ

Ῥᾶστ᾽, ὦ Ἀντίσθενες· ὁ μὲν γὰρ ἐπήλαυνεν εἰκοσάπηχύν τινα
κοντὸν προβεβλημένος, ὁ Θρᾷξ δ᾽ ἐπειδὴ τῇ πέλτῃ παρεκρούσατο
τὴν προσβολὴν καὶ παρῆλθεν αὐτὸν ἡ ἀκωκή, ἐς τὸ γόνυ ὀκλάσας 15
δέχεται τῇ σαρίσῃ τὴν ἐπέλασιν καὶ τιτρώσκει τὸν ἵππον
ὑπὸ τὸ στέρνον ὑπὸ θυμοῦ καὶ σφοδρότητος ἑαυτὸν διαπείραντα·
διελαύνεται δὲ καὶ ὁ Ἀρσάκης ἐκ τοῦ βουβῶνος διαμπὰξ ἄχρι
ὑπὸ τὴν πυγήν. ὁρᾷς οἷόν τι ἐγένετο; οὐ τοῦ ἀνδρός, ἀλλὰ τοῦ
ἵππου μᾶλλον τὸ ἔργον. ἠγανάκτει δ᾽ ὅμως ὁμότιμος ὢν τοῖς 20
5 ἄλλοις καὶ ἠξίου ἱππεὺς κατιέναι. ὁ δέ γ᾽ Ὀροίτης καὶ πάνυ

1 πολέμων διοδεύων β: πολεμίων γ   2 ὑπήγετο γ   πέντε
γ: τε β   3 κομίζων γ: ἔχων β   4 ἤδη γ: γὰρ ἤδη β
6 καὶ² om. β   συντεθνήκει Ω   8 Καππάδοκα β
9 ὑπεξορμήσας β   10 τοῦ Ἀρσάκου τὸν κοντόν β   11 οὗτος
δὲ ὑποθεὶς β: an οὕτως δὲ ὑποθεὶς?   σαρείσαν Γ   12 τουτὶ
ΓL: τοῦτο βΩ   13 ἐπήλαυνεν βL: ἀπήλαυνεν ΓΩ   14 ἐπεὶ β
ἀπεκρούσατο β   15 καὶ γ: ἐπειδὴ β   τὸ om. β
16 σαρείσῃ Γ   17 ὑπὸ²] ἀπὸ Φ   18 ἄχρις β   19–20 ΑΝΤ.
Οὐ...ἔργον γ   20 τὸ ἔργον μᾶλλον Ω   20–1 τῶν ἄλλων β
21 Ὀροίτης ΩL: Ὀρύτης Γ: Ὀρώδης β: Ἡρώδης Ν   καὶ² γ:
ὁ ἰδιώτης καὶ β

77. ΝΕΚΡΙΚΟΙ ΔΙΑΛΟΓΟΙ

ἁπαλὸς ἦν τὼ πόδε καὶ οὐδ' ἑστάναι χαμαὶ οὐχ ὅπως βαδίζειν
ἐδύνατο· πάσχουσι δ' αὐτὸ ἀτεχνῶς Μῆδοι πάντες, ἐπὴν ἀπο-
βῶσι τῶν ἵππων· ὥσπερ ἐπὶ τῶν ἀκανθῶν ἐπιβαίνοντες ἀκρο-
ποδητὶ μόλις βαδίζουσιν. ὥστε ἐπεὶ καταβαλὼν ἑαυτὸν ἔκειτο
5 καὶ οὐδεμιᾷ μηχανῇ ἀνίστασθαι ἤθελεν, ὁ βέλτιστος Ἑρμῆς
ἀράμενος αὐτὸς ἐκόμισεν μέχρι πρὸς τὸ πορθμεῖον, ἐγὼ δὲ
ἐγέλων.

ΑΝΤΙΣΘΕΝΗΣ

Κἀγὼ δὲ ὁπότε κατῄειν, οὐδὲ ἀνέμιξα ἐμαυτὸν τοῖς ἄλλοις, 6
ἀλλ' ἀφεὶς οἰμώζοντας αὐτοὺς προδραμὼν ἐπὶ τὸ πορθμεῖον
10 προκατέλαβον χώραν, ὡς ἂν ἐπιτηδείως πλεύσαιμι· καὶ παρὰ τὸν
πλοῦν οἱ μὲν ἐδάκρυόν τε καὶ ἐναυτίων, ἐγὼ δὲ μάλα ἐτερπόμην
ἐπ' αὐτοῖς.

ΔΙΟΓΕΝΗΣ

Σὺ μέν, ὦ Κράτης καὶ Ἀντίσθενες, τοιούτων ἐτύχετε τῶν 7
συνοδοιπόρων, ἐμοὶ δὲ Βλεψίας τε ὁ δανειστικὸς ὁ ἐκ
15 Πειραιῶς καὶ Λάμπις ὁ Ἀκαρνὰν ξεναγὸς ὢν καὶ Δᾶμις ὁ
πλούσιος ὁ ἐκ Κορίνθου συγκατῄεσαν, ὁ μὲν Δᾶμις ὑπὸ τοῦ
παιδὸς ἐκ φαρμάκων ἀποθανών, ὁ δὲ Λάμπις δι' ἔρωτα Μυρτίου
τῆς ἑταίρας ἀποσφάξας ἑαυτόν, ὁ δὲ Βλεψίας λιμῷ ἄθλιος
ἐλέγετο ἀπεσκληκέναι καὶ ἐδήλου δὲ ὠχρὸς εἰς ὑπερβολὴν καὶ
20 λεπτὸς εἰς τὸ ἀκριβέστατον φαινόμενος. ἐγὼ δὲ καίπερ εἰδὼς
ἀνέκρινον, ὃν τρόπον ἀποθάνοιεν. εἶτα τῷ μὲν Δάμιδι αἰτι-
ωμένῳ τὸν υἱόν, Οὐκ ἄδικα μέντοι ἔπαθες, ἔφην, ὑπ' αὐτοῦ, εἰ
τάλαντα ἔχων ὁμοῦ χίλια καὶ τρυφῶν αὐτὸς ἐνενηκονταέτης

2-3 an pungendum πάντες. ἐπὴν...βαδίζουσιν?   2 ἐπὴν β: ἂν γ
3 ὥσπερ γ: ὥσπερ οἱ β   ἐπιβαίνοντες γ: βαίνοντες Φ: om. ΒΝ
3-4 ἀκροποδιτὶ ΩL   4 ὥστ' ἐπεὶ om. γ recc.   κατα-
βαλὼν οὖν recc.   5 ὁ β: ὁ δὲ γ   6 αὐτὸν β   ἄχρι β
8 Κἀγὼ β: Ἐγὼ γ   9 προσδραμὼν β   10 πλεύσοιμι γ   καὶ
om. β   11 οἱ γ: δὴ οἱ β   12 ἐπ' γ: ἐν β   13 τῶν om. β
14 cf. 25.58   δανειστὴς β; cf. 17.5   14-15 ὁ ἐκ Πειραιῶς γ:
ἐκ Πίσης β   15 Δάμις βγ; cf. 21.4   18 cf. 80.2   19 δὲ
om. β   23 χίλια ὁμοῦ β   ἐνενηκοντούτης β

ὧν ὀκτωκαιδεκαέτει νεανίσκῳ τέτταρας ὀβολοὺς παρεῖχες.
σὺ δέ, ὦ Ἀκαρνάν,—ἔστενε γὰρ κἀκεῖνος καὶ κατηρᾶτο τῇ
Μυρτίῳ—τί αἰτιᾷ τὸν Ἔρωτα, σαυτὸν δέον, ὃς τοὺς μὲν
πολεμίους οὐδεπώποτε ἔτρεσας, ἀλλὰ φιλοκινδύνως ἠγωνίζου
πρὸ τῶν ἄλλων, ἀπὸ δὲ τοῦ τυχόντος παιδισκαρίου καὶ δακρύων 5
ἐπιπλάστων καὶ στεναγμῶν ἑάλως ὁ γενναῖος; ὁ μὲν γὰρ Βλεψίας
αὐτὸς αὑτοῦ κατηγόρει φθάσας πολλὴν τὴν ἄνοιαν, ὡς τὰ
χρήματα ἐφύλαττεν τοῖς οὐδὲν προσήκουσιν κληρονόμοις, εἰς ἀεὶ
βιώσεσθαι ὁ μάταιος νομίζων. πλὴν ἔμοιγε οὐ τὴν τυχοῦσαν
8 τερπωλὴν παρέσχοντο στένοντες. ἀλλ᾽ ἤδη μὲν ἐπὶ τῷ στομίῳ 10
ἐσμέν, ἀποβλέπειν ⟨δὲ⟩ χρὴ καὶ ἀποσκοπεῖν πόρρωθεν τοὺς
ἀφικνουμένους. βαβαί, πολλοί γε καὶ ποικίλοι καὶ πάντες δακρύ-
οντες πλὴν τῶν νεογνῶν τούτων καὶ νηπίων. ἀλλὰ καὶ οἱ πάνυ
γέροντες ὀδύρονται. τί τοῦτο; ἆρα τὸ φίλτρον αὐτοὺς ἔχει τοῦ
9 βίου; τοῦτον οὖν τὸν ὑπέργηρων ἐρέσθαι βούλομαι. τί δακρύεις 15
τηλικοῦτος ἀποθανών; τί ἀγανακτεῖς, ὦ βέλτιστε, καὶ ταῦτα
γέρων ἀφιγμένος; ἢ που βασιλεύς τις ἦσθα;

ΓΕΡΩΝ

Οὐδαμῶς.

ΔΙΟΓΕΝΗΣ

Ἀλλὰ σατράπης τις;

ΓΕΡΩΝ

Οὐ δῆτα.   20

3 σεαυτὸν ΒΩΝ	δέον γ: δὲ οὖ β	4 πολέμους γ
5 ὑπὸ β	7 ἑαυτοῦ γ	κατηγορεῖ ΒΝ
τὴν β: τινα γ	ὡς τὰ γ: ὅτι β	8 μηδὲν β
8–9 ὑπονοῶν ἀεὶ βιώσεσθαι ὁ μάταιος. β		10 παρέσχον τότε β
11 δὲ recc.: om. βγ	καὶ ἀποσκοπεῖν χρὴ β	12 γε γ: δὲ β
καὶ² om. β	14 γεγηρακότες β	15–17 τοῦτον...
ἦσθα alii loquenti trib. Φ	15 οὖν om. β	17 ἀφικνούμενος γ
τις om. γ	18 seq. ΓΕΡΩΝ γ: ΠΤΩΧΟΣ Ν: nomina om. ΒΦ	
19 τις om. β	20 Οὐ δῆτα β: Οὐδὲ τοῦτο γ	

77. ΝΕΚΡΙΚΟΙ ΔΙΑΛΟΓΟΙ

ΔΙΟΓΕΝΗΣ

'Άρα οὖν ἐπλούτεις, εἶτα ἀνιᾷ σε τὸ πολλὴν τρυφὴν ἀπολιπόντα τεθνάναι;

ΓΕΡΩΝ

Οὐδὲν τοιοῦτον, ἀλλ' ἔτη μὲν ἐγεγόνειν ἀμφὶ τὰ ἐνενήκοντα, βίον δὲ ἄπορον ἀπὸ καλάμου καὶ ὁρμιᾶς εἶχον εἰς ὑπερβολὴν
5 πτωχὸς ὢν ἄτεκνός τε καὶ προσέτι χωλὸς καὶ ἀμυδρὸν βλέπων.

ΔΙΟΓΕΝΗΣ

Εἶτα τοιοῦτος ὢν ζῆν ἤθελες;

ΓΕΡΩΝ

Ναί· ἡδὺ γὰρ ἦν τὸ φῶς καὶ τὸ τεθνάναι δεινὸν καὶ φευκτέον.

ΔΙΟΓΕΝΗΣ

Παραπαίεις, ὦ γέρον, καὶ μειρακιεύῃ πρὸς τὸ χρεών, καὶ ταῦτα ἡλικιώτης ὢν τοῦ πορθμέως. τί οὖν ἄν τις ἔτι λέγοι περὶ
10 τῶν νέων, ὁπότε οἱ τηλικοῦτοι φιλόζωοί εἰσιν, οὓς ἐχρῆν διώκειν τὸν θάνατον ὡς τῶν ἐν γήρᾳ κακῶν φάρμακον. ἀλλ' ἀπίωμεν ἤδη, μὴ καί τις ἡμᾶς ὑπίδηται ὡς ἀπόδρασιν βουλεύοντας, ὁρῶν περὶ τὸ στόμιον εἰλουμένους.

23 (29)

ΑΙΑΝΤΟΣ ΚΑΙ ΑΓΑΜΕΜΝΟΝΟΣ

ΑΓΑΜΕΜΝΩΝ

Εἰ σὺ μανείς, ὦ Αἶαν, σεαυτὸν ἐφόνευσας, ἐμέλλησας δὲ καὶ **1**

1-3 ἀπολιπόντα ἰέναι (cet. om.) ἀμφὶ τὰ Φ   3 τοιοῦτο Β
5 τε γ: γε β   7 φευκτέον ΒΩᵇΝ: φευκτὸν Φ: ἄφευκτον γ
8 ὦ γέρον om. β   post μειρακιεύῃ deest Φ, posthac ΒΝ = β
9 οὖν om. γ   ἔτι om. β   11 ἐν γ: ἐν τῷ β   12 ἤδη
om. β   ἀποδράσειν γ   23. ΓΩ = γ; ΒLΝ = β
Titulus ΑΓΑΜΕΜΝΩΝ ΚΑΙ ΑΙΑΣ γ   De re cf. Soph. Aj. passim,
Od. 11.543-67   14 σαυτὸν β

211

ΛΟΥΚΙΑΝΟΥ

ἡμᾶς ἅπαντας, τί αἰτιᾷ τὸν Ὀδυσσέα καὶ πρώην οὔτε προσέβλεψας αὐτόν, ὁπότε ἧκεν μαντευσόμενος, οὔτε προσειπεῖν ἠξίωσας ἄνδρα συστρατιώτην καὶ ἑταῖρον, ἀλλ᾽ ὑπεροπτικῶς μεγάλα βαίνων παρῆλθες;

ΑΙΑΣ

Εἰκότως, ὦ Ἀγάμεμνον· αὐτὸς γάρ μοι τῆς μανίας αἴτιος 5 κατέστη μόνος ἀντεξετασθεὶς ἐπὶ τοῖς ὅπλοις.

ΑΓΑΜΕΜΝΩΝ

Ἠξίωσας δὲ ἀνανταγώνιστος εἶναι καὶ ἀκονιτὶ κρατεῖν ἁπάντων;

ΑΙΑΣ

Ναί, τά γε τοιαῦτα· οἰκεία γάρ μοι ἦν ἡ πανοπλία τοῦ ἀνεψιοῦ γε οὖσα. καὶ ὑμεῖς οἱ ἄλλοι πολὺ ἀμείνους ὄντες 10 ἀπείπασθε τὸν ἀγῶνα καὶ παρεχωρήσατέ μοι τῶν ἄθλων, ὁ δὲ Λαέρτου, ὃν ἐγὼ πολλάκις ἔσωσα κινδυνεύοντα κατακεκόφθαι ὑπὸ τῶν Φρυγῶν, ἀμείνων ἠξίου εἶναι καὶ ἐπιτηδειότερος ἔχειν τὰ ὅπλα.

ΑΓΑΜΕΜΝΩΝ

2 Αἰτιῶ τοιγαροῦν, ὦ γενναῖε, τὴν Θέτιν, ἢ δέον σοὶ τὴν 15 κληρονομίαν τῶν ὅπλων παραδοῦναι συγγενεῖ γε ὄντι, φέρουσα ἐς τὸ κοινὸν κατέθετο αὐτά.

ΑΙΑΣ

Οὔκ, ἀλλὰ τὸν Ὀδυσσέα, ὃς ἀντεποιήθη μόνος.

ΑΓΑΜΕΜΝΩΝ

Συγγνώμη, ὦ Αἶαν, εἰ ἄνθρωπος ὢν ὠρέχθη δόξης ἡδίστου

---

1 τί om. γ   2 μαντευόμενος Ω[1]   3 στρατιωτὴν L
4 cf. Il. 13.809, 15.676, nisi forte noster perperam Od. 11.539 usus est
5 γάρ β: γοῦν γ   6 ἐπὶ om. β   7 Ἠξίους γ   ἀκονητεὶ Β
10 πολὺ β: πολλοὶ Γ: om. Ω   11 τῶν ἄθλων om. β   16 παραδιδόναι β

77. ΝΕΚΡΙΚΟΙ ΔΙΑΛΟΓΟΙ

πράγματος, ὑπὲρ οὗ καὶ ἡμῶν ἕκαστος κινδυνεύειν ὑπέμενεν,
ἐπεὶ καὶ ἐκράτησέ σου καὶ ταῦτα ἐπὶ Τρωσὶ δικασταῖς.

ΑΙΑΣ

Οἶδα ἐγώ, ἥτις μου κατεδίκασεν· ἀλλ' οὐ θέμις λέγειν τι περὶ
τῶν θεῶν. τὸν δ' οὖν Ὀδυσσέα μὴ οὐχὶ μισεῖν οὐκ ἂν δυναίμην,
5 ὦ Ἀγάμεμνον, οὐδ' εἰ αὐτή μοι Ἀθηνᾶ τοῦτο ἐπιτάττοι.

24 (30)

ΜΙΝΩΟΣ ΚΑΙ ΣΩΣΤΡΑΤΟΥ

ΜΙΝΩΣ

Ὁ μὲν λῃστὴς οὗτος Σώστρατος εἰς τὸν Πυριφλεγέθοντα 1
ἐμβεβλήσθω, ὁ δὲ ἱερόσυλος ὑπὸ τῆς Χιμαίρας διασπασθήτω,
ὁ δὲ τύραννος, ὦ Ἑρμῆ, παρὰ τὸν Τιτυὸν ἀποταθεὶς ὑπὸ τῶν
γυπῶν καὶ αὐτὸς κειρέσθω τὸ ἧπαρ, ὑμεῖς δὲ οἱ ἀγαθοὶ ἄπιτε
10 κατὰ τάχος εἰς τὸ Ἠλύσιον πεδίον καὶ τὰς μακάρων νήσους
κατοικεῖτε, ἀνθ' ὧν δίκαια ἐποιεῖτε παρὰ τὸν βίον.

ΣΩΣΤΡΑΤΟΣ

Ἄκουσον, ὦ Μίνως, εἴ σοι δίκαια δόξω λέγειν.

ΜΙΝΩΣ

Νῦν ἀκούσω αὖθις; οὐ γὰρ ἐξελήλεγξαι, ὦ Σώστρατε,
πονηρὸς ὢν καὶ τοσούτους ἀπεκτονώς;

ΣΩΣΤΡΑΤΟΣ

15 Ἐλήλεγμαι μέν, ἀλλ' ὅρα, εἰ δικαίως κολασθήσομαι.

---

1 κινδύνους recc.   ὑπέμενεν Γ: ὑπέμεινεν Ω: ὑπομένει β
2 ἐπὶ] παρὰ β; cf. Od. 11.547   4 δ' οὖν γΒ: γοῦν LN   5 ἡ
Ἀθηνᾶ recc.   24. ΓΩ = γ; ΒΛ = β (lectiones Ν codicis addidi ubi
L et B discrepant)   Titulus ΜΙΝΩΟΣ ΚΑΙ ΕΡΜΟΥ ΚΑΙ
ΣΩΣΤΡΑΤΟΥ β   6 οὑτοσὶ Γ   τὸν γΒΝ: om. L   9 οἱ
γ ΒΝ: ὦ L   12–13 sic γLN: λέγειν νῦν· Ἀκούω αὖθις; Β   13 ἐλή-
λεγξαι L   15 εἰ] εἴ καὶ recc.

213

ΛΟΥΚΙΑΝΟΥ

ΜΙΝΩΣ

Καὶ πάνυ, εἴ γε ἀποτίνειν τὴν ἀξίαν δίκαιον.

ΣΩΣΤΡΑΤΟΣ

Ὅμως ἀπόκριναί μοι, ὦ Μίνως· βραχὺ γάρ τι ἐρήσομαί σε.

ΜΙΝΩΣ

Λέγε, μὴ μακρὰ μόνον, ὡς καὶ τοὺς ἄλλους διακρίνωμεν ἤδη.

ΣΩΣΤΡΑΤΟΣ

2 Ὁπόσα ἔπραττον ἐν τῷ βίῳ, πότερα ἑκὼν ἔπραττον ἢ
ἐπικέκλωστό μοι ὑπὸ τῆς Μοίρας;   5

ΜΙΝΩΣ

Ὑπὸ τῆς Μοίρας δηλαδή.

ΣΩΣΤΡΑΤΟΣ

Οὐκοῦν καὶ οἱ χρηστοὶ ἅπαντες καὶ οἱ πονηροὶ δοκοῦντες
ἡμεῖς ἐκείνῃ ὑπηρετοῦντες ταῦτα ἐδρῶμεν;

ΜΙΝΩΣ

Ναί, τῇ Κλωθοῖ, ἢ ἑκάστῳ ἐπέταξε γεννηθέντι τὰ πρακτέα.

ΣΩΣΤΡΑΤΟΣ

Εἰ τοίνυν ἀναγκασθείς τις ὑπ' ἄλλου φονεύσειέν τινα οὐ   10
δυνάμενος ἀντιλέγειν ἐκείνῳ βιαζομένῳ, οἷον δήμιος ἢ δορυ-
φόρος, ὁ μὲν δικαστῇ πεισθείς, ὁ δὲ τυράννῳ, τίνα αἰτιάσῃ τοῦ
φόνου;

ΜΙΝΩΣ

Δῆλον ὡς τὸν δικαστὴν ἢ τὸν τύραννον, ἐπεὶ οὐδὲ τὸ

---

3 ὡς γ: ὅπως β   5 ἐπεκέκλωστο γ   6 ΜΙΝ. Δηλαδή.
(cet. om.) β   8 ἐδρῶμεν Γ: δρῶμεν βΩ   10 τις ἀναγκασθεὶς γ
11 βιαζόμενος γ

77. ΝΕΚΡΙΚΟΙ ΔΙΑΛΟΓΟΙ

ξίφος αὐτό· ὑπηρετεῖ γὰρ ὄργανον ὂν τοῦτο πρὸς τὸν θυμὸν
τῷ πρώτῳ παρασχόντι τὴν αἰτίαν.

ΣΩΣΤΡΑΤΟΣ

Εὖ γε, ὦ Μίνως, ὅτι καὶ ἐπιδαψιλεύῃ τῷ παραδείγματι. ἢν
δέ τις ἀποστείλαντος τοῦ δεσπότου ἥκῃ αὐτὸς χρυσὸν ἢ ἄργυρον
5 κομίζων, τίνι τὴν χάριν ἰστέον ἢ τίνα εὐεργέτην ἀναγραπτέον;

ΜΙΝΩΣ

Τὸν πέμψαντα, ὦ Σώστρατε· διάκονος γὰρ ὁ κομίσας ἦν.

ΣΩΣΤΡΑΤΟΣ

Οὐκοῦν ὁρᾷς πῶς ἄδικα ποιεῖς κολάζων ἡμᾶς ὑπηρέτας 3
γενομένους ὧν ἡ Κλωθὼ προσέταττεν, καὶ τούτους τιμήσας τοὺς
διακονησαμένους ἀλλοτρίοις ἀγαθοῖς; οὐ γὰρ δὴ ἐκεῖνό γε εἰπεῖν
10 ἔχοι τις ὡς ἀντιλέγειν δυνατὸν ἦν τοῖς μετὰ πάσης ἀνάγκης
προστεταγμένοις.

ΜΙΝΩΣ

Ὦ Σώστρατε, πολλὰ ἴδοις ἂν καὶ ἄλλα οὐ κατὰ λόγον
γινόμενα, εἰ ἀκριβῶς ἐξετάζοις. πλὴν ἀλλὰ σὺ τοῦτο ἀπο-
λαύσεις τῆς ἐπερωτήσεως, διότι οὐ λῃστὴς μόνον, ἀλλὰ καὶ
15 σοφιστής τις εἶναι δοκεῖς. ἀπόλυσον αὐτόν, ὦ Ἑρμῆ, καὶ μηκέτι
κολαζέσθω. ὅρα δὲ μὴ καὶ τοὺς ἄλλους νεκροὺς τὰ ὅμοια ἐρωτᾶν
διδάξῃς.

1 ξίφος αὐτῷ ὑπηρετεῖ ὄργανον β   2 πρώτως Ω   3 καὶ
om. L   4 ἢ γ: καὶ β   5 τίνα om. β   6 κομίσας γ:
πεμφθεὶς β   7 Οὐκοῦν...; β: Οὐκοῦν.... γ   ὅπως β
8 καὶ τούτους τιμήσεις βγ: καὶ τούτους τιμῶν Ωˣ in versu: τούτους δὲ
τιμήσεις Ωˣ mg.: καὶ τούτους τιμήσας scripsi; an καὶ ταῦτα τιμήσας?
9 διακονησαμένους L² recc.: διακονησομένους BNL¹ γ   9–11 Οὐ...
προστεταγμένους. alii trib. B   9 δὴ] δεῖ Γ   γε Γ: om. Ωβ
10 τις βΓ: τις ἂν Ω   ὡς γ: ὡς τὸ β   13 ἐξετάζεις Γ   σὺ
om. β   14 ἐρωτήσεως β   15 τις om. β   ὦ Ἑρμῆ
αὐτὸν L   16 ἐρωτᾶν τὰ ὅμοια γ   17 διδάξεις uv. Γ

215

ΛΟΥΚΙΑΝΟΥ

25 (12)

ΑΛΕΞΑΝΔΡΟΥ ΚΑΙ ΑΝΝΙΒΟΥ
⟨*ΚΑΙ ΜΙΝΩΟΣ ΚΑΙ ΣΚΙΠΙΩΝΟΣ*⟩

ΑΛΕΞΑΝΔΡΟΣ

1 Ἐμὲ δεῖ προκεκρίσθαι σου, ὦ Λίβυ· ἀμείνων γάρ εἰμι.

ΑΝΝΙΒΑΣ

Οὐ μὲν οὖν, ἀλλ' ἐμέ.

ΑΛΕΞΑΝΔΡΟΣ

Οὐκοῦν ὁ Μίνως δικασάτω.

ΜΙΝΩΣ

Τίνες δὲ ἐστέ;

ΑΛΕΞΑΝΔΡΟΣ

Οὗτος μὲν Ἀννίβας ὁ Καρχηδόνιος, ἐγὼ δὲ Ἀλέξανδρος ὁ 5
Φιλίππου.

ΜΙΝΩΣ

Νὴ Δία ἔνδοξοί γε ἀμφότεροι. ἀλλὰ περὶ τίνος ὑμῖν ἡ ἔρις;

ΑΛΕΞΑΝΔΡΟΣ

Περὶ προεδρίας· φησὶ γὰρ οὗτος ἀμείνων γεγενῆσθαι στρατη-
γὸς ἐμοῦ, ἐγὼ δέ, ὥσπερ ἅπαντες ἴσασιν, οὐχὶ τούτου μόνον,
ἀλλὰ πάντων σχεδὸν τῶν πρὸ ἐμοῦ φημι διενεγκεῖν τὰ πολέμια. 10

ΜΙΝΩΣ

Οὐκοῦν ἐν μέρει ἑκάτερος εἰπάτω, σὺ δὲ πρῶτος ὁ Λίβυς λέγε.

25. ΓΩL = γ; BN = β   Titulus *ΑΛΕΞΑΝΔΡΟΥ ΚΑΙ ΑΝΝΙΒΟΥ* βγ
De re cf. App. *Syr.* 10, Plut. *Flam.* 21.3, *Pyrrh.* 8.2, Liv. 35.14, Luc. 14.9, 77.12,
77.13   9 ὅπερ Ω

77. ΝΕΚΡΙΚΟΙ ΔΙΑΛΟΓΟΙ

ΑΝΝΙΒΑΣ

Ἐν μὲν τοῦτο, ὦ Μίνως, ὠνάμην, ὅτι ἐνταῦθα καὶ τὴν Ἑλλάδα 2
φωνὴν ἐξέμαθον· ὥστε οὐδὲ ταύτῃ πλέον οὗτος ἐνέγκαιτό μου.
φημὶ δὲ τούτους μάλιστα ἐπαίνου ἀξίους εἶναι, ὅσοι τὸ μηδὲν ἐξ
ἀρχῆς ὄντες ὅμως ἐπὶ μέγα προεχώρησαν δι' αὑτῶν δύναμίν τε
5 περιβαλόμενοι καὶ ἄξιοι δόξαντες ἀρχῆς. ἐγὼ γοῦν μετ' ὀλίγων
ἐξορμήσας εἰς τὴν Ἰβηρίαν τὸ πρῶτον ὕπαρχος ὢν τῷ ἀδελφῷ
μεγίστων ἠξιώθην ἄριστος κριθείς, καὶ τούς γε Κελτίβηρας εἷλον
καὶ Γαλατῶν ἐκράτησα τῶν ἑσπερίων καὶ τὰ μεγάλα ὄρη ὑπερβὰς
τὰ περὶ τὸν Ἠριδανὸν ἅπαντα κατέδραμον καὶ ἀναστάτους
10 ἐποίησα τοσαύτας πόλεις καὶ τὴν πεδινὴν Ἰταλίαν ἐχειρωσάμην
καὶ μέχρι τῶν προαστείων τῆς προὐχούσης πόλεως ἦλθον καὶ
τοσούτους ἀπέκτεινα μιᾶς ἡμέρας, ὥστε τοὺς δακτυλίους αὐτῶν
μεδίμνοις ἀπομετρῆσαι καὶ τοὺς ποταμοὺς γεφυρῶσαι νεκροῖς.
καὶ ταῦτα πάντα ἔπραξα οὔτε Ἄμμωνος υἱὸς ὀνομαζόμενος οὔτε
15 θεὸς εἶναι προσποιούμενος ἢ ἐνύπνια τῆς μητρὸς διεξιών, ἀλλ'
ἄνθρωπος εἶναι ὁμολογῶν, στρατηγοῖς τε τοῖς συνετωτάτοις
ἀντεξεταζόμενος καὶ στρατιώταις τοῖς μαχιμωτάτοις συμπλεκό-
μενος, οὐ Μήδους καὶ Ἀρμενίους ⟨καταγωνιζόμενος⟩ ὑποφεύγ-
οντας πρὶν διώκειν τινὰ καὶ τῷ τολμήσαντι παραδιδόντας εὐθὺς
20 τὴν νίκην. Ἀλέξανδρος δὲ πατρῴαν ἀρχὴν παραλαβὼν ηὔξησεν 3
καὶ παρὰ πολὺ ἐξέτεινεν χρησάμενος τῇ τῆς τύχης ὁρμῇ. ἐπεὶ δ'
οὖν ἐνίκησέ τε καὶ τὸν ὄλεθρον ἐκεῖνον Δαρεῖον ἐν Ἰσσῷ τε καὶ
Ἀρβήλοις ἐκράτησεν, ἀποστὰς τῶν πατρῴων προσκυνεῖσθαι
ἠξίου καὶ δίαιταν τὴν Μηδικὴν μετεδιῄτησεν ἑαυτὸν καὶ
25 ἐμιαιφόνει ἐν τοῖς συμποσίοις τοὺς φίλους καὶ συνελάμβανεν ἐπὶ

---

2 μου] μοι B   4 τε om. L   5 περιβαλλόμενοι ΩΝ
ἔγωγ' οὖν β   μετ' ὀλίγον B et fort. Ω¹   6 at cf. App.
Hisp. 6 etc.   7 γε] τε Ν   9 , ἅπαντας Fl.   11 προ-
αστίων Γ, LSJ; cf. 14.23, 31.12, 70.24   11–12 cf. App. Pun. 38,
Liv. 26.10   12–13 cf. Liv. 23.12   14 cf. 77.12.1, 77.13.1
16 τε] δὲ L   18 καταγωνιζόμενος Ν: νικήσας rec.: om. γB
18–19 cf. 77.12.2   22 ὀλέθριον Ω   cf. 41.5, D.S. 17.53–62, at
contra Arr. An. 6.11.4–6, Plut. Alex. 31 etc.   24 καὶ ἐς δίαιταν
Stephanus   25 cf. 77.12.3, 77.13.6

217

ΛΟΥΚΙΑΝΟΥ

θανάτῳ. ἐγὼ δὲ ἦρξα ἐπ᾽ ἴσης τῆς πατρίδος, καὶ ἐπειδὴ μετε-
πέμπετο τῶν πολεμίων μεγάλῳ στόλῳ ἐπιπλευσάντων τῇ
Λιβύῃ, ταχέως ὑπήκουσα, καὶ ἰδιώτην ἐμαυτὸν παρέσχον καὶ
καταδικασθεὶς ἤνεγκα εὐγνωμόνως τὸ πρᾶγμα. καὶ ταῦτα ἔπρα-
ξα βάρβαρος ὢν καὶ ἀπαίδευτος παιδείας τῆς Ἑλληνικῆς καὶ 5
οὔτε Ὅμηρον ὥσπερ οὗτος ἐπιρραψῳδῶν οὔτε ὑπ᾽ Ἀριστοτέλει
τῷ σοφιστῇ παιδευθείς, μόνῃ δὲ τῇ φύσει ἀγαθῇ χρησάμενος.
ταῦτά ἐστιν ἃ ἐγὼ Ἀλεξάνδρου ἀμείνων φημὶ εἶναι. εἰ δέ ἐστι
καλλίων οὑτοσί, διότι διαδήματι τὴν κεφαλὴν διεδέδετο,
Μακεδόσι μὲν ἴσως καὶ ταῦτα σεμνά, οὐ μὴν διὰ τοῦτο ἀμείνων 10
δόξειεν ἂν γενναίου καὶ στρατηγικοῦ ἀνδρὸς τῇ γνώμῃ πλέον
ἤπερ τῇ τύχῃ κεχρημένου.

ΜΙΝΩΣ

Ὁ μὲν εἴρηκεν οὐκ ἀγεννῆ τὸν λόγον οὐδὲ ὡς Λίβυν εἰκὸς ἦν
ὑπὲρ αὑτοῦ. σὺ δέ, ὦ Ἀλέξανδρε, τί πρὸς ταῦτα φής;

ΑΛΕΞΑΝΔΡΟΣ

4   Ἐχρῆν μέν, ὦ Μίνως, μηδὲν πρὸς ἄνδρα οὕτω θρασύν· ἱκανὴ 15
γὰρ ἡ φήμη διδάξαι σε, οἷος μὲν ἐγὼ βασιλεύς, οἷος δὲ οὗτος
λῃστὴς ἐγένετο. ὅμως δὲ ὅρα εἰ κατ᾽ ὀλίγον αὐτοῦ διήνεγκα,
ὃς νέος ὢν ἔτι παρελθὼν ἐπὶ τὰ πράγματα καὶ τὴν ἀρχὴν τε-
ταραγμένην κατέσχον καὶ τοὺς φονέας τοῦ πατρὸς μετῆλθον,
κᾆτα φοβήσας τὴν Ἑλλάδα τῇ Θηβαίων ἀπωλείᾳ στρατηγὸς 20
ὑπ᾽ αὐτῶν χειροτονηθεὶς οὐκ ἠξίωσα τὴν Μακεδόνων ἀρχὴν
περιέπων ἀγαπᾶν ἄρχειν ὁπόσων ὁ πατὴρ κατέλιπεν, ἀλλὰ
πᾶσαν ἐπινοήσας τὴν γῆν καὶ δεινὸν ἡγησάμενος, εἰ μὴ ἁπάντων
κρατήσαιμι, ὀλίγους ἄγων εἰσέβαλον εἰς τὴν Ἀσίαν, καὶ ἐπί τε
Γρανικῷ ἐκράτησα μεγάλῃ μάχῃ καὶ τὴν Λυδίαν λαβὼν καὶ 25

3 ἐπήκουσα Ω   6 ἐπιρραψῳδῶν Lehmann: ἐρραψῴδουν codd.;
cf. 38.4   6–7 cf. 77.13.5   9 οὗτος ἢ διότι γ   ἐδέδετο Ω
10 μὴν] μὴν καὶ L   15 μηδὲν ⟨ἀποκρίνασθαι⟩ recc.   18 ὃς β:
ὡς γ   19 ἐπέσχον L   20 κᾆτα φοβήσας Β: καταφοβήσας γΝ
cf. 77.12.3   21 τε ante ὑπ᾽ ss. Γ² uv.   22 ἄρχειν βL: ἄρχων ΓΩ
ὁ om. Γ

77. ΝΕΚΡΙΚΟΙ ΔΙΑΛΟΓΟΙ

Ἰωνίαν καὶ Φρυγίαν καὶ ὅλως τὰ ἐν ποσὶν ἀεὶ χειρούμενος
ἦλθον ἐπὶ Ἰσσόν, ἔνθα Δαρεῖος ὑπέμεινεν μυριάδας πολλὰς
στρατοῦ ἄγων. καὶ τὸ ἀπὸ τούτου, ὦ Μίνως, ὑμεῖς ἴστε 5
ὅσους ὑμῖν νεκροὺς ἐπὶ μιᾶς ἡμέρας κατέπεμψα· φησὶ γοῦν
5 ὁ πορθμεὺς μὴ διαρκέσαι αὐτοῖς τότε τὸ σκάφος, ἀλλὰ
σχεδίας διαπηξαμένους τοὺς πολλοὺς αὐτῶν διαπλεῦσαι. καὶ
ταῦτα δὲ ἔπραττον αὐτὸς προκινδυνεύων καὶ τιτρώσκεσθαι
ἀξιῶν. καὶ ἵνα σοὶ μὴ τὰ ἐν Τύρῳ μηδὲ τὰ ἐν Ἀρβήλοις
διηγήσωμαι, ἀλλὰ καὶ μέχρι Ἰνδῶν ἦλθον καὶ τὸν Ὠκεανὸν
10 ὅρον ἐποιησάμην τῆς ἀρχῆς καὶ τοὺς ἐλέφαντας αὐτῶν εἷλον
καὶ Πῶρον ἐχειρωσάμην, καὶ Σκύθας δὲ οὐκ εὐκαταφρονή-
τους ἄνδρας ὑπερβὰς τὸν Τάναϊν ἐνίκησα μεγάλῃ ἱππομαχίᾳ, καὶ
τοὺς φίλους εὖ ἐποίησα καὶ τοὺς ἐχθροὺς ἠμυνάμην. εἰ δὲ καὶ θεὸς
ἐδόκουν τοῖς ἀνθρώποις, συγγνωστοὶ ἐκεῖνοι πρὸς τὸ μέγεθος τῶν
15 πραγμάτων καὶ τοιοῦτόν τι πιστεύσαντες περὶ ἐμοῦ. τὸ δ' οὖν 6
τελευταῖον ἐγὼ μὲν βασιλεύων ἀπέθανον, οὗτος δὲ ἐν φυγῇ ὢν
παρὰ Προυσίᾳ τῷ Βιθυνῷ, καθάπερ ἄξιον ἦν πανουργότατον καὶ
ὠμότατον ὄντα· ὡς γὰρ δὴ ἐκράτησεν τῶν Ἰταλῶν, ἐῶ λέγειν ὅτι
οὐκ ἰσχύι, ἀλλὰ πονηρίᾳ καὶ ἀπιστίᾳ καὶ δόλοις, νόμιμον δὲ ἢ
20 προφανὲς οὐδέν. ἐπεὶ δέ μοι ὠνείδισεν τὴν τρυφήν, ἐκλελῆσθαί μοι
δοκεῖ οἷα ἐποίει ἐν Καπύῃ ἑταίραις συνὼν καὶ τοὺς τοῦ πολέμου
καιροὺς ὁ θαυμάσιος καθηδυπαθῶν. ἐγὼ δὲ εἰ μὴ μικρὰ τὰ
ἑσπέρια δόξας ἐπὶ τὴν ἕω μᾶλλον ὥρμησα, τί ἂν μέγα ἔπραξα
Ἰταλίαν ἀναιμωτὶ λαβὼν καὶ Λιβύην καὶ τὰ μέχρι Γαδείρων
25 ὑπαγόμενος; ἀλλ' οὐκ ἀξιόμαχα ἔδοξέ μοι ἐκεῖνα ὑποπτήσσοντα
ἤδη καὶ δεσπότην ὁμολογοῦντα. εἴρηκα· σὺ δέ, ὦ Μίνως, δίκαζε·
ἱκανὰ γὰρ ἀπὸ πολλῶν καὶ ταῦτα.

2 Ἴστρον γ   2–3 cf. D.S. 17.32, Plut. Alex. 20.4, Arr. An. 2.8.8
6 δὴ πηξαμένους Hemsterhuis   6–7 καὶ ταῦτα διέπραττον
recc.   8 cf. D.S. 17.40–6, Plut. Alex. 24–5, Arr. An.
2.15–24   τὰ² om. Ω   Ἀρβήλλοις Γ   9 μέχρις ΩᵇΝ
10 εἷλον Ωᵇ uv.: εἶχον ΒΝΓΛΩ¹ uv.; cf. 79.22.1, D.S. 17.89.2, Arr. An. 5.18.2
12 cf. Arr. An. 3.30.7   15 τοιοῦτό Ν   16 μὲν] μὲν οὖν L
18 δὴ ἐκρ. βΓΛ: ἐκρ. Ω: διεκρ. recc.   24 Ἰταλίαν δὲ ἀν. γ   25 ὑπ-
αγαγ. Bekker

ΣΚΙΠΙΩΝ

7 Μὴ πρότερον, ἢν μὴ καὶ ἐμοῦ ἀκούσῃς.

ΜΙΝΩΣ

Τίς γὰρ εἶ, ὦ βέλτιστε; ἢ πόθεν ὢν ἐρεῖς;

ΣΚΙΠΙΩΝ

'Ιταλιώτης Σκιπίων στρατηγὸς ὁ καθελὼν Καρχηδόνα καὶ
κρατήσας Λιβύων μεγάλαις μάχαις.

ΜΙΝΩΣ

Τί οὖν καὶ σὺ ἐρεῖς;   5

ΣΚΙΠΙΩΝ

'Αλεξάνδρου μὲν ἥττων εἶναι, τοῦ δὲ 'Αννίβου ἀμείνων, ὃς
ἐδίωξα νικήσας αὐτὸν καὶ φυγεῖν καταναγκάσας ἀτίμως. πῶς
οὖν οὐκ ἀναίσχυντος οὗτος, ὃς πρὸς 'Αλέξανδρον ἁμιλλᾶται,
ᾧ οὐδὲ Σκιπίων ἐγὼ ὁ νενικηκὼς ἐμαυτὸν παραβάλλεσθαι ἀξιῶ;

ΜΙΝΩΣ

Νὴ Δί' εὐγνώμονα φῄς, ὦ Σκιπίων· ὥστε πρῶτος μὲν κεκρίσθω 10
'Αλέξανδρος, μετ' αὐτὸν δὲ σύ, εἶτα, εἰ δοκεῖ, τρίτος 'Αννίβας
οὐδὲ οὗτος εὐκαταφρόνητος ὤν.

26 (15)

ΑΧΙΛΛΕΩΣ ΚΑΙ ΑΝΤΙΛΟΧΟΥ

ΑΝΤΙΛΟΧΟΣ

1 Οἷα πρώην, 'Αχιλλεῦ, πρὸς τὸν 'Οδυσσέα σοι εἴρηται περὶ

1 καὶ om. ΩL   3, 9, 10 Σκηπίων LN   6–9 cf. App. *Syr.* 10,
Plut. *Flam.* 21.3, *Pyrrh.* 8.2, Liv. 35.14   7 κατηνάγκασα recc.   9 νε-
νικηκὼς αὐτόν, παραβ. recc.   10 ὥστε] ὥς γε uv. B   **26.** ΓΩ = γ;
ΒΦL = β   Titulus *ΑΧΙΛΛΕΩΣ ΚΑΙ ΑΝΤ. Γ*   13 ὦ 'Αχιλεῦ Γ
13 seq. *Od.* 11.487–91

77. ΝΕΚΡΙΚΟΙ ΔΙΑΛΟΓΟΙ

τοῦ θανάτου, ὡς ἀγεννῆ καὶ ἀνάξια τοῖν διδασκάλοιν ἀμφοῖν,
Χείρωνός τε καὶ Φοίνικος. ἠκροώμην γάρ, ὁπότε ἔφης βούλεσθαι
ἐπάρουρος ὢν θητεύειν παρά τινι τῶν ἀκλήρων, "ᾧ μὴ βίοτος
πολὺς εἴη," μᾶλλον ἢ πάντων ἀνάσσειν τῶν νεκρῶν. ταῦτα μὲν
5 οὖν ἀγεννῆ τινα Φρύγα δειλὸν καὶ πέρα τοῦ καλῶς ἔχοντος φιλό-
ζωον ἴσως ἐχρῆν λέγειν, τὸν Πηλέως δὲ υἱόν, τὸν φιλοκινδυνό-
τατον ἡρώων ἁπάντων, ταπεινὰ οὕτω περὶ αὑτοῦ διανοεῖσθαι
πολλὴ αἰσχύνη καὶ ἐναντιότης πρὸς τὰ πεπραγμένα σοι ἐν τῷ
βίῳ, ὃς ἐξὸν ἀκλεῶς ἐν τῇ Φθιώτιδι πολυχρόνιον βασιλεύειν,
10 ἑκὼν προείλου τὸν μετὰ τῆς ἀγαθῆς δόξης θάνατον.

ΑΧΙΛΛΕΥΣ

Ὦ παῖ Νέστορος, ἀλλὰ τότε μὲν ἄπειρος ἔτι τῶν ἐνταῦθα ὢν 2
καὶ τὸ βέλτιον ἐκείνων ὁπότερον ἦν ἀγνοῶν τὸ δύστηνον ἐκεῖνο
δοξάριον προετίμων τοῦ βίου, νῦν δὲ συνίημι ἤδη ὡς ἐκείνη μὲν
ἀνωφελής, εἰ καὶ ὅτι μάλιστα οἱ ἄνω ῥαψῳδήσουσιν. μετὰ νεκρῶν
15 δὲ ὁμοτιμία, καὶ οὔτε τὸ κάλλος ἐκεῖνο, ὦ Ἀντίλοχε, οὔτε ἡ ἰσχὺς
πάρεστιν, ἀλλὰ κείμεθα ἅπαντες ὑπὸ τῷ αὐτῷ ζόφῳ ὅμοιοι καὶ
κατ' οὐδὲν ἀλλήλων διαφέροντες, καὶ οὔτε οἱ τῶν Τρώων νεκροὶ
δεδίασίν με οὔτε οἱ τῶν Ἀχαιῶν θεραπεύουσιν, ἰσηγορία δὲ
ἀκριβὴς καὶ νεκρὸς ὅμοιος, "ἠμὲν κακὸς ἠδὲ καὶ ἐσθλός." ταῦτά
20 με ἀνιᾷ καὶ ἄχθομαι, ὅτι μὴ θητεύω ζῶν.

ΑΝΤΙΛΟΧΟΣ

Ὅμως τί οὖν ἄν τις πάθοι, ὦ Ἀχιλλεῦ; ταῦτα γὰρ ἔδοξε τῇ 3
φύσει, πάντως ἀποθνήσκειν ἅπαντας, ὥστε χρὴ ἐμμένειν τῷ
νόμῳ καὶ μὴ ἀνιᾶσθαι τοῖς διατεταγμένοις. ἄλλως τε ὁρᾷς τῶν
ἑταίρων ὅσοι περὶ σέ ἐσμεν οἵδε· μετὰ μικρὸν δὲ καὶ Ὀδυσσεὺς
25 ἀφίξεται πάντως. φέρει δὲ παραμυθίαν καὶ ἡ κοινωνία τοῦ

3 τινι Ν, recc.: τισι βγ   βίοτος Ν, Od. 11.490: βίος τινὶ βγ
7 αὑτοῦ β: αὐτοῦ Γ: ἑαυτοῦ Ω   9–10 cf. Il. 9.410–16   9 πολυχρ.
ἐν τῇ Φθ. Ω   15 τὸ] τι Φ   ὦ om. Φ   19 Il. 9.319
21 cf. 77.8.2   πάθοι ὦ om. L   ὦ Ἀχιλεῦ Γ   24 οἵδε·]
ὦδε; Β   24–5 at cf. Od. 11.136

πράγματος καὶ τὸ μὴ μόνον αὐτὸν πεπονθέναι. ὁρᾷς τὸν Ἡρακλέα καὶ τὸν Μελέαγρον καὶ ἄλλους θαυμαστοὺς ἄνδρας, οἳ οὐκ ἂν οἶμαι δέξαιντο ἀνελθεῖν, εἴ τις αὐτοὺς ἀναπέμψειε θητεύσοντας ἀκλήροις καὶ ἀβίοις ἀνδράσιν.

ΑΧΙΛΛΕΥΣ

4 Ἑταιρικὴ μὲν ἡ παραίνεσις, ἐμὲ δὲ οὐκ οἶδ' ὅπως ἡ 5
μνήμη τῶν παρὰ τὸν βίον ἀνιᾷ, οἶμαι δὲ καὶ ὑμῶν ἕκαστον·
εἰ δὲ μὴ ὁμολογεῖτε, ταύτῃ χείρους ἐστὲ καθ' ἡσυχίαν αὐτὸ
πάσχοντες.

ΑΝΤΙΛΟΧΟΣ

Οὔκ, ἀλλ' ἀμείνους, ὦ Ἀχιλλεῦ· τὸ γὰρ ἀνωφελὲς τοῦ λέγειν
ὁρῶμεν· σιωπᾶν γὰρ καὶ φέρειν καὶ ἀνέχεσθαι δέδοκται ἡμῖν, μὴ 10
καὶ γέλωτα ὄφλωμεν ὥσπερ σὺ τοιαῦτα εὐχόμενος.

27 (19)

ΑΙΑΚΟΥ ΚΑΙ ΠΡΩΤΕΣΙΛΑΟΥ

ΑΙΑΚΟΣ

1 Τί ἄγχεις, ὦ Πρωτεσίλαε, τὴν Ἑλένην προσπεσών;

ΠΡΩΤΕΣΙΛΑΟΣ

Ὅτι διὰ ταύτην, ὦ Αἰακέ, ἀπέθανον ἡμιτελῆ μὲν τὸν δόμον
καταλιπών, χήραν τε νεόγαμον γυναῖκα.

2 ; καὶ¹ B ; καὶ² B 5 ἑταιρικὴ] φιλικὴ ss. Ω 9 ὦ
Ἀχιλεῦ ΓΦ 11 σὺ] καὶ σὺ Ωᵇ εὐχόμενοι ΦΝ
27. Codices ΓΩΦΒ quos rettuli valde quam similes sunt Titulus
sic ΓΩΦΒ: ΑΙΑΚΟΥ ΚΑΙ ΠΡΩΤΕΣΙΛΑΟΥ ΚΑΙ ΜΕΝΕΛΑΟΥ Ν:
ΑΙΑΚΟΥ ΠΡΩΤΕΣΙΛΑΟΥ ΜΕΝΕΛΑΟΥ ΚΑΙ ΠΑΡΙΔΟΣ (vel
ΑΛΕΞΑΝΔΡΟΥ) recc. De re cf. Il. 2.698–702
13 cf. Il. 2.701 14 δὲ Bekker νεόγαμον ΓΦΒ: νεόγαμον τὴν Ω¹:
τὴν νεόγαμον recc.

77. ΝΕΚΡΙΚΟΙ ΔΙΑΛΟΓΟΙ

ΑΙΑΚΟΣ

Αἰτιῶ τοίνυν τὸν Μενέλαον, ὅστις ὑμᾶς ὑπὲρ τοιαύτης γυναικὸς ἐπὶ Τροίαν ἤγαγεν.

ΠΡΩΤΕΣΙΛΑΟΣ

Εὖ λέγεις· ἐκεῖνόν μοι αἰτιατέον.

ΜΕΝΕΛΑΟΣ

Οὐκ ἐμέ, ὦ βέλτιστε, ἀλλὰ δικαιότερον τὸν Πάριν, ὃς ἐμοῦ
5 τοῦ ξένου τὴν γυναῖκα παρὰ πάντα τὰ δίκαια ᾤχετο ἁρπάσας·
οὗτος γὰρ οὐχ ὑπὸ σοῦ μόνου, ἀλλ' ὑπὸ πάντων Ἑλλήνων
τε καὶ βαρβάρων ἄξιος ἄγχεσθαι τοσούτοις θανάτου αἴτιος γε-
γενημένος.

ΠΡΩΤΕΣΙΛΑΟΣ

Ἄμεινον οὕτω· σὲ τοιγαροῦν, ὦ Δύσπαρι, οὐκ ἀφήσω ποτὲ
10 ἀπὸ τῶν χειρῶν.

ΠΑΡΙΣ

Ἄδικα ποιῶν, ὦ Πρωτεσίλαε, καὶ ταῦτα ὁμότεχνον ὄντα
σοι· ἐρωτικὸς γὰρ καὶ αὐτός εἰμι καὶ τῷ αὐτῷ θεῷ κατέσχημαι·
οἶσθα δὲ ὡς ἀκούσιόν τί ἐστιν καί τις ἡμᾶς δαίμων ἄγει ἔνθα ἂν
ἐθέλῃ, καὶ ἀδύνατόν ἐστιν ἀντιτάττεσθαι αὐτῷ.

ΠΡΩΤΕΣΙΛΑΟΣ

15 Εὖ λέγεις. εἴθε οὖν μοι τὸν Ἔρωτα ἐνταῦθα λαβεῖν δυνατὸν ἦν. 2

ΑΙΑΚΟΣ

Ἐγώ σοι καὶ περὶ τοῦ Ἔρωτος ἀποκρινοῦμαι τὰ δίκαια· φήσει
γὰρ αὐτὸς μὲν τοῦ ἐρᾶν τῷ Πάριδι ἴσως γεγενῆσθαι αἴτιος, τοῦ
θανάτου δέ σοι οὐδένα ἄλλον, ὦ Πρωτεσίλαε, ἢ σεαυτόν, ὃς
ἐκλαθόμενος τῆς νεογάμου γυναικός, ἐπεὶ προσεφέρεσθε τῇ

1 Μενέλαον] Ἀγαμέμνονα Ω: corr. Ω^b   1-2 cf. Il. 3.157
9 ὦ om. Ω: ss. Ω^b   cf. Il. 3.39, 13.769   13 ἂν om. Ω:
ss. Ω^b

ΛΟΥΚΙΑΝΟΥ

Τρωάδι, οὕτως φιλοκινδύνως καὶ ἀπονενοημένως προεπήδησας τῶν ἄλλων δόξης ἐρασθείς, δι' ἣν πρῶτος ἐν τῇ ἀποβάσει ἀπέθανες.

ΠΡΩΤΕΣΙΛΑΟΣ

Οὐκοῦν καὶ ὑπὲρ ἐμαυτοῦ σοι, ὦ Αἰακέ, ἀποκρινοῦμαι δικαιότερα· οὐ γὰρ ἐγὼ τούτων αἴτιος, ἀλλὰ ἡ Μοῖρα καὶ τὸ ἐξ ἀρχῆς 5 οὕτως ἐπικεκλῶσθαι.

ΑΙΑΚΟΣ

Ὀρθῶς· τί οὖν τούτους αἰτιᾷ;

28 (23)

ΠΛΟΥΤΩΝΟΣ ΚΑΙ ΠΡΩΤΕΣΙΛΑΟΥ

ΠΡΩΤΕΣΙΛΑΟΣ

1 Ὦ δέσποτα καὶ βασιλεῦ καὶ ἡμέτερε Ζεῦ καὶ σὺ Δήμητρος θύγατερ, μὴ ὑπερίδητε δέησιν ἐρωτικήν.

ΠΛΟΥΤΩΝ

Σὺ δὲ τίνων δέῃ παρ' ἡμῶν; ἢ τίς ὢν τυγχάνεις;   10

ΠΡΩΤΕΣΙΛΑΟΣ

Εἰμὶ μὲν Πρωτεσίλαος ὁ Ἰφίκλου Φυλάκιος συστρατιώτης τῶν Ἀχαιῶν καὶ πρῶτος ἀποθανὼν τῶν ἐπ' Ἰλίῳ. δέομαι δὲ ἀφεθεὶς πρὸς ὀλίγον ἀναβιῶναι πάλιν.

ΠΛΟΥΤΩΝ

Τοῦτον μὲν τὸν ἔρωτα, ὦ Πρωτεσίλαε, πάντες νεκροὶ ἐρῶσιν, πλὴν οὐδεὶς ἂν αὐτῶν τύχοι.   15

1 Τρωάδι vett.   5–6 cf. Il. 19.86–7   **28.** ΓΩ = γ;
ΒΦ = β   Titulus ΠΡΩΤΕΣΙΛΑΟΥ ΠΛΟΥΤΩΝΟΣ ΚΑΙ ΠΕΡ-
ΣΕΦΟΝΗΣ recc.   De re cf. 77.27   11 cf. Il. 2.705–6

77. ΝΕΚΡΙΚΟΙ ΔΙΑΛΟΓΟΙ

ΠΡΩΤΕΣΙΛΑΟΣ

'Αλλ' οὐ τοῦ ζῆν, 'Αϊδωνεῦ, ἐρῶ ἔγωγε, τῆς γυναικὸς δέ, ἣν
νεόγαμον ἔτι ἐν τῷ θαλάμῳ καταλιπὼν ᾠχόμην ἀποπλέων, εἶτα
ὁ κακοδαίμων ἐν τῇ ἀποβάσει ἀπέθανον ὑπὸ τοῦ Ἕκτορος. ὁ οὖν
ἔρως τῆς γυναικὸς οὐ μετρίως ἀποκναίει με, ὦ δέσποτα, καὶ
5 βούλομαι κἂν πρὸς ὀλίγον ὀφθεὶς αὐτῇ καταβῆναι πάλιν.

ΠΛΟΥΤΩΝ

Οὐκ ἔπιες, ὦ Πρωτεσίλαε, τὸ Λήθης ὕδωρ;   2

ΠΡΩΤΕΣΙΛΑΟΣ

Καὶ μάλα, ὦ δέσποτα· τὸ δὲ πρᾶγμα ὑπέρογκον ἦν.

ΠΛΟΥΤΩΝ

Οὐκοῦν περίμεινον· ἀφίξεται γὰρ κἀκείνη ποτὲ καὶ οὐδὲ σὲ
ἀνελθεῖν δεήσει.

ΠΡΩΤΕΣΙΛΑΟΣ

10 'Αλλ' οὐ φέρω τὴν διατριβήν, ὦ Πλούτων· ἠράσθης δὲ καὶ
αὐτὸς ἤδη καὶ οἶσθα οἷον τὸ ἐρᾶν ἐστιν.

ΠΛΟΥΤΩΝ

Εἶτα τί σε ὀνήσει μίαν ἡμέραν ἀναβιῶναι μετ' ὀλίγον τὰ αὐτὰ
ὀδυρούμενον;

ΠΡΩΤΕΣΙΛΑΟΣ

Οἶμαι πείσειν κἀκείνην ἀκολουθεῖν παρ' ὑμᾶς, ὥστε ἀνθ' ἑνὸς
15 δύο νεκροὺς λήψῃ μετ' ὀλίγον.

ΠΛΟΥΤΩΝ

Οὐ θέμις γενέσθαι ταῦτα οὐδὲ ἐγένετο πώποτε.

---

3 cf. Apollod. *Epit.* 3.30, Ov. *Her.* 13.63 etc.   6 ὕδωρ βγ;
πόμα uv. Ω^b: πῶμα M   8 γὰρ om. Φ   οὐδὲ] οὐδὲν recc.
13 ὀδυρόμενον codd.: corr. Fl.   16 Οὐ...πώποτε om. γ
ἐγένετο recc.: γίνεται β: γέγονε recc.

ΛΟΥΚΙΑΝΟΥ

ΠΡΩΤΕΣΙΛΑΟΣ

3 Ἀναμνήσω σε, ὦ Πλούτων· Ὀρφεῖ γὰρ δι᾽ αὐτὴν ταύτην τὴν
αἰτίαν τὴν Εὐρυδίκην παρέδοτε καὶ τὴν ὁμογενῆ μου Ἄλκηστιν
παρεπέμψατε Ἡρακλεῖ χαριζόμενοι.

ΠΛΟΥΤΩΝ

Θελήσεις δὲ οὕτως κρανίον γυμνὸν ὢν καὶ ἄμορφον τῇ καλῇ
σου ἐκείνῃ νύμφῃ φανῆναι; πῶς δὲ κἀκείνη προσήσεταί σε οὐδὲ 5
διαγνῶναι δυναμένη; φοβήσεται γὰρ εὖ οἶδα καὶ φεύξεταί σε καὶ
μάτην ἔσῃ τοσαύτην ὁδὸν ἀνεληλυθώς.

ΦΕΡΣΕΦΟΝΗ

Οὐκοῦν, ὦ ἄνερ, σὺ καὶ τοῦτο ἴασαι καὶ τὸν Ἑρμῆν κέλευσον,
ἐπειδὰν ἐν τῷ φωτὶ ἤδη ὁ Πρωτεσίλαος ᾖ, καθικόμενον ἐν τῇ
ῥάβδῳ νεανίαν εὐθὺς καλὸν ἀπεργάσασθαι αὐτόν, οἷος ἦν ἐκ τοῦ 10
παστοῦ.

ΠΛΟΥΤΩΝ

Ἐπεὶ Φερσεφόνῃ συνδοκεῖ, ἀναγαγὼν τοῦτον αὖθις ποίησον
νυμφίον· σὺ δὲ μέμνησο μίαν λαβὼν ἡμέραν.

29 (24)

ΔΙΟΓΕΝΟΥΣ ΚΑΙ ΜΑΥΣΩΛΟΥ

ΔΙΟΓΕΝΗΣ

1 Ὦ Κάρ, ἐπὶ τίνι μέγα φρονεῖς καὶ πάντων ἡμῶν προτιμᾶσθαι
ἀξιοῖς;   15

ΜΑΥΣΩΛΟΣ

Καὶ ἐπὶ τῇ βασιλείᾳ μέν, ὦ Σινωπεῦ, ὃς ἐβασίλευσα Καρίας

---

2 μονογενῆ Γ   4 θέλεις ΩᵇN   5 διαφανῆναι Φ
6 δυναμένη διαγνῶναι recc.   9 ἐν om. Ω   12 Φερσεφόνη
ΓΒ: Περσεφόνη ΦΩNL; cf. 40.1,6   αὖθις] εὐθὺς Voigtländer
29. ΓΩL = γ; ΦΒ = β

μὲν ἁπάσης, ἦρξα δὲ καὶ Λυδῶν ἐνίων καὶ νήσους δέ τινας
ὑπηγαγόμην καὶ ἄχρι Μιλήτου ἐπέβην τὰ πολλὰ τῆς Ἰωνίας
καταστρεφόμενος· καὶ καλὸς ἦν καὶ μέγας καὶ ἐν πολέμοις
καρτερός· τὸ δὲ μέγιστον, ὅτι ἐν Ἁλικαρνασσῷ μνῆμα
5 παμμέγεθες ἔχω ἐπικείμενον, ἡλίκον οὐκ ἄλλος νεκρός, ἀλλ'
οὐδὲ οὕτως ἐς κάλλος ἐξησκημένον, ἵππων καὶ ἀνδρῶν ἐς
τὸ ἀκριβέστατον εἰκασμένων λίθου τοῦ καλλίστου, οἷον οὐδὲ
νεὼν εὕροι τις ἂν ῥᾳδίως. οὐ δοκῶ σοι δικαίως ἐπὶ τούτοις
μέγα φρονεῖν;

ΔΙΟΓΕΝΗΣ

10   Ἐπὶ τῇ βασιλείᾳ φῂς καὶ τῷ κάλλει καὶ τῷ βάρει τοῦ τάφου; 2

ΜΑΥΣΩΛΟΣ

Νὴ Δί' ἐπὶ τούτοις.

ΔΙΟΓΕΗΝΣ

Ἀλλ', ὦ καλὲ Μαύσωλε, οὔτε ἡ ἰσχὺς ἔτι σοι ἐκείνη οὔτε ἡ
μορφὴ πάρεστιν· εἰ γοῦν τινα ἑλοίμεθα δικαστὴν εὐμορφίας πέρι,
οὐκ ἔχω εἰπεῖν, τίνος ἕνεκα τὸ σὸν κρανίον προτιμηθείη ἂν τοῦ
15 ἐμοῦ· φαλακρὰ γὰρ ἄμφω καὶ γυμνά, καὶ τοὺς ὀδόντας ὁμοίως
προφαίνομεν καὶ τοὺς ὀφθαλμοὺς ἀφῃρήμεθα καὶ τὰς ῥῖνας
ἀποσεσιμώμεθα. ὁ δὲ τάφος καὶ οἱ πολυτελεῖς ἐκεῖνοι λίθοι
Ἁλικαρνασσεῦσι μὲν ἴσως εἶεν ἐπιδείκνυσθαι καὶ φιλοτιμεῖσθαι
πρὸς τοὺς ξένους, ὡς δή τι μέγα οἰκοδόμημα αὐτοῖς ἐστιν· σὺ δέ,
20 ὦ βέλτιστε, οὐχ ὁρῶ ὅ τι ἀπολαύεις αὐτοῦ, πλὴν εἰ μὴ τοῦτο φῇς,
ὅτι μᾶλλον ἡμῶν ἀχθοφορεῖς ὑπὸ τηλικούτοις λίθοις πιεζόμενος.

ΜΑΥΣΩΛΟΣ

Ἀνόνητα οὖν μοι ἐκεῖνα πάντα καὶ ἰσότιμος ἔσται Μαύσωλος 3
καὶ Διογένης;

ΔΙΟΓΕΝΗΣ

Οὐκ ἰσότιμος, ὦ γενναιότατε, οὐ γάρ· Μαύσωλος μὲν γὰρ

4 ὅτι om. Ω: ss. Ω^b   12 ἐκείνη ἔτι σοι Β   14 οὐκ ἂν ἔχω Ω^bΜ
18 Ἁλικαρνασεῦσι ΓL

ΛΟΥΚΙΑΝΟΥ

οἰμώξεται μεμνημένος τῶν ὑπὲρ γῆς, ἐν οἷς εὐδαιμονεῖν ᾤετο,
Διογένης δὲ καταγελάσεται αὐτοῦ. καὶ τάφον ὁ μὲν ἐν Ἁλικαρ-
νασσῷ ἐρεῖ ἑαυτοῦ ὑπὸ Ἀρτεμισίας τῆς γυναικὸς καὶ ἀδελφῆς
κατεσκευασμένον, ὁ Διογένης δὲ τοῦ μὲν σώματος εἰ καί τινα
τάφον ἔχει οὐκ οἶδεν· οὐδὲ γὰρ ἔμελεν αὐτῷ τούτου· λόγον δὲ τοῖς 5
ἀρίστοις περὶ τούτου καταλέλοιπεν ἀνδρὸς βίον βεβιωκὼς
ὑψηλότερον, ὦ Καρῶν ἀνδραποδωδέστατε, τοῦ σοῦ μνήματος καὶ
ἐν βεβαιοτέρῳ χωρίῳ κατεσκευασμένον.

30 (25)

ΝΙΡΕΩΣ ΚΑΙ ΘΕΡΣΙΤΟΥ
ΚΑΙ ΜΕΝΙΠΠΟΥ

ΝΙΡΕΥΣ

1 Ἰδοὺ δή, Μένιππος οὑτοσὶ δικάσει, πότερος εὐμορφότερός
ἐστιν. εἰπέ, ὦ Μένιππε, οὐ καλλίων σοι δοκῶ;   10

ΜΕΝΙΠΠΟΣ

Τίνες δὲ καὶ ἔστε; πρότερον, οἶμαι, χρὴ γὰρ τοῦτο εἰδέναι.

ΝΙΡΕΥΣ

Νιρεὺς καὶ Θερσίτης.

ΜΕΝΙΠΠΟΣ

Πότερος οὖν ὁ Νιρεὺς καὶ πότερος ὁ Θερσίτης; οὐδέπω γὰρ
τοῦτο δῆλον.

ΘΕΡΣΙΤΗΣ

Ἓν μὲν ἤδη τοῦτο ἔχω, ὅτι ὅμοιός εἰμί σοι καὶ οὐδὲν 15
τηλικοῦτον διαφέρεις ἡλίκον σε Ὅμηρος ἐκεῖνος ὁ τυφλὸς ἐπή-

2-3 Ἁλικαρνασῷ ΓL   6 τούτου βγ: αὐτοῦ Fl.: αὐτοῦ Graevius
7 ἀνδραπωδέστατε β   30. Codices ΓΩLBΦ vel simillimi sunt
11 γὰρ post πρότερον trs. Solanus; at cf. 77.10.2   13 Πότερος
οὖν... Θερσίτης om. Φ   16 seq. Il. 2.673-4 ubi tamen Achillem
poeta excipit

77. ΝΕΚΡΙΚΟΙ ΔΙΑΛΟΓΟΙ

νεσεν ἁπάντων εὐμορφότερον προσειπών, ἀλλ᾽ ὁ φοξὸς ἐγὼ καὶ
ψεδνὸς οὐδὲν χείρων ἐφάνην τῷ δικαστῇ. ὅρα δὲ σύ, ὦ Μένιππε,
ὅντινα καὶ εὐμορφότερον ἡγῇ.

ΝΙΡΕΥΣ

Ἐμέ γε τὸν Ἀγλαΐας καὶ Χάροπος, "ὃς κάλλιστος ἀνὴρ ὑπὸ
5 Ἴλιον ἦλθον."

ΜΕΝΙΠΠΟΣ

Ἀλλ᾽ οὐχὶ καὶ ὑπὸ γῆν, ὡς οἶμαι, κάλλιστος ἦλθες, ἀλλὰ τὰ 2
μὲν ὀστᾶ ὅμοια, τὸ δὲ κρανίον ταύτῃ μόνον ἄρα διακρίνοιτο
ἀπὸ τοῦ Θερσίτου κρανίου, ὅτι εὔθρυπτον τὸ σόν· ἀλαπαδνὸν
γὰρ αὐτὸ καὶ οὐκ ἀνδρῶδες ἔχεις.

ΝΙΡΕΥΣ

10 Καὶ μὴν ἐροῦ Ὅμηρον, ὁποῖος ἦν, ὁπότε συνεστράτευον τοῖς
Ἀχαιοῖς.

ΜΕΝΙΠΠΟΣ

Ὀνείρατά μοι λέγεις· ἐγὼ δὲ ἃ βλέπω καὶ νῦν ἔχεις, ἐκεῖνα δὲ
οἱ τότε ἴσασιν.

ΝΙΡΕΥΣ

Οὔκουν ἐγὼ ἐνταῦθα εὐμορφότερός εἰμι, ὦ Μένιππε;

ΜΕΝΙΠΠΟΣ

15 Οὔτε σὺ οὔτε ἄλλος εὔμορφος· ἰσοτιμία γὰρ ἐν ᾄδου καὶ ὅμοιοι
ἅπαντες.

ΘΕΡΣΙΤΗΣ

Ἐμοὶ μὲν καὶ τοῦτο ἱκανόν.

1 cf. Il. 2.219   2 ὧρα δέ σοι Fl.   4 Χαρόπου Dukerus,
cf. Il. 2.672   4–5 cf. Il. 2.673   5 ἦλθε Homerus
8 cf. Il. 2.675   12 ἐγὼ δὲ ἃ καὶ νῦν βλέπω, ἔχεις recc.
ἃ βλέπω βγ: βλέπω ἃ recc.   14 sic N: Οὐκ οὖν ΓΦ: Οὐκοῦν ΒΩL
Μένιππε; βγ: an Μένιππε.?   17 μὲν] μὲν οὖν recc.

78

ΕΝΑΛΙΟΙ ΔΙΑΛΟΓΟΙ

1

ΔΩΡΙΔΟΣ ΚΑΙ ΓΑΛΑΤΕΙΑΣ

ΔΩΡΙΣ

1 Καλὸν ἐραστήν, ὦ Γαλάτεια, τὸν Σικελὸν τοῦτον ποιμένα φασὶν ἐπιμεμηνέναι σοί.

ΓΑΛΑΤΕΙΑ

Μὴ σκῶπτε, Δωρί· Ποσειδῶνος γὰρ υἱός ἐστιν, ὁποῖος ἂν ᾖ.

ΔΩΡΙΣ

Τί οὖν; εἰ καὶ τοῦ Διὸς αὐτοῦ παῖς ὢν ἄγριος οὕτως καὶ λάσιος ἐφαίνετο καί, τὸ πάντων ἀμορφότατον, μονόφθαλμος, 5 οἴει τὸ γένος ἄν τι ὀνῆσαι αὐτὸν πρὸς τὴν μορφήν;

ΓΑΛΑΤΕΙΑ

Οὐδὲ τὸ λάσιον αὐτοῦ καί, ὡς φῄς, ἄγριον ἄμορφόν ἐστιν— ἀνδρῶδες γάρ—ὅ τε ὀφθαλμὸς ἐπιπρέπει τῷ μετώπῳ οὐδὲν ἐνδεέστερον ὁρῶν ἢ εἰ δύ' ἦσαν.

Codices ΓΩBL, correctorem Ωᵇ plene rettuli; codicem N in dialogis 1–10 interdum citavi, in 11–15 plene rettuli. Codex L in 1–9 c.2, 11–12 β traditionem, in 9 c.2–fin., 10, 13–15 γ traditionem plerumque saltem exhibet. γ = ΓΩ, β = ΒΩᵇN   De re cf. *Od.* 9.105 seq., Theocr. *Id.* 6, 11, Philostr. *Imag.* 2.18, Philox. Cyth. (Page, *PMG* 815–24), Antiphanes, *Fr.* 131–3 Kock, Alexis, *Fr.* 36–9   1 τὸν γ: φασὶ (om. postea) τὸν β   5 τὸ om. Γ¹   6 ὀνῆσαι ἄν τι β   7 οὔτε Fritzsche 9 εἰ γ: εἰ οἱ B: om. L

78. ΕΝΑΛΙΟΙ ΔΙΑΛΟΓΟΙ

ΔΩΡΙΣ

Ἔοικας, ὦ Γαλάτεια, οὐκ ἐραστὴν ἀλλ' ἐρώμενον ἔχειν τὸν Πολύφημον, οἷα ἐπαινεῖς αὐτόν.

ΓΑΛΑΤΕΙΑ

Οὐκ ἐρώμενον, ἀλλὰ τὸ πάνυ ὀνειδιστικὸν τοῦτο οὐ φέρω **2**
ὑμῶν, καί μοι δοκεῖτε ὑπὸ φθόνου αὐτὸ ποιεῖν, ὅτι ποιμαίνων
5 ποτὲ ἀπὸ τῆς σκοπῆς παιζούσας ἡμᾶς ἰδὼν ἐπὶ τῆς ἠϊόνος ἐν
τοῖς πρόποσι τῆς Αἴτνης, καθ' ὃ μεταξὺ τοῦ ὄρους καὶ τῆς
θαλάσσης αἰγιαλὸς ἀπομηκύνεται, ὑμᾶς μὲν οὐδὲ προσέβλεψεν,
ἐγὼ δὲ ἐξ ἁπασῶν ἡ καλλίστη ἔδοξα, καὶ μόνη ἐμοὶ ἐπεῖχε τὸν
ὀφθαλμόν. ταῦτα ὑμᾶς ἀνιᾷ· δεῖγμα γὰρ ὡς ἀμείνων εἰμὶ καὶ
10 ἀξιέραστος, ὑμεῖς δὲ παρώφθητε.

ΔΩΡΙΣ

Εἰ ποιμένι καὶ ἐνδεεῖ τὴν ὄψιν καλὴ ἔδοξας, ἐπίφθονος οἴει
γεγονέναι; καίτοι τί ἄλλο ἐν σοὶ ἐπαινέσαι εἶχεν ἢ τὸ λευκὸν
μόνον; καὶ τοῦτο, οἶμαι, ὅτι συνήθης ἐστὶ τυρῷ καὶ γάλακτι·
πάντα οὖν τὰ ὅμοια τούτοις ἡγεῖται καλά. ἐπεὶ τά γε ἄλλα **3**
15 ὁπόταν ἐθελήσῃς μαθεῖν, οἷα τυγχάνεις οὖσα τὴν ὄψιν, ἀπὸ
πέτρας τινός, εἴ ποτε γαλήνη εἴη, ἐπικύψασα εἰς τὸ ὕδωρ ἰδὲ
σεαυτὴν οὐδὲν ἄλλο ἢ χρόαν λευκὴν ἀκριβῶς· οὐκ ἐπαινεῖται δὲ
τοῦτο, ἢν μὴ ἐπιπρέπῃ αὐτῷ καὶ τὸ ἐρύθημα.

ΓΑΛΑΤΕΙΑ

Καὶ μὴν ἐγὼ μὲν ἡ ἀκράτως λευκὴ ὅμως ἐραστὴν ἔχω κἂν
20 τοῦτον, ὑμῶν δὲ οὐκ ἔστιν ἥντινα ἢ ποιμὴν ἢ ναύτης ἢ πορθμεὺς
ἐπαινεῖ· ὁ δέ γε Πολύφημος τά τε ἄλλα καὶ μουσικός ἐστιν.

1–2 cf. Pl. *Symp.* 178e etc.   4 αὐτό] τοῦτο L   ποιμὴν ὤν γ
5 σκοπῆς] σκοπιᾶς Ω^b   ὑμᾶς L   ἐπὶ γL: ἀπὸ β
7 θαλάττης β   8 ἔδοξα β: εἶναι ἔδοξα γ   καὶ γ: ἢ καὶ β
11 καὶ om. Ω¹   12 ἐν σοὶ om. γ   εἶχεν] ἔχει L   16 εἴη
om. Ω¹   17 χροιὰν γ   19 κἂν γ: καὶ β   21 γε om. β
καὶ om. β

ΔΩΡΙΣ

4 Σιώπα, ὦ Γαλάτεια· ἠκούσαμεν αὐτοῦ ᾄδοντος ὁπότε ἐκώμασε
πρώην ἐπὶ σέ· 'Αφροδίτη φίλη, ὄνον ἄν τις ὀγκᾶσθαι ἔδοξεν. καὶ
αὐτὴ δὲ ἡ πηκτὶς οἷα; κρανίον ἐλάφου γυμνὸν τῶν σαρκῶν, καὶ
τὰ μὲν κέρατα πήχεις ὥσπερ ἦσαν, ζυγώσας δ' αὐτὰ καὶ ἐνάψας
τὰ νεῦρα, οὐδὲ κολλάβοις περιστρέψας, ἐμελῴδει ἄμουσόν τι καὶ 5
ἀπῳδόν, ἄλλο μὲν αὐτὸς βοῶν, ἄλλο δὲ ἡ λύρα ὑπήχει, ὥστε οὐδὲ
κατέχειν τὸν γέλωτα ἐδυνάμεθα ἐπὶ τῷ ἐρωτικῷ ἐκείνῳ ᾄσματι·
ἡ μὲν γὰρ 'Ηχὼ οὐδὲ ἀποκρίνεσθαι αὐτῷ ἤθελεν οὕτω λάλος οὖσα
βρυχομένῳ, ἀλλ' ᾐσχύνετο, εἰ φανείη μιμουμένη τραχεῖαν ᾠδὴν
5 καὶ καταγέλαστον. ἔφερεν δὲ ὁ ἐπέραστος ἐν ταῖς ἀγκάλαις 10
ἀθυρμάτιον ἄρκτου σκύλακα τὸ λάσιον αὐτῷ προσεοικότα. τίς
οὐκ ἂν φθονήσειέ σοι, ὦ Γαλάτεια, τοιούτου ἐραστοῦ;

ΓΑΛΑΤΕΙΑ

Οὐκοῦν σύ, Δωρί, δεῖξον ἡμῖν τὸν σεαυτῆς, καλλίω δῆλον ὅτι
ὄντα καὶ ᾠδικώτερον καὶ κιθαρίζειν ἄμεινον ἐπιστάμενον.

ΔΩΡΙΣ

'Αλλὰ ἐραστὴς μὲν οὐδεὶς ἔστι μοι οὐδὲ σεμνύνομαι 15
ἐπέραστος εἶναι· τοιοῦτος δὲ οἷος ὁ Κύκλωψ ἐστίν, κινάβρας
ἀπόζων ὥσπερ ὁ τράγος, ὠμοβόρος, ὥς φασι, καὶ σιτούμενος
τοὺς ἐπιδημοῦντας τῶν ξένων, σοὶ γένοιτο καὶ πάντοτε σὺ
ἀντερῴης αὐτοῦ.

1 ὁπότε β: οὖ τότε γ   2 ὀγκᾶσθαι ἄν τις L   3 πηκτὶς
οἷα κρ. βγ: corr. Solanus   κρανεῖον B   4 seq. cf. Hymn.
Hom. 4.50, Luc. 79.11   5 οὐδέ...περιστρέψας om. L   κολλάβοις
γ: κόλλοπι β   6 ὑπήχει β: ἐπήχει γ: ἀπήχει L   8 αὐτῷ om. β
9 βρυχωμένῳ Hemsterhuis   11 ἀθυρμάτιον β: ἄθυρμα οἷον γ;
cf. Hymn. Hom. 4.52   ἄρκου β   τὸ γ: καὶ τὸ β
11–12 τίς οὖν οὐκ recc.   σοι γ: σου β   13 δεῖξον, ὦ Δωρί, τὸν
(om. ἡμῖν) γ   14 ἐπιστάμενον β: εἰδότα γ   16 cf. Ar. Plut. 294
17 ὁ om. recc.   ὠμοβόρος γ: ὠμοφάγος β; cf. Od. 9.292 seq.   18 ἀπο-
δημ. B¹: corr. B²   πάντοτε om. β

2

ΚΥΚΛΩΠΟΣ ΚΑΙ ΠΟΣΕΙΔΩΝΟΣ

ΚΥΚΛΩΨ

Ὦ πάτερ, οἷα πέπονθα ὑπὸ τοῦ καταράτου ξένου, ὃς μεθύσας   1
ἐξετύφλωσέ με κοιμωμένῳ ἐπιχειρήσας.

ΠΟΣΕΙΔΩΝ

Τίς δὲ ἦν ὁ ταῦτα τολμήσας, ὦ Πολύφημε;

ΚΥΚΛΩΨ

Τὸ μὲν πρῶτον Οὖτιν αὑτὸν ἀπεκάλει, ἐπεὶ δὲ διέφυγε καὶ ἔξω
5 ἦν βέλους, Ὀδυσσεὺς ὀνομάζεσθαι ἔφη.

ΠΟΣΕΙΔΩΝ

Οἶδα ὃν λέγεις, τὸν Ἰθακήσιον· ἐξ Ἰλίου δ᾽ ἀνέπλει. ἀλλὰ πῶς
ταῦτα ἔπραξεν οὐδὲ πάνυ εὐθαρσὴς ὤν;

ΚΥΚΛΩΨ

Κατέλαβον ἐν τῷ ἄντρῳ ἀπὸ τῆς νομῆς ἀναστρέψας πολλούς   2
τινας, ἐπιβουλεύοντας δῆλον ὅτι τοῖς ποιμνίοις· ἐπεὶ γὰρ ἐπέθηκα
10 τῇ θύρᾳ τὸ πῶμα—πέτρα δέ ἐστί μοι παμμεγέθης—καὶ τὸ πῦρ
ἀνέκαυσα ἐναυσάμενος ὃ ἔφερον δένδρον ἀπὸ τοῦ ὄρους, ἐφάνησαν
ἀποκρύπτειν αὑτοὺς πειρώμενοι· ἐγὼ δὲ συλλαβών τινας αὐτῶν,
ὥσπερ εἰκὸς ἦν κατέφαγον λῃστάς γε ὄντας. ἐνταῦθα ὁ πανουρ-
γότατος ἐκεῖνος, εἴτε Οὖτις εἴτε Ὀδυσσεὺς ἦν, δίδωσί μοι πιεῖν
15 φάρμακόν τι ἐγχέας, ἡδὺ μὲν καὶ εὐῶδες, ἐπιβουλότατον δὲ καὶ

2. Titulus *ΠΟΣΕΙΔΩΝΟΣ ΚΑΙ ΚΥΚΛΩΠΟΣ* γ   De re
cf. *Od.* 9.106 seq.   3 *Τίς δαὶ ἦν* B   4 *Οὖτιν* γ; cf. *Od.* 9.366
ἑαυτὸν ἐπεκάλει, ἐπειδὴ δὲ ἔφυγεν γ   8 Κατέλαβον αὐτοὺς ἐν γ
ὑποστρέψας L   9 γὰρ β: δὲ γ   10 μοι om. recc.
11 ἐπέκαυσα γ   ἐναυσάμενος γB: ἐναψάμενος L: ἄψας mg. Γ:
ἐνάψας uv. Ωᵇ   12 αὐτοὺς L: αὐτοὺς B: ἑαυτοὺς γ   αὐτῶν
τινας β   13 γε om. β   15 εὔοσμον β   ἐπιβουλευτότατον γ

ταραχωδέστατον· ἅπαντα γὰρ εὐθὺς ἐδόκει μοι περιφέρεσθαι
πιόντι καὶ τὸ σπήλαιον αὐτὸ ἀνεστρέφετο καὶ οὐκέτι ὅλως ἐν
ἐμαυτοῦ ἦν, τέλος δὲ εἰς ὕπνον κατεσπάσθην. ὁ δὲ ἀποξύνας
τὸν μοχλὸν καὶ πυρώσας προσέτι ἐτύφλωσέ με καθεύδοντα,
καὶ ἀπ' ἐκείνου τυφλός εἰμί σοι, ὦ Πόσειδον.   5

ΠΟΣΕΙΔΩΝ

3 Ὡς βαθὺν ἐκοιμήθης, ὦ τέκνον, ὃς οὐκ ἐξέθορες μεταξὺ
τυφλούμενος. ὁ δ' οὖν Ὀδυσσεὺς πῶς διέφυγεν; οὐ γὰρ ἂν εὖ οἶδ'
ὅτι ἠδυνήθη ἀποκινῆσαι τὴν πέτραν ἀπὸ τῆς θύρας.

ΚΥΚΛΩΨ

Ἀλλ' ἐγὼ ἀφεῖλον, ὡς μᾶλλον αὐτὸν λάβοιμι ἐξιόντα, καὶ
καθίσας παρὰ τὴν θύραν ἐθήρων τὰς χεῖρας ἐκπετάσας, μόνα 10
παρεὶς τὰ πρόβατα εἰς τὴν νομήν, ἐντειλάμενος τῷ κριῷ ὅσα
ἐχρῆν πράττειν αὐτὸν ὑπὲρ ἐμοῦ.

ΠΟΣΕΙΔΩΝ

4 Μανθάνω· ὑπ' ἐκείνοις ἔλαθον ὑπεξελθόντες· σὲ δὲ τοὺς ἄλλους
Κύκλωπας ἔδει ἐπιβοήσασθαι ἐπ' αὐτόν.

ΚΥΚΛΩΨ

Συνεκάλεσα, ὦ πάτερ, καὶ ἦκον· ἐπεὶ δὲ ἤροντο τοῦ ἐπι- 15
βουλεύσαντος τοὔνομα κἀγὼ ἔφην ὅτι Οὖτίς ἐστι, μελαγχολᾶν
οἰηθέντες με ἀπιόντες ᾤχοντο. οὕτω κατεσοφίσατό με ὁ κατά-
ρατος τῷ ὀνόματι. καὶ ὃ μάλιστα ἠνίασέ με, ὅτι καὶ ὀνειδίζων

---

1 ἅπαν L   2 πιόντι om. β   3 ἐμαυτοῦ γB:
ἐμαυτῷ LΓᵃ mg.: cf. Pl. Chrm. 155d, Men. Aspis 307 etc.   ἦν γ:
ἤμην BLΓᵃ mg.   ἀποξύσας β   4 πυρώσας γε πρ. β
6 βαθὺν] βαθὺν ὕπνον recc.   ὅς] ὡς recc.   7 οὖν om. Ω
8 ἐδυν. γ   10 μόνον L   11 ὅπόσα β   12 πράττειν
αὐτὸν γB: πράττειν L: αὐτὸν πρ. recc.   13–14 Μανθάνω
ὑπ' ἐκείνοις ὅτι γε ἔλαθεν ὑπεξελθών σε· ἀλλὰ τοὺς ἄλλους γε Κύκλωπας β
15 εἴροντο B   15–16 ἐπιβουλεύοντος β   16 ὅτι om. γ
μελαγχολιᾶν Γ   17 ᾤχοντο ἀπιόντες β

78. ΕΝΑΛΙΟΙ ΔΙΑΛΟΓΟΙ

ἐμοὶ τὴν συμφοράν, Οὐδὲ ὁ πατήρ, φησίν, ὁ Ποσειδῶν ἰάσεταί
σε.

ΠΟΣΕΙΔΩΝ

Θάρρει, ὦ τέκνον· ἀμυνοῦμαι γὰρ αὐτόν, ὡς μάθῃ ὅτι, εἰ καὶ
πήρωσίν μοι τῶν ὀφθαλμῶν ἰᾶσθαι ἀδύνατον, τὰ γοῦν τῶν
5 πλεόντων [τὸ σῴζειν αὐτοὺς καὶ ἀπολλύναι] ἐπ᾽ ἐμοί ἐστι· πλεῖ
δὲ ἔτι.

3

ΠΟΣΕΙΔΩΝΟΣ ΚΑΙ ΑΛΦΕΙΟΥ

ΠΟΣΕΙΔΩΝ

Τί τοῦτο, ὦ Ἀλφειέ; μόνος τῶν ἄλλων ἐμπεσὼν ἐς τὸ πέλαγος 1
οὔτε ἀναμίγνυσαι τῇ ἅλμῃ, ὡς νόμος ποταμοῖς ἅπασιν, οὔτε
ἀναπαύεις σεαυτὸν διαχυθείς, ἀλλὰ διὰ τῆς θαλάσσης συνεστὼς
10 καὶ γλυκὺ φυλάττων τὸ ῥεῖθρον, ἀμιγὴς ἔτι καὶ καθαρὸς ἐπείγῃ
οὐκ οἶδ᾽ ὅπου βύθιος ὑποδὺς καθάπερ οἱ λάροι καὶ ἐρωδιοί; καὶ
ἔοικας ἀνακύψειν που καὶ αὖθις ἀναφανεῖν σεαυτόν.

ΑΛΦΕΙΟΣ

Ἐρωτικόν τι τὸ πρᾶγμά ἐστιν, ὦ Πόσειδον, ὥστε μὴ ἔλεγχε·
ἠράσθης δὲ πολλάκις καὶ αὐτός.

ΠΟΣΕΙΔΩΝ

15 Γυναικὸς οὖν, ὦ Ἀλφειέ, ἢ νύμφης ἐρᾷς ἢ καὶ τῶν Νηρεΐδων
ἁλίας;

1 μοι γ   1–2 cf. Od. 9.525   3 εἰ καὶ γ: καὶ εἰ β   4 τῶν[1]
om. β; cf. Od. 9.525   5 τὸ (ὅτι γ) σῴζειν αὐτοὺς καὶ ἀπολλύναι codd.:
del. Hemsterhuis; cf. Kock, Com. Adesp. 477   ἐπ᾽ ἐμοί ἐστι β:
ἀπ᾽ ἐμοῦ πρόσεστι γ   3. Titulus ΑΛΦΕΙΟΥ ΚΑΙ ΠΟΣΕΙΔΩΝΟΣ β
De re cf. Paus. 5.7   7 ὦ om. β   8 νόμος γ: ἔθος β   9 συνεστὸς
Bekker   11 ὅποι Junt.   ἐρωδιοί γL   12 ἀναφαίνειν codd.:
corr. Iensius   13 τὸ om. L   14 καὶ αὐτὸς πολλάκις β   15 οὖν
om. β   καὶ om. L   Νηρεΐδων recc.: Νηρηΐδων βγ   16 ἁλίας
γ: αὐτῶν μιᾶς β

235

ΛΟΥΚΙΑΝΟΥ

ΑΛΦΕΙΟΣ

Οὔκ, ἀλλὰ πηγῆς, ὦ Πόσειδον.

ΠΟΣΕΙΔΩΝ

Ἡ δὲ ποῦ σοι τῆς γῆς αὔτη ῥεῖ;

ΑΛΦΕΙΟΣ

Νησιῶτίς ἐστι Σικελή· Ἀρέθουσαν αὐτὴν ὀνομάζουσιν.

ΠΟΣΕΙΔΩΝ

2 Οἶδα οὐκ ἄμορφον, ὦ Ἀλφειέ, τὴν Ἀρέθουσαν, ἀλλὰ διαυγής
ἐστι καὶ διὰ καθαροῦ ἀναβλύζει καὶ τὸ ὕδωρ ἐπιπρέπει ταῖς 5
ψηφῖσιν ὅλον ὑπὲρ αὐτῶν φαινόμενον ἀργυροειδές.

ΑΛΦΕΙΟΣ

Ὡς ἀληθῶς οἶσθα τὴν πηγήν, ὦ Πόσειδον· παρ' ἐκείνην οὖν
ἀπέρχομαι.

ΠΟΣΕΙΔΩΝ

Ἀλλ' ἄπιθι μὲν καὶ εὐτύχει ἐν τῷ ἔρωτι· ἐκεῖνο δέ μοι εἰπέ,
ποῦ τὴν Ἀρέθουσαν εἶδες αὐτὸς μὲν Ἀρκὰς ὤν, ἡ δὲ ἐν 10
Συρακούσσαις ἐστίν;

ΑΛΦΕΙΟΣ

Ἐπειγόμενόν με κατέχεις, ὦ Πόσειδον, περίεργα ἐρωτῶν.

ΠΟΣΕΙΔΩΝ

Εὖ λέγεις· χώρει παρὰ τὴν ἀγαπωμένην, καὶ ἀναδὺς ἀπὸ τῆς
θαλάσσης συναναμίγνυσο τῇ πηγῇ καὶ ἓν ὕδωρ γίνεσθε.

2 τῆς om. β   αὐτὴ γ   3 ἐστι] τίς ἐστι Ω   καλοῦσιν β
4–5 δ. τέ ἐστι β   6 οὖλον ὑπὲρ αὐτὸν Β   7 οὖν om. γ
9 μὲν om. γ   10 sic L: αὐτὸς Ἀρκὰς ὤν γ: Ἀρκὰς αὐτὸς μὲν ὤν Β
11 Συρακούσσαις scripsi: Συρρακούσαις Β: Συρακούσαις LΩᵇ: Συρακούσῃ
Γ: Συρακούσῃ Ω   13–14 παρὰ...συνα. om. Ω¹   14 θαλάσσης
ξυναλίᾳ (ξυναυλίᾳ L) μίγνυσο β

4

ΜΕΝΕΛΑΟΥ ΚΑΙ ΠΡΩΤΕΩΣ

ΜΕΝΕΛΑΟΣ

Ἀλλὰ ὕδωρ μέν σε γίνεσθαι, ὦ Πρωτεῦ, οὐκ ἀπίθανον, ἐνάλιόν 1
γε ὄντα, καὶ δένδρον ἔτι φορητόν, καὶ εἰς λέοντα δὲ εἴ πως
ἀλλαγείης, ὅμως οὐδὲ τοῦτο ἔξω πίστεως· εἰ δὲ καὶ πῦρ γίνεσθαι
δυνατὸν ἐν τῇ θαλάσσῃ οἰκοῦντά σε, τοῦτο πάνυ θαυμάζω καὶ
5 ἀπιστῶ.

ΠΡΩΤΕΥΣ

Μὴ θαυμάσῃς, ὦ Μενέλαε· γίγνομαι γάρ.

ΜΕΝΕΛΑΟΣ

Εἶδον καὶ αὐτός· ἀλλά μοι δοκεῖς—εἰρήσεται γὰρ πρὸς σέ—
γοητείαν τινὰ προσάγειν τῷ πράγματι καὶ τοὺς ὀφθαλμοὺς
ἐξαπατᾶν τῶν ὁρώντων αὐτὸς οὐδὲν τοιοῦτο γιγνόμενος.

ΠΡΩΤΕΥΣ

10 Καὶ τίς ἂν ἡ ἀπάτη ἐπὶ τῶν οὕτως ἐναργῶν γένοιτο; οὐκ 2
ἀνεῳγμένοις τοῖς ὀφθαλμοῖς εἶδες εἰς ὅσα μετεποίησα ἐμαυτόν;
εἰ δὲ ἀπιστεῖς καὶ τὸ πρᾶγμά σοι ψευδὲς εἶναι δοκεῖ, καὶ
φαντασία τις πρὸ τῶν ὀφθαλμῶν ἱσταμένη, ἐπειδὰν πῦρ γένωμαι
προσένεγκέ μοι, ὦ γενναῖε, τὴν χεῖρα· εἴσῃ γάρ, εἰ ὁρῶμαι
15 μόνον ἢ καὶ τὸ κάειν τότε μοι πρόσεστιν.

ΜΕΝΕΛΑΟΣ

Οὐκ ἀσφαλὴς ἡ πεῖρα, ὦ Πρωτεῦ.

4. Titulus ΠΡΩΤΕΩΣ ΚΑΙ ΜΕΝΕΛΑΟΥ γ   De re
cf. *Od.* 4.384 seq.   1 γενέσθαι Ω   2 ἔτι Β: ὅτι γL
δὲ εἴ πως γ: ὁπότε β: εἴπερ recc.   4 τῇ om. γ   σε om. β
9 τοιοῦτο Β: τοιοῦτον ΓL: τοιοῦτόν τι Ω   12 σοι om. β   καὶ
om. β   14 προσένεγκαί Ω¹: προσενέγκαι L   γενναιότατε β
15 κάειν ΒΩᵇ: καίειν γL

237

ΛΟΥΚΙΑΝΟΥ

ΠΡΩΤΕΥΣ

Σὺ δέ μοι, ὦ Μενέλαε, δοκεῖς οὐδὲ πολύποδα ἑωρακέναι πώποτε οὐδὲ ἃ πάσχει ὁ ἰχθῦς οὗτος εἰδέναι.

ΜΕΝΕΛΑΟΣ

Ἀλλὰ τὸν μὲν πολύποδα εἶδον, ἃ δὲ πάσχει, ἡδέως ἂν μάθοιμι παρὰ σοῦ.

ΠΡΩΤΕΥΣ

3 Ὁποίᾳ ἂν πέτρᾳ προσελθὼν ἁρμόσῃ τὰς κοτύλας καὶ προσφὺς 5 ἔχηται κατὰ τὰς πλεκτάνας, ἐκείνῃ ὅμοιον ἐργάζεται ἑαυτὸν καὶ μεταβάλλει τὴν χρόαν μιμούμενος τὴν πέτραν, ὡς λανθάνειν τοὺς ἁλιέας μὴ διαλλάττων μηδὲ ἐπίσημος ὢν διὰ τοῦτο, ἀλλ' ἐοικὼς τῷ λίθῳ.

ΜΕΝΕΛΑΟΣ

Φασὶ ταῦτα· τὸ δὲ σὸν πολλῷ παραδοξότερον, ὦ Πρωτεῦ.   10

ΠΡΩΤΕΥΣ

Οὐκ οἶδα, ὦ Μενέλαε, ᾧτινι ἂν ἄλλῳ πιστεύσειας, τοῖς ἑαυτοῦ ὀφθαλμοῖς ἀπιστῶν.

ΜΕΝΕΛΑΟΣ

Εἶδον· ἀλλὰ τὸ πρᾶγμα τεράστιον, ὁ αὐτὸς πῦρ καὶ ὕδωρ.

1 ὦ om. β   πολύποδα recc.: πολύποδας γ: πολύπουν β; cf. 27.10
2 οὐδὲ ὃ β   ἰχθὺς Γ   3 πολύπουν β   ἃ πάσχει
δέ β   5 κοτύλας γL: σκυτάλας Β; cf. Ath. Deipn. 7.317f, 11.479b
5–6 πρ. ἐχ.] προσέχηται Ω   6 [κατὰ τὰς π.] Bekker   ἀπεργάζεται
β   7 χροιὰν γ   λανθάνειν γ: ἂν λάθῃ L: ἂν λάθοι Β   8 ἐπίσημος
γ: φανερὸς β   10 πολὺ L   11 ᾧτινι ἂν Γ: ᾧτινι Ω: τίνι ἂν β
ἑαυτοῦ β: σεαυτοῦ γ   13 Εἶδον γ: Ἰδὼν εἶδον β: Εἶδον, εἶδον Guyet
τὸν αὐτὸν πῦρ καὶ ὕδωρ γίνεσθαι β (γίγν. Β)

5 (8)

ΠΟΣΕΙΔΩΝΟΣ ΚΑΙ ΔΕΛΦΙΝΩΝ

ΠΟΣΕΙΔΩΝ

Εὖ γε, ὦ δελφῖνες, ὅτι ἀεὶ φιλάνθρωποί ἐστε, καὶ πάλαι μὲν 1
τὸ τῆς Ἰνοῦς παιδίον ἐπὶ τὸν Ἰσθμὸν ἐκομίσατε ὑποδεξάμενοι
ἀπὸ τῶν Σκειρωνίδων μετὰ τῆς μητρὸς ἐμπεσόν, καὶ νῦν σὺ τὸν
κιθαρῳδὸν τουτονὶ τὸν ἐκ Μηθύμνης ἀναλαβὼν ἐξενήξω ἐς
5 Ταίναρον αὐτῇ σκευῇ καὶ κιθάρᾳ, οὐδὲ περιεῖδες κακῶς ὑπὸ τῶν
ναυτῶν ἀπολλύμενον.

ΔΕΛΦΙΣ

Μὴ θαυμάσῃς, ὦ Πόσειδον, εἰ τοὺς ἀνθρώπους εὖ ποιοῦμεν
ἐξ ἀνθρώπων γε καὶ αὐτοὶ ἰχθύες γενόμενοι. καὶ μέμφομαί
γε τῷ Διονύσῳ, ὅτι ἡμᾶς καταναυμαχήσας καὶ μετέβαλε, δέον
10 χειρώσασθαι μόνον, ὥσπερ τοὺς ἄλλους ὑπηγάγετο.

ΠΟΣΕΙΔΩΝ

Πῶς δ' οὖν τὰ κατὰ τὸν Ἀρίονα τοῦτον ἐγένετο, ὦ δελφίν;

ΔΕΛΦΙΣ

Ὁ Περίανδρος, οἶμαι, ἔχαιρεν αὐτῷ καὶ πολλάκις μετε- 2
πέμπετο αὐτὸν ἐπὶ τῇ τέχνῃ, ὁ δὲ πλουτήσας παρὰ τοῦ τυράννου
ἐπεθύμησεν πλεύσας οἴκαδε εἰς τὴν Μήθυμναν ἐπιδείξασθαι τὸν

---

5. Titulus *ΔΕΛΦΙΣ ΑΡΕΙΩΝ ΠΟΣΕΙΔΩΝ Γ: ΔΕΛΦΙΣ ΚΑΙ
ΑΡΕΙΩΝ (ΑΡΙΩΝ Ω^d) ΚΑΙ ΠΟΣΕΙΔΩΝ Ω* De re cf. Hdt. 1.23-4,
Paus. 1.44.7, Apollodor. 3.4.3, *Hymn. Hom.* 7 etc.   2 ἐπὶ β: εἰς γ
δεξάμενοι γ   3 Σκιρωνίδων L, probante LSJ; cf. 14.23, 29.8
4 τοῦτον β   8 γε om. γ   8-11 *ΠΟΣ. Καὶ μέμφομαί...*
δελφίν; β   9 ἡμᾶς γ: ὑμᾶς β   κατεναυμάχησε γ
καὶ om. L   11 *Πῶς δ' οὖν* γ: ὅπως γοῦν β   Ἀρίονα L:
Ἀρείωνα γ: Ἀρείονα Β; cf. 14.15   12-13 πολλάκις μετεπέμπετο
αὐτὸν β: πολλὰ ἐδωρήσατο πολλάκις γ   14 οἴκαδε] Italiam et
Siciliam secundum Hdt. petebat

πλοῦτον, καὶ ἐπιβὰς πορθμείου τινὸς κακούργων ἀνδρῶν ὡς
ἔδειξεν πολὺν ἄγων χρυσόν τε καὶ ἄργυρον, ἐπεὶ κατὰ μέσον τὸ
Αἰγαῖον ἐγένετο, ἐπιβουλεύουσιν αὐτῷ οἱ ναῦται· ὁ δέ—ἠκρο-
ώμην γὰρ ἄπαντα παρανέων τῷ σκάφει—’Επεὶ ταῦτα ὑμῖν δέ-
δοκται, ἔφη, ἀλλὰ τὴν σκευὴν ἀναλαβόντα με καὶ ᾄσαντα θρῆνόν 5
τινα ἐπ’ ἐμαυτῷ ἑκόντα ἐάσατε ῥῖψαι ἐμαυτόν. ἐπέτρεψαν οἱ
ναῦται καὶ ἀνέλαβε τὴν σκευὴν καὶ ᾖσε πάνυ λιγυρόν, καὶ
ἔπεσεν εἰς τὴν θάλασσαν ὡς αὐτίκα πάντως ἀποθανούμενος·
ἐγὼ δὲ ὑπολαβὼν καὶ ἀναθέμενος αὐτὸν ἐξενηξάμην ἔχων εἰς
Ταίναρον. 10

ΠΟΣΕΙΔΩΝ

’Επαινῶ τῆς φιλομουσίας· ἄξιον γὰρ τὸν μισθὸν ἀπέδωκας
αὐτῷ τῆς ἀκροάσεως.

6 (9)

ΠΟΣΕΙΔΩΝΟΣ ΚΑΙ ΝΗΡΕΙΔΩΝ

ΠΟΣΕΙΔΩΝ

1 Τὸ μὲν στενὸν τοῦτο, ἔνθα ἡ παῖς κατηνέχθη, Ἑλλήσποντος
ἀπ’ αὐτῆς καλείσθω· τὸν δὲ νεκρὸν ὑμεῖς, ὦ Νηρεΐδες,
παραλαβοῦσαι τῇ Τρῳάδι προσενέγκατε, ὡς ταφείη ὑπὸ τῶν 15
ἐπιχωρίων.

1 πορθμίου γ   κακῶν γ   2 τε om. β   3 ἐγένετο γL:
ἐγένοντο ΒΩᵇ   4 παρανέων ΩL: παραναίων ΓΒ: κολυμβῶν mg. Γ,
ss. Ω   6 ῥῖψαι codd.   7 λιγυρῶς β   8 ἔπεσεν]
ἐπήδησεν Fritzsche, cf. Hdt. 1.24.3   11 τῆς γβ: σε τῆς recc.
ἀποδέδωκας β   12 τῆς om. recc.   6. Titulus
ΠΟΣΕΙΔΩΝΟΣ ΚΑΙ ΝΗΡΕΙΔΩΝ (ΝΗΡΗΙΔΩΝ L) β: ΝΗΡΕΙΔΕΣ.
ΠΟΣΕΙΔΩΝ Γ: ΝΗΡΕΙΔΕΣ ΚΑΙ ΠΟΣΕΙΔΩΝ Ω   De re cf.
Apollodor. 1.9.1–2   13 ἔνθα γ: ἐς ὃ β   14 ὑμεῖς om. Ω
Νηρηΐδες ΩL   15 Τρῳάδι βγ   16 ἐγχωρίων Ωᵇ

78. ΕΝΑΛΙΟΙ ΔΙΑΛΟΓΟΙ

ΑΜΦΙΤΡΙΤΗ

Μηδαμῶς, ὦ Πόσειδον, ἀλλ' ἐνταῦθα ἐν τῷ ἐπωνύμῳ πελάγει
τεθάφθω· ἐλεοῦμεν γὰρ αὐτὴν οἴκτιστα ὑπὸ τῆς μητρυιᾶς
πεπονθυῖαν.

ΠΟΣΕΙΔΩΝ

Τοῦτο μέν, ὦ Ἀμφιτρίτη, οὐ θέμις· οὐδὲ ἄλλως καλὸν ἐνταῦθά
5 που κεῖσθαι ὑπὸ τῇ ψάμμῳ αὐτήν, ἀλλ' ὅπερ ἔφην ἐν τῇ Τρῳάδι
ἢ ἐν τῇ Χερρονήσῳ τεθάψεται. ἐκεῖνο δὲ παραμύθιον οὐ μικρὸν
ἔσται αὐτῇ, ὅτι μετ' ὀλίγον τὰ αὐτὰ καὶ ἡ Ἰνὼ πείσεται καὶ
ἐμπεσεῖται ὑπὸ τοῦ Ἀθάμαντος διωκομένη εἰς τὸ πέλαγος ἀπ'
ἄκρου τοῦ Κιθαιρῶνος, καθ' ὅπερ καθήκει ἐπὶ τὴν θάλασσαν,
10 ἔχουσα καὶ τὸν υἱὸν ἐπὶ τῆς ἀγκάλης. ἀλλὰ κἀκείνην σῶσαι δεήσει
χαρισαμένους τῷ Διονύσῳ· τροφὸς γὰρ αὐτοῦ καὶ τίτθη ἡ Ἰνώ.

ΑΜΦΙΤΡΙΤΗ

Οὐκ ἐχρῆν οὕτω πονηρὰν οὖσαν.   2

ΠΟΣΕΙΔΩΝ

Ἀλλὰ τῷ Διονύσῳ ἀχαριστεῖν, ὦ Ἀμφιτρίτη, οὐκ ἄξιον.

ΝΗΡΕΙΔΕΣ

Αὕτη δὲ ἄρα τί παθοῦσα κατέπεσεν ἀπὸ τοῦ κριοῦ, ὁ ἀδελφὸς
15 δὲ ὁ Φρίξος ἀσφαλῶς ὀχεῖται;

ΠΟΣΕΙΔΩΝ

Εἰκότως· νεανίας γὰρ καὶ δύναται ἀντέχειν πρὸς τὴν φοράν,
ἡ δὲ ὑπ' ἀηθείας ἐπιβᾶσα ὀχήματος παραδόξου καὶ ἀπιδοῦσα ἐς

1 seq. ΑΜΦ. recc.: ΝΗΡ. γL: nom. om. Β   5 Τρῳάδι βγ
6 ἢ om. β   τῇ om. recc.   οὐ μικρὸν om. β   7 ταύτῃ γ
9 καθάπερ γ   ἐπὶ γ: ἐς β   11 χαρισομένους Ω   τίτθη β:
τιθης sic Γ: τηθὶς Ω   13 Διονύσῳ, Ἀμφιτρίτη, οὐκ ἀχαριστεῖν ἄξιον γ
14 ἄρα Γ   15 Φρῖξος Β   ἀσφαλῶς β: καλῶς γ   16 δυνατὸς γ

241

ΛΟΥΚΙΑΝΟΥ

βάθος ἀχανές, ἐκπλαγεῖσα καὶ τῷ θάμβει ἅμα συσχεθεῖσα καὶ
ἰλιγγιάσασα πρὸς τὸ σφοδρὸν τῆς πτήσεως ἀκρατὴς ἐγένετο
τῶν κεράτων τοῦ κριοῦ, ὧν τέως ἐπείληπτο, καὶ κατέπεσεν εἰς
τὸ πέλαγος.

ΝΗΡΕΙΔΕΣ

Οὐκοῦν ἐχρῆν τὴν μητέρα τὴν Νεφέλην βοηθῆσαι πιπτούσῃ. 5

ΠΟΣΕΙΔΩΝ

Ἐχρῆν· ἀλλ' ἡ Μοῖρα τῆς Νεφέλης πολλῷ δυνατωτέρα.

7 (5)

ΠΑΝΟΠΗΣ ΚΑΙ ΓΑΛΗΝΗΣ

ΠΑΝΟΠΗ

1 Εἶδες, ὦ Γαλήνη, χθὲς οἷα ἐποίησεν ἡ Ἔρις παρὰ τὸ δεῖπνον
ἐν Θετταλίᾳ, διότι μὴ καὶ αὐτὴ ἐκλήθη εἰς τὸ συμπόσιον;

ΓΑΛΗΝΗ

Οὐ συνειστιώμην ὑμῖν ἔγωγε· ὁ γὰρ Ποσειδῶν ἐκέλευσέ με,
ὦ Πανόπη, ἀκύμαντον ἐν τοσούτῳ φυλάττειν τὸ πέλαγος. τί δ' 10
οὖν ἐποίησεν ἡ Ἔρις μὴ παροῦσα;

ΠΑΝΟΠΗ

Ἡ Θέτις μὲν ἤδη καὶ ὁ Πηλεὺς ἀπεληλύθεισαν ἐς τὸν θάλαμον

1 θάλπει B   συγχυθεῖσα Lennep   3 ἀπείληπτο Fl.
5 Οὔκουν...πιπτούσῃ; Lehmann   βοηθεῖν β   6 πολὺ τῆς
Νεφέλης β   7. Titulus ΠΑΝΟΠΗ ΚΑΙ ΓΑΛΗΝΗ γ   De re
cf. Apollodor. *Epit.* 3.2, Procl. *Chrest.*, Allen p. 102; de loquentibus cf.
Il. 18.45, Hes. *Th.* 244, 250   8 αὕτη Γ   9 συνεστ. β et
fort. Γ¹; cf. 14.28   με] μοι Ω   10 ἐν τούτῳ Ω   11 μὴ β:
, ἐρεῖς μοι γ   12 ἤδη] οὖν Ω   ἀπεληλύθεσαν recc. (Γ¹ incert.,
fort. -ησαν)

78. ΕΝΑΛΙΟΙ ΔΙΑΛΟΓΟΙ

ὑπὸ τῆς Ἀμφιτρίτης καὶ τοῦ Ποσειδῶνος παραπεμφθέντες, ἡ
Ἔρις δὲ ἐν τοσούτῳ λαθοῦσα πάντας—ἐδυνήθη δὲ ῥᾳδίως, τῶν
μὲν πινόντων, ἐνίων δὲ κροτούντων ἢ τῷ Ἀπόλλωνι κιθαρίζοντι
ἢ ταῖς Μούσαις ᾀδούσαις προσεχόντων τὸν νοῦν—ἐνέβαλεν ἐς τὸ
5 συμπόσιον μῆλόν τι πάγκαλον, χρυσοῦν ὅλον, ὦ Γαλήνη·
ἐπεγέγραπτο δὲ "Ἡ καλὴ λαβέτω." κυλινδούμενον δὲ τοῦτο
ὥσπερ ἐξεπίτηδες ἧκεν ἔνθα Ἥρα τε καὶ Ἀφροδίτη καὶ Ἀθηνᾶ
κατεκλίνοντο. κἀπειδὴ ὁ Ἑρμῆς ἀνελόμενος ἐπελέξατο τὰ 2
γεγραμμένα, αἱ μὲν Νηρεΐδες ἡμεῖς ἐσιωπήσαμεν. τί γὰρ
10 ἔδει ποιεῖν ἐκείνων παρουσῶν; αἱ δὲ ἀντεποιοῦντο ἑκάστη καὶ
αὑτῆς εἶναι τὸ μῆλον ἠξίουν, καὶ εἰ μή γε ὁ Ζεὺς διέστησεν
αὐτάς, καὶ ἄχρι χειρῶν ἂν τὸ πρᾶγμα προὐχώρησεν. ἀλλ᾽
ἐκεῖνος, Αὐτὸς μὲν οὐ κρινῶ, φησί, περὶ τούτου—καίτοι ἐκεῖναι
αὐτὸν δικάσαι ἠξίουν— ἄπιτε δὲ ἐς τὴν Ἴδην παρὰ τὸν
15 Πριάμου παῖδα, ὃς οἶδέ γε διαγνῶναι τὸ κάλλιον φιλόκαλος
ὤν, καὶ οὐκ ἂν ἐκεῖνος κρίναι κακῶς.

ΓΑΛΗΝΗ

Τί οὖν αἱ θεαί, ὦ Πανόπη;

ΠΑΝΟΠΗ

Τήμερον, οἶμαι, ἀπίασιν εἰς τὴν Ἴδην, καί τις ἥξει μετὰ μικρὸν
ἀπαγγέλλων ἡμῖν τὴν κρατοῦσαν.

ΓΑΛΗΝΗ

20 Ἤδη σοί φημι, οὐκ ἄλλη κρατήσει τῆς Ἀφροδίτης ἀγωνιζο-
μένης, ἢν μὴ πάνυ ὁ δικαστὴς ἀμβλυώττῃ.

5 χρυσοῦν πάγκαλον (om. ὅλον) Ω[1]   6 ἐγέγραπτο γ
δὲ[1] om. L   6 seq. cf. Luc. 35   9 Νηρηΐδες βΩ
ἀπεσιωπ. recc.   11 αὑτῆς ΓL: αὑτῆς B: ἑαυτῆς Ω   ἠξίου
εἶναι τὸ μῆλον γ   μή γε β: γε μή γ   12 ἂν om. β
13 κρινῶ β: δικάσω γ   καίτοι γε γ   14 αὐτὸν δικάσαι
ἠξίουν β: ἠροῦντο (ἠροῦντο recc.) αὐτόν ΓΩ   τὸν β: τὸν Πάριν
τὸν γ   15 γε Γ: om. hic, post διαγν. trs. Ω: τε β   τὴν
καλλίονα β   16 ἐκεῖνος κρίναι (κρίναι LB) β: δικάσειεν γ
cf. 35.3   18–21 ΠΑΝ. Τήμερον...ἀμβλυώττῃ. L   21 μὴ γ: μή τι β
διαιτητὴς β

ΛΟΥΚΙΑΝΟΥ

8 (6)

ΤΡΙΤΩΝΟΣ ΚΑΙ ΠΟΣΕΙΔΩΝΟΣ

ΤΡΙΤΩΝ

1 Ἐπὶ τὴν Λέρναν, ὦ Πόσειδον, παραγίνεται καθ᾽ ἑκάστην ἡμέραν ὑδρευσομένη παρθένος, πάγκαλόν τι χρῆμα· οὐκ οἶδα ἔγωγε καλλίω παῖδα ἰδών.

ΠΟΣΕΙΔΩΝ

Ἐλευθέραν τινά, ὦ Τρίτων, λέγεις, ἢ θεράπαινά τις ὑδροφόρος ἐστίν;   5

ΤΡΙΤΩΝ

Οὐ μὲν οὖν, ἀλλὰ τοῦ Αἰγυπτίου ἐκείνου θυγάτηρ, μία τῶν πεντήκοντα καὶ αὐτή, ᾽Αμυμώνη τοὔνομα· ἐπυθόμην γὰρ ἥτις καλεῖται καὶ τὸ γένος. ὁ Δαναὸς δὲ σκληραγωγεῖ τὰς θυγατέρας καὶ αὐτουργεῖν διδάσκει καὶ πέμπει ὕδωρ τε ἀρυσομένας καὶ πρὸς τὰ ἄλλα παιδεύει ἀόκνους εἶναι αὐτάς.   10

ΠΟΣΕΙΔΩΝ

2 Μόνη δὲ παραγίνεται μακρὰν οὕτω τὴν ὁδὸν ἐξ ῎Αργους εἰς Λέρναν;

ΤΡΙΤΩΝ

Μόνη· πολυδίψιον δὲ τὸ ῎Αργος, ὡς οἶσθα· ὥστε ἀνάγκη ἀεὶ ὑδροφορεῖν.

ΠΟΣΕΙΔΩΝ

῍Ω Τρίτων, οὐ μετρίως με διετάραξας περὶ τῆς παιδὸς εἰπών· 15 ὥστε ἴωμεν ἐπ᾽ αὐτήν.

8. Titulus ΠΟΣΕΙΔΩΝ ΤΡΙΤΩΝ Γ: ΠΟΣΕΙΔΩΝ ΚΑΙ ΤΡΙΤΩΝ Ω De re cf. Apollodor. 2.1.4, Paus. 2.37–8   1 ὑδρευομένη γ 4 λέγεις om. γ   6 Αἰγυπτίου γ: Δαναοῦ β   8 καλοῖτο β ἐσκληραγώγει γ   9 ἀρυομένας Γ   13 cf. Il. 4.171   ἀεὶ om. γ   15 διετάραξάς με εἰπὼν τὰ περὶ τῆς παιδός β

78. ΕΝΑΛΙΟΙ ΔΙΑΛΟΓΟΙ

ΤΡΙΤΩΝ

Ἴωμεν· ἤδη γὰρ καιρὸς τῆς ὑδροφορίας· καὶ σχεδόν που κατὰ μέσην τὴν ὁδόν ἐστιν ἰοῦσα ἐς τὴν Λέρναν.

ΠΟΣΕΙΔΩΝ

Οὐκοῦν ζεῦξον τὸ ἅρμα· ἢ τοῦτο μὲν πολλὴν ἔχει τὴν διατριβὴν ὑπάγειν τοὺς ἵππους τῇ ζεύγλῃ καὶ τὸ ἅρμα ἐπισκευάζειν, σὺ δὲ
5 ἀλλὰ δελφῖνά μοί τινα τῶν ὠκέων παράστησον· ἀφιππάσομαι γὰρ ἐπ᾽ αὐτοῦ τάχιστα.

ΤΡΙΤΩΝ

Ἰδού σοι οὑτοσὶ δελφίνων ὁ ὠκύτατος.

ΠΟΣΕΙΔΩΝ

Εὖ γε· ἀπελαύνωμεν· σὺ δὲ παρανήχου, ὦ Τρίτων. κἀπειδὴ πάρεσμεν εἰς τὴν Λέρναν, ἐγὼ μὲν λοχήσω ἐνταῦθά που, σὺ δὲ
10 ἀποσκόπει ὁπόταν αἴσθῃ προσιοῦσαν αὐτήν—

ΤΡΙΤΩΝ

Αὕτη σοι πλησίον.

ΠΟΣΕΙΔΩΝ

Καλή, ὦ Τρίτων, καὶ ὡραία παρθένος· ἀλλὰ συλληπτέα ἡμῖν 3 ἐστιν.

ΑΜΥΜΩΝΗ

Ἄνθρωπε, ποῖ συναρπάσας με ἄγεις; ἀνδραποδιστής τις εἶ,
15 καὶ ἔοικας ἡμῖν ὑπ᾽ Αἰγύπτου τοῦ θείου ἐπιπεμφθῆναι· ὥστε βοήσομαι τὸν πατέρα.

---

1 γὰρ] γοῦν B   3 τὴν om. γ   5 ἐφιππ. β   7 ὁ
δελφίνων ὠκύτατος β   8 ἀπελαύνωμεν L   10 ἀποσκόπει·
ὁπόταν Hemsterhuis   προσιοῦσαν β: παριοῦσαν γ (περι- Γ¹,
corr. Γ²)   12 συλληπτέον L   14 με συν. β
τις om. βΩ   15 ὑπ᾽ Αἰγυπτίου ἡμῖν (om. antea) τοῦ θ. γ
ὑποπεπέμφθαι γ   16 βοήσαιμι γ

245

ΛΟΥΚΙΑΝΟΥ

ΤΡΙΤΩΝ

Σιώπησον, ὦ ᾿Αμυμώνη· Ποσειδῶν ἐστιν.

ΑΜΥΜΩΝΗ

Τί Ποσειδῶν λέγεις; τί βιάζῃ με, ἄνθρωπε, καὶ ἐς τὴν
θάλασσαν καθέλκεις; ἐγὼ δὲ ἀποπνιγήσομαι ἡ ἀθλία καταδῦσα.

ΠΟΣΕΙΔΩΝ

Θάρρει, οὐδὲν δεινὸν μὴ πάθῃς· ἀλλὰ καὶ πηγὴν ἐπώνυμον
ἀναδοθῆναί σοι ποιήσω ἐνταῦθα πατάξας τῇ τριαίνῃ τὴν πέτραν 5
πλησίον τοῦ κλύσματος, καὶ σὺ εὐδαίμων ἔσῃ καὶ μόνη τῶν
ἀδελφῶν οὐχ ὑδροφορήσεις ἀποθανοῦσα.

9 (10)

ΙΡΙΔΟΣ ΚΑΙ ΠΟΣΕΙΔΩΝΟΣ

ΙΡΙΣ

1   Τὴν νῆσον τὴν πλανωμένην, ὦ Πόσειδον, ἣν ἀποσπασθεῖσαν
τῆς Σικελίας ὕφαλον ἔτι νήχεσθαι συμβέβηκεν, ταύτην, φησὶν ὁ
Ζεύς, στῆσον ἤδη καὶ ἀνάφηνον καὶ ποίησον δῆλον ἐν τῷ Αἰγαίῳ 10
μέσῳ βεβαίως μένειν στηρίξας πάνυ ἀσφαλῶς· δεῖται γάρ τι
αὐτῆς.

2 Ποσειδῶ Jacobitz   ὦ ἄνθ. β   4 μὴ β: οὐ μὴ γ;
cf. 28.19   καὶ om. γ   5 ἐάσω β   7 cf. 25.18,
70.61, 77.21.4   **9.** Titulus sic β: *ΠΟΣΕΙΔΩΝ ΙΡΙΣ* γ (...*ΚΑΙ*
ΙΡΙΣ Ω)   De re cf. *Hymn. Hom.* 3., Pind. *Fr.* 78B, Call. *Del.*
8 ἦν Ωᶜ uv.: τὴν γ: om. β   9 Κιλικίας Hemsterhuis   ἔτι
νήχ. Hemsterhuis: ἐπινήχ. codd.: περινήχ. Fritzsche   10 ἤδη β:
om. γ   cf. Call. *Del.* 53   11 cf. ibid. 13

78. ΕΝΑΛΙΟΙ ΔΙΑΛΟΓΟΙ

ΠΟΣΕΙΔΩΝ

Πεπράξεται ταῦτα, ὦ Ἶρι. τίνα δ᾽ ὅμως παρέξει αὐτῷ τὴν
χρείαν ἀναφανεῖσα καὶ μηκέτι πλέουσα;

ΙΡΙΣ

Τὴν Λητὼ ἐπ᾽ αὐτῆς δεῖ ἀποκυῆσαι· ἤδη δὲ πονηρῶς ὑπὸ τῶν
ὠδίνων ἔχει.

ΠΟΣΕΙΔΩΝ

5 Τί οὖν; οὐχ ἱκανὸς ὁ οὐρανὸς ἐντεκεῖν; εἰ δὲ μὴ οὗτος, ἀλλ᾽
ἤ γε γῆ πᾶσα οὐκ ἂν ὑποδέξασθαι δύναιτο τὰς γονὰς αὐτῆς;

ΙΡΙΣ

Οὔκ, ὦ Πόσειδον· Ἥρα γὰρ ὅρκῳ μεγάλῳ κατέλαβε τὴν γῆν,
μὴ παρασχεῖν τῇ Λητοῖ τῶν ὠδίνων ὑποδοχήν. ἡ τοίνυν νῆσος
αὕτη ἀνώμοτός ἐστιν· ἀφανὴς γὰρ ἦν.

ΠΟΣΕΙΔΩΝ

10 Συνίημι. στῆθι, ὦ νῆσε, καὶ ἀνάδυθι ἐκ τοῦ βυθοῦ 2
καὶ μηκέτι ὑποφέρου, ἀλλὰ βεβαίως μένε καὶ ὑπόδεξαι, ὦ εὐ-
δαιμονεστάτη, τοῦ ἀδελφοῦ τὰ τέκνα δύο, τοὺς καλλίστους
τῶν θεῶν· καὶ ὑμεῖς, ὦ Τρίτωνες, διαπορθμεύσατε τὴν Λητὼ
ἐς αὐτήν· καὶ γαληνὰ ἅπαντα ἔστω. τὸν δράκοντα δέ, ὃς νῦν
15 ἐξοιστρεῖ αὐτὴν φοβῶν, τὰ νεογνὰ ἐπὰν τεχθῇ, αὐτίκα μέτεισι
καὶ τιμωρήσει τῇ μητρί. σὺ δὲ ἀπάγγελλε τῷ Διὶ ἅπαντα εἶναι
εὐτρεπῆ· ἕστηκεν ἡ Δῆλος· ἡκέτω ἡ Λητὼ ἤδη καὶ τικτέτω.

---

1 ταῦτα γ: τοῦτο β   cf. Hymn. Hom. 3.102 seq., Call.
Del. 157 seq.   1-2 τὴν χρείαν αὐτῷ γ   3 δὲ om. β
πονήρως codd.   5 Τί οὖν οὐ (οὐχὶ Β) βγ   ἐντεκεῖν γ:
ἀντέχειν β   6 πᾶσα γῆ β   δυν. ὑποδ. Ω   7 Ἥ
Ἥρα γὰρ β   9 αὐτὴ β   10 ἀνάδυθι γL: ἄνιθι αὖθις ΒΩᵇ
(= β; L hinc γ traditionem sequitur)   13 καὶ ὑμεῖς δέ Ω
14 γαληνὰ ΒΩᵇ: γαλήνη γL   15 ἐπειδὰν Β   αὐτίκα
μέτεισι ΒΩᵇ: εὐθέως μετελεύσεται γL   16 τῷ Διὶ ἀπάγγ. Ω
ἀπάγγειλαι Β   17 εὐτρεπῆ om. Ω¹   ἤδη καὶ ΒΩ: καὶ ἤδη ΓL

247

10 (11)

ΞΑΝΘΟΥ ΚΑΙ ΘΑΛΑΣΣΗΣ

ΞΑΝΘΟΣ

1 Δέξαι με, ὦ Θάλασσα, δεινὰ πεπονθότα καὶ κατάσβεσόν μου
τὰ τραύματα.

ΘΑΛΑΣΣΑ

Τί τοῦτο, ὦ Ξάνθε; τίς σε κατέκαυσεν;

ΞΑΝΘΟΣ

Ὁ Ἥφαιστος. ἀλλ᾽ ἀπηνθράκωμαι ὁ κακοδαίμων καὶ ζέω.

ΘΑΛΑΣΣΑ

Διὰ τί δέ σοι καὶ ἐνέβαλε τὸ πῦρ;   5

ΞΑΝΘΟΣ

Διὰ τὸν ταύτης υἱὸν τῆς Θέτιδος· ἐπεὶ γὰρ φονεύοντα τοὺς
Φρύγας ἱκετεύσας οὐκ ἔπαυσα τῆς ὀργῆς, ἀλλ᾽ ὑπὸ τῶν νεκρῶν
ἀπέφραττέ μοι τὸν ῥοῦν, ἐλεήσας τοὺς ἀθλίους ἐπῆλθον ἐπι-
2 κλύσαι θέλων, ὡς φοβηθεὶς ἀπόσχοιτο τῶν ἀνδρῶν. ἐνταῦθα ὁ
Ἥφαιστος—ἔτυχε γὰρ πλησίον που ὤν—πᾶν ὅσον οἶμαι πῦρ   10
εἶχε καὶ ὅσον ἐν τῇ Αἴτνῃ καὶ εἴ ποθι ἄλλοθι φέρων ἐπῆλθέ
μοι, καὶ ἔκαυσε μὲν τὰς πτελέας μου καὶ μυρίκας, ὤπτησε δὲ

10. In dialogo X lectiones L codicis qui textum contaminatum
praebet ibi tantum rettuli ubi a γ discrepat; hoc in dialogo β = BN
Titulus sic βL: ΞΑΝΘΟΣ ΘΑΛΑΣΣΑ γ (Ξ. ΚΑΙ Θ. Ω)   De re cf.
Il. 21.211–382   1 με] μὲν B   καὶ om. β   3 τίς] τί L¹
κατέκαυσεν βL: ἔκαυσεν γ   4 ὁ¹ om. β   ὁ² βγ: ὅλος ὁ L:
ὅλως ὁ recc.   cf. Il. 21.362, 365   5 δέ] δαί B   6 ταύτης
om. β   7 ἱκετεύσας οὐκ ἔπαυσα β: ἱκέτευσα, ὁ δὲ οὐκ ἐπαύσατο γ
8 ἐνέφραττε B   9 ἐθέλων B   10 πλησίον που ὤν β: που
πλησίον γ   ὅσον οἶμαι β: οἶμαι ὅσον ἐν τῇ καμίνῳ γ   11 καὶ
εἴ ποθι (ποθεν fort. Ωᵇ) ἄλλοθι β: om. γ   12 καὶ κατέκαυσε Ωᵇ
μὲν om. γ   cf. Il. 21.350   μου om. β   καὶ²]
καὶ τὰς L   μυρίκας ΓLN: μυρρίκας Ω: μυρίκη uv. B   δὲ om. Ω¹

78. ΕΝΑΛΙΟΙ ΔΙΑΛΟΓΟΙ

καὶ τοὺς κακοδαίμονας ἰχθῦς καὶ τὰς ἐγχέλεις, αὐτὸν δὲ ἐμὲ ὑπερκοχλάσαι ποιήσας μικροῦ δεῖν ὅλον ξηρὸν εἴργασται. ὁρᾷς γοῦν ὅπως διάκειμαι ἀπὸ τῶν ἐγκαυμάτων.

ΘΑΛΑΣΣΑ

Θολερός, ὦ Ξάνθε, καὶ θερμός, ὡς εἰκός, τὸ αἷμα μὲν ἀπὸ τῶν
5 νεκρῶν, ἡ θέρμη δέ, ὡς φής, ἀπὸ τοῦ πυρός· καὶ εἰκότως, ὦ Ξάνθε,
ὃς ἐπὶ τὸν ἐμὸν υἱωνὸν ὥρμησας οὐκ αἰδεσθεὶς ὅτι Νηρεΐδος υἱὸς
ἦν.

ΞΑΝΘΟΣ

Οὐκ ἔδει οὖν ἐλεῆσαι γείτονας ὄντας τοὺς Φρύγας;

ΘΑΛΑΣΣΑ

Τὸν Ἥφαιστον δὲ οὐκ ἔδει ἐλεῆσαι Θέτιδος υἱὸν ὄντα τὸν
10 Ἀχιλλέα;

11 (7)

ΝΟΤΟΥ ΚΑΙ ΖΕΦΥΡΟΥ

ΝΟΤΟΣ

Ταύτην, ὦ Ζέφυρε, τὴν δάμαλιν, ἣν διὰ τοῦ πελάγους εἰς 1
Αἴγυπτον ὁ Ἑρμῆς ἄγει, ὁ Ζεὺς διεκόρησεν ἁλοὺς ἔρωτι;

1 ἐγχέλυας γ; cf. Il. 21.353   2 ὑπερκοχλάσαι ΒΩᵇ: ὑπερκαχλάσαι
γΝ; cf. Plut. Mor. 590f, P. Holm. 3   3 γοῦν β: δ' οὖν γ   ὑπὸ β
ἐγκαυμάτων; βΓL   4 Θολερός ΒΩᵇ: Θολερῶς Ν: Θαλερός γ
καὶ θερμός om. β   5 ἡ θέρμη γ, cf. 3.6: θέρη β (θερίη sic B), cf. 46.2,
Il. 6.331 etc.   φής γ: ἔφης β   6 ὃς ΩL: ὡς Γ: om. β   υἱωνὸν
Cognatus: υἱδοῦν Pierson: υἱὸν codd.   ὥρμησας βΩL: ὅρμησας sic Γ:
an ὡς...ὁρμήσας voluit?   Νηρηΐδος LΩᵇ   11. β = BL; lectiones
Ν codicis interdum citavi   Titulus ΖΕΦΥΡΟΣ ΚΑΙ ΝΟΤΟΣ γ
De re cf. 79.7   12 διεκόρευσεν β; cf. 57.25, 78.13.1,2, 80.11.2

249

ΛΟΥΚΙΑΝΟΥ

ΖΕΦΥΡΟΣ

Ναί, ὦ Νότε· οὐ δάμαλις δὲ τότε, ἀλλὰ παῖς ἦν τοῦ ποταμοῦ
Ἰνάχου· νῦν δὲ ἡ Ἥρα τοιαύτην ἐποίησεν αὐτὴν ζηλοτυπήσασα,
ὅτι πάνυ ἑώρα ἐρῶντα τὸν Δία.

ΝΟΤΟΣ

Νῦν δὲ ἔτι ἐρᾷ τῆς βοός;

ΖΕΦΥΡΟΣ

Καὶ μάλα, καὶ διὰ τοῦτο αὐτὴν εἰς Αἴγυπτον ἔπεμψεν καὶ ἡμῖν 5
προσέταξε μὴ κυμαίνειν τὴν θάλασσαν ἔστ' ἂν διανήξεται, ὡς
ἀποτεκοῦσα ἐκεῖ—κύει δὲ ἤδη—θεὸς γένοιτο καὶ αὐτὴ καὶ τὸ
τεχθέν.

ΝΟΤΟΣ

2   Ἡ δάμαλις θεός;

ΖΕΦΥΡΟΣ

Καὶ μάλα, ὦ Νότε· καὶ ἄρξει γάρ, ὡς ὁ Ἑρμῆς ἔφη, τῶν 10
πλεόντων καὶ ἡμῶν ἔσται δέσποινα, ὅντινα ἂν ἡμῶν ἐθέλῃ
ἐκπέμψαι ἢ κωλῦσαι ἐπιπνεῖν.

ΝΟΤΟΣ

Θεραπευτέα τοιγαροῦν, ὦ Ζέφυρε, ἥδε δέσποινά γε οὖσα νὴ
Δία· εὐνουστέρα γὰρ ἂν οὕτως γένοιτο.

τότε om. γ   2 Ἰνάχου β: θυγατὴρ τοῦ Ἰνάχου γ   ἡ om. γ
3 πάνυ γB: καὶ πάνυ LN   4 δὲ γ: οὖν β   5 αὐτὴν ante
εἰς γ: ante ἔπεμψεν β   6 διανήξεται γB¹: διανήξηται B²LN; cf. 2.10,
61.24, 73.16 etc.   7 κύει γL: κυεῖ B   γὰρ ἤδη καὶ θεὸς
γίνεται καὶ αὕτη γ   10 καὶ ἄρξει γάρ γ: ἄρξει τε β   11 δέσποινα β:
δεσπότης Γ¹Ω¹ uv.: δεσπότις Γ²Ωᵈ uv.   ἂν om. γ   ἐθέλει γ
12 κωλῦσαι γ   ἐπιπλεῖν Ω: corr. Ωᵇ   13 ὦ Ζέφυρε, τοιγαροῦν γ
ἥδε γ: ἤδη β   γε γ: τε β   13–14 νὴ Δία om. γ
13–p. 251 l. 3 ΖΕΦ. Νὴ Δία...ἐποίησεν recc.   14 οὕτως ἂν Ω

250

78. ΕΝΑΛΙΟΙ ΔΙΑΛΟΓΟΙ

ΖΕΦΥΡΟΣ

'Αλλ' ἤδη γὰρ διεπέρασε καὶ ἐξένευσεν ἐς τὴν γῆν. ὁρᾷς ὅπως οὐκέτι μὲν τετραποδιστὶ βαδίζει, ἀνορθώσας δὲ αὐτὴν ὁ Ἑρμῆς γυναῖκα παγκάλην αὖθις ἐποίησεν;

ΝΟΤΟΣ

Παράδοξα γοῦν ταῦτα, ὦ Ζέφυρε· οὐκέτι κέρατα οὐδὲ
5 οὐρὰ καὶ δίχηλα τὰ σκέλη, ἀλλ' ἐπέραστος κόρη. ὁ μέντοι Ἑρμῆς τί παθὼν μεταβέβληκεν ἑαυτὸν καὶ ἀντὶ νεανίου κυνοπρόσωπος γεγένηται;

ΖΕΦΥΡΟΣ

Μὴ πολυπραγμονῶμεν, ὅτι ἐκεῖνος ἄμεινον οἶδε τὸ πρακτέον.

12

ΔΩΡΙΔΟΣ ΚΑΙ ΘΕΤΙΔΟΣ

ΔΩΡΙΣ

Τί δακρύεις, ὦ Θέτι;   1

ΘΕΤΙΣ

10 Καλλίστην, ὦ Δωρί, κόρην εἶδον ἐς κιβωτὸν ὑπὸ τοῦ πατρὸς
ἐμβληθεῖσαν, αὐτήν τε καὶ βρέφος αὐτῆς ἀρτιγέννητον· ἐκέλευσεν
δὲ ὁ πατὴρ τοὺς ναύτας ἀναλαβόντας τὸ κιβώτιον, ἐπειδὰν πολὺ
τῆς γῆς ἀποσπάσωσιν, ἀφεῖναι εἰς τὴν θάλασσαν, ὡς ἀπόλοιτο ἡ
ἀθλία, καὶ αὐτὴ καὶ τὸ βρέφος.

1 ὅπως β: ὅτι γ   2 τετραποδητὶ γ   3 ; LN: om. Βγ
4 γοῦν ΒΝ: om. L: γοῦν ὁρῶ γ   τὰ κέρατα β   6 cf. 30.14
8 ὅτε ἄμεινον ἐκεῖνος οἶδε τὰ πρακτέα β   12. β = ΒΝL;
γ = γΩ   Titulus ΘΕΤΙΣ ΚΑΙ ΔΩΡΙΣ γ   De re cf. Apollodor.
Bibl. 2.4.1, A. Fr. 46a–47c R, Soph. Fr. 60–76, 165–170 R   13 τῆς γ:
ἀπὸ τῆς β   14 αὕτη γ

ΛΟΥΚΙΑΝΟΥ

ΔΩΡΙΣ

Τίνος ἕνεκα, ὦ ἀδελφή; εἰπέ, εἴ τι ἔμαθες ἀκριβῶς.

ΘΕΤΙΣ

῞Απαντα· ὁ γὰρ ᾿Ακρίσιος ὁ πατὴρ αὐτῆς καλλίστην οὖσαν
ἐπαρθένευεν ἐς χαλκοῦν τινα θάλαμον ἐμβαλών· εἶτα, εἰ μὲν
ἀληθὲς οὐκ ἔχω εἰπεῖν, φασὶ δ᾿ οὖν τὸν Δία χρυσὸν γενόμενον
ῥυῆναι διὰ τοῦ ὀρόφου ἐπ᾿ αὐτήν, δεξαμένην δὲ ἐκείνην ἐς τὸν   5
κόλπον καταρρέοντα τὸν θεὸν ἐγκύμονα γενέσθαι. τοῦτ᾿ αἰσ-
θόμενος ὁ πατήρ, ἄγριός τις καὶ ζηλότυπος γέρων, ἠγανάκτησε
καὶ ὑπό τινος μεμοιχεῦσθαι οἰηθεὶς αὐτὴν ἐμβάλλει εἰς τὴν
κιβωτὸν ἄρτι τετοκυῖαν.

ΔΩΡΙΣ

2   ῾Η δὲ τί ἔπραττεν, ὦ Θέτι, ὁπότε καθίετο;   10

ΘΕΤΙΣ

῾Υπὲρ αὑτῆς μὲν ἐσίγα, ὦ Δωρί, καὶ ἔφερε τὴν καταδίκην. τὸ
βρέφος δὲ παρῃτεῖτο μὴ ἀποθανεῖν δακρύουσα καὶ τῷ πάππῳ
δεικνύουσα αὐτό, κάλλιστον ὄν· τὸ δὲ ὑπ᾿ ἀγνοίας τῶν κακῶν
καὶ ἐμειδία πρὸς τὴν θάλασσαν. ὑποπίμπλαμαι αὖθις τοὺς
ὀφθαλμοὺς δακρύων μνημονεύσασα αὐτῶν.   15

ΔΩΡΙΣ

Κἀμὲ δακρῦσαι ἐποίησας. ἀλλ᾿ ἤδη τεθνᾶσιν;

ΘΕΤΙΣ

Οὐδαμῶς· νήχεται γὰρ ἔτι ἡ κιβωτὸς ἀμφὶ τὴν Σέριφον
ζῶντας αὐτοὺς φυλάττουσα.

1 Τίνος δὲ ἕνεκα β   εἴ τι γ: ἐπεὶ β   1–2 ἀκριβῶς
ἅπαντα· ῾Ο ᾿Ακρίσιος ὁ β: ΘΕΤΙΣ ᾿Ακριβῶς ἅπαντα· ὁ γὰρ κτλ. Sommer-
brodt   4 δ᾿ οὖν β: δὲ γ   χρυσὸν γLN: χρυσοῦν Β
5 δὲ β: γοῦν Γ: οὖν Ω   5–6 καταρρ. ἐς τὸν κ. γ   7 καὶ om. Ω¹
8 οἰηθεὶς μεμ. γ   10 καθίκετο LN   11 αὑτῆς μὲν β: μὲν ἑαυτῆς γ
12 πάππῳ β: πατρὶ γ   14 καὶ ἐμειδία β: ὑπεμειδία γ   αὖθις β:
πάλιν γ   17 ἔτι om. L

78. ΕΝΑΛΙΟΙ ΔΙΑΛΟΓΟΙ

ΔΩΡΙΣ

Τί οὖν οὐχὶ σῴζομεν αὐτὴν τοῖς ἁλιεῦσιν τούτοις ἐμβαλοῦσαι εἰς τὰ δίκτυα τοῖς Σεριφίοις; οἱ δὲ ἀνασπάσαντες σώσουσι δῆλον ὅτι.

ΘΕΤΙΣ

Εὖ λέγεις· οὕτω ποιῶμεν· μὴ γὰρ ἀπολέσθω μήτε αὐτὴ μήτε
5 τὸ παιδίον οὕτως ὂν καλόν.

13

ΕΝΙΠΕΩΣ ΚΑΙ ΠΟΣΕΙΔΩΝΟΣ

ΕΝΙΠΕΥΣ

Οὐ καλὰ ταῦτα, ὦ Πόσειδον· εἰρήσεται γὰρ τἀληθές· ὑπελθών 1
μου τὴν ἐρωμένην εἰκασθεὶς ἐμοὶ διεκόρησας τὴν παῖδα· ἡ δὲ
ᾤετο ὑπ᾽ ἐμοῦ αὐτὸ πεπονθέναι καὶ διὰ τοῦτο παρεῖχεν ἑαυτήν.

ΠΟΣΕΙΔΩΝ

Σὺ γάρ, ὦ Ἐνιπεῦ, ὑπεροπτικὸς ἦσθα καὶ βραδύς, ὃς κόρης
10 οὕτως καλῆς φοιτώσης ὁσημέραι παρὰ σέ, ἀπολλυμένης ὑπὸ τοῦ
ἔρωτος, ὑπερεώρας καὶ ἔχαιρες λυπῶν αὐτήν, ἡ δὲ περὶ τὰς ὄχθας
ἀλύουσα καὶ ἐπεμβαίνουσα καὶ λουομένη ἑκάστοτε ηὔχετό σοι
ἐντυχεῖν, σὺ δὲ ἐθρύπτου πρὸς αὐτήν.

1 αὐτὴν β: αὐτοὺς γ   4 αὕτη Γ   **13.** In dialogo
XIII β = BN (interdum accedente Ω^b), L fere γ traditionem sequitur
Titulus *ΕΝΙΠΕΩΣ ΚΑΙ ΠΟΣΕΙΔΩΝΟΣ* γ   De re cf. *Od.* 11.235 seq.,
Hes. *Fr.* 30.25 seq. MW, Soph. *Fr.* 648–669 R   7 διεκόρευσας β:
cf. c. 2   8 αὐτὸ γ: ταῦτα β   9 ὅς om. γ   10 παρὰ] πρὸς L
11 ὑπερεώρακας β   καὶ om. Γ et fort. Ω¹   12 ἀλύουσα γ
ἑκάστοτε γ: ἐνίοτε β: οὐκ ἔστιν ὅτε οὐκ Mras   εὔχετο β:
οὐκ εἶχε γ   13 σὺ δὲ β: ἀλλ᾽ γ

ΛΟΥΚΙΑΝΟΥ

ΕΝΙΠΕΥΣ

2 Τί οὖν; διὰ τοῦτο ἐχρῆν σε προαρπάσαι τὸν ἔρωτα καὶ καθυποκρίνασθαι 'Ενιπέα ἀντὶ Ποσειδῶνος εἶναι καὶ κατασοφίσασθαι τὴν Τυρὼ ἀφελῆ κόρην οὖσαν;

ΠΟΣΕΙΔΩΝ

'Οψὲ ζηλοτυπεῖς, ὦ 'Ενιπεῦ, ὑπερόπτης πρότερον ὤν· ἡ Τυρὼ δὲ οὐδὲν δεινὸν πέπονθεν οἰομένη ὑπὸ σοῦ διακεκορῆσθαι.   5

ΕΝΙΠΕΥΣ

Οὐ μὲν οὖν· ἔφης γὰρ ἀπιὼν ὅτι Ποσειδῶν ἦσθα. ὃ καὶ μάλιστα ἐλύπησεν αὐτήν· καὶ ἐγὼ τοῦτο ἠδίκημαι, ὅτι τὰ ἐμὰ σὺ εὐφραίνου τότε καὶ περιστήσας πορφύρεόν τι κῦμα, ὅπερ ὑμᾶς κατέκρυψε, συνῆσθα τῇ παιδὶ ἀντ' ἐμοῦ.

ΠΟΣΕΙΔΩΝ

Ναί· σὺ γὰρ οὐκ ἤθελες, ὦ 'Ενιπεῦ.   10

14

ΤΡΙΤΩΝΟΣ ΚΑΙ ΝΗΡΕΙΔΩΝ

ΤΡΙΤΩΝ

1 Τὸ κῆτος ὑμῶν, ὦ Νηρεῖδες, ὃ ἐπὶ τὴν τοῦ Κηφέως θυγατέρα τὴν 'Ανδρομέδαν ἐπέμψατε, οὔτε τὴν παῖδα ἠδίκησεν, ὡς οἴεσθε, καὶ αὐτὸ ἤδη τέθνηκεν.

1 οὖν διὰ continenter βγ   ἐχρῆν διὰ τοῦτο Ω   2 καθυπο-
κρίνεσθαι γ   6 ἔφης γLN: ἔφησθα ΒΩᵇ   8 cf. Od. 11.243
9 κατέκρυψε, ΓL: ἐκάλυψεν, Ω: συνέκρυπτεν. ἅμα β: συν., ἅμα recc.
10 Ναί γΒ: Καὶ L: om. N   14. β = ΒΝ (Ωᵇ ubi suppetit);
L plerumque cum γ consentit   Titulus ΤΡΙΤΩΝ ΚΑΙ ΝΗΡΕΙΔΕΣ γ
De re cf. 10.22, Apollodor. 2.4.3, Philostr. Imag. 1.29, Soph. Fr. 126–36
R, Eur. Fr. 114–56 N, Ar. Thesm. 1110 seq.   11 Νηρηΐδες LΩᵇ

78. ΕΝΑΛΙΟΙ ΔΙΑΛΟΓΟΙ

ΝΗΡΕΙΔΕΣ

Ὑπὸ τίνος, ὦ Τρίτων; ἢ ὁ Κηφεὺς καθάπερ δέλεαρ προθεὶς
τὴν κόρην ἀπέκτεινεν ἐπιών, λοχήσας μετὰ πολλῆς δυνάμεως;

ΤΡΙΤΩΝ

Οὔκ· ἀλλὰ ἴστε, οἶμαι, ὦ Ἰφιάνασσα, τὸν Περσέα, τὸ τῆς
Δανάης παιδίον, ὃ μετὰ τῆς μητρὸς ἐν τῇ κιβωτῷ ἐμβληθὲν εἰς
5 τὴν θάλασσαν ὑπὸ τοῦ μητροπάτορος ἐσώσατε οἰκτείρασαι
αὐτούς.

ΙΦΙΑΝΑΣΣΑ

Οἶδα ὃν λέγεις· εἰκὸς δὲ ἤδη αὐτὸν νεανίαν εἶναι καὶ μάλα
γενναῖόν τε καὶ καλὸν ἰδεῖν.

ΤΡΙΤΩΝ

Οὗτος ἀπέκτεινεν τὸ κῆτος.

ΙΦΙΑΝΑΣΣΑ

10 Διὰ τί, ὦ Τρίτων; οὐ γὰρ δὴ σῶστρα ἡμῖν τοιαῦτα ἐκτίνειν
αὐτὸν ἐχρῆν.

ΤΡΙΤΩΝ

Ἐγὼ ὑμῖν φράσω τὸ πᾶν ὡς ἐγένετο· ἐστάλη μὲν οὗτος ἐπὶ τὰς 2
Γοργόνας ἆθλόν τινα τῷ βασιλεῖ ἐπιτελῶν, ἐπεὶ δὲ ἀφίκετο εἰς
τὴν Λιβύην—

1 προσθείς B   2 ἐπιὼν Ω   3 Nereis
Iphianassa nusquam alibi memoratur; at cf. *Il.* 18.47 (Ianassa), Hes.
Th. 258, Apollodor. *Bibl.* 1.2.7 (Lysianassa); noster perperam meminisse
vel textu corrupto uti potuit   4–5 ὃ om. γ, ante ἐσώσατε
puncto addito   5 οἰκτείρουσαι γ   7 ἤδη αὐτὸν γ:
αὐτὸν ἤδη L: ἤδη om. β   7–9 ΙΦ. Καὶ μάλα...κῆτος. L
10 τὰ τοιαῦτα γ   τίνειν γ   13 τινα τοῦτον τῷ γ
ὑποτελῶν γ; cf. Hdt. 1.126   ἐπειδὴ δὲ Ω   14 τὴν om. Ω
Λιβύην ἔνθα ἦσαν: γ

255

ΛΟΥΚΙΑΝΟΥ

ΙΦΙΑΝΑΣΣΑ

Πῶς, ὦ Τρίτων; μόνος; ἢ καὶ ἄλλους συμμάχους ἦγεν; ἄλλως γὰρ δύσπορος ἡ ὁδός.

ΤΡΙΤΩΝ

Διὰ τοῦ ἀέρος· ὑπόπτερον γὰρ αὐτὸν ἡ Ἀθηνᾶ ἔθηκεν. ἐπεὶ δ᾽ οὖν ἧκεν ὅπου διῃτῶντο, αἱ μὲν ἐκάθευδον, οἶμαι, ὁ δὲ ἀποτεμὼν τῆς Μεδούσης τὴν κεφαλὴν ᾤχετο ἀποπτάμενος.   5

ΙΦΙΑΝΑΣΣΑ

Πῶς ἰδών; ἀθέατοι γάρ εἰσιν· ἢ ὃς ἂν ἴδῃ, οὐκ ἄν τι ἄλλο μετὰ ταύτας ἴδοι.

ΤΡΙΤΩΝ

Ἡ Ἀθηνᾶ τὴν ἀσπίδα προφαίνουσα—τοιαῦτα γὰρ ἤκουσα διηγουμένου αὐτοῦ πρὸς τὴν Ἀνδρομέδαν καὶ πρὸς τὸν Κηφέα ὕστερον—ἡ Ἀθηνᾶ δὴ ἐπὶ τῆς ἀσπίδος ὑποστιλβούσης ὥσπερ 10 ἐπὶ κατόπτρου παρέσχεν αὐτῷ ἰδεῖν τὴν εἰκόνα τῆς Μεδούσης· εἶτα λαβόμενος τῇ λαιᾷ τῆς κόμης, ἐνορῶν ἐς τὴν εἰκόνα, τῇ δεξιᾷ τὴν ἅρπην ἔχων, ἀπέτεμεν τὴν κεφαλὴν αὐτῆς, καὶ πρὶν
3 ἀνεγρέσθαι τὰς ἀδελφὰς ἀπέπτατο. ἐπεὶ δὲ κατὰ τὴν παράλιον ταύτην τῆς Αἰθιοπίας ἐγένετο, ἤδη πρόσγειος πετόμενος, ὁρᾷ 15 τὴν Ἀνδρομέδαν προκειμένην ἐπί τινος πέτρας προβλῆτος προσπεπατταλευμένην, καλλίστην, ὦ θεοί, καθειμένην τὰς κόμας, ἡμίγυμνον πολὺ ἔνερθε τῶν μασθῶν· καὶ τὸ μὲν πρῶτον

---

1 ἢ τινας (sic) συμμ. ἄλλ. (ἄλλ. συμμ. Ω) γ   2 γὰρ β: γὰρ ἤδη γ
3 cf. Eur. *Fr.* 124 N apud Ar. *Thesm.* 1099–1100   4 ἦκεν γ:
ἤλυθεν β; cf. 8.17   6 ἢ ὃς ἂν ἴδῃ β: ὃς ἂν γὰρ (γὰρ ἂν L) ἴδοι γ
6–7 οὐκ ἄν τι ἄλλο (οὐκέτ᾽ ἀλλότι sic N) μετὰ ταύτας ἴδοι β: οὐκ ἂν
ἄλλοτε ταύτας ἴδοι ἢ λίθος γενόμενος γ   9 πρὸς² om. γ   10 δὴ β: δὲ γ
ὑποστ. β: ἀποστ. γ; cf. 24.12   11 ἐπὶ τοῦ κατ. β   ἰδεῖν αὐτῷ Ω
12 ἐς γ: δ᾽ ἐς β   14 ἀδελφὰς] κεφαλὰς Β   τὰς ἀδ. αὐτῆς γ
ἀνέπτατο β   15 τῆς Αἰθιοπίας γ: Αἰθιοπίαν β; cf. 29.6
16 πέτρας om. recc.   17 προσπεπατταλωμένην γ; cf. 19.13, 23.2, 49.43
: Καλλίστην Γ perperam   θεοί γ: Θέτι β   18 νέρθε
τῶν μασθῶν β

256

78. ΕΝΑΛΙΟΙ ΔΙΑΛΟΓΟΙ

οἰκτείρας τὴν τύχην αὐτῆς ἀνηρώτα τὴν αἰτίαν τῆς κατα-
δίκης, κατὰ μικρὸν δὲ ἁλοὺς ἔρωτι—ἐχρῆν γὰρ σεσῶσθαι τὴν
παῖδα—βοηθεῖν διέγνω· καὶ ἐπειδὴ τὸ κῆτος ἐπῄει μάλα
φοβερὸν ὡς καταπιόμενον τὴν Ἀνδρομέδαν, ὑπεραιωρηθεὶς
5 ὁ νεανίας πρόκωπον ἔχων τὴν ἅρπην τῇ μὲν καθικνεῖται, τῇ δὲ
προδείκνυσι τὴν Γοργόνα καὶ λιθοποιεῖ αὐτό, τὸ δὲ τέθνηκεν
ὁμοῦ καὶ πέπηγεν αὐτοῦ τὰ πολλά, ὅσα εἶδεν τὴν Μέδουσαν· ὁ δὲ
λύσας τὰ δεσμὰ τῆς παρθένου, ὑποσχὼν τὴν χεῖρα ὑπεδέξατο
ἀκροποδητὶ κατιοῦσαν ἐκ τῆς πέτρας ὀλισθηρᾶς οὔσης, καὶ νῦν
10 γαμεῖ ἐν τοῦ Κηφέως καὶ ἀπάξει αὐτὴν εἰς Ἄργος, ὥστε ἀντὶ
θανάτου γάμον οὐ τὸν τυχόντα εὕρετο.

ΙΦΙΑΝΑΣΣΑ

Ἐγὼ μὲν οὐ πάνυ τῷ γεγονότι ἄχθομαι· τί γὰρ ἡ παῖς ἠδίκει **4**
ἡμᾶς, εἰ ἡ μήτηρ αὐτῆς ἐμεγαλαυχεῖτο καὶ ἠξίου καλλίων εἶναι;

ΔΩΡΙΣ

Ὅτι οὕτως ἂν ἤλγησεν ἐπὶ τῇ θυγατρὶ μήτηρ γε οὖσα.

ΙΦΙΑΝΑΣΣΑ

15 Μηκέτι μεμνώμεθα, ὦ Δωρί, ἐκείνων, εἴ τι βάρβαρος γυνὴ
ὑπὲρ τὴν ἀξίαν ἐλάλησεν· ἱκανὴν γὰρ ἡμῖν τιμωρίαν ἔδωκεν
φοβηθεῖσα ἐπὶ τῇ παιδί. χαίρωμεν οὖν τῷ γάμῳ.

2 κατά] an μετά   4 καταπιούμενον γ; cf. 45.27, Phryn. 23,
Ath. 10.446d   ἐπαιωρηθεὶς γ   5 ὁ νεανίσκος β; at cf. 10.22
πρόκοπον ΒΩ   cf. 42.11   προκαθικνεῖται γ; cf. 10.22
6 δείκνυσι γ: προδεικνὺς β: correxi ex 10.22   καὶ λιθοποιεῖ γ:
λίθον ἐποίει β; cf. Diog. Oen. N.F., 81.10–11 (M. F. Smith)   τὸ
δὲ τέθνηκεν γ: τέθνηκε γοῦν β   7 αὐτοῦ om. γ   9 ἀκροποδιτὶ
ΛΩ   τῆς om. Ω   10–11 ἀντὶ τοῦ θ. ΓL   11 εὕρατο γ
12 τῷ β: ἐπὶ τῷ γ   13 εἰ γ: εἴ τι β   ἐμεγαλαύχει τότε
καὶ β (-εἴτό τε καὶ recc.)   13–17 εἶναι καλλίων· πλὴν ἤλγησεν
ἐπὶ...γαμῷ omnia Iphianassae tribuens γ   14 ΔΩΡΙΣ Du Soul:
ΤΡΙΤΩΝ Ν (nomina om. Β)   θυγατρὶ ΓLΝ: μητρὶ Β: παιδὶ Ωᵇ
15 μεμφώμεθα recc.   17 τοῖς γάμοις L

15

ΖΕΦΥΡΟΥ ΚΑΙ ΝΟΤΟΥ

ΖΕΦΥΡΟΣ

1 Οὐ πώποτε πομπὴν ἐγὼ μεγαλοπρεπεστέραν εἶδον ἐν τῇ
θαλάσσῃ, ἀφ᾽ οὗ γέ εἰμι καὶ πνέω. σὺ δὲ οὐκ εἶδες, ὦ Νότε;

ΝΟΤΟΣ

Τίνα ταύτην λέγεις, ὦ Ζέφυρε, τὴν πομπήν; ἢ τίνες οἱ
πέμποντες ἦσαν;

ΖΕΦΥΡΟΣ

Ἡδίστου θεάματος ἀπελείφθης, οἷον οὐκ ἄλλο ἴδοις ἔτι.   5

ΝΟΤΟΣ

Περὶ τὴν ἐρυθρὰν γὰρ θάλασσαν εἰργαζόμην, ἐπέπνευσα δὲ
καὶ μέρος τῆς Ἰνδικῆς, ὅσα παράλια τῆς χώρας· οὐδὲν οὖν
οἶδα ὧν λέγεις.

ΖΕΦΥΡΟΣ

Ἀλλὰ τὸν Σιδώνιόν γε Ἀγήνορα οἶδας;

ΝΟΤΟΣ

Ναί· τὸν τῆς Εὐρώπης πατέρα. τί μήν;   10

ΖΕΦΥΡΟΣ

Περὶ αὐτῆς ἐκείνης διηγήσομαί σοι.

15. γ = ΓΩ; β = ΒΝ; L ibi tantum ubi a γ discrepat rettuli   Titulus
sic β: ΖΕΦΥΡΟΣ ΚΑΙ ΝΟΤΟΣ L: ΝΟΤΟΣ ΚΑΙ ΖΕΦΥΡΟΣ γ   De
re cf. Mosch. Eur., Ach. Tat. 1.1.2–13, Hor. Carm. 3.27.25 seq., Ov. Met.
2.843–75, 6.103–7, Fast. 5.605–19, B. Baldwin, Acta Classica 1980, 115–19
2 γε om. β   εἶδες β: οἶδας γ   5–7 Ἡδίστου...χώρας.
Zephyro tribuit γ   5 οὐκ β: οὐκ ἂν γ   ἴδῃς γ
5–6 ἴδῃς· ἔτι περὶ punxit L   6 γὰρ om. LΓ¹   7 μέρος τι τῆς γ
οὖν om. γ   9 γε om. β

78. ΕΝΑΛΙΟΙ ΔΙΑΛΟΓΟΙ

ΝΟΤΟΣ

Μῶν ὅτι ὁ Ζεὺς ἐραστὴς τῆς παιδὸς ἐκ πολλοῦ; τοῦτο γὰρ καὶ πάλαι ἠπιστάμην.

ΖΕΦΥΡΟΣ

Οὐκοῦν τὸν μὲν ἔρωτα οἶσθα, τὰ μετὰ ταῦτα δὲ ἤδη ἄκουσον. 2
ἡ μὲν Εὐρώπη κατεληλύθει ἐπὶ τὴν ἠϊόνα παίζουσα τὰς
5 ἡλικιώτιδας παραλαβοῦσα, ὁ Ζεὺς δὲ ταύρῳ εἰκάσας ἑαυτὸν
συνέπαιζεν αὐταῖς κάλλιστος φαινόμενος· λευκός τε γὰρ ἦν
ἀκριβῶς καὶ τὰ κέρατα εὐκαμπὴς καὶ τὸ βλέμμα ἥμερος·
ἐσκίρτα οὖν καὶ αὐτὸς ἐπὶ τῆς ἠϊόνος καὶ ἐμυκᾶτο ἥδιστον,
ὥστε τὴν Εὐρώπην τολμῆσαι καὶ ἀναβῆναι αὐτόν. ὡς δὲ τοῦτο
10 ἐγένετο, δρομαῖος μὲν ὁ Ζεὺς ὥρμησεν ἐπὶ τὴν θάλασσαν
φέρων αὐτὴν καὶ ἐνήχετο ἐμπεσών, ἡ δὲ πάνυ ἐκπλαγὴς τῷ
πράγματι τῇ λαιᾷ μὲν εἴχετο τοῦ κέρατος, ὡς μὴ ἀπολισθάνοι,
τῇ ἑτέρᾳ δὲ ἠνεμωμένον τὸν πέπλον συνεῖχεν.

ΝΟΤΟΣ

Ἡδὺ τοῦτο θέαμα εἶδες, ὦ Ζέφυρε, καὶ ἐρωτικόν, νηχόμενον 3
15 τὸν Δία καὶ φέροντα τὴν ἀγαπωμένην.

ΖΕΦΥΡΟΣ

Καὶ μὴν τὰ μετὰ ταῦτα ἡδίω παρὰ πολύ, ὦ Νότε· ἥ τε γὰρ
θάλασσα εὐθὺς ἀκύμων ἐγένετο καὶ τὴν γαλήνην ἐπισπασαμένη
λείαν παρεῖχεν ἑαυτήν, ἡμεῖς δὲ πάντες ἡσυχίαν ἄγοντες οὐδὲν
ἄλλο ἢ θεαταὶ μόνον τῶν γινομένων παρηκολουθοῦμεν, Ἔρωτες
20 δὲ παραπετόμενοι μικρὸν ὑπὲρ τὴν θάλασσαν, ὡς ἐνίοτε ἄκροις
τοῖς ποσὶν ἐπιψαύειν τοῦ ὕδατος, ἡμμένας τὰς δᾷδας φέροντες

1 ἐραστὴς β: ἐρᾷ γ   παιδός· ἐκ πολλοῦ γὰρ τοῦτο L
4 παίξουσα Ω^b   5 cf. Mosch. *Eur.* 29   7 εὐκαμπῆ γ
ἥμερον γ   11 φέρων om. Ω¹   πάνυ ἐκπλαγὴς B:
πάνυ ἐκπλαγεῖσα Ν: μάλα ἐκπλαγεῖσα γ   12 ἀπολισθοίη νέοντος, γ
15 καὶ om. β   18 πάντες om. Ω   19 μόνον om. Ψ
19-20 οἱ Ἔρωτες δὲ γ   20 ἐκ τῆς θαλάσσης β   21 τοῖς om. γ

ἦδον ἅμα τὸν ὑμέναιον, αἱ Νηρεΐδες δὲ ἀναδῦσαι παρίππευον ἐπὶ
τῶν δελφίνων ἐπικροτοῦσαι ἡμίγυμνοι τὰ πολλά, τὸ δὲ τῶν
Τριτώνων γένος καὶ εἴ τι ἄλλο μὴ φοβερὸν ἰδεῖν τῶν θαλασσίων,
ἅπαντα περιεχόρευον τὴν παῖδα· ὁ μὲν γὰρ Ποσειδῶν ἐπιβεβηκὼς
ἅρματος, παροχουμένην τὴν Ἀμφιτρίτην ἔχων, προῆγε γεγηθὼς 5
ὁδοποιῶν νηχομένῳ τῷ ἀδελφῷ· ἐπὶ πᾶσι δὲ τὴν Ἀφροδίτην δύο
Τρίτωνες ἔφερον ἐπὶ κόγχης κατακειμένην, ἄνθη παντοῖα
4 ἐπιπάττουσαν τῇ νύμφῃ. ταῦτα ἐκ Φοινίκης ἄχρι τῆς Κρήτης
ἐγίνετο· ἐπεὶ δὲ ἐπέβη τῇ νήσῳ ὁ μὲν ταῦρος οὐκέτι ἐφαίνετο,
ἐπιλαβόμενος δὲ τῆς χειρὸς ὁ Ζεὺς ἀπῆγε τὴν Εὐρώπην εἰς τὸ 10
Δικταῖον ἄντρον ἐρυθριῶσαν καὶ κάτω ὁρῶσαν· ἠπίστατο
γὰρ ἤδη ἐφ' ὅτῳ ἄγοιτο. ἡμεῖς δὲ ἐμπεσόντες ἄλλο ἄλλος τοῦ
πελάγους μέρος διεκυμαίνομεν.

ΝΟΤΟΣ

Ὦ μακάριε Ζέφυρε τῆς θέας· ἐγὼ δὲ γρῦπας καὶ ἐλέφαντας
καὶ μέλανας ἀνθρώπους ἑώρων.   15

1 Νηρηΐδες L   cf. Mosch. Eur. 118   2 ἐπι-
κροτοῦσαί τε γ   ἡμίγυμναι (sic) αἱ πολλαί β   2–3 sic
scripsi: τό τε τῶν Τρ. γένος β: τῶν δὲ Τρ. τὸ γένος γ   3 ἰδεῖν β:
ὀφθῆναι ΓL: om. Ω   4 περιεχόρευε β; cf. 21.40, 37.20 bis, 62.1,
77.11.5   5 sic γ: παροχουμένην τε L: παροχούμενός τε καὶ β
προῆει; cf. Mosch. Eur. 120–1   6 ὁδοποιῶν γ:
προοδοιπορῶν β   7 κόγχης ΒΩᵇL: κογχύλης Ν: κόγχην γ
8 τῇ νύμφῃ ΒL: τὴν νύμφην γ   τῆς om. Ν   9 ἐγένετο β
ἐπεὶ...νήσῳ β: ἐπὶ τῆς νήσου γ   10 λαβόμενος γ   ἀνῆγε γ
12 ἄλλο β: ἄλλο τι γ   14 Ὡς μακάριος γ; cf. 24.19
γύπας ΩΝ¹; cf. Hdt. 3.116   15 ἀνθρώπους μέλανας γ

79

ΘΕΩΝ ΔΙΑΛΟΓΟΙ

1 (21)

ΑΡΕΩΣ ΚΑΙ ΕΡΜΟΥ

ΑΡΗΣ

Ἤκουσας, ὦ Ἑρμῆ, οἷα ἠπείλησεν ἡμῖν ὁ Ζεύς, ὡς ὑπερ- **1**
οπτικὰ καὶ ὡς ἀπίθανα; Ἢν ἐθελήσω, φησίν, ἐγὼ μὲν ἐκ τοῦ
οὐρανοῦ σειρὰν καθήσω, ὑμεῖς δὲ ἀποκρεμασθέντες κατασπᾶν
βιάσεσθέ με, ἀλλὰ μάτην πονήσετε· οὐ γὰρ δὴ καθελκύσετε· ἐγὼ
5 δὲ εἰ θελήσαιμι ἀνελκύσαι, οὐ μόνον ὑμᾶς, ἀλλὰ καὶ τὴν
γῆν ἅμα καὶ τὴν θάλασσαν συνανασπάσας μετεωριῶ· καὶ
τὰ ἄλλα ὅσα καὶ σὺ ἀκήκοας. ἐγὼ δὲ ὅτι μὲν καθ᾽ ἕνα πάντων
ἀμείνων καὶ ἰσχυρότερός ἐστιν οὐκ ἂν ἀρνηθείην, ὁμοῦ δὲ τῶν
τοσούτων ὑπερφέρειν, ὡς μὴ καταβαρήσειν αὐτόν, ἢν καὶ τὴν
10 γῆν καὶ τὴν θάλασσαν προσλάβωμεν, οὐκ ἂν πεισθείην.

ΕΡΜΗΣ

Εὐφήμει, ὦ Ἄρες· οὐ γὰρ ἀσφαλὲς λέγειν τὰ τοιαῦτα, μὴ καί **2**
τι κακὸν ἀπολαύσωμεν τῆς φλυαρίας.

Codices ΓΒΩ plene rettuli; γ = ΓΩ; β = Β et alii (ΨΝΡΩ^b etc.); codicis
mixti L lectiones addidi, ubi neque cum γ neque cum β congruunt
Titulus ΑΡΕΟΣ ΚΑΙ ΕΡΜΟΥ L   3 σειρὴν Ω   καθήσας β
3 seq. cf. Il. 8.19 seq., Luc. 20.4, 21.45, 70.3 etc.   4 βιάζεσθέ
με, μάτην πονήσετε β   οὐ γὰρ ἂν καθελκύσητε γ (καθελκύσαιτε Γ^c)
4–5 εἰ δὲ ἐγὼ β   6 συναρτήσας β; cf. 59.8   6–7 καὶ τἆλλα β
9 καταπονήσειν β   9–10 ἢν καί...καὶ γ: κἂν...κἂν β   11 ὦ
Ἄρη β   μὴ καί τι β: μηκέτι γ: μή τι scholiastae ΒΩ   12 κακῶν Γ;
cf. 79.14.2

ΛΟΥΚΙΑΝΟΥ

ΑΡΗΣ

Οἴει γάρ με πρὸς πάντας ἂν ταῦτα εἰπεῖν, οὐχὶ δὲ πρὸς μόνον σέ, ὃν ἐχεμυθήσειν ἠπιστάμην; ὃ γοῦν μάλιστα γελοῖον ἔδοξέ μοι ἀκούοντι μεταξὺ τῆς ἀπειλῆς, οὐκ ἂν δυναίμην σιωπῆσαι πρὸς σέ· μέμνημαι γὰρ οὐ πρὸ πολλοῦ, ὁπότε ὁ Ποσειδῶν καὶ ἡ Ἥρα καὶ ἡ Ἀθηνᾶ ἐπαναστάντες ἐπεβούλευσαν ξυν- 5
δῆσαι αὐτὸν λαβόντες, ὡς παντοῖος ἦν δεδιώς, καὶ ταῦτα τρεῖς ὄντας, καὶ εἰ μή γε ἡ Θέτις κατελεήσασα ἐκάλεσεν αὐτῷ σύμμαχον Βριάρεων ἑκατόγχειρα ὄντα, κἂν ἐδέδετο αὐτῷ κεραυνῷ καὶ βροντῇ. ταῦτα λογιζομένῳ ἐπῄει μοι γελᾶν ἐπὶ τῇ καλλιρρημοσύνῃ αὐτοῦ. 10

ΕΡΜΗΣ

Σιώπα, φημί· οὐ γὰρ ἀσφαλὲς οὔτε σοὶ λέγειν οὔτ᾽ ἐμοὶ ἀκούειν τὰ τοιαῦτα.

2 (22)

ΠΑΝΟΣ ΚΑΙ ΕΡΜΟΥ

ΠΑΝ

1 Χαῖρε, ὦ πάτερ Ἑρμῆ.

ΕΡΜΗΣ

Νὴ καὶ σύ γε. ἀλλὰ πῶς ἐγὼ σὸς πατήρ;

ΠΑΝ

Οὐχ ὁ Κυλλήνιος Ἑρμῆς ὢν τυγχάνεις; 15

---

1 δὲ om. Ω   δ᾽ οὖν recc.   4 οὐ β: σου οὐ γ: σου εἰπόντος οὐ recc.
4 seq. cf. Il. 1.396 seq., Luc. 21.40   5 ᾗ¹ om. β   ἐπεβούλευον β
6 λαβόντες αὐτόν β   8 Βριαρέω β; cf. 21.40, Il. 1.403   κἂν
ἐδέδετο ἂν β   9 καὶ βροντῇ om. β   10 καλλιρη. Γ   11 φημί γ:
εὐφήμει β   2. De re cf. Hymn. Hom. 18 passim   14 νὴ om. β:
cf. 25.46 etc.   15 cf. Hymn. Hom. 4.2 etc.

262

79. ΘΕΩΝ ΔΙΑΛΟΓΟΙ

ΕΡΜΗΣ

Καὶ μάλα. πῶς οὖν ἐμὸς υἱὸς εἶ;

ΠΑΝ

Μοιχίδιός εἰμι, ἐξ ἔρωτός σοι γενόμενος.

ΕΡΜΗΣ

Νὴ Δία, τράγου ἴσως τινὸς μοιχεύσαντος αἶγα· ἐμοὶ γὰρ
πῶς, κέρατα ἔχων καὶ ῥῖνα τοιαύτην καὶ πώγωνα λάσιον καὶ
5 σκέλη διχηλὰ καὶ τραγικὰ καὶ οὐρὰν ὑπὲρ τὰς πυγάς;

ΠΑΝ

Ὅσα ἂν ἀποσκώψῃς εἰς ἐμέ, τὸν σεαυτοῦ υἱόν, ὦ πάτερ,
ἐπονείδιστον ἀποφαίνεις, μᾶλλον δὲ σεαυτόν, ὃς τοιαῦτα γεννᾷς
καὶ παιδοποιεῖς, ἐγὼ δὲ ἀναίτιος.

ΕΡΜΗΣ

Τίνα καὶ φῄς σου μητέρα; ἤ που ἔλαθον αἶγα μοιχεύσας ἔγωγε;

ΠΑΝ

10 Οὐκ αἶγα ἐμοίχευσας, ἀλλ' ἀνάμνησον σεαυτόν, εἴ ποτε ἐν
Ἀρκαδίᾳ παῖδα ἐλευθέραν ἐβιάσω. τί δακὼν τὸν δάκτυλον ζητεῖς
καὶ ἐπὶ πολὺ ἀπορεῖς; τὴν Ἰκαρίου λέγω Πηνελόπην.

ΕΡΜΗΣ

Εἶτα τί παθοῦσα ἐκείνη ἀντ' ἐμοῦ τράγῳ σε ὅμοιον ἔτεκεν;

1 ἐμὸς υἱὸς LΩ^bN: υἱὸς ἐμὸς B: υἱὸς γ   2 ἐξ ἔρωτός γ: ἐξαίρετός β
3 ἴσως om. γ   4 seq. cf. *Hymn. Hom.* 19.2 seq., Luc. 29.9 seq.,
Ararus Comicus, Kock 2.217, 244, 443, 3.356   5 διχαλὰ B
6 ὅσα γ: ὁπόσα β   εἰς ἐμέ ΩL: ἐμέ Γ: με β   6–7 sic β:
τὸν σεαυτοῦ υἱόν, ὦ πάτερ, ἐπονείδιστον ἀποφαίνη μᾶλλον σεαυτόν γ et (om.
ὦ πάτερ) L   7 ὃς β: ὡς γ   8–9 ΕΡΜ. Ἐγὼ δὲ ἀναίτιος ἤν τινα
(ἥντινα recc.) καὶ φῇς β   8 cf. *Il.* 19.86, Pl. *R.* 617e etc.   9 Τίνα
δὲ καὶ L²   11 τὸ δάκτ. Ω   12 cf. Hdt. 2.145; aliter tamen *Hymn.
Hom.* 19.34 etc.; cf. Cic. *N.D.* 3.56

263

ΠΑΝ

2 Αὐτῆς ἐκείνης λόγον σοι ἐρῶ· ὅτε γάρ με ἐξέπεμπεν ἐπὶ τὴν
Ἀρκαδίαν, Ὦ παῖ, μήτηρ μέν σοι, ἔφη, ἐγώ εἰμι, Πηνελόπη
Σπαρτιᾶτις, τὸν πατέρα δὲ γίνωσκε θεὸν ἔχων Ἑρμῆν Μαίας καὶ
Διός. εἰ δὲ κερασφόρος καὶ τραγοσκελὴς εἶ, μὴ λυπείτω σε·
ὁπότε γάρ μοι συνῄει ὁ πατὴρ ὁ σός, τράγῳ ἑαυτὸν ἀπείκασεν, 5
ὡς λάθοι, καὶ διὰ τοῦτο ὅμοιος ἀπέβης τῷ τράγῳ.

ΕΡΜΗΣ

Νὴ Δία, μέμνημαι ποιήσας τοιοῦτόν τι. ἐγὼ οὖν ὁ ἐπὶ κάλλει
μέγα φρονῶν, ἔτι ἀγένειος αὐτὸς ὤν, σὸς πατὴρ κεκλήσομαι καὶ
γέλωτα ὀφλήσω παρὰ πᾶσιν ἐπὶ τῇ εὐπαιδίᾳ;

ΠΑΝ

3 Καὶ μὴν οὐ καταισχυνῶ σε, ὦ πάτερ· μουσικός τε γάρ εἰμι καὶ 10
συρίζω πάνυ καπυρόν, καὶ Διόνυσος οὐδὲν ἐμοῦ ἄνευ ποιεῖν
δύναται, ἀλλ' ἑταῖρον καὶ θιασώτην πεποίηταί με, καὶ ἡγοῦμαι
αὐτῷ τοῦ χοροῦ· καὶ τὰ ποίμνια δὲ εἰ θεάσαιό μου, ὁπόσα περὶ
Τεγέαν καὶ ἀνὰ τὸ Παρθένιον ἔχω, πάνυ ἡσθήσῃ· ἄρχω δὲ καὶ
τῆς Ἀρκαδίας ἁπάσης· πρώην δὲ καὶ Ἀθηναίοις συμμαχήσας 15
οὕτως ἠρίστευσα Μαραθῶνι, ὥστε καὶ ἀριστεῖον ᾑρέθη μοι τὸ
ὑπὸ τῇ ἀκροπόλει σπήλαιον. ἢν γοῦν εἰς Ἀθήνας ἔλθῃς, εἴσῃ
ὅσον ἐκεῖ τοῦ Πανὸς τὸ ὄνομα.

ΕΡΜΗΣ

4 Εἰπὲ δέ μοι, γεγάμηκας, ὦ Πάν, ἤδη; τοῦτο γάρ, οἶμαι,
καλοῦσίν σε.   20

2 σου ἐγώ, ἔφη, εἰμὶ γ   2–3 Πηνελόπη ἡ Σπ. β   3 τὸν ante
Μαίας add. jᵛ   5 ὁπότε] ὡς τότε uv. B   7 τι τοιοῦτον γ
γοῦν Ω   8 ἔτι β: εἶτα γ   10 καταισχύνω ΓL   11 καπυρόν]
λιγυρόν ΓL; cf. Theoc. 7.37   καὶ ὁ Δ. β   12–13 καὶ ἡγοῦμαι δὲ
αὐτῷ γ   13 ὁπόσα β: ὅσα Ω: ὅσα τε ΓL   14 Τεγέαν καὶ πάνυ
(cet. om.) γ   14 ἄρχω β: ἐξάρχω γ   15 τῆς β: τιμῆς ΓL et fort. Ω¹
cf. Hdt. 6.105, Eur. Ion. 492 seq., Luc. 29.9, 34.3   16 ἐν Μαραθῶνι γ
ἐξῃρέθη Cobet   18 τὸ om. β   19 δέ] δή Ω

ΠΑΝ

Οὐδαμῶς, ὦ πάτερ· ἐρωτικὸς γάρ εἰμι καὶ οὐκ ἂν ἀγαπήσαιμι συνὼν μιᾷ.

ΕΡΜΗΣ

Ταῖς οὖν αἰξὶ δηλαδὴ ἐπιχειρεῖς.

ΠΑΝ

Σὺ μὲν σκώπτεις, ἐγὼ δὲ τῇ τε Ἠχοῖ καὶ τῇ Πίτυϊ σύνειμι
5 καὶ ἁπάσαις ταῖς τοῦ Διονύσου Μαινάσι καὶ πάνυ σπουδάζομαι πρὸς αὐτῶν.

ΕΡΜΗΣ

Οἶσθα οὖν, ὦ τέκνον, ὅ τι χαρίσῃ τὸ πρῶτον αἰτοῦντί μοι;

ΠΑΝ

Πρόσταττε, ὦ πάτερ· ἡμεῖς μὲν εἰδῶμεν ταῦτα.

ΕΡΜΗΣ

Καὶ πρόσιθί μοι καὶ φιλοφρονοῦ· πατέρα δὲ ὅρα μὴ καλέσῃς
10 με ἄλλου ἀκούοντος.

3 (23)

ΑΠΟΛΛΩΝΟΣ ΚΑΙ ΔΙΟΝΥΣΟΥ

ΑΠΟΛΛΩΝ

Τί ἂν λέγοιμεν; ὁμομητρίους, ὦ Διόνυσε, ἀδελφοὺς ὄντας 1

3 sic B: ταῖς γυναιξὶ γ: ταῖς γοῦν αἰξὶ LΩ^b: ταῖς οὖν γυναιξὶ N   4 Σὺ
μὲν om. γ   cf. *Hymn. Hom.* 19.19–21, Philostr. *Im.* 2.11, Callistr.
Stat. 1.422   7 τὸ β: τῷ γ   μοι om. γ   8–9 ἡμεῖς... β
(ἴδωμεν B): ΕΡΜ. Ἵν᾽ ἡμεῖς μὲν εἰδῶμεν ταῦτα, ποίει καὶ πρόσιθί γ (...
, ταῦτα ποίει... L)   9 πρόϊθί B   10 ἄλλου ἀκούοντος γ:
ἀκούοντός τινος β   11 ; om. βγ: add. recc.

ΛΟΥΚΙΑΝΟΥ

Ἔρωτα καὶ Ἑρμαφρόδιτον καὶ Πρίαπον, ἀνομοιοτάτους εἶναι τὰς μορφὰς καὶ τὰ ἐπιτηδεύματα; ὁ μὲν γὰρ πάγκαλος καὶ τοξότης καὶ δύναμιν οὐ μικρὰν περιβεβλημένος ἀπάντων ἄρχων, ὁ δὲ θῆλυς καὶ ἡμίανδρος καὶ ἀμφίβολος τὴν ὄψιν· οὐκ ἂν διακρίναις εἴτ᾽ ἔφηβός ἐστιν εἴτε καὶ παρθένος· ὁ δὲ καὶ πέρα 5 τοῦ εὐπρεποῦς ἀνδρικὸς ὁ Πρίαπος.

ΔΙΟΝΥΣΟΣ

Μηδὲν θαυμάσῃς, ὦ Ἄπολλον· οὐ γὰρ ἡ Ἀφροδίτη αἰτία τούτου, ἀλλὰ οἱ πατέρες διάφοροι γεγενημένοι, ὅπου γε καὶ ὁμοπάτριοι πολλάκις ἐκ μιᾶς γαστρός, ὁ μὲν ἄρσην, ἡ δὲ θήλεια, ὥσπερ ὑμεῖς, γίνονται. 10

ΑΠΟΛΛΩΝ

Ναί· ἀλλ᾽ ἡμεῖς ὅμοιοί ἐσμεν καὶ τὰ αὐτὰ ἐπιτηδεύομεν· τοξόται γὰρ ἄμφω.

ΔΙΟΝΥΣΟΣ

Μέχρι μὲν τόξου τὰ αὐτά, ὦ Ἄπολλον, ἐκεῖνα μέντοι οὐχ ὅμοια, ὅτι ἡ μὲν Ἄρτεμις ξενοκτονεῖ ἐν Σκύθαις, σὺ δὲ μαντεύῃ καὶ ἰᾷ τοὺς κάμνοντας. 15

ΑΠΟΛΛΩΝ

Οἴει γὰρ τὴν ἀδελφὴν χαίρειν τοῖς Σκύθαις, ἥ γε καὶ παρεσκεύασται, ἤν τις Ἕλλην ἀφίκηταί ποτε εἰς τὴν Ταυρικήν, συνεκπλεῦσαι μετ᾽ αὐτοῦ μυσαττομένη τὰς σφαγάς;

ΔΙΟΝΥΣΟΣ

2 Εὖ γε ἐκείνη ποιοῦσα. ὁ μέντοι Πρίαπος, γελοῖον γάρ τί σοι διηγήσομαι, πρώην ἐν Λαμψάκῳ γενόμενος, ἐγὼ μὲν παρῄειν 20

1 cf. D.S. 4.6 etc.   εἶναι post Πρ. add. jᵛ   εἶναι Ω:
ὄντας ss. Ωᵇ   2 πάγκαλλος Γ   Ἔρως post. παγκ. add. γ
3 cf. 79.9.3, Pl. Symp. 196c etc.   6 ἀνδρικῶς Γ¹   7 ἡ om. β
γε καὶ γ: γε β   9 ἡ δὲ γ: ὁ δὲ β   11 ὅμοιοι μέν ἐσμεν Β¹
13–15 cf. Pl. Symp. 197a   13 μέντοι γ: δὲ β   15 ἰᾷ β: θεραπεύεις γ
16–17 παρεσκεύαστο γ   17–18 cf. Eur. I.T. 385–6 et passim
17 τὴν om. L.   19–20 cf. Paus. 9.31.2   20 περιῄειν Bekker

τὴν πόλιν, ὁ δὲ ὑποδεξάμενός με καὶ ξενίσας παρ' αὑτῷ, ἐπειδὴ ἀνεπαυσάμεθα ἐν τῷ συμποσίῳ ἱκανῶς ὑποβεβρεγμένοι, κατ' αὐτάς που μέσας νύκτας ἐπαναστὰς ὁ γενναῖος—αἰδοῦμαι λέγειν.

ΑΠΟΛΛΩΝ

5 Ἐπείρα σε, Διόνυσε;

ΔΙΟΝΥΣΟΣ

Τοιοῦτόν ἐστι.

ΑΠΟΛΛΩΝ

Σὺ δὲ τί πρὸς ταῦτα;

ΔΙΟΝΥΣΟΣ

Τί γὰρ ἄλλο ἢ ἐγέλασα;

ΑΠΟΛΛΩΝ

Εὖ γε, τὸ μὴ χαλεπῶς μηδὲ ἀγρίως· συγγνωστὸς γάρ, εἰ
10 καλόν σε οὕτως ὄντα ἐπείρα.

ΔΙΟΝΥΣΟΣ

Τούτου μὲν ἕνεκα καὶ ἐπὶ σὲ ἄν, ὦ Ἄπολλον, ἀγάγοι τὴν πεῖραν· καλὸς γὰρ σὺ καὶ κομήτης, ὡς καὶ νήφοντα ἄν σοι τὸν Πρίαπον ἐπιχειρῆσαι.

ΑΠΟΛΛΩΝ

Ἀλλ' οὐκ ἐπιχειρήσει γε, ὦ Διόνυσε· ἔχω γὰρ μετὰ τῆς
15 κόμης καὶ τόξα.

2 , ἱκανῶς ὑποβεβρεγμένος κατ' γ   3-6 αἰδοῦμαι δὲ λέγειν, ἐπείρασε (προσέβαλέν μοι mg. Γ, προσέβαλεν ss. Ω²) ΑΠ. Ὦ Διόνυσε, τοιοῦτός ἐστι. σὺ δὲ κτλ. γ   9 γε om. γ   τὸ...ἀγρίως del. Sommerbrodt;   γάρ, εἰ γ: σοι γὰρ Β   11 μὲν] μὲν οὖν Ω ἄν om. β   12 σὺ om. β   ἄν σοι γ: σοι ἔτι β   13 τὸν om. Ω¹   14 γε om. β

ΛΟΥΚΙΑΝΟΥ

4 (24)

ΕΡΜΟΥ ΚΑΙ ΜΑΙΑΣ

ΕΡΜΗΣ

1 Ἔστι γάρ τις, ὦ μῆτερ, ἐν οὐρανῷ θεὸς ἀθλιώτερος ἐμοῦ;

ΜΑΙΑ

Μὴ λέγε, ὦ Ἑρμῆ, τοιοῦτον μηδέν.

ΕΡΜΗΣ

Τί μὴ λέγω, ὃς τοσαῦτα πράγματα ἔχω μόνος κάμνων καὶ πρὸς τοσαύτας ὑπηρεσίας διασπώμενος; ἕωθεν μὲν γὰρ ἐξαναστάντα σαίρειν δεῖ τὸ συμπόσιον καὶ διαστρώσαντα τὴν κλισίαν εὐθετί- 5 σαντα ἕκαστα παρεστάναι τῷ Διὶ καὶ διαφέρειν τὰς ἀγγελίας τὰς · παρ᾽ αὐτοῦ ἄνω καὶ κάτω ἡμεροδρομοῦντα, καὶ ἐπανελθόντα ἔτι κεκονιμένον παρατιθέναι τὴν ἀμβροσίαν· πρὶν δὲ τὸν νεώνητον τοῦτον οἰνοχόον ἥκειν, καὶ τὸ νέκταρ ἐγὼ ἐνέχεον. τὸ δὲ πάντων δεινότατον, ὅτι μηδὲ νυκτὸς καθεύδω μόνος τῶν ἄλλων, ἀλλὰ δεῖ 10 με καὶ τότε τῷ Πλούτωνι ψυχαγωγεῖν καὶ νεκροπομπὸν εἶναι καὶ παρεστάναι τῷ δικαστηρίῳ· οὐ γὰρ ἱκανά μοι τὰ τῆς ἡμέρας ἔργα, ἐν παλαίστραις εἶναι καὶ ταῖς ἐκκλησίαις κηρύττειν καὶ ῥήτορας ἐκδιδάσκειν, ἀλλ᾽ ἔτι καὶ νεκρικὰ συνδιαπράττειν μεμερισμένον.

2 καίτοι τὰ μὲν τῆς Λήδας τέκνα παρ᾽ ἡμέραν ἑκάτερος ἐν οὐρανῷ 15 ἢ ἐν ᾅδου εἰσίν, ἐμοὶ δὲ καθ᾽ ἑκάστην ἡμέραν καὶ ταῦτα κἀκεῖνα ποιεῖν ἀναγκαῖον, καὶ οἱ μὲν Ἀλκμήνης καὶ Σεμέλης υἱοὶ ἐκ

4. De re cf. 19.1, *Hymn. Hom.* 4, Hor. *Carm.* 1.10 etc.   1 ὦ μῆτερ om. Ω¹   ἐμοῦ β: μου γ   2 μηδέν γ: μηδὲ ἔν τι β 3 Τί om. β   4 μὲν om. γ   γρ. ἐξαναστὰς Ωᵇ mg.   5 σαίρειν γ: αἴρειν β: φιλοκαλεῖ ss. Ωᵇ   τὸ συμπόσιον δεῖ β   κλισίαν β: ἐκκλησίαν γ   5–6 εὐθετίσαντα β: εὐθετίσαντά τε recc.: εὖ εἶτα ἔχοντα γ 6 διαφέρειν] διακομίζειν ss. Ωᵇ   τὰς² om. β   7 ἔτι β: ἤδη γ 7–8 cf. tamen 79.8.2 etc.   8 νεώνητον] γρ. νεόκτητον Ωᵇ   9 τούτον om. Ω, ss. Ωᵇ   cf. *Il.* 5.266, Luc. 79.10 etc.   11 cf. 19.1, 77.20 13 καὶ¹] κἂν Ωᵇ   15–16 cf. 79.25   16 ἢ β: καὶ ΩL: om. Γ κἀκεῖνα καὶ ταῦτα β   17 οἱ recc.: ὁ γβ   υἱοὶ Bas.²: υἱὸς γβ: om. recc.

γυναικῶν δυστήνων γενόμενοι εὐωχοῦνται ἀφρόντιδες, ὁ δὲ
Μαίας τῆς Ἀτλαντίδος διακονοῦμαι αὐτοῖς. καὶ νῦν ἄρτι ἥκοντά
με ἀπὸ Σιδῶνος παρὰ τῆς Κάδμου θυγατρός, ἐφ' ἣν πέπομφέ
με ὀψόμενον ὅ τι πράττει ἡ παῖς, μηδὲ ἀναπνεύσαντα πέπομφεν
5 αὖθις εἰς τὸ Ἄργος ἐπισκεψόμενον τὴν Δανάην, εἶτ' ἐκεῖθεν
εἰς Βοιωτίαν, φησίν, ἐλθὼν ἐν παρόδῳ τὴν Ἀντιόπην ἰδέ.
καὶ ὅλως ἀπηγόρευκα ἤδη. εἰ γοῦν μοι δυνατὸν ἦν, ἡδέως ἂν
ἠξίωσα πεπρᾶσθαι, ὥσπερ οἱ ἐν γῇ κακῶς δουλεύοντες.

ΜΑΙΑ

Ἔα ταῦτα, ὦ τέκνον· χρὴ γὰρ πάντα ὑπηρετεῖν τῷ πατρὶ
10 νεανίαν ὄντα. καὶ νῦν ὥσπερ ἐπέμφθης, σόβει εἰς Ἄργος, εἶτα
εἰς τὴν Βοιωτίαν, μὴ καὶ πληγὰς βραδύνων λάβῃς· ὀξύχολοι
γὰρ οἱ ἐρῶντες.

5 (1)

ΠΡΟΜΗΘΕΩΣ ΚΑΙ ΔΙΟΣ

ΠΡΟΜΗΘΕΥΣ

Λῦσόν με, ὦ Ζεῦ· δεινὰ γὰρ ἤδη πέπονθα.   1

ΖΕΥΣ

Λύσω σε, φής, ὃν ἐχρῆν βαρυτέρας πέδας ἔχοντα καὶ τὸν
15 Καύκασον ὅλον ὑπὲρ κεφαλῆς ἐπικείμενον ὑπὸ ἑκκαίδεκα γυπῶν
μὴ μόνον κείρεσθαι τὸ ἧπαρ, ἀλλὰ καὶ τοὺς ὀφθαλμοὺς ὀρύτ-
τεσθαι, ἀνθ' ὧν τοιαῦθ' ἡμῖν ζῷα τοὺς ἀνθρώπους ἔπλασας
καὶ τὸ πῦρ ἔκλεψας καὶ γυναῖκας ἐδημιούργησας; ἃ μὲν γὰρ ἐμὲ

2 Ἄτλαντος γ; cf. Hes. *Th.* 938   ἄρτι] ἄρ' β   3 Σιδό-
νος Β   θυγατρός] ἀδελφῆς Guyet; nostrum dormitare, de Europa
potius quam Inone loqui puto (cf. tamen 44.4, 78.15)   7 μοι om. β
ἦν om. γ   9 ταῦτα om. Ω, ss. Ω^b   11 καὶ om. Β
5. eadem noster in 23 et 71 tractat; cf. quoque Hes. *Op.* 47 seq., *Th.* 510
seq., A. *P.V.* passim   13 ἤδη om. Ω, ss. Ω^b   16-17 ἐξ-
ορύττεσθαι β; sed cf. Ar. *Av.* 442   17-18 ζῷα...γυναῖκας om. Ω¹

ΛΟΥΚΙΑΝΟΥ

ἐξηπάτησας ἐν τῇ νομῇ τῶν κρεῶν ὀστᾶ πιμελῇ κεκαλυμμένα
παραθεὶς καὶ τὴν ἀμείνω τῶν μοιρῶν σεαυτῷ φυλάττων, τί
χρὴ λέγειν;

ΠΡΟΜΗΘΕΥΣ

Οὔκουν ἱκανὴν ἤδη τὴν δίκην ἐκτέτικα τοσοῦτον χρόνον τῷ
Καυκάσῳ προσηλωμένος τὸν κάκιστα ὀρνέων ἀπολούμενον 5
ἀετὸν τρέφων τῷ ἥπατι;

ΖΕΥΣ

Οὐδὲ πολλοστημόριον τοῦτο ὧν σε δεῖ παθεῖν.

ΠΡΟΜΗΘΕΥΣ

Καὶ μὴν οὐκ ἀμισθί με λύσεις, ἀλλά σοι μηνύσω τι, ὦ Ζεῦ,
πάνυ ἀναγκαῖον.

ΖΕΥΣ

2   Κατασοφίζῃ με, ὦ Προμηθεῦ.   10

ΠΡΟΜΗΘΕΥΣ

Καὶ τί πλέον ἔξω; οὐ γὰρ ἀγνοήσεις αὖθις ἔνθα ὁ Καύκασός
ἐστιν, οὐδὲ ἀπορήσεις δεσμῶν, ἐάν τι τεχνάζων ἁλίσκωμαι.

ΖΕΥΣ

Εἰπὲ πρότερον ὅντινα μισθὸν ἀποτίσεις ἀναγκαῖον ἡμῖν
ὄντα.

ΠΡΟΜΗΘΕΥΣ

Ἢν εἴπω ἐφ' ὅ τι βαδίζεις νῦν, ἀξιόπιστος ἔσομαί σοι καὶ περὶ 15
τῶν ὑπολοίπων μαντευόμενος;

ΖΕΥΣ

Πῶς γὰρ οὔ;

1 διανομὴ Ω; cf. 23.6, Hes. Th. 535 seq.   2 μοι παραθεὶς recc.
5 cf. Ar. Ach. 865 etc.   6 ἀετὸν βΓ   8 τι om. Ω
10 ὦ Προμηθεῦ; β   cf. A. P.V. 62, 944   11 Καὶ τί β: Τί
γάρ τι Γ: Τί γὰρ ΩL   12 ἐάν γ: ἢν β   13 ὅντινα] οὖν τίνα Β
16 μαντευσόμενος γ

270

79. ΘΕΩΝ ΔΙΑΛΟΓΟΙ

ΠΡΟΜΗΘΕΥΣ

Παρὰ τὴν Θέτιν, συνεσόμενος αὐτῇ.

ΖΕΥΣ

Τουτὶ μὲν ἔγνως· τί δ᾽ οὖν τὸ ἐπὶ τούτῳ; δοκεῖς γάρ τι ἐρεῖν.

ΠΡΟΜΗΘΕΥΣ

Μηδέν, ὦ Ζεῦ, κοινωνήσῃς τῇ Νηρεΐδι· ἢν γὰρ αὕτη κυοφορήσῃ ἐκ σοῦ, τὸ τεχθὲν ἴσα ἐργάσεταί σε οἷα καὶ σὺ ἔδρασας—

ΖΕΥΣ

5 Τοῦτο φῄς, ἐκπεσεῖσθαί με τῆς ἀρχῆς;

ΠΡΟΜΗΘΕΥΣ

Μὴ γένοιτο, ὦ Ζεῦ. πλὴν τοιοῦτό τι ἡ μίξις αὐτῆς ἀπειλεῖ.

ΖΕΥΣ

Χαιρέτω τοιγαροῦν ἡ Θέτις· σὲ δὲ ὁ Ἥφαιστος ἐπὶ τούτοις λυσάτω.

6 (2)

ΕΡΩΤΟΣ ΚΑΙ ΔΙΟΣ

ΕΡΩΣ

᾽Αλλ᾽ εἰ καί τι ἥμαρτον, ὦ Ζεῦ, σύγγνωθί μοι· παιδίον γάρ **1** 10 εἰμι.

ΖΕΥΣ

Σὺ παιδίον, ὦ Ἔρως, ὃς ἀρχαιότερος εἶ πολὺ τοῦ Ἰαπετοῦ;

---

2 δ᾽ οὖν τὸ β: οὖν τὰ γ   τι γ: ἀληθές τι β   3 Νηρηΐδι L
αὐτὴ βγ: corr. recc.   4 σὺ ἔδρασας β: ἔδρασας τὸν Κρόνον γ
6 τι γ: γε β   μίξις β   10 εἰμι καὶ ἔτι ἄφρων β
11 ὦ γ: ὁ β   cf. 79.11.1, Pl. *Symp.* 195b, Hes. *Th.* 120, 134
τοῦ om. β

ἢ διότι μὴ πώγωνα μηδὲ πολιὰς ἔφυσας, διὰ ταῦτα καὶ βρέφος
ἀξιοῖς νομίζεσθαι γέρων καὶ πανοῦργος ὤν;

ΕΡΩΣ

Τί δαί σε μέγα ἠδίκησα ὁ γέρων ὡς φῂς ἐγώ, διότι με καὶ
πεδῆσαι διανοῇ;

ΖΕΥΣ

Σκόπει, ὦ κατάρατε, εἰ μικρά, ὃς ἐμοὶ μὲν οὕτως ἐντρυφᾷς, 5
ὥστε οὐδὲν ἔστιν ὃ μὴ πεποίηκάς με, σάτυρον, ταῦρον, χρυσόν,
κύκνον, ἀετόν· ἐμοῦ δὲ ὅλως οὐδεμίαν ἥντινα ἐρασθῆναι πεποί-
ηκας, οὐδὲ συνῆκα ἡδὺς γυναικὶ διὰ σὲ γεγενημένος, ἀλλά
με δεῖ μαγγανεύειν ἐπ' αὐτὰς καὶ κρύπτειν ἐμαυτόν· αἱ δὲ τὸν μὲν
κύκνον ἢ ταῦρον φιλοῦσιν, ἐμὲ δὲ ἐὰν ἴδωσιν, τεθνᾶσιν ὑπὸ 10
τοῦ δέους.

ΕΡΩΣ

2   Εἰκότως· οὐ γὰρ φέρουσιν, ὦ Ζεῦ, θνηταὶ οὖσαι τὴν σὴν
πρόσοψιν.

ΖΕΥΣ

Πῶς οὖν τὸν Ἀπόλλω ὁ Βράγχος καὶ ὁ Ὑάκινθος φιλοῦσιν;

ΕΡΩΣ

Ἀλλὰ ἡ Δάφνη κἀκεῖνον ἔφυγεν καίτοι κομήτην καὶ ἀγένειον 15
ὄντα. εἰ δ' ἐθέλεις ἐπέραστος εἶναι, μὴ ἐπίσειε τὴν αἰγίδα μηδὲ
τὸν κεραυνὸν φέρε, ἀλλ' ὡς ἥδιστον ποίει σεαυτόν, ἁπαλὸν ὀφ-
θῆναι, καθειμένος βοστρύχους, τῇ μίτρᾳ τούτους ἀνειλημμένος,

3 δαί β: δέ γ   ἠδίκηκα Ω   4 διανοεῖς γ
5 εἰ μικρά, ὃς β: ὡς γ   6 μηδέν Ω   cf. Anth.
Pal. 9.48   ταῦρον γ: ἢ ταῦρον β   7 αἰετόν β   οὐδὲ
μίαν vett.   8 συνῆκα β: συνῆλθον γ   10 ταῦρον ἢ κύκνον β
ἦν β   12 σὴν om. γ   15 ἔφυγεν γ: ἔφευγε   καίτοι
κομήτην καὶ om. γ; cf. 79.18.1   16 δὲ θέλεις γ   17–18 sic Ωˣ uv.:
ἥδιστον ἁπαλὸν ποίει σεαυτὸν καλὸν ὀφθῆναι γ: ἥδιστον ποίει σεαυτὸν ἄπολλον
ἑκατέρωθεν β   18 καθειμένον βγ: corr. recc.   sic β: ἀνειλημμένους
L: ἀνειλιμμένους Γ: ἀνειλημένους Ω

πορφυρίδα ἔχε, ὑποδέου χρυσίδας, ὑπ' αὐλῷ καὶ τυμπάνοις εὔρυθμα βαῖνε, καὶ ὄψει ὅτι πλείους ἀκολουθήσουσί σοι τῶν Διονύσου Μαινάδων.

ΖΕΥΣ

Ἄπαγε· οὐκ ἂν δεξαίμην ἐπέραστος εἶναι τοιοῦτος γενόμενος.

ΕΡΩΣ

5 Οὐκοῦν, ὦ Ζεῦ, μηδὲ ἐρᾶν θέλε· ῥᾴδιον γὰρ τοῦτό γε.

ΖΕΥΣ

Οὔκ, ἀλλὰ ἐρᾶν μέν, ἀπραγμονέστερον δὲ αὐτῶν ἐπιτυγχάνειν· ἐπὶ τούτοις αὐτοῖς ἀφίημί σε.

7 (3)

ΔΙΟΣ ΚΑΙ ΕΡΜΟΥ

ΖΕΥΣ

Τὴν τοῦ Ἰνάχου παῖδα τὴν καλὴν οἶσθα, ὦ Ἑρμῆ;

ΕΡΜΗΣ

Ναί· τὴν Ἰὼ λέγεις;

ΖΕΥΣ

10 Οὐκέτι παῖς ἐκείνη ἐστίν, ἀλλὰ δάμαλις.

ΕΡΜΗΣ

Τεράστιον τοῦτο· τῷ τρόπῳ δ' ἐνηλλάγη;

1 ὑποδέου γ: ὑπὸ δύο Β: ὑποδύου recc.   2 fort. ἔνρυθμα Β[1]
5 Οὐκοῦν γ: Τί οὖν β   ῥᾷον Bekker   6–7 τυγχάνειν γ   7 αὐτοῖς
om. rec.   7. De re cf. 78.11, Apollod. 2.1.3, A. *Suppl.* 291 seq., *P.V.*
589 seq. etc.   8 οἶσθα om. Ω: ss. Ω[b]   9 Ναί· β: μὴ γ   11 sic
βΩ[d]: τῷ τρόπῳ (τόπῳ Γ) δ' ἐν τίνι ἠλλάγη γ

ΛΟΥΚΙΑΝΟΥ

ΖΕΥΣ

Ζηλοτυπήσασα ἡ Ἥρα μετέβαλεν αὐτήν. ἀλλὰ καὶ νῦν ἄλλο τι δεινὸν ἐπιμεμηχάνηται τῇ κακοδαίμονι· βουκόλον τινὰ πολυόμματον, Ἄργον τοὔνομα, ἐπέστησεν, ὃς νέμει τὴν δάμαλιν ἄϋπνος ὤν.

ΕΡΜΗΣ

Τί οὖν ἡμᾶς χρὴ ποιεῖν; 5

ΖΕΥΣ

Καταπτάμενος εἰς τὴν Νεμέαν—ἐκεῖ δέ που ὁ Ἄργος βουκολεῖ—ἐκεῖνον ἀπόκτεινον, τὴν δὲ Ἰὼ διὰ τοῦ πελάγους εἰς τὴν Αἴγυπτον ἀγαγὼν Ἶσιν ποίησον· καὶ τὸ λοιπὸν ἔστω θεὸς τοῖς ἐκεῖ καὶ τὸν Νεῖλον ἀναγέτω καὶ τοὺς ἀνέμους ἐπιπεμπέτω καὶ σῳζέτω τοὺς πλέοντας. 10

8 (5)

ΔΙΟΣ ΚΑΙ ΗΡΑΣ

ΗΡΑ

1 Ἐξ οὗ τὸ μειράκιον τοῦτο, ὦ Ζεῦ, τὸ Φρύγιον ἀπὸ τῆς Ἴδης ἁρπάσας δεῦρο ἀνήγαγες, ἔλαττόν μοι προσέχεις τὸν νοῦν.

ΖΕΥΣ

Καὶ τοῦτο γάρ, ὦ Ἥρα, ζηλοτυπεῖς ἤδη ἀφελὲς οὕτω καὶ ἀλυπότατον; ἐγὼ δὲ ᾤμην ταῖς γυναιξὶ μόναις χαλεπήν σε εἶναι, ὁπόσαι ἂν ὁμιλήσωσιν ἐμοί. 15

1 ἀλλὰ om. γ   νῦν γ: καινὸν β   2 ἐπιμεμηχανῶται Β[1]
3 τοὔνομα β: ὄνομα γ   6 που om. γ   9 τοῖς γ: τῶν β
ἀναγέτω β: ἀναγαγέτω Γ: ἀγαγέτω Ω   8. Titulus ΗΡΑΣ ΚΑΙ
ΔΙΟΣ recc.   De re cf. 35.6, 79.10   11 τὸ[2] om. γ   12 τὸν
νοῦν προσέχεις β   15 ἂν β: ἄρα γ   ὁμιλήσωσιν ἐμοί Γ
uv., Ω[2]: ὁμιλήσουσιν ἐμοί Ω[2]L: ὁμιλήσωσί μοι β

ΗΡΑ

Οὐδὲ ἐκεῖνα μὲν εὖ ποιεῖς οὐδὲ πρέποντα σεαυτῷ ὃς ἁπάντων **2**
θεῶν δεσπότης ὢν ἀπολιπὼν ἐμὲ τὴν νόμῳ γαμετὴν ἐπὶ τὴν γῆν
κάτει μοιχεύσων, χρυσίον ἢ σάτυρος ἢ ταῦρος γενόμενος. πλὴν
ἀλλ' ἐκεῖναι μέν σοι κἂν ἐν γῇ μένουσιν, τὸ δὲ Ἰδαῖον τοῦτο
5 παιδίον ἁρπάσας ἀνέπτης, ὦ γενναιότατε ἀετῶν, καὶ συνοικεῖ
ἡμῖν ἐπὶ κεφαλήν μοι ἀνενεχθέν, οἰνοχοοῦν δὴ τῷ λόγῳ. οὕτως
ἠπόρεις οἰνοχόων, καὶ ἀπηγορεύκει ἄρα ἥ τε Ἥβη καὶ ὁ
Ἥφαιστος διακονούμενοι; σὺ δὲ καὶ τὴν κύλικα οὐκ ἂν ἄλλως
λάβοις παρ' αὐτοῦ ἢ φιλήσας πρότερον αὐτὸν πάντων ὁρώντων,
10 καὶ τὸ φίλημά σοι ἥδιον τοῦ νέκταρος, καὶ διὰ τοῦτο οὐδὲ διψῶν
πολλάκις αἰτεῖς πιεῖν· ὁτὲ δὲ καὶ ἀπογευσάμενος μόνον ἔδωκας
ἐκείνῳ, καὶ πιόντος ἀπολαβὼν τὴν κύλικα ὅσον ὑπόλοιπον ἐν αὐτῇ
πίνεις, ὅθεν καὶ ὁ παῖς ἔπιε καὶ ἔνθα προσήρμοσε τὰ χείλη, ἵνα
καὶ πίνῃς ἅμα καὶ φιλῇς· πρώην δὲ ὁ βασιλεὺς καὶ ὁ πάντων πατὴρ
15 ἀποθέμενος τὴν αἰγίδα καὶ τὸν κεραυνὸν ἐκάθησο ἀστραγαλίζων
μετ' αὐτοῦ πώγωνα τηλικοῦτον καθειμένος. πάντα οὖν ὁρῶ
ταῦτα, ὥστε μὴ οἴου λανθάνειν.

ΖΕΥΣ

Καὶ τί δεινόν, ὦ Ἥρα, μειράκιον οὕτω καλὸν μεταξὺ πίνοντα **3**
καταφιλεῖν καὶ ἥδεσθαι ἀμφοῖν καὶ τῷ φιλήματι καὶ τῷ νέκταρι;
20 ἢν γοῦν ἐπιτρέψω αὐτῷ κἂν ἅπαξ φιλῆσαί σε, οὐκέτι μέμψῃ μοι
ποτιμώτερον τοῦ νέκταρος οἰομένῳ τὸ φίλημα εἶναι.

ΗΡΑ

Παιδεραστῶν οὗτοι λόγοι. ἐγὼ δὲ μὴ οὕτω μανείην ὡς τὰ χείλη
προσενεγκεῖν τῷ μαλθακῷ τούτῳ Φρυγὶ τῷ ἐκτεθηλυμένῳ.

2 ἐμὲ β: με γ   ἐπὶ τὴν γῆν om. γ   3 ἢ σάτυρος om. β
4 Ἰδαῖον τοῦτο γ: εἰκαῖον τουτὶ β   5 ἀετῶν γ: θεῶν β   6 ἡμῖν]
νῦν Ω   ἀνενεχθέν γ: ἐπαχθέν β   7 ἀπηγορεύκασιν β
9 φιλήσαις β   ἁπάντων β   10 καὶ τὸ φ. σοι γ: ἢ καὶ τὸ φ. β
11 ὁτὲ (vel ὅτε) δὲ β: ἐνίοτε δὲ L: ἐνίοτέ γε γ   12 ἐπίλοιπον γ
14 ὁ πάντων γ: ἁπάντων β   16 αὐτοῦ ὁ π. β   ἅπαντα β
21 προτιμότερον β   οἰομένη Ω[b]   22 οὗτοι οἱ λόγοι Ω[1] uv.
23 τῷ ἐκτ. γ: οὕτως ἐκτ. β

ΛΟΥΚΙΑΝΟΥ

ΖΕΥΣ

Μὴ λοιδοροῦ, ὦ γενναιοτάτη, τοῖς παιδικοῖς· οὑτοσὶ γὰρ ὁ θηλυδρίας, ὁ βάρβαρος, ὁ μαλθακός, ἡδίων ἐμοὶ καὶ ποθεινότερος— οὐ βούλομαι δὲ εἰπεῖν, μή σε παροξύνω ἐπὶ πλέον.

ΗΡΑ

4 Εἴθε καὶ γαμήσειας αὐτὸν ἐμοῦ γε οὕνεκα· μέμνησο γοῦν οἷά μοι διὰ τὸν οἰνοχόον τοῦτον ἐμπαροινεῖς. 5

ΖΕΥΣ

Οὔκ, ἀλλὰ τὸν Ἥφαιστον ἔδει τὸν σὸν υἱὸν οἰνοχοεῖν ἡμῖν χωλεύοντα, ἐκ τῆς καμίνου ἥκοντα, ἔτι τῶν σπινθήρων ἀνάπλεων, ἄρτι τὴν πυράγραν ἀποτεθειμένον, καὶ ἀπ' ἐκείνων αὐτοῦ τῶν δακτύλων λαμβάνειν ἡμᾶς τὴν κύλικα καὶ ἐπισπασαμένους γε φιλῆσαι μεταξύ· ὃν οὐδ' ἂν ἡ μήτηρ σὺ ἡδέως φιλήσειας ὑπὸ τῆς 10 ἀσβόλου κατηθαλωμένον τὸ πρόσωπον; ἡδίω ταῦτα· οὐ γὰρ παρὰ πολὺ ὁ οἰνοχόος ἐκεῖνος ἐμπρέπει τῷ συμποσίῳ τῶν θεῶν, ὁ Γανυμήδης δὲ καταπεμπτέος αὖθις εἰς τὴν Ἴδην· καθάριος γὰρ καὶ ῥοδοδάκτυλος καὶ ἐπισταμένως ὀρέγει τὸ ἔκπωμα, καὶ ὅ σε λυπεῖ μάλιστα, καὶ φιλεῖ ἥδιον τοῦ νέκταρος. 15

ΗΡΑ

5 Νῦν καὶ χωλός, ὦ Ζεῦ, ὁ Ἥφαιστος καὶ οἱ δάκτυλοι αὐτοῦ ἀνάξιοι τῆς σῆς κύλικος καὶ ἀσβόλου μεστός ἐστι, καὶ ναυτιᾷς ὁρῶν αὐτόν, ἐξ οὗ τὸν καλὸν τοῦτον ἡμῖν ἡ Ἴδη ἀνέθρεψεν· πάλαι δὲ οὐχ ἑώρας ταῦτα, οὐδὲ οἱ σπινθῆρες οὐδὲ ἡ κάμινος ἀπέτρεπόν σε μὴ οὐχὶ πίνειν παρ' αὐτοῦ. 20

1 Μὴ γ: μή μοι β   γενναιοτάτη β: γενναῖε Γ: γενναία ΩL
οὑτοσὶ L: οὑτωσὶ γ: οὗτος β   2 ἐμοὶ om. β   4 ἕνεκα γ
γοῦν β: δ' οὖν γ   6–8 cf. Il. 1.598, 18.411 etc.   9 γε β: τε γ
10 sic scripsi: μεταξύ· ὃν γ: μεταξύ, β   11 ; post προσ. om. β   sic γ:
ΗΡΑ Ἡδίω ταῦτα. ΖΕΥΣ Οὐ γὰρ καὶ παρὰ β et Hemsterhuis qui ; post
γὰρ addidit   12 ὅ¹ om. Ω, ss. Ωᵇ   ἔπρεπε β   13 κατάπεμπτος γ   καθάριος β: καθαρὸς γ: καθάρειος Cobet   18 ἐξ ὅτου β
τοῦτον ἡμῖν γ: κομήτην β   20 οὐχὶ β: οὐ γ

ΖΕΥΣ

Λυπεῖς, ὦ Ἥρα, σεαυτήν, οὐδὲν ἄλλο, κἀμοὶ ἐπιτείνεις τὸν
ἔρωτα ζηλοτυποῦσα· εἰ δὲ ἄχθη παρὰ παιδὸς ὡραίου δεχομένη
τὸ ἔκπωμα, σοὶ μὲν ὁ υἱὸς οἰνοχοείτω, σὺ δέ, ὦ Γανύμηδες, ἐμοὶ
μόνῳ ἀναδίδου τὴν κύλικα καὶ ἐφ' ἑκάστῃ δὶς φίλει με καὶ ὅτε
5 πλήρη ὀρέγοις κᾷτα αὖθις ὁπότε παρ' ἐμοῦ ἀπολαμβάνοις. τί
τοῦτο; δακρύεις; μὴ δέδιθι· οἰμώξεται γάρ, ἤν τις σὲ λυπεῖν θέλῃ.

9 (6)

ΗΡΑΣ ΚΑΙ ΔΙΟΣ

ΗΡΑ

Τὸν Ἰξίονα τοῦτον, ὦ Ζεῦ, ποῖόν τινα τὸν τρόπον ἡγῇ; **1**

ΖΕΥΣ

Ἄνθρωπον εἶναι χρηστόν, ὦ Ἥρα, καὶ συμποτικόν· οὐ γὰρ ἂν
συνῆν ἡμῖν ἀνάξιος τοῦ συμποσίου ὤν.

ΗΡΑ

10 Ἀλλὰ ἀνάξιός ἐστιν, ὑβριστής γε ὤν· ὥστε μηκέτι συνέστω.

ΖΕΥΣ

Τί δαὶ ὕβρισεν; χρὴ γάρ, οἶμαι, κἀμὲ εἰδέναι.

ΗΡΑ

Τί γὰρ ἄλλο;—καίτοι αἰσχύνομαι εἰπεῖν αὐτό· τοιοῦτόν ἐστιν
ὃ ἐτόλμησεν.

---

1 οὐδὲν γ B²: μηδὲν B¹   3 μὲν β: μὲν οὖν γ   4 δίδου γ
5 ὀρέγεις γ   κᾷτα β: καὶ γ   λαμβάνεις γ
6 ἐθέλῃ γ   9. De re cf. Pind. Pyth. 2.21 seq., A. Fr. 88–93 R,
D.S. 4.69.3, Apollod. Epit. 1.20 etc.   7 τοῦτον ὁρᾷς, ὦ Ζεῦ; β
τρόπον] ἄνθρωπον Sommerbrodt   11 Τί δαὶ B: Τί δὲ γN
12 Τί δ' ἄλλο; καί γε β

ΖΕΥΣ

Καὶ μὴν διὰ τοῦτο καὶ μᾶλλον εἴποις ἄν, ὅσον καὶ αἰσχίοσιν ἐπεχείρησεν. μῶν δ' οὖν ἐπείρα τινά; συνίημι γὰρ ὁποῖόν τι τὸ αἰσχρόν, ὅπερ ἂν σὺ ὀκνήσειας εἰπεῖν.

ΗΡΑ

2 Αὐτὴν ἐμέ, οὐκ ἄλλην τινά, ὦ Ζεῦ, πολὺν ἤδη χρόνον. καὶ τὸ μὲν πρῶτον ἠγνόουν τὸ πρᾶγμα, διότι ἀτενὲς ἀφεώρα εἰς ἐμέ· ὁ 5 δὲ καὶ ἔστενε καὶ ὑπεδάκρυε, καὶ εἴ ποτε πιοῦσα παραδοίην τῷ Γανυμήδει τὸ ἔκπωμα, ὁ δὲ ᾔτει ἐν αὐτῷ ἐκείνῳ πιεῖν καὶ λαβὼν ἐφίλει μεταξὺ καὶ πρὸς τοὺς ὀφθαλμοὺς προσῆγε καὶ αὖθις ἀφεώρα εἰς ἐμέ· ταῦτα δὲ ἤδη συνίην ἐρωτικὰ ὄντα. καὶ ἐπὶ πολὺ μὲν ᾐδούμην λέγειν πρὸς σὲ καὶ ᾤμην παύσεσθαι 10 τῆς μανίας τὸν ἄνθρωπον· ἐπεὶ δὲ καὶ λόγους ἐτόλμησέ μοι προσενεγκεῖν, ἐγὼ μὲν ἀφεῖσα αὐτὸν ἔτι δακρύοντα καὶ προκυλινδούμενόν μου, ἐπιφραξαμένη τὰ ὦτα, ὡς μηδὲ ἀκούσαιμι αὐτοῦ ὑβριστικὰ ἱκετεύοντος, ἀπῆλθον σοὶ φράσουσα· σὺ δὲ αὐτὸς ὅρα, ὅπως μέτει τὸν ἄνδρα. 15

ΖΕΥΣ

3 Εὖ γε ὁ κατάρατος· ἐπ' ἐμὲ αὐτὸν καὶ μέχρι τῶν Ἥρας γάμων; τοσοῦτον ἐμεθύσθη τοῦ νέκταρος; ἀλλ' ἡμεῖς τούτων αἴτιοι καὶ πέρα τοῦ μετρίου φιλάνθρωποι, οἵ γε καὶ συμπότας αὐτοὺς ἐποιησάμεθα. συγγνωστοὶ οὖν, εἰ πιόντες ὅμοια ἡμῖν καὶ ἰδόντες οὐράνια κάλλη καὶ οἷα οὐδέποτε εἶδον ἐπὶ γῆς, ἐπεθύμησαν 20 ἀπολαῦσαι αὐτῶν ἔρωτι ἁλόντες· ὁ δὲ ἔρως βίαιόν τί ἐστι καὶ οὐκ ἀνθρώπων μόνον ἄρχει, ἀλλὰ καὶ ἡμῶν αὐτῶν ἐνίοτε.

1 ὅσῳ β   αἰσχίοσιν Γ: αἰσχροῖσιν Ω: αἰσχροῖς β   2 δ'
οὖν γ: οὖν β   πειρᾷ γ   3 ὅπερ ἂν γ: αὐτὸ ὃ β   4 Αὐτὴν
β: Ταύτην γ   5–6 ὁ δὲ καὶ ἔστενε om. γ: ὁτὲ δὲ καὶ ἔστενε ss. Ω^b
6 ἀναδοίην β   9 ἑσεώρα Β¹   13 προσκυλινδούμενόν γ
13 μου om. β   16 ἐπ' ἐμὲ αὐτὸν καὶ om. γ   17 seq. ΗΡΑ
'Αλλ'...ἔτεκεν Γ: 'Αλλ'...ἐποιησάμεθα Ω   17–18 καὶ τὸ πέρα...
φιλάνθρωπον (-ποι Ω) γ   19 γοῦν Γ   20 οὔ ποτε β
21 τι Ν, Ω^b, ss. Β²: om. γ, Β¹   21 seq. cf. Pl. *Symp.* 196c

ΗΡΑ

Σοῦ μὲν καὶ πάνυ οὗτός γε δεσπότης ἐστὶν καὶ ἄγει σε καὶ φέρει τῆς ῥινός, φασίν, ἕλκων, καὶ σὺ ἔπῃ αὐτῷ ἔνθα ἂν ἡγῆταί σοι, καὶ ἀλλάττῃ ῥαδίως ἐς ὅ τι ἂν κελεύσῃ σέ, καὶ ὅλως κτῆμα καὶ παιδιὰ τοῦ ἔρωτος σύ γε· καὶ νῦν οἶδα ἐγὼ τῷ
5 Ἰξίονι συγγνώμην ἀπονέμεις ἄτε καὶ αὐτὸς μοιχεύσας ποτὲ αὐτοῦ τὴν γυναῖκα, ἥ σοι τὸν Πειρίθουν ἔτεκεν.

ΖΕΥΣ

Ἔτι γὰρ σὺ μέμνησαι ἐκείνων, εἴ τι ἐγὼ ἔπαιξα εἰς γῆν **4** κατελθών; ἀτὰρ οἶσθα ὅ μοι δοκεῖ περὶ τοῦ Ἰξίονος; κολάζειν μὲν μηδαμῶς αὐτὸν μηδὲ ἀπωθεῖν τοῦ συμποσίου· σκαιὸν γάρ·
10 ἐπεὶ δὲ ἐρᾷ καὶ ὡς φῂς δακρύει καὶ ἀφόρητα πάσχει—

ΗΡΑ

Τί, ὦ Ζεῦ; δέδια γάρ, μή τι ὑβριστικὸν καὶ σὺ εἴπῃς.

ΖΕΥΣ

Μηδαμῶς· ἀλλ' εἴδωλον ἐκ νεφέλης πλασάμενοι αὐτῇ σοι ὅμοιον, ἐπειδὰν λυθῇ τὸ συμπόσιον κἀκεῖνος ἀγρυπνῇ, ὡς τὸ εἰκός, ὑπὸ τοῦ ἔρωτος, συγκατακλίνωμεν αὐτῷ φέροντες·
15 οὕτω γὰρ ἀναπαύσαιτο ἀνιώμενος οἰηθεὶς τετυχηκέναι τῆς ἐπιθυμίας.

ΗΡΑ

Ἄπαγε, μὴ ὥρας ἵκοιτο τῶν ὑπὲρ αὐτὸν ἐπιθυμῶν.

1 γε om. γ   1-2 cf. 31.20, 70.73 etc.   2 σὺ om. β
3 κελεύῃ Ω   σέ om. β   4-5 καὶ νῦν τῷ Ἰξίονι οἶδα καθότι β
5 ποτὲ om. Ω, ss. Ω^b   cf. Il. 14.318   7 κείνων β
8 οἶσθα β: σὺ οἶσθα γ   9 μηδαμῶς β: μηδὲ ὅλως Γ: οὐδὲ ὅλως Ω
12 Οὐδαμῶς β   πλασάμενος Γ   13 ἀγρυπνεῖ Γ: corr. Γ^c
14 παρακατακλίνωμεν β (περι. Ω^b)   15 ἀναπαύσαιτο Γ et Ω^1:
ἂν παύσαιτο βΩ^d: fort. ⟨ἂν⟩ ἀναπαύσαιτο, sed cf. 11.10 etc.   17 ὥρας
ΓL: ὥραισιν βΩ, confirmante scholiaste codicum ΒΩ; cf. 45.5, 80.10.3
αὐτῶν Γ^1   ἐπιθυμιῶν β

ΛΟΥΚΙΑΝΟΥ

ΖΕΥΣ

Ὅμως ὑπόμεινον, ὦ Ἥρα. τί γὰρ ἂν πάθοις δεινὸν ἀπὸ τοῦ πλάσματος, εἰ νεφέλη ὁ Ἰξίων συνέσται;

ΗΡΑ

5 Ἀλλ' ἡ νεφέλη ἐγὼ εἶναι δόξω, καὶ τὸ αἰσχρὸν ἐπ' ἐμὲ ποιήσει διὰ τὴν ὁμοιότητα.

ΖΕΥΣ

Οὐδὲν τοῦτο φής· οὔτε γὰρ ἡ νεφέλη ποτὲ Ἥρα γένοιτ' ἂν οὔτε   5
σὺ νεφέλη· ὁ δ' Ἰξίων μόνον ἐξαπατηθήσεται.

ΗΡΑ

Ἀλλὰ οἱ πάντες ἄνθρωποι ἀπειρόκαλοί εἰσιν. αὐχήσει κατ-
ελθὼν ἴσως καὶ διηγήσεται πᾶσι λέγων συγγεγενῆσθαι τῇ Ἥρᾳ
καὶ σύλλεκτρος εἶναι τῷ Διί, καί που τάχα ἐρᾶν με φήσειεν
αὐτοῦ, οἱ δὲ πιστεύσουσιν οὐκ εἰδότες ὡς νεφέλῃ συνῆν.   10

ΖΕΥΣ

Οὐκοῦν, ἤν τι τοιοῦτον εἴπῃ, ἐς ᾅδην ἐμπεσὼν τροχῷ ἄθλιος
προσδεθεὶς συμπεριενεχθήσεται μετ' αὐτοῦ ἀεὶ καὶ πόνον
ἄπαυστον ἕξει δίκην διδοὺς οὐ τοῦ ἔρωτος—οὐ γὰρ δεινὸν
τοῦτό γε—ἀλλὰ τῆς μεγαλαυχίας.

10 (4)

ΔΙΟΣ ΚΑΙ ΓΑΝΥΜΗΔΟΥΣ

ΖΕΥΣ

1 Ἄγε, ὦ Γανύμηδες—ἥκομεν γὰρ ἔνθα ἐχρῆν—φίλησόν με   15

1 τί γ: ἢ vel ἦ β   ἂν γ: ἂν καὶ β   2 πράγματος γ
συνεστάναι Β   3 ποιήσει β: ἥξει γ   4 ὁμοιότητα; β
5 τοῦτ' ἔφης Γ   6 μόνος recc.   7 Ἀλλὰ οἱ πάντες
ἄνθρωποι...εἰσιν. β: Ἀλλὰ οἷοι πάντες οἱ ἀνθρ....εἰσιν, γ   8 ἅπασι β
9 τάχα] τάχ' ἂν Poppo; cf. c. 4   11 εἴποι γ   ἐς γ: ἐς τὸν β
13 οὐ[1] om. β   δεινὸν β: δεῖ· δεινὸν γ   14 ἀλλὰ γ: ἀντὶ β
10. De re cf. 35.6, 79.8, Alcaeus Comicus, Kock *CAF* 1, 756–8, Archippus
Comicus, Kock *CAF* 1, 679–80   15 ἄγε βΓL: εὖ γε Ω

79. ΘΕΩΝ ΔΙΑΛΟΓΟΙ

ἤδη, ὅπως εἰδῇς οὐκέτι ῥάμφος ἀγκύλον ἔχοντα οὐδ' ὄνυχας ὀξεῖς
οὐδὲ πτερά, οἷος ἐφαινόμην σοι πτηνὸς εἶναι δοκῶν.

ΓΑΝΥΜΗΔΗΣ

Ἄνθρωπε, οὐκ ἀετὸς ἄρτι ἦσθα καὶ καταπτάμενος ἥρπασάς
με ἀπὸ μέσου τοῦ ποιμνίου; πῶς οὖν τὰ μὲν πτερὰ ἐκεῖνά σοι
5 ἐξερρύηκε, σὺ δὲ ἄλλος ἤδη ἀναπέφηνας;

ΖΕΥΣ

'Αλλ' οὔτε ἄνθρωπον ὁρᾷς, ὦ μειράκιον, οὔτε ἀετόν, ὁ δὲ
πάντων βασιλεὺς τῶν θεῶν οὗτός εἰμι πρὸς τὸν καιρὸν ἀλλάξας
ἐμαυτόν.

ΓΑΝΥΜΗΔΗΣ

Τί φῄς; σὺ γὰρ ὁ Πὰν ἐκεῖνος εἶ; εἶτα πῶς σύριγγα οὐκ ἔχεις
10 οὐδὲ κέρατα οὐδὲ λάσιος εἶ τὰ σκέλη;

ΖΕΥΣ

Μόνον γὰρ ἐκεῖνον ἡγῇ θεόν;

ΓΑΝΥΜΗΔΗΣ

Ναί· καὶ θύομέν γε αὐτῷ ἐνόρχην τράγον ἐπὶ τὸ σπήλαιον
ἄγοντες, ἔνθα ἕστηκε· σὺ δὲ ἀνδραποδιστής τις εἶναί μοι δοκεῖς.

ΖΕΥΣ

Εἰπέ μοι, Διὸς δὲ οὐκ ἤκουσας ὄνομα οὐδὲ βωμὸν εἶδες ἐν τῷ 2
15 Γαργάρῳ τοῦ ὕοντος καὶ βροντῶντος καὶ ἀστραπὰς ποιοῦντος;

---

1 ἴδῃς γ   2 οὐδὲ γ: οὐ β   3 ἀιετὸς per dialogum β
4 ἐκεῖνά σοι γ: σοι (σοῦ B¹) ἐκεῖνα β: ἐκεῖνα σοῦ L   6 ἄνθρωπον
ὁρᾷς...ἀιετόν β: ἄνθρωπος ὄν...ἀετός γ   9 εἶ ὁ Πὰν ἐκεῖνος; β
12 ἐνόρχην Γ: ἔνορχιν βΩL: cf. 29.10, ubi ἐνόρχην scribendum nunc reor
13 ἑστήκει γ   14 – 15 cf. Il. 8.48 etc.   γρ. ἐν τῷ δαρ-
δάνῳ Ωᵇ

281

ΛΟΥΚΙΑΝΟΥ

ΓΑΝΥΜΗΔΗΣ

Σύ, ὦ βέλτιστε, φῂς εἶναι, ὁ πρώην καταχέας ἡμῖν τὴν πολλὴν χάλαζαν, ὁ οἰκεῖν ὑπεράνω λεγόμενος, ὁ ποιῶν τὸν ψόφον, ᾧ τὸν κριὸν ὁ πατὴρ ἔθυσεν; εἶτα τί ἀδικήσαντά με ἀνήρπασας, ὦ βασιλεῦ τῶν θεῶν; τὰ δὲ πρόβατα ἴσως οἱ λύκοι διαρπάσονται ἤδη ἐρήμοις ἐπιπεσόντες. 5

ΖΕΥΣ

Ἔτι γὰρ μέλει σοι τῶν προβάτων ἀθανάτῳ γεγενημένῳ καὶ ἐνταῦθα συνεσομένῳ μεθ᾽ ἡμῶν;

ΓΑΝΥΜΗΔΗΣ

Τί λέγεις; οὐ γὰρ κατάξεις με ἤδη ἐς τὴν Ἴδην τήμερον;

ΖΕΥΣ

Οὐδαμῶς· ἐπεὶ μάτην ἀετὸς εἴην ἀντὶ θεοῦ γεγενημένος.

ΓΑΝΥΜΗΔΗΣ

Οὐκοῦν ἐπιζητήσει με ὁ πατὴρ καὶ ἀγανακτήσει μὴ εὑρίσκων, 10 καὶ πληγὰς ὕστερον λήψομαι καταλιπὼν τὸ ποίμνιον.

ΖΕΥΣ

Ποῦ γὰρ ἐκεῖνος ὄψεταί σε;

ΓΑΝΥΜΗΔΗΣ

Μηδαμῶς· ποθῶ γὰρ ἤδη αὐτόν. εἰ δὲ ἀπάξεις με, ὑπισχνοῦμαί σοι καὶ ἄλλον παρ᾽ αὐτοῦ κριὸν τυθήσεσθαι λύτρα ὑπὲρ ἐμοῦ. ἔχομεν δὲ τὸν τριετῆ, τὸν μέγαν, ὃς ἡγεῖται πρὸς τὴν νομήν. 15

ΖΕΥΣ

3 Ὡς ἀφελὴς ὁ παῖς ἐστι καὶ ἁπλοϊκὸς καὶ αὐτὸ δὴ τοῦτο παῖς

---

1 ὁ γ: ὃς β et fort Ω¹   καταχέας Junt., fort. voluit Ωᵇ:
κατεγχέας γ: κατέχεας β: cf. Il. 8.50   3–4 με ἀδικήσαντα ἀνέσπασας ὁ
βασιλεύς γ   4 διηρπάσαντο γ   9 εἴην βγ: ἂν εἴην rec.: εἴην
ἂν Mras   12 Οὐ γὰρ...σε. Sommerbrodt   14 σοι] σε uv. B

282

79. ΘΕΩΝ ΔΙΑΛΟΓΟΙ

ἔτι.—ἀλλ᾽, ὦ Γανύμηδες, ἐκεῖνα μὲν πάντα χαίρειν ἔα καὶ
ἐπιλάθου αὐτῶν, τοῦ ποιμνίου καὶ τῆς Ἴδης. σὺ δὲ—ἤδη γὰρ
ἐπουράνιος εἶ—πολλὰ εὖ ποιήσεις ἐντεῦθεν καὶ τὸν πατέρα καὶ
τὴν πατρίδα, καὶ ἀντὶ μὲν τυροῦ καὶ γάλακτος ἀμβροσίαν ἔδη καὶ
5 νέκταρ πίῃ· τοῦτο μέντοι καὶ τοῖς ἄλλοις ἡμῖν αὐτὸς παρέξεις
ἐγχέων· τὸ δὲ μέγιστον, οὐκέτι ἄνθρωπος, ἀλλὰ θεὸς ἀθάνατος
γενήσῃ, καὶ ἀστέρα σου φαίνεσθαι ποιήσω κάλλιστον, καὶ ὅλως
εὐδαίμων ἔσῃ.

ΓΑΝΥΜΗΔΗΣ

Ἢν δὲ παίζειν ἐπιθυμήσω, τίς συμπαίξεταί μοι; ἐν γὰρ τῇ
10 Ἴδῃ πολλοὶ ἡλικιῶται ἦμεν.

ΖΕΥΣ

Ἔχεις κἀνταῦθα τὸν συμπαιξόμενόν σοι τουτονὶ τὸν Ἔρωτα
καὶ ἀστραγάλους μάλα πολλούς. θάρρει μόνον καὶ φαιδρὸς ἴσθι
καὶ μηδὲν ἐπιπόθει τῶν κάτω.

ΓΑΝΥΜΗΔΗΣ

Τί δὲ ὑμῖν χρήσιμος ἂν γενοίμην; ἢ ποιμαίνειν δεήσει 4
15 κἀνταῦθα;

ΖΕΥΣ

Οὔκ, ἀλλ᾽ οἰνοχοήσεις καὶ ἐπὶ τοῦ νέκταρος τετάξῃ καὶ
ἐπιμελήσῃ τοῦ συμποσίου.

ΓΑΝΥΜΗΔΗΣ

Τοῦτο μὲν οὐ χαλεπόν· οἶδα γὰρ ὡς χρὴ ἐγχέαι τὸ γάλα καὶ
ἀναδοῦναι τὸ κισσύβιον.

4 τὴν om. β   4–5 τυροῦ...μέντοι om. Ω¹: add. mg. Ω² uv.
5 μέντοι β: μὲν Γ   6 θεὸς γ: om. βΩᵈ   11 seq. cf. Ap.
Rhod. *Arg.* 3.114 seq.   11 ἕξεις γ   σοι om. γ   τουτονὶ
τὸν β: τοῦτον γ   13 ἔτι πόθει Abresch   14 δὲ] δαὶ Β
δεήσῃ Β   19 cf. *Od.* 9.346, 14.78 etc.

ΛΟΥΚΙΑΝΟΥ

ΖΕΥΣ

Ἰδού, πάλιν οὗτος καὶ γάλακτος μνημονεύει καὶ ἀνθρώποις διακονήσεσθαι οἴεται· ταυτὶ δὲ οὐρανός ἐστι, καὶ πίνομεν, ὥσπερ ἔφην, τὸ νέκταρ.

ΓΑΝΥΜΗΔΗΣ

Ἥδιον, ὦ Ζεῦ, τοῦ γάλακτος;

ΖΕΥΣ

Εἴσῃ μετ᾽ ὀλίγον καὶ γευσάμενος οὐκέτι ποθήσεις τὸ γάλα.   5

ΓΑΝΥΜΗΔΗΣ

Κοιμήσομαι δὲ ποῦ τῆς νυκτός; ἢ μετὰ τοῦ ἡλικιώτου Ἔρωτος;

ΖΕΥΣ

Οὔκ, ἀλλὰ διὰ τοῦτό σε ἀνήρπασα, ὡς ἅμα καθεύδοιμεν.

ΓΑΝΥΜΗΔΗΣ

Μόνος γὰρ οὐκ ἂν δύναιο, ἀλλὰ ἥδιόν σοι καθεύδειν μετ᾽ ἐμοῦ;

ΖΕΥΣ

Ναί, μετά γε τοιούτου οἷος εἶ σύ, Γανύμηδες, οὕτω καλός.   10

ΓΑΝΥΜΗΔΗΣ

5 Τί γάρ σε πρὸς τὸν ὕπνον ὀνήσει τὸ κάλλος;

ΖΕΥΣ

Ἔχει τι θέλγητρον ἡδὺ καὶ μαλακώτερον ἐπάγει αὐτόν.

ΓΑΝΥΜΗΔΗΣ

Καὶ μὴν ὅ γε πατὴρ ἤχθετό μοι συγκαθεύδοντι καὶ διηγεῖτο

---

1 οὕτως Γ¹   καὶ¹ om. β   2 δὲ βγ: δ᾽ ὁ recc.
6 Καὶ κοιμήσομαι δὲ γ   ἢ L: ἢ B: om. γ   8 σε ἀνήρπασα
ὡς β: γε ἡ σπουδὴ πᾶσα ἵνα γ   9 ἐμοῦ] ἄλλου? Bekker

284

ἔωθεν, ὡς ἀφεῖλον αὐτοῦ τὸν ὕπνον στρεφόμενος καὶ λακτίζων
καί τι φθεγγόμενος μεταξὺ ὁπότε καθεύδοιμι· ὥστε παρὰ τὴν
μητέρα ἔπεμπέ με κοιμησόμενον ὡς τὰ πολλά. ὥρα δή σοι, εἰ διὰ
τοῦτο, ὡς φῄς, ἀνήρπασάς με, καταθεῖναι αὖθις εἰς τὴν γῆν, ἢ
5 πράγματα ἕξεις ἀγρυπνῶν· ἐνοχλήσω γάρ σε συνεχῶς
στρεφόμενος.

ΖΕΥΣ

Τοῦτ᾽ αὐτό μοι τὸ ἥδιστον ποιήσεις, εἰ ἀγρυπνήσαιμι μετὰ
σοῦ φιλῶν πολλάκις καὶ περιπτύσσων.

ΓΑΝΥΜΗΔΗΣ

Αὐτὸς ἂν εἰδείης· ἐγὼ δὲ κοιμήσομαι σοῦ καταφιλοῦντος.

ΖΕΥΣ

10 Εἰσόμεθα τότε ὃ πρακτέον. νῦν δὲ ἄπαγε αὐτόν, ὦ Ἑρμῆ, καὶ
πιόντα τῆς ἀθανασίας ἄγε οἰνοχοήσοντα ἡμῖν διδάξας πρότερον
ὡς χρὴ ὀρέγειν τὸν σκύφον.

11 (7)

ΗΦΑΙΣΤΟΥ ΚΑΙ ΑΠΟΛΛΩΝΟΣ

ΗΦΑΙΣΤΟΣ

Ἑώρακας, ὦ Ἄπολλον, τὸ τῆς Μαίας βρέφος τὸ ἄρτι τεχθέν, 1
ὡς καλόν τέ ἐστι καὶ προσμειδιᾷ πᾶσι καὶ δηλοῖ ἤδη μέγα τι
15 ἀγαθὸν ἀποβησόμενον;

3 κοιμηθησόμενον β   ὡς om. β   4 ὡς ἔφης ΓL
καθήρπασάς Ω: corr. mg. Ω^b   ἐγκαταθεῖναι Ω^b   τὴν
om. ΓL   7 τὸ del. Cobet   8 sic β: · φιλῶν γὰρ (καὶ Ω)
διατελέσω πολλάκις κτλ. γ   10 ὃ β: τί γ: τὸ Lehmann   11 ἄγε β:
ἄγαγε γ   οἰνοχοήσαντα γ   12 τὸ σκύφος γ   11. Titulus
ΗΦΑΙΣΤΟΣ ΚΑΙ ΑΠΟΛΛΩΝ B   De re cf. Hymn. Hom. 4, Soph.
Ichn., Luc. 79.4, Philostr. Imag. 1.26 etc.   14 προσμειδιᾷ β: προσγελᾷ γ
δηλοῖ τι ἤδη ὡς μέγα ἀγ. γ

ΛΟΥΚΙΑΝΟΥ

ΑΠΟΛΛΩΝ

Ἐκεῖνο τὸ βρέφος, ὦ Ἥφαιστε, ἢ μέγα ἀγαθόν, ὃ τοῦ Ἰαπετοῦ πρεσβύτερόν ἐστιν ὅσον ἐπὶ τῇ πανουργίᾳ;

ΗΦΑΙΣΤΟΣ

Καὶ τί ἂν ἀδικῆσαι δύναιτο ἀρτίτοκον ὄν;

ΑΠΟΛΛΩΝ

Ἐρώτα τὸν Ποσειδῶνα, οὗ τὴν τρίαιναν ἔκλεψεν, ἢ τὸν Ἄρη· καὶ τούτου γὰρ ἐξείλκυσεν λαθὼν ἐκ τοῦ κολεοῦ τὸ ξίφος, ἵνα μὴ 5 ἐμαυτὸν λέγω, ὃν ἀφώπλισε τοῦ τόξου καὶ τῶν βελῶν.

ΗΦΑΙΣΤΟΣ

2 Τὸ νεογνὸν ταῦτα, ὃ μόλις ἔστηκε, τὸ ἐν τοῖς σπαργάνοις;

ΑΠΟΛΛΩΝ

Εἴσῃ, ὦ Ἥφαιστε, ἤν σοι προσέλθῃ μόνον.

ΗΦΑΙΣΤΟΣ

Καὶ μὴν προσῆλθεν ἤδη.

ΑΠΟΛΛΩΝ

Τί οὖν; πάντα ἔχεις τὰ ἐργαλεῖα καὶ οὐδὲν ἀπόλωλεν αὐτῶν; 10

ΗΦΑΙΣΤΟΣ

Πάντα, ὦ Ἄπολλον.

ΑΠΟΛΛΩΝ

Ὅμως ἐπίσκεψαι ἀκριβῶς.

1 ἐκεῖνό γε φῶ βρέφος, ὦ Ἥφαιστε, ἢ μέγα γ   1–2 cf. Pl.
Symp. 195b, Luc. 79.6.1   2 ἐπὶ] ἐν Ω   3 τί β: τίνα γ
4 Ποσειδῶ Γ   5 λαθὸν β   7 τὸ¹ βΩᵈ: τὸ δὲ Γ: fort. τοῦτο
δὲ Ω¹: an τόδε?   ὃ μόγις ἐκινεῖτο ἐν τοῖς γ   8 ἤν β: εἴ γ
προσέλθοι Ω: προέλθῃ Β   10 διόλωλεν γ   11 ὦ om. Ω. ss. Ωᵇ

79. ΘΕΩΝ ΔΙΑΛΟΓΟΙ

ΗΦΑΙΣΤΟΣ

Μὰ Δία, τὴν πυράγραν οὐχ ὁρῶ.

ΑΠΟΛΛΩΝ

'Αλλ' ὄψει που ἐν τοῖς σπαργάνοις αὐτὴν τοῦ βρέφους.

ΗΦΑΙΣΤΟΣ

Οὕτως ὀξύχειρ ἐστὶ καθάπερ ἐν τῇ γαστρὶ ἐκμελετήσας τὴν κλεπτικήν;

ΑΠΟΛΛΩΝ

5 Οὐ γὰρ ἤκουσας αὐτοῦ καὶ λαλοῦντος ἤδη στωμύλα καὶ 3 ἐπίτροχα· ὁ δὲ καὶ διακονεῖσθαι ἡμῖν ἐθέλει. χθὲς δὲ προκαλεσάμενος τὸν Ἔρωτα κατεπάλαισεν εὐθὺς οὐκ οἶδ' ὅπως ὑφελὼν τὼ πόδε· εἶτα μεταξὺ ἐπαινούμενος τῆς 'Αφροδίτης μὲν τὸν κεστὸν ἔκλεψεν προσπτυξαμένης αὐτὸν ἐπὶ τῇ νίκῃ, τοῦ 10 Διὸς δὲ γελῶντος ἦλθεν ἐπὶ τὸ σκῆπτρον· εἰ δὲ μὴ βαρύτερος ὁ κεραυνὸς ἦν καὶ πολὺ τὸ πῦρ εἶχε, κἀκεῖνον ἂν ὑφείλετο.

ΗΦΑΙΣΤΟΣ

Ὑπέρδριμύν τινα τὸν παῖδα φής.

ΑΠΟΛΛΩΝ

Οὐ μόνον, ἀλλ' ἤδη καὶ μουσικόν.

ΗΦΑΙΣΤΟΣ

Τῷ τοῦτο τεκμαίρεσθαι ἔχεις;

ΑΠΟΛΛΩΝ

15 Χελώνην που νεκρὰν εὑρὼν ὄργανον ἀπ' αὐτῆς συνεπήξατο· 4

---

1 Μὰ γ: Νὴ β   4 cf. Pl. R. 334b   6 καὶ om. Ω:
ss. Ω^b   6–7 προσκ. γ   7 Ἔρωτα καὶ ἐπάλαισεν γ   8 ὑφέλκων γ   10 ἦλθεν ἐπὶ γ: ἔτι β   11 τὸ om. γ   κἀκεῖνα
ἂν γ   12 ὑπέρδριμύν γ: γοργόν β   15 seq. De re cf. *Hymn.*
Hom. 4.24, 47 seq., Luc. 78.1.4   15 Χελώνης που νεκρὸν ὄργανον εὑρὼν
ἀπ' αὐτοῦ που συνεπ. γ

287

ΛΟΥΚΙΑΝΟΥ

πήχεις γὰρ ἐναρμόσας καὶ ζυγώσας, ἔπειτα κολλάβους ἐμπήξας καὶ μαγάδιον ὑποθεὶς καὶ ἐντεινάμενος ἑπτὰ χορδὰς μελῳδεῖ πάνυ γλαφυρόν, ὦ Ἥφαιστε, καὶ ἐναρμόνιον, ὡς κἀμὲ αὐτῷ φθονεῖν πάλαι κιθαρίζειν ἀσκοῦντα. ἔλεγε δὲ ἡ Μαῖα, ὡς μηδὲ μένοι τὰς νύκτας ἐν τῷ οὐρανῷ, ἀλλ᾽ ὑπὸ περιεργίας ἄχρι 5 τοῦ ᾅδου κατίοι, κλέψων τι κἀκεῖθεν δηλαδή. ὑπόπτερος δ᾽ ἐστὶ καὶ ῥάβδον τινὰ πεποίηται θαυμασίαν τὴν δύναμιν, ᾗ ψυχαγωγεῖ καὶ κατάγει τοὺς νεκρούς.

ΗΦΑΙΣΤΟΣ
Ἐγὼ ἐκείνην ἔδωκα αὐτῷ παίγνιον εἶναι.

ΑΠΟΛΛΩΝ
Τοιγαροῦν ἀπέδωκέ σοι τὸν μισθόν, τὴν πυράγραν— 10

ΗΦΑΙΣΤΟΣ
Εὖ γε ὑπέμνησας· ὥστε βαδιοῦμαι ἀποληψόμενος αὐτήν, εἴ που, ὡς φής, εὑρεθείη ἐν τοῖς σπαργάνοις.

12 (9)

ΠΟΣΕΙΔΩΝΟΣ ΚΑΙ ΕΡΜΟΥ

ΠΟΣΕΙΔΩΝ
1 Ἔστιν, ὦ Ἑρμῆ, νῦν ἐντυχεῖν τῷ Διί;

ΕΡΜΗΣ
Οὐδαμῶς, ὦ Πόσειδον.

1 καὶ ζυγώσας om. β   καλάμους γ   2 μαγάδα β
3 ἐμελῴδει β   3–4 cf. Hes. Op. 26   4 ἀκούσαντα γ
5 μηδὲ] οὐδὲ Ω   περιεργασίας Β[1]   6 κλέπτων γ
7 τὴν β: τινα τὴν γ   cf. Od. 24.2–4   11 cf. Pl. Phdr. 266d,
Luc. 38.19 etc.   12. De re cf. Eur. Ba. passim, Polyzelus Comicus,
Kock, CAF 1.791   14 seq. ὦ Πόσειδον. ὅμως om. γ

79. ΘΕΩΝ ΔΙΑΛΟΓΟΙ

ΠΟΣΕΙΔΩΝ

Ὅμως προσάγγειλον αὐτῷ.

ΕΡΜΗΣ

Μὴ ἐνόχλει, φημί· ἄκαιρον γάρ ἐστιν, ὥστε οὐκ ἂν ἴδοις αὐτὸν ἐν τῷ παρόντι.

ΠΟΣΕΙΔΩΝ

Μῶν τῇ Ἥρᾳ σύνεστιν;

ΕΡΜΗΣ

5   Οὔκ, ἀλλ᾽ ἑτεροῖόν τί ἐστιν.

ΠΟΣΕΙΔΩΝ

Συνίημι· ὁ Γανυμήδης ἔνδον.

ΕΡΜΗΣ

Οὐδὲ τοῦτο· ἀλλὰ μαλακῶς ἔχει αὐτός.

ΠΟΣΕΙΔΩΝ

Πόθεν, ὦ Ἑρμῆ; δεινὸν γὰρ τοῦτο φῄς.

ΕΡΜΗΣ

Αἰσχύνομαι εἰπεῖν, τοιοῦτόν ἐστιν.

ΠΟΣΕΙΔΩΝ

10   Ἀλλὰ οὐ χρὴ πρὸς ἐμὲ θεῖόν γε ὄντα.

ΕΡΜΗΣ

Τέτοκεν ἀρτίως, ὦ Πόσειδον.

ΠΟΣΕΙΔΩΝ

Ἄπαγε, τέτοκεν ἐκεῖνος; ἐκ τίνος; οὐκοῦν ἐλελήθει ἡμᾶς

2 ἐστιν om. γ   7 μαλακὸς B   10 οὐ χρὴ β: οὐχὶ γ
12 ἐκ τίνος om. β

289

ΛΟΥΚΙΑΝΟΥ

ἀνδρόγυνος ὤν; ἀλλὰ οὐδὲ ἐπεσήμανεν αὐτῷ ἡ γαστὴρ ὄγκον τινά.

ΕΡΜΗΣ

Εὖ λέγεις· οὐ γὰρ ἐκείνη εἶχε τὸ ἔμβρυον.

ΠΟΣΕΙΔΩΝ

Οἶδα· ἐκ τῆς κεφαλῆς ἔτεκεν αὖθις ὥσπερ τὴν Ἀθηνᾶν· τοκάδα
γὰρ τὴν κεφαλὴν ἔχει.   5

ΕΡΜΗΣ

Οὔκ, ἀλλὰ ἐν τῷ μηρῷ ἐκύει τὸ ἐκ τῆς Σεμέλης βρέφος.

ΠΟΣΕΙΔΩΝ

Εὖ γε ὁ γενναῖος, ὡς ὅλος ἡμῖν κυοφορεῖ καὶ πανταχόθι τοῦ
σώματος. ἀλλὰ τίς ἡ Σεμέλη ἐστίν;

ΕΡΜΗΣ

2 Θηβαία, τῶν Κάδμου θυγατέρων μία. ταύτῃ συνελθὼν ἐγ-
κύμονα ἐποίησεν.   10

ΠΟΣΕΙΔΩΝ

Εἶτα ἔτεκεν, ὦ Ἑρμῆ, ἀντ᾽ ἐκείνης;

ΕΡΜΗΣ

Καὶ μάλα, εἰ καὶ παράδοξον εἶναί σοι δοκεῖ· τὴν μὲν γὰρ
Σεμέλην ὑπελθοῦσα ἡ Ἥρα—οἶσθα ὡς ζηλότυπός ἐστιν—πείθει
αἰτῆσαι παρὰ τοῦ Διὸς μετὰ βροντῶν καὶ ἀστραπῶν ἥκειν παρ᾽
αὐτήν· ὡς δὲ ἐπείσθη καὶ ἧκεν ἔχων τὸν κεραυνόν, ἀνεφλέγη ὁ 15
ὄροφος, καὶ ἡ Σεμέλη μὲν διαφθείρεται ὑπὸ τοῦ πυρός, ἐμὲ δὲ
κελεύει ἀνατεμόντα τὴν γαστέρα τῆς γυναικὸς ἀνακομίσαι

1 ἐπεσήμανεν ΓΩΒ uv., cf. 14.41, 73.36: ἐπεσήμηνεν LN: ἐπεσήμαινεν Ωᵇ
ἡ γαστὴρ αὐτῷ β   4–5 de re cf. 79.13   cf. Str. 4.1.2   6 ἐκύει
β: κατέχει Γ: κατεῖχε(ν) ΩL   ἐκ om. γ   13 οἶσθα δὲ ὡς β
14 παρ᾽] πρὸς L   15 τὸν γ: καὶ τὸν β   ἀνεφλέχθη β
16 διεφθάρη γ

ἀτελὲς ἔτι αὐτῷ τὸ ἔμβρυον ἑπτάμηνον· καὶ ἐπειδὴ ἐποίησα,
διελὼν τὸν ἑαυτοῦ μηρὸν ἐντίθησιν, ὡς ἀποτελεσθείη ἐνταῦθα,
καὶ νῦν τρίτῳ ἤδη μηνὶ ἐξέτεκεν αὐτὸ καὶ μαλακῶς ἀπὸ τῶν
ὠδίνων ἔχει.

ΠΟΣΕΙΔΩΝ

5 Νῦν οὖν ποῦ τὸ βρέφος ἐστίν;

ΕΡΜΗΣ

Ἐς τὴν Νῦσαν ἀποκομίσας παρέδωκα ταῖς Νύμφαις ἀνα-
τρέφειν Διόνυσον αὐτὸν ἐπονομασθέντα.

ΠΟΣΕΙΔΩΝ

Οὐκοῦν ἀμφότερα τοῦ Διονύσου τούτου καὶ μήτηρ καὶ πατὴρ
ὅδε ἐστίν;

ΕΡΜΗΣ

10 Ἔοικεν. ἄπειμι δ' οὖν ὕδωρ αὐτῷ πρὸς τὸ τραῦμα οἴσων καὶ
τὰ ἄλλα ποιήσων ἃ νομίζεται ὥσπερ λεχοῖ.

13 (8)

ΗΦΑΙΣΤΟΥ ΚΑΙ ΔΙΟΣ

ΗΦΑΙΣΤΟΣ

Τί με, ὦ Ζεῦ, χρὴ ποιεῖν; ἥκω γάρ, ὡς ἐκέλευσας, ἔχων τὸν
πέλεκυν ὀξύτατον, εἰ καὶ λίθους δέοι μιᾷ πληγῇ διατεμεῖν.

1 αὐτῷ βL: αὐτὸ ΓΩ   ἑπταμηνιαῖον β: ἑπταμηναῖον Ωᵇ
2 αὐτοῦ γ   3 αὐτὸν γ   4–6 sic β (γὰρ ἔδωκα Β, corr. recc.):
ἔχει. τὸ δὲ βρέφος ἐς τὴν Νῦσαν ἀποκομίσας παρέδωκε γ; cf. Hymn. Hom.
26.5 etc.   7 αὐτὸν om. β   8 καὶ π. καὶ μ. γ
9 ὅδε γ: ὁ ἀδελφός β   10 Ἔοικεν om. Γ   11 ἃ νομίζεται γ:
ἃ ἂν νομίζεται Β: ἃ ἂν νομίζηται recc.: ὅσα νομίζεται Fritzsche
cf. Plin. N.H. 35.140   13. Titulus ΖΕΥΣ. ΗΦΑΙΣΤΟΣ Β
De re cf. Hes. Th. 924 seq., Phil. Imag. 2.27, Hermippus Comicus, Kock, CAF
1.224   12 χρὴ β: δεῖ γ   13 λίθον...διακόψαι β

ΛΟΥΚΙΑΝΟΥ

ΖΕΥΣ

Εὖ γε, ὦ Ἥφαιστε· ἀλλὰ δίελέ μου τὴν κεφαλὴν εἰς δύο κατενεγκών.

ΗΦΑΙΣΤΟΣ

Πειρᾷ μου, εἰ μέμηνα; πρόσταττε δ' οὖν τἀληθὲς ὅπερ θέλεις σοι γενέσθαι.

ΖΕΥΣ

Τοῦτο αὐτό, διαιρεθῆναί μοι τὸ κρανίον· εἰ δὲ ἀπειθήσεις, οὐ 5
νῦν πρῶτον ὀργιζομένου πειράσῃ μου. ἀλλὰ χρὴ καθικνεῖσθαι παντὶ τῷ θυμῷ μηδὲ μέλλειν· ἀπόλλυμαι γὰρ ὑπὸ ὠδίνων, αἵ μοι τὸν ἐγκέφαλον ἀναστρέφουσιν.

ΗΦΑΙΣΤΟΣ

Ὅρα, ὦ Ζεῦ, μὴ κακόν τι ποιήσωμεν· ὀξὺς γὰρ ὁ πέλεκύς ἐστι καὶ οὐκ ἀναιμωτὶ οὐδὲ κατὰ τὴν Εἰλήθυιαν μαιώσεταί σε. 10

ΖΕΥΣ

Κατένεγκε μόνον, ὦ Ἥφαιστε, θαρρῶν· οἶδα γὰρ ἐγὼ τὸ συμφέρον.

ΗΦΑΙΣΤΟΣ

Ἄκων μέν, κατοίσω δέ· τί γὰρ χρὴ ποιεῖν σοῦ κελεύοντος; τί τοῦτο; κόρη ἔνοπλος; μέγα, ὦ Ζεῦ, κακὸν εἶχες ἐν τῇ κεφαλῇ· εἰκότως γοῦν ὀξύθυμος ἦσθα τηλικαύτην ὑπὸ τὴν μήνιγγα 15
παρθένον ζωογονῶν καὶ ταῦτα ἔνοπλον· ἦ που στρατόπεδον, οὐ κεφαλὴν ἐλελήθεις ἔχων. ἡ δὲ πηδᾷ καὶ πυρριχίζει καὶ τὴν ἀσπίδα τινάσσει καὶ τὸ δόρυ πάλλει καὶ ἐνθουσιᾷ καὶ τὸ μέγιστον, καλὴ πάνυ καὶ ἀκμαία γεγένηται δὴ ἐν βραχεῖ· γλαυκῶπις μέν, ἀλλὰ

3 τἀληθὲς γ: τι ἄλλο β   ἐθέλεις β   6 μου om. β
7–8 ὑπὸ τῶν ὠδίνων αἵ μου γ   11 κατένεγκαι Ω: corr. Ωᵇ
γὰρ om. β   13 Ἄκων μέν, κατοίσω δέ β: Κατοίσω γ
15 ὑπὸ τῇ μήνιγγι β   17 ἡ δὲ πηδᾷ β: ἤδη δὲ γ   18 καὶ
τὸ δόρυ πάλλει om. γ   19 δὴ γ: ἤδη β

κοσμεῖ καὶ τοῦτο ἡ κόρυς. ὥστε, ὦ Ζεῦ, μαίωτρά μοι ἀπόδος
ἐγγυήσας ἤδη αὐτήν.

ΖΕΥΣ

'Αδύνατα αἰτεῖς, ὦ Ἥφαιστε· παρθένος γὰρ ἀεὶ ἐθελήσει
μένειν. ἐγὼ δ' οὖν τό γε ἐπ' ἐμοὶ οὐδὲν ἀντιλέγω.

ΗΦΑΙΣΤΟΣ

5 Τοῦτ' ἐβουλόμην· ἐμοὶ μελήσει τὰ λοιπά, καὶ ἤδη συναρπάσω
αὐτήν.

ΖΕΥΣ

Εἴ σοι ῥᾴδιον, οὕτω ποίει· πλὴν οἶδα ὅτι ἀδυνάτων ἐρᾷς.

14 (10)

ΕΡΜΟΥ ΚΑΙ ΗΛΙΟΥ

ΕΡΜΗΣ

῏Ω Ἥλιε, μὴ ἐλάσῃς τήμερον, ὁ Ζεύς φησι, μηδὲ αὔριον μηδὲ 1
εἰς τρίτην ἡμέραν, ἀλλ' ἔνδον μένε, καὶ τὸ μεταξὺ μία τις ἔστω
10 νὺξ μακρά· ὥστε λυέτωσαν μὲν αἱ ῏Ωραι αὖθις τοὺς ἵππους, σὺ
δὲ σβέσον τὸ πῦρ καὶ ἀνάπαυε διὰ μακροῦ σεαυτόν.

ΗΛΙΟΣ

Καινὰ ταῦτα, ὦ Ἑρμῆ, καὶ ἀλλόκοτα ἥκεις παραγγέλλων.
ἀλλὰ μὴ παραβαίνειν τι ἔδοξα ἐν τῷ δρόμῳ καὶ ἔξω ἐλάσαι τῶν
ὅρων, κᾆτά μοι ἄχθεται καὶ τὴν νύκτα τριπλασίαν τῆς ἡμέρας
15 ποιῆσαι διέγνωκεν;

1 μαίοτρά Γ   2 ἤδη β: μοι γ   3 θέλει γ   4 δ' οὖν β:
γοῦν γ   7 οἶδα ὅτι om. γ   14. De re cf. Hes. Scut. 27 seq.,
D.S. 4.9, Apollod. 2.4.8, Soph. Fr. 122–4 R, Eur. Fr. 88–104 N, Pl.
Com. Fr. 83–7 Kock, Plaut. Amphitryon passim etc.   8 ὁ...
αὔριον om. γ   11 σαυτόν γ   12 παραγγέλων (pro
παραγγελῶν?) recc., Fl.   14 κᾆπειτά μοι Ω²

ΛΟΥΚΙΑΝΟΥ

ΕΡΜΗΣ

Οὐδὲν τοιοῦτον, οὐδὲ ἐς ἀεὶ τοῦτο ἔσται· δεῖται δέ τι νῦν αὐτὸς ἐπιμηκεστέραν γενέσθαι οἱ τὴν νύκτα.

ΗΛΙΟΣ

Ποῦ δέ ἐστιν ἢ πόθεν ἐξεπέμφθης ταῦτα διαγγελῶν μοι;

ΕΡΜΗΣ

Ἐκ Βοιωτίας, ὦ Ἥλιε, παρὰ τῆς Ἀμφιτρύωνος, ᾗ σύνεστιν ἐρῶν αὐτῆς.   5

ΗΛΙΟΣ

Εἶτα οὐχ ἱκανὴ νὺξ μία;

ΕΡΜΗΣ

Οὐδαμῶς· τεχθῆναι γάρ τινα δεῖ ἐκ τῆς ὁμιλίας ταύτης μέγαν καὶ πολύμοχθον· τοῦτον οὖν ἐν μιᾷ νυκτὶ ἀποτελεσθῆναι ἀδύνατον.

ΗΛΙΟΣ

2 Ἀλλὰ τελεσιουργείτω μὲν ἀγαθῇ τύχῃ. ταῦτα δ' οὖν, ὦ Ἑρμῆ, 10
οὐκ ἐγίνετο ἐπὶ τοῦ Κρόνου—αὐτοὶ γὰρ ἡμεῖς ἐσμεν—
οὐδὲ ἀπόκοιτός ποτε ἐκεῖνος παρὰ τῆς Ῥέας ἦν οὐδὲ ἀπολιπὼν
ἂν τὸν οὐρανὸν ἐν Θήβαις ἐκοιμᾶτο, ἀλλὰ ἡμέρα μὲν ἦν ἡ ἡμέρα,
νὺξ δὲ κατὰ μέτρον τὸ αὐτῆς ἀνάλογον ταῖς ὥραις, ξένον δὲ ἢ
παρηλλαγμένον οὐδέν, οὐδ' ἂν ἐκοινώνησέ ποτε ἐκεῖνος θνητῇ 15
γυναικί· νῦν δὲ δυστήνου γυναίου ἕνεκα χρὴ ἀνεστράφθαι τὰ
πάντα καὶ ἀκαμπεστέρους μὲν γενέσθαι τοὺς ἵππους ὑπὸ
τῆς ἀργίας, δύσπορον δὲ τὴν ὁδὸν ἀτριβῆ μένουσαν τριῶν ἐξῆς
ἡμερῶν, τοὺς δὲ ἀνθρώπους ἀθλίους ἐν σκοτεινῷ διαβιοῦν.

1 τοιοῦτο Γ   τι νῦν β: νῦν ἔτι γ   2 τὴν νύκτα
γενέσθαι (om. οἱ) γ   3 Ποῦ δέ ἐστιν γ: Οὗ δὲ καὶ ἔστιν β
διαγγελῶν Γ: διαγγέλλων Ω: ἀγγείλλων sic B: ἀγγείλλων LN: ἀγγελῶν recc.
4 τῆς Ἀμφ. γυναικός β   8 πολύμοχθον γ: πολύαθλον θεόν β
11 αὐτοὶ β: μόνοι γ; cf. Ar. Ach. 504, Th. 472, Pl. Prm. 137b, Luc. 21.21
etc.   ἡμεῖς del. Cobet   12 cf. Men. Epit. 136 S etc.
12 seq. cf. tamen Pind. Nem. 3.47, Ap. Rh. 2.1235 seq.   13 μὲν
om. Ω, ss. Ωᵇ   ἡ om. β   14 ἀναλόγως γ   15 ποτε
ἐκεῖνος om. γ   19 ἀθλίως β

τοιαῦτα ἀπολαύσονται τῶν Διὸς ἐρώτων καὶ καθεδοῦνται
περιμένοντες, ἔστ᾽ ἂν ἐκεῖνος ἀποτελέσῃ τὸν ἀθλητήν,
ὃν λέγεις, ὑπὸ μακρῷ τῷ ζόφῳ.

ΕΡΜΗΣ

Σιώπα, ὦ Ἥλιε, μή τι κακὸν ἀπολαύσῃς τῶν λόγων. ἐγὼ δὲ
5 παρὰ τὴν Σελήνην ἀπελθὼν καὶ τὸν Ὕπνον ἀπαγγελῶ κἀκείνοις
ἅπερ ὁ Ζεὺς ἐπέστειλε, τὴν μὲν σχολῇ προβαίνειν, τὸν δὲ Ὕπνον
μὴ ἀνεῖναι τοὺς ἀνθρώπους, ὡς ἀγνοήσωσι μακρὰν οὕτω τὴν
νύκτα γεγενημένην.

15 (13)

ΔΙΟΣ ΚΑΙ ΑΣΚΛΗΠΙΟΥ ΚΑΙ ΗΡΑΚΛΕΟΥΣ

ΖΕΥΣ

Παύσασθε, ὦ Ἀσκληπιὲ καὶ Ἡράκλεις, ἐρίζοντες πρὸς 1
10 ἀλλήλους ὥσπερ ἄνθρωποι· ἀπρεπῆ γὰρ ταῦτα καὶ ἀλλότρια
τοῦ συμποσίου τῶν θεῶν.

ΗΡΑΚΛΗΣ

Ἀλλὰ ἐθέλεις, ὦ Ζεῦ, τουτονὶ τὸν φαρμακέα προκατακλίνεσθαί
μου;

ΑΣΚΛΗΠΙΟΣ

Νὴ Δία· καὶ γὰρ ἀμείνων εἰμί.

ΗΡΑΚΛΗΣ

15 Κατὰ τί, ὦ ἐμβρόντητε; ἢ ὅτι σε ὁ Ζεὺς ἐκεραύνωσεν ἃ μὴ
θέμις ποιοῦντα, νῦν δὲ κατ᾽ ἔλεον αὖθις ἀθανασίας μετείληφας;

---

1 τοιούτων β   2 ἀποτελέσοι Ω   5–6 ἀπαγγελῶ...Ὕπνον β:
κέλευσω (cet. om.) γ   7 ἀνιέναι β   **15.** Titulus sic Γ, et,
om. ΚΑΙ¹, Ω: ΖΕΥΣ· ΗΡΑΚΛΗΣ· ΑΣΚΛΗΠΙΟΣ Β   9 cf. 52.6
Ἥρακλες β   12 θέλεις γ   τοῦτον γ   14 καὶ
ἀμείνων γάρ β   15 ὦ om. ΓL   ὅτι γ: διότι β
15–16 cf. Pind. Nem. 3.54, D.S. 4.71.1–3, Apollodor. 3.10.3–4

ΛΟΥΚΙΑΝΟΥ

ΑΣΚΛΗΠΙΟΣ

Ἐπιλέλησαι γὰρ καὶ σύ, Ἡράκλεις, ἐν τῇ Οἴτῃ καταφλεγείς,
ὅτι μοι ὀνειδίζεις τὸ πῦρ;

ΗΡΑΚΛΗΣ

Οὔκουν ἴσα καὶ ὅμοια βεβίωται ἡμῖν, ὃς Διὸς μὲν υἱός εἰμι,
τοσαῦτα δὲ πεπόνηκα ἐκκαθαίρων τὸν βίον, θηρία καταγωνιζό-
μενος καὶ ἀνθρώπους ὑβριστὰς τιμωρούμενος, σὺ δὲ ῥιζοτόμος
εἶ καὶ ἀγύρτης, νοσοῦσι μὲν ἴσως ἀνθρώποις χρήσιμος ἐπιθέσει
τῶν φαρμάκων, ἀνδρῶδες δὲ οὐδὲν ἐπιδεδειγμένος.

ΑΣΚΛΗΠΙΟΣ

2   Οὐ λέγεις, ὅτι σου τὰ ἐγκαύματα ἰασάμην, ὅτε πρώην ἀνῆλθες
ἡμίφλεκτος ὑπ᾽ ἀμφοῖν διεφθορὼς τὸ σῶμα, καὶ τοῦ χιτῶνος καὶ
μετὰ τοῦτο τοῦ πυρός; ἐγὼ δὲ εἰ καὶ μηδὲν ἄλλο, οὔτε ἐδούλευσα   10
ὥσπερ σὺ οὔτε ἔξαινον ἔρια ἐν Λυδίᾳ πορφυρίδα ἐνδεδυκὼς καὶ
παιόμενος ὑπὸ τῆς Ὀμφάλης χρυσῷ σανδάλῳ, ἀλλὰ οὐδὲ
μελαγχολήσας ἀπέκτεινα τὰ τέκνα καὶ τὴν γυναῖκα.

ΗΡΑΚΛΗΣ

Εἰ μὴ παύσῃ λοιδορούμενός μοι, αὐτίκα μάλα εἴσῃ ὡς οὐ πολύ
σε ὀνήσει ἡ ἀθανασία, ἐπεὶ ἀράμενός σε ῥίψω ἐπὶ κεφαλὴν ἐκ τοῦ   15
οὐρανοῦ, ὥστε μηδὲ τὸν Παιῶνα ἰάσασθαί σε τὸ κρανίον
συντριβέντα.

1 ὦ Ἡράκλες β   cf. Soph. Tr. 1191 seq., Luc. 55.21, 70.7 etc.
5-6 ὑβριστὰς χρήσιμος, cet. om., Ω¹, add. Ω²   6 νοσοῦσι μὲν β:
ἐν ἀθλίοις δὲ ΓΛΩ²   ἐπιθέσει τῶν γ: ἐπιθήσειν τῶν β: εἰς ἐπιθέσιν
Cobet   8-10 Οὐ...; γ: Εὖ.... β: an Οὐ....?   9 δι-
εφθαρμένος τῷ σώματι β   10 ὑπὸ ante τοῦ iterat γ   μηδέν,
ἀλλ᾽ οὐκ γ   11 οὐδὲ γ   πορφυρίδα ἐνδεδυκὼς β: ἐνδεδοικὼς
ποδήρη ἢ πορφυρίδα γ   12 τῆς β: τῷ τῆς γ; cf. 59.10, Plut.
Mor. 785e   13 cf. Eur. H.F. passim   14 μοι om. γ
ὡς β: ὅτι γ   15 cf. Il. 1.591 etc.   16 ὥστε β: ὡς γ
cf. Od. 9.525, Luc. 39.6   Παιήονα γ   an ἰάσεσθαί?

79. ΘΕΩΝ ΔΙΑΛΟΓΟΙ

ΖΕΥΣ

Παύσασθε, φημί, καὶ μὴ ἐπιταράττετε ἡμῖν τὴν εὐωχίαν, ἢ ἀμφοτέρους ὑμᾶς ἀποπέμψομαι τοῦ συμποσίου. καίτοι εὔγνωμον, ὦ Ἡράκλεις, προκατακλίνεσθαί σου τὸν Ἀσκληπιὸν ἅτε καὶ πρότερον ἀποθανόντα.

16 (14)

ΕΡΜΟΥ ΚΑΙ ΑΠΟΛΛΩΝΟΣ

ΕΡΜΗΣ

5 Τί κατηφὴς εἶ, ὦ Ἄπολλον;   1

ΑΠΟΛΛΩΝ

Ὅτι δυστυχῶ, ὦ Ἑρμῆ, ἐν τοῖς ἐρωτικοῖς.

ΕΡΜΗΣ

Ἄξιον μὲν λύπης τὸ τοιοῦτον· σὺ δὲ τί δυστυχεῖς; ἢ τὸ κατὰ τὴν Δάφνην σε λυπεῖ ἔτι;

ΑΠΟΛΛΩΝ

Οὐδαμῶς· ἀλλὰ ἐρώμενον πενθῶ τὸν Λάκωνα τὸν Οἰβάλου.

ΕΡΜΗΣ

10 Τέθνηκεν γάρ, εἰπέ μοι, ὁ Ὑάκινθος;

ΑΠΟΛΛΩΝ

Καὶ μάλα.

1 μὴ om. Ω, ss. Ω[b]   εὐωχίαν γ: ξυνουσίαν β   2 ἀπο-
πέμψομαι ὑμᾶς β   3 ὦ Ἡρακλες β   **16.** Titulus *ΕΡΜΗΣ*
ΑΠΟΛΛΩΝ B   De re cf. Ov. *Met.* 10.162 seq., Paus. 3.1.3, Philostr.
Im. 1.24 etc.   5 κατηφὴς εἶ γ: σκυθρωπός β   6 , ὦ Ἑρμῆ,
δυστυχῶ β   7 τοιοῦτο β   τί om. L   τὸ om. Ω
9 Οἰβάλου recc.: Οἰβάδου β: Οἰβάλου ἐκεῖνον γ; cf. Philostr. Jun. *Im.* 14, Ov.
Met. 10.196; quod si patrem nominat, noster errat, cf. Apollodor. 3.10.3,
Paus. 3.1.3 etc.

ΛΟΥΚΙΑΝΟΥ

ΕΡΜΗΣ

Πρὸς τίνος, ὦ Ἄπολλον; ἢ τίς οὕτως ἀνέραστος ἦν ὡς ἀποκτεῖναι τὸ καλὸν ἐκεῖνο μειράκιον;

ΑΠΟΛΛΩΝ

Αὐτοῦ ἐμοῦ τὸ ἔργον.

ΕΡΜΗΣ

Οὐκοῦν ἐμάνης, ὦ Ἄπολλον;

ΑΠΟΛΛΩΝ

Οὔκ, ἀλλὰ δυστύχημά τι ἀκούσιον ἐγένετο.   5

ΕΡΜΗΣ

Πῶς; ἐθέλω γὰρ ἀκοῦσαι τὸν τρόπον.

ΑΠΟΛΛΩΝ

2   Δισκεύειν ἐμάνθανεν κἀγὼ συνεδίσκευον αὐτῷ, ὁ δὲ κάκιστα ἀνέμων ἀπολούμενος ὁ Ζέφυρος ἤρα μὲν ἐκ πολλοῦ καὶ αὐτός, ἀμελούμενος δὲ καὶ μὴ φέρων τὴν ὑπεροψίαν ταῦτα εἰργάσατο· ἐγὼ μὲν ἀνέρριψα, ὥσπερ εἰώθειμεν, τὸν δίσκον εἰς τὸ ἄνω, ὁ δὲ   10 ἀπὸ τοῦ Ταϋγέτου καταπνεύσας ἐπὶ κεφαλὴν τῷ παιδὶ ἐνέσεισε φέρων αὐτόν, ὥστε ἀπὸ τῆς πληγῆς αἷμα ῥυῆναι πολὺ καὶ τὸν παῖδα εὐθὺς ἀποθανεῖν. ἀλλ᾽ ἐγὼ τὸν μὲν Ζέφυρον αὐτίκα ἠμυνάμην κατατοξεύσας, φεύγοντι ἐπισπόμενος ἄχρι τοῦ ὄρους, τῷ παιδὶ δὲ καὶ τὸν τάφον μὲν ἐχωσάμην ἐν Ἀμύκλαις, ὅπου ὁ   15 δίσκος αὐτὸν κατέβαλε, καὶ ἀπὸ τοῦ αἵματος ἄνθος ἀναδοῦναι τὴν γῆν ἐποίησα ἥδιστον, ὦ Ἑρμῆ, καὶ εὐανθέστατον ἀνθῶν

---

3 τὸ om. γ   4 ; om. γ   5 ἐγένετο (γέγονεν Ω) ἀκούσιον. γ
7–8 cf. Ar. *Ach.* 865 etc.   ὁ om. Ω   ἐκ πολλοῦ om. β
9 ταῦτα εἰργάσατο om. β   10 εἰώθαμεν Ω   11 ἀπὸ τὸ
Ταΰγετον β   ἐπὶ τὴν κ. γ   11–12 ἐνέσεισε φέρων β: ἐνσείσας
ἐφόνευσεν γ   12 ὑπὸ γ   αἷμά τε ῥ. β   13 εὐθέως β
μὲν om. γ   14 ἐπισπώμενος βγ: corr. recc.   15 τῷ...
μὲν sic β: τῷ παιδὶ δὲ καὶ (καὶ τῷ παιδὶ Ω) τάφον γ   16 κατέλαβε β
17 ἀνθέων γ   cf. 45.45

298

ἁπάντων, ἔτι καὶ γράμματα ἔχον ἐπαιάζοντα τῷ νεκρῷ. ἆρά σοι
ἀλόγως λελυπῆσθαι δοκῶ;

ΕΡΜΗΣ

Ναί, ὦ Ἄπολλον· ᾔδεις γὰρ θνητὸν πεποιημένος τὸν ἐρώμενον·
ὥστε μὴ ἄχθου ἀποθανόντος.

17 (15)

ΕΡΜΟΥ ΚΑΙ ΑΠΟΛΛΩΝΟΣ

ΕΡΜΗΣ

5 Τὸ δὲ καὶ χωλὸν αὐτὸν ὄντα καὶ τέχνην ἔχοντα βάναυσον, ὦ **1**
Ἄπολλον, τὰς καλλίστας γεγαμηκέναι, τὴν Ἀφροδίτην καὶ
τὴν Χάριν.

ΑΠΟΛΛΩΝ

Εὐποτμία τις, ὦ Ἑρμῆ· πλὴν ἐκεῖνό γε θαυμάζω, τὸ ἀνέχεσθαι
συνούσας αὐτῷ, καὶ μάλιστα ὅταν ὁρῶσιν ἱδρῶτι ῥεόμενον, εἰς
10 τὴν κάμινον ἐπικεκυφότα, πολλὴν αἰθάλην ἐπὶ τοῦ προσώπου
ἔχοντα· καὶ ὅμως τοιοῦτον ὄντα περιβάλλουσί τε αὐτὸν καὶ
φιλοῦσι καὶ συγκαθεύδουσι.

ΕΡΜΗΣ

Τοῦτο καὶ αὐτὸς ἀγανακτῶ καὶ τῷ Ἡφαίστῳ φθονῶ· σὺ δὲ
κόμα, ὦ Ἄπολλον, καὶ κιθάριζε καὶ μέγα ἐπὶ τῷ κάλλει φρόνει,
15 κἀγὼ ἐπὶ τῇ εὐεξίᾳ καὶ τῇ λύρᾳ· εἶτα, ἐπειδὰν κοιμᾶσθαι δέῃ,
μόνοι καθευδήσομεν.

3–4 πεποιημένον, ὥστε (om. τὸν ἐ.) γ   **17.** Titulus ΟΙ ΑΥΤΟΙ Β,
vide dialogum antecedentem   5 τέχνην ἔχοντα βάναυσον γ: χαλκέα τὴν
τέχνην β   6–7 cf. Od. 8.266 seq., Il. 18.382 seq., Hes. Th. 945 seq.
6 τὴν γ: τήν τε β   8 ἐκεῖνό γε β: ἐκείνων ἐγὼ γ   9 ὁρῶσιν
γ Βʳ: ὁρῶ sic uv. Β: ὁρῶεν ΩᵇΝ: ὁρῶ recc.   10 πολὺν αἴθαλον β
11–12 αὐτὸν περιβάλλουσί τε καὶ φ. Ω   15 δέοι γ   16 καθεύδομεν
Sommerbrodt

ΛΟΥΚΙΑΝΟΥ

ΑΠΟΛΛΩΝ

2 Ἐγὼ μὲν καὶ ἄλλως ἀναφρόδιτός εἰμι εἰς τὰ ἐρωτικὰ καὶ δύο
γοῦν, οὓς μάλιστα ὑπερηγάπησα, τὴν Δάφνην καὶ τὸν Ὑάκινθον·
ἡ μὲν ἀποδιδράσκει με καὶ μισεῖ, ὥστε εἵλετο ξύλον γενέσθαι
μᾶλλον ἢ ἐμοὶ συνεῖναι, ὁ δὲ ὑπὸ τοῦ δίσκου ἀπώλετο, καὶ νῦν
ἀντ᾽ ἐκείνων στεφάνους ἔχω.   5

ΕΡΜΗΣ

Ἐγὼ δὲ ἤδη ποτὲ τὴν Ἀφροδίτην—ἀλλ᾽ οὐ χρὴ αὐχεῖν.

ΑΠΟΛΛΩΝ

Οἶδα, καὶ τὸν Ἑρμαφρόδιτον ἐκ σοῦ λέγεται τετοκέναι. πλὴν
ἐκεῖνό μοι εἰπέ, εἴ τι οἶσθα, πῶς οὐ ζηλοτυπεῖ ἡ Ἀφροδίτη τὴν
Χάριν ἢ ἡ Χάρις αὐτήν;

ΕΡΜΗΣ

3 Ὅτι, ὦ Ἄπολλον, ἐκείνη μὲν αὐτῷ ἐν τῇ Λήμνῳ σύνεστιν, ἡ 10
δὲ Ἀφροδίτη ἐν τῷ οὐρανῷ· ἄλλως τε περὶ τὸν Ἄρη ἔχει τὰ
πολλὰ κἀκείνου ἐρᾷ, ὥστε ὀλίγον αὐτῇ τοῦ χαλκέως τούτου
μέλει.

ΑΠΟΛΛΩΝ

Καὶ ταῦτα οἴει τὸν Ἥφαιστον εἰδέναι;

ΕΡΜΗΣ

Οἶδεν· ἀλλὰ τί ἂν δρᾶσαι δύναιτο γενναῖον ὁρῶν νεανίαν καὶ 15
στρατιώτην αὐτόν; ὥστε τὴν ἡσυχίαν ἄγει· πλὴν ἀπειλεῖ γε δεσμά
τινα ἐπιμηχανήσεσθαι αὐτοῖς καὶ συλλήψεσθαι σαγηνεύσας ἐπὶ
τῆς εὐνῆς. εὐξαίμην δ᾽ ἂν αὐτὸς ὁ συλληφθησόμενος εἶναι.

1 μὲν Ω: δὲ ss. Ωᵇ   καὶ² om. β   2 ἡγάπησα β
cf. 79.16   3 ἀποδιδράσκει με καὶ μισεῖ γ: Δάφνη οὕτως ἐμίσησέ
με β   4 ὁ δὲ...ἀπώλετο γ: τὸν Ὑάκινθον δὲ ὑπὸ τοῦ δίσκου
ἀπώλεσα β   7 τεκεῖν β   7-8 πλὴν ἐκεῖνό μοι εἰπέ, εἴ τι β:
εἶτ᾽ γ   9 ταύτην β   10 ὦ om. ΓL   11 Ἄρεα γ
15 τί β: καὶ τί γ   17 μηχανήσασθαι γ; cf. 79.21, Od. 8.266 seq.
18 εὐνῆς. ΑΠ. Οὐκ οἶδα· εὐξαίμην... Β et, om. ΑΠ., Ν   εὐξάμην
δ᾽ ἂν γ; cf. 79.21.2, Od. 8.339

18 (16)

ΗΡΑΣ ΚΑΙ ΛΗΤΟΥΣ

ΗΡΑ

Καλὰ μέν, ὦ Λητοῖ, καὶ τὰ τέκνα ἔτεκες τῷ Διί.   1

ΛΗΤΩ

Οὐ πᾶσαι γάρ, ὦ Ἥρα, τοιούτους τίκτειν δυνάμεθα, οἷος ὁ Ἥφαιστός ἐστιν.

ΗΡΑ

Ἀλλ' οὖν οὗτος μέν, εἰ καὶ χωλός, ἀλλ' ὅμως χρήσιμός γέ ἐστιν
5 τεχνίτης ὢν ἄριστος καὶ κατακεκόσμηκεν ἡμῖν τὸν οὐρανὸν καὶ
τὴν Ἀφροδίτην γεγάμηκεν καὶ σπουδάζεται πρὸς αὐτῆς, οἱ δὲ σοὶ
παῖδες ἡ μὲν αὐτῶν ἀρρενικὴ πέρα τοῦ μετρίου καὶ ὄρειος, καὶ
τὸ τελευταῖον εἰς τὴν Σκυθίαν ἀπελθοῦσα ἅπαντες ἴσασιν οἷα
ἐσθίει ξενοκτονοῦσα καὶ μιμουμένη τοὺς Σκύθας αὐτοὺς ἀνθρω-
10 ποφάγους ὄντας· ὁ δὲ Ἀπόλλων προσποιεῖται μὲν πάντα εἰδέναι
καὶ τοξεύειν καὶ κιθαρίζειν καὶ ἰατρὸς εἶναι καὶ μαντεύεσθαι καὶ
καταστησάμενος ἐργαστήρια τῆς μαντικῆς τὸ μὲν ἐν Δελφοῖς, τὸ
δὲ ἐν Κλάρῳ καὶ ἐν Κολοφῶνι καὶ ἐν Διδύμοις ἐξαπατᾷ τοὺς
χρωμένους αὐτῷ λοξὰ καὶ ἐπαμφοτερίζοντα πρὸς ἑκάτερον τῆς
15 ἐρωτήσεως ἀποκρινόμενος ὡς ἀκίνδυνον εἶναι τὸ σφάλμα. καὶ
πλουτεῖ μὲν ἀπὸ τοῦ τοιούτου· πολλοὶ γὰρ οἱ ἀνόητοι καὶ
παρέχοντες αὐτοὺς καταγοητεύεσθαι· πλὴν οὐκ ἀγνοεῖταί γε

---

18. Titulus ΛΗΤΩ. ΗΡΑ B   Aliquatenus materiem
dialogi 79.3 iterat   1 τέκνα β: τέκνα ἃ γ   2 γάρ om. β
4 οὖν om. β   εἰ καὶ γ: ὁ β   ἀλλ' ὅμως Γ: om. Ω: ὅμως β
γέ β: τέ γ   5 ἄριστος ὢν γ   ἡμῶν γ   6 ἔγημε β
7 μέτρου β: cf. Pl. Tim. 65d   8 πάντες β   9–10 cf. Eur. IT
389   11 ἰατρὸς εἶναι] ἰατρεύειν Ω   12 ἐργαστήριον Γ   τὸ²] an
τὰ?   13 καὶ ἐν Κολοφῶνι om. β   14 πρὸς ἑκάτερον om. γ: nescio
an πρὸς...ἐρωτήσεως delendum sit   15 ὡς β: πρὸς τὸ γ   17 αὐτοὺς γ

ΛΟΥΚΙΑΝΟΥ

ὑπὸ τῶν ξυνετωτέρων τὰ πολλὰ τερατευόμενος· αὐτὸς γοῦν ὁ μάντις ἠγνόει μὲν ὅτι φονεύσει τὸν ἐρώμενον τῷ δίσκῳ, οὐ προεμαντεύσατο δὲ ὡς φεύξεται αὐτὸν ἡ Δάφνη, καὶ ταῦτα οὕτω καλὸν καὶ κομήτην ὄντα· ὥστε οὐχ ὁρῶ καθότι καλλιτεκνοτέρα τῆς Νιόβης ἔδοξας. 5

ΛΗΤΩ

2 Ταῦτα μέντοι τὰ τέκνα, ἡ ξενοκτόνος καὶ ὁ ψευδόμαντις, οἶδα, ὅπως λυπεῖ σε ὁρώμενα ἐν τοῖς θεοῖς, καὶ μάλιστα ὁπόταν ἡ μὲν ἐπαινῆται ἐς τὸ κάλλος, ὁ δὲ κιθαρίζῃ ἐν τῷ συμποσίῳ θαυμαζόμενος ὑφ᾽ ἁπάντων.

ΗΡΑ

Ἐγέλασα, ὦ Λητοῖ· ἐκεῖνος θαυμαστός, ὃν ὁ Μαρσύας, εἰ τὰ 10 δίκαια αἱ Μοῦσαι δικάσαι ἤθελον, ἀπέδειρεν ἂν αὐτὸς κρατήσας τῇ μουσικῇ· νῦν δὲ κατασοφισθεὶς ἄθλιος ἀπόλωλεν ἀδίκως ἁλούς· ἡ δὲ καλή σου παρθένος οὕτω καλή ἐστιν, ὥστε ἐπεὶ ἔμαθεν ὀφθεῖσα ὑπὸ τοῦ Ἀκταίωνος, φοβηθεῖσα μὴ ὁ νεανίσκος ἐξαγορεύσῃ τὸ αἶσχος αὐτῆς, ἐπαφῆκεν αὐτῷ τοὺς κύνας· ἐῶ 15 γὰρ λέγειν ὅτι οὐδὲ τὰς τεκούσας ⟨ἂν⟩ ἐμαιοῦτο παρθένος γε αὐτὴ οὖσα.

ΛΗΤΩ

Μέγα, ὦ Ἥρα, φρονεῖς, ὅτι ξύνει τῷ Διὶ καὶ συμβασιλεύεις αὐτῷ, καὶ διὰ τοῦτο ὑβρίζεις ἀδεῶς· πλὴν ἀλλ᾽ ὄψομαί σε μετ᾽ ὀλίγον αὖθις δακρύουσαν, ὁπόταν σε καταλιπὼν ἐς τὴν γῆν κατίῃ 20 ταῦρος ἢ κύκνος γενόμενος.

---

2 μὲν ὅτι φον. γ: ὅτι φον. μὲν β   cf. 79.16 etc.
2–3 προεμαντεύετο γ   3 cf. 79.17.2 etc.   καὶ ταῦτα
usque ad finem dialogi om. γ   3–4 cf. Il. 24.608 etc.   8 ἐπ-
αινεῖται...κιθαρίζει Β   10 seq. cf. Hyg. Fab. 165, Apollodor.
1.4.2 etc.   14 seq. cf. Hyg. Fab. 181, Apollodor. 3.4.4 etc.
16 οὐδὲν δέον τὰς κυούσας Bekker   ⟨ἂν⟩ Schaefer   20 κατηίει Β

19 (11)

ΑΦΡΟΔΙΤΗΣ ΚΑΙ ΣΕΛΗΝΗΣ

ΑΦΡΟΔΙΤΗ

Τί ταῦτα, ὦ Σελήνη, φασὶν ποιεῖν σε; ὁπόταν κατὰ τὴν Καρίαν 1
γένῃ, ἱστάναι μέν σε τὸ ζεῦγος ἀφορῶσαν ἐς τὸν Ἐνδυμίωνα
καθεύδοντα ὑπαίθριον ἅτε κυνηγέτην ὄντα, ἐνίοτε δὲ καὶ κατα-
βαίνειν παρ᾽ αὐτὸν ἐκ μέσης τῆς ὁδοῦ;

ΣΕΛΗΝΗ

5 Ἐρώτα, ὦ Ἀφροδίτη, τὸν σὸν υἱόν, ὅς μοι τούτων αἴτιος.

ΑΦΡΟΔΙΤΗ

Ἔα· ἐκεῖνος ὑβριστής ἐστιν· ἐμὲ γοῦν αὐτὴν τὴν μητέρα οἷα
δέδρακεν, ἄρτι μὲν ἐς τὴν Ἴδην κατάγων Ἀγχίσου ἕνεκα τοῦ
Ἰλιέως, ἄρτι δὲ ἐς τὸν Λίβανον ἐπὶ τὸ Ἀσσύριον ἐκεῖνο μειράκιον,
ὃ καὶ τῇ Φερσεφάττῃ ἐπέραστον ποιήσας ἐξ ἡμισείας ἀφείλετό
10 με τὸν ἐρώμενον· ὥστε πολλάκις ἠπείλησα, εἰ μὴ παύσεται
τοιαῦτα ποιῶν, κλάσειν μὲν αὐτοῦ τὰ τόξα καὶ τὴν φαρέτραν,
περιαιρήσειν δὲ καὶ τὰ πτερά· ἤδη δὲ καὶ πληγὰς αὐτῷ ἐνέτεινα
ἐς τὰς πυγὰς τῷ σανδάλῳ· ὁ δὲ οὐκ οἶδ᾽ ὅπως τὸ παραυτίκα
δεδιὼς καὶ ἱκετεύων μετ᾽ ὀλίγον ἐπιλέλησται ἁπάντων. ἀτὰρ 2
15 εἰπέ μοι, καλὸς ὁ Ἐνδυμίων ἐστίν; ἀπαραμύθητον γὰρ οὕτως
τὸ δεινόν.

ΣΕΛΗΝΗ

Ἐμοὶ μὲν καὶ πάνυ καλός, ὦ Ἀφροδίτη, δοκεῖ, καὶ μάλιστα
ὅταν ὑποβαλλόμενος ἐπὶ τῆς πέτρας τὴν χλαμύδα καθεύδῃ τῇ
λαιᾷ μὲν ἔχων τὰ ἀκόντια ἤδη ἐκ τῆς χειρὸς ὑπορρέοντα, ἡ

19. Titulus ΑΦΡΟΔΙΤΗ ΚΑΙ ΣΕΛΗΝΗ ΓΩΒ   De re cf.
Ap. Rhod. 4.57, Apollodor. 1.7.5 etc.   7–8 cf. Hes. *Th.*
1008 etc.   8 seq. cf. Apollodor. 3.14.4, Ov. *Met.* 10.525 seq.,
Luc. 44.6   9 Περσεφάττῃ Ω   10 μου ΩL   12 καί¹
om. Ω   15 εὐπαραμύθητον recc.   18 ὑποβαλόμενος
recc.: ἐπιβαλλόμενος Fl.

δεξιὰ δὲ περὶ τὴν κεφαλὴν ἐς τὸ ἄνω ἐπικεκλασμένη ἐπιπρέπει
τῷ προσώπῳ περικειμένη, ὁ δὲ ὑπὸ τοῦ ὕπνου λελυμένος ἀναπνέει
τὸ ἀμβρόσιον ἐκεῖνο ἆσθμα. τότε τοίνυν ἐγὼ ἀψοφητὶ κατιοῦσα
ἐπ' ἄκρων τῶν δακτύλων βεβηκυῖα ὡς ἂν μὴ ἀνεγρόμενος ἐκ-
ταραχθείη—οἶσθα· τί οὖν ἄν σοι λέγοιμι τὰ μετὰ ταῦτα; πλὴν 5
ἀπόλλυμαί γε ὑπὸ τοῦ ἔρωτος.

20 (12)

ΑΦΡΟΔΙΤΗΣ ΚΑΙ ΕΡΩΤΟΣ

ΑΦΡΟΔΙΤΗ

1 Ὦ τέκνον Ἔρως, ὅρα οἷα ποιεῖς· οὐ τὰ ἐν τῇ γῇ λέγω, ὁπόσα
τοὺς ἀνθρώπους ἀναπείθεις καθ' αὑτῶν ἢ κατ' ἀλλήλων
ἐργάζεσθαι, ἀλλὰ καὶ τὰ ἐν τῷ οὐρανῷ, ὃς τὸν μὲν Δία πολύμορφον
ἐπιδεικνύεις ἀλλάττων ἐς ὅ τι ἄν σοι ἐπὶ τοῦ καιροῦ δοκῇ, τὴν 10
Σελήνην δὲ καθαιρεῖς ἐκ τοῦ οὐρανοῦ, τὸν Ἥλιον δὲ παρὰ τῇ
Κλυμένῃ βραδύνειν ἐνίοτε ἀναγκάζεις ἐπιλελησμένον τῆς ἱππα-
σίας· ἃ μὲν γὰρ ἐς ἐμὲ τὴν μητέρα ὑβρίζεις, θαρρῶν ποιεῖς. ἀλλὰ
σύ, ὦ τολμηρότατε, καὶ τὴν Ῥέαν αὐτὴν γραῦν ἤδη καὶ μητέρα
τοσούτων θεῶν οὖσαν ἀνέπεισας παιδεραστεῖν καὶ τὸ Φρύγιον 15
ἐκεῖνο μειράκιον ποθεῖν, καὶ νῦν ἐκείνη μέμηνεν ὑπὸ σοῦ καὶ
ζευξαμένη τοὺς λέοντας, παραλαβοῦσα καὶ τοὺς Κορύβαντας ἅτε
μανικοὺς καὶ αὐτοὺς ὄντας, ἄνω καὶ κάτω τὴν Ἴδην περιπολοῦσιν,
ἡ μὲν ὀλολύζουσα ἐπὶ τῷ Ἄττῃ, οἱ Κορύβαντες δὲ ὁ μὲν αὐτῶν
τέμνεται ξίφει τὸν πῆχυν, ὁ δὲ ἀνεὶς τὴν κόμην ἵεται μεμηνὼς διὰ 20
τῶν ὀρῶν, ὁ δὲ αὐλεῖ τῷ κέρατι, ὁ δὲ ἐπιβομβεῖ τῷ τυμπάνῳ ἢ
ἐπικτυπεῖ τῷ κυμβάλῳ, καὶ ὅλως θόρυβος καὶ μανία τὰ ἐν τῇ Ἴδῃ

1–2 ἐπιπρ....περικειμένη om. Γ   ἐπιπρέπῃ...ἀναπνέῃ recc.
3 ἀψοφητεὶ Γ   5 τί ἂν οὖν γ   **20.** Titulus ΑΦΡΟΔΙΤΗ
ΚΑΙ ΕΡΩΣ ΓΒ   10 cf. 23.17 etc.   11 cf. 79.19
12 cf. 79.24.2   13 ποίει Sommerbrodt   15 οὖσαν om.
recc.; cf. 30.7   16 ἐκεῖνο μ. ΩL: μ. ἐκεῖνο Γ: μ. β; cf. 79.19.1
19 Ἄττῃ γ: Ἄττι Ωᵈ: Ἄττῃ Β; cf. 21.8, 24.27 etc.

ἅπαντά ἐστιν. δέδια τοίνυν ἅπαντα, δέδια τὸ τοιοῦτο ἡ τὸ μέγα
σε κακὸν ἐγὼ τεκοῦσα, μὴ ἀπομανεῖσά ποτε ἡ Ῥέα ἢ καὶ μᾶλλον
ἔτι ἐν αὐτῇ οὖσα κελεύσῃ τοὺς Κορύβαντας συλλαβόντας σε
διασπάσασθαι ἢ τοῖς λέουσι παραβαλεῖν· ταῦτα δέδια κινδυνεύοντά
5 σε ὁρῶσα.

ΕΡΩΣ

Θάρρει, μῆτερ, ἐπεὶ καὶ τοῖς λέουσιν αὐτοῖς ἤδη ξυνήθης εἰμί, 2
καὶ πολλάκις ἐπαναβὰς ἐπὶ τὰ νῶτα καὶ τῆς κόμης λαβόμενος
ἡνιοχῶ αὐτούς, οἱ δὲ σαίνουσί με καὶ χεῖρα δεχόμενοι ἐς τὸ
στόμα περιλιχμησάμενοι ἀποδιδόασί μοι. αὐτὴ μὲν γὰρ ἡ Ῥέα
10 πότε ἂν ἐκείνη σχολὴν ἀγάγοι ἐπ᾽ ἐμὲ ὅλη οὖσα ἐν τῷ Ἄττῃ;
καίτοι τί ἐγὼ ἀδικῶ δεικνὺς τὰ καλὰ οἷά ἐστιν; ὑμεῖς δὲ μὴ
ἐφίεσθε τῶν καλῶν· μὴ τοίνυν ἐμὲ αἰτιᾶσθε τούτων. ἢ θέλεις σύ,
ὦ μῆτερ, αὐτὴ μηκέτι ἐρᾶν μήτε σὲ τοῦ Ἄρεως μήτε ἐκεῖνον
σοῦ;

ΑΦΡΟΔΙΤΗ

15 Ὡς δεινὸς εἶ καὶ κρατεῖς ἁπάντων· ἀλλὰ μεμνήσῃ μού ποτε
τῶν λόγων.

21 (17)

ΑΠΟΛΛΩΝΟΣ ΚΑΙ ΕΡΜΟΥ

ΑΠΟΛΛΩΝ

Τί γελᾷς, ὦ Ἑρμῆ;   1

ΕΡΜΗΣ

Ὅτι γελοιότατα, ὦ Ἄπολλον, εἶδον.

1 ἅπαντα del. Fritzsche   2 τεκοῦσα ἐγώ Ω   3 αὐτῇ γ;
an αὐτῆς cf. 78.2.2, Ar. Vesp. 642, Pl. Chrm. 155d etc.   10 ἐκείνη
om. Ω   itidem ut p. 304 l. 19   13 ᾧ om. Ω   σὺ Bekker
21. Titulus ΕΡΜΗΣ ΑΠΟΛΛΩΝ ΒΓ: ΕΡΜΗΣ ΚΑΙ ΑΠΟΛΛΩΝ Ω
De re cf. Od. 8.266 seq.   18 γελοιότατον L

ΛΟΥΚΙΑΝΟΥ

ΑΠΟΛΛΩΝ

Εἰπὲ οὖν, ὡς καὶ αὐτὸς ἀκούσας ἔχω ξυγγελᾶν.

ΕΡΜΗΣ

Ἡ Ἀφροδίτη ξυνοῦσα τῷ Ἄρει κατείληπται καὶ ὁ Ἥφαιστος ἔδησεν αὐτοὺς ξυλλαβών.

ΑΠΟΛΛΩΝ

Πῶς; ἡδὺ γάρ τι ἐρεῖν ἔοικας.

ΕΡΜΗΣ

Ἐκ πολλοῦ, οἶμαι, ταῦτα εἰδὼς ἐθήρευεν αὐτούς, καὶ περὶ τὴν 5
εὐνὴν ἀφανῆ δεσμὰ περιθεὶς εἰργάζετο ἀπελθὼν ἐπὶ τὴν κάμινον·
εἶτα ὁ μὲν Ἄρης ἐσέρχεται λαθών, ὡς ᾤετο, καθορᾷ δὲ αὐτὸν
ὁ Ἥλιος καὶ λέγει πρὸς τὸν Ἥφαιστον. ἐπεὶ δὲ ἐπέβησαν τοῦ
λέχους καὶ ἐν ἔργῳ ἦσαν καὶ ἐντὸς ἐγεγένηντο τῶν ἀρκύων,
περιπλέκεται μὲν αὐτοῖς τὰ δεσμά, ἐφίσταται δὲ ὁ Ἥφαιστος. 10
ἐκείνη μὲν οὖν—καὶ γὰρ ἔτυχε γυμνὴ οὖσα—οὐκ εἶχεν ὅπως
ἐγκαλύψαιτο αἰδουμένη, ὁ δὲ Ἄρης τὰ μὲν πρῶτα διαφυγεῖν
ἐπειρᾶτο καὶ ἤλπιζε ῥήξειν τὰ δεσμά, ἔπειτα δέ, συνεὶς ἐν
ἀφύκτῳ ἐχόμενον ἑαυτόν, ἱκέτευεν.

ΑΠΟΛΛΩΝ

2   Τί οὖν; ἀπέλυσεν αὐτὸν ὁ Ἥφαιστος;   15

ΕΡΜΗΣ

Οὐδέπω, ἀλλὰ ξυγκαλέσας τοὺς θεοὺς ἐπιδείκνυται τὴν
μοιχείαν αὐτοῖς· οἱ δὲ γυμνοὶ ἀμφότεροι κάτω νενευκότες
ξυνδεδεμένοι ἐρυθριῶσι, καὶ τὸ θέαμα ἥδιστον ἐμοὶ ἔδοξε
μονονουχὶ αὐτὸ γινόμενον τὸ ἔργον.

10 δὲ ὅ] δὲ αὐτοῖς ὁ Ω   12 ἐγκατακαλύψαιτο uv. Ω[1]
15 αὐτοὺς recc.

ΑΠΟΛΛΩΝ

Ὁ δὲ χαλκεὺς ἐκεῖνος οὐκ αἰδεῖται καὶ αὐτὸς ἐπιδεικνύμενος τὴν αἰσχύνην τοῦ γάμου;

ΕΡΜΗΣ

Μὰ Δί᾽, ὅς γε καὶ ἐπιγελᾷ ἐφεστὼς αὐτοῖς. ἐγὼ μέντοι, εἰ χρὴ τἀληθὲς εἰπεῖν, ἐφθόνουν τῷ Ἄρει μὴ μόνον μοιχεύσαντι τὴν
5 καλλίστην θεόν, ἀλλὰ καὶ δεδεμένῳ μετ᾽ αὐτῆς.

ΑΠΟΛΛΩΝ

Οὐκοῦν καὶ δεδέσθαι ἂν ὑπέμεινας ἐπὶ τούτῳ;

ΕΡΜΗΣ

Σὺ δ᾽ οὐκ ἄν, ὦ Ἄπολλον; ἰδὲ μόνον ἐπελθών· ἐπαινέσομαι γάρ σε, ἢν μὴ τὰ ὅμοια καὶ αὐτὸς εὔξῃ ἰδών.

22 (18)

ΗΡΑΣ ΚΑΙ ΔΙΟΣ

ΗΡΑ

Ἐγὼ μὲν ᾐσχυνόμην ἄν, ὦ Ζεῦ, εἴ μοι τοιοῦτος υἱὸς ἦν, θῆλυς 1
10 οὕτω καὶ διεφθαρμένος ὑπὸ τῆς μέθης, μίτρᾳ μὲν ἀναδεδεμένος τὴν κόμην, τὰ πολλὰ δὲ μαινομέναις γυναιξὶ συνών, ἁβρότερος αὐτῶν ἐκείνων, ὑπὸ τυμπάνοις καὶ αὐλῷ καὶ κυμβάλοις χορεύων, καὶ ὅλως παντὶ μᾶλλον ἐοικὼς ἢ σοὶ τῷ πατρί.

ΖΕΥΣ

Καὶ μὴν οὗτός γε ὁ θηλυμίτρης, ὁ ἁβρότερος τῶν γυναικῶν οὐ

3 αὐτοῖς ἐφεστώς Ω   22. Titulus ΗΡΑ ΖΕΥΣ ΓΒ:
ΗΡΑ ΚΑΙ ΖΕΥΣ Ω   De re cf. Eur. Ba. passim, Hymn. Hom. 7,
Luc. 4   11 μαινομέναις ταῖς γ. Β   12 αὐλοῖς Ω: corr. Ωᵇ
13 Πανὶ Ωᵈ   14 γε om. Ω: add. Ωᵇ

ΛΟΥΚΙΑΝΟΥ

μόνον, ὦ Ἥρα, τὴν Λυδίαν ἐχειρώσατο καὶ τοὺς κατοικοῦντας τὸν Τμῶλον ἔλαβε καὶ Θρᾷκας ὑπηγάγετο, ἀλλὰ καὶ ἐπ' Ἰνδοὺς ἐλάσας τῷ γυναικείῳ τούτῳ στρατιωτικῷ τούς τε ἐλέφαντας εἷλε καὶ τῆς χώρας ἐκράτησε καὶ τὸν βασιλέα πρὸς ὀλίγον ἀντιστῆναι τολμήσαντα αἰχμάλωτον ἀπήγαγε, καὶ ταῦτα πάντα ἔπραξεν 5 ὀρχούμενος ἅμα καὶ χορεύων θύρσοις χρώμενος κιττίνοις, μεθύων, ὡς φής, καὶ ἐνθεάζων. εἰ δέ τις ἐπεχείρησε λοιδορήσασθαι αὐτῷ ὑβρίσας ἐς τὴν τελετήν, καὶ τοῦτον ἐτιμωρήσατο, ἢ καταδήσας τοῖς κλήμασιν ἢ διασπασθῆναι ποιήσας ὑπὸ τῆς μητρὸς ὥσπερ νεβρόν. ὁρᾷς ὡς ἀνδρεῖα ταῦτα καὶ οὐκ ἀνάξια τοῦ 10 πατρός; εἰ δὲ παιδιὰ καὶ τρυφὴ πρόσεστιν αὐτοῖς, οὐδεὶς φθόνος, καὶ μάλιστα εἰ λογίσαιτό τις, οἷος ἂν οὗτος νήφων ἦν, ὅπου ταῦτα μεθύων ποιεῖ.

ΗΡΑ

2 Σύ μοι δοκεῖς ἐπαινέσεσθαι καὶ τὸ εὕρεμα αὐτοῦ, τὴν ἄμπελον καὶ τὸν οἶνον, καὶ ταῦτα ὁρῶν οἷα οἱ μεθυσθέντες ποιοῦσι 15 σφαλλόμενοι καὶ πρὸς ὕβριν τρεπόμενοι καὶ ὅλως μεμηνότες ὑπὸ τοῦ ποτοῦ· τὸν γοῦν Ἰκάριον, ᾧ πρώτῳ ἔδωκεν τὸ κλῆμα, οἱ ξυμπόται αὐτοὶ διέφθειραν παίοντες ταῖς δικέλλαις.

ΖΕΥΣ

Οὐδὲν τοῦτο φής· οὐ γὰρ οἶνος ταῦτα οὐδὲ ὁ Διόνυσος ποιεῖ, τὸ δὲ ἄμετρον τῆς πόσεως καὶ τὸ πέρα τοῦ καλῶς ἔχοντος 20 ἐμφορεῖσθαι τοῦ ἀκράτου. ὃς δ' ἂν ἔμμετρα πίνῃ, ἱλαρώτερος μὲν καὶ ἡδίων γένοιτ' ἄν· οἷον δὲ ὁ Ἰκάριος ἔπαθεν, οὐδὲν ἂν ἐργάσαιτο οὐδένα τῶν ξυμποτῶν. ἀλλὰ σὺ ἔτι ζηλοτυπεῖν ἔοικας, ὦ Ἥρα, καὶ τῆς Σεμέλης μνημονεύειν, ἥ γε διαβάλλεις τοῦ Διονύσου τὰ κάλλιστα. 25

---

2 τοὺς Θρᾷκας recc.   3 cf. Thuc. 8.83   5 ἅπαντα Ω
6 χρώματος Γ   8 cf. Longus 4.3, Nonn. *Dionys.* 21.30
10 νεβρὸν ὁρᾷς. ὡς distinxit Γ   14 εὕρημα recc.   16 τραπό-
μενοι recc.   17 πότου Ω^b   cf. Apollodor. 3.14.7
19 ⟨ὁ⟩ οἶνος Fritzsche   23 ἔτι ζ. Ν: ἐπεὶ ζ. Β: ἐπιζ. γ
24 ἢ β: εἴ γ

23 (19)

ΑΦΡΟΔΙΤΗΣ ΚΑΙ ΕΡΩΤΟΣ

ΑΦΡΟΔΙΤΗ

Τί δήποτε, ὦ Ἔρως, τοὺς μὲν ἄλλους θεοὺς κατηγωνίσω 1
ἅπαντας, τὸν Δία, τὸν Ποσειδῶ, τὸν Ἀπόλλω, τὴν Ῥέαν, ἐμὲ
τὴν μητέρα, μόνης δὲ ἀπέχῃ τῆς Ἀθηνᾶς καὶ ἐπ᾽ ἐκείνης
ἄπυρος μέν σοι ἡ δᾴς, κενὴ δὲ οἰστῶν ἡ φαρέτρα, σὺ δὲ ἄτοξος
5 εἶ καὶ ἄστοχος;

ΕΡΩΣ

Δέδια, ὦ μῆτερ, αὐτήν· φοβερὰ γάρ ἐστι καὶ χαροπὴ καὶ
δεινῶς ἀνδρική· ὁπόταν οὖν ἐντεινάμενος τὸ τόξον ἴω ἐπ᾽
αὐτήν, ἐπισείουσα τὸν λόφον ἐκπλήττει με καὶ ὑπότρομος
γίνομαι καὶ ἀπορρεῖ μου τὰ τοξεύματα ἐκ τῶν χειρῶν.

ΑΦΡΟΔΙΤΗ

10 Ὁ Ἄρης γὰρ οὐ φοβερώτερος ἦν; καὶ ὅμως ἀφώπλισας αὐτὸν
καὶ νενίκηκας.

ΕΡΩΣ

Ἀλλὰ ἐκεῖνος ἑκὼν προσίεταί με καὶ προσκαλεῖται, ἡ Ἀθηνᾶ
δὲ ὑφορᾶται ἀεί, καί ποτε ἐγὼ μὲν ἄλλως παρέπτην πλησίον ἔχων
τὴν λαμπάδα, ἡ δέ, Εἴ μοι πρόσει, φησί, νὴ τὸν πατέρα, τῷ
15 δορατίῳ σε διαπείρασα ἢ τοῦ ποδὸς λαβομένη καὶ ἐς τὸν
Τάρταρον ἐμβαλοῦσα ἢ αὐτὴ διασπασαμένη—πολλὰ τοιαῦτα
ἠπείλησε· καὶ ὁρᾷ δὲ δριμὺ καὶ ἐπὶ τοῦ στήθους ἔχει πρόσωπόν
τι φοβερὸν ἐχίδναις κατάκομον, ὅπερ ἐγὼ μάλιστα δέδια· μορμο-
λύττεται γάρ με καὶ φεύγω, ὅταν ἴδω αὐτό.

ΑΦΡΟΔΙΤΗ

20 Ἀλλὰ τὴν μὲν Ἀθηνᾶν δέδιας, ὡς φῄς, καὶ τὴν Γοργόνα, καὶ 2

23. Titulus ΑΦΡΟΔΙΤΗ ΕΡΩΣ ΓΒ: ΑΦΡΟΔΙΤΗ ΚΑΙ ΕΡΩΣ Ω
De re cf. Hymn. Hom. 27.28 etc.   2 Ῥέαν] Ἥραν Ω: corr. Ω^b
7 οὖν] γοῦν Fritzsche   16 διαφθερῶ post διασπασαμένη add.
N, recc.

ΛΟΥΚΙΑΝΟΥ

ταῦτα μὴ φοβηθεὶς τὸν κεραυνὸν τοῦ Διός. αἱ δὲ Μοῦσαι διὰ τί
σοι ἄτρωτοι καὶ ἔξω βελῶν εἰσιν; ἢ κἀκεῖναι λόφους ἐπισείουσιν
καὶ Γοργόνας προφαίνουσιν;

ΕΡΩΣ

Αἰδοῦμαι αὐτάς, ὦ μῆτερ· σεμναὶ γάρ εἰσιν καὶ ἀεί τι
φροντίζουσιν καὶ περὶ ᾠδὴν ἔχουσι καὶ ἐγὼ παρίσταμαι πολλάκις 5
αὐταῖς κηλούμενος ὑπὸ τοῦ μέλους.

ΑΦΡΟΔΙΤΗ

Ἔα καὶ ταύτας, ὅτι σεμναί· τὴν δὲ Ἄρτεμιν τίνος ἕνεκα οὐ
τιτρώσκεις;

ΕΡΩΣ

Τὸ μὲν ὅλον οὐδὲ καταλαβεῖν αὐτὴν οἷόν τε φεύγουσαν ἀεὶ διὰ
τῶν ὀρῶν· εἶτα καὶ ἴδιόν τινα ἔρωτα ἤδη ἐρᾷ. 10

ΑΦΡΟΔΙΤΗ

Τίνος, ὦ τέκνον;

ΕΡΩΣ

Θήρας καὶ ἐλάφων καὶ νεβρῶν, αἱρεῖν τε διώκουσα καὶ
κατατοξεύειν, καὶ ὅλως πρὸς τῷ τοιούτῳ ἐστίν· ἐπεὶ τόν γε
ἀδελφὸν αὐτῆς, καίτοι τοξότην καὶ αὐτὸν ὄντα καὶ ἑκηβόλον—

ΑΦΡΟΔΙΤΗ

Οἶδα, ὦ τέκνον, πολλὰ ἐκεῖνον ἐτόξευσας. 15

24 (25)

ΔΙΟΣ ΚΑΙ ΗΛΙΟΥ

ΖΕΥΣ

1   Οἷα πεποίηκας, ὦ Τιτάνων κάκιστε; ἀπολώλεκας τὰ ἐν τῇ γῇ

12 καί¹ om. Ω   14 cf. Il. 1.14 etc.   **24.** Titulus ΖΕΥΣ
ΗΛΙΟΣ ΓΒ: ΖΕΥΣ ΚΑΙ ΗΛΙΟΣ Ω   De re cf. Luc. 6, Philostr.
Imag. 1.11, Ov. Met. 2.31 seq.

310

79. ΘΕΩΝ ΔΙΑΛΟΓΟΙ

ἅπαντα, μειρακίῳ ἀνοήτῳ πιστεύσας τὸ ἅρμα, ὃς τὰ μὲν κατέφλεξε
πρόσγειος ἐνεχθείς, τὰ δὲ ὑπὸ κρύους διαφθαρῆναι ἐποίησεν, πολὺ
αὐτῶν ἀποσπάσας τὸ πῦρ, καὶ ὅλως οὐδὲν ὅ τι οὐ ξυνετάραξε
καὶ ξυνέχεεν, καὶ εἰ μὴ ἐγὼ ξυνεὶς τὸ γινόμενον κατέβαλον αὐτὸν
5 τῷ κεραυνῷ, οὐδὲ λείψανον ἀνθρώπων ἐπέμεινεν ἄν· τοιοῦτον
ἡμῖν τὸν καλὸν ἡνίοχον καὶ διφρηλάτην ἐκπέπομφας.

ΗΛΙΟΣ

Ἥμαρτον, ὦ Ζεῦ, ἀλλὰ μὴ χαλέπαινε, εἰ ἐπείσθην υἱῷ πολλὰ
ἱκετεύοντι· πόθεν γὰρ ἂν καὶ ἤλπισα τηλικοῦτο γενήσεσθαι
κακόν;

ΖΕΥΣ

10 Οὐκ ᾔδεις, ὅσης ἐδεῖτο ἀκριβείας τὸ πρᾶγμα καὶ ὡς, εἰ βραχύ
τις ἐκβαίη τῆς ὁδοῦ, οἴχεται πάντα; ἠγνόεις δὲ καὶ τῶν
ἵππων τὸν θυμόν, ὡς δεῖ ξυνέχειν ἀνάγκῃ τὸν χαλινόν· εἰ γὰρ
ἐνδοίη τις, ἀφηνιάζουσιν εὐθύς, ὥσπερ ἀμέλει καὶ τοῦτον
ἐξήνεγκαν, ἄρτι μὲν ἐπὶ τὰ λαιά, μετ' ὀλίγον δὲ ἐπὶ τὰ δεξιά, καὶ
15 ἐς τὸ ἐναντίον τοῦ δρόμου ἐνίοτε, καὶ ἄνω καὶ κάτω, ὅλως ἔνθα
ἐβούλοντο αὐτοί· ὁ δὲ οὐκ εἶχεν ὅ τι χρήσαιτο αὐτοῖς.

ΗΛΙΟΣ

Πάντα μὲν ἠπιστάμην ταῦτα καὶ διὰ τοῦτο ἀντεῖχον ἐπὶ 2
πολὺ καὶ οὐκ ἐπίστευον αὐτῷ τὴν ἔλασιν· ἐπεὶ δὲ κατελιπάρησε
δακρύων καὶ ἡ μήτηρ Κλυμένη μετ' αὐτοῦ, ἀναβιβασάμενος ἐπὶ
20 τὸ ἅρμα ὑπεθέμην, ὅπως μὲν χρὴ βεβηκέναι αὐτόν, ἐφ' ὁπόσον
δὲ ἐς τὸ ἄνω ἀφέντα ὑπερενεχθῆναι, εἶτα ἐς τὸ κάταντες αὖθις
ἐπινεύειν καὶ ὡς ἐγκρατῆ εἶναι τῶν ἡνιῶν καὶ μὴ ἐφιέναι τῷ
θυμῷ τῶν ἵππων· εἶπον δὲ καὶ ἡλίκος ὁ κίνδυνος, εἰ μὴ ὀρθὴν
ἐλαύνοι· ὁ δέ—παῖς γὰρ ἦν—ἐπιβὰς τοσούτου πυρὸς καὶ ἐπι-

2 post ἐνεχθείς deficit Γ; in 24–5 γ = ΧVΩ consentientes   4 κατέ-
λαβον ΩV   6 διφρελάτην B   8 τηλικοῦτον Ω   10 ἐδεῖτο
om. Ω: add. mg. Ωˣ: post ἀκρ. trs. X   12 δεῖ] δὴ ΩΝ   ἀνάγκη
fere codd.   15 ἐς om. Ω: ss. Ωᵇ   κάτω ὅλως, ἔνθα punx. βΩV:
puncto om. X   17 sic βVX: Ταῦτα μὲν ἠπιστάμην Ω: Ταῦτα μὲν
πάντα ἠπιστάμην recc., Ωᵇ   διὰ τοῦτο om. Ω: ss. Ωᵇ

ΛΟΥΚΙΑΝΟΥ

κύψας ἐς βάθος ἀχανὲς ἐξεπλάγη, ὡς τὸ εἰκός· οἱ δὲ ἵπποι ὡς
ᾔσθοντο οὐκ ὄντα ἐμὲ τὸν ἐπιβεβηκότα, καταφρονήσαντες τοῦ
μειρακίου ἐξετράποντο τῆς ὁδοῦ καὶ τὰ δεινὰ ταῦτα ἐποίησαν·
ὁ δὲ τὰς ἡνίας ἀφείς, οἶμαι δεδιὼς μὴ ἐκπέσῃ αὐτός, εἴχετο
τῆς ἄντυγος. ἀλλὰ ἐκεῖνός τε ἤδη ἔχει τὴν δίκην κἀμοί, ὦ 5
Ζεῦ, ἱκανὸν τὸ πένθος.

ΖΕΥΣ

3   Ἱκανὸν λέγεις τοιαῦτα τολμήσας; νῦν μὲν οὖν συγγνώμην
ἀπονέμω σοι, ἐς δὲ τὸ λοιπόν, ἤν τι ὅμοιον παρανομήσῃς ἤ
τινα τοιοῦτον σεαυτοῦ διάδοχον ἐκπέμψῃς, αὐτίκα εἴσῃ, ὁπόσον
τοῦ σοῦ πυρὸς ὁ κεραυνὸς πυρωδέστερος. ὥστε ἐκεῖνον μὲν 10
αἱ ἀδελφαὶ θαπτέτωσαν ἐπὶ τῷ Ἠριδανῷ, ἵναπερ ἔπεσεν
ἐκδιφρευθείς, ἤλεκτρον ἐπ᾽ αὐτῷ δακρύουσαι καὶ αἴγειροι
γενέσθωσαν ἐπὶ τῷ πάθει, σὺ δὲ συμπηξάμενος τὸ ἅρμα—
κατέαγε δὲ καὶ ὁ ῥυμὸς αὐτοῦ καὶ ἅτερος τῶν τροχῶν συντέ-
τριπται—ἔλαυνε ὑπαγαγὼν τοὺς ἵππους. ἀλλὰ μέμνησο τούτων
ἁπάντων.

25 (26)

ΑΠΟΛΛΩΝΟΣ ΚΑΙ ΕΡΜΟΥ

ΑΠΟΛΛΩΝ

1   Ἔχεις μοι εἰπεῖν, ὦ Ἑρμῆ, πότερος ὁ Κάστωρ ἐστὶ τούτων
ἢ πότερος ὁ Πολυδεύκης; ἐγὼ γὰρ οὐκ ἂν διακρίναιμι αὐτούς.

ΕΡΜΗΣ

Ὁ μὲν χθὲς ἡμῖν ξυγγενόμενος ἐκεῖνος Κάστωρ ἦν, οὗτος δὲ
Πολυδεύκης.   20

---

4 ἐκπέσῃ, αὐτὸς εἴχετο βγ: corr. recc.   5 ἤδη om. γ   14 δὲ
καὶ βγ; δὲ Fl.: γὰρ καὶ recc.   15 ἐπαγαγὼν βγ: corr. N   Titulus
ΑΠΟΛΛΩΝ ΕΡΜΗΣ Β: ΑΠΟΛΛΩΝ ΚΑΙ ΕΡΜΗΣ γ   De re cf.
Od. 11.298 seq., Pind. Pyth. 11.61-4, Nem. 10.55, Apollodor. 3.11.2; noster
tamen hic et in 77.1.1, 79.4.2 artius cum versione Virg. Aen. 6.121 geminis
separatis congruit

ΑΠΟΛΛΩΝ

Πῶς διαγινώσκεις; ὅμοιοι γάρ.

ΕΡΜΗΣ

Ὅτι οὗτος μέν, ὦ Ἄπολλον, ἔχει ἐπὶ τοῦ προσώπου τὰ ἴχνη
τῶν τραυμάτων ἃ ἔλαβε παρὰ τῶν ἀνταγωνιστῶν πυκτεύων, καὶ
μάλιστα ὁπόσα ὑπὸ τοῦ Βέβρυκος Ἀμύκου ἐτρώθη τῷ Ἰάσονι
5 συμπλέων, ἅτερος δὲ οὐδὲν τοιοῦτον ἐμφαίνει, ἀλλὰ καθαρός ἐστι
καὶ ἀπαθὴς τὸ πρόσωπον.

ΑΠΟΛΛΩΝ

Ὤνησας διδάξας τὰ γνωρίσματα, ἐπεὶ τά γε ἄλλα πάντα
ἴσα, τοῦ ᾠοῦ τὸ ἡμίτομον καὶ ἀστὴρ ὑπεράνω καὶ ἀκόντιον ἐν
τῇ χειρὶ καὶ ἵππος ἑκατέρῳ λευκός, ὥστε πολλάκις ἐγὼ τὸν
10 μὲν προσεῖπον Κάστορα Πολυδεύκην ὄντα, τὸν δὲ τῷ τοῦ Πολυ-
δεύκους ὀνόματι. ἀτὰρ εἰπέ μοι καὶ τόδε, τί δήποτε οὐκ ἄμφω
ξύνεισιν ἡμῖν, ἀλλ' ἐξ ἡμισείας ἄρτι μὲν νεκρός, ἄρτι δὲ θεός
ἐστιν ἅτερος αὐτῶν;

ΕΡΜΗΣ

Ὑπὸ φιλαδελφίας τοῦτο ποιοῦσιν· ἐπεὶ γὰρ ἔδει ἕνα μὲν 2
15 τεθνάναι τῶν Λήδας υἱέων, ἕνα δὲ ἀθάνατον εἶναι, ἐνείμαντο
οὕτως αὐτοὶ τὴν ἀθανασίαν.

ΑΠΟΛΛΩΝ

Οὐ ξυνετήν, ὦ Ἑρμῆ, τὴν νομήν, οἵ γε οὐδὲ ὄψονται οὕτως
ἀλλήλους, ὅπερ ἐπόθουν, οἶμαι, μάλιστα· πῶς γάρ, ὁ μὲν παρὰ
θεοῖς, ὁ δὲ παρὰ τοῖς φθιτοῖς ὤν; πλὴν ἀλλὰ ὥσπερ ἐγὼ
20 μαντεύομαι, ὁ δὲ Ἀσκληπιὸς ἰᾶται, σὺ δὲ παλαίειν διδάσκεις
παιδοτρίβης ἄριστος ὤν, ἡ δὲ Ἄρτεμις μαιεύεται καὶ τῶν ἄλλων
ἕκαστος ἔχει τινὰ τέχνην ἢ θεοῖς ἢ ἀνθρώποις χρησίμην, οὗτοι
δὲ τί ποιήσουσιν ἡμῖν; ἢ ἀργοὶ εὐωχήσονται τηλικοῦτοι ὄντες;

4 cf. Theocr. 22.26, Ap. Rhod. 2.1 seq., Apollodor. 1.9.20   5 τοι-
οῦτο γ   7 διδάξας βXV: δείξας Ω   17 οἵ γε βγ: εἰ
οἵ γε N: εἴ γε Fl.   20 ὁ δὲ] an ὁ μὲν vel ὅδε?

ΛΟΥΚΙΑΝΟΥ

ΕΡΜΗΣ

Οὐδαμῶς, ἀλλὰ προστέτακται αὐτοῖν ὑπηρετεῖν τῷ Ποσειδῶνι καὶ καθιππεύειν δεῖ τὸ πέλαγος καὶ ἐάν που ναύτας χειμαζομένους ἴδωσιν, ἐπικαθίσαντας ἐπὶ τὸ πλοῖον σῴζειν τοὺς ἐμπλέοντας.

ΑΠΟΛΛΩΝ

'Αγαθήν, ὦ 'Ερμῆ, καὶ σωτήριον λέγεις τὴν τέχνην.

1 αὐτοῖς recc. 2 δεῖ] δὴ recc. ἐάν β: ἄν γ
3 cf. 70.9 4 σωτηρίαν Ω¹: corr. Ωᵇ uv.

314

80

ΕΤΑΙΡΙΚΟΙ ΔΙΑΛΟΓΟΙ

1

ΓΛΥΚΕΡΙΟΝ ΚΑΙ ΘΑΙΣ

ΓΛΥΚΕΡΙΟΝ

Τὸν στρατιώτην, Θαί, τὸν Ἀκαρνᾶνα, ὃς πάλαι μὲν Ἀβρότονον 1
εἶχε, μετὰ ταῦτα δὲ ἠράσθη ἐμοῦ, τὸν εὐπάρυφον λέγω, τὸν ἐν
τῇ χλαμύδι, οἶσθα αὐτόν, ἢ ἐπιλέλησαι τὸν ἄνθρωπον;

ΘΑΙΣ

Οὔκ, ἀλλὰ οἶδα, ὦ Γλυκέριον, καὶ συνέπιε μεθ' ἡμῶν πέρυσιν
5 ἐν τοῖς Ἁλώοις. τί δὲ τοῦτο; ἐῴκεις γάρ τι περὶ αὐτοῦ διηγεῖσθαι.

ΓΛΥΚΕΡΙΟΝ

Γοργόνα αὐτὸν ἡ παμπόνηρος, φίλη δοκοῦσα εἶναι, ἀπέσπασεν
ἀπ' ἐμοῦ ὑπαγαγοῦσα.

Codd. LXV*A* plene rettuli; β = L*A*; usque ad 7.2 γ = XV, postea = XI;
codices mixtos ΨΡ interdum citavi **1.** Nomina *ΓΛΥΚΕΡΑ ΚΑΙ
ΘΑΙΣ* codd.: correxi; de Glycerio cf. Luc. 19.12, Ter. *Andr.* etc., de Glycera,
Menandri amica, cf. Mart. 14.187, Alciphr. 4.2, 18, 19 (Schepers 1905,
Benner et Fobes), de Glycera persona cf. Men. *Pk.*, *Fr.* 87, 280 (K.-Th.),
Luc. 41.12 etc., de Thaide persona cf. Men. 185–91, Luc. 80.3, Varr.
Men. 302, Prop. 4.5.43 etc.   1 cf. Men. *Epit. Fr.* 1.2 (Sandbach)
1 seq. Ἀβρ. V; cf. Men. *Epit.*, *Pk.*   4 συνέπιον *A*   ὑμῶν γ*A*
5 cf. 80.7.4, Alciphr. 4.6, 18, 19   δὲ] δαὶ Χ[1]   7 ὑπ-
ελθοῦσα *A*

ΛΟΥΚΙΑΝΟΥ

ΘΑΙΣ

Καὶ νῦν σοὶ μὲν ἐκεῖνος οὐ πρόσεισι, Γοργόναν δὲ ἑταίραν πεποίηται;

ΓΛΥΚΕΡΙΟΝ

Ναί, ὦ Θαΐ, καὶ τὸ πρᾶγμα οὐ μετρίως μου ἥψατο.

ΘΑΙΣ

Πονηρὸν μέν, ὦ Γλυκέριον, οὐκ ἀδόκητον δέ, ἀλλ᾽ εἰωθὸς γίγνεσθαι ὑφ᾽ ἡμῶν τῶν ἑταιρῶν. οὔκουν χρὴ οὔτε ἀνιᾶσθαι ἄγαν 5 οὔτε μέμφεσθαι τῇ Γοργόνῃ· οὐδὲ γὰρ σὲ ᾽Αβρότονον ἐπ᾽ αὐτῷ 2 πρότερον ἐμέμψατο, καίτοι φίλαι ἦτε. ἀτὰρ ἐκεῖνο θαυμάζω, τί καὶ ἐπήνεσεν αὐτῆς ὁ στρατιώτης οὗτος, ἐκτὸς εἰ μὴ παντάπασι τυφλός ἐστιν, ὃς οὐχ ὡράκει τὰς μὲν τρίχας αὐτὴν ἀραιὰς ἐχουσαν καὶ ἐπὶ πολὺ τοῦ μετώπου ἀπηγμένας· τὰ χείλη δὲ πελιδνὰ καὶ 10 τράχηλος λεπτὸς καὶ ἐπίσημοι ἐν αὐτῷ αἱ φλέβες καὶ ῥὶς μακρά. ἓν μόνον, εὐμήκης ἐστὶ καὶ ὀρθὴ καὶ μειδιᾷ πάνυ ἐπαγωγόν.

ΓΛΥΚΕΡΙΟΝ

Οἴει γάρ, ὦ Θαΐ, τῷ κάλλει ἠρᾶσθαι τὸν ᾽Ακαρνᾶνα; οὐκ οἶσθα ὡς φαρμακὶς ἡ Χρυσάριόν ἐστιν ἡ μήτηρ αὐτῆς, Θεσσαλάς τινας ᾠδὰς ἐπισταμένη καὶ τὴν σελήνην κατάγουσα; φασὶ δὲ 15 αὐτὴν καὶ πέτεσθαι τῆς νυκτός· ἐκείνη ἐξέμηνε τὸν ἄνθρωπον πιεῖν τῶν φαρμάκων ἐγχέασα, καὶ νῦν τρυγῶσιν αὐτόν.

ΘΑΙΣ

Καὶ σὺ ἄλλον, ὦ Γλυκέριον, τρυγήσεις, τοῦτον δὲ χαίρειν ἔα.

1 πρόσεστι LΨ   5 ἐφ᾽ ὑμῶν L   8 οὗτος om. L
9 ὡράκει γL: ἑωράκει Ψ: εἶδε Α   τὰς μὲν τρίχας αὐτὴν
(αὐτῆς Lγ) ἀραιὰς ἔχουσαν γLΨ: τρίχας αὐτὴν μὲν ἔχουσαν ἀραιὰς Α
12 καὶ μειδιᾷ πάνυ ἐπαγωγόν excerpsit Aristaen. 1.1.   13 ᾐρῆσθαι Ν
14 ἐστιν ἡ Χρ. Α   14–15 cf. Ar. Nub. 749, Pl. Grg. 513a,
Men. 192–7, Luc. 39 passim, 80.4   15 ἐπῳδὰς Α

2

ΜΥΡΤΙΟΝ ΚΑΙ ΠΑΜΦΙΛΟΣ ΚΑΙ ΔΩΡΙΣ

ΜΥΡΤΙΟΝ

Γαμεῖς, ὦ Πάμφιλε, τὴν Φίλωνος τοῦ ναυκλήρου θυγατέρα καὶ 1
ἤδη σε γεγαμηκέναι φασίν; οἱ τοσοῦτοι δὲ ὅρκοι οὓς ὤμοσας καὶ
τὰ δάκρυα ἐν ἀκαρεῖ πάντα οἴχεται, καὶ ἐπιλέλησαι Μυρτίου
νῦν, καὶ ταῦτα, ὦ Πάμφιλε, ὁπότε κύω μῆνα ὄγδοον ἤδη; τοῦτο
5 γοῦν καὶ μόνον ἐπριάμην τοῦ σοῦ ἔρωτος, ὅτι μου τηλικαύτην πε-
ποίηκας τὴν γαστέρα καὶ μετὰ μικρὸν παιδοτροφεῖν δεήσει,
πρᾶγμα ἑταίρᾳ βαρύτατον· οὐ γὰρ ἐκθήσω τὸ τεχθέν, καὶ
μάλιστα εἰ ἄρρεν γένοιτο, ἀλλὰ Πάμφιλον ὀνομάσασα ἐγὼ μὲν
ἕξω παραμύθιον τοῦ ἔρωτος, σοὶ δὲ ὀνειδιεῖ ποτε ἐκεῖνος, ὡς
10 ἄπιστος γεγένησαι περὶ τὴν ἀθλίαν αὐτοῦ μητέρα. γαμεῖς δ᾽ οὐ
καλὴν παρθένον· εἶδον γὰρ αὐτὴν ἔναγχος ἐν τοῖς Θεσμοφορίοις
μετὰ τῆς μητρός, οὐδέπω εἰδυῖα ὅτι δι᾽ αὐτὴν οὐκέτι ὄψομαι
Πάμφιλον. καὶ σὺ δ᾽ οὖν πρότερον ἰδοῦ αὐτὴν καὶ τὸ πρόσωπον
καὶ τοὺς ὀφθαλμοὺς ἰδέ· μή σε ἀνιάτω, εἰ πάνυ γλαυκοὺς
15 ἔχει αὐτοὺς μηδὲ ὅτι διάστροφοί εἰσι καὶ ἐς ἀλλήλους ὁρῶσι·
μᾶλλον δὲ τὸν Φίλωνα ἑώρακας τὸν πατέρα τῆς νύμφης, τὸ
πρόσωπον αὐτοῦ οἶσθα, ὥστε οὐδὲν ἔτι δεήσει τὴν θυγατέρα
ἰδεῖν.

ΠΑΜΦΙΛΟΣ

Ἔτι σου ληρούσης, ὦ Μύρτιον, ἀκούσομαι παρθένους καὶ 2
20 γάμους ναυκληρικοὺς διεξιούσης; ἐγὼ δὲ ἢ σιμήν τινα ἢ καλὴν
νύμφην οἶδα; ἢ ὅτι Φίλων ὁ Ἀλωπεκῆθεν—οἶμαι γὰρ ἐκεῖνον
λέγειν σε—θυγατέρα ὅλως εἶχεν ὡραίαν ἤδη γάμου; ἀλλ᾽ οὐδὲ

2. 1 cf. Men. Fr. 521, Ter. Andr., Hec., etc.   cf. Com.
Adesp. 297 Kock   Φίλωνος] Φείδωνος hic tantum Α; cf. Men. Fr. 215
3 cf. 77.22.7   4 καὶ ταῦτα recc.: ταῦτα βγ   κυῶ V
ἤδη. Ψγ   5 ἐπριάμην] ὠνάμην Α   9 ποτε] ποτε προσ-
ελθὼν Α   10–11 cf. Alciphr. 4.12   11 ὁπλοφορίοις Α   13 ἰδοῦ vel
ἴδου γ: εἶδες L (et ante πρ.) Α: εἶδου ἐς Ψ: ἰδὲ recc.   16–17 τὸ...
οἶσθα om. L: καὶ τὸ σιμὸν αὐτοῦ οἶσθα Α   19 λαλούσης, Μύρτιον LΨ
22 ὅλως om. L

ΛΟΥΚΙΑΝΟΥ

φίλος ἐστὶν οὗτος τῷ πατρί· μέμνημαι γὰρ ὡς πρώην ἐδικάσατο
περὶ συμβολαίου· τάλαντον, οἶμαι, ὀφείλων γὰρ τῷ πατρὶ οὐκ
ἠθέλησεν ἐκτίνειν, ὁ δὲ παρὰ τοὺς ναυτοδίκας ἀπήγαγεν αὐτόν,
καὶ μόλις ἐξέτισεν αὐτό, οὐδ' ὅλον, ὡς ὁ πατὴρ ἔφασκεν. εἰ
δὲ καὶ γαμεῖν ἐδέδοκτό μοι, τὴν Δημέου θυγατέρα τὴν τοῦ 5
πέρυσιν ἐστρατηγηκότος ἀφείς, καὶ ταῦτα πρὸς μητρὸς ἀνεψιὰν
οὖσαν, τὴν Φίλωνος ἐγάμουν ἄν· σὺ δὲ πόθεν ταῦτα ἤκουσας;
ἢ τίνας σεαυτῇ, ὦ Μύρτιον, κενὰς ζηλοτυπίας σκιαμαχοῦσα
ἐξεῦρες;

ΜΥΡΤΙΟΝ

3   Οὐκοῦν οὐ γαμεῖς, ὦ Πάμφιλε;   10

ΠΑΜΦΙΛΟΣ

Μέμηνας, ὦ Μύρτιον, ἢ κραιπαλᾷς· καίτοι χθὲς οὐ πάνυ
ἐμεθύσθημεν.

ΜΥΡΤΙΟΝ

Ἡ Δωρὶς αὕτη ἐλύπησέ με· πεμφθεῖσα γὰρ ὡς ἔρια ὠνήσαιτο
ἐπὶ τὴν γαστέρα καὶ εὔξαιτο τῇ Λοχείᾳ ὡς ὑπὲρ ἐμοῦ, Λεσβίαν
ἔφη ἐντυχοῦσαν αὐτῇ—μᾶλλον δὲ σὺ αὐτῷ, ὦ Δωρί, λέγε ἅπερ 15
ἀκήκοας, εἴ γε μὴ ἐπλάσω ταῦτα.

ΔΩΡΙΣ

Ἀλλ' ἐπιτριβείην, ὦ δέσποινα, εἴ τι ἐψευσάμην· ἐπεὶ γὰρ
κατὰ τὸ πρυτανεῖον ἐγενόμην, ἐνέτυχέ μοι ἡ Λεσβία μειδιῶσα

1 οὗτός ἐστι X   2 συμβόλου Ψ: συμβολαίου ναυτικοῦ A
γὰρ om. A   3 ἤθελεν A   4–5 εἰ δὲ καὶ] ἔτι δὲ L
5 Δημέου] Δημαίου Ψ: Δυμαίου X¹; cf. 25.49, Men. Imbr., Mis., Sam.,
Ter. Ad.   τὴν² om. γ   8–9 ἢ συντέθηκας αὐτά, ὦ M.
(om. ἐξεῦρες) A   8 σεαυτήν L   10 Οὐκοῦν L: Οὔκουν γ:
Οὔκουν ΨA   11 κραιπαλᾷς· βγ: ; add. edd.   13 ἔρια ὠν.]
ἐρίδων. XΨ: ἐριδ' ὠν. L: ἔριθεν ὦν. uv. V   13–14 ὠνήσαιτό μοι ἐπὶ A
14 ὡς om. β   cf. Ter. Andr.   15 cf. Men. Kol., Pk.,
Diph. Fr. 56   αὐτῷ, ὦ Δωρί, γ: ὦ Δωρί, αὐτῷ L: αὐτή, ὦ Δωρί, A
16 αὐτά A

80. ΕΤΑΙΡΙΚΟΙ ΔΙΑΛΟΓΟΙ

καὶ φησίν, Ὁ ἐραστὴς ὑμῶν ὁ Πάμφιλος γαμεῖ τὴν Φίλωνος
θυγατέρα· εἰ δὲ ἀπιστοίην, ἠξίου με παρακύψασαν ἐς τὸν στενω-
πὸν ὑμῶν ἰδεῖν πάντα κατεστεφανωμένα καὶ αὐλητρίδας καὶ
θόρυβον καὶ ὑμέναιον ᾄδοντάς τινας.

ΠΑΜΦΙΛΟΣ

5 Τί οὖν; παρέκυψας, ὦ Δωρί;

ΔΩΡΙΣ

Καὶ μάλα, καὶ εἶδον ἅπαντα ὡς ἔφη.

ΠΑΜΦΙΛΟΣ

Μανθάνω τὴν ἀπάτην· οὐ γὰρ πάντα ἡ Λεσβία, ὦ Δωρί, πρὸς 4
σὲ ἐψεύσατο καὶ σὺ τἀληθῆ ἀπήγγελκας Μυρτίῳ. πλὴν μάτην γε
ἐταράχθητε· οὐδὲ γὰρ παρ' ἡμῖν οἱ γάμοι, ἀλλὰ νῦν ἀνεμνήσθην
10 ἀκούσας τῆς μητρός, ὁπότε χθὲς ἀνέστρεψα παρ' ὑμῶν· ἔφη γάρ,
Ὦ Πάμφιλε, ὁ μὲν ἡλικιώτης σοι Χαρμίδης τοῦ γείτονος
Ἀρισταινέτου υἱὸς γαμεῖ ἤδη καὶ σωφρονεῖ, σὺ δὲ μέχρι τίνος
ἑταίρᾳ σύνει; τοιαῦτα παρακούων αὐτῆς ἐς ὕπνον κατηνέχθην·
εἶτα ἕωθεν προῆλθον ἀπὸ τῆς οἰκίας, ὥστε οὐδὲν εἶδον ὧν ἡ
15 Δωρὶς ὕστερον εἶδεν. εἰ δὲ ἀπιστεῖς, αὖθις ἀπελθοῦσα, ὦ Δωρί,
ἀκριβῶς ἰδὲ μὴ τὸν στενωπόν, ἀλλὰ τὴν θύραν, ποτέρα ἐστὶν ἡ
κατεστεφανωμένη· εὑρήσεις γὰρ τὴν τῶν γειτόνων.

ΜΥΡΤΙΟΝ

Ἀπέσωσας, ὦ Πάμφιλε· ἀπηγξάμην γὰρ ἄν, εἴ τι τοιοῦτον
ἐγένετο.

3 κατεστιγμένα A   5 Τί...Δωρί; trib. ΜΥΡΤ. ΨΑ
7 οὐ γὰρ πάντα] οὔτε A   8 ἤγγελκας ΨL: ἐπήγγελκας A   9 οὐδὲ
Lehmann: οὔτε LV: οὐ ΧΨΑ   11 cf. 77.6.6; hic tamen nomen
iuveni temperanti Lucianus facete tribuit   τοῦ] ὁ τοῦ ΨΑ
12 cf. 17.1, 80.10.1   13 συνέσει Herwerden   παρακ.]
γὰρ ἀκ. ΨΑ   17 κατεστεμμένη A   18 ἄν om. A   τι
om. A   τοιοῦτο γ

ΠΑΜΦΙΛΟΣ

'Αλλ' οὐκ ἂν ἐγένετο, μηδ' οὕτω μανείην, ὡς ἐκλαθέσθαι
Μυρτίου, καὶ ταῦτα ἤδη μοι κυούσης παιδίον.

3

Η ΜΗΤΗΡ ΚΑΙ ΦΙΛΙΝΝΑ

ΜΗΤΗΡ

1 'Εμάνης, ὦ Φίλιννα, ἢ τί ἔπαθες ἐν τῷ συμποσίῳ χθές; ἧκε
γὰρ παρ' ἐμὲ Δίφιλος ἕωθεν δακρύων καὶ διηγήσατό μοι ἃ ἔπαθεν
ὑπὸ σοῦ· μεμεθύσθαι γάρ σε καὶ ἐς τὸ μέσον ἀναστᾶσαν ὀρχήσασθαι 5
αὐτοῦ διακωλύοντος καὶ μετὰ ταῦτα φιλῆσαι Λαμπρίαν τὸν
ἑταῖρον αὐτοῦ, καὶ ἐπεὶ ἐχαλέπηνέ σοι, καταλιποῦσαν αὐτὸν
ἀπελθεῖν πρὸς τὸν Λαμπρίαν καὶ περιλαβεῖν ἐκεῖνον, ἑαυτὸν δὲ
ἀποπνίγεσθαι τούτων γινομένων. ἀλλ' οὐδὲ τῆς νυκτός, οἶμαι,
συνεκάθευδες, καταλιποῦσα δὲ δακρύοντα μόνη ἐπὶ τοῦ πλησίον 10
σκίμποδος κατέκεισο ᾄδουσα καὶ λυποῦσα ἐκεῖνον.

ΦΙΛΙΝΝΑ

2 Τὰ γὰρ αὐτοῦ σοι, ὦ μῆτερ, οὐ διηγήσατο· οὐ γὰρ ἂν
συνηγόρευες αὐτῷ ὑβριστῇ ὄντι, ὃς ἐμοῦ ἀφέμενος ἐκοινολογεῖτο
Θαΐδι τῇ Λαμπρίου ἑταίρᾳ, μηδέπω ἐκείνου παρόντος· ἐπεὶ δὲ
χαλεπαίνουσαν εἶδέ με καὶ διένευσα αὐτῷ οἷα ποιεῖ, τοῦ ὠτὸς 15
ἄκρου ἐφαψάμενος ἀνακλάσας τὸν αὐχένα τῆς Θαΐδος ἐφίλησεν
οὕτω προσφυῶς, ὥστε μόλις ἀπέσπασε τὰ χείλη, εἶτ' ἐγὼ μὲν

1 'Αλλ'...ἐγένετο om. ΨL   [ἂν] Bekker   μηδ'] μὴ Ψ
3. Titulus ΦΙΛΙΝΝΑ ΚΑΙ Η ΜΗΤΗΡ βXV et, om. H, I   3 cf. Ar.
Nub. 684, Men. Georg.   χθὲς ἐν τῷ σ. A   4 cf. 17.6, Dem. 59.58
6 cf. Men. Fr. 8, 307, Ael. Ep. 11, 12, Aristaen. 1.16   7–8 ἐπεί...
Λαμπρίαν om. A   8 πρὸς] ἐς L   περιβαλεῖν recc.
αὐτὸν A   12 αὐτοῦ codd.: corr. Bekker   13 ὑβρ. γε recc.
14 cf. 80.1.1   15 με χαλ. εἶδεν Ψ   15–16 καὶ...
ἐφαψάμενος om. Ψ   15 διενεύσατο X   16–17 imitatus est
Aristaen. 1.16   17 προσφὺς A; cf. Kock, Com. Adesp. 186
ἀπέσπασε Lγ: ἀποσπᾶσαι Aristaen.: ὑπέσπασε Ψ

80. ΕΤΑΙΡΙΚΟΙ ΔΙΑΛΟΓΟΙ

ἐδάκρυον, ὁ δὲ ἐγέλα καὶ πρὸς τὴν Θαΐδα πολλὰ πρὸς τὸ οὖς ἔλεγε
κατ' ἐμοῦ δηλαδή, καὶ ἡ Θαῒς ἐμειδίασε βλέπουσα πρὸς ἐμέ. ὡς
δὲ προσιόντα ᾔσθοντο τὸν Λαμπρίαν καὶ ἐκορέσθησάν ποτε
φιλοῦντες ἀλλήλους, ἐγὼ μὲν ὅμως παρ' αὐτὸν κατεκλίθην, ὡς
5 μὴ καὶ τοῦτο προφασίζοιτο ὕστερον, ἡ Θαῒς δὲ ἀναστᾶσα
ὠρχήσατο πρώτη ἀπογυμνοῦσα ἐπὶ πολὺ τὰ σφυρὰ ὡς μόνη καλὰ
ἔχουσα, καὶ ἐπειδὴ ἐπαύσατο, ὁ Λαμπρίας μὲν ἐσίγα καὶ εἶπεν
οὐδέν, Δίφιλος δὲ ὑπερεπήνει τὸ εὔρυθμον καὶ τὸ κεχορηγημένον,
καὶ ὅτι εὖ πρὸς τὴν κιθάραν ὁ ποὺς καὶ τὸ σφυρὸν ὡς καλὸν καὶ
10 ἄλλα μυρία, καθάπερ τὴν Καλάμιδος Σωσάνδραν ἐπαινῶν, ἀλλ'
οὐ Θαΐδα, ἣν καὶ σὺ οἶσθα συλλουομένην ἡμῖν οἷα ἐστί. Θαῒς δὲ
οἷα καὶ ἔσκωψεν εὐθὺς ἐς ἐμέ· Εἰ γάρ τις, ἔφη, μὴ αἰσχύνεται
λεπτὰ ἔχουσα τὰ σκέλη, ὀρχήσεται καὶ αὐτὴ ἐξαναστᾶσα. τί ἂν
λέγοιμι, ὦ μῆτερ; ἀνέστην γὰρ καὶ ὠρχησάμην. ἀλλὰ τί ἔδει
15 ποιεῖν; ἀνασχέσθαι καὶ ἐπαληθεύειν τὸ σκῶμμα καὶ τὴν Θαΐδα
ἐᾶν τυραννεῖν τοῦ συμποσίου;

ΜΗΤΗΡ

Φιλοτιμότερον μέν, ὦ θύγατερ· οὐδὲ φροντίζειν γὰρ ἐχρῆν· 3
λέγε δ' ὅμως τὰ μετὰ ταῦτα.

ΦΙΛΙΝΝΑ

Οἱ μὲν οὖν ἄλλοι ἐπήνουν, ὁ Δίφιλος δὲ μόνος ὕπτιον κατα-
20 βαλὼν ἑαυτὸν ἐς τὴν ὀροφὴν ἀνέβλεπεν, ἄχρις δὴ καμοῦσα
ἐπαυσάμην.

ΜΗΤΗΡ

Τὸ φιλῆσαι δὲ τὸν Λαμπρίαν ἀληθὲς ἦν; καὶ τὸ μεταβᾶσαν
περιπλέκεσθαι αὐτῷ; τί σιγᾷς; οὐκέτι γὰρ ταῦτα συγγνώμης
ἄξια.

2 ἐμειδία A   3 προιόντα γL   8 κεχ.] κοῦφον A
9 εὖ om. L   10 cf. 43.4   10–11 ἀλλ'...ἐστί
matri trib. β   11 οὐ Mras: οἶδα LΨγ: οὐχὶ A   12 οἷα
del. Rothstein   μὴ] καὶ μὴ γ   16 τὸ συμπόσιον β
20 ἄχρι ΨA   23 οὐκέτι] οὐ Ψ

ΦΙΛΙΝΝΑ

'Αντιλυπεῖν ἐβουλόμην αὐτόν.

ΜΗΤΗΡ

Εἶτα οὐδὲ συνεκάθευδες, ἀλλὰ καὶ ᾖδες ἐκείνου δακρύοντος;
οὐκ αἰσθάνῃ, ὦ θύγατερ, ὅτι πτωχαί ἐσμεν, οὐδὲ μέμνησαι ὅσα
παρ' αὐτοῦ ἐλάβομεν ἢ οἷον δὴ τὸν πέρυσι χειμῶνα διηγάγομεν
ἄν, εἰ μὴ τοῦτον ἡμῖν ἡ 'Αφροδίτη ἔπεμψε;   5

ΦΙΛΙΝΝΑ

Τί οὖν; ἀνέχωμαι διὰ τοῦτο ὑβριζομένη ὑπ' αὐτοῦ;

ΜΗΤΗΡ

'Οργίζου μέν, μὴ ἀνθύβριζε δέ. οὐκ οἶσθα ὅτι ὑβριζόμενοι
παύονται οἱ ἐρῶντες καὶ ἐπιτιμῶσιν ἑαυτοῖς; σὺ δὲ πάνυ χαλεπὴ
τῷ ἀνθρώπῳ ἀεὶ γεγένησαι, καὶ ὅρα μὴ κατὰ τὴν παροιμίαν
ἀπορρήξωμεν πάνυ τείνουσαι τὸ καλῴδιον.   10

4

ΜΕΛΙΤΤΑ ΚΑΙ ΒΑΚΧΙΣ

ΜΕΛΙΤΤΑ

1 Εἴ τινα οἶσθα, Βακχί, γραῦν, οἷαι πολλαὶ Θετταλαὶ λέγονται
ἐπάδουσαι καὶ ἐρασμίους ποιοῦσαι, εἰ καὶ πάνυ μισουμένη γυνὴ
τυγχάνοι, οὕτως ὄναιο, παραλαβοῦσα ἧκέ μοι· θοἰμάτια γὰρ καὶ

4-5 ἂν διηγ. *A*   6 ἀνέχωμαι γ: ἀνέχομαι L*Ψ*: ἀνέξομαι *A*
9 ἀεὶ om. β   9-10 cf. Aristaen. 2.1   **4.** De re cf.
Theocr. *Id.* 2, Alciphr. 4.10   11 cf. Plaut. *Bacch.*, Ter. *Haut.*,
Hec., *Ad.*   Θεττ. λέγ. γ: Θεττ. λέγ. εἶναι L: εἶναι λέγ. Θεττ. τινες *A*
13 τυγχάνει *Ψ*   θαἰμάτια Mras, cf. Ar. *Eccl.* 26, 75, 99 etc.;
at cf. 37.11   γὰρ] γὰρ ὅλα β

80. ΕΤΑΙΡΙΚΟΙ ΔΙΑΛΟΓΟΙ

τὰ χρυσία ταῦτα προείμην ἡδέως, εἰ μόνον ἴδοιμι ἐπ᾽ ἐμὲ αὖθις
ἀναστρέψαντα Χαρῖνον μισήσαντα Σιμίχην ὡς νῦν ἐμέ.

ΒΑΚΧΙΣ

Τί φής; οὐκέτι σύνεστε, ἀλλὰ παρὰ τὴν Σιμίχην, ὦ Μέλιττα,
καταλιπὼν σὲ οἴχεται Χαρῖνος, δι᾽ ἣν τοσαύτας ὀργὰς τῶν
5 γονέων ἠνέσχετο οὐ βουληθεὶς τὴν πλουσίαν ἐκείνην γῆμαι πέντε
προικὸς τάλαντα, ὡς ἔλεγον, ἐπιφερομένην; πέπυσμαι γὰρ
ταῦτά σου ἀκούσασα.

ΜΕΛΙΤΤΑ

Ἅπαντα ἐκεῖνα οἴχεται, ὦ Βακχί, καὶ πέμπτην ταύτην ἡμέραν
οὐδ᾽ ἑώρακα ὅλως αὐτόν, ἀλλὰ πίνουσι παρὰ τῷ συνεφήβῳ
10 Παμμένει αὐτός τε καὶ Σιμίχη.

ΒΑΚΧΙΣ

Δεινά, ὦ Μέλιττα, πέπονθας. ἀλλὰ τί καὶ ὑμᾶς διέστησεν; 2
ἔοικε γὰρ οὐ μικρὸν τοῦτ᾽ εἶναι.

ΜΕΛΙΤΤΑ

Τὸ μὲν ὅλον οὐδὲ εἰπεῖν ἔχω· πρώην δὲ ἀνελθὼν ἐκ Πειραιῶς—
κατεληλύθει γάρ, οἶμαι, χρέος ἀπαιτήσων πέμψαντος τοῦ
15 πατρός—οὔτε προσέβλεψέ μ᾽ ἐσελθὼν οὔτε προσήκατο ὡς ἔθος

1 ταυτὶ β   προοίμην γ   ἡδέως] ἡδέως ἂν L
2 cf. 17.1, 77.15.1, Sophilum apud D.L. 2.120, Plaut. *Merc., Pseud.*, Ter.
Andr.   2 seq. Σιμίχην L: Σειμίχην A (postea Σιμμ.):
Σιμμίχην γΨ; cf. 19.22, Men. *Dysc., CGF in Papyris Reperta*, Austin, p. 123,
Alciphr. 4.13.11   3 συνέσται V   τὴν Σιμ. L:
τὴν Σιμμ. γ: αὐτὴν Ψ   3–4 ὦ Μέλιττα, καταλιπὼν σὲ β: om. γΨ
cf. Antiphan. Comic. *Fr.* 151, Alciphr. 4.13.11, Aristaen. 2.14, Petron.
Sat. 61.6   5 ἠνείχετο L   6 πέπεισμαι γLΨ: μέμνημαι A:
corr. codicis recentis corrector   8 ἐκεῖνα] ταῦτα Ψ
10 cf. 17.22, Dem. 21.22   14 χρέος τι A   ἀποτίσων Ψ
15 προσέβλεψέ μ᾽ Mras: προσέβλεψεν LXV: προσέβλεψε IΨ: με προσέβλεψεν
A   προσελθὼν Ψ

323

προσδραμοῦσαν, ἀποσεισάμενος δὲ περιπλακῆναι θέλουσαν, Ἄπιθι, φησί, πρὸς τὸν ναύκληρον Ἑρμότιμον ἢ τὰ ἐπὶ τῶν τοίχων γεγραμμένα ἐν Κεραμεικῷ ἀνάγνωθι, ὅπου κατεστηλίτευται ὑμῶν τὰ ὀνόματα. Τίνα Ἑρμότιμον, τίνα, ἔφην, ἢ ποίαν στήλην λέγεις; ὁ δὲ οὐδὲν ἀποκρινάμενος οὐδὲ δειπνήσας 5 ἐκάθευδεν ἀποστραφείς. πόσα οἴει ἐπὶ τούτῳ μεμηχανῆσθαί με περιλαμβάνουσαν, ἐπιστρέφουσαν, φιλοῦσαν ἀπεστραμμένου τὸ μετάφρενον; ὁ δ' οὐδ' ὁπωστιοῦν ὑπεμαλάχθη, ἀλλ' Εἴ μοι, φησίν, ἐπὶ πλέον ἐνοχλήσεις, ἄπειμι ἤδη, εἰ καὶ μέσαι νύκτες εἰσίν. 10

ΒΑΚΧΙΣ

3 Ὅμως ᾔδεις τὸν Ἑρμότιμον;

ΜΕΛΙΤΤΑ

Ἀλλά με ἴδοις, ὦ Βακχί, ἀθλιώτερον διάγουσαν ἢ νῦν ἔχω, εἴ τινα ἐγὼ ναύκληρον Ἑρμότιμον οἶδα. πλὴν ἀλλ' ὁ μὲν ἔωθεν ἀπεληλύθει τοῦ ἀλεκτρυόνος ᾄσαντος εὐθὺς ἀνεγρόμενος, ἐγὼ δὲ ἐμεμνήμην ὅτι κατὰ τοίχου τινὸς ἔλεγε καταγεγράφθαι τοὔνομα 15 ἐν Κεραμεικῷ· ἔπεμψα οὖν Ἀκίδα κατασκεψομένην· ἡ δ' ἄλλο μὲν οὐδὲν εὗρε, τοῦτο δὲ μόνον ἐπιγεγραμμένον ἐσιόντων ἐπὶ τὰ δεξιὰ πρὸς τῷ Διπύλῳ, Μέλιττα φιλεῖ Ἑρμότιμον, καὶ μικρὸν αὖθις ὑποκάτω, Ὁ ναύκληρος Ἑρμότιμος φιλεῖ Μέλιτταν.

ΒΑΚΧΙΣ

Ὦ τῶν περιέργων νεανίσκων. συνίημι γάρ. λυπῆσαί τις 20 ἐθέλων τὸν Χαρῖνον ἐπέγραψε ζηλότυπον ὄντα εἰδώς· ὁ δὲ αὐτίκα ἐπίστευσεν. εἰ δέ που ἴδοιμι αὐτόν, διαλέξομαι. ἄπειρός ἐστι καὶ παῖς ἔτι.

2 ἔφη A   cf. lib. 70, Aristaen. 2.4   6 ἐπὶ τούτῳ οἴει A
7 περιβάλλουσαν A   ἀπεστραμμένον Ψ   9 πλεόν] πλεῖν L¹:
πλεῖον L²   ὀχλήσειας γΨ   11 Σὺ δ' ὅμως Ψ
12 sic γΨ: με, ὦ Βακχί, ἴδοις ἀθλιώτερον ἢ L: με ὦ B. ἀθλιωτέραν ἴδοις A
14 ᾄσαντος εὐθὺς X: εὐθὺς ᾄσαντος ΨIV: τὸ πρῶτον εὐθὺς ᾄσαντος (ᾄσ. εὐθ. A) β
15 τοὔνομα ⟨τοὐμὸν⟩ Naber   16 ἔπεμψα οὖν] καὶ ἐπ. τὴν A
21 θέλων γΨ

ΜΕΛΙΤΤΑ

Ποῦ δ᾽ ἂν ἴδοις ἐκεῖνον, ὃς ἐγκλεισάμενος ἑαυτὸν σύνεστι τῇ Σιμίχῃ; οἱ γονεῖς δὲ ἔτι παρ᾽ ἐμοὶ ζητοῦσιν αὐτόν. ἀλλ᾽ εἴ τινα εὕροιμεν, ὦ Βακχί, γραῦν, ὡς ἔφην· ἀποσώσει γὰρ ἂν φανεῖσα.

ΒΑΚΧΙΣ

Ἔστιν, ὦ φιλτάτη, ὅτι χρησίμη φαρμακίς, Σύρα τὸ γένος, ὠμὴ **4**
5 ἔτι καὶ συμπεπηγυῖα, ἥ μοί ποτε Φανίαν χαλεπαίνοντα κἀκεῖνον
εἰκῇ, ὥσπερ Χαρῖνος, διήλλαξε μετὰ μῆνας ὅλους τέτταρας, ὅτε
ἐγὼ μὲν ἤδη ἀπεγνώκειν, ὁ δὲ ὑπὸ τῶν ἐπῳδῶν ἧκεν αὖθις ἐπ᾽
ἐμέ.

ΜΕΛΙΤΤΑ

Τί δὲ ἔπραξεν ἡ γραῦς, εἴπερ ἔτι μέμνησαι;

ΒΑΚΧΙΣ

10 Λαμβάνει μὲν οὐδὲ πολύν, ὦ Μέλιττα, τὸν μισθόν, ἀλλὰ
δραχμὴν καὶ ἄρτον· ἐπικεῖσθαι δὲ δεῖ μετὰ τῶν ἁλῶν καὶ ὀβολοὺς
ἑπτὰ καὶ θεῖον καὶ δᾷδα. ταῦτα δὲ ἡ γραῦς λαμβάνει, καὶ κρατῆρα
κεκερᾶσθαι δεῖ καὶ πίνειν ἐκείνην μόνην. δεήσει δέ τι αὐτοῦ μὲν
τοῦ ἀνδρὸς εἶναι, οἷον ἱμάτια ἢ κρηπῖδας ἢ ὀλίγας τῶν τριχῶν
15 ἤ τι τῶν τοιούτων.

ΜΕΛΙΤΤΑ

Ἔχω τὰς κρηπῖδας αὐτοῦ.

2 εἴ] ὅπως Ψ   3 ἐξεύροιμεν Α   ἀποσώσει γὰρ
ἂν φ. βV: ἀποσώσει γὰρ φ. ΧΙ: ἀποσώσειε γὰρ ἂν φ. recc.: ἀποσώσει γὰρ
ἀναφ. Mras; cf. 73.16   4 χρησίμη codd.: χρῆς Σίμη Radermacher:
χρησιμωτάτη Herwerden: non opus, cf. 70.61   4-5 ὠμὴ...
συμπεπηγυῖα om. γ   7-8 εἰς ἐμέ. Ψ   11 καὶ ἐπικ. δὲ Α
μετὰ τῶν λλων (sic) καὶ ὀβολοὺς ἄλλους Α   13 μόνον γ
μ. δεήσει· pung. γΨ recc.   δέ τι αὐτοῦ μὲν L: · αὐτοῦ
μέντοι γΨ: δὲ αὐτοῦ τί Α: αὐτοῦ μέντοι τι Mras   14 ἢ ὀλίγας
τῶν τριχῶν om. γΨ

ΒΑΚΧΙΣ

5 Ταύτας κρεμάσασα ἐκ παττάλου ὑποθυμιᾷ τῷ θείῳ, πάττουσα
καὶ τῶν ἁλῶν ἐπὶ τὸ πῦρ· ἐπιλέγει δὲ ἀμφοῖν τὰ ὀνόματα
καὶ τὸ ἐκείνου καὶ τὸ σόν. εἶτα ἐκ τοῦ κόλπου προκομίσασα
ῥόμβον ἐπιστρέφει ἐπῳδήν τινα λέγουσα ἐπιτρόχῳ τῇ γλώττῃ,
βαρβαρικὰ καὶ φρικώδη ὀνόματα. ταῦτα ἐποίησε τότε. καὶ 5
μετ᾽ οὐ πολὺ Φανίας, ἅμα καὶ τῶν συνεφήβων ἐπιτιμησάντων
αὐτῷ καὶ τῆς Φοιβίδος, ᾗ συνῆν, πολλὰ αἰτούσης, ἧκέ μοι, τὸ
πλέον ὑπὸ τῆς ἐπῳδῆς ἀγόμενος. ἔτι δὲ καὶ τοῦτό με ἡ Σύρα
[σφόδρα] κατὰ τῆς Φοιβίδος τὸ μίσηθρον ἐδιδάξατο, τηρήσασαν
τὸ ἴχνος, ἐπὰν ἀπολίποι, ἀμαυρώσασαν ἐπιβῆναι μὲν τῷ ἀριστερῷ 10
ἐκείνης τὸν ἐμὸν δεξιόν. τῷ δεξιῷ δὲ τὸν ἀριστερὸν ἔμπαλιν
καὶ λέγειν, 'Ἐπιβέβηκά σοι καὶ ὑπεράνω εἰμί· καὶ ἐποίησα ὡς
προσέταξε.

ΜΕΛΙΤΤΑ

Μὴ μέλλε, μὴ μέλλε, ὦ Βακχί, κάλει ἤδη τὴν Σύραν. σὺ δέ,
ὦ Ἀκί, τὸν ἄρτον καὶ τὸ θεῖον καὶ τὰ ἄλλα πάντα πρὸς τὴν 15
ἐπῳδὴν εὐτρέπιζε.

5

ΚΛΩΝΑΡΙΟΝ ΚΑΙ ΛΕΑΙΝΑ

ΚΛΩΝΑΡΙΟΝ

1 Καινὰ περὶ σοῦ ἀκούομεν, ὦ Λέαινα, τὴν Λεσβίαν Μέγιλλαν

3-4 εἶτα ῥομβόν τινα ἐκ τ. κ. πρ. ῥομβεῖ καὶ περιστρέφει A   4 ἐπι-
στρέφει] ἐπιστρέφει καὶ ῥομβᾷ L   5 βαρβαρικὰ καὶ φρικώδη
ὀνόματα γΨ: βαρβαρικὴν πολλὰ φρικώδη ὀνόματα ἔχουσαν β; cf. 38.9
6 ὁ Φανίας β   cf. Men. *Cith.*, *Fr.* 544, 797, Ter. *Andr.*, *Haut.*, *Hec.*
8-9 ἡ Σύρα σφόδρα L: om. A: σφόδρα γΨ   9 τὸ ⟨σφόδρα⟩
μισ. Mras   10 ἀμαυρώσουσαν Mras: om. A   τῷ ἀρ. μὲν τῷ A
11 τῷ δεξιῷ δὲ τὸν] τὸν δὲ L   τὸν ἀρ. om. A   5. cf. Plaut. *Curc.*,
Alciphr. 4.12, Paus. 1.23.2, Athen. 13.577d   17 Λεσβίαν A: ἀσεβῆ
γLΨ

80. ΕΤΑΙΡΙΚΟΙ ΔΙΑΛΟΓΟΙ

τὴν πλουσίαν ἐρᾶν σου ὥσπερ ἄνδρα καὶ συνεῖναι ὑμᾶς οὐκ οἶδ'
ὅ τι ποιούσας μετ' ἀλλήλων. τί τοῦτο; ἠρυθρίασας; ἀλλ' εἰπὲ
εἰ ἀληθῆ ταῦτά ἐστιν.

ΛΕΑΙΝΑ

Ἀληθῆ, ὦ Κλωνάριον· αἰσχύνομαι δέ, ἀλλόκοτον γάρ τί ἐστι.

ΚΛΩΝΑΡΙΟΝ

5 Πρὸς τῆς κουροτρόφου τί τὸ πρᾶγμα, ἢ τί βούλεται ἡ γυνή;
τί δὲ καὶ πράττετε, ὅταν συνῆτε; ὁρᾷς; οὐ φιλεῖς με· οὐ γὰρ ἂν
ἀπεκρύπτου τὰ τοιαῦτα.

ΛΕΑΙΝΑ

Φιλῶ μέν σε, εἰ καί τινα ἄλλην. ἡ γυνὴ δὲ δεινῶς ἀνδρική ἐστιν.

ΚΛΩΝΑΡΙΟΝ

Οὐ μανθάνω ὅ τι καὶ λέγεις, εἰ μή τις ἑταιρίστρια τυγχάνει 2
10 οὖσα· τοιαύτας γὰρ ἐν Λέσβῳ λέγουσι γυναῖκας ἀρρενωπούς,
ὑπ' ἀνδρῶν μὲν οὐκ ἐθελούσας αὐτὸ πάσχειν, γυναιξὶ δὲ αὐτὰς
πλησιαζούσας ὥσπερ ἄνδρας.

ΛΕΑΙΝΑ

Τοιοῦτό τι.

ΚΛΩΝΑΡΙΟΝ

Οὐκοῦν, ὦ Λέαινα, τοῦτο αὐτὸ καὶ διήγησαι, ὅπως μὲν ἐπείρα
15 τὸ πρῶτον, ὅπως δὲ καὶ σὺ συνεπείσθης καὶ τὰ μετὰ ταῦτα.

ΛΕΑΙΝΑ

Πότον τινὰ συγκροτοῦσα αὐτή τε καὶ Δημώνασσα ἡ Κορινθία,

1 συνεῖναι ὑμᾶς] σε συνεῖναι αὐτῇ A   2 τοῦτο; om. A
3 ἐστιν om. A   4 τί om. γ   8 σε om. γ   10 γὰρ]
γάρ τινας εἶναι A   ἀρρενωπούς om. γ   11 αὐτὸ γΑ: τοῦτο L
13 τοιουτόν VA   15 καὶ σὺ β: καὶ ΧΨ: om. V   καὶ
σύ γ' ἐπείσθης Valckenaer   16 συγκροτοῦσαι A

327

ΛΟΥΚΙΑΝΟΥ

πλουσία δὲ καὶ αὐτὴ καὶ ὁμότεχνος οὖσα τῇ Μεγίλλῃ, παρειλήφει
με κιθαρίζειν αὐταῖς· ἐπεὶ δὲ ἐκιθάρισα καὶ ἀωρία ἦν καὶ ἔδει
καθεύδειν, καὶ ἔτι ἐμέθυον, "Αγε δή, ἔφη, ὦ Λέαινα, ἡ Μέγιλλα,
κοιμᾶσθαι γὰρ ἤδη καλόν, ἐνταῦθα κάθευδε μεθ᾽ ἡμῶν μέση
ἀμφοτέρων.   5

ΚΛΩΝΑΡΙΟΝ

'Εκάθευδες; τὸ μετὰ ταῦτα τί ἐγένετο;

ΛΕΑΙΝΑ

3   'Εφίλουν με τὸ πρῶτον ὥσπερ οἱ ἄνδρες, οὐκ αὐτὸ μόνον
προσαρμόζουσαι τὰ χείλη, ἀλλ᾽ ὑπανοίγουσαι τὸ στόμα, καὶ
περιέβαλλον καὶ τοὺς μαστοὺς ἔθλιβον· ἡ Δημώνασσα δὲ καὶ
ἔδακνε μεταξὺ καταφιλοῦσα· ἐγὼ δὲ οὐκ εἶχον εἰκάσαι ὅ τι τὸ   10
πρᾶγμα εἴη. χρόνῳ δὲ ἡ Μέγιλλα ὑπόθερμος ἤδη οὖσα τὴν μὲν
πηνήκην ἀφείλετο τῆς κεφαλῆς, ἐπέκειτο δὲ πάνυ ὁμοία καὶ
προσφυής, καὶ ἐν χρῷ ὤφθη αὐτὴ καθάπερ οἱ σφόδρα ἀνδρώδεις
τῶν ἀθλητῶν ἀποκεκαρμένη· καὶ ἐγὼ ἐταράχθην ἰδοῦσα. ἡ δέ,
'Ω Λέαινα, φησίν, ἑώρακας ἤδη οὕτω καλὸν νεανίσκον; 'Αλλ᾽ οὐχ   15
ὁρῶ, ἔφην, ἐνταῦθα νεανίσκον, ὦ Μέγιλλα. Μὴ καταθήλυνέ με,
ἔφη, Μέγιλλος γὰρ ἐγὼ λέγομαι καὶ γεγάμηκα πρόπαλαι ταύτην
τὴν Δημώνασσαν, καὶ ἔστιν ἐμὴ γυνή. ἐγέλασα, ὦ Κλωνάριον,
ἐπὶ τούτῳ καὶ ἔφην, Οὐκοῦν σύ, ὦ Μέγιλλε, ἀνήρ τις ὢν ἐλελήθεις
ἡμᾶς, καθάπερ τὸν 'Αχιλλέα φασὶ κρυπτόμενον ἐν ταῖς παρθένοις,   20

1 πλουσία δὲ] πλουτοῦσα A   αὐτὴ Bekker   οὖσα om. V   παρειλήφει
Mras: παρείληφέν γ: παρειλήφασί L: παρέλαβον (om. με) A   2 κἀμὲ rec.
ἀωρὶ γ; cf. 39.24, Alciphr. 3.11.1   3 καὶ ἔτι ἐμέθυον Mras: καὶ
ἐμέθυον γ: αἱ δὲ καὶ ἐπεμέθυον L: αἱ δὲ ἐμέθυον A   "Αγε β: "Ακουε γ
6 μετὰ τοῦτο A   7 Κατεφίλουν A   αὐτὸ Bast, cf. 26.6, 32.9,
80.8.2: αὐτὰ codd.   9 ἀπέθλιβον A   10 ἔδακνε ΑΨ: ἐδάκρυε γL
12–13 ὁμοίαν καὶ προσφυῆ Hartman   13 σφόδρα] πάνυ A   14 κἀγὼ
A   16 ἔφην] γε ἐγώ A   νεαν. ἐντ. A   μὴ] μή με A
17 λέγομαι] ὀνομάζομαι A   πρόπαλαι om. γ   18 τὴν om. γ
20 ἐν ταῖς παρθ. καλυπτόμενον ταῖς ἁλουργίσι A

328

καὶ τὸ ἀνδρεῖον ἐκεῖνο ἔχεις καὶ ποιεῖς τὴν Δημώνασσαν ἅπερ οἱ
ἄνδρες· Ἐκεῖνο μέν, ἔφη, ὦ Λέαινα, οὐκ ἔχω· δέομαι δὲ οὐδὲ πάνυ
αὐτοῦ· ἴδιον δέ τινα τρόπον ἡδίω παρὰ πολὺ ὁμιλοῦντα ὄψει με.
Ἀλλὰ μὴ Ἑρμαφρόδιτος εἶ, ἔφην, οἷοι πολλοὶ εἶναι λέγονται
5 ἀμφότερα ἔχοντες; ἔτι γὰρ ἠγνόουν, ὦ Κλωνάριον, τὸ πρᾶγμα.
Οὔ, φησίν, ἀλλὰ τὸ πᾶν ἀνήρ εἰμι. Ἤκουσα, ἔφην ἐγώ, τῆς 4
Βοιωτίας αὐλητρίδος Ἰσμηνοδώρας διηγουμένης τὰ ἐφέστια
παρ' αὐτοῖς, ὡς γένοιτό τις ἐν Θήβαις ἐκ γυναικὸς ἀνήρ, ὁ δ'
αὐτὸς καὶ μάντις ἄριστος, οἶμαι, Τειρεσίας τοὔνομα. μὴ οὖν καὶ
10 σὺ τοιοῦτόν τι πέπονθας;

Οὔκουν, ὦ Λέαινα, ἔφη, ἀλλὰ ἐγεννήθην μὲν ὁμοία ταῖς ἄλλαις
ὑμῖν, ἡ γνώμη δὲ καὶ ἡ ἐπιθυμία καὶ τἄλλα πάντα ἀνδρός ἐστί
μοι.

Καὶ ἱκανὴ γοῦν σοι, ἔφην, ἐπιθυμία;

15 Πάρεχε οὖν, ὦ Λέαινα, εἰ ἀπιστεῖς, ἔφη, καὶ γνώσῃ οὐδὲν
ἐνδέουσάν με τῶν ἀνδρῶν· ἔχω γάρ τι ἀντὶ τοῦ ἀνδρείου. ἀλλὰ
πάρεχε, ὄψει γάρ.

Παρέσχον, ὦ Κλωνάριον, ἱκετευούσης πολλὰ καὶ ὅρμον τινά
μοι δούσης τῶν πολυτελῶν καὶ ὀθόνας τῶν λεπτῶν. εἶτ' ἐγὼ
20 μὲν ὥσπερ ἄνδρα περιελάμβανον, ἡ δὲ ἐποίει τε καὶ ἐφίλει
καὶ ἤσθμαινε καὶ ἐδόκει μοι ἐς ὑπερβολὴν ἥδεσθαι.

KΛΩΝΑΡΙΟΝ

Τί ἐποίει, ὦ Λέαινα, ἢ τίνα τρόπον; τοῦτο γὰρ μάλιστα εἰπέ.

ΛΕΑΙΝΑ

Μὴ ἀνάκρινε ἀκριβῶς, αἰσχρὰ γάρ· ὥστε μὰ τὴν οὐρανίαν οὐκ
ἂν εἴποιμι.

1 ἐκεῖνο] δὲ ἐκεῖνο A   2 δὲ] γὰρ A   οὐδὲ] οὐ X
7 ἐφέστρια γ: corr. Gesner: ἐπιχώρια β   8 seq. cf. 22.19, 77.9
9 μὴ β: καὶ μὴ γ   9–10 καὶ σὺ τοιοῦτόν τι β: τι καὶ σὺ τοιοῦτο γ
14 Καὶ β: om. γ   γοῦν om. A   15 οὖν β: γοῦν γ
15–16 καὶ μαθήσῃ οὐδὲν δέουσαν A   18 πολλὰ om. γ   20 περι-
έβαλλον A   ἐφίλει τε καὶ ἐποίει A   23 γὰρ μὰ A

ΛΟΥΚΙΑΝΟΥ

6

ΚΡΩΒΥΛΗ ΚΑΙ ΚΟΡΙΝΝΑ

ΚΡΩΒΥΛΗ

1 Ὦ Κόριννα, ὡς μὲν οὐ πάνυ δεινὸν ἦν, ὃ ἐνόμιζες, τὸ γυναῖκα γενέσθαι ἐκ παρθένου, μεμάθηκας ἤδη, μετὰ μειρακίου μὲν ὡραίου γενομένη, μνᾶν δὲ τὸ πρῶτον μίσθωμα κομισαμένη, ἐξ ἧς ὅρμον αὐτίκα ὠνήσομαί σοι.

ΚΟΡΙΝΝΑ

Ναί, μαννάριον. ἐχέτω δὲ καὶ ψήφους τινὰς πυραυγεῖς οἷος ὁ 5
Φιλαινίδος ἐστίν.

ΚΡΩΒΥΛΗ

Ἔσται τοιοῦτος. ἄκουε δὲ καὶ τἆλλα παρ' ἐμοῦ ἅ σε χρὴ ποιεῖν καὶ ὅπως προσφέρεσθαι τοῖς ἀνδράσιν· ἄλλη μὲν γὰρ ἡμῖν ἀποστροφὴ τοῦ βίου οὐκ ἔστιν, ὦ θύγατερ, ἀλλὰ δύο ἔτη ταῦτα ἐξ οὗ τέθνηκεν ὁ μακαρίτης σου πατήρ, οὐκ οἶσθα ὅπως πονηρῶς 10
ἀπεζήσαμεν; ὅτε δὲ ἐκεῖνος ἔζη, πάντα ἦν ἡμῖν ἱκανά· ἐχάλκευε γὰρ καὶ μέγα ἦν ὄνομα αὐτοῦ ἐν Πειραιεῖ, καὶ πάντων ἔστιν ἀκοῦσαι διομνυμένων ἦ μὴν μετὰ Φιλῖνον μηκέτι ἔσεσθαι ἄλλον χαλκέα. μετὰ δὲ τὴν τελευτὴν τὸ μὲν πρῶτον ἀποδομένη τὰς πυράγρας καὶ τὸν ἄκμονα καὶ σφῦραν δύο μνῶν, μῆνας ἀπὸ 15
τούτων ἑπτὰ διετράφημεν· εἶτα νῦν μὲν ὑφαίνουσα, νῦν δὲ κρόκην κατάγουσα ἢ στήμονα κλώθουσα ἐποριζόμην τὰ σιτία μόλις· ἔβοσκον δὲ σέ, ὦ θύγατερ, τὴν ἐλπίδα περιμένουσα.

6. Titulus *MANNAPION ΚΑΙ ΚΟΡΙΝΝΑ A*   1 cf. Ov.
Amores, 2.17.29 etc.   5 μαμμάριον Cobet   6 cf. 49.28,
51.24, Athen. 5.220, 8.335, Aristaen. 1.25   7 χρὴ] δεῖ L
9 ἀποστροφὴ P: ἀποτροφή cett.   ⟨τὰ⟩ δύο Cobet   10 ὅπως]
ὡς A   πονηρῶς om. γ; cf. 57.59   13 cf. Men. *Pk.*,
Lys. 4.4 etc.   14 τελευτὴν αὐτοῦ L   15 σφύραν δύο μνῶν γ:
σφύρας δύο β: σφύρας ⟨δύο⟩ δύο μνῶν Mras   15–16 μῆνας et ἑπτὰ
om. γ   18 σέ om. γ

330

ΚΟΡΙΝΝΑ

Τὴν μνᾶν λέγεις;　　　　　　　　　　　　　　　　2

ΚΡΩΒΥΛΗ

Οὔκ, ἀλλὰ ἐλογιζόμην ὡς τηλικαύτη γενομένη θρέψεις μὲν
ἐμέ, σεαυτὴν δὲ κατακοσμήσεις ῥᾳδίως καὶ πλουτήσεις καὶ
ἐσθῆτας ἕξεις ἁλουργεῖς καὶ θεραπαίνας.

ΚΟΡΙΝΝΑ

5　Πῶς ἔφης, μῆτερ, ἢ τί λέγεις;

ΚΡΩΒΥΛΗ

Συνοῦσα μὲν τοῖς νεανίσκοις καὶ συμπίνουσα μετ' αὐτῶν καὶ
συγκαθεύδουσα ἐπὶ μισθῷ.

ΚΟΡΙΝΝΑ

Καθάπερ ἡ Δαφνίδος θυγάτηρ Λύρα;

ΚΡΩΒΥΛΗ

Ναί.

ΚΟΡΙΝΝΑ

10　'Αλλ' ἐκείνη ἑταίρα ἐστίν.

ΚΡΩΒΥΛΗ

Οὐδὲν τοῦτο δεινόν· καὶ σὺ γὰρ πλουτήσεις ὡς ἐκείνη καὶ
πολλοὺς ἐραστὰς ἕξεις. τί ἐδάκρυσας, ὦ Κόριννα; οὐχ ὁρᾷς
ὁπόσαι καὶ ὡς περισπούδαστοί εἰσιν αἱ ἑταῖραι καὶ ὅσα χρήματα
λαμβάνουσι; τὴν Δαφνίδα γοῦν ἐγὼ οἶδα, ὦ φίλη 'Αδράστεια,
15　ῥάκη, πρὶν αὐτὴν ἀκμάσαι τὴν ὥραν, περιβεβλημένην· ἀλλὰ νῦν
ὁρᾷς οἷα πρόεισι, χρυσὸς καὶ ἐσθῆτες εὐανθεῖς καὶ θεράπαιναι
τέτταρες.

---

8 Δαφνίδος codd.: corr. Lehmann; cf. Aristaen. 1.17　　　14 Δαφ-
νίδος rec.　　15 ῥάκια L　　πρὶν...ὥραν] πιναρὰ πρὸ τοῦ ἀκμάσαι
τὴν Λύραν Α　　16 οἷαι προΐασιν Α

ΚΟΡΙΝΝΑ

3 Πῶς δὲ ταῦτα ἐκτήσατο ἡ Λύρα;

ΚΡΩΒΥΛΗ

Τὸ μὲν πρῶτον κατακοσμοῦσα ἑαυτὴν εὐπρεπῶς καὶ εὐσταλὴς οὖσα καὶ φαιδρὰ πρὸς ἅπαντας, οὐκ ἄχρι τοῦ καγχαρίζειν ῥᾳδίως καθάπερ σὺ εἴωθας, ἀλλὰ μειδιῶσα ἡδὺ καὶ ἐπαγωγόν, εἶτα προσομιλοῦσα δεξιῶς καὶ μήτε φενακίζουσα, εἴ τις προσέλθοι ἢ 5 προπέμψειε, μήτε αὐτὴ ἐπιλαμβανομένη τῶν ἀνδρῶν. ἢν δέ ποτε καὶ ἀπέλθῃ ἐπὶ δεῖπνον λαβοῦσα μίσθωμα, οὔτε μεθύσκεται— καταγέλαστον γὰρ καὶ μισοῦσιν οἱ ἄνδρες τὰς τοιαύτας—οὔτε ὑπερεμφορεῖται τοῦ ὄψου ἀπειροκάλως, ἀλλὰ προσάπτεται μὲν ἄκροις τοῖς δακτύλοις, σιωπῇ δὲ τὰς ἐνθέσεις οὐκ ἐπ' ἀμφοτέρας 10 παραβύεται τὰς γνάθους, πίνει δὲ ἠρέμα, οὐ χανδόν, ἀλλ' ἀναπαυομένη.

ΚΟΡΙΝΝΑ

Κἂν εἰ διψῶσα, ὦ μῆτερ, τύχῃ;

ΚΡΩΒΥΛΗ

Τότε μάλιστα, ὦ Κόριννα. καὶ οὔτε πλέον τοῦ δέοντος φθέγ-γεται οὔτε ἀποσκώπτει ἔς τινα τῶν παρόντων, ἐς μόνον δὲ 15 τὸν μισθωσάμενον βλέπει· καὶ διὰ τοῦτο ἐκεῖνοι φιλοῦσιν αὐτήν. καὶ ἐπειδὰν κοιμᾶσθαι δέῃ, ἀσελγὲς ⟨οὐδὲν⟩ οὐδὲ ἀμελὲς ἐκείνη ἄν τι ἐργάσαιτο, ἀλλὰ ἐξ ἅπαντος ἓν τοῦτο θηρᾶται, ὡς ὑπαγάγοιτο καὶ ἐραστὴν ποιήσειεν ἐκεῖνον· ταῦτα γὰρ αὐτῆς ἅπαντες ἐπαινοῦσιν. εἰ δὴ καὶ σὺ ταῦτα ἐκμάθοις, μακάριαι 20 καὶ ἡμεῖς ἐσόμεθα· ἐπεὶ τά γε ἄλλα παρὰ πολὺ αὐτῆς—ἀλλ' οὐδέν, ὦ φίλη Ἀδράστεια, φημί, ζώης μόνον.

1 Πῶς δὲ περιβελημένην. ἢ πῶς ταῦτα... L   3 καγχαρίζειν
ΧΨΡ: κακχαρίζειν VL: καγχάζειν A   6 προσβλέψειε L
9 ἀπειροκάλως γ: ἀπειρόκαλον γάρ β   10 δὲ γ: δὲ καὶ L: καὶ A
13 Κἂν εἰ γA: Καὶ εἰ L   τύχοι A; cf. 67.5, 70.42 etc.   17 οὐδὲν
recc.: om. γL   19 ὑπάγοιτο γ   αὐτὴν γ   21 παρὰ
πολὺ β: παραχρῆμα γ   ἀλλ' A: ἄλλο γL   22 cf. Men.
Pk. 304, Sam. 503 etc.

ΚΟΡΙΝΝΑ

Εἰπέ μοι, ὦ μῆτερ, οἱ μισθούμενοι πάντες τοιοῦτοί εἰσιν οἷος **4**
ὁ Εὔκριτος, μεθ' οὗ χθὲς ἐκάθευδον;

ΚΡΩΒΥΛΗ

Οὐ πάντες, ἀλλ' ἔνιοι μὲν ἀμείνους, οἱ δὲ καὶ ἤδη ἀνδρώδεις,
οἱ δὲ καὶ οὐ πάνυ μορφῆς εὐφυῶς ἔχοντες.

ΚΟΡΙΝΝΑ

5 Καὶ τοῖς τοιούτοις συγκαθεύδειν δεήσει;

ΚΡΩΒΥΛΗ

Μάλιστα, ὦ θύγατερ· οὗτοι μέν τοι καὶ πλείονα διδόασιν· οἱ
καλοὶ δὲ αὐτὸ μόνον καλοὶ θέλουσιν εἶναι. καὶ σοὶ δὲ μελέτω ἀεὶ
τοῦ πλείονος, εἰ θέλεις ἐν βραχεῖ λέγειν ἁπάσας ἐνδειξάσας σε
τῷ δακτύλῳ, Οὐχ ὁρᾷς τὴν Κόρινναν τὴν τῆς Κρωβύλης θυγατέρα
10 ὡς ὑπερπλουτεῖ καὶ τρισευδαίμονα πεποίηκε τὴν μητέρα; τί φῄς;
ποιήσεις ταῦτα; ποιήσεις, οἶδα ἐγώ, καὶ προέξεις ἁπασῶν
ῥᾳδίως. νῦν δ' ἄπιθι λουσομένη, εἰ ἀφίκοιτο καὶ τήμερον τὸ
μειράκιον ὁ Εὔκριτος· ὑπισχνεῖτο γάρ.

7

ΜΗΤΗΡ ΚΑΙ ΜΟΥΣΑΡΙΟΝ

ΜΗΤΗΡ

Ἂν δ' ἔτι τοιοῦτον ἐραστὴν εὕρωμεν, ὦ Μουσάριον, οἷος ὁ **1**
15 Χαιρέας ἐστί, θῦσαι μὲν τῇ πανδήμῳ δεήσει λευκὴν μηκάδα, τῇ

---

1 ὁποῖος LPΨ   2 ὁ om. β   cf. 17.5   5 τοῖς
τοιούτοις β: τοιούτοις recc.: τούτοις γ   8 ἐνδείξας Χ: ἐνδείξασά V:
corr. recc.: ἐνδεικνύσας β   9 cf. Men. Plok.   10–11 τί...
ἐγώ excerpsit Aristaen. 2.7   11 ταῦτα] ἤδη Aristaen.   ποι-
ήσεις² LA Aristaen.: om. γ   12 λουσαμένη γ   σήμερον A
14 Ἐὰν A   δ' ἔτι recc.: δέτι sic γ: ἔτι β   cf.
Aristaen. 1.24   15 cf. 17.7, Alexis, Fr. 21, Men. Asp., Dysc., Kon.,
Fab. Incert. Sandbach p. 296

ΛΟΥΚΙΑΝΟΥ

οὐρανίᾳ δὲ τῇ ἐν κήποις δάμαλιν, στεφανῶσαι δὲ καὶ τὴν
πλουτοδότειραν, καὶ ὅλως μακάριαι καὶ τρισευδαίμονες ἐσόμεθα.
νῦν ὁρᾷς ἡλίκα παρὰ τοῦ νεανίσκου λαμβάνομεν, ὃς ὀβολὸν
οὐδέποτέ σοι δέδωκεν, οὐκ ἐσθῆτα, οὐχ ὑποδήματα, οὐ μύρον,
ἀλλὰ προφάσεις ἀεὶ καὶ ὑποσχέσεις καὶ μακραὶ ἐλπίδες καὶ πολὺ 5
τό, ἐὰν ὁ πατήρ..., καὶ κύριος γένωμαι τῶν πατρῴων, [καὶ]
πάντα σά. σὺ δὲ καὶ ὀμωμοκέναι αὐτὸν φῂς ὅτι νόμῳ γαμετὴν
ποιήσεταί σε.

ΜΟΥΣΑΡΙΟΝ

Ὤμοσε γάρ, ὦ μῆτερ, κατὰ ταῖν θεοῖν καὶ τῆς Πολιάδος.

ΜΗΤΗΡ

Καὶ πιστεύεις δηλαδή· καὶ διὰ τοῦτο πρώην οὐκ ἔχοντι αὐτῷ 10
καταθεῖναι συμβολὴν τὸν δακτύλιον δέδωκας ἀγνοούσης ἐμοῦ, ὁ
δὲ ἀποδόμενος κατέπιε, καὶ πάλιν τὰ δύο περιδέραια τὰ Ἰωνικά,
ἕλκοντα ἑκάτερον δύο δαρεικούς, ἅ σοι ὁ Χῖος Πραξίας ὁ
ναύκληρος ἐκόμισε ποιησάμενος ἐν Ἐφέσῳ· ἐδεῖτο γὰρ Χαιρέας
ἔρανον συνεφήβοις ἀπενεγκεῖν. ὀθόνας γὰρ καὶ χιτωνίσκους τί ἂν 15
λέγοιμι; καὶ ὅλως ἕρμαιόν τι ἡμῖν καὶ μέγα ὄφελος ἐμπέπτωκεν
οὗτος.

ΜΟΥΣΑΡΙΟΝ

2 Ἀλλὰ καλὸς καὶ ἀγένειος, καὶ φησὶν ἐρᾶν καὶ δακρύει καὶ
Δεινομάχης καὶ Λάχητος υἱός ἐστι τοῦ Ἀρεοπαγίτου καὶ φησὶν
ἡμᾶς γαμήσειν καὶ μεγάλας ἐλπίδας ἔχομεν παρ' αὐτοῦ, ἢν ὁ 20
γέρων μόνον καταμύσῃ.

1 δὲ γ: δὲ καὶ β   cf. 43.4, Plin. N.H. 36.16   δάμαλιν
recc.: δάμαλιν ἑκατέραις β: δάμαλιν ἑκατέρᾳ γ   2–3 ἐσόμεθα
νῦν. punxit Fritzsche   3 ὁρᾷς β: γοῦν ὁρᾷς γ: ὁρᾷς γοῦν Fl.
ἡλίκα post νεανίσκου γ   ὀβολὸν μὲν ΑΨΡ   4 οὐ-
δεπώποτε V   5 μακρὰς ἐλπίδας R. L. Hunter   6 τό om. γ
καὶ² del. Mras   7 σά β: om. γ   8 σε om. γ
13 ὁ Χῖος Πραξίας β: om. γ   15 σὺν ἐφήβοις LV
16 συμπεπτ. ΡΨ   18 ἀγένειός ἐστιν L   19 cf. Plut. Alc. init.
cf. 25.58, Men. Fab. Incert. l.11 (Sandbach p. 297), Her., Kith., Per.,
Ter. Eun., Hec. etc.

ΜΗΤΗΡ

Οὐκοῦν, ὦ Μουσάριον, ἐὰν ὑποδήσασθαι δέῃ, καὶ ὁ σκυτο-
τόμος αἰτῇ τὸ δίδραχμον, ἐροῦμεν πρὸς αὐτόν, Ἀργύριον μὲν
οὐκ ἔχομεν, σὺ δὲ τῶν ἐλπίδων ὀλίγας παρ' ἡμῶν λαβέ· καὶ
πρὸς τὸν ἀλφιτοπώλην τὰ αὐτά· καὶ ἦν τὸ ἐνοίκιον αἰτώμεθα,
5 Περίμεινον, φήσομεν, ἔστ' ἂν Λάχης ὁ Κολυττεὺς ἀποθάνῃ·
ἀποδώσω γάρ σοι μετὰ τοὺς γάμους. οὐκ αἰσχύνη μόνη τῶν
ἑταιρῶν οὐκ ἐλλόβιον οὐχ ὅρμον οὐ ταραντινίδιον ἔχουσα;

ΜΟΥΣΑΡΙΟΝ

Τί οὖν, ὦ μῆτερ; ἐκεῖναι εὐτυχέστεραί μου καὶ καλλίους εἰσίν; 3

ΜΗΤΗΡ

Οὔκ, ἀλλὰ συνετώτεραι καὶ ἴσασιν ἑταιρίζειν, οὐδὲ πιστεύουσι
10 ῥηματίοις καὶ νεανίσκοις ἐπ' ἄκρου τοῦ χείλους τοὺς ὅρκους
ἔχουσι· σὺ δὲ ἡ πιστὴ καὶ φίλανδρος οὐδὲ προσίῃ ἄλλον τινὰ ὅτι
μὴ μόνον Χαιρέαν· καὶ πρώην μὲν ὅτε ὁ γεωργὸς ὁ Ἀχαρνεὺς ἧκε
δύο μνᾶς κομίζων, ἀγένειος καὶ αὐτός—οἴνου δὲ τιμὴν ἀπειλήφει
τοῦ πατρὸς πέμψαντος—σὺ δὲ ἐκεῖνον μὲν ἀπεσκοράκισας,
15 καθεύδεις δὲ μετὰ τοῦ Ἀδώνιδος Χαιρέου.

ΜΟΥΣΑΡΙΟΝ

Τί οὖν; ἐχρῆν Χαιρέαν καταλείψασαν παραδέξασθαι τὸν
ἐργάτην ἐκεῖνον κινάβρας ἀπόζοντα; λεῖός μοι, φασί, Χαιρέας καὶ
χοιρίσκος Ἀχαρνεύς.

6 ἀποδώσομεν Fl.   7 post ὅρμον deest V; hinc γ = XI
cf. 15.16, Alciphr. 4.9   8 ὦ μῆτερ, εἰ ἐκεῖναι β   10 sic ex-
cerpsit Aristaen. 2.20 ἐπ' ἄκρου τοῦ χείλους ἔχοντες τὸν ὅρκον   τὸν
ὅρκον A   11 ἡ] εἰ rec.   προσίη γL: προσίεσαι A: πρόσει N
12 ὁ¹ om. γ   ὁ² om. LPΨ   Ἀκαρνεὺς LPΨ:
Ἀκαρνανεὺς γA: corr. Guyet   14 ἀπεσκοράκισας β (cf. Alciphr.
4.11): ἀπεμύκτισας γ: ἀπεμυκτήρισας rec.   15 ἐκάθευδες β
cf. 36.35, Alciphr. 4.14.8   17 Χαιρέας del. Rothstein
18 Ἀχαρνεύς scripsi: Ἀκαρνάνιος codd.: Ἀχαρνικός Jacobitz

ΛΟΥΚΙΑΝΟΥ

ΜΗΤΗΡ

Ἔστω· ἐκεῖνος ἀγροῖκος καὶ πονηρὸν ἀποπνεῖ. τί καὶ Ἀντι-
φῶντα τὸν Μενεκράτους μνᾶν ὑπισχνούμενον οὐδὲ τοῦτον
ἐδέξω; οὐ καλὸς ἦν καὶ ἀστικὸς καὶ ἡλικιώτης Χαιρέου;

ΜΟΥΣΑΡΙΟΝ

4 Ἀλλ' ἠπείλησε Χαιρέας ἀποσφάξειν ἀμφοτέρους, εἰ λάβοι μέ
ποτε μετ' αὐτοῦ.   5

ΜΗΤΗΡ

Πόσοι δὲ καὶ ἄλλοι ταῦτα ἀπειλοῦσιν; οὐκοῦν ἀνέραστος σὺ
μενεῖς διὰ τοῦτο καὶ σωφρονήσεις καθάπερ οὐχ ἑταίρα, τῆς
Θεσμοφόρου δὲ ἱέρειά τις οὖσα; ἐῶ τἆλλα. σήμερον Ἁλῶά ἐστι.
τί σοὶ δέδωκεν ἐς τὴν ἑορτήν;

ΜΟΥΣΑΡΙΟΝ

Οὐκ ἔχει, ὦ μαννάριον.   10

ΜΗΤΗΡ

Μόνος οὗτος οὐ τέχνην εὕρηκεν ἐπὶ τὸν πατέρα, οὐκ οἰκέτην
καθῆκεν ἐξαπατήσοντα, οὐκ ἀπὸ τῆς μητρὸς ᾔτησεν ἀπειλήσας
ἀποπλευσεῖσθαι στρατευσόμενος, εἰ μὴ λάβοι, ἀλλὰ κάθηται ἡμᾶς
ἐπιτρίβων μήτε αὐτὸς διδοὺς μήτε παρὰ τῶν διδόντων ἐῶν
λαμβάνειν; σὺ δὲ οἴει, ὦ Μουσάριον, ὀκτωκαίδεκα ἐτῶν ἀεὶ 15
ἔσεσθαι; ἢ τὰ αὐτὰ φρονήσειν Χαιρέαν, ὅταν πλουτῇ μὲν αὐτός,
ἡ δὲ μήτηρ γάμον πολυτάλαντον ἐξεύρῃ αὐτῷ; μνησθήσεται ἔτι,
οἴει, τότε τῶν δακρύων ἢ τῶν φιλημάτων ἢ τῶν ὅρκων πέντε ἴσως
τάλαντα προικὸς βλέπων;

1–2 cf. Ter. *Eun.*, *Phorm.* etc.   cf. 57.24, 70.50   3 ἀστεῖος γ
7 μένεις γ   σωφρονεῖς γ   7–8 τῆς δὲ Θ. γ
8 τήμερον Α   9 τί δέ σοι I   11–12 ἐπὶ...καθῆκεν om. γ
12 ἐξ ἀπάτης ὄντα (ὄντας I) γ   17–18 ἔτι οἴει τότε rec.: οἴει τότε L:
ἔτι ἤδη τότε Α

336

ΜΟΥΣΑΡΙΟΝ

Μνησθήσεται ἐκεῖνος· δεῖγμα δέ· οὐδὲ νῦν γεγάμηκεν, ὅς γε
καταναγκαζόμενος καὶ βιαζόμενος ἠρνήσατο.

ΜΗΤΗΡ

Γένοιτο ἐμὲ ψεύδεσθαι. ἀναμνήσω δέ σε, ὦ Μουσάριον, τότε.

8

ΑΜΠΕΛΙΣ ΚΑΙ ΧΡΥΣΙΣ

ΑΜΠΕΛΙΣ

˝Οστις δέ, ὦ Χρυσί, μήτε ζηλοτυπεῖ μήτε ὀργίζεται μήτε 1
5 ἐρράπισέ ποτε ἢ περιέκειρεν ἢ τὰ ἱμάτια περιέσχισεν, ἔτι ἐραστὴς
ἐκεῖνός ἐστιν;

ΧΡΥΣΙΣ

Οὐκοῦν ταῦτα μόνα ἐρῶντος, ὦ 'Αμπελί, δείγματα;

ΑΜΠΕΛΙΣ

Ναί, ταῦτ' ἀνδρὸς θερμοῦ· ἐπεὶ τὰ ἄλλα, φιλήματα καὶ δάκρυα
καὶ ὅρκοι καὶ τὸ πολλάκις ἥκειν ἀρχομένου ἔρωτος σημεῖον καὶ
10 *φυομένου ἔτι· τὸ δὲ πῦρ ὅλον ἐκ τῆς ζηλοτυπίας ἐστίν. ὥστε εἰ*
καὶ σέ, ὡς φῄς, ὁ Γοργίας ῥαπίζει καὶ ζηλοτυπεῖ, χρηστὰ ἔλπιζε
καὶ εὔχου ἀεὶ τὰ αὐτὰ ποιεῖν.

ΧΡΥΣΙΣ

Τὰ αὐτά; τί λέγεις; ἀεὶ ῥαπίζειν με;

1 δὲ ὡς οὐδὲ β   ὅς γε Mras: · ὅσα γ: om. β: ἀλλὰ N
2 καὶ βιαζόμενος om. L   ἠρνήσατο om. A   3 ἐμὲ β:
μὴ γ: μοι Gomperz   **8.** Hunc dialogum om. A   4 cf. Antiphan.
Fr. 224 seq., Men. *Kol.*, *Sam.*, Plaut. *Pseud.*, Ter. *Andr.*   cf. Men.
Pk. 987   4–5 cf. Men. *Fr.* 303–11, 358–70, *Pk.*   7 cf.
Plaut. *Rud.* (Ampelisca)   11 cf. Men. *Dysc.*, *Georg.*, *Her.*

ΑΜΠΕΛΙΣ

Οὐχί, ἀλλ' ἀνιᾶσθαι, εἰ μὴ πρὸς μόνον αὐτὸν βλέποις, ἐπεὶ εἰ μὴ ἐρᾷ γε, τί ἂν ὀργίζοιτο, εἰ σύ τινα ἐραστὴν ἔχοις;

ΧΡΥΣΙΣ

'Αλλ' οὐδὲ ἔχω ἔγωγε· ὁ δὲ μάτην ὑπέλαβε τὸν πλούσιόν μου ἐρᾶν, διότι ἄλλως ἐμνημόνευσά ποτε αὐτοῦ.

ΑΜΠΕΛΙΣ

2 Καὶ τοῦτο ἡδὺ τὸ ὑπὸ πλουσίων οἴεσθαι σπουδάζεσθαί σε· οὕτω 5 γὰρ ἀνιάσεται μᾶλλον καὶ φιλοτιμήσεται, ὡς μὴ ὑπερβάλοιντο αὐτὸν οἱ ἀντερασταί.

ΧΡΥΣΙΣ

Καὶ μὴν οὗτός γε μόνον ὀργίζεται καὶ ῥαπίζει, δίδωσι δὲ οὐδέν.

ΑΜΠΕΛΙΣ

'Αλλὰ δώσει—ζηλοτυπεῖ γάρ—καὶ μάλιστα ἢν λυπῇς αὐτόν.

ΧΡΥΣΙΣ

Οὐκ οἶδ' ὅπως ῥαπίσματα λαμβάνειν βούλει με, ὦ 10 'Αμπελίδιον.

ΑΜΠΕΛΙΣ

Οὔκ, ἀλλ', ὡς οἶμαι, οὕτως οἱ μεγάλοι ἔρωτες γίγνονται, [καὶ] εἰ πείθοιντο ἀμελεῖσθαι, εἰ δὲ πιστεύσαι μόνος ἔχειν, ἀπομαραίνεταί πως ἡ ἐπιθυμία. ταῦτα λέγω πρὸς σὲ εἴκοσιν ὅλοις ἔτεσιν ἑταιρίσασα, σὺ δὲ ὀκτωκαιδεκαέτις, οἶμαι, ἢ ἔλαττον οὖσα 15

2 ἂν] ἂν ἔτι I   τινα ἕτερον L   ἔχεις recc.   8 μόνος βγ: corr. recc.   9 ζηλοτυπεῖ...αὐτόν L: ζηλότυποι γὰρ καὶ μάλιστα λυπηθήσονται cett.   12 Οὔκ om. γ   ἀλλ' om. I   οὕτως L: om. γ: οὐκ ἄλλως (postea ἢ εἰ πείθοιντο) Mras   καὶ βγ: om. N: ἢ Bekker   13 πύθοιντο L   πιστεῦσαι βγ   15 ἑταιρήσασα LI; at cf. 7.3   ὀκτωκαιδεκαέτης γ   ἢ ἔλαττον Fl.: ἢ ἐλάχιστον codd.

τυγχάνεις. εἰ βούλει δέ, καὶ διηγήσομαι ἃ ἔπαθόν ποτε οὐ πάνυ
πρὸ πολλῶν ἐτῶν· ἤρα μου Δημόφαντος ὁ δανειστὴς ὁ κατόπιν
οἰκῶν τῆς Ποικίλης. οὗτος οὐδεπώποτε πλέον πέντε δραχμῶν
δεδώκει καὶ ἠξίου δεσπότης εἶναι. ἤρα δέ, ὦ Χρυσί, ἐπιπόλαιόν
5 τινα ἔρωτα οὔτε ὑποστένων οὔτε δακρύων οὔτε ἀωρὶ παραγιγνό-
μενος ἐπὶ τὰς θύρας, ἀλλ' αὐτὸ μόνον συνεκάθευδέ μοι ἐνίοτε, καὶ
τοῦτο διὰ μακροῦ. ἐπειδὴ δὲ ἐλθόντα ποτὲ ἀπέκλεισα—Καλλίδης 3
γὰρ ὁ γραφεὺς ἔνδον ἦν δέκα δραχμὰς πεπομφώς—τὸ μὲν πρῶτον
ἀπῆλθέ μοι λοιδορησάμενος· ἐπεὶ δὲ πολλαὶ μὲν διῆλθον ἡμέραι,
10 ἐγὼ δὲ οὐ προσέπεμπον, ὁ Καλλίδης δὲ ἔνδον ἦν, ὑποθερμαινόμενος
ἤδη τότε ὁ Δημόφαντος καὶ αὐτὸς ἀναφλέγεται ἐς τὸ πρᾶγμα καὶ
ἐπιστάς ποτε ἀνεῳγμένην τηρήσας τὴν θύραν ἔκλαεν, ἔτυπτεν,
ἠπείλει φονεύσειν, περιερρήγνυε τὴν ἐσθῆτα, ἅπαντα ἐποίει, καὶ
τέλος τάλαντον δοὺς μόνος εἶχεν ὀκτὼ ὅλους μῆνας. ἡ γυνὴ δὲ
15 αὐτοῦ πρὸς ἅπαντας ἔλεγεν ὡς ὑπὸ φαρμάκων ἐκμήναιμι αὐτόν.
τὸ δὲ ἦν ἄρα ζηλοτυπία τὸ φάρμακον. ὥστε, ὦ Χρυσί, καὶ σὺ χρῶ
ἐπὶ τὸν Γοργίαν τῷ αὐτῷ φαρμάκῳ· πλούσιος δὲ ὁ νεανίσκος
ἔσται, ἤν τι ὁ πατὴρ αὐτοῦ πάθῃ.

9

ΔΟΡΚΑΣ ΚΑΙ ΠΑΝΝΥΧΙΣ ΚΑΙ
ΦΙΛΟΣΤΡΑΤΟΣ ΚΑΙ ΠΟΛΕΜΩΝ

ΔΟΡΚΑΣ

Ἀπολώλαμεν, ὦ κεκτημένη, ἀπολώλαμεν, ὁ Πολέμων ἀπὸ 1
20 στρατιᾶς ἀνέστρεψε πλουτῶν, ὥς φασιν· ἑώρακα δὲ κἀγὼ αὐτὸν

2 πολλῶν om. γ   ἐρᾷ γ   3 πλέον om. γ   4 δέ-
δωκε (vel -εν) codd.: corr. Bekker; cf. 14.2, 57.27 etc.   7, 10 Καλλιάδης
L; cf. Andoc. *Myst.* 127   8 cf. Men. *Sam.* 392   16 ὦ om. γ
9. Hunc dialogum om. *A.* Nominibus κωφὸν πρόσωπον Parmeno deest
19 cf. Men. *Pk.* 181, 187 etc.   cf. Men. *Pk.*, Aristaen. 1.22
20 στρατείας recc.   αὐτὸν κἀγὼ X

ἐφεστρίδα περιπόρφυρον ἐμπεπορπημένον καὶ ἀκολούθους ἅμα πολλούς. καὶ οἱ φίλοι ὡς εἶδον, συνέθεον ἐπ᾽ αὐτὸν ἀσπασόμενοι· ἐν τοσούτῳ δὲ τὸν θεράποντα ἰδοῦσα κατόπιν ἑπόμενον, ὃς συναποδεδημήκει μετ᾽ αὐτοῦ, ἠρόμην καί, Εἰπέ μοι, ἔφην, ὦ Παρμένων, ἀσπασαμένη πρότερον αὐτόν, πῶς ἡμῖν ἐπράξατε καὶ 5 εἴ τι ἄξιον τῶν πολέμων ἔχοντες ἐπανεληλύθατε.

ΠΑΝΝΥΧΙΣ

Οὐκ ἔδει τοῦτο εὐθύς, ἀλλ᾽ ἐκεῖνα, ὅτι μὲν ἐσώθητε, πολλὴ χάρις τοῖς θεοῖς, καὶ μάλιστα τῷ ξενίῳ Διὶ καὶ Ἀθηνᾷ στρατίᾳ· ἡ δέσποινα δὲ ἐπυνθάνετο ἀεὶ τί πράττοιτε καὶ ἔνθα εἴητε. εἰ δὲ καὶ τοῦτο προσέθηκας, ὡς καὶ ἐδάκρυε καὶ ἀεὶ ἐμέμνητο 10 Πολέμωνος, ἄμεινον ἦν παρὰ πολύ.

ΔΟΡΚΑΣ

2 Προεῖπον εὐθὺς ἐν ἀρχῇ ἅπαντα· πρὸς δὲ σὲ οὐκ ἂν εἶπον, ἀλλὰ ἃ ἤκουσα ἐβουλόμην εἰπεῖν. ἐπεὶ πρός γε Παρμένοντα οὕτως ἠρξάμην· Ἦ που, ὦ Παρμένων, ἐβόμβει τὰ ὦτα ὑμῖν; ἀεὶ γὰρ ἐμέμνητο ἡ κεκτημένη μετὰ δακρύων, καὶ μάλιστα εἴ τις ἐλη- 15 λύθει ἐκ τῆς μάχης καὶ πολλοὶ τεθνάναι ἐλέγοντο, ἐσπάραττε τότε τὰς κόμας καὶ τὰ στέρνα ἐτύπτετο καὶ ἐπένθει πρὸς τὴν ἀγγελίαν ἑκάστην.

ΠΑΝΝΥΧΙΣ

Εὖ γε, ὦ Δορκάς· οὕτως ἐχρῆν.

ΔΟΡΚΑΣ

Εἶτα ἑξῆς μετ᾽ οὐ πολὺ ἠρόμην ἐκεῖνα. ὁ δέ, Πάνυ λαμπρῶς, 20 φησίν, ἀνεστρέψαμεν.

---

8 στρατείῳ X; cf. Plut. *Mor.* 801e   12 οὐκ ἄν] οὐχ ἃ recc.
13 *Παρμένωνα* Pᵃ: *Παρμένονα* Fl.; cf. Men. *Sam.* 281, *Plok.*, *Fr.* 416 etc.
14 ὦ *Πάρμενον* L; at cf. Men. *Sam.* 295, 305 etc.   14–15 imitatus
est Aristaen. 2.13   15 μετὰ γ, Aristaen.: τῶν β   16 ἐσπα-
ράττετό τε τὰς Herwerden   19 ὦ *Δωρί* βγ: corr. Fl.

ΠΑΝΝΥΧΙΣ

Οὕτως κἀκεῖνος οὐδὲν προειπών, ὡς ἐμέμνητό μου ὁ Πολέμων
ἢ ἐπόθει ἢ ηὔχετο ζῶσαν καταλαβεῖν;

ΔΟΡΚΑΣ

Καὶ μάλα πολλὰ τοιαῦτα ἔλεγε. τὸ δ' οὖν κεφάλαιον ἐξήγγειλε
πλοῦτον πολύν, χρυσόν, ἐσθῆτα, ἀκολούθους, ἐλέφαντα· τὸ μὲν
5 γὰρ ἀργύριον μηδὲ ἀριθμῷ ἄγειν αὐτόν, ἀλλὰ μεδίμνῳ ἀπομε-
μετρημένον πολλοὺς μεδίμνους. εἶχε δὲ καὶ αὐτὸς Παρμένων
δακτύλιον ἐν τῷ μικρῷ δακτύλῳ, μέγιστον, πολύγωνον, καὶ
ψῆφος ἐνεβέβλητο τῶν τριχρώμων, ἐρυθρά τε ἦν ἐπιπολῆς.
εἴασα δ' οὖν αὐτὸν ἐθέλοντά μοι διηγεῖσθαι ὡς τὸν Ἅλυν
10 διέβησαν καὶ ὡς ἀπέκτειναν Τιριδάταν τινὰ καὶ ὡς διέπρεψεν
ὁ Πολέμων ἐν τῇ πρὸς Πισίδας μάχῃ· ἀπέδραμόν σοι ταῦτα
προσαγγελοῦσα, ὡς περὶ τῶν παρόντων σκέψαιο. εἰ γὰρ ἐλθὼν ὁ
Πολέμων—ἥξει γὰρ πάντως ἀποσεισάμενος τοὺς γνωρίμους—
ἀναπυθόμενος εὕροι τὸν Φιλόστρατον ἔνδον παρ' ἡμῖν, τί οἴει
15 ποιήσειν αὐτόν;

ΠΑΝΝΥΧΙΣ

Ἐξευρίσκωμεν, ὦ Δορκάς, ἐκ τῶν παρόντων σωτήριον· οὔτε 3
γὰρ τοῦτον ἀποπέμψαι καλὸν τάλαντον ἔναγχος δεδωκότα καὶ
τὰ ἄλλα ἔμπορον ὄντα καὶ πολλὰ ὑπισχνούμενον, οὔτε Πολέμωνα
τοιοῦτον ἐπανήκοντα χρήσιμον μὴ παραδέχεσθαι· προσέτι γὰρ
20 καὶ ζηλότυπός ἐστιν, ὅς γε καὶ πενόμενος ἔτι πολὺ ἀφόρητος ἦν·
νῦν δὲ τί ἐκεῖνος οὐκ ἂν ποιήσειεν;

ΔΟΡΚΑΣ

Ἀλλὰ καὶ προσέρχεται.

3 γοῦν codd.: corr. Jacobitz   5–6 cf. Xen. *Hell.* 3.2.27
10 Τιριδάταν Belin: Τηριδάνταν X: Τηρινδάταν L: Τιρινδάταν IΨ: Τιριν-
δάτην P¹   διετρίψεν codd.: corr. Courier   12 προσ-
αγγέλλουσα γ   14 cf. Alciphr. 1.9.2   16 Ἐξευρίσκωμεν recc.:
Ἐξευρίσκω δὲ βγ   19 πρόσεστι γ   20 ὅς γε Mras: ὥστε β:
ὅς γ   21 οὐκ ἂν ἐκεῖνος I

ΛΟΥΚΙΑΝΟΥ

ΠΑΝΝΥΧΙΣ

Ἐκλύομαι, ὦ Δορκάς, ἀπὸ τῆς ἀπορίας καὶ τρέμω.

ΔΟΡΚΑΣ

Ἀλλὰ καὶ Φιλόστρατος προσέρχεται.

ΠΑΝΝΥΧΙΣ

Τίς γένωμαι; πῶς ἄν με ἡ γῆ καταπίοι;

ΦΙΛΟΣΤΡΑΤΟΣ

4 Τί οὐ πίνομεν, ὦ Παννυχί;

ΠΑΝΝΥΧΙΣ

Ἄνθρωπε, ἀπολώλεκάς με. σὺ δὲ χαῖρε, Πολέμων, χρόνιος 5
φανείς.

ΠΟΛΕΜΩΝ

Οὗτος οὖν τίς ἐστιν ὁ προσιὼν ὑμῖν; σιωπᾷς; εὖ γε· οἴχου, ὦ
Παννυχί. ἐγὼ δὲ πεμπταῖος ἐκ Πυλῶν διέπτην ἐπειγόμενος ἐπὶ
τοιαύτην γυναῖκα. καὶ δίκαια μέντοι πέπονθα, καίτοι χάριν ἔχων·
οὐκέτι γὰρ ἁρπασθήσομαι ὑπὸ σοῦ.   10

ΦΙΛΟΣΤΡΑΤΟΣ

Σὺ δὲ τίς εἶ, ὦ βέλτιστε;

ΠΟΛΕΜΩΝ

Ὅτι Πολέμων ὁ Στειριεὺς Πανδιονίδος φυλῆς, ἀκούεις· χιλι-
αρχήσας τὸ πρῶτον, νῦν δὲ ἐξαναστήσας πεντακισχιλίαν ἀσπίδα,
ἐραστὴς Παννυχίδος, ὅτε ᾤμην ἔτι ἀνθρώπινα φρονεῖν αὐτήν.

1–3 Ἐκλύομαι... καταπίοι Pannychidi tribuit L   1 Ἐκ-
λύομαι... ἀπορίας excerpsit Aristaen. 1.28   ὦ Δορκάς, ἀπὸ] νὴ
τοὺς θεοὺς ὑπὸ Aristaen.   4 cf. Petron. Sat. 25   7 οἴχου]
εὖ γε iterat Mras: om. Fl.   9 καίτοι] καί σοι Fl.   ἔχων]
ἔχω rec., Fl.   12 : ante Ὅτι om. L qui usque ad c. 5 init.
de personis loquentibus plane errat   Ὅτι] Ὅστις; Cobet
Πανδίονος codd.: corr. Dindorf; cf. 58.45   13 πεντακισχιλίας
ἀσπίδας γ; sed cf. Hdt. 5.30, Xen. Anab. 1.7.10

342

80. ΕΤΑΙΡΙΚΟΙ ΔΙΑΛΟΓΟΙ

ΦΙΛΟΣΤΡΑΤΟΣ

Ἀλλὰ τὰ νῦν σοι, ὦ ξεναγέ, Παννυχὶς ἐμή ἐστι, καὶ τάλαντον εἴληφε, λήψεται δὲ ἤδη καὶ ἕτερον, ἐπειδὰν τὰ φορτία διαθώμεθα. καὶ νῦν ἀκολούθει μοι, ὦ Παννυχί, τοῦτον δὲ παρ' Ὀδρύσαις χιλιαρχεῖν ἔα.

ΠΟΛΕΜΩΝ

5 Ἐλευθέρα μέν ἐστι καὶ ἀκολουθήσει, ἢν ἐθέλῃ.

ΠΑΝΝΥΧΙΣ

Τί ποιῶ, Δορκάς;

ΔΟΡΚΑΣ

Εἰσιέναι ἄμεινον, ὀργιζομένῳ οὐχ οἷόν τε παρεῖναι Πολέμωνι, καὶ μᾶλλον ἐπιταθήσεται ζηλοτυπῶν.

ΠΑΝΝΥΧΙΣ

Εἰ θέλεις, εἰσίωμεν.

ΠΟΛΕΜΩΝ

10 Ἀλλὰ προλέγω ὑμῖν ὅτι τὸ ὕστατον πίεσθε τήμερον, ἢ μάτην 5 ἐγὼ τοσούτοις φόνοις ἐγγεγυμνασμένος πάρειμι. τοὺς Θρᾷκας, ὦ Παρμένων· ὡπλισμένοι ἡκέτωσαν ἐμφράξαντες τὸν στενωπὸν τῇ φάλαγγι· ἐπὶ μετώπου μὲν τὸ ὁπλιτικόν, παρ' ἑκάτερα δὲ οἱ σφενδονῆται καὶ τοξόται, οἱ δὲ ἄλλοι κατόπιν.

ΦΙΛΟΣΤΡΑΤΟΣ

15 Ὡς βρεφυλλίοις ταῦτα, ὦ μισθοφόρε, ἡμῖν λέγεις καὶ μορμολύττῃ. σὺ γὰρ ἀλεκτρυόνα πώποτε ἀπέκτεινας ἢ πόλεμον εἶδες; ἐρυμάτιον ἐφρούρεις τάχα διμοιρίτης ὤν, ἵνα καὶ τοῦτο προσχαρίσωμαί σοι.

5 Ἐλευθέρα...ἐθέλῃ Polemoni P, Dorcadi tribuit γ   6–9 personis secundum Fl. tribui: nomina et vices loquendi codices aut omittunt aut perperam tribuunt   12 ἡκέτωσαν P: ἦκον L: ἦκαν γ: ἡκόντων Schmieder   15–16 μορμολύττεις codd. (cf. Crates Com. 8): corr. Valckenaer, cf. 29.20, 37.32, 79.23.1   17 cf. schol. ad Men. *Kol.* 29, Arr. *An.* 7.23.3

ΛΟΥΚΙΑΝΟΥ

ΠΟΛΕΜΩΝ

Καὶ μὴν εἴσῃ μετ᾽ ὀλίγον, ἐπειδὰν προσιόντας ἡμᾶς ἐπὶ δόρυ θεάσῃ στίλβοντας τοῖς ὅπλοις.

ΦΙΛΟΣΤΡΑΤΟΣ

Ἥκετε μόνον συσκευασάμενοι. ἐγὼ δὲ καὶ Τίβιος οὗτος— μόνος γὰρ οὗτος ἔπεταί μοι—βάλλοντες ὑμᾶς λίθοις τε καὶ ὀστράκοις οὕτω διασκεδάσομεν, ὡς μηδὲ ὅποι οἴχεσθε ἔχοιτε 5 εἰδέναι.

10

ΧΕΛΙΔΟΝΙΟΝ ΚΑΙ ΔΡΟΣΙΣ

ΧΕΛΙΔΟΝΙΟΝ

1 Οὐκέτι φοιτᾷ παρὰ σοί, ὦ Δροσί, τὸ μειράκιον ὁ Κλεινίας; οὐ γὰρ ἑώρακα, πολὺς ἤδη χρόνος, αὐτὸν παρ᾽ ὑμῖν.

ΔΡΟΣΙΣ

Οὐκέτι, ὦ Χελιδόνιον· ὁ γὰρ διδάσκαλος αὐτὸν εἶρξε μηκέτι μοι προσιέναι. 10

ΧΕΛΙΔΟΝΙΟΝ

Τίς οὗτος; μή τι τὸν παιδοτρίβην Διότιμον λέγεις; ἐπεὶ ἐκεῖνός γε φίλος ἐστί μοι.

ΔΡΟΣΙΣ

Οὔκ, ἀλλ᾽ ὁ κάκιστα φιλοσόφων ἀπολούμενος Ἀρισταίνετος.

3 συσκευασόμενοι βγ: corr. recc.   Τίβειος XL: Τύβιος Ψ:
Τίβιος PI; cf. 22.29, 25.22, Men. *Her.*, *Perinth.*   5 οἴχεσθε codd.:
οἴχοισθε Fl.: οἴχησθε Mras: an οἴχεσθαι?   **10.** Tit. *ΧΕΛΙΔΟΝΙΟΝ*
ΚΑΙ ΔΡΟΣΗ Lγ: *ΧΕΛΙΔΟΝΟΣ ΚΑΙ ΔΡΟΣΙΔΟΣ* A; cf. Cic. *Verr.* 2.1.104
7 σοί βγ: σέ recc.; cf. 39.2, 77.6.5   per dialogum *Δροσή* Lγ
cf. Dem. 59.120   cf. Men. *Mis.*, *Theoph.*   8 πολὺν
ἤδη χρόνον ΑΡΨ   11 Τίς οὗτος; om. γ   μή γ: εἰ μή β
Δίωμον γ; cf. Dem. 18.114, 21.208 etc.   λέγοις A   12 μοι om. γ
13 ἀπολλύμενος β; cf. Men. *Epit.* 228   cf. 17.1, 80.2.4

80. ΕΤΑΙΡΙΚΟΙ ΔΙΑΛΟΓΟΙ

ΧΕΛΙΔΟΝΙΟΝ

Τὸν σκυθρωπὸν λέγεις, τὸν δασύν, τὸν βαθυπώγωνα, ὃς εἴωθε
μετὰ τῶν μειρακίων περιπατεῖν ἐν τῇ Ποικίλῃ;

ΔΡΟΣΙΣ

Ἐκεῖνόν φημι τὸν ἀλαζόνα, ὃν κάκιστα ἐπίδοιμι ἀπολλύμενον,
ἑλκόμενον τοῦ πώγωνος ὑπὸ δημίου.

ΧΕΛΙΔΟΝΙΟΝ

5　Τί παθὼν δὲ ἐκεῖνος τοιαῦτα ἔπεισε τὸν Κλεινίαν;　　　　　　**2**

ΔΡΟΣΙΣ

Οὐκ οἶδα, ὦ Χελιδόνιον. ἀλλ' ὁ μηδέποτε ἀπόκοιτός μου
γενόμενος ἀφ' οὗ γυναικὶ ὁμιλεῖν ἤρξατο—πρῶτον δὲ ὡμίλησέ
μοι—τριῶν τούτων ἑξῆς ἡμερῶν οὐδὲ προσῆλθε τῷ στενωπῷ·
ἐπεὶ δὲ ἠνιώμην—οὐκ οἶδα δὲ ὅπως τι ἔπαθον ἐπ' αὐτῷ—ἔπεμψα
10　τὴν Νεβρίδα περισκεψομένην αὐτὸν ἢ ἐν ἀγορᾷ διατρίβοντα ἢ
ἐν Ποικίλῃ· ἡ δὲ περιπατοῦντα ἔφη ἰδοῦσα μετὰ τοῦ Ἀρισταινέτου
νεῦσαι πόρρωθεν, ἐκεῖνον δὲ ἐρυθριάσαντα κάτω ὁρᾶν καὶ μηκέτι
παρενεγκεῖν τὸν ὀφθαλμόν. εἶτ' ἐβάδιζον ἅμα ἐς τὴν Ἀκαδημίαν·
ἡ δὲ ἄχρι τοῦ Διπύλου ἀκολουθήσασα, ἐπεὶ μηδ' ὅλως ἐπεστράφη,
15　ἐπανῆκεν οὐδὲν σαφὲς ἀπαγγεῖλαι ἔχουσα. πῶς με οἴει διάγειν
τὸ μετὰ ταῦτα οὐκ ἔχουσαν εἰκάσαι ὅ τι μοι πέπονθεν ὁ μειρα-
κίσκος; ἀλλὰ μὴ ἐλύπησά τι αὐτόν, ἔλεγον, ἤ τινος ἄλλης ἠράσθη
μισήσας ἐμέ; ἀλλ' ὁ πατὴρ διεκώλυσεν αὐτόν; πολλὰ τοιαῦτα
ἡ ἀθλία ἔστρεφον. ἤδη δὲ περὶ δείλην ὀψίαν ἧκέ μοι Δρόμων τὸ
20　γραμμάτιον τουτὶ παρ' αὐτοῦ κομίζων. ἀνάγνωθι λαβοῦσα, ὦ
Χελιδόνιον· οἶσθα γὰρ δή που γράμματα.

3 ἀπολούμενον Αγ　　　　6 ὁ om. γ　　　　　7 πρώτη Α
10 cf. Alciphr. 3.31.1　　　11 Παιδικῇ Lγ: παλαίστρᾳ Α: corr. Graevius
12 πόρρω γ　　　　13 Ἀκαδημίαν β: πόλιν γ　　　16–17 οὐκ...
μειρακίσκος β: ὡς εἰκός γ　　　17 ἐλύπησέ γ　　　18 ἡ ἀθλία om. γ
19 ἧκέ μοι β: ἧκεν ὁ γ　　　　cf. 25.22, 36.25, Men. Sic., Plaut. Aul.,
Asin., Ter. Andr., Haut. etc.

ΛΟΥΚΙΑΝΟΥ

ΧΕΛΙΔΟΝΙΟΝ

3 Φέρ᾽ ἴδωμεν· τὰ μὲν γράμματα οὐ πάνυ σαφῆ, ἀλλὰ ἐπισε-
συρμένα δηλοῦντα ἔπειξίν τινα τοῦ γεγραφότος. λέγει δέ "πῶς
μὲν ἐφίλησά σε, ὦ Δροσί, τοὺς θεοὺς ποιοῦμαι μάρτυρας."

ΔΡΟΣΙΣ

Αἰαῖ τάλαν, οὐδὲ τὸ χαίρειν προσέγραψε.

ΧΕΛΙΔΟΝΙΟΝ

"Καὶ νῦν δὲ οὐ κατὰ μῖσος, ἀλλὰ κατ᾽ ἀνάγκην ἀφίσταμαί σου· 5
ὁ πατὴρ γὰρ ᾿Αρισταινέτῳ παρέδωκέ με συμφιλοσοφεῖν αὐτῷ,
κἀκεῖνος—ἔμαθε γὰρ τὰ καθ᾽ ἡμᾶς ἅπαντα—πάνυ πολλὰ ἐπετί-
μησέ μοι ἀπρεπὲς εἶναι λέγων ἑταίρᾳ συνεῖναι ᾿Αρχιτέλους καὶ
᾿Ερασικλείας υἱὸν ὄντα· πολὺ γὰρ ἄμεινον εἶναι τὴν ἀρετὴν
προτιμᾶν τῆς ἡδονῆς." 10

ΔΡΟΣΙΣ

Μὴ ὥρας ἵκοιτο ὁ λῆρος ἐκεῖνος τοιαῦτα παιδεύων τὸ
μειράκιον.

ΧΕΛΙΔΟΝΙΟΝ

"῞Ωστε ἀνάγκη πείθεσθαι αὐτῷ· παρακολουθεῖ γὰρ ἀκριβῶς
παραφυλάσσων, καὶ ὅλως οὐδὲ προσβλέπειν ἄλλῳ οὐδενὶ ἔξεστιν
ὅτι μὴ ἐκείνῳ· εἰ δὲ σωφρονοῖμι καὶ πάντα πεισθείην αὐτῷ, 15
ὑπισχνεῖται πάνυ εὐδαίμονα ἔσεσθαί με καὶ ἐνάρετον κατα-
στήσεσθαι τοῖς πόνοις προγεγυμνασμένον. ταῦτά σοι μόλις
ἔγραψα ὑποκλέψας ἐμαυτόν, σὺ δέ μοι εὐτύχει καὶ μέμνησο
Κλεινίου."

ΔΡΟΣΙΣ

4 Τί σοι δοκεῖ ἡ ἐπιστολή, ὦ Χελιδόνιον; 20

1 μὲν om. γ   4 cf. Men. *Epit.* 434, *Pk.* 725 etc.   6 φιλο-
σοφεῖν γ   8–9 cf. 68.2, Plut. *Them.* 7, Aristaen. 1.21   9 ᾿Ερασι-
κλείας γ: ᾿Ερατοσικλείας L: ᾿Ερατοκλείας A   11 ὥραισιν X;
cf. 45.5, 79.9.4, Men. *Pk.* 321,   14 οὐδενὶ γ: τινι β   20 seq. Τί...
Κλεινίου om. γ

80. ΕΤΑΙΡΙΚΟΙ ΔΙΑΛΟΓΟΙ

ΧΕΛΙΔΟΝΙΟΝ

Τὰ μὲν ἄλλα ἡ ἀπὸ Σκυθῶν ῥῆσις, τὸ δὲ "μέμνησο Κλεινίου" ἔχει τινὰ ὑπόλοιπον ἐλπίδα.

ΔΡΟΣΙΣ

Κἀμοὶ οὕτως ἔδοξεν· ἀπόλλυμαι δ᾽ οὖν ὑπὸ τοῦ ἔρωτος. ὁ μέντοι Δρόμων ἔφασκε παιδεραστήν τινα εἶναι τὸν Ἀρισταίνετον 5 καὶ ἐπὶ προφάσει τῶν μαθημάτων συνεῖναι τοῖς ὡραιοτάτοις τῶν νέων καὶ ἰδίᾳ λογοποιεῖσθαι πρὸς τὸν Κλεινίαν ὑποσχέσεις τινὰς ὑπισχνούμενον ὡς ἰσόθεον ἀποφανεῖ αὐτόν. ἀλλὰ καὶ ἀναγιγνώσκει μετ᾽ αὐτοῦ ἐρωτικούς τινας λόγους τῶν παλαιῶν φιλοσόφων πρὸς τοὺς μαθητάς, καὶ ὅλος περὶ τὸ μειράκιόν 10 ἐστιν. ἠπείλει δὲ καὶ τῷ πατρὶ τοῦ Κλεινίου κατερεῖν ταῦτα.

ΧΕΛΙΔΟΝΙΟΝ

Ἐχρῆν, ὦ Δροσί, γαστρίσαι τὸν Δρόμωνα.

ΔΡΟΣΙΣ

Ἐγάστρισα, καὶ ἄνευ δὲ τούτου ἐμός ἐστι· κέκνισται γὰρ κἀκεῖνος τῆς Νεβρίδος.

ΧΕΛΙΔΟΝΙΟΝ

Θάρρει, πάντα ἔσται καλῶς. ἐγὼ δὲ καὶ ἐπιγράψειν μοι δοκῶ 15 ἐπὶ τοῦ τοίχου ἐν Κεραμεικῷ, ἔνθα ὁ Ἀρχιτέλης εἴωθε περιπατεῖν, Ἀρισταίνετος διαφθείρει Κλεινίαν, ὥστε καὶ ἐκ τούτου συνδραμεῖν τῇ παρὰ τοῦ Δρόμωνος διαβολῇ.

ΔΡΟΣΙΣ

Πῶς δ᾽ ἂν λάθοις ἐπιγράψασα;

ΧΕΛΙΔΟΝΙΟΝ

Τῆς νυκτός, Δροσί, ἄνθρακά ποθεν λαβοῦσα.

1 cf. Ael. *Ep.* 14, Aristaen. 2.20   5 μαθητῶν XL   7 ἀποφαίνειν X[1]   9 ὅλως codd.: corr. Jacobitz; cf. 70.2, 79.20.2   11 cf. Men. *Pk.* 288   13 Δορκάδος γ   19 ὦ Δρ. I   λαβοῦσα ἐγώ. γ

347

ΛΟΥΚΙΑΝΟΥ

ΔΡΟΣΙΣ

Εὖ γε, συστράτευε μόνον, ὦ Χελιδόνιον, κατὰ τοῦ ἀλαζόνος Ἀρισταινέτου.

11

ΤΡΥΦΑΙΝΑ ΚΑΙ ΧΑΡΜΙΔΗΣ

ΤΡΥΦΑΙΝΑ

1 Ἑταίραν δὲ τίς παραλαβὼν πέντε δραχμὰς τὸ μίσθωμα δοὺς καθεύδει ἀποστραφεὶς δακρύων καὶ στένων; ἀλλ᾽ οὔτε πέ-πωκας ἡδέως, οἶμαι, οὔτε δειπνῆσαι μόνος ἠθέλησας· ἔκλαες 5 γὰρ καὶ παρὰ τὸ δεῖπνον, ἑώρων γάρ· καὶ νῦν δὲ οὐ διαλέλοιπας ἀναλύζων ὥσπερ βρέφος. ταῦτα οὖν, ὦ Χαρμίδη, τίνος ἕνεκα ποιεῖς; μὴ ἀποκρύψῃ με, ὡς ἂν καὶ τοῦτο ἀπολαύσω τῆς νυκτὸς ἀγρυπνήσασα μετὰ σοῦ.

ΧΑΡΜΙΔΗΣ

Ἔρως με ἀπόλλυσιν, ὦ Τρύφαινα, καὶ οὐκέτ᾽ ἀντέχω πρὸς 10 τὸ δεινόν.

ΤΡΥΦΑΙΝΑ

Ἀλλ᾽ ὅτι μὲν οὐκ ἐμοῦ ἐρᾷς, δῆλον· οὐ γὰρ ἂν ἔχων με ἠμέλεις καὶ ἀπωθοῦ περιπλέκεσθαι θέλουσαν καὶ τέλος διετείχιζες τὸ μεταξὺ ἡμῶν τῷ ἱματίῳ δεδιὼς μὴ ψαύσαιμί σου. τίς δὲ ὅμως ἐκείνη ἐστίν, εἰπέ· τάχα γὰρ ἄν τι καὶ συντελέσαιμι πρὸς τὸν 15 ἔρωτα, οἶδα γὰρ ὡς χρὴ τὰ τοιαῦτα διακονεῖσθαι.

---

1 Εὖ γε...ὦ Χ. L: ΔΡ. Συστράτευε μόνον· εὖ γε, ὦ Χ., εὖ γε γ (ὦ Χελ. om. I): Εὖ γε, ὦ Χ., εὖ γε στρατεύου μοι Α   3 τίς Meiser: τις codd.   6 γὰρ καὶ γ: γὰρ β   δὲ om. X   7 ἀνα-λύζων Χ: ἀναβλύζων I: ἀνολολύζων β; cf. 32.4   cf. 80.2.4; nomen senile apud Plaut. Rud., Trinumm.   8 ἀποκρύψῃς L; cf. 37.17, 80.5.1   10 cf. Petron. 100.7

348

80. ΕΤΑΙΡΙΚΟΙ ΔΙΑΛΟΓΟΙ

ΧΑΡΜΙΔΗΣ

Καὶ μὴν οἶσθα καὶ πάνυ ἀκριβῶς αὐτὴν κἀκείνη σέ· οὐ γὰρ ἀφανὴς ἑταίρα ἐστίν.

ΤΡΥΦΑΙΝΑ

Εἰπὲ τοὔνομα, ὦ Χαρμίδη.   2

ΧΑΡΜΙΔΗΣ

Φιλημάτιον, ὦ Τρύφαινα.

ΤΡΥΦΑΙΝΑ

5 Ὁποτέραν λέγεις; δύο γάρ εἰσι· τὴν ἐκ Πειραιῶς, τὴν ἄρτι διακεκορευμένην, ἧς ἐρᾷ Δάμυλος ὁ τοῦ νῦν στρατηγοῦντος υἱός, ἢ τὴν ἑτέραν, ἣν Παγίδα ἐπικαλοῦσιν;

ΧΑΡΜΙΔΗΣ

Ἐκείνην, καὶ ἑάλωκα ὁ κακοδαίμων καὶ συνείλημμαι πρὸς αὐτῆς.

ΤΡΥΦΑΙΝΑ

10 Οὐκοῦν δι' ἐκείνην ἔκλαες;

ΧΑΡΜΙΔΗΣ

Καὶ μάλα.

ΤΡΥΦΑΙΝΑ

Πολὺς δὲ χρόνος ἔστι σοι ἐρῶντι ἢ νεοτελής τις εἶ;

ΧΑΡΜΙΔΗΣ

Οὐ νεοτελής, ἀλλὰ μῆνες ἑπτὰ σχεδὸν ἀπὸ Διονυσίων, ὅτε πρώτως εἶδον αὐτήν.

4 cf. Plaut. *Most.*, Aristaen. 1.14   5 Ποτέραν *A*   Πηραι-
έως sic X¹   6 Δάμυλλος LI: Δάμιλος X: Δάμυλος *A*: corr. Mras;
cf. 22.14, 34.25   7 cf. Amphis, *Fr.* 23   14 πρῶτον rec.

349

ΛΟΥΚΙΑΝΟΥ

ΤΡΥΦΑΙΝΑ

Εἶδες δὲ ὅλην ἀκριβῶς, ἢ τὸ πρόσωπον μόνον καὶ ὅσα τοῦ σώματος φανερὰ [ἃ] εἶδες Φιληματίου, καὶ ὡς ἐχρῆν γυναῖκα πέντε καὶ τετταράκοντα ἔτη γεγονυῖαν ἤδη;

ΧΑΡΜΙΔΗΣ

Καὶ μὴν ἐπόμνυται δύο καὶ εἴκοσιν ἐς τὸν ἐσόμενον Ἐλαφη-βολιῶνα τελέσειν. 5

ΤΡΥΦΑΙΝΑ

3 Σὺ δὲ ποτέροις ἂν πιστεύσειας, τοῖς ἐκείνης ὅρκοις ἢ τοῖς σεαυτοῦ ὀφθαλμοῖς; ἐπίσκεψαι γὰρ ἀκριβῶς ὑποβλέψας ποτὲ τοὺς κροτάφους αὐτῆς, ἔνθα μόνον τὰς αὑτῆς τρίχας ἔχει· τὰ δὲ ἄλλα φενάκη βαθεῖα. παρὰ δὲ τοὺς κροτάφους ὁπόταν ἀσθενήσῃ τὸ φάρμακον, ᾧ βάπτεται, ὑπολευκαίνεται τὰ πολλά. καίτοι τί 10 τοῦτο; βίασαί ποτε καὶ γυμνὴν αὐτὴν ἰδεῖν.

ΧΑΡΜΙΔΗΣ

Οὐδεπώποτέ μοι πρὸς τοῦτο ἐνέδωκεν.

ΤΡΥΦΑΙΝΑ

Εἰκότως· ἠπίστατο γὰρ μυσαχθησόμενόν σε τὰς λεύκας. ὅλη δὲ ἀπὸ τοῦ αὐχένος ἐς τὰ γόνατα παρδάλει ἔοικεν. ἀλλὰ σὺ ἐδάκρυες τοιαύτῃ μὴ συνών; ἦ που τάχα καὶ ἐλύπει σε καὶ 15 ὑπερεώρα;

ΧΑΡΜΙΔΗΣ

Ναί, ὦ Τρύφαινα, καίτοι τοσαῦτα παρ' ἐμοῦ λαμβάνουσα. καὶ νῦν ἐπειδὴ χιλίας αἰτούσῃ οὐκ εἶχον διδόναι ῥᾳδίως ἅτε ὑπὸ πατρὶ φειδομένῳ τρεφόμενος, Μοσχίωνα ἐσδεξαμένη ἀπέκλεισέ με, ἀνθ' ὧν λυπῆσαι καὶ αὐτὸς ἐθέλων αὐτὴν σὲ παρείληφα. 20

---

2 ἃ del. Rothstein: lacunam statuit Jacobitz: ἃ...Φιληματίου del. Bekker   χρῆν I   6 πιστ. ἂν I   8 αὑτῆς codd.: corr. Mras   9 περὶ Reitz   11 ἰδεῖν αὐτήν. AP 13 λευκάς Lγ: λευκὰς αὑτῆς A: corr. Bast: cf. ἀλφῶν c. 4, Plat. Tim. 85a 15 τοιαύτῃ γA: ταύτῃ LΨP   19 cf. Men. Hypobol., Kith., Pk., Sam. 20 θέλων I

350

ΤΡΥΦΑΙΝΑ

Μὰ τὴν Ἀφροδίτην οὐκ ἂν ἧκον, εἴ μοι προεῖπέ τις ὡς ἐπὶ
τούτοις παραλαμβανοίμην, λυπῆσαι ἄλλην, καὶ ταῦτα Φιλη-
μάτιον τὴν σορόν. ἀλλ' ἄπειμι, καὶ γὰρ ἤδη τρίτον τοῦτο
ᾖσεν ἀλεκτρυών.

ΧΑΡΜΙΔΗΣ

5 Μὴ σύ γε οὕτως ταχέως, ὦ Τρύφαινα· εἰ γὰρ ἀληθῆ ἐστιν ἃ   4
φῂς περὶ Φιληματίου, τὴν φενάκην καὶ ὅτι βάπτεται καὶ τὸ τῶν
ἄλλων ἀλφῶν, οὐδὲ προσβλέπειν ἂν ἔτι ἐδυνάμην αὐτῇ.

ΤΡΥΦΑΙΝΑ

Ἐροῦ τὴν μητέρα, εἴ ποτε λέλουται μετ' αὐτῆς· περὶ γὰρ τῶν
ἐτῶν κἂν ὁ πάππος διηγήσεταί σοι, εἴ γε ζῇ ἔτι.

ΧΑΡΜΙΔΗΣ

10 Οὐκοῦν ἐπεὶ τοιαύτη ἐκείνη, ἀφῃρήσθω μὲν ἤδη τὸ δια-
τείχισμα, περιβάλλωμεν δὲ ἀλλήλους καὶ φιλῶμεν καὶ ἀληθῶς
συνῶμεν· Φιλημάτιον δὲ πολλὰ χαιρέτω.

12

ΙΟΕΣΣΑ ΚΑΙ ΠΥΘΙΑΣ ΚΑΙ ΛΥΣΙΑΣ

ΙΟΕΣΣΑ

Θρύπτῃ, ὦ Λυσία, πρὸς ἐμέ; καὶ καλῶς, ὅτι μήτε ἀργύριον   1
πώποτε ᾔτησά σε μήτ' ἀπέκλεισα ἐλθόντα, Ἔνδον ἕτερος,
15 εἰποῦσα, μήτε παραλογισάμενον τὸν πατέρα ἢ ὑφελόμενον τῆς
μητρὸς ἠνάγκασα ἐμοί τι κομίσαι, ὁποῖα αἱ ἄλλαι ποιοῦσιν,

---

4 ἀλ. scripsi: ἀλ. codd.   6 φενάκην L: φοινίκην γ: πηνήκην Α;
cf. p. 350 l. 9   7 ἄλλων om. Α   δυναίμην Α
9 διηγήσαιτό β: cf. 73.16, 80.4.3, *C.Q.* 1956, 102 seq.   10 ἐπειδὴ
ΙΑ   **12.** Titulus *ΙΟΕΣΣΗΣ ΚΑΙ ΠΥΘΙΑΔΟΣ ΚΑΙ ΛΥΣΙΟΥ* Α
13 seq. cf. Aristaen. 2.16   13 cf. Men. *Theoph.*

ΛΟΥΚΙΑΝΟΥ

ἀλλ' εὐθὺς ἐξ ἀρχῆς ἄμισθον, ἀσύμβολον εἰσεδεξάμην, οἶσθα
ὅσους ἐραστὰς παραπεμψαμένη, Θεοκλέα τὸν πρυτανεύοντα
νῦν καὶ Πασίωνα τὸν ναύκληρον καὶ τὸν συνέφηβόν σου
Μέλισσον, καίτοι ἔναγχος ἀποθανόντος αὐτῷ τοῦ πατρὸς καὶ
κύριον αὐτὸν ὄντα τῆς οὐσίας· ἐγὼ δὲ τὸν Φάωνα μόνον εἶχον 5
οὔτε τινὰ προσβλέπουσα ἕτερον οὔτε προσιεμένη ὅτι μὴ σέ·
ᾤμην γὰρ ἡ ἀνόητος ἀληθῆ εἶναι ἃ ὤμνυες, καὶ διὰ τοῦτό σοι
προσέχουσα ὥσπερ ἡ Πηνελόπη ἐσωφρόνουν, ἐπιβοωμένης
τῆς μητρὸς καὶ πρὸς τὰς φίλας ἐγκαλούσης. σὺ δὲ ἐπείπερ
ἔμαθες ὑποχείριον ἔχων με τετηκυῖαν ἐπὶ σοί, ἄρτι μὲν Λυκαίνῃ 10
προσέπαιζες ἐμοῦ ὁρώσης, ὡς λυποίης ἐμέ, ἄρτι δὲ σὺν ἐμοὶ
κατακείμενος ἐπῄνεις Μαγάδιον τὴν ψάλτριαν· ἐγὼ δ' ἐπὶ
τούτοις δακρύω καὶ συνίημι ὑβριζομένη. πρῴην δὲ ὁπότε συνε-
πίνετε Θράσων καὶ σὺ καὶ Δίφιλος, παρῆσαν καὶ ἡ αὐλητρὶς
Κυμβάλιον καὶ Πυραλλὶς ἐχθρὰ οὖσα ἐμοί. σὺ δὲ τοῦτ' εἰδὼς 15
τὴν Κυμβάλιον μὲν οὔ μοι πάνυ ἐμέλησεν ὅτι πεντάκις
ἐφίλησας· σεαυτὸν γὰρ ὕβριζες τοιαύτην φιλῶν· Πυραλλίδα
δὲ ὅσον ἐνένευες, καὶ πιὼν ἂν ἐκείνῃ μὲν ἀπέδειξας τὸ
ποτήριον, ἀποδιδοὺς δὲ τῷ παιδὶ πρὸς τὸ οὖς ἐκέλευες, εἰ ⟨μὴ⟩
Πυραλλὶς αἰτήσειε, μηδενὶ ἄλλῳ ἐγχέαι· τέλος δὲ τοῦ μήλου 20
ἀποδακών, ὁπότε τὸν Δίφιλον εἶδες ἀσχολούμενον—ἐλάλει γὰρ
Θράσωνι—προκύψας πως εὐστόχως προσηκόντισας ἐς τὸν
κόλπον αὐτῆς, οὐδὲ λαθεῖν γε πειρώμενος ἐμέ· ἡ δὲ φιλήσασα
2 μεταξὺ τῶν μαστῶν ὑπὸ τῷ ἀποδέσμῳ παρεβύσατο. ταῦτα οὖν

2 παρεπεμψάμην γ   'Ηθοκλέα Γγ: Θουκλέα Α: corr. Mras,
cf. Aristaen. 2.8: Πυθοκλέα vel Νεοκλέα Cobet   3 cf. Dem. 36.3 seq.,
Alciphr. 1.13.4, 2.36   5 cf. 77.19.2, Men. Fr. 258   10 cf.
Amphis, Fr. 23.3 K., Timocles, Fr. 25.2 K.   12 Μαγάδιον scripsi, cf.
79.11.4: Μαγίδιον codd.: Μαγαδίδιον Bechtel   14 cf. Alexis, Fr. 92,
Ter. Eun. (Thrason), Men. Mis., Alciphr. 2.13 (Thrasonides)   cf. 80.3.1
etc.   παρ. καὶ] καὶ παρ. Α   ἡ αὐλητρὶς γ: αὐλητρίδες β
15 ἐμοί β: ἐμή γ   17 τῇ Πυραλλίδι Α   18 διένευες Α   ἀπ-
έδειξας γ: ὑπέδειξας recc.: ἀπέδωκας L: ἐπέδωκας Α   19 ἀποδιδούς,
τῷ παιδὶ δὲ β   ἢ recc.: om γ   20 μηδενί vel μηδὲν ἄλλῳ
conieci: μὴ ἐν ἄλλῳ L: ἐν ἄλλῳ μὴ Α: μὴ ἂν ἄλλῳ γ   20 seq. imi-
tatus est Aristaenetus 1.25, cf. 57.13, Alciphr. 3.26.2   22 προσκ. γ
23 γε β: γὰρ Χ: om. I

τίνος ἕνεκα ποιεῖς; τί σε ἢ μέγα ἢ μικρὸν ἐγὼ ἠδίκησα ἢ
λελύπηκα; ἢ τίνα ἕτερον εἶδον; οὐ πρὸς μόνον σὲ ζῶ; οὐ μέγα,
ὦ Λυσία, τοῦτο ποιεῖς γύναιον ἄθλιον λυπῶν μεμηνὸς ἐπὶ σοί;
ἔστι τις θεὸς ἡ Ἀδράστεια καὶ τὰ τοιαῦτα ὁρᾷ· σὺ δέ ποτε λυπήσῃ
5 τάχα, ἂν ἀκούσῃς τι περὶ ἐμοῦ, κειμένην με ἤτοι βρόχῳ ἐμαυτὴν
ἀποπνίξασαν ἢ ἐς τὸ φρέαρ ἐπὶ κεφαλὴν ἐμπεσοῦσαν, ἢ ἕνα γέ
τινα τρόπον εὑρήσω θανάτου, ὡς μηκέτ' ἐνοχλοίην βλεπομένη.
πομπεύσεις τότε ὡς μέγα καὶ λαμπρὸν ἔργον ἐργασάμενος. τί με
ὑποβλέπεις καὶ πρίεις τοὺς ὀδόντας; εἰ γάρ τι ἐγκαλεῖς, εἰπέ,
10 Πυθιὰς ἡμῖν αὕτη δικασάτω. τί τοῦτο; οὐδὲ ἀποκρινάμενος
ἀπέρχῃ καταλιπών με; ὁρᾷς, ὦ Πυθιάς, οἷα πάσχω ὑπὸ Λυσίου;

ΠΥΘΙΑΣ

Ὦ τῆς ἀγριότητος, τὸ μηδὲ ἐπικλασθῆναι δακρυούσης· λίθος,
οὐκ ἄνθρωπός ἐστι. πλὴν ἀλλ' εἴ γε χρὴ τἀληθὲς εἰπεῖν, σύ, ὦ
Ἰόεσσα, διέφθειρας αὐτὸν ὑπεραγαπῶσα καὶ τοῦτο ἐμφαίνουσα.
15 ἐχρῆν δὲ μὴ πάνυ αὐτὸν ζηλοῦν· ὑπερόπται γὰρ αἰσθανόμενοι
γίγνονται. παῦ', ὦ τάλαινα, δακρύουσα, καὶ ἤν μοι πείθῃ, ἅπαξ
ἢ δὶς ἀπόκλεισον ἐλθόντα· ὄψει γὰρ ἀνακαιόμενον αὐτὸν πάνυ καὶ
ἀντιμεμηνότα ἀληθῶς.

ΙΟΕΣΣΑ

Ἀλλὰ μηδ' εἴπῃς, ἄπαγε. ἀποκλείσω Λυσίαν; εἴθε μὴ αὐτὸς
20 ἀποσταίη φθάσας.

ΠΥΘΙΑΣ

Ἀλλ' ἐπανέρχεται αὖθις.

1-2 ἐγὼ ante ἠδ. β: post ἠδ. Χ: post λελ. Ι   2 ἢ om. γ
5 κειμένην με] κείσομαι γὰρ Α   6 ἀποπνίξασα Α   ἐμ-
πεσοῦσα Α   ἕνα] an νέον?   9 πρίῃ γ   10 cf. Phoenikides, Fr.
4.2 Κ., Τer. Eun., Hor. A.P. 238, Aristaen. 1.12 etc.   12 τὸ μηδὲ
recc.: τὸ δὲ μὴ Lγ: οὐδὲ προσλαλῆσαι ἠνέσχετο· μηδ' Α   ἐπι-
κλασθῆναι θέλει δ. Α   13-16 imitatus est Aristaen. 2.16   14 ἐμ-
φαίνουσα] διεμφανίζουσα Aristaen.   15 δηλοῦν Α   16 παύου
τάλαινα β; cf. 8.8, 57.53   16-17 cf. Alciphr. 4.17.5   17-18 usus
est Aristaenetus 1.1   17 πάνυ. om. Α, Aristaen.   18 ἀληθῶς om.
Α, Aristaen.

ΛΟΥΚΙΑΝΟΥ

ΙΟΕΣΣΑ

Ἀπολώλεκας ἡμᾶς, ὦ Πυθιάς· ἠκρόαταί σου ἴσως "ἀπόκλεισον" λεγούσης.

ΛΥΣΙΑΣ

3 Οὐχὶ ταύτης ἕνεκεν, ὦ Πυθιάς, ἐπανελήλυθα, ἣν οὐδὲ προσβλέψαιμι ἔτι τοιαύτην οὖσαν, ἀλλὰ διὰ σέ, ὡς μὴ καταγιγνώσκῃς ἐμοῦ καὶ λέγῃς, Ἄτεγκτος ὁ Λυσίας ἐστίν.   5

ΠΥΘΙΑΣ

Ἀμέλει καὶ ἔλεγον, ὦ Λυσία.

ΛΥΣΙΑΣ

Φέρειν οὖν ἐθέλεις, ὦ Πυθιάς, Ἰόεσσαν τὴν νῦν δακρύουσαν αὐτὸν ἐπιστάντα αὐτῇ ποτε μετὰ νεανίου καθευδούσῃ ἐμοῦ ἀποστάσῃ;

ΠΥΘΙΑΣ

Λυσία, τὸ μὲν ὅλον ἑταίρα ἐστί. πῶς δ' οὖν κατέλαβες αὐτοὺς   10
συγκαθεύδοντας;

ΛΥΣΙΑΣ

Ἕκτην σχεδὸν ταύτην ἡμέραν, νὴ Δί', ἕκτην γε, δευτέρᾳ ἱσταμένου· τὸ τήμερον δὲ ἑβδόμη ἐστίν. ὁ πατὴρ εἰδὼς ὡς πάλαι ἐρῴην ταυτησὶ τῆς χρηστῆς, ἐνέκλεισέ με παραγγείλας τῷ θυρωρῷ μὴ ἀνοίγειν· ἐγὼ δέ, οὐ γὰρ ἔφερον μὴ οὐχὶ συνεῖναι   15
αὐτῇ, τὸν Δρόμωνα ἐκέλευσα παρακύψαντα παρὰ τὸν θριγκὸν τῆς αὐλῆς, ᾗ ταπεινότατον ἦν, ἀναδέξασθαί με ἐπὶ τὸν νῶτον· ῥᾷον γὰρ οὕτως ἀναβήσεσθαι ἔμελλον. τί ἂν μακρὰ λέγοιμι; ὑπερέβην, ἧκον, τὴν αὔλειον εὗρον ἀποκεκλεισμένην ἐπιμελῶς· μέσαι γὰρ

4 προσβλέψαιμι ἂν β; cf. 11.10, 80.13.6 etc.   5 ἄτεγκτος β: ἂν ἔγκοτος γ   7 ἐθέλεις L: ἐθέλεις με Α: θέλεις γ   Ἰόεσσαν] ταύτην Ν   8 ποτε om. Α   8–10 καθευδεύσῃ. ΙΟΕΣΣΑ Σύ μοι ἐπέστης, ὦ Λυσία. ΛΥΣΙΑΣ Τὸ μὲν Α   8 καθευδούσῃ L¹γ   9 μου γ ἀποστάσῃς L¹   12–13 ΠΥΘ. Νὴ Δί', ἕκτην γε. ΛΥΣ. Δευτέρᾳ ἱσταμένου τοτ' ἦν. τὸ τήμ. β   16 παρὰ om. γ   17 τῶν νώτων IX⁵; cf. Alciphr. 3.7.4

354

80. ΕΤΑΙΡΙΚΟΙ ΔΙΑΛΟΓΟΙ

νύκτες ἦσαν. οὐκ ἔκοψα δ᾽ οὖν, ἀλλ᾽ ἐπάρας ἠρέμα τὴν θύραν,
ἤδη δὲ καὶ ἄλλοτ᾽ ἐπεποιήκειν αὐτό, παραγαγὼν τὸν στροφέα
παρεισῆλθον ἀψοφητί. ἐκάθευδον δὲ πάντες, εἶτα ἐπαφώμενος
τοῦ τοίχου ἐφίσταμαι τῇ κλίνῃ.

ΙΟΕΣΣΑ

5 Τί ἐρεῖς, ὦ Δάματερ; ἀγωνιῶ γάρ.   4

ΛΥΣΙΑΣ

Ἐπειδὴ δὲ οὐχ ἑώρων τὸ ἄσθμα ἕν, τὸ μὲν πρῶτον ᾤμην τὴν
Λυδὴν αὐτῇ συγκαθεύδειν· τὸ δ᾽ οὐκ ἦν, ὦ Πυθιάς, ἀλλ᾽
ἐφαψάμενος εὗρον ἀγένειόν τινα πάνυ ἁπαλόν, ἐν χρῷ κε-
καρμένον, μύρων καὶ αὐτὸν ἀποπνέοντα. τοῦτο ἰδὼν εἰ μὲν
10 καὶ ξίφος ἔχων ἦλθον, οὐκ ἂν ὤκνησα, εὖ ἴστε. τί γελᾶτε, ὦ
Πυθιάς; γέλωτος ἄξια δοκῶ σοι διηγεῖσθαι;

ΙΟΕΣΣΑ

Τοῦτό σε, ὦ Λυσία, λελύπηκεν; ἡ Πυθιὰς αὕτη μοι
συνεκάθευδε.

ΠΥΘΙΑΣ

Μὴ λέγε, ὦ Ἰόεσσα, πρὸς αὐτόν.

ΙΟΕΣΣΑ

15 Τί μὴ λέγω; Πυθιὰς ἦν, φίλτατε, μετακληθεῖσα ὑπ᾽ ἐμοῦ, ὡς
ἅμα καθεύδοιμεν· ἐλυπούμην γὰρ σὲ μὴ ἔχουσα.

ΛΥΣΙΑΣ

Πυθιὰς ὁ ἐν χρῷ κεκαρμένος; εἶτα δι᾽ ἕκτης ἡμέρας ἀνεκόμησε 5
τοσαύτην κόμην;

ΙΟΕΣΣΑ

Ἀπὸ τῆς νόσου ἐξυρήσατο, ὦ Λυσία· ὑπέρρεον γὰρ αὐτῇ αἱ

3 παρῆλθον I   5 Δήμητερ L; cf. Ar. Plut. 555, 872,
Alciphr. 4.18.17   7 cf. Hor. Carm. 2.11.22, 3.11.7 etc.   16 ἅμα
συγκαθ. γ

ΛΟΥΚΙΑΝΟΥ

τρίχες. νῦν δὲ καὶ τὴν πηνήκην ἐπέθετο. δεῖξον, ὦ Πυθιάς, δεῖξον οὕτως ὄν, πεῖσον αὐτόν. ἰδού, τὸ μειράκιον, ὁ μοιχὸς ὃν ἐζηλοτύπεις.

ΛΥΣΙΑΣ

Οὐκ ἐχρῆν οὖν, ὦ Ἰόεσσα, καὶ ταῦτα ἐρῶντα ἐφαψάμενον αὐτόν;   5

ΙΟΕΣΣΑ

Οὐκοῦν σὺ μὲν ἤδη πέπεισαι· βούλει δὲ ἀντιλυπήσω σε καὶ αὐτή; καὶ ὀργίζομαι δικαίως ἐν τῷ μέρει.

ΛΥΣΙΑΣ

Μηδαμῶς, ἀλλὰ πίνωμεν ἤδη, καὶ Πυθιὰς μεθ' ἡμῶν· ἄξιον γὰρ αὐτὴν παρεῖναι ταῖς σπονδαῖς.

ΙΟΕΣΣΑ

Παρέσται. οἷα πέπονθα διὰ σέ, ὦ γεννιότατε νεανίσκων 10
Πυθίας.

ΠΥΘΙΑΣ

Ἀλλὰ καὶ διήλλαξα ὑμᾶς ὁ αὐτός, ὥστε μή μοι χαλέπαινε. πλὴν τὸ δεῖνα, ὅρα, ὦ Λυσία, μή τινι εἴπῃς τὸ περὶ τῆς κόμης.

13

ΛΕΟΝΤΙΧΟΣ ΚΑΙ ΧΗΝΙΔΑΣ ΚΑΙ ΥΜΝΙΣ

ΛΕΟΝΤΙΧΟΣ

1 Ἐν δὲ τῇ πρὸς τοὺς Γαλάτας μάχῃ εἰπέ, ὦ Χηνίδα, ὅπως μὲν προεξήλασα τῶν ἄλλων ἱππέων ἐπὶ τοῦ ἵππου τοῦ λευκοῦ, 15
ὅπως δὲ οἱ Γαλάται καίτοι ἄλκιμοι ⟨ὄντες⟩ ἔτρεσάν ⟨μ'⟩ εὐθὺς

---

4 οὖν om. β   7 καὶ ὀργ. L: ὀργ. γὰρ A: ὀργ. γ   16 καίτοι
Fl.: καὶ οἱ codd.; cf. c. 2   ὄντες om. βγ: add. P codicis corrector
μ' add. Mras; cf. 77.22.7

356

80. ΕΤΑΙΡΙΚΟΙ ΔΙΑΛΟΓΟΙ

ὡς εἶδον καὶ οὐθεὶς ἔτι ὑπέστη. τότε τοίνυν ἐγὼ τὴν μὲν λόγχην ἀκοντίσας διέπειρα τὸν ἵππαρχον αὐτὸν καὶ τὸν ἵππον, ἐπὶ δὲ τὸ συνεστηκὸς ἔτι αὐτῶν—ἦσαν γάρ τινες οἳ ἔμενον διαλύσαντες μὲν τὴν φάλαγγα, ἐς πλαίσιον δὲ συναγαγόντες αὐτούς—ἐπὶ 5 τούτους ἐγὼ σπασάμενος τὴν σπάθην ἅπαντι τῷ θυμῷ ἐπελάσας ἀνατρέπω μὲν ὅσον ἑπτὰ τοὺς προεστῶτας αὐτῶν τῇ ἐμβολῇ τοῦ ἵππου· τῷ ξίφει δὲ κατενεγκὼν διέτεμον τῶν λοχαγῶν ἑνὸς ἐς δύο τὴν κεφαλὴν αὐτῷ κράνει. ὑμεῖς δέ, ὦ Χηνίδα, μετ' ὀλίγον ἐπέστητε ἤδη φευγόντων.

ΧΗΝΙΔΑΣ

10 Ὅτε γάρ, ὦ Λεόντιχε, περὶ Παφλαγονίαν ἐμονομάχησας τῷ 2 σατράπῃ, οὐ μεγάλα ἐπεδείξω καὶ τότε;

ΛΕΟΝΤΙΧΟΣ

Καλῶς ὑπέμνησας οὐκ ἀγεννοῦς οὐδ' ἐκείνης τῆς πράξεως· ὁ γὰρ σατράπης μέγιστος ὤν, ὁπλομάχων ἄριστος δοκῶν εἶναι, καταφρονήσας τοῦ Ἑλληνικοῦ, προπηδήσας ἐς τὸ μέσον πρού-15 καλεῖτο εἴ τις ἐθέλοι αὐτῷ μονομαχῆσαι. οἱ μὲν οὖν ἄλλοι κατα-πεπλήγεσαν οἱ λοχαγοὶ καὶ οἱ ταξίαρχοι καὶ ὁ ἡγεμὼν αὐτὸς καίτοι οὐκ ἀγεννὴς ἄνθρωπος ὤν· Ἀρίσταιχμος γὰρ ἡμῶν ἡγεῖτ' ὁ Αἰτωλός, ἀκοντιστὴς ἄριστος, ἐγὼ δὲ ἐχιλιάρχουν ἔτι. τολμήσας δ' ὅμως καὶ τοὺς ἑταίρους ἐπιλαμβανομένους 20 ἀποσεισάμενος, ἐδεδοίκεσαν γὰρ ὑπὲρ ἐμοῦ ὁρῶντες ἀπο-στίλβοντα μὲν τὸν βάρβαρον ἐπιχρύσοις τοῖς ὅπλοις, μέγαν δὲ καὶ φοβερὸν ὄντα τὸν λόφον, κραδαίνοντα τὴν λόγχην—

2 αὐτὸν L: αὐτῶν Αγ   10 cf. Xen. *Hell.* 5.1.26, Luc. 34.6
11 οὐ...; Ν: σὺ.... βγ   12 οὐκ ἀγεννοῦς πράξεως οὐδ' ἐκείνης
Mras   τῆς om. γ   13 ὢν καὶ ὁπλομαχεῖν ἄριστα δοκῶν
εἰδέναι Α   15-16 καταπεπλήγεσαν PN: κατεπλήγεσαν LXΙΨ:
κατεπεπλήγεσαν Χᵛ recc.: καταπεπήγεσαν Ι: κατεπλάγησαν Α; cf. 45.83,
57.27 etc.   16 ταξιάρχαι β; cf. 4.4   17 ἡμῶν Struve: ἡγεμὼν
codd.   18 ἡγεῖτ' ὁ Α; ἡγεῖτο Lγ   21 δὲ recc.: τε βγ
22 καὶ κραδ. β

357

ΧΗΝΙΔΑΣ

Κἀγὼ ἔδεισα τότε, ὦ Λεόντιχε, καὶ οἶσθα ὡς εἰχόμην σου δεόμενος μὴ προκινδυνεύειν· ἀβίωτα γὰρ ἦν μοι σοῦ ἀποθανόντος.

ΛΕΟΝΤΙΧΟΣ

3 'Αλλ' ἐγὼ τολμήσας παρῆλθον ἐς τὸ μέσον οὐ χεῖρον τοῦ Παφλαγόνος ὡπλισμένος, ἀλλὰ πάγχρυσος καὶ αὐτός, ὥστε βοὴ εὐθὺς ἐγένετο καὶ παρ' ἡμῶν καὶ παρὰ τῶν βαρβάρων· ἐγνώρισαν 5 γάρ με κἀκεῖνοι ἰδόντες ἀπὸ τῆς πέλτης μάλιστα καὶ τῶν φαλάρων καὶ τοῦ λόφου. εἰπέ, ὦ Χηνίδα, τίνι με τότε πάντες εἴκαζον;

ΧΗΝΙΔΑΣ

Τίνι δὲ ἄλλῳ ἢ 'Αχιλλεῖ, νὴ Δία, τῷ Θέτιδος καὶ Πηλέως; οὕτως ἔπρεπε μέν σοι ἡ κόρυς, ἡ φοινικὶς δὲ ἐπήνθει καὶ ἡ πέλτη ἐμάρμαιρεν.

ΛΕΟΝΤΙΧΟΣ

'Επεὶ δὲ συνέστημεν, ὁ βάρβαρος πρότερος τιτρώσκει με ὀλίγον ὅσον ἐπιψαῦσαι τῷ δόρατι μικρὸν ὑπὲρ τὸ γόνυ, ἐγὼ δὲ διελάσας τὴν ἀσπίδα τῇ σαρίσῃ παίω διαμπὰξ ἐς τὸ στέρνον, εἶτ' ἐπιδραμὼν ἀπεδειροτόμησα τῇ σπάθῃ ῥᾳδίως, καὶ τὰ ὅπλα ἔχων 15 ἐπανῆλθον ἅμα καὶ τὴν κεφαλὴν ἐπὶ τῆς σαρίσης πεπηγυῖαν κομίζων λελουμένος τῷ φόνῳ.

ΥΜΝΙΣ

4 "Απαγε, ὦ Λεόντιχε, μιαρὰ ταῦτα καὶ φοβερὰ περὶ σαυτοῦ διηγῇ, καὶ οὐκ ἂν ἔτι σε οὐδὲ προσβλέψειέ τις οὕτω χαίροντα τῷ λύθρῳ, οὐχ ὅπως συμπίοι ἢ συγκοιμηθείη. ἐγὼ γοῦν ἄπειμι. 20

ΛΕΟΝΤΙΧΟΣ

Διπλάσιον ἀπόλαβε τὸ μίσθωμα.

2 ἦν om. A   3 προῆλθον Rothstein   4 ἀλλὰ καὶ γ
9 cf. 59.14   12 πρότερον LRΨ   13 ἐπιψαύσας Ψ
14 σαρίσσῃ AΨP; cf. 77.22.3   16 σαρίσσης AΨP   20 ἐγὼ
γοῦν XL: ἔγωγε οὖν IP: ἐγὼ οὖν A

80. ΕΤΑΙΡΙΚΟΙ ΔΙΑΛΟΓΟΙ

ΥΜΝΙΣ

Οὐκ ἂν ὑπομείναιμι ἀνδροφόνῳ συγκαθεύδειν.

ΛΕΟΝΤΙΧΟΣ

Μὴ δέδιθι, ὦ Ὑμνί· ἐν Παφλαγόσιν ἐκεῖνα πέπρακται, νῦν δὲ εἰρήνην ἄγω.

ΥΜΝΙΣ

'Αλλ' ἐναγὴς ἄνθρωπος εἶ, καὶ τὸ αἷμα κατέσταξέ σου ἀπὸ τῆς
5 κεφαλῆς τοῦ βαρβάρου, ἣν ἔφερες ἐπὶ τῇ σαρίσῃ. εἶτ' ἐγὼ
τοιοῦτον ἄνδρα περιβάλω καὶ φιλήσω; μή, ὦ Χάριτες, γένοιτο·
οὐδὲν γὰρ οὗτος ἀμείνων τοῦ δημίου.

ΛΕΟΝΤΙΧΟΣ

Καὶ μὴν εἴ με εἶδες ἐν τοῖς ὅπλοις, εὖ οἶδα, ἠράσθης ἄν.

ΥΜΝΙΣ

'Ακούουσα μόνον, ὦ Λεόντιχε, ναυτιῶ καὶ φρίττω καὶ τὰς
10 σκιάς μοι δοκῶ ὁρᾶν καὶ τὰ εἴδωλα τῶν πεφονευμένων καὶ
μάλιστα τοῦ ἀθλίου λοχαγοῦ ἐς δύο τὴν κεφαλὴν διῃρημένου. τί
οἴει, τὸ ἔργον αὐτὸ καὶ τὸ αἷμα εἰ ἐθεασάμην καὶ κειμένους τοὺς
νεκρούς; ἐκθανεῖν δή μοι δοκῶ· οὐδ' ἀλεκτρυόνα πώποτε
φονευόμενον εἶδον.

ΛΕΟΝΤΙΧΟΣ

15 Οὕτως ἀγεννής, ὦ Ὑμνί, καὶ μικρόψυχος εἶ; ἐγὼ δὲ ᾤμην
ἡσθήσεσθαί σε ἀκούουσαν.

ΥΜΝΙΣ

'Αλλὰ τέρπε τοῖς διηγήμασι τούτοις εἴ τινας Λημνιάδας ἢ
Δαναΐδας εὕροις· ἐγὼ δ' ἀποτρέχω παρὰ τὴν μητέρα, ἕως ἔτι

---

1 cf. *A.P.* 7.643; nomen Hymnis inditum est fabulis Caecilii et Men-
andri *Fr.* 406–15, at vide *Fr.* 410, ἐν τῷ (Ammoni codd.) Ὑμνίδι
5 σαρίσσῃ ΧΑ   6 περιβαλῶ β   μή...γένοιτο
excerpsit Aristaen. 1.27   12 θεασαίμην γ   13 δή Χ:
γάρ β: om. Ι: γὰρ ἄν Mras   17–18 cf. 49.2

359

ΛΟΥΚΙΑΝΟΥ

ἡμέρα ἐστίν. ἔπου καὶ σύ, ὦ Γραμμί· σὺ δὲ ἔρρωσο, χιλιάρχων
ἄριστε καὶ φονεῦ ὁπόσων ἂν ἐθέλῃς.

ΛΕΟΝΤΙΧΟΣ

5 Μεῖνον, ὦ Ὑμνί, μεῖνον—ἀπελήλυθε.

ΧΗΝΙΔΑΣ

Σὺ γάρ, ὦ Λεόντιχε, ἀφελῆ παιδίσκην κατεφόβησας ἐπισείων
λόφους καὶ ἀπιθάνους ἀριστείας διεξιών· ἐγὼ δὲ ἑώρων εὐθὺς 5
ὅπως χλωρὰ ἐγένετο ἔτι σου τὰ κατὰ τὸν λοχαγὸν ἐκεῖνα
διηγουμένου καὶ συνέστειλε τὸ πρόσωπον καὶ ὑπέφριξεν, ἐπεὶ
διακόψαι τὴν κεφαλὴν ἔφης.

ΛΕΟΝΤΙΧΟΣ

Ὤιμην ἐρασμιώτερος αὐτῇ φανεῖσθαι. ἀλλὰ καὶ σύ με προσ-
απολώλεκας, ὦ Χηνίδα, τὸ μονομάχιον ὑποβαλών.   10

ΧΗΝΙΔΑΣ

Οὐκ ἔδει γὰρ συνεπιψεύδεσθαί σοι ὁρῶντα τὴν αἰτίαν τῆς
ἀλαζονείας; σὺ δὲ πολὺ φοβερώτερον αὐτὸ ἐποίησας. ἔστω γάρ,
ἀπέτεμες τοῦ κακοδαίμονος Παφλαγόνος τὴν κεφαλήν, τί καὶ
κατέπηξας αὐτὴν ἐπὶ τῆς σαρίσης, ὥστε σου καταρρεῖν τὸ αἷμα;

ΛΕΟΝΤΙΧΟΣ

6 Τοῦτο μιαρὸν ὡς ἀληθῶς, ὦ Χηνίδα, ἐπεὶ τά γε ἄλλα οὐ κακῶς 15
συνεπέπλαστο. ἄπιθι δ᾽ οὖν καὶ πεῖσον αὐτὴν συγκαθευδήσουσαν.

ΧΗΝΙΔΑΣ

Λέγω οὖν ὡς ἐψεύσω ἅπαντα γενναῖος αὐτῇ δόξαι βουλόμενος;

1 Γραμμή βγ: corr. recc.   2 ἂν] ἐὰν XL   θέλῃς L
3–4 μεῖνον. ΧΗΝ. Ἀπελήλυθε. σὺ γὰρ ΧΑ   12 πολὺ] πάνυ Α
φοβερὸν βγ: corr. recc.: an potius hapax πολυφοβερὸν legendum?
13 τί καὶ] τί δὲ καὶ Α   14 ἐπὶ τῇ Α   σαρίσης] σαρίσσῃ Α:
σαρίσσης Χ   16 αὐτὴν ἥκειν συγ. Α

360

80. ΕΤΑΙΡΙΚΟΙ ΔΙΑΛΟΓΟΙ

ΛΕΟΝΤΙΧΟΣ

Αἰσχρόν, ὦ Χηνίδα.

ΧΗΝΙΔΑΣ

Καὶ μὴν οὐκ ἄλλως ἀφίκοιτο. ἑλοῦ τοίνυν θάτερον ἢ μισεῖσθαι ἀριστεὺς εἶναι δοκῶν ἢ καθεύδειν μετὰ Ὑμνίδος ἐψεῦσθαι ὁμολογῶν.

ΛΕΟΝΤΙΧΟΣ

5 Χαλεπὰ μὲν ἄμφω· αἱροῦμαι δ᾽ ὅμως τὴν Ὑμνίδα. ἄπιθι οὖν καὶ λέγε, ὦ Χηνίδα, ἐψεῦσθαι μέν, μὴ πάντα δέ.

14

ΔΩΡΙΩΝ ΚΑΙ ΜΥΡΤΑΛΗ

ΔΩΡΙΩΝ

Νῦν με ἀποκλείεις, ὦ Μυρτάλη, νῦν, ὅτε πένης ἐγενόμην διὰ 1
σέ, ὅτε δέ σοι τοσαῦτα ἐκόμιζον, ἐρώμενος, ἀνήρ, δεσπότης,
πάντ᾽ ἦν ἐγώ. ἐπεὶ δ᾽ ἐγὼ μὲν αὖος ἤδη ἀκριβῶς, σὺ δὲ τὸν
10 Βιθυνὸν ἔμπορον εὕρηκας ἐραστήν, ἀποκλείομαι μὲν ἐγὼ καὶ πρὸ
τῶν θυρῶν ἕστηκα δακρύων, ὁ δὲ τῶν νυκτῶν φιλεῖται καὶ μόνος
ἔνδον ἐστὶ καὶ παννυχίζεται, καὶ κύειν φῂς ἀπ᾽ αὐτοῦ.

ΜΥΡΤΑΛΗ

Ταῦτά με ἀποπνίγει, Δωρίων, μάλιστα ὁπόταν λέγῃς ὡς πολλὰ
ἔδωκας καὶ πένης γεγένησαι δι᾽ ἐμέ. λόγισαι γοῦν ἅπαντα ἐξ
15 ἀρχῆς ὁπόσα μοι ἐκόμισας.

1 Οὐκ αἰσ. X   2 οὐκ ⟨ἂν⟩ Belin: at cf. 73.1, 80.12.3 etc.
5 Χαλεπὰ μὲν ἄμφω om. X   οὖν] δ᾽ οὖν L   7 νῦν
μέν με Herwerden   cf. Herond. 1.89, 2.65, 79, Aristaen. 1.3,
2.16; cf. Myrtile, Men. Fr. 60   8 ταῦτα LPΨ   8–9 cf. Men.
Sam. 379   9 cf. 57.16, Alciphr. 3.34.5   10 cf. Hor.
Carm. 3.7.3   13 cf. Mnesimachus Comicus, Fr. 10, Kock 2.442,
Ter. Ph.   καὶ μάλιστα Fl.

ΛΟΥΚΙΑΝΟΥ

ΔΩΡΙΩΝ

2 Εὖ γε, ὦ Μυρτάλη· λογισώμεθα. ὑποδήματα ἐκ Σικυῶνος τὸ πρῶτον δύο δραχμῶν· τίθει δύο δραχμάς.

ΜΥΡΤΑΛΗ

Ἀλλ᾽ ἐκοιμήθης νύκτας δύο.

ΔΩΡΙΩΝ

Καὶ ὁπότε ἧκον ἐκ Συρίας, ἀλάβαστρον μύρου ἐκ Φοινίκης, δύο καὶ τοῦτο δραχμῶν νὴ τὸν Ποσειδῶ.   5

ΜΥΡΤΑΛΗ

Ἐγὼ δέ σοι ἐκπλέοντι τὸ μικρὸν ἐκεῖνο χιτώνιον τὸ μέχρι τῶν μηρῶν, ὡς ἔχοις ἐρέττων, Ἐπιούρου τοῦ πρωρέως ἐκλαθομένου αὐτὸ παρ᾽ ἡμῖν, ὁπότε ἐκάθευδε παρ᾽ ἐμοί.

ΔΩΡΙΩΝ

Ἀπέλαβεν αὐτὸ γνωρίσας ὁ Ἐπίουρος πρώην ἐν Σάμῳ μετὰ πολλῆς γε, ὦ θεοί, τῆς μάχης. κρόμμυα δὲ ἐκ Κύπρου καὶ 10 σαπέρδας πέντε καὶ πέρκας τέτταρας, ὁπότε κατεπλεύσαμεν ἐκ Βοσπόρου, ἐκόμισά σοι. τί οὖν; καὶ ἄρτους ὀκτὼ ναυτικοὺς ἐν γυργάθῳ ξηροὺς καὶ ἰσχάδων βῖκον ἐκ Καρίας καὶ ὕστερον ἐκ Πατάρων σανδάλια ἐπίχρυσα, ὦ ἀχάριστε· καὶ τυρόν ποτε μέμνημαι τὸν μέγαν ἐκ Γυθίου.   15

ΜΥΡΤΑΛΗ

Πέντε ἴσως δραχμῶν, ὦ Δωρίων, πάντα ταῦτα.

ΔΩΡΙΩΝ

3 Ὦ Μυρτάλη, ὅσα ναύτης ἄνθρωπος ἐδυνάμην μισθοῦ ἐπιπλέων.

2 cf. 77.14.1   4 cf. Ev. Matth. 26.7, Ev. Luc. 7.37
8 ἐκάθευδες ΧΑ   10 κρόμμυα IP: κρόμυα ΧΛΑ; cf. 13.24,
21.42 etc.   14 Πατρῶν Χ¹   16 πέντε...ταῦτα Dorioni
tribuunt ILPΨ   17 Ὅσα, ὦ Μ., ΧΑ   ἐδυνάμην om. X

νῦν γὰρ ἤδη τοίχου ἄρχω τοῦ δεξιοῦ καὶ σὺ ἡμῶν ὑπερορᾷς,
πρώην δὲ ὁπότε τὰ Ἀφροδίσια ἦν, οὐχὶ δραχμὴν ἔθηκα πρὸ τοῖν
ποδοῖν τῆς Ἀφροδίτης σοῦ ἕνεκεν ἀργυρᾶν; καὶ πάλιν τῇ μητρὶ
εἰς ὑποδήματα δύο δραχμὰς καὶ Λυδῇ ταύτῃ πολλάκις εἰς τὴν
5 χεῖρα νῦν μὲν δύο, νῦν δὲ τέτταρας ὀβολούς. ταῦτα πάντα
συντεθέντα οὐσία ναύτου ἀνδρὸς ἦν.

MYPTAΛH

Τά κρόμμυα καὶ οἱ σαπέρδαι, ὦ Δωρίων;

ΔΩΡΙΩΝ

Ναί· οὐ γὰρ εἶχον πλείω κομίζειν· οὐ γὰρ ἂν ἤρεττον, εἴ γε
πλουτῶν ἐτύγχανον. τῇ μητρὶ δὲ οὐδὲ κεφαλίδα μίαν σκορόδου
10 ἐκόμισα πώποτε. ἡδέως δ᾽ ἂν ἔμαθον ἅτινά σοι παρὰ Βιθυνοῦ τὰ
δῶρα.

MYPTAΛH

Τουτὶ πρῶτον ὁρᾷς τὸ χιτώνιον; ἐκεῖνος ἐπρίατο, καὶ τὸν
ὅρμον τὸν παχύτερον.

ΔΩΡΙΩΝ

Ἐκεῖνος; ᾔδειν γάρ σε πάλαι ἔχουσαν.

MYPTAΛH

15 Ἀλλ᾽ ὃν ᾔδεις, πολὺ λεπτότερος ἦν καὶ σμαράγδους οὐκ εἶχε.
καὶ ἐλλόβια ταυτὶ καὶ δάπιδα, καὶ πρώην δύο μνᾶς, καὶ τὸ
ἐνοίκιον κατέβαλεν ὑπὲρ ἡμῶν, οὐ σάνδαλα Παταρικὰ καὶ τυρὸν
Γυθιακὸν καὶ φληνάφους.

ΔΩΡΙΩΝ

Ἀλλὰ ἐκεῖνο οὐ λέγεις, οἵῳ ὄντι συγκαθεύδεις αὐτῷ; ἔτη μὲν 4

---

1 νῦν γὰρ om. ΧΑ   2 τὰ om. L   πρὸς Fl.; cf. 34.20
7 κρόμυα ΧLA   9 cf. Ar. Vesp. 679, Plut. 718   12 πρῶτον
⟨δ⟩ Naber   13–14 παχύτερον ἐκεῖνος: ᾔδειν βγ: corr. recc.
14 ἐκεῖνος om. I   γάρ om. ΧΑ   15 ἀλλ᾽ ὃν ΑΨ: ἄλλον Lγ
19 ἔτη μὲν Solanus: ἔγημεν βγ

ΛΟΥΚΙΑΝΟΥ

ὑπὲρ τὰ πεντήκοντα πάντως, ἀναφαλαντίας δὲ καὶ τὴν χροιὰν οἷος κάραβος. οὐδὲ τοὺς ὀδόντας αὐτοῦ ὁρᾷς; αἱ μὲν γὰρ χάριτες, ὦ Διοσκόρω, πολλαί, καὶ μάλιστα ὁπόταν ᾄδῃ καὶ ἁβρὸς εἶναι θέλῃ, ὄνος αὐτολυρίζων, φασίν. ἀλλὰ ὄναιο αὐτοῦ ἀξία γε οὖσα καὶ γένοιτο ὑμῖν παιδίον ὅμοιον τῷ πατρί, ἐγὼ δὲ καὶ 5 αὐτὸς εὑρήσω Δελφίδα ἢ Κυμβάλιόν τινα τῶν κατ᾽ ἐμὲ ἢ τὴν γείτονα ὑμῶν τὴν αὐλητρίδα ἢ πάντως τινά. δάπιδας δὲ καὶ ὅρμους καὶ διμναῖα μισθώματα οὐ πάντες ἔχομεν.

ΜΥΡΤΑΛΗ

Ὦ μακαρία ἐκείνη, ἥτις ἐραστὴν σέ, ὦ Δωρίων, ἕξει· κρόμμυα γὰρ αὐτῇ οἴσεις ἐκ Κύπρου καὶ τυρόν, ὅταν ἐκ Γυθίου 10 καταπλέῃς.

15

ΚΟΧΛΙΣ ΚΑΙ ΠΑΡΘΕΝΙΣ

ΚΟΧΛΙΣ

1   Τί δακρύεις, ὦ Παρθενί, ἢ πόθεν κατεαγότας τοὺς αὐλοὺς φέρεις;

ΠΑΡΘΕΝΙΣ

Ὁ στρατιώτης ὁ Αἰτωλὸς [ὁ μέγας] ὁ Κροκάλης ἐρῶν ἐρράπισέ με αὐλοῦσαν εὑρὼν παρὰ τῇ Κροκάλῃ ὑπὸ τοῦ 15 ἀντεραστοῦ αὐτοῦ Γόργου μεμισθωμένην καὶ τούς τε αὐλούς μου συνέτριψε καὶ τὴν τράπεζαν μεταξὺ δειπνούντων ἀνέτρεψε καὶ τὸν κρατῆρα ἐξέχεεν ἐπεισπαίσας· τὸν μὲν γὰρ ἀγροῖκον

1 δὲ om. LI   4 αὐτὸ λυρ. L: αὐτῷ λυρ. γ; cf. 51.7, Phaedr., Appendix Perottina 14, Aristaen. 1.17   4–5 imitatus est Aristaen. 2.6   6 cf. Aristaen. 2.21 et (Delphium) Plaut. Most.; cf. 80.12.1 9–10 κρόμυα γ   15. Hunc dialogum om. AI; nomen Κολχίς per dialogum exhibet L   14 ὁ μέγας L: om. X: ὁ Μεγαρεὺς recc.; cf. c. 2   16 Γοργίου l. 16 tantum βγ; cf. 80.8.1 ubi Gorgias itidem agit; nomen ut puto variavit Lucianus   18 ἐπεισπαίσας recc. (cf. Ar. Plut. 805, Com. Adesp. 439, Alciphr. 4.13.14): ἐπεισπέσας γ: ἐπεισπεσών L (cf. c. 2, 17.12, Xen. Cyr. 7.5.27, Men. Sam. 415)   γὰρ om. β

ἐκεῖνον τὸν Γόργον ἀπὸ τοῦ συμποσίου κατασπάσας τῶν τριχῶν
ἔπαιον περιστάντες αὐτός τε ὁ στρατιώτης—Δεινόμαχος,
οἶμαι, καλεῖται—καὶ ὁ συστρατιώτης αὐτοῦ· ὥστε οὐκ οἶδα εἰ
βιώσεται ὁ ἄνθρωπος, ὦ Κοχλί· αἷμά τε γὰρ ἐρρύη πολὺ ἀπὸ
5 τῶν ῥινῶν καὶ τὸ πρόσωπον ὅλον ἐξῴδηκεν αὐτοῦ καὶ πελιδνόν
ἐστιν.

KΟΧΛΙΣ

Ἐμάνη ὁ ἄνθρωπος ἢ μέθη τις ἦν καὶ παροινία τὸ πρᾶγμα;   2

ΠΑΡΘΕΝΙΣ

Ζηλοτυπία τις, ὦ Κοχλί, καὶ ἔρως ἔκτοπος· ἡ Κροκάλη δέ,
οἶμαι, δύο τάλαντα αἰτήσασα, εἰ βούλεται μόνος ἔχειν αὐτήν,
10 ἐπεὶ μὴ ἐδίδου ὁ Δεινόμαχος, ἐκεῖνον μὲν ἀπέκλεισεν ἥκοντα
προσαράξασά γε αὐτῷ τὰς θύρας, ὡς ἐλέγετο, τὸν Γόργον δὲ
Οἰνόεά τινα γεωργὸν εὔπορον ἐκ πολλοῦ ἐρῶντα καὶ χρηστὸν
ἄνθρωπον προσιεμένη ἔπινε μετ' αὐτοῦ κἀμὲ παρέλαβεν
αὐλήσουσαν αὐτοῖς. ἤδη δὲ προχωροῦντος τοῦ πότου ἐγὼ μὲν
15 ὑπέκρεκόν τι τῶν Λυδίων, ὁ γεωργὸς δὲ ἤδη ἀνίστατο ὡς
ὀρχησόμενος, ἡ Κροκάλη δὲ ἐκρότει, καὶ πάντα ἦν ἡδέα· ἐν
τοσούτῳ δὲ κτύπος ἠκούετο καὶ βοὴ καὶ ἡ αὔλειος ἠράσσετο,
καὶ μετὰ μικρὸν ἐπεισέπεσον ὅσον ὀκτὼ νεανίσκοι μάλα καρ-
τεροὶ καὶ ὁ Μεγαρεὺς ἐν αὐτοῖς. εὐθὺς οὖν ἀνετέτραπτο πάντα
20 καὶ ὁ Γόργος, ὥσπερ ἔφην, ἐπαίετο καὶ ἐπατεῖτο χαμαὶ
κείμενος· ἡ Κροκάλη δὲ οὐκ οἶδ' ὅπως ἔφθη ὑπεκφυγοῦσα
παρὰ τὴν γείτονα Θεσπιάδα· ἐμὲ δὲ ῥαπίσας ὁ Δεινόμαχος,
Ἐκφθείρου, φησί, κατεαγότας μοι τοὺς αὐλοὺς προσρίψας. καὶ
νῦν ἀποτρέχω φράσουσα ταῦτα τῷ δεσπότῃ· ἀπέρχεται δὲ
25 καὶ ὁ γεωργὸς ὀψόμενός τινας φίλους τῶν ἀστικῶν, οἳ παρα-
δώσουσι τοῖς πρυτανεῦσι τὸν Μεγαρέα.

1, 11 Γοργίαν recc.   12 εὔπορον...ἐρῶντα om. X   16 seq. cf.
Alciphr. 3.7.3   16–17 ἐν τούτῳ Rothstein: at cf. 80.9.1   18 ἐπεισέπεσον
βγ: ἐπεισέπαισον rec.: ἐπεισέπαισαν Kuster; cf. c. 1   19 Μεγαρεὺς βγ:
Μεταπεὺς Gesner: Ἀγραεὺς Meiser; retinuit Mras quod nomen comice
e μέγας fictum putaret vel quod Megarenses omnis cultus expertes erant
cf. A.P. 5.6, 11.440, Plut. Lys. 22, Ael. V.H. 12.56, Alc. 3.8.1   20 γε-
ωργός recc.   21 ἐκφυγοῦσα P, Aristaen. 1.5   25 γοργὸς X

ΚΟΧΛΙΣ

3 Ταῦτ' ἐστὶν ἀπολαῦσαι τῶν στρατιωτικῶν τούτων ἐραστῶν,
πληγὰς καὶ δίκας· τὰ δὲ ἄλλα ἡγεμόνες εἶναι καὶ χιλίαρχοι
λέγοντες, ἤν τι δοῦναι δέῃ, Περίμεινον τὴν σύνταξιν, ⟨φασίν⟩,
ὁπόταν ἀπολάβω τὴν μισθοφοράν, καὶ ποιήσω πάντα. ἐπιτριβεῖεν
δ' οὖν ἀλαζόνες ὄντες· ἔγωγ' οὖν εὖ ποιῶ μὴ προσιεμένη αὐτοὺς 5
τὸ παράπαν. ἁλιεύς τις ἐμοὶ γένοιτο ἢ ναύτης ἢ γεωργὸς ἰσότιμος
κολακεύειν εἰδὼς μικρὰ καὶ κομίζων πολλά, οἱ δὲ τοὺς λόφους
ἐπισείοντες οὗτοι καὶ τὰς μάχας διηγούμενοι, ψόφοι, ὦ Παρθενί.

3 φασίν post σύνταξιν supplevi: ante τὴν suppl. Fl.: om. codd.
4 ἀπολάβω L: ἀπολαύω PΨ: λάβω X   τὴν μισθοφοράν rec.:
τῆς μισθοφορᾶς γL¹: τὰς μισθοφοράς L²   libello subscriptionem (post
dialogum ultimum, i.e. xiii) τέλος διαλόγων ἐρωτικῶν add. L: τέλος τῶν
ἑταιρικῶν διαλόγων add. X: omittunt cett.

ΦΙΛΟΠΑΤΡΙΣ Η ΔΙΔΑΣΚΟΜΕΝΟΣ

ΤΡΙΕΦΩΝ

Τί τοῦτο, ὦ Κριτία; ὅλον σεαυτὸν ἠλλοίωσας καὶ τὰς ὀφρῦς 1
κάτω συννένευκας, μύχιον δὲ βυσσοδομεύεις ἄνω καὶ κάτω
περιπολῶν κερδαλεόφρονι ἐοικὼς κατὰ τὸν ποιητήν, "ὦχρός τέ
σευ εἷλε παρειάς." μή που Τρικάρανον τεθέασαι ἢ Ἑκάτην ἐξ
5 Ἅιδου ἐληλυθυῖαν, ἢ καί τινι θεῶν ἐκ προνοίας συνήντηκας;
οὐδέπω γάρ σε τοιαῦτα εἰκὸς παθεῖν, εἰ καὶ αὐτὸν οἶμαι τὸν
κόσμον κλυσθῆναι ὥσπερ ἐπὶ τοῦ Δευκαλίωνος. σοὶ λέγω, ὦ καλὲ
Κριτία, οὐκ ἀΐεις ἐμοῦ ἐπιβοωμένου τὰ πολλὰ καὶ ἐς βραχὺ
γειτνιάσαντος; δυσχεραίνεις καθ᾽ ἡμῶν ἢ ἐκκεκώφωσαι ἢ καὶ
10 τῆς χειρὸς παλαιστήσοντα ἐπιμένεις;

ΚΡΙΤΙΑΣ

Ὦ Τριεφῶν, μέγαν τινὰ καὶ ἠπορημένον λόγον ἀκήκοα καὶ
πολλαῖς ὁδοῖς διενειλημμένον καὶ ἔτι ἀναπεμπάζω τοὺς ὕθλους
καὶ τὰς ἀκοὰς ἀποφράττω, μή που ἔτι ἀκούσαιμι ταῦτα καὶ

Codices Vat. gr. 1322 (Δ), Vat. gr. 88 (88), Dochariou 268 (a), Par. gr.
3011 (C), omnes c. xiv saeculi, Ambros. 218 xv saeculi (A) rettuli; codicis
Escurialensis Σ.1.12 xv saeculi (Esc.), ubi legi poterat, lectiones addidi; inter
quos codices quae ratio intercederet in praefatione disserui   2 cf.
22.10, 77.16.4, 82.20   cf. 15.24, Od. 4.676 etc.   cf. 79.20.1,
Men. Mis. A 7   3 cf. Il. 1.149, 4.339   cf. 21.1, 70.2
3–4 Il. 3.35   4 που] μου Esc., A   cf. Pind. Fr. 32,
Luc. 51.29, 56.32   cf. 34.24   5 ἐκ] οὐκ ἐκ Anastasi
6 οὐ γὰρ C   εἰκὸς τοιαῦτα a Esc.   οἶμαι] ἠκηκόεις,
οἶμαι, Fl.; cf. c. 25   7 cf. 25.3, 44.12 etc.   8 cf. Il. 10.160 etc.
9 cf. 17.20, 55.14   cf. 73.10   ἢ κεκόρωσαι uv. C;
cf. 25.2, 73.10   καὶ] καὶ ἐκ Guyet   10 παλαιστ. a Esc.:
παλαιστ. Δ 88 A: ἐπαλαιστ. C   11 cf. 21.14   12 cf. 22.5,
70.1   13 cf. 15.8

ἀποψύξω ἐκμανεὶς καὶ μῦθος τοῖς ποιηταῖς γενήσομαι ὡς καὶ Νιόβη τὸ πρίν. ἀλλὰ κατὰ κρημνῶν ὠθούμην ἂν ἐπὶ κεφαλῆς σκοτοδινήσας, εἰ μὴ ἐπέκραξάς μοι, ὦ τάν, καὶ τὸ τοῦ Κλεομβρότου πήδημα τοῦ Ἀμβρακιώτου ἐμυθεύθη ἐπ' ἐμοί.

ΤΡΙΕΦΩΝ

2 Ἡράκλεις, τῶν θαυμασίων ἐκείνων φασμάτων ἢ ἀκουσ- 5
μάτων, ἅπερ Κριτίαν ἐξέπληξαν. πόσοι γὰρ ἐμβρόντητοι
ποιηταὶ καὶ τερατολογίαι φιλοσόφων οὐκ ἐξέπληξάν σου τὴν
διάνοιαν, ἀλλὰ λῆρος πάντα γέγονεν ἐπὶ σοί.

ΚΡΙΤΙΑΣ

Πέπαυσο ἐς μικρὸν καὶ μηκέτι παρενοχλήσῃς, ὦ Τριεφῶν· οὐ
γὰρ παροπτέος ἢ ἀμελητέος γενήσῃ παρ' ἐμοῦ. 10

ΤΡΙΕΦΩΝ

Οἶδ' ὅτι οὐ μικρὸν οὐδὲ εὐκαταφρόνητον πρᾶγμα ἀνακυκλεῖς,
ἀλλὰ καὶ λίαν τῶν ἀπορρήτων· ὁ γὰρ χρὼς καὶ τὸ ταυρηδὸν
ὑποβλέπειν καὶ τὸ ἄστατον τῆς βάσεως τὸ ἄνω τε καὶ κάτω
περιπολεῖν ἀρίγνωτόν σε καθίστησιν. ἀλλ' ἄμπνευσον τοῦ
δεινοῦ, ἐξέμεσον τοὺς ὕθλους, "μή τι κακὸν πάθῃς." 15

ΚΡΙΤΙΑΣ

Σὺ μέν, ὦ Τριεφῶν, ὅσον πέλεθρον ἀνάδραμε ἀπ' ἐμοῦ, ἵνα μὴ
τὸ πνεῦμα ἐξάρῃ σε καὶ πεδάρσιος τοῖς πολλοῖς ἀποφανῇς καί

2 cf. 32.14, 50.27   ἀλλὰ A Esc.: ἀλλὰ καὶ cett.
κρημνὸν Esc.; cf. Thuc. 7.45, Luc. 1.12, 65.10 etc.   3 cf. 34.24
cf. 37.16   3–4 cf. 22.17, 24.2 etc.   4 cf. Call. *Epigr.* 25,
A.P. 7.471   ἐπ'] ἂν ἐπ' C   6 ἐξέπληξαν] cf. 76.15 etc.
6–7 cf. Ar. *Ec.* 793 etc., Luc. 25.1, 79.15.1   8 cf. 25.1, 27.9
9 cf. 33.11, 70.71   10 cf. 25.9   11 cf. 73.11   ἀνα-
κυκλοῖς a   13 ἐπιβλέπειν codd.: corr. Wyttenbach; cf. Ar. *Ran.* 804,
Pl. *Phd.* 117b   τό τε ἄνω Halm   cf. c. 1
14 cf. *Il.* 13.72 etc.   15 cf. 46.16, 20, 70.86   πάθῃς CΔ[1];
cf. *Il.* 17.32 etc.   16 cf. *Il.* 21.407   17 ἐξάρῃ σε] ἐξάρκες uv.
Δ: ἐξαρκες ὑπολάβῃ σε C   ἀναφανῇς Esc.

82. ΦΙΛΟΠΑΤΡΙΣ Η ΔΙΔΑΣΚΟΜΕΝΟΣ

που καταπεσὼν Τριεφώντειον πέλαγος κατονομάσῃς, ὡς καὶ
Ἴκαρος τὸ πρίν· ἃ γὰρ ἀκήκοα τήμερον παρὰ τῶν τρισκαταράτων
ἐκείνων σοφιστῶν, μεγάλως ἐξώγκωσέ μου τὴν νηδύν.

ΤΡΙΕΦΩΝ

Ἐγὼ μὲν ἀναδραμοῦμαι ὁπόσον καὶ βούλεσαι, σὺ δὲ ἄμπνευσον
5 τοῦ δεινοῦ.

ΚΡΙΤΙΑΣ

Φῦ φῦ φῦ φῦ τῶν ὕθλων ἐκείνων, ἰοὺ ἰοὺ ἰοὺ ἰοὺ τῶν δεινῶν
βουλευμάτων, αἲ αἲ αἲ αἲ τῶν κενῶν ἐλπίδων.

ΤΡΙΕΦΩΝ

Βαβαὶ τοῦ ἀναφυσήματος, ὡς τὰς νεφέλας διέστρεψε· ζεφύρου 3
γὰρ ἐπιπνέοντος λάβρου καὶ τοῖς κύμασιν ἐπωθίζοντος βορέην
10 ἄρτι ἀνὰ τὴν Προποντίδα κεκίνηκας, ὡς διὰ κάλων αἱ ὁλκάδες
τὸν Εὔξεινον πόντον οἰχήσονται, τῶν κυμάτων ἐπικυλινδούντων
ἐκ τοῦ φυσήματος· ὅσον οἴδημα τοῖς ἐγκάτοις ἐνέκειτο· πόσος
κορκορυγισμὸς καὶ κλόνος τὴν γαστέρα σου συνετάρασσε.
πολύωτον σεαυτὸν ἀναπέφηνας τοσαῦτα ἀκηκοώς ὡς εἰ [καὶ]
15 κατὰ τὸ τερατῶδες καὶ διὰ τῶν ὀνύχων ἠκηκόεις.

ΚΡΙΤΙΑΣ

Οὐ παράδοξόν τι, ὦ Τριεφῶν, ἀκηκοέναι καὶ ἐξ ὀνύχων· καὶ

1–2 cf. 24.3   2 ὁ Ἴκαρος a   cf. Men. Fr. 65,
Epitr. 1080, Luc. 19.4, 28.25 etc.   3 cf. 22.24, 34.39, 82.27
4 βούλει C; an βούλεαι, cf. Od. 17.404 etc.?   6 cf. Ar. Lys.
295 etc.   8 Βαβαὶ] τριβαβαὶ a: an τετραβαβαὶ vel βαβαὶ
quater?; cf. Ar. Av. 272 etc., Luc. 17.10 etc.   8–12 ὡς...φυ-
σήματος om. a   8–9 cf. Il. 2.148   10 Προποτίδα C
διὰ κάλων] διαβάλλουσαι C   ὁλκάδες ⟨ἐς⟩ Jacobitz   11 τῶν]
καὶ τῶν ΔC   cf. 26.3, 5   12 cf. 34.9   13 κορκορυγισμὸς
Δ 88 Ca: κορκορυγμὸς A: βορβορυγμὸς Anastasi, cf. 46.20   14 ἐν-
απέφηνας ΔC; an ἀπέφηνας?   ὡς εἰ Bekker: ὥστε (ὡς Fl., ὅς γε Halm)
καὶ codd.   15 cf. Plaut. Stich. 761

γὰρ κνήμην γαστέρα τεθέασαι καὶ κεφαλὴν κύουσαν καὶ ἀνδρείαν
φύσιν εἰς γυναικείαν ἐνεργοβατοῦσαν καὶ ἐκ γυναικῶν ὄρνεα
μεταβαλλόμενα· καὶ ὅλως τερατώδης ὁ βίος, εἰ βούλει πιστεύειν
τοῖς ποιηταῖς. ἀλλ᾽ "ἐπεί σε πρῶτον κιχάνω τῷδ᾽ ἐνὶ χώρῳ,"
ἀπίωμεν ἔνθα αἱ πλάτανοι τὸν ἥλιον εἴργουσιν, ἀηδόνες δὲ καὶ 5
χελιδόνες εὔηχα κελαδοῦσιν, ἵν᾽ ἡ μελῳδία τῶν ὀρνέων τὰς ἀκοὰς
ἐνηδύνουσα τό τε ὕδωρ ἠρέμα κελαρύζον τὰς ψυχὰς καταθέλξειεν.

ΤΡΙΕΦΩΝ

4 Ἴωμεν, ὦ Κριτία· ἀλλὰ δέδια μή που ἐπῳδὴ τὸ ἠκουσμένον
ἐστὶ καί με ὕπερον ἢ θύρετρον ἢ ἄλλο τι τῶν ἀψύχων ἀπεργάσεται
ἡ θαυμασία σου αὕτη κατάπληξις. 10

ΚΡΙΤΙΑΣ

Νὴ τὸν Δία τὸν αἰθέριον οὐ τοῦτο γενήσεται ἐπὶ σοί.

ΤΡΙΕΦΩΝ

Ἔτι με ἐξεφόβησας τὸν Δία ἐπομοσάμενος. τί γὰρ ἂν
δυνήσεται ἀμυνέμεναί σε, εἰ παραβαίης τὸν ὅρκον; οἶδα γὰρ
καὶ σὲ μὴ ἀγνοεῖν περὶ τοῦ Διός σου.

ΚΡΙΤΙΑΣ

Τί λέγεις; οὐ δυνήσεται Ζεὺς ἐς Τάρταρον ἀποπέμψαι; ἢ 15
ἀγνοεῖς ὡς τοὺς θεοὺς πάντας ἀπέρριψεν ἀπὸ τοῦ θεσπεσίου
βηλοῦ καὶ τὸν Σαλμωνέα ἀντιβροντῶντα πρώην κατεκεράυνωσε
καὶ τοὺς ἀσελγεστάτους ἔτι καὶ νῦν, παρὰ δὲ τῶν ποιητῶν

1 cf. 79.12   cf. 79.13   κύουσαν C   1–2 cf.
77.9   2 ἐνεργοβατοῦσαν Bekker   2–3 cf. 72.1
3 ὅλως A, fort. Esc.: ὅλος cett.   4 cf. Od. 13.228   πρῶτον
codd. nostri contra metrum: πρῶτα Hom.   5 ἀπίομεν Δ
cf. Pl. Phdr. 230b   7 ἐνηδύνασα uv. C   κατα-
θέλξειαν Esc.   9 cf. 34.35   11 cf. Arist. Mu. 401a
12 cf. 25.47, 34.5 etc.   13 δυνήσηται ἀμύνασθαί C   15 Τί
τοῦτο λέγεις; Ζεὺς (cet. om.) Δ C   16 cf. Il. 1.591, 15.22–4,
Luc. 26.1   17 cf. 25.2   πρώην] πρῶτον C

82. ΦΙΛΟΠΑΤΡΙΣ Η ΔΙΔΑΣΚΟΜΕΝΟΣ

Τιτανοκράτωρ καὶ Γιγαντολέτης ἀνυμνεῖται ὡς καὶ παρ᾽
Ὁμήρῳ;

ΤΡΙΕΦΩΝ

Σὺ μέν, ὦ Κριτία, πάντα παρέδραμες τὰ τοῦ σοῦ Διός, ἀλλ᾽,
εἴ σοι φίλον, ἄκουε. οὐχὶ κύκνος οὗτος ἐγένετο καὶ σάτυρος δι᾽
5 ἀσέλγειαν, ἀλλὰ καὶ ταῦρος; καὶ εἰ μὴ τὸ πορνίδιον ἐκεῖνο
ταχέως ἐπωμίσατο καὶ διέφυγε διὰ τοῦ πελάγους, τάχ᾽ ἂν
ἠροτρία ἐντυχὼν γεηπόνῳ ὁ βροντοποιὸς καὶ κεραυνοβόλος σου
Ζεὺς καὶ ἀντὶ τοῦ κεραυνοβολεῖν τῇ βουπλῆγι κατεκεντάννυτο.
τὸ δὲ καὶ Αἰθίοψι συνευωχεῖσθαι ἀνδράσι μελαντέροις καὶ τὴν
10 ὄψιν ἐζοφωμένοις καὶ ἐς δώδεχ᾽ ἡλίους μὴ ἀφίστασθαι, ἀλλ᾽
ὑποβεβρεγμένος καθεδεῖσθαι παρ᾽ αὐτοῖς πώγωνα τηλικοῦτον
ἔχων, οὐκ αἰσχύνης ἄξια; τὰ δὲ τοῦ ἀετοῦ καὶ τῆς Ἴδης καὶ
τὸ κυοφορεῖν καθ᾽ ὅλου τοῦ σώματος αἰσχύνομαι καὶ λέγειν.

ΚΡΙΤΙΑΣ

Μῶν τὸν Ἀπόλλωνά γ᾽ ἐπομοσόμεθα, ὃς προφήτης ἄριστος 5
15 καὶ ἰητρός, ὦγαθέ;

ΤΡΙΕΦΩΝ

Τὸν ψευδόμαντιν λέγεις, τὸν Κροῖσον πρώην διολωλεκότα καὶ
μετ᾽ αὐτὸν Σαλαμινίους καὶ ἑτέρους μυρίους, ἀμφίλοξα πᾶσι
μαντευόμενον;

1 cf. 25.4   3 τὰ om. Esc.   σοῦ om. a   4 cf.
79.6 etc., *A.P.* 9.48   5 cf. 25.23   ἐκεῖνο C: ἐκεῖνος cett.
6 ἐπωμώσατο 88: ἐπωμόσατο cett.: corr. Kuster   7 cf. 52.7
βροντο-] κεραυνο- Esc.   9 καὶ Αἰθ. συν. 88 a Esc., A: συν. καὶ Αἰθίοψιν
CΔ² (συν om. Δ¹); cf. *Il.* 1.423–5, Luc. 21.37, 30.2   11 cf. 22.8,
79.3.2 etc.   cf. 34.5, 77.20.8   13 τὸ] τοῦ a   cf.
79.12.1   14 ἐπομοσώμεθα C   15 ἰατρός 88¹ a   cf. Ar. *Pl.*
11, Luc. 79.18.1   16 cf. 42 tit., 77.12.5, 79.18.2   16–17 cf.
21.20, 43, Hdt. 1.53   17 Σαλαμινίοις καὶ ἑτέροις μυρίοις A C;
cf. Hdt. 7.141, Luc. 21.20 perperam adhibita   cf. 21.28
18 μαντευόμενος codd.: corr. Jacobitz

[ΛΟΥΚΙΑΝΟΥ]

ΚΡΙΤΙΑΣ

6 Τὸν Ποσειδῶνα δὲ τί; ὃς τρίαιναν ἐν ταῖν χεροῖν κρατῶν καὶ διάτορόν τι καὶ καταπληκτικὸν βοᾷ ἐν τῷ πολέμῳ ὅσον ἐννεάχιλοι ἄνδρες ἢ δεκάχιλοι, ἀλλὰ καὶ σεισίχθων, ὦ Τριεφῶν, ἐπονομάζεται;

ΤΡΙΕΦΩΝ

Τὸν μοιχὸν λέγεις, ὃς τὴν τοῦ Σαλμωνέως παῖδα τὴν Τυρὼ 5
πρώην διέφθειρε καὶ ἔτι ἐπιμοιχεύει καὶ ῥύστης καὶ δημαγωγὸς
τῶν τοιούτων ἐστί; τὸν γὰρ Ἄρην ὑπὸ τοῦ δεσμοῦ πιεζόμενον
καὶ δεσμοῖς ἀλύτοις μετὰ τῆς Ἀφροδίτης στενούμενον, πάντων
τε τῶν θεῶν διὰ τὴν μοιχείαν ὑπ' αἰσχύνης σιωπώντων, ὁ
ἵππειος Ποσειδῶν ἔκλαε δακρυρροῶν ὥσπερ τὰ βρεφύλλια τοὺς 10
διδασκάλους δεδιότα ἢ ὥσπερ αἱ γρᾶες κόρας ἐξαπατῶσαι·
ἐπέκειτο δὲ τῷ Ἡφαίστῳ λῦσαι τὸν Ἄρεα, τὸ δὲ ἀμφίχωλον
τοῦτο δαιμόνιον, οἰκτεῖραν τὸν πρεσβύτατον θεόν, τὸν Ἄρην
ἀπηλευθέρωσεν. ὥστε καὶ μοιχός ἐστιν ὡς μοιχοὺς διασῴζων.

ΚΡΙΤΙΑΣ

7 Ἑρμείαν δὲ τί; 15

ΤΡΙΕΦΩΝ

Μή μοι τὸν κακόδουλον τοῦ ἀσελγεστάτου Διὸς καὶ τὸν ἀσελγομανοῦντα ἐπὶ τοῖς μοιχικοῖς.

1 Ποσειδόνα Δ 88   δὲ τί; ὃς 88: γέ τοι ὃς a: γε τί ὃς Α:
γε ὁ τὴν C: γε τί οσιν sic Δ   κραδαίνων Halm   1-2 καὶ
διατ....βοᾷ versum comicum agnovit Kock, *Fr.* 481   2 cf. 22.1, 28.32
2-3 cf. *Il.* 14.148-9   ἐννεάχειλοι...δεκάχειλοι Δ 88: ἐννεα-
χίλιοι...ἢ δεκαχίλιοι a C   3 ἀνέρες C   cf. Pind. *Isthm.* 1.52
5 cf. 14.3, 78.13   6 προαγωγὸς Guyet   7 seq. cf. *Od.*
8.266 seq., Luc. 79.21   7 τοῦ om. C   8 cf. *Od.* 8.275
9 τε Δ C 88: δὲ a: om. A; an γε?   10 ἵππιος Bekker; cf. Ar.
Nub. 83   ἔκλαε 88 a: ἔκλασε Δ Esc.: ἔκλαυσε AC: ἔκλυσε Fl.
12 ἐνέκειτο Bekker   13 πρεσβύτην A Esc.   Ἄρη Fl.
15 Ἑρμῆν Esc.   16 cf. 79.4.2   καὶ om. a

372

82. ΦΙΛΟΠΑΤΡΙΣ Η ΔΙΔΑΣΚΟΜΕΝΟΣ

ΚΡΙΤΙΑΣ

Ἄρεα δὲ καὶ Ἀφροδίτην οἶδα μὴ παραδέχεσθαί σε διὰ τὸ **8**
προδιαβληθῆναι πρώην παρὰ σοῦ. ὥστε ἐάσωμεν τούτους. τῆς
Ἀθηνᾶς ἔτι ἐπιμνησθήσομαι, τῆς παρθένου, τῆς ἐνόπλου καὶ
καταπληκτικῆς θεᾶς, ἢ καὶ τὴν τῆς Γοργόνος κεφαλὴν ἐν τῷ
5 στήθει περιάπτεται, τὴν γιγαντολέτιν θεόν. οὐ γὰρ ἔχεις τι
λέγειν περὶ αὐτῆς.

ΤΡΙΕΦΩΝ

Ἐρῶ σοι καὶ περὶ ταύτης, ἤν μοι ἀποκρίνῃ.

ΚΡΙΤΙΑΣ

Λέγε ὅ τι γε βούλει.

ΤΡΙΕΦΩΝ

Εἰπέ μοι, ὦ Κριτία, τί τὸ χρήσιμον τῆς Γοργόνος καὶ τί τῷ
10 στήθει τοῦτο ἡ θεὰ ἐπιφέρεται;

ΚΡΙΤΙΑΣ

Ὡς φοβερόν τι θέαμα καὶ ἀποτρεπτικὸν τῶν δεινῶν. ἀλλὰ
καὶ καταπλήσσει τοὺς πολεμίους καὶ ἑτεραλκέα τὴν νίκην ποιεῖ,
ὅπου γε βούλεται.

ΤΡΙΕΦΩΝ

Μῶν καὶ διὰ τοῦτο ἡ Γλαυκῶπις ἀκαταμάχητος;

ΚΡΙΤΙΑΣ

15 Καὶ μάλα.

ΤΡΙΕΦΩΝ

Καὶ διὰ τί οὐ τοῖς σῴζειν δυναμένοις, ἀλλὰ τοῖς σῳζομένοις

3 δ' ἔτι C   4 cf. 79.13   4-5 θεᾶς...θεόν om. Esc.
5 τῆς γιγαντολέτιδος θεοῦ Guyet   θεόν] an θέαν?   8 γε]
καὶ Gesner   11 δεινῶν] κακῶν a   12 cf. 21.31,
Il. 7.26 etc.   13 ὅπου γε καὶ a

373

μηρία καίομεν ταύρων ἠδ' αἰγῶν, ὡς ἡμᾶς ἀκαταμαχήτους
ἐργάσωνται ὥσπερ τὴν Ἀθηνᾶν;

ΚΡΙΤΙΑΣ

Ἀλλ' οὔ οἱ δύναμίς γε πόρρωθεν ἐπιβοηθεῖν ὥσπερ τοῖς θεοῖς,
ἀλλ' εἴ τις αὐτὴν ἐπιφέρεται.

ΤΡΙΕΦΩΝ

9 Καὶ τί τόδ' ἐστίν; ἐθέλω γὰρ παρὰ σοῦ εἰδέναι ὡς ἐξευρημένου 5
τὰ τοιαῦτα καὶ ἐς τὰ μάλιστα κατωρθωκότος. ἀγνοῶ γὰρ πάντα
τὰ κατ' αὐτὴν πλήν γε τοῦ ὀνόματος.

ΚΡΙΤΙΑΣ

Αὕτη κόρη ἐγένετο εὐπρεπὴς καὶ ἐπέραστος· Περσέως δὲ
ταύτην δόλῳ ἀποδειροτομήσαντος, ἀνδρὸς γενναίου καὶ ἐς
μαγικὴν εὐφημουμένου, ἐπαοιδίαις ταύτην περιῳδήσαντος, 10
ἄλκαρ οἱ θεοὶ ταύτην ἐσχήκασι.

ΤΡΙΕΦΩΝ

Τουτί μ' ἐλάνθανέ ποτε τὸ καλόν, ὡς ἀνθρώπων θεοὶ ἐνδεεῖς
εἰσι. ζώσης δὲ τί τὸ χρήσιμον; προσηταιρίζετο ἐς πανδοχεῖον ἢ
κρυφίως συνεφθείρετο καὶ κόρην αὐτὴν ἐπωνόμαζε;

ΚΡΙΤΙΑΣ

Νὴ τὸν Ἄγνωστον τὸν ἐν Ἀθήναις παρθένος διέμεινε μέχρι 15
τῆς ἀποτομῆς.

ΤΡΙΕΦΩΝ

Καὶ εἴ τις παρθένον καρατομήσειε, ταὐτὸ γένοιτο φόβητρον

1 cf. Il. 1.40–1 etc., Luc. 25.9, 30.3   3 cf. Il. 22.20
8 cf. 25.17 etc.   cf. 78.14.2, 80.13.3, Hes. Th. 280
10 ἐπαοιδαῖς C   11 cf. Il. 5.644 etc.   12 ποτε] πάλαι C
13 cf. 28.18   ἐν πανδοκείῳ a   15 cf. Act. Ap. 17.23, Philostr.
VA 6.3.5   τὸν² a: om. cett.   ἐν] ἐν δ' C   17 cf. Eur.
Alc. 1118, Tr. 564–5   τοῦτο Bekker   cf. 42.25

82. ΦΙΛΟΠΑΤΡΙΣ Η ΔΙΔΑΣΚΟΜΕΝΟΣ

τοῖς πολλοῖς; οἶδα γὰρ μυρίας διαμελεϊστὶ τμηθείσας "νήσῳ
ἐν ἀμφιρύτῃ, Κρήτην δέ ⟨τέ⟩ μιν καλέουσι." καὶ εἰ τοῦτο
ἐγίνωσκον, ὦ καλὲ Κριτία, πόσας Γοργόνας σοι ἂν ἤγαγον ἐκ
Κρήτης; καί σε στρατηγέτην ἀκαταμάχητον ἀποκατέστησα,
5 ποιηταὶ δὲ καὶ ῥήτορες κατὰ πολύ με Περσέως προέκριναν ὡς
πλείονας Γοργόνας ἐφευρηκότα. ἀλλ' ἔτι ἀνεμνήσθην τὰ τῶν 10
Κρητῶν, οἳ τάφον ἐπεδείκνυντό μοι τοῦ Διός σου καὶ τὰ τὴν
μητέρα θρέψαντα λόχμια, ὡς ἀειθαλεῖς αἱ λόχμαι αὗται δια-
μένουσιν.

ΚΡΙΤΙΑΣ

10 'Αλλ' οὐκ ἐγίνωσκες τὴν ἐπῳδὴν καὶ τὰ ὄργια.

ΤΡΙΕΦΩΝ

Εἰ ταῦτα, ὦ Κριτία, ἐξ ἐπῳδῆς ἐγίνοντο τάχ' ἂν καὶ ἐκ
νεκάδων ἐξήνεγκεν ἂν καὶ ἐς τὸ γλυκύτατον φάος ἀνήγαγεν. ἀλλὰ
λῆρος παίγνιά τε καὶ μῦθοι παρὰ τῶν ποιητῶν τερατολογούμενα.
ὥστε ἔασον καὶ ταύτην.

ΚΡΙΤΙΑΣ

15 Ἥραν δὲ τὴν Διὸς γαμετὴν καὶ κασίγνητον οὐ παραδέχῃ; 11

ΤΡΙΕΦΩΝ

Σίγα τῆς ἀσελγεστάτης ἕνεκα μίξεως καὶ τὴν ἐκ ποδοῖν καὶ
χεροῖν ἐκτετανυσμένην παράδραμε.

ΚΡΙΤΙΑΣ

Καὶ τίνα ἐπομόσομαί γε; 12

1 διαμελιστὶ C: διαμελεϊστὶ cett.: μελεϊστὶ Il. 24.409, Od. 9.291 etc.
2 τέ om. codd.: suppl. Guyet; cf. Il. 5.306, Od. 1.50 etc.   3 πόσας
ἂν Γ. C   ἀνήγαγον codd.: corr. Halm   5 με post δὲ trs. Esc.
προέκριναν Δ88a: ἂν προέκριναν C: διέκριναν Esc., A: προέκριναν ἂν Ana-
stasi   7 cf. 21.45, 25.6 etc.   8 λόχμια CΔ²: δόχμια
Δ¹ cett.   11 ἐγίνοντο 88 a: ἐγίγνετο Esc.: ἐγένοντο Δ C: ἐγίνετο A
12 ἐξήνεγκον C   15 cf. Verg. Aen. 1.47   16 cf. Il. 14.346–53
16–17 Il. 15.18 perperam adhibetur   καὶ χεροῖν post ἐκτετ.
trs. Δ C   17 ἐκτεταμένην Esc., A   18 ἐπομόσωμαί
Amstelodamensis 1687

375

ΤΡΙΕΦΩΝ

Ὑψιμέδοντα θεόν, μέγαν, ἄμβροτον, οὐρανίωνα,
υἱὸν ἐκ πατρός, πνεῦμα ἐκ πατρὸς πορευόμενον, ἓν ἐκ τριῶν
καὶ ἐξ ἑνὸς τρία,
τοῦτον νόμιζε Ζῆνα, τόνδ' ἡγοῦ θεόν.

ΚΡΙΤΙΑΣ

Ἀριθμέειν με διδάσκεις, καὶ ὅρκος ἡ ἀριθμητική· καὶ γὰρ 5
ἀριθμέεις ὡς Νικόμαχος ὁ Γερασηνός. οὐκ οἶδα γὰρ τί λέγεις, ἓν
τρία, τρία ἕν. μὴ τὴν τετρακτὺν φῇς τὴν Πυθαγόρου ἢ τὴν
ὀγδοάδα καὶ τριακάδα;

ΤΡΙΕΦΩΝ

Σίγα τὰ νέρθε καὶ τὰ σιγῆς ἄξια.

οὐκ ἔσθ' ὧδε μετρεῖν τὰ ψυλλῶν ἴχνη. ἐγὼ γάρ σε διδάξω τί 10
τὸ πᾶν καὶ τίς ὁ πρώην πάντων καὶ τί τὸ σύστημα τοῦ παντός·
καὶ γὰρ πρώην κἀγὼ ταῦτα ἔπασχον ἅπερ σύ, ἡνίκα δέ μοι
Γαλιλαῖος ἐνέτυχεν, ἀναφαλαντίας, ἐπίρρινος, ἐς τρίτον οὐρανὸν
ἀεροβατήσας καὶ τὰ κάλλιστα ἐκμεμαθηκώς, δι' ὕδατος ἡμᾶς
ἀνεγέννησεν, ἐς τὰ τῶν μακάρων ἴχνια παρεισώδευσε καὶ ἐκ 15

1 μέγαν ante ὑψ. codd.: post θεόν transtulit, versum fecit Fl.   cf.
Ar. *Nub.* 563, Hes. *Th.* 529   2 ἐκ¹ codd.: del. Fl.; cf. c. 18
cf. *Symb. Nic.* – C.P.   πατρὸς²] δύο 88: δυὸ α   ἐκ-
πορευόμενον C Esc.   4 τοῦτον Eur. *Fr.* 941.3 N, Luc. 21.41: ταῦτα
codd.   5 cf. 27.4   6 ὁ Ν. αC   7 cf. 64.5
Πυθαγόρα ΔC; cf. 22.4   9 νέρθεν αCEsc.   τὰ²
om. α   Eur. trib. Solanus, fabulae tamen comicae vel satyricae
metrum praebet; cf. Eur. *Ph.* 117, Luc. 21.3, 45.15   10 μετρεῖν
om. ΔC; cf. Ar. *Nub.* 145   11 πρώην codd.: πρὸ Bekker: an πρῶτον
cf. *Ev. Jo.* 1.15 etc.?   13 cf. 86.27, Arr. *Epict.* 4.7.6, Jul. *Gal.*
passim   cf. 25.47, 73.6 etc.   ἐπίρρινος A 88 a Esc.:
ἐπίρρονος uv. Δ: ἐπίρροθος C;   ἐς τρίτον οὐρανὸν om.
C; cf. 2 *Ep. Cor.* 12.2   14 ἀστροβατήσας uv. C; cf. Ar. *Nub.*
225, Cyr. *Jo.* 4, Luc. 29.33, 71.6   cf. Jo. D. *ep. Thphl.* 3, *Act. Paul.*
et Th. 3   15 ἀνεγέννησεν] ἀνεκαίνισεν Fl.; at cf. *Hom. Clem.* 7.8 etc.
ἴχνη αEsc.

82. ΦΙΛΟΠΑΤΡΙΣ Η ΔΙΔΑΣΚΟΜΕΝΟΣ

τῶν ἀσεβῶν χώρων ἡμᾶς ἐλυτρώσατο. καὶ σὲ ποιήσω, ἤν μου
ἀκούῃς, ἐπ' ἀληθείας ἄνθρωπον.

ΚΡΙΤΙΑΣ

Λέγε, ὦ πολυμαθέστατε Τριεφῶν· διὰ φόβου γὰρ ἔρχομαι.   13

ΤΡΙΕΦΩΝ

Ἀνέγνωκάς ποτε τὰ τοῦ Ἀριστοφάνους τοῦ δραματοποιοῦ,
5 Ὄρνιθας ποιημάτιον;

ΚΡΙΤΙΑΣ

Καὶ μάλα.

ΤΡΙΕΦΩΝ

Ἐγκεχάρακται παρ' αὐτοῦ τοιόνδε·

Χάος ἦν καὶ Νὺξ Ἔρεβός τε μέλαν πρῶτον καὶ Τάρταρος
εὐρύς·
10   γῆ δ' οὐδ' ἀὴρ οὐδ' οὐρανὸς ἦν.

ΚΡΙΤΙΑΣ

Εὖ λέγεις. εἶτα τί ἦν;

ΤΡΙΕΦΩΝ

Ἦν φῶς ἄφθιτον ἀόρατον ἀκατανόητον, ὃ λύει τὸ σκότος
καὶ τὴν ἀκοσμίαν ταύτην ἀπήλασε, λόγῳ μόνῳ ῥηθέντι ὑπ'
αὐτοῦ, ὡς ὁ βραδύγλωσσος ἀπεγράψατο, γῆν ἔπηξεν ἐφ' ὕδασιν,
15 οὐρανὸν ἐτάνυσεν, ἀστέρας ἐμόρφωσεν ἀπλανεῖς, ⟨πλάνησι⟩
δρόμον διετάξατο, οὓς σὺ σέβῃ θεούς, γῆν δὲ τοῖς ἄνθεσιν
ἐκαλλώπισεν, ἄνθρωπον ἐκ μὴ ὄντων ἐς τὸ εἶναι παρήγαγε, καὶ

---

1 cf. 14.17, 38.12, 40.8   3 cf. Eur. Or. 757   4 τὰ] τὰς α:
τὸ Anastasi   5 ποιημάτια A Esc.   7 cf. 19.4   8–10 Ar. Av. 693–4
12 cf. I Ep. Ti. 1.17   13–14 ὑπὸ θεοῦ Belin   14 cf. LXX,
Ex. 4.10   cf. LXX, Ps. 24.2   15 cf. LXX, Is. 44.24
πλάνησι C: om. cett.   16 cf. 48.5   οὓς] τούτων οὓς Guyet
17 ὄντος Bekker

377

[*ΛΟΥΚΙΑΝΟΥ*]

ἔστιν ἐν οὐρανῷ βλέπων δικαίους τε κἀδίκους καὶ ἐν βίβλοις
τὰς πράξεις ἀπογραφόμενος· ἀνταποδώσει δὲ πᾶσιν ἣν ἡμέραν
αὐτὸς ἐνετείλατο.

ΚΡΙΤΙΑΣ

14 Τὰ δὲ τῶν Μοιρῶν ἐπινενησμένα ἐς ἅπαντας ἐγχαράττουσί γε
καὶ ταῦτα;   5

ΤΡΙΕΦΩΝ

Τὰ ποῖα;

ΚΡΙΤΙΑΣ

Τὰ τῆς εἱμαρμένης.

ΤΡΙΕΦΩΝ

Λέγε, ὦ καλὲ Κριτία, περὶ τῶν Μοιρῶν, ἐγὼ δὲ μαθητιῶν
ἀκούσαιμι παρὰ σοῦ.

ΚΡΙΤΙΑΣ

Οὐχ Ὅμηρος ὁ ἀοίδιμος ποιητὴς εἴρηκε;   10

    μοῖραν δ' οὔ τινά φημι πεφυγμένον ἔμμεναι ἀνδρῶν,

ἐπὶ δὲ τοῦ μεγάλου Ἡρακλέους,

    οὐδὲ γὰρ οὐδὲ βίη Ἡρακλείη φύγε κῆρα,
    ὅσπερ φίλτατος ἔσκε Διὶ Κρονίωνι ἄνακτι,
    ἀλλά ἑ Μοῖρ' ἐδάμασσε καὶ ἀργαλέος χόλος Ἥρης.   15

ἀλλὰ καὶ ὅλον τὸν βίον καθειμάρθαι καὶ τὰς ἐν τούτῳ μεταβολάς·

                          ἔνθα δ' ἔπειτα
    πείσεται ἅσσα οἱ Αἶσα Κατακλῶθές τε βαρεῖαι
    γεινομένῳ νήσαντο λίνῳ, ὅτε μιν τέκε μήτηρ.

καὶ τὰς ἐν ξένῃ ἐποχὰς ἀπ' ἐκείνης γίνεσθαι·   20

1 cf. *Ev. Matt.* 5.45   1–2 cf. *Apoc.* 20.12   2 cf.
Act. Ap. 17.31   3 αὐτὸς *Δ* C: αὐτοῖς 88 a   c. 14 cf. libellus 20
passim   4 ἐς] πρὸς a   cf. 20.1   cf. 19.4, 42.58
8–9 cf. Ar. *Nub.* 182–3   10 cf. 26.11   11 *Il.* 6.488,
cf. Luc. 65.8   13–15 *Il.* 18.117–19   17–19 *Od.* 7.196–8
18 Κατακλῶθές τε Homerus: κατακλώθεσκε a Esc.: κατακλωθέσκε *Δ* 88:
κατακλώθοισα C   βαρεία Esc. C   19 νήσαιτο C

82. ΦΙΛΟΠΑΤΡΙΣ Η ΔΙΔΑΣΚΟΜΕΝΟΣ

ἠδ᾽ ὡς Αἴολον ἱκόμεθ᾽, ὅς με πρόφρων ὑπέδεκτο,
καὶ πέμπ᾽· οὐδέπω αἶσα φίλην ἐς πατρίδ᾽ ἱκέσθαι.

ὥστε πάντα ὑπὸ τῶν Μοιρῶν γενέσθαι ὁ ποιητὴς μεμαρτύρηκε.
τὸν δὲ Δία μὴ θελῆσαι τὸν υἱὸν

5   θανάτοιο δυσηχέος ἐξαναλῦσαι,
ἀλλὰ μᾶλλον

αἱματοέσσας ⟨δὲ⟩ ψιάδας κατέχευεν ἔραζε
παῖδα φίλον τιμῶν, τόν οἱ Πάτροκλος ἔμελλε
φθίσειν ἐν Τροίῃ.

10 ὥστε, ὦ Τριεφῶν, διὰ τοῦτο μηδὲν προσθεῖναι περὶ τῶν Μοιρῶν
ἐθελήσῃς, εἰ καὶ τάχα πεδάρσιος ἐγεγόνεις μετὰ τοῦ διδασκάλου
καὶ τὰ ἀπόρρητα ἐμυήθης.

ΤΡΙΕΦΩΝ

Καὶ πῶς ὁ αὐτὸς ποιητής, ὦ καλὲ Κριτία, διττὴν ἐπιλέγει τὴν   15
εἱμαρμένην καὶ ἀμφίβολον, ὡς τόδε μέν τι πράξαντι τοιῷδε τέλει
15 συγκυρῆσαι, τοῖον δὲ ποιήσαντι, ἑτέρῳ τέλει ἐντυχεῖν; ὡς ἐπ᾽
Ἀχιλλέως,

διχθαδίας Κῆρας φερέμεν θανάτοιο τέλοσδε·
εἰ μέν κ᾽ αὖθι μένων Τρώων πόλιν ἀμφιμάχωμαι,
ὤλετο μέν μοι νόστος, ἀτὰρ κλέος ἄφθιτον ἔσται.
20 εἰ δέ κεν οἴκαδ᾽ ἵκωμαι,
ὤλετό μοι κλέος ἐσθλόν, ἐπὶ δηρὸν δέ μοι αἰὼν
ἔσσεται.

ἀλλὰ καὶ ἐπὶ Εὐχήνορος,

ὅς ῥ᾽ εὖ εἰδὼς κῆρ᾽ ὀλοὴν ἐπὶ νηὸς ἔβαινε·
25 πολλάκι γάρ οἱ ἔειπε γέρων ἀγαθὸς Πολύϊδος,

1–2 cf. *Od.* 23.314–15   1 ὅς] ὅ Homerus   3 γίνεσθαι C
5 *Il.* 16.442   7–9 *Il.* 16.459–61   7 δὲ Homerus: om.
nostri   11 μετάρσιος Esc.   13 καλὲ om. a   14 μέν τι]
μέντοι Δ   τοιῷδε τῷ a   15 συγκυρῆσαι] συγκῦρσαι Esc.,
A: ἐγκυρῆσαι C   τοιῶδέ τῳ τέλει a   17–22 *Il.* 9.411–16
17 τέλοσδε Esc.: τέλος δὲ 88 a: τέλος δὲ ποιήσαντι ΔC   19 μέν C:
om. cett.   20 φίλην ἐς πατρίδα γαῖαν post ἵκωμαι suppl. C: om. cett.
22 ἔσσεται] ἔπεται a 88   23 Λευχήνορος uv. C   24 seq. *Il.*
13.665–8

379

νούσῳ ὑπ᾽ ἀργαλέῃ φθίσθαι οἷς ἐν μεγάροισιν
ἢ μετ᾽ Ἀχαιῶν νηυσὶν ὑπὸ Τρώεσσι δαμῆναι.

16 Οὐχὶ παρ᾽ Ὁμήρῳ ταῦτα γέγραπται; ἢ ἀμφίβολος αὕτη καὶ
ἀμφίκρημνος ἀπάτη; εἰ δὲ βούλει, καὶ τοῦ Διὸς ἐπιθήσω σοι τὸν
λόγον. οὐχὶ τῷ Αἰγίσθῳ εἴρηκεν ὡς ἀποσχομένῳ μὲν τῆς μοιχείας 5
καὶ τῆς Ἀγαμέμνονος ἐπιβουλῆς ζῆν καθείμαρται πολὺν χρόνον,
ἐπιβαλλομένῳ δὲ ταῦτα πράττειν οὐ καθυστερεῖν θανάτου; τοῦτο
κἀγὼ πολλάκις προὐμαντευσάμην, ἐὰν κτάνῃς τὸν πλησίον,
θανατωθήσῃ παρὰ τῆς δίκης, εἰ δέ γε μὴ τοῦτο πράξεις, βιώσῃ
καλῶς,   10
      οὐδέ ⟨κέ⟩ σ᾽ ὦκα τέλος θανάτοιο κιχείη.

οὐχ ὁρᾷς ὡς ἀδιάρθρωτα τὰ τῶν ποιητῶν καὶ ἀμφίλοξα καὶ
μηδέπω ἡδραιωμένα; ὥστε ἔασον ἅπαντα, ὡς καὶ σὲ ἐν ταῖς
ἐπουρανίοις βίβλοις τῶν ἀγαθῶν ἀπογράψωνται.

ΚΡΙΤΙΑΣ

17 Εὖ πάντα ἀνακυκλεῖς, ὦ Τριεφῶν· ἀλλά μοι τόδε εἰπέ, εἰ καὶ 15
τὰ τῶν Σκυθῶν ἐν τῷ οὐρανῷ ἐγχαράττουσι.

ΤΡΙΕΦΩΝ

Πάντα γε, εἰ τύχῃ γε χρηστὸς καὶ ἐν ἔθνεσι.

ΚΡΙΤΙΑΣ

Πολλούς γε γραφέας ἐν τῷ οὐρανῷ φής, ὡς ἅπαντα
ἀπογράφεσθαι.

1 φθίσθαι a C: φθεῖσθαι cett.   μεγάροισι Δ   2 Τρώεσσιν Δ
3 ἢ Fl.: ἡ codd.   5 cf. Od. 1.37 seq.   6 καθειμάρθαι codd.:
corr. Fl.; cf. 49.19   7 ἐπιβαλομένῳ a   οὐ καθυστερεῖν a: οὐκ
ἀφυστερεῖν cett.   8 cf. 17.17, 77.21.2 etc.   9 πράξῃς Fl.
11 Il. 9.416   κέ Homerus: om. nostri   τέλος a¹: τέλος
θέμις a²: θέμις τέλος cett.   12 οὐχ om. a   ἀδιάρθρωτα a C:
ἀδιόρθωτα A 88 Esc., fort. Δ²: ἀδιάρθωτα uv. Δ¹; cf. 59.48   13–14 cf.
42.9, 42.35, 79.10.3   14 cf. Aproc. 20.15   15 cf. 8.6,
73.11   16 τῶν om. C   cf. 19.4, 42.58   17 γε¹]
δὲ A: om. Fl.   τύχοι a Esc.   γε χρηστὸς] χρηστὰ C
cf. Act. Ap. 14.27 etc.   18 φῆς ἐν τῷ οὐρανῷ Esc., A

82. ΦΙΛΟΠΑΤΡΙΣ Η ΔΙΔΑΣΚΟΜΕΝΟΣ

ΤΡΙΕΦΩΝ

"Εὐστόμει καὶ μηδὲν εἴπῃς φλαῦρον" θεοῦ δεξιοῦ, ἀλλὰ
κατηχούμενος πείθου παρ' ἐμοῦ, εἴπερ χρὴ ζῆν εἰς τὸν αἰῶνα.
εἰ οὐρανὸν ὡς δέρριν ἐξήπλωσε, γῆν δὲ ἐφ' ὕδατος ἔπηξεν,
ἀστέρας ἐμόρφωσεν, ἄνθρωπον ἐκ μὴ ὄντος παρήγαγε, τί παρά-
5 δοξον καὶ τὰς πράξεις πάντων ἐναπογράφεσθαι; καὶ γὰρ σοὶ
οἰκίδιον κατασκευάσαντι, οἰκέτιδας δὲ καὶ οἰκέτας ἐν αὐτῷ
συναγαγόντι, οὐδέποτέ σε διέλαθε τούτων πρᾶξις ἀπόβλητος·
πόσῳ μᾶλλον τὸν πάντα πεποιηκότα θεὸν οὐχ ἅπαντα ἐν
εὐκολίᾳ διαδραμεῖν ἑκάστου πρᾶξιν καὶ ἔννοιαν; οἱ γάρ σου θεοὶ
10 κότταβος τοῖς εὖ φρονοῦσιν ἐγένοντο.

ΚΡΙΤΙΑΣ

Πάνυ εὖ λέγεις, καί με ἀντιστρόφως τῆς Νιόβης παθεῖν· 18
ἐκ στήλης γὰρ ἄνθρωπος ἀναπέφηνα. ὥστε τοῦτον τὸν θεὸν
προστιθῶ σοι, μὴ κακόν τι παθεῖν παρ' ἐμοῦ.

ΤΡΙΕΦΩΝ

"Εἴπερ ἐκ καρδίας ὄντως φιλεῖς", μὴ ἑτεροῖόν τι ποιήσῃς ἐν
15 ἐμοὶ καὶ "ἕτερον μὲν κεύσῃς ἐνὶ φρεσίν, ἄλλο δὲ εἴπῃς". ἀλλ'
ἄγε δὴ τὸ θαυμάσιον ἐκεῖνο ἀκουσμάτιον ἄεισον, ὅπως κἀγὼ
κατωχριάσω καὶ ὅλος ἀλλοιωθῶ, καὶ οὐχ ὡς ἡ Νιόβη ἀπαυδήσω,
ἀλλ' ὡς Ἀηδὼν ὄρνεον γενήσομαι καὶ τὴν θαυμασίαν σου
ἔκπληξιν κατ' ἀνθηρὸν λειμῶνα ἐκτραγῳδήσω.

1 cf. Ar. *Nub.* 833-4, Luc. 69.181   2 cf. 21.39, 39.48,
Ev. Luc. 1.4, 1 *Ep. Cor.* 14.19 etc.   χρὴ ζῆν] ζῆν χρήζεις Fl.
3 cf. *Ev. Jo.* 8.35 etc.   cf. LXX, *Ps.* 104.2   6 ἐν
αὐτῷ καὶ οἰκέτας C   7 cf. 34.29, 36.27 etc.   8 πόσον Δ
cf. *Ev. Matt.* 7.11, *Ep. Hebr.* 9.14 etc.   τὸν] τὸν τὰ a
10 ἐγίνοντο C   11 καὶ] ὥς Bekker   μοι ἀντ. τῇ Νιόβῃ C; cf.
32.14, 43.1 etc.   13 προστιθῶ (προστίθεμαί C) σοι post ἐμοῦ trs. Δ C
14 μ' ὄντως Fl.; cf. Ar. *Nub.* 86   ⟨με⟩", μὴ Anastasi   15 κεύθεις a
cf. *Il.* 9.313, Luc. 15.24, 56.30, 65.6   δέ] δ' a 88
15-16 ἀλλ' ἄγε C: ἀλλά γε cett.   17 cf. c. 1   ὅλως Fl.
cf. 36.39, 40.24   19 cf. 28.38, 36.41, 57.11

ΚΡΙΤΙΑΣ

Νὴ τὸν υἱὸν τὸν ἐκ πατρὸς οὐ τοῦτο γενήσεται.

ΤΡΙΕΦΩΝ

Λέγε παρὰ τοῦ πνεύματος δύναμιν τοῦ λόγου λαβών, ἐγὼ
δὲ καθεδοῦμαι

δέγμενος Αἰακίδην ὁπότε λήξειεν ἀείδων.

ΚΡΙΤΙΑΣ

19 Ἀπῄειν ἐπὶ τὴν λεωφόρον ὠνησόμενός γε τὰ χρειωδέστατα, 5
καὶ δὴ ὁρῶ πλῆθος πάμπολυ ἐς τὸ οὖς ψιθυρίζοντας, ἐπὶ δὲ τῇ
ἀκοῇ ἐφῦντο τοῖς χείλεσιν· ἐγὼ δὲ παπτήνας ἐς ἅπαντας καὶ τὴν
χεῖρα τοῖς βλεφάροις περικάμψας ἐσκοπίαζον ὀξυδερκέστατα, εἴ
πού γέ τινα τῶν φίλων θεάσομαι. ὁρῶ δὲ Κράτωνα τὸν πολιτικόν,
ἐκ παιδόθεν φίλον ὄντα καὶ συμποτικόν.   10

ΤΡΙΕΦΩΝ

Αἰσθάνομαι· τοῦτον τὸν ἐξισωτὴν γὰρ εἴρηκας. εἶτα τί;

ΚΡΙΤΙΑΣ

20 Καὶ δὴ πολλοὺς παραγκωνισάμενος ἧκον ἐς τὰ πρόσω καὶ τὸ
ἑωθινὸν χαῖρε εἰπὼν ἐχώρουν ὡς αὐτόν. ἀνθρωπίσκος δέ τις
τοὔνομα Χαρίκενος, σεσημμένον γερόντιον ῥέγχον τῇ ῥινί, ὑπέ-
βηττε μύχιον, ἐχρέμπτετο ἐπισεσυρμένον, ὁ δὲ πτύελος κυανώ- 15
τερος θανάτου· εἶτα ἤρξατο ἐπιφθέγγεσθαι κατισχνημένον·

---

1 οὐ del. Post   2–3 cf. *Act. Ap.* 1.8, *Ep. Rom.* 1.4, Luc. 8.1,
43.3   4 *Il.* 9.191, cit. Luc. 49.5, 54   5 cf. 77.17.2
ὠνησάμενος *Δ*[1]   γε Fl.: τε A 88 a Esc.: om. *Δ* C
6 cf. 21.16   9 θεάσωμαι Fl.   cf. Sammelb. 5294.8
(iii saeculi)   10 ἐκ om. Fl.   συμπότην *Δ*; cf. Ar. *Vesp.*
1209, Luc. 25.48, 36.30, 79.9.1   11 sic punx. Fritzsche: post
τοῦτον punx. a C: puncto carent cett.   εἶτα] εἰ *Δ*   12 cf.
21.16   πολλοὺς] καλοὺς *Δ*   13 cf. 64.1   cf. 21.45,
28.17 etc.   14–15 cf. 22.10   15 cf. 73.2

Οὗτος, ὡς προεῖπον, τοὺς τῶν ἐξισωτῶν ἀπαλείψει ἐλλειπασμοὺς
καὶ τὰ χρέα τοῖς δανεισταῖς ἀποδώσει καὶ τά τε ἐνοίκια πάντα
καὶ τὰ δημόσια, καὶ τὰς εἰραμάγγας δέξεται μὴ ἐξετάζων τῆς
τέχνης. καὶ κατεφλυάρει ἔτι πικρότερα. οἱ περὶ αὐτὸν δὲ
5 ἤδοντο τοῖς λόγοις καὶ τῷ καινῷ τῶν ἀκουσμάτων προσέκειντο.

Ἕτερος δὲ τοὔνομα Χλευόχαρμος τριβώνιον ἔχων πολύσαθρον 21
ἀνυπόδετός τε καὶ ἄσκεπος μετέειπε τοῖς ὀδοῦσιν ἐπικροτῶν, ὡς
ἐπεδείξατό μοί τις κακοείμων, ἐξ ὀρέων παραγενόμενος, κεκαρ-
μένος τὴν κόμην, ἐν τῷ θεάτρῳ ἀναγεγραμμένον οὔνομα ἱερο-
10 γλυφικοῖς γράμμασιν, ὡς οὗτος τῷ χρυσῷ ἐπικλύσει τὴν
λεωφόρον.

Ἦν δ' ἐγὼ κατὰ μὲν τὰ Ἀριστάνδρου καὶ Ἀρτεμιδώρου,
Οὐ καλῶς ἀποβήσονται ταῦτά γε τὰ ἐνύπνια ἐν ὑμῖν, ἀλλὰ σοὶ
μὲν τὰ χρέα πληθυνθήσονται ἀναλόγως τῆς ἀποδόσεως· οὗτος
15 δὲ ἐπὶ πολὺ τοῦ ὀβολοῦ γε στερηθήσεται ὡς πολλοῦ χρυσίου
εὐπορηκώς. καὶ ἔμοιγε δοκεῖτε "ἐπὶ Λευκάδα πέτρην" "καὶ
δῆμον ὀνείρων" καταδαρθέντες τοσαῦτα ὀνειροπολεῖν ἐν ἀκαρεῖ
τῆς νυκτὸς οὔσης.

Οἱ δὲ ἀνεκάγχασαν ἅπαντες ὡς ἀποπνιγέντες ὑπὸ τοῦ γέλωτος 22
20 καὶ τῆς ἀμαθίας μου κατεγίνωσκον. ἦν δ' ἐγὼ πρὸς Κράτωνα,
Μῶν κακῶς πάντα ἐξερρίνισα, ἵν' εἴπω τι κωμικευσάμενος, καὶ
οὐ κατὰ Ἀρίστανδρον τὸν Τελμισέα καὶ Ἀρτεμίδωρον τὸν
Ἐφέσιον ἐξίχνευσα τοῖς ὀνείρασιν;

1 cf. *Cod. Just.* 10.16.13 *Intr.*   ἀπαλείψει Bekker:
καταλείπει codd.: καταλείψει Gesner: καταλύσει Heumann   ἐλ-
λειπασμοὺς A 88 C Esc.: ἐλλοιπασμοὺς α: ἐλειπασμοὺς Δ: λοιπασμοὺς Guyet
3 τὰς εἰραμάγγας (μάγγας α) codd.: τοὺς εἰρηνάρχας Gesner: τοὺς ἀλλη-
λεγγύους vel aliquid simile post Baldwin temptaveram   lacunam
ante δέξεται linquit α   3-4 τὰς τέχνας Heumann   4 an
ψυχρότερα?   6 cf. 24.31, 77.1.2   7 cf. 19.20   9 ἀνα-
γεγραμμένον A 88 α: γεγραμμένον Δ C: ἀναγεγραμμένος Esc.   τοὔνομα
Esc.   10 cf. 25.18, 34.36, 73.16 etc.   14 πληθυνθήσεται α
ἀνὰ λόγον Gesner   16-17 cf. *Od.* 24.11-12   17 κατα-
δραθέντες Δ 88; cf. 32.4, 36.30   cf. 36.20, 77.15.2 etc.
cf. Ar. *Pl.* 244, Luc. 25.3, 23 etc.   19-20 cf. 21.31, 34.8   ἀπὸ
Δ C   21 ἐξηρεύνησα C: ἐξερρίνησα Kock   cf. Phot. *Ep.*
68.16, 206.6   22 Τελμισσέα Solanus   23 cf. 56.26

Ἦ δ' ὅς, Σίγα, ὦ Κριτία· εἰ ἐχεμυθεῖς, μυσταγωγήσω σε τὰ κάλλιστα καὶ τὰ νῦν γενησόμενα· οὐ γὰρ ὄνειροι τάδ' εἰσίν, ἀλλ' ἀληθῆ, ἐκβήσονται δὲ εἰς μῆνα Μεσωρί.

Ταῦτα ἀκηκοὼς παρὰ τοῦ Κράτωνος καὶ τὸ ὀλισθηρὸν τῆς διανοίας αὐτῶν κατεγνωκὼς ἠρυθρίασα καὶ σκυθρωπάζων 5 ἐπορευόμην πολλὰ τὸν Κράτωνα ἐπιμεμφόμενος. εἷς δὲ δριμὺ καὶ τιτανῶδες ἐνιδὼν δραξάμενός μου τοῦ λωπὸς ἐσπάρασσε ῥήτρην ποιήσασθαι πειθόμενός τε καὶ παρανυττόμενος παρὰ τοῦ πεπαλαιωμένου ἐκείνου δαιμονίου.

23 Εἰς λόγους δὲ ταῦτα παρεκτείναντες πείθει με τὸν κακοδαίμονα 10 εἰς γόητας ἀνθρώπους παραγενέσθαι καὶ ἀποφράδι τὸ δὴ λεγόμενον ἡμέρᾳ συγκυρῆσαι· ἔφασκε γὰρ πάντα ἐξ αὐτῶν μυσταγωγηθῆναι. καὶ δὴ διήλθομεν σιδηρέας τε πύλας καὶ χαλκέους οὐδούς. ἀναβάθρας δὲ πλείστας περικυκλησάμενοι ἐς χρυσόροφον οἶκον ἀνήλθομεν, οἷον Ὅμηρος τοῦ Μενελάου φησί. καὶ δὴ 15 ἅπαντα ἐσκοπίαζον ὡς οἷα ὁ νησιώτης ἐκεῖνος νεανίσκος. ὁρῶ δὲ οὐχ Ἑλένην, μὰ Δί', ἀλλ' ἄνδρας ἐπικεκυφότας καὶ κατωχριωμένους· "οἱ δὲ ἰδόντες γήθησαν" καὶ ἐξ ἐναντίας παρεγένοντο· ἔφασκον γὰρ ὡς εἴ τινα λυγρὰν ἀγγελίαν ἀγάγοιμεν· ἐφαίνοντο γὰρ οὗτοι ὡς τὰ κάκιστα εὐχόμενοι καὶ ἔχαιρον ἐπὶ τοῖς λυγροῖς 20 ὥσπερ αἱροπινοποιοὶ ἐπὶ θέατρα, τὰς κεφαλὰς δ' ἄγχι σχόντες ἐψιθύριζον. μετὰ δὲ τὰ ἤροντό με,

---

1 cf. 22.2, 79.1.2   μυσταγωγήσω σε A 88 a Esc.: μυσταγωγήσε
sic Δ: μυσταγωγήσῃ C   2 καὶ τὰ νῦν] καὶ τὰ νῦν καὶ τὰ C
3 Μεσωρί Solanus   4 cf. 25.29, 26.5 etc.   5 ἐρυθρίασα Δ 88 C
6 cf. 77.22.2   εἷς] εἰς Δ C   6–7 cf. 24.23, 34.30 etc.
7 μου] με a   λωπὸς a 88 C: λοπὸς cett.: λώπους Fl.   8 cf. 57.35,
65.2   11 cf. 28.15   cf. 51 passim   12 συγκυρῆσθαι Δ
13–14 cf. 49.32, Il. 8.15   14 cf. 77.20.9   περικυκλωσάμενοι
A Esc.: cf. 74.63   cf. 76.9, Od. 4.73–4   15 οἷα codd.:
corr. Fl.   cf. 10.3, 68.9   18 cf. Il. 24.320–1,
16 ὡς οἷα] ὅσα Fl.   ὁ om. C   cf. Il.
Od. 15.164–5   19 post τινα add. γὰρ Δ, add. γε C   cf. Il.
19.337   21 αἱροπινοποιοὶ 88a A Esc. Δ², Stach qui Suda et
Hesych. αἱρόπινον· σκοτεινὸν contulit: αἱρονοποιοὶ Δ¹: ἐρινυνοποιοὶ C: αἱ
ποινοποιοὶ Fl.: αὐλινοποιοὶ conieceram

82. ΦΙΛΟΠΑΤΡΙΣ Η ΔΙΔΑΣΚΟΜΕΝΟΣ

τίς πόθεν εἶς ἀνδρῶν, πόθι τοι πόλις ἠδὲ τοκῆες;

χρηστὸς γὰρ ἂν εἴης ἀπό γε τοῦ σχήματος.
Ἦν δ' ἐγώ, Ὀλίγοι γε χρηστοί, ὥσπερ βλέπω πανταχοῦ·
Κριτίας δὲ τοὔνομα, πόλις δέ μοι ἔνθεν καὶ ὑμῖν.
5 Ὡς δ' ἀεροβατοῦντες ἐπυνθάνοντο, Πῶς τὰ τῆς πόλεως καὶ 24
τὰ τοῦ κόσμου;
Ἦν δ' ἐγώ, Χαίρουσί γε πάντες καὶ ἔτι γε χαιρήσονται.
Οἱ δὲ ἀνένευον ταῖς ὀφρύσιν, Οὐχ οὕτως. δυστοκεῖ γὰρ ἡ πόλις.
Ἦν δ' ἐγὼ κατὰ τὴν αὐτῶν γνώμην· Ὑμεῖς πεδάρσιοι ὄντες
10 καὶ ὡς ἀπὸ ὑψηλοῦ ἅπαντα καθορῶντες ὀξυδερκέστατα καὶ τάδε
νενοήκατε. πῶς δὲ τὰ τοῦ αἰθέρος; μῶν ἐκλείψει ὁ ἥλιος, ἡ δὲ
σελήνη κατὰ κάθετον γενήσεται; ὁ Ἄρης εἰ τετραγωνίσει τὸν Δία
καὶ ὁ Κρόνος διαμετρήσει τὸν ἥλιον; ἡ Ἀφροδίτη εἰ μετὰ τοῦ
Ἑρμοῦ συνοδεύσει καὶ Ἑρμαφροδίτους ἀποκυήσουσιν, ἐφ' οἷς
15 ὑμεῖς ἥδεσθε; εἰ ῥαγδαίους ὑετοὺς ἐκπέμψουσιν; εἰ νιφετὸν πολὺν
ἐπιστρωννύσουσι τῇ γῇ, χάλαζαν δὲ καὶ ἐρυσίβην εἰ κατάξουσι,
λοιμὸν καὶ λιμὸν καὶ αὐχμὸν εἰ ἐπιπέμψουσιν, εἰ τὸ κεραυνοβόλον
ἀγγεῖον ἀπεγεμίσθη καὶ τὸ βροντοποιὸν δοχεῖον ἀνεμεστώθη;
Οἱ δὲ ὡς ἅπαντα κατωρθωκότες κατεφλυάρουν τὰ αὐτῶν 25
20 ἐράσμια, ὡς μεταλλαγῶσι τὰ πράγματα, ἀταξίαι δὲ καὶ ταραχαὶ
τὴν πόλιν καταλήψονται, τὰ στρατόπεδα ἥττονα τῶν ἐναντίων
γενήσονται. τοῦτο ἐκταραχθεὶς καὶ ὥσπερ πρῖνος καόμενος

---

1 cf. *Od.* 1.170 etc., Luc. 24.23 etc.   3 cf. 25.25,
Ar. *Ran.* 783   4 ἔνθεν] ἔνθεν, ὅθεν Fl.   5 cf. c. 12
7 χαρήσονται ed. Bas. 1563   8 ἀνένευσαν C: lacun. post
ἀνέ Δ: ἀνένευον cett.   cf. *Od.* 9.468   οὕτω a Esc.
cf. Ar. *Ran.* 1423   9 αὐτῶν] an αὐτὴν?   μετάρσιοι
Esc.[1]   10 cf. 24.13   τάδε A Esc.: τά γε cett.
12 τετραγωνήσει Fl.   13 ἡ A 88 Esc.: καὶ Δ C: εἰ a   εἰ
om. a   14 Ἑρμαφροδίτους A 88 Esc. a: Ἑρμαφροδίτης Δ: Ἑρμαφρο-
δίται C   cf. 78.9.1   15 cf. 25.3   ἐκπέμψωσιν
Δ C   17 cf. Hes. *Op.* 243, Hdt. 7.171, Thuc. 2.54   καὶ
ante αὐχμὸν om. A Esc.   καὶ αὐχμὸν om. Bourdelot   18 cf.
49.19   ἐπεγεμ. C et fort. Δ[1]   19 αὐτῶν C; at
cf. supra l. 9   cf. 8.29   21 ⟨δὲ⟩ post τὰ Bekker,
⟨καὶ⟩ ante τὰ malim   22 cf. Ar. *Ran.* 859

οἰδηθεὶς διάτορον ἀνεβόησα, Ὦ δαιμόνιοι ἀνδρῶν, μὴ μεγάλα
λίαν λέγετε "θήγοντες ὀδόντας" κατ' ἀνδρῶν "θυμολεόντων"
πνεόντων "δόρυ καὶ λόγχας καὶ λευκολόφους τρυφαλείας."
ἀλλὰ
ταῦτα μὲν ⟨ὑμῖν⟩ ἐπὶ κεφαλὴν καταβήσεται, ὡς τὴν πατρίδα
ὑμῶν κατατρύχετε· οὐ γὰρ αἰθεροβατοῦντες ταῦτα ἠκηκόειτε, 5
οὐ τὴν πολυάσχολον μαθηματικὴν κατωρθώκατε. εἰ δέ γε
μαντεῖαι καὶ γοητεῖαι ὑμᾶς παρέπεισαν, διπλοῦν τὸ τῆς ἀμαθίας·
γυναικῶν γὰρ εὑρέματα ταῦτα καὶ γραϊδίων παίγνια· ἐπὶ πολὺ
γὰρ τὰ τοιαῦτα αἱ τῶν γυναικῶν ἐπίνοιαι μετέρχονται.

ΤΡΙΕΦΩΝ

26 Τί δὲ πρὸς ταῦτα ἔφησαν, ὦ καλὲ Κριτία, οἱ κεκαρμένοι τὴν 10
γνώμην καὶ τὴν διάνοιαν;

ΚΡΙΤΙΑΣ

Ἅπαντα ταῦτα παρέδραμον εἰς ἐπίνοιαν τετεχνασμένην κατα-
πεφευγότες· ἔλεγον γάρ, Ἡλίους δέκα ἄσιτοι διαμενοῦμεν
καὶ ἐπὶ παννύχους ὑμνῳδίας ἐπαγρυπνοῦντες ὀνειρώττομεν τὰ
τοιαῦτα. 15

ΤΡΙΕΦΩΝ

Σὺ δὲ τί πρὸς αὐτοὺς εἴρηκας; μέγα γὰρ ἔφησαν καὶ
διηπορημένον.

ΚΡΙΤΙΑΣ

Θάρσει, οὐκ ἀγεννές· ἀντεῖπον γὰρ τὰ κάλλιστα. τὰ γὰρ παρὰ

1 cf. 22.1   1–2 cf. Ar. *Ran.* 835   1 μέγα C
2–3 cf. Ar. *Ran.* 815, 1041, 1016   3 καὶ λόγχας om. C
λευκωλένους codd.: corr. Fl.   4 ταῦτα μὲν ⟨ὑμῖν⟩ Anastasi:
ταῦτα μὲν codd. ταῦθ' ὑμῖν Fl.   καταβ.] ὑμῖν κατακείσεται C
ὡς] οἷς Bekker   5 cf. 60.4, 70.77   ἀκηκόατε Lehmann   8 εὑ-
ρέματα…παίγνια pro versu comico duxit Kock, *Fr.* 482   καὶ γρ.
ΔC: γρ. καὶ cett.; cf. Gregor. *Or.* 5, 163 (*P.G.* 35.693b)   13 cf.
19.20, 29.2, Gregor. loc. cit.   διαμένομεν C   14 cf. 22.31, 25.14
etc.   cf. 22.6, 32   18 cf. 26.10

82. ΦΙΛΟΠΑΤΡΙΣ Η ΔΙΔΑΣΚΟΜΕΝΟΣ

τῶν ἀστικῶν θρυλλούμενα, ἔφην περὶ ὑμῶν· ὁπόταν ὀνειρο-
πολῆτε, τὰ τοιαῦτά που παρεισάγονται.

Οἱ δὲ σεσηρὸς ὑπομειδιῶντες, Ἔξω που παρέρχονται τοῦ
κλινιδίου.

5 Ἢν δ' ἐγώ, Εἰ ἀληθῆ εἰσι ταῦτα, ὦ αἰθέριοι, οὐκ ἄν ποτε
ἀσφαλῶς τὰ μέλλοντα ἐξιχνεύσαιτε, ἀλλὰ καταποθέντες ὑπ'
αὐτῶν ληρήσετε τὰ μὴ ὄντα μηδὲ γενησόμενα. ἀλλὰ ταῦτα μὲν
οὐκ οἶδ' ὅπως ληρεῖτε ὀνείροις πιστεύοντες, καὶ τὰ κάλλιστα
βδελύττεσθε, τοῖς δὲ πονηροῖς ἤδεσθε, μηδὲν ὀνούμενοι τοῦ
10 βδελύγματος. ὥστε ἐάσατε τὰς ἀλλοκότους ταύτας φαντασίας
καὶ τὰ πονηρὰ βουλεύματα καὶ μαντεύματα, μή που θεὸς
ὑμᾶς ἐς κόρακας βάλοι διὰ τὸ τῇ πατρίδι ἐπαρᾶσθαι καὶ λόγους
κιβδήλους ἐπιφημίζειν.

Οὗτοι δὲ ἅπαντες "ἕνα θυμὸν ἔχοντες" ἐμοὶ πολλὰ κατε- 27
15 μέμφοντο. καὶ εἰ βούλει, καὶ τάδε προστιθῶ σοι, ἅτινά με καὶ
ὡς στήλην ἄναυδον ἔθηκαν, μέχρις ἂν ἡ χρηστή σου λαλιὰ
λιθούμενον ἀνέλυσε καὶ ἄνθρωπον ἀποκατέστησεν.

ΤΡΙΕΦΩΝ

Σίγα, ὦ Κριτία, καὶ μὴ ὑπερεκτείνῃς τοὺς ὕθλους· ὁρᾷς
γὰρ ὡς ἐξώγκωταί μου ἡ νηδὺς καὶ ὥσπερ κυοφορῶ· ἐδήχθην
20 γὰρ τοῖς παρὰ σοῦ λόγοις ὡς ὑπὸ κυνὸς λυττῶντος. καὶ εἰ
μὴ φάρμακον ληθεδανὸν ἐμπιὼν ἠρεμήσω, αὕτη ἡ μνήμη
οἰκουροῦσα ἐν ἐμοὶ μέγα κακὸν ἐργάσεται. ὥστε ἔασον τούτους
τὴν εὐχὴν ἀπὸ πατρὸς ἀρξάμενος καὶ τὴν πολυώνυμον ᾠδὴν ἐς

1 sic Fl.: , ἔφην περὶ ὑμῶν, codd.: , ἔφην, περὶ ὑμῶν κτλ. edd.
2 τοιαῦτά που Fl.: τοιαῦτα πού codd.   3 cf. 49.13   6 ἐξ-
ιχνεύσητε A Esc.   καταπεισθέντες Fl.   9 μηδὲν A 88 Esc. a:
μήθ' Δ : μὴ δὲ C   ὀνάμενοι Pelletus   10 ἐάσετε Fl.
cf. 28.25   12 βάλοι A 88 Esc. a²: βάλῃ a¹: βάλλοι Δ : βάλλῃ C
14 cf. Il. 15.710 etc.   15 καὶ εἰ] εἰ δὲ Esc.   τάδε C:
τά γε cett.   16 cf. 25.5, 36.28   18 cf. 46.16   20 cf.
8.38   21 cf. 34.39, Od. 4.220–1   23 cf. Arat. Phaen. 1,
Theoc. 17.1, Ev. Matt. 6.9, Ev. Luc. 11.2   cf. 34.17, 80.4.5,
1 Clem. (Rom.) 44, Clem. Alex. q.d.s. fin., Greg. Niss. Eun. 10, Hesych.
H. Fr. Ps. 68.31, Const. App. 7.47

28 τέλος ἐπιθείς. ἀλλὰ τί τοῦτο; οὐχὶ Κλεόλαος οὗτός ἐστιν, ὁ
τοῖς ποσὶ "μακρὰ βιβάς," σπουδῇ δὲ "ἥκει καὶ κατέρχεται;"
μῶν ἐπιφωνήσομεν αὐτῷ;

ΚΡΙΤΙΑΣ

Καὶ μάλα.

ΤΡΙΕΦΩΝ

Κλεόλαε,   5

μή τι παραδράμῃς γε ποσὶ μηδὲ παρέλθῃς,
ἀλλ' ἐλθὲ χαίρων, εἴ γέ που μῦθον φέρεις.

ΚΛΕΟΛΑΟΣ

Χαίρετ' ἄμφω, ὦ καλὴ ξυνωρίς.

ΤΡΙΕΦΩΝ

Τίς ἡ σπουδή; ἀσθμαίνεις γὰρ ἐπὶ πολύ. μῶν τι καινὸν
πέπρακται;   10

ΚΛΕΟΛΑΟΣ

Πέπτωκεν ὀφρὺς ἡ πάλαι βοωμένη
Περσῶν,
καὶ Σοῦσα κλεινὸν ἄστυ.
πέσοι δ' ἔτι γε πᾶσα χθὼν Ἀραβίας
χειρὶ κρατοῦντος εὐσθενεστάτῳ κράτει.   15

ΚΡΙΤΙΑΣ

29 Τοῦτ' ἐκεῖνο, ὡς ἀεὶ τὸ θεῖον οὐκ ἀμελεῖ τῶν ἀγαθῶν, ἀλλ'

2 cf. *Il.* 7.213 etc., Luc. 77.23.1   cf. A. *Ch.* 3,
Ar. *Ran.* 1153 seq.   2–3 : *Μῶν ἐπιφωνήσωμεν αὐτῷ:* C
3 μῶν] μὴ Δ   6–7 cf. [Hom.] *Marg.* Fr. 1,5 W., Xenoph. B 14, *CEG*
454   6 παραδραμέῃς γε πόδεσσιν metro sanato Gesner; cf. *Od.* 8.230
7 μῦθον] βυθὸν Δ C   11 *Πέπτωκεν ὀφρὺς* lacuna relicta om. Δ C
si citatur, fons ignotus, cf. A. *Septem* 794   14–15 πέσοι...χειρὶ
lacuna relicta om. Δ C   14 πέσοι a: πέσῃ 88 A   si metrum
requiras, ἔτι δὲ πεσεῖται...coniciam   *Ἀραβίας* a A, cf. 86.7, 33
15 εὐσθενωτάτῳ A   κράτει τοῦπ' ἐκείνου Δ C   16 cf. 28.9,
36.12 etc.   ἀεὶ] ἂν Δ C

82. ΦΙΛΟΠΑΤΡΙΣ Η ΔΙΔΑΣΚΟΜΕΝΟΣ

αὔξει ἄγον ἐπὶ τὰ κρείττονα. ἡμεῖς δέ, ὦ Τριεφῶν, τὰ κάλλιστα
εὑρηκότες ἐσμέν. ἐδυσχέραινον γὰρ ἐν τῇ ἀποβιώσει τί τὰ
τέκνα † καταλιπεῖν ἐπὶ ταῖς διαθήκαις· οἶδας γὰρ τὴν ἐμὴν
πενίαν ὡς ἐγὼ τὰ σά. τοῦτο ἀρκεῖ τοῖς παισίν, αἱ ἡμέραι τοῦ αὐτο-
5 κράτορος· πλοῦτος γὰρ ἡμᾶς οὐκ ἐκλείψει καὶ ἔθνος ἡμᾶς οὐ
καταπτοήσει.

ΤΡΙΕΦΩΝ

Κἀγώ, ὦ Κριτία, ταῦτα καταλείπω τοῖς τέκνοις, ὡς ἴδωσι
Βαβυλῶνα ὀλλυμένην, Αἴγυπτον δουλουμένην, τὰ τῶν Περσῶν
τέκνα "δούλειον ἦμαρ" ἄγοντα, τὰς ἐκδρομὰς τῶν Σκυθῶν
10 παυομένας, εἰ δ' οὖν, καὶ ἀνακοπτομένας. ἡμεῖς δὲ τὸν ἐν
Ἀθήναις Ἄγνωστον ἐφευρόντες καὶ προσκυνήσαντες χεῖρας ἐς
οὐρανὸν ἐκτείναντες τούτῳ εὐχαριστήσωμεν ὡς καταξιωθέντες
τοιούτου κράτους ὑπήκοοι γενέσθαι, τοὺς δὲ λοιποὺς ληρεῖν
ἐάσωμεν ἀρκεσθέντες ὑπὲρ αὐτῶν εἰπεῖν τὸ Οὐ φροντὶς Ἱππο-
15 κλείδῃ κατὰ τὴν παροιμίαν.

2–3 τί τὰ τέκνα codd.: τί τοῖς τέκνοις Fl.: τί ⟨δεῖ ἐπὶ⟩...vel simile opus
est   3 γὰρ] καὶ Δ C   4 τοῦτο] νῦν δὲ τοῦτο C   4–5 ἡμέραι
(αἱ ἡμέραι C) τοῦ αὐτοκράτορος lacuna relicta om. Δ C   6 κατα-
πτοήσει. ΤΡ. Κἀγὼ α 88 A Esc.: κατακλείη κἀγὼ Δ: κατακλείει· κἀγὼ C:
καταποκλείσει. ΤΡ. Κἀγὼ Anastasi   7 ὦ Κριτία ταῦτα lacuna licita
om. Δ C   8 cf. 36.13, Anth. gr. 16.63   9 cf. Eur. Hec. 56,
Andr. 99, Il. 6.463   10 cf. 42.57, 59.49   εἰ δ' οὖν, scripsi,
cf. Pl. Ap. 34d: εἴτ' οὖν codd.: εἴθ' οὖν Salmuriensis   12 ἐκτείναντες
A a Esc.: ἐκτείνοντες 88 Δ C   τούτῳ ad finem om. Δ¹, suppl.
diorthotes   εὐχαριστήσωμεν] om. in lacuna C: εὐχαριστήσομεν Fl.
13 ληρεῖν] χαίρειν C   14–15 cf. 5.8, 65.15

389

ΧΑΡΙΔΗΜΟΣ Η ΠΕΡΙ ΚΑΛΛΟΥΣ

ΕΡΜΙΠΠΟΣ

1 Περιπάτους ἔτυχον χθές, ὦ Χαρίδημε, ποιούμενος ἐν τῷ
προαστείῳ ἅμα μὲν καὶ τῆς παρὰ τῶν ἀγρῶν χάριν ῥαστώνης,
ἅμα δὲ—ἔτυχον γάρ τι μελετῶν—καὶ δεόμενος ἡσυχίας. ἐν-
τυγχάνω δὴ Προξένῳ τῷ Ἐπικράτους· προσειπὼν δὲ ὥσπερ
εἰώθειν, ἠρώτων ὅθεν τε πορεύοιτο καὶ ὅποι βαδίζοι. ὁ δὲ ἥκειν 5
μὲν ἔφη καὶ αὐτὸς ἐκεῖ παραμυθίας χάριν, ἥπερ εἰώθει πρὸς τὴν
ὄψιν γίνεσθαι τῶν ἀγρῶν, ἀπολαύσων δὲ καὶ τῆς τούτους
ἐπιπνεούσης εὐκράτου καὶ κούφης αὔρας, ἀπὸ συμποσίου μέντοι
καλλίστου γεγονότος ἐν Πειραιεῖ ἐν Ἀνδροκλέους τοῦ Ἐπι-
χάρους τὰ ἐπινίκια τεθυκότος Ἑρμῇ, ὅτι δὴ βιβλίον ἀναγνοὺς 10
2 ἐνίκησεν ἐν Διασίοις. ἔφασκε δὴ ἄλλα τε πολλὰ γεγενῆσθαι ἀστεῖα
καὶ χαρίεντα, καὶ δὴ καὶ κάλλους ἐγκώμια εἰρῆσθαι τοῖν ἀνδροῖν,
ἃ ἐκεῖνον μὲν μὴ δύνασθαι εἰπεῖν ὑπό τε γήρως ἐπιλελησμένον
ἄλλως τε καὶ οὐκ ἐπὶ πολὺ λόγων μετεσχηκότα, σὲ δ' ἂν ῥᾳδίως
εἰπεῖν ἅτε καὶ αὐτὸν ἐγκεκωμιακότα καὶ τοῖς ἄλλοις παρ' ὅλον 15
τὸ συμπόσιον προσεσχηκότα τὸν νοῦν.

ΧΑΡΙΔΗΜΟΣ

Γέγονε ταῦτα, ὦ Ἕρμιππε. οὐ μέντοι γε οὐδ' ἐμοὶ ῥᾴδιον ἐπ'

Codices Vat. gr. 1859 et Marc. gr. 840 (olim 434) suppl. rec. Ωω rettuli;
lectiones codicis ρ (Marciani 700, olim 435) ibi tantum ubi ab Ωω discrepat
citavi   titulus cf. Pl. *Phdr.* tit.   1–2 cf. ibid. 227a,
Aristaenet. 1.5   2 προαστίῳ LSJ   4 cf. Pl. *Phdr.* 227b
4–5 cf. ibid. 227a   10 τὰ ἐπι⟨νίκια⟩ τεθυκ⟨ότος⟩ Ἑρμῇ om.
1859[1], suppl. in margine nunc resecto 1859[2]: ἐπιτεθυκότος Ἑρμῇ Ωω; cf.
Pl. *Symp.* 173a   11 ἐν om. Ωω   cf. 24.24,
25.7, Thuc. 1.126   δὲ Bekker   12 τοῖν ἀνδροῖν codd.: τοῖς ἀνδράσι
Fl.   14 ⟨τῶν⟩ λ. Bekker

ἀκριβείας ἅπαντα διεξιέναι· οὐ γὰρ οἷόν τε ἦν πάντων ἀκούειν
θορύβου πολλοῦ γενομένου τῶν τε διακονουμένων τῶν τε ἑστι-
ωμένων, ἄλλως τε καὶ τῶν δυσχερεστέρων ὃν μεμνῆσθαι
λόγους ἐν συμποσίῳ γενομένους· οἶσθα γὰρ ὡς ἐπιλήσμονας
5 ποιεῖ καὶ τοὺς λίαν μνημονικωτάτους. πλὴν ἀλλὰ σὴν χάριν ὡς
ἂν οἷός τε ὦ τὴν διήγησιν πειράσομαι ποιεῖσθαι, μηδὲν παρα-
λείπων ὧν ἂν ἐνθυμηθῶ.

ΕΡΜΙΠΠΟΣ

Τούτων μὲν δὴ ἕνεκα οἶδά σοι χάριν. ἀλλ' εἴ μοι τὸν πάντα 3
λόγον ἐξ ἀρχῆς ἀποδοίης, ὅ τι τε ἦν ὅπερ ἀνέγνω βιβλίον
10 Ἀνδροκλῆς τίνα τε νενίκηκε καὶ τίνας ὑμᾶς εἰς τὸ συμπόσιον
κέκληκεν, οὕτως ἂν ἱκανὴν καταθοῖο τὴν χάριν.

ΧΑΡΙΔΗΜΟΣ

Τὸ μὲν δὴ βιβλίον ἦν ἐγκώμιον Ἡρακλέους ἔκ τινος ὀνείρατος,
ὡς ἔλεγε, πεποιημένον αὐτῷ· νενίκηκε Διότιμον τὸν Μεγαρόθεν
ἀνταγωνισάμενον αὐτῷ περὶ τῶν ἀσταχύων, μᾶλλον δὲ περὶ τῆς
15 δόξης.

ΕΡΜΙΠΠΟΣ

Τί δ' ἦν ὃ ἐκεῖνος ἀνέγνω βιβλίον;

ΧΑΡΙΔΗΜΟΣ

Ἐγκώμιον τοῖν Διοσκούροιν. ἔφασκε δὲ καὶ αὐτὸς ἐκ μεγάλων
κινδύνων ὑπ' ἐκείνων σεσωσμένος ταύτην αὐτοῖς καταθεῖναι τὴν
χάριν, ἄλλως τε καὶ ὑπ' ἐκείνων παρακεκλημένος ἐπ' ἄκροις
20 ἱστίοις ἐν τοῖς ἐσχάτοις κινδύνοις φανέντων. παρῆσαν μέντοι τῷ 4
συμποσίῳ καὶ ἄλλοι [μὲν] πολλοὶ οἱ μὲν συγγενεῖς αὐτῷ, οἱ δὲ
καὶ ἄλλως συνήθεις, οἱ δὲ λόγου τε ἄξιοι τό τε συμπόσιον ὅλον

---

2 γινομένου Fl.   6 οἷός Fl.: οἰόν codd.   11 κατα-
θεῖο Ωω   12 cf. Pl. Symp. 177b   cf. 26.17, 70.73
13 ⟨δὲ⟩ Διότ. Fl.   18 cf. 79.25.2   21 μὲν[1] codd.:
om. edd.

κεκοσμηκότες καὶ κάλλους ἐγκώμια διελθόντες Φίλων τε ἦν ὁ
Δεινίου καὶ Ἀρίστιππος ὁ Ἀγασθένους καὶ τρίτος αὐτός·
συγκατέλεκτο δὲ ἡμῖν καὶ Κλεώνυμος ὁ καλὸς ὁ τοῦ Ἀνδροκλέους
ἀδελφιδοῦς, μειράκιον ἁπαλόν τε καὶ τεθρυμμένον· νοῦν μέντοι
γε ἐδόκει ἔχειν· πάνυ γὰρ προθύμως ἠκροᾶτο τῶν λόγων. πρῶτος   5
δὲ ὁ Φίλων περὶ τοῦ κάλλους ἤρξατο λέγειν προοιμιασάμενος
οὕτω.

ΕΡΜΙΠΠΟΣ

Μηδαμῶς, ὦ ἑταῖρε, μὴ πρὶν τῶν ἐγκωμίων ἄρξῃς πρὶν ἄν μοι
καὶ τὴν αἰτίαν ἀποδῷς ὑφ' ἧς εἰς τούτους προήχθητε τοὺς
λόγους.   10

ΧΑΡΙΔΗΜΟΣ

Εἰκῇ διατρίβεις ἡμᾶς, ὦγαθέ, πάλαι δυναμένους τὸν ἄπαντα
λόγον διελθόντας ἀπαλλαγῆναι. πλὴν ἀλλὰ τί τις ἂν χρήσαιτο,
ὁπότε φίλος τις ὢν βιάζοιτο; ἀνάγκη γὰρ ὑφίστασθαι πᾶν ὁτιοῦν.
ἦν δὴ ζητεῖς αἰτίαν τῶν λόγων, αὐτὸς ἦν Κλεώνυμος ὁ καλός·   5
καθημένου γὰρ αὐτοῦ μεταξὺ ἐμοῦ τε καὶ Ἀνδροκλέους τοῦ θείου,   15
πολὺς ἐγίνετο λόγος τοῖς ἰδιώταις περὶ αὐτοῦ ἀποβλέπουσί τε εἰς
αὐτὸν καὶ ὑπερεκπεπληγμένοις τὸ κάλλος. σχεδὸν οὖν πάντων
ὀλιγωρήσαντες κάθηντο διεξιόντες ἐγκώμια τοῦ μειρακίου. ἀγασ-
θέντες δὲ ἡμεῖς τῶν ἀνδρῶν τὴν φιλοκαλίαν καὶ ἅμα ἐπαινέσαντες
αὐτοὺς ἀργίας τε πολλῆς εἶναι ὑπολαβόντες λόγοις ἀπολείπεσθαι   20
τῶν ἰδιωτῶν περὶ τῶν καλλίστων, ᾧ μόνῳ τούτων ᾠόμεθα
προέχειν, καὶ δὴ ἡπτόμεθα τῶν περὶ κάλλους λόγων. ἔδοξεν οὖν
ἡμῖν οὐκ ὀνομαστὶ λέγειν τὸν ἔπαινον τοῦ παιδός—οὐ γὰρ ἂν ἔχειν
καλῶς, ἐμβαλεῖν γὰρ ἂν αὐτὸν εἰς πλείω τρυφήν—ἀλλ' οὐδὲ μὴν
ὥσπερ ἐκείνους οὕτως ἀτάκτως, ὅπερ ἕκαστος τύχοι, λέγειν,   25
ἀλλ' ἕκαστον εἰπεῖν ἰδίᾳ ὅσ' ἂν ἀπομνημονεύοι περὶ τοῦ
προκειμένου.

1 cf. 17, 59   3 συγκατείλεκτο Ωω; cf. Od. 19.50, Hes. Sc. 46
8 ἄρξῃ Fl.   12–13 cf. 26.2   14 δὴ] δὲ Fl.   14–15 cf. Pl.
Chrm. 155c   21 οἰόμεθα Fl.

83. ΧΑΡΙΔΗΜΟΣ Η ΠΕΡΙ ΚΑΛΛΟΥΣ

Καὶ δὴ ἀρξάμενος ὁ Φίλων πρῶτος οὑτωσὶ τὸν λόγον ἐποιεῖτο· 6
Ὡς ἔστι δεινόν, εἰ πάνθ' ὅσα πράττομεν ἑκάστης ἡμέρας, ὡς περὶ
καλῶν, ποιούμεθα τὴν σπουδήν, αὐτοῦ δὲ κάλλους οὐδένα
ποιησόμεθα λόγον, ἀλλ' οὕτω καθεδούμεθα σιγῇ ὥσπερ
5 δεδοικότες μὴ λάθωμεν ἡμᾶς αὐτοὺς ὑπὲρ οὗ σπουδάζομεν τὸν
ἅπαντα χρόνον εἰπόντες. καίτοι ποῦ τις ἂν χρήσαιτο πρεπόντως
τοῖς λόγοις, εἰ περὶ τῶν μηδενὸς ἀξίων σπουδάζων περὶ τοῦ
καλλίστου σιγῴη τῶν ὄντων; ἢ πῶς ἂν τὸ ἐν λόγοις καλὸν
σῴζοιτο κάλλιον μᾶλλον ἢ πάντα τἆλλα παρέντας περὶ αὐτοῦ
10 λέγειν τοῦ τέλους ἡμᾶς τῶν ἑκάστοτε πραττομένων; ἀλλ' ἵνα
μὴ δόξω λέγειν μὲν ὡς χρὴ περὶ τοῦτο διακεῖσθαι εἰδέναι,
εἰπεῖν δὲ μηδὲν ἐπίστασθαι περὶ αὐτοῦ, ὡς οἷόν τε βραχέα περὶ
τούτου πειράσομαι διελθεῖν.

Κάλλους γὰρ δὴ πάντες μὲν ἐπεθύμησαν τυχεῖν, πάνυ δ'
15 ἠξιώθησαν ὀλίγοι τινές· οἳ δὲ ταύτης ἔτυχον τῆς δωρεᾶς,
εὐδαιμονέστατοι πάντων ἔδοξαν γεγενῆσθαι καὶ πρὸς θεῶν καὶ
πρὸς ἀνθρώπων τὰ εἰκότα τετιμημένοι. τεκμήριον δέ· τῶν γοῦν
θεῶν ἐξ ἡρώων γενομένων Ἡρακλῆς τέ ἐστιν ὁ Διὸς καὶ
Διόσκουροι καὶ Ἑλένη, ὧν ὁ μὲν ἀνδρίας ἕνεκα ταύτης λέγεται
20 τυχεῖν τῆς τιμῆς, Ἑλένη δὲ τοῦ κάλλους χάριν αὐτή τε μετα-
βαλεῖν εἰς θεὸν καὶ τοῖς Διοσκούροις αἰτία γενέσθαι πρὶν αὐτὴν
εἰς οὐρανὸν ἀνελθεῖν τοῖς ὑπὸ γῆν συνεξητασμένοις. ἀλλὰ μὴν 7
ὅστις ἀνθρώπων ἠξιώθη τοῖς θεοῖς ὁμιλεῖν, οὐκ ἔστιν εὑρεῖν,
πλὴν ὅσοι μετεσχήκασι κάλλους· Πέλοψ τε γὰρ τούτου χάριν
25 τοῖς θεοῖς ἀμβροσίας μετέσχε, καὶ Γανυμήδης ὁ τοῦ Δαρ-
δάνου οὕτω κεκρατηκέναι λέγεται τοῦ πάντων ὑπάτου θεῶν,
ὥστ' αὐτὸν οὐκ ἀνασχέσθαι συμμετασχεῖν αὐτῷ τινα τῶν ἄλλων
θεῶν τῆς θήρας τῶν παιδικῶν, ἀλλ' αὐτῷ μόνῳ πρέπουσαν
ἡγούμενον εἶναι εἰς Γάργαρον καταπάντα τῆς Ἴδης ἀναγαγεῖν

3 δὲ codd.: δὴ τοῦ Fl.: δὲ τοῦ Fritzsche   9 [κάλλιον] Bekker   ἢ] ἢ τῷ
Gesner   19 ἀνδρίας codd., cf. Isoc. Hel. 1, 21, 31, 54: ἀνδρείας Gesner,
cf. c. 12   20 αὐτή codd.: αὐτήν Ald.[1]: αὐτῇ Anastasi   20-2 cf.
Isoc. Hel. 61   21 γενέσθαι Ωω 1859[2]: γεγενῆσθαι 1859[1] uv.   c. 7
cf. Isoc. Hel. 59-60   29 cf. 79.10.2, 35.5

ἐκεῖσε τὰ παιδικά, ὅπου συνέσεσθαι τὸν ἄπαντα ἔμελλε χρόνον.
τοσαύτην δ᾽ ἐπιμέλειαν ἀεὶ πεποίηται τῶν καλῶν, ὥστ᾽ οὐ
μόνον αὐτοὺς ἠξίωσε τῶν οὐρανίων ἀναγαγὼν ἐκεῖσε, ἀλλὰ καὶ
αὐτὸς ἐπὶ γῆς ὅ τι τύχοι γινόμενος συνῆν ἑκάστοτε τοῖς ἐρω-
μένοις, καὶ τοῦτο μὲν γενόμενος κύκνος συνεγένετο Λήδᾳ, 5
τοῦτο δ᾽ ἐν εἴδει ταύρου τὴν Εὐρώπην ἁρπάζει, εἰκασθεὶς δ᾽
Ἀμφιτρύωνι γεννᾷ τὸν Ἡρακλέα. καὶ πολλά τις ἂν ἔχοι
λέγειν τεχνάσματα τοῦ Διὸς ὅπως ἂν οἷς ἐπεθύμει συγγένοιτο
μηχανωμένου.

8   Τὸ δὲ δὴ μέγιστον καὶ οἷον ἄν τις θαυμάσαι, ὁμιλῶν γὰρ 10
τοῖς θεοῖς—οὐ γὰρ ἀνθρώπων γε οὐδέσι πλὴν εἰ μὴ τοῖς
καλοῖς—ἐν δ᾽ οὖν τούτοις δημηγορῶν οὕτω πεποίηται σοβαρὸς
τῷ κοινῷ τῶν Ἑλλήνων ποιητῇ καὶ θρασὺς καὶ καταπληκτικός,
ὥστ᾽ ἐν μὲν τῇ προτέρᾳ δημηγορίᾳ τὴν Ἥραν, καίτοι πρότερον
πάντ᾽ εἰωθυῖαν ἐπιτιμᾶν αὐτῷ, ὅμως δ᾽ αὐτὴν οὕτως 15
ἐφόβησεν, ὥστ᾽ ἤρκεσεν αὐτῇ τὸ μηδὲν παθεῖν, ἀλλὰ
μέχρι λόγων στῆναι τὴν ὀργὴν τῷ Διί· τοὺς δ᾽ ἅπαντας θεοὺς ἐν
τῇ ὑστέρᾳ πάλιν οὐχ ἧττον κατέστησε φοβηθῆναι γῆν ἀνα-
σπάσειν αὐτοῖς ἀνδράσι καὶ θάλατταν ἀπειλήσας. μέλλων δὲ
συνέσεσθαι καλοῖς οὕτω γίνεται πρᾶος καὶ ἥμερος καὶ τοῖς 20
πᾶσιν ἐπιεικής, ὥστε πρὸς ἅπασι τοῖς ἄλλοις καὶ αὐτὸ τὸ Ζεὺς
εἶναι καταλιπών, ὅπως μὴ φαίνοιτο τοῖς παιδικοῖς ἀηδής,
ἑτέρου τινὸς ὑποκρίνεται σχῆμα, καὶ τούτου καλλίστου καὶ
οἵου τὸν ὁρῶντα προσαγαγέσθαι. τοσοῦτον αἰδοῦς καὶ τιμῆς
παρέχεται τῷ κάλλει. 25

9   Καὶ οὐχ ὁ μὲν Ζεὺς οὕτω μόνος ἑάλω τοῦ κάλλους, τῶν δ᾽
ἄλλων οὐδεὶς θεῶν, ἵνα μᾶλλον ἔχειν δοκῇ ταῦτα κατηγορίαν
Διός, οὐχ ὑπὲρ τοῦ κάλλους εἰρῆσθαι· ἀλλ᾽ εἴ τις ἀκριβῶς
ἐθελήσει σκοπεῖν, πάντας ἂν εὕροι θεοὺς ταὐτὰ πεπονθότας
Διί, οἷον τὸν μὲν Ποσειδῶ τοῦ Πέλοπος ἡττημένον, Ὑακίνθου 30
10 δὲ τὸν Ἀπόλλω, τὸν Ἑρμῆν δὲ τοῦ Κάδμου. καὶ θεαὶ δ᾽

4–5 cf. 79.6.1 etc.   5–8 cf. Isoc. Hel. 59   12 σοβαρῶς
1859   14 Il. 1.561–9   17–18 Il. 8.19 seq.   31 καὶ 1859¹
Ωω: τ[ρεῖς?] κ[αὶ?] mg. 1859²

394

ἐλάττους οὐκ αἰσχύνονται φαινόμεναι τούτου, ἀλλ' ὥσπερ φιλο-
τιμίαν αὐταῖς ἔχειν δοκεῖ τὸ τῷ δεῖνι συγγενομένην καλῷ
διηγεῖσθαι παρεσχῆσθαι τοῖς ἀνθρώποις ἥρω προστάτην· ἔτι
δὲ—τῶν μὲν γὰρ ἄλλων ἁπάντων ἐπιτηδευμάτων ἑκάστη
5 θεῶν, ἑκάστου προστάτις οὖσα, οὐχ ἑτέραις ἀμφισβητεῖ
περὶ ὧν ἄρχει, ἀλλ' Ἀθηνᾶ μὲν τοῖς ἀνθρώποις ἡγουμένη τὰ
ἐς πολέμους πρὸς Ἄρτεμιν οὐ διαμάχεται περὶ θήρας, ὡς δ'
αὔτως Ἀθηνᾷ κἀκείνη παραχωρεῖ τῶν πολεμικῶν, τῶν δὲ
γάμων Ἥρα Ἀφροδίτῃ, οὐδ' αὐτὴ πρὸς αὐτῆς ἐνοχλουμένη
10 περὶ ὧν ἐφορεύει. ἑκάστη δ' ἐπὶ κάλλει τοσοῦτον φρονεῖ καὶ
πάσας ὑπερβάλλεσθαι δοκεῖ, ὥστε καὶ ἡ Ἔρις αὐτὰς ἀλλήλαις
ἐκπολεμῶσαι βουλομένη οὐδὲν ἄλλο προὔβαλεν αὐταῖς ἢ κάλλος,
οὕτως οἰομένη ῥᾳδίως ὅπερ ἤθελε καταστήσειν, ὀρθῶς καὶ
φρονίμως τοῦτο λογιζομένη. σκέψαιτο δ' ἄν τις ἐντεῦθεν τὴν τοῦ
15 κάλλους περιουσίαν· ὡς γὰρ ἐλάβοντο τοῦ μήλου καὶ τὴν
ἐπιγραφὴν ἀνελέξαντο, ἑκάστης αὐτῆς ὑπολαβούσης εἶναι τὸ
μῆλον, μηδεμιᾶς δὲ τολμώσης τὴν ψῆφον καθ' αὑτῆς ἐνεγκεῖν,
ὡς ἄρ' αἰσχροτέρα τῆς ἑτέρας εἴη τὴν ὄψιν, ἀνέρχονται παρὰ τὸν
τῶν μὲν πατέρα, τῆς δ' ἀδελφόν τε καὶ σύνοικον Δία, ἐπιτρέψ-
20 ουσαι τὴν δίκην αὐτῷ. ἔχων δὲ καὶ αὐτὸς ἥτις ἐστὶν ἀποφήνασθαι
καλλίστη καὶ πολλῶν ἀνδρείων ὄντων καὶ σοφῶν καὶ φρονίμων
ἔν τε Ἑλλάδι καὶ τῇ βαρβάρῳ ὅδ' ἐπιτρέπει τὴν κρίσιν Πάριδι
τῷ Πριάμου ψῆφον ἐναργῆ καὶ καθαρὰν ἐξενεγκών, ὅτι καὶ
φρονήσεως καὶ σοφίας καὶ ῥώμης ὑπερέχει τὸ κάλλος.

25 Τοσαύτην δ' ἐπιμέλειαν ἀεὶ πεποίηνται καὶ σπουδὴν ἀκούειν   11
εἶναι καλαί, ὥστε καὶ τὸν ἡρώων τε κοσμήτορα καὶ θεῶν ποιητὴν
οὐκ ἄλλοθέν ποθεν ἢ παρὰ τοῦ κάλλους πεπείκασιν ὀνομάζειν.
ἥδιον ἂν οὖν ἀκοῦσαι λευκώλενος ἡ Ἥρα ἢ πρέσβα θεὰ θυγάτηρ
μεγάλου Κρόνου, Ἀθηνᾶ δ' οὐκ ἂν βουληθείη Τριτογένεια πρὸ

3 ἥρω προστάτην om. Fl.   4 γὰρ om. Fl.   ἐπιτηδευ-
μάτων uv. Ωω: om. 1859 in versu, ἐπ[ιτηδ]ευ[   ] in marg. resecto supplet
5 ἑτέραις Ωω: ἑτέρ' 1859: ἑτέρᾳ Halm: ἑτέρ' ἑτέραις Anastasi   9 Ἥρᾳ
Ἀφροδίτη Bekker   22 ὁ δ' Jacobitz   28 cf. 35.10, Il. 1.55 etc.
28–9 cf. Il. 5.721 etc.   29 cf. Il. 4.515 etc.

τοῦ Γλαυκῶπις καλεῖσθαι, Ἀφροδίτη τε τιμήσαιτ᾽ ἂν τοῦ
παντὸς καλεῖσθαι Χρυσῆ. ἅπερ ἅπαντ᾽ εἰς κάλλος τείνει.

12 Καίτοι ταῦτ᾽ οὐ μόνον ἀπόδειξιν ἔχει πῶς οἱ κρείττους ἔχουσι
περὶ τοῦτο, ἀλλὰ καὶ μαρτύριόν ἐστιν ἀψευδὲς τοῦ κρεῖττον εἶναι
πάντων τῶν ἄλλων. οὐκοῦν Ἀθηνᾶ μὲν ἀνδρείας ἅμα καὶ 5
φρονήσεως προέχειν ἐπιψηφίζει· ἀμφοτέρων γὰρ προΐστατο
τούτων· Ἥρα δ᾽ ἁπάσης ἀρχῆς καὶ δυναστείας αἱρετώτερον
ἀποφαίνει, συνηγοροῦντ᾽ αὐτῇ καὶ τὸν Δία παραλαβοῦσα. εἰ
τοίνυν οὕτω μὲν θεῖον καὶ σεμνὸν τὸ κάλλος ἐστίν, οὕτω δὲ
περισπούδαστον τοῖς θεοῖς, πῶς ἂν ἡμῖν ἔχοι καλῶς μὴ καὶ αὐτοὺς 10
μιμουμένους τοὺς θεοὺς ἔργῳ τε καὶ λόγῳ πᾶν ὅ τι ἔχομεν
συναίρεσθαι τῷ κάλλει;

13 Ταῦτα μὲν ὁ Φίλων περὶ τοῦ κάλλους εἶπεν ἐπιθεὶς τοῦτο τῇ
τελευτῇ, ὡς καὶ πλείω δ᾽ ἂν τούτων εἰρήκει, εἰ μὴ τὸ μακρολογεῖν
ἠπίστατο τῶν ἀδοκίμων ἐν συμποσίῳ. μετ᾽ ἐκεῖνον δ᾽ εὐθὺς 15
Ἀρίστιππος ἥπτετο τῶν λόγων πολλὰ πρότερον παρακληθεὶς ὑπ᾽
Ἀνδροκλέους· οὐ γὰρ ἐβούλετο λέγειν τὸ μετὰ Φίλων᾽ εὐ-
λαβούμενος λέγειν. ἤρξατο δὲ ἐντεῦθεν·

14 Πολλοὶ πολλάκις ἄνθρωποι τὸ περὶ τῶν βελτίστων καὶ
ἡμῖν συμφερόντων ἀφέντες λέγειν ἐφ᾽ ἑτέρας τινὰς ὥρμησαν 20
ὑποθέσεις, ἀφ᾽ ὧν αὐτοῖς μὲν δοκοῦσι δόξαν προσάγειν, τοῖς δ᾽
ἀκροαταῖς τοὺς λόγους οὐδὲν λυσιτελοῦντας ποιοῦνται, καὶ
διεληλύθασιν οἱ μὲν περὶ τῶν αὐτῶν ἐρίζοντες ἀλλήλοις, οἱ δὲ δι-
ηγούμενοι τὰ οὐκ ὄντα, ἕτεροι δὲ περὶ τῶν οὐδαμῶς ἀναγκαίων
λογοποιοῦντες, οὓς ἐχρῆν πάντα ταῦτα καταλιπόντας ὅπως 25
τι βέλτιον τύχωσιν εἰπόντες σκοπεῖν· οὓς νῦν ἐγὼ περὶ
τῶν ὄντων οὐδὲν ὑγιὲς ἐγνωκέναι νομίζων ἄλλως τε καὶ τὸ
τινῶν ἀγνοίας τῶν βελτίστων κατηγοροῦντα τοῖς αὐτοῖς
περιπίπτειν τῶν εὐηθεστέρων οἰόμενος εἶναι πάντη, τὴν αὐτὴν

---

1 Il. 1.206 etc.   τε] δὲ dubitanter coniecit Jacobitz
2 cf. Il. 3.64 etc.   14 δ᾽ om. Lehmann   17 μετὰ φίλων
Ωω; cf. c. 15 fin.   21 αὐτοῖς Ald.[1]   23 αὐτῶν] ὄντων Bekker
25 πάντα ταῦτα 1859 Ωω: πάντα Marc. 700: ταῦτα πάντα Fl.   27 ὄντων]
πάντων dubitanter Bekker   28 ἀγνοίαν Bekker

λυσιτελεστάτην καὶ καλλίστην τοῖς ἀκούουσιν ὑπόθεσιν ποι-
ήσομαι τῶν λόγων καὶ ἣν πᾶς ὁστισοῦν ἂν φαίη κάλλιστ᾽
ἂν ἔχειν ἀκούειν [καλλίστην].

Εἰ μὲν οὖν περί τινος ἑτέρου τοὺς λόγους ἐποιούμεθα νῦν, ἀλλὰ 15
5 μὴ περὶ κάλλους, ἤρκεσεν ἂν ἡμῖν ἀκούσασιν ἑνὸς εἰπόντος
ἀπηλλάχθαι περὶ αὐτοῦ· τοῦτο δ᾽ ἄρα τοσαύτην ἀφθονίαν παρ-
έχεται τοῖς βουλομένοις ἅπτεσθαι τῶν περὶ τούτου λόγων, ὥστ᾽
οὐκ, εἰ μὴ κατ᾽ ἀξίαν τις ἐφίκοιτο τῷ λόγῳ, νομίζειν δυστυχεῖν,
ἀλλ᾽ ἦν πρὸς πολλοῖς ἄλλοις κἀκεῖνός τι δυνηθῇ συμβαλέσθαι πρὸς
10 τοὺς ἐπαίνους, τῆς ἀμείνονος οἴεσθαι πειρᾶσθαι τύχης. τὸ γὰρ
οὕτω μὲν περιφανῶς ὑπὸ τῶν κρειττόνων τετιμημένον, οὕτω δὲ
τοῖς ἀνθρώποις θεῖον καὶ περισπούδαστον, πᾶσι δὲ τοῖς οὖσιν
οἰκειότατον κόσμον, καὶ οἷς μὲν ἂν παρῇ παρὰ πάντων σπουδα-
ζομένων, ὧν δ᾽ ἀφίσταται μισουμένων καὶ οὐδὲ προσβλέπειν
15 ἀξιουμένων, τίς ἂν εἴη τοσοῦτον λόγων μετεσχηκὼς ὥστ᾽ ἐπαι-
νέσαι πρὸς ἀξίαν ἀρκέσαι; οὐ μὴν ἀλλ᾽ ἐπειδήπερ οὕτω πολλῶν
αὐτῷ δεῖ τῶν ἐπαινεσόντων ὥστε μόλις ἂν τῆς ἀξίας τυχεῖν, οὐδὲν
ἀπεικὸς καὶ ἡμᾶς ἐγχειρεῖν τι λέγειν περὶ αὐτοῦ, μέλλοντάς γε
μετὰ Φίλωνα ποιεῖσθαι τοὺς λόγους. οὕτω δὴ σεμνότατον καὶ
20 θειότατον τῶν ὄντων ἐστὶν ὥστε, ἵνα ὅσα θεοὶ καλοὺς τετιμήκασι
παραλείπω, ἀλλ᾽ οὖν ἐν τοῖς ἄνω χρόνοις ἐκ Διὸς Ἑλένη 16
γεγενημένη οὕτως ἐθαυμάσθη παρὰ πᾶσιν ἀνθρώποις, ὥστ᾽ ἔτι
τῆς ἡλικίας οὖσαν ἐντὸς κατά τινα χρείαν ἐν Πελοποννήσῳ
γενόμενος ὁ Θησεὺς οὕτω τῆς ὥρας ἰδὼν ἠγάσθη, ὥστ᾽ οὔσης
25 αὐτῷ καὶ βασιλείας ἀσφαλεστάτης καὶ δόξης οὐ τῆς τυχούσης
ὅμως οὐκ ᾤετο βιωτὸν αὐτῷ ταύτης ἐστερημένῳ, παρελθεῖν δὲ
πάντας εὐδαιμονίᾳ, εἰ ταύτην αὐτῷ γένοιτο συνοικεῖν. οὕτω δὲ
διανοηθεὶς τὸ μὲν παρὰ τοῦ πατρὸς λαβεῖν ἀπειπών, μὴ γὰρ ἂν
αὐτὴν αὐτὸν ἐκδοῦναι μήπω ἡλικίας ἡμμένην, τὴν δ᾽ ἀρχὴν

---

1 καλλίστην del. Bekker   c. 15 cf. Isoc. Hel. 67   6 περὶ
αὐτοῦ del. Guyet   11 περιφανῶς...οὕτω δὲ om. in versu, mg.
supplet 1859: φανῶς...οὕτω δὲ om. lacuna licta ω, suppl. in versu atra-
mento alio manus similis   20 lacunam ante ἵνα statuit V:
ὥστε ἐνεῖναι...παραλείπειν L. A. Post   21 παραλείπω, ἀλλ᾽ οὖν codd.:
punctum ante ἀλλ᾽ add. Fl.   22 γενομένη Fl.   22 seq. cf. Isoc.
Hel. 18–20

ὑπερφρονήσας ἐκείνου καὶ παριδών, ὀλιγωρήσας δὲ καὶ τῶν ἐν
Πελοποννήσῳ πάντων δεινῶν, κοινωνοῦντ' αὐτῷ τῆς ἁρπαγῆς
καὶ Πειρίθουν παραλαβών, βίᾳ λαβὼν αὐτὴν τοῦ πατρὸς εἰς
Ἄφιδναν ἐκόμισε τῆς Ἀττικῆς, καὶ τοσαύτην ἔσχε χάριν αὐτῷ
τῆς συμμαχίας ταυτησί, ὥσθ' οὕτως ἐφίλησε τὸν ἄπαντα χρόνον 5
ὡς καὶ τοῖς ἐπιγενομένοις παράδειγμα γενέσθαι τὴν Θησέως καὶ
Πειρίθου φιλίαν. ἐπειδὴ δὲ ἔδει κἀκεῖνον ἐν Ἅιδου γενέσθαι τὴν
Δήμητρος μνηστευσόμενον κόρην, ἐπειδὴ πολλὰ παραινῶν οὐκ
ἠδυνήθη ταύτης αὐτὸν τῆς πείρας ἀποσχέσθαι καταπεῖσαι,
συνηκολούθησεν αὐτῷ ταύτην πρέπουσαν οἰόμενος αὐτῷ 10
καταθήσειν τὴν χάριν περὶ τῆς ψυχῆς ὑπὲρ αὐτοῦ κινδυνεῦσαι.

17 Ἐπανελθοῦσαν δ' εἰς Ἄργος, αὖθις ἀποδημοῦντος αὐτοῦ,
ἐπειδὴ καθ' ὥραν ἦν γάμων, καίτοι γε ἔχοντες καλάς τε καὶ εὖ
γεγονυίας ἐκ τῆς Ἑλλάδος σφίσιν αὐτοῖς ἄγεσθαι γυναῖκας οἱ τῆς
Ἑλλάδος βασιλεῖς, οἱ δὲ συνελθόντες ἐμνηστεύοντο ταύτην τὰς 15
ἄλλας ἁπάσας ὑπεριδόντες ὡς φαυλοτέρας. γνόντες δ' ὅτι περι-
μάχητος ἔσται, καὶ δείσαντες μὴ πόλεμος γένηται τῇ Ἑλλάδι,
μαχομένων πρὸς ἀλλήλους, ὀμωμόκασιν ὅρκον τουτονὶ ψήφῳ
κοινῇ, ἦ μὴν ἐπικουρήσειν τῷ ταύτης ἀξιωθέντι μηδ' ἐπιτρέψειν
ἤν τις ἀδικεῖν ἐγχειρῇ, ἕκαστος οἰόμενος ταύτην αὐτῷ τὴν 20
συμμαχίαν παρασκευάζειν. τῆς μὲν οὖν ἰδίας γνώμης ἀπέτυχον
πάντες πλὴν Μενελάου, τῆς κοινῆς δ' ἐπειράθησαν αὐτίκα· οὐ
πολλῷ γὰρ ὕστερον ἔριδος γενομένης ταῖς θεαῖς περὶ κάλλους,
ἐπιτρέπουσι τὴν κρίσιν Πάριδι τῷ Πριάμου, ὁ δὲ τῶν μὲν
σωμάτων τῶν θεῶν ἡττηθείς, τῶν δωρεῶν δ' ἀναγκασθεὶς 25
γενέσθαι κριτής, καὶ διδούσης Ἥρας μὲν τὴν τῆς Ἀσίας ἀρχήν,
τὸ δ' ἐν πολέμοις Ἀθηνᾶς κράτος, Ἀφροδίτης δὲ τὸν τῆς Ἑλένης
γάμον, καὶ φαύλοις μὲν ἀνθρώποις γενέσθαι ἄν ποτε νομίσας οὐκ
ἐλάττω βασιλείαν, Ἑλένης δ' οὐδένα τῶν ἐπιγιγνομένων
ἀξιωθῆναι, προείλετο τὸν ταύτης γάμον. 30

18 Γενομένης δὲ τῆς ὑμνουμένης ἐκείνης στρατείας κατὰ τῶν

6 ὡς codd.: ὥστε Fl.   8 πολλὰ παρ. 1859, ρ: παραινῶν
πολλὰ Ωω   11 καταθήσων uv. 1859¹   c. 17 cf. Isoc. Hel. 39–43
12 aliter tamen Isoc. Hel. 39

398

83. ΧΑΡΙΔΗΜΟΣ Η ΠΕΡΙ ΚΑΛΛΟΥΣ

Τρώων καὶ τῆς Εὐρώπης τότε πρῶτον κατὰ τῆς ᾿Ασίας ἐλθούσης,
ἔχοντες οἵ τε Τρῶες ἀποδόντες τὴν ῾Ελένην ἀδεῶς οἰκεῖν τὴν
αὑτῶν, οἵ θ᾽ ῞Ελληνες ταύτην αὐτοὺς ἐάσαντες ἔχειν ἀπαλλάτ-
τεσθαι τῶν ἐκ πολέμου καὶ στρατείας δυσχερῶν, οἱ δ᾽ οὐκ
5 ἠβουλήθησαν ἀμφότεροι, οὐκ ἄν ποτε νομίσαντες εὑρεῖν ἀφ-
ορμὴν καλλίω πολέμου περὶ ἧς ἀποθανοῦνται. καὶ θεοὶ δὲ τοὺς
αὑτῶν παῖδας σαφῶς εἰδότες ἀπολουμένους ἐν τῷ πολέμῳ οὐκ
ἀπέτρεψαν μᾶλλον, ἀλλ᾽ ἐνήγαγον εἰς τοῦτο, οὐκ ἐλάττω
δόξαν αὐτοῖς οἰόμενοι φέρειν τοῦ θεῶν παῖδας γενέσθαι τὸ
10 μαχομένους ὑπὲρ ῾Ελένης ἀποθανεῖν. καὶ τί λέγω τοὺς αὑτῶν
παῖδας; αὐτοὶ πρὸς αὑτοὺς μείζω καὶ δεινότερον ἐνεστήσαντο
τοῦ πρὸς Γίγαντας αὐτοῖς γενομένου πολέμου· ἐν ἐκείνῳ μὲν
γὰρ μετ᾽ ἀλλήλων, ἐνταῦθα δ᾽ ἐμάχοντο πρὸς ἀλλήλους. οὗ
τί γένοιτ᾽ ἂν ἐναργέστερον δεῖγμα, ὅσῳ τῶν ἀνθρωπίνων
15 ἁπάντων ὑπερέχει τὸ κάλλος παρ᾽ ἀθανάτοις κριταῖς; ὅταν γὰρ
ὑπὲρ μὲν τῶν ἄλλων οὐδενὸς ἁπάντων οὐδαμοῦ τὸ παράπαν
φαίνωνται διενεχθέντες, ὑπὲρ δὲ κάλλους οὐ μόνον τοὺς υἱοὺς
ἐπιδεδωκότες, ἀλλ᾽ ἤδη καὶ ἀλλήλοις ἐναντία πεπολεμηκότες,
ἔνιοι δὲ καὶ τρωθέντες, πῶς οὐχ ἁπάσαις ψήφοις προτιμῶσιν
20 ἁπάντων;

᾿Αλλ᾽ ἵνα μὴ δόξωμεν ἀπορίᾳ τῶν περὶ κάλλους λόγων περὶ **19**
ταὐτὰ διατρίβειν ἀεί, ἐφ᾽ ἕτερον βούλομαι μεταβῆναι οὐδαμῶς
ἔλαττον ὄν, ὥστε δεῖξαι τὴν τοῦ κάλλους ἀξίαν, τῶν πρότερον
εἰρημένων, τὴν ᾿Αρκάδος ῾Ιπποδάμειαν Οἰνομάου, ὅσους τοῦ
25 ταύτης κάλλους ἁλόντας μᾶλλον αἱρουμένους ἀπέφηνεν ἀπο-
θνήσκειν ἢ ταύτης διωκισμένους τὸν ἥλιον προσορᾶν. ὡς γὰρ
ἐλάβετο τῆς ἡλικίας ἡ παῖς καὶ τὰς ἄλλας ὁ πατὴρ οὕτω πολλῷ
τῷ μέσῳ παρενεγκοῦσαν ἑώρα, τῆς μὲν ὥρας αὐτῆς ἁλοὺς—
τοσοῦτον γὰρ αὐτῇ περιῆν, ὥστε καὶ τὸν γεγεννηκόθ᾽ ὑπηγάγετο

1 seq. cf. Isoc. *Hel.* 50   3 αὑτῶν codd.: corr. ed.
Hagenoana 1526   7 cf. Isoc. *Hel.* 52   ἀπολουμένους sic
codd.: corr. Fl.   8 ἀλλὰ ⟨μᾶλλον⟩ Solanus   9–10 cf. Isoc.
Hel. 53   17 φαίνονται Fl. et fort. 1859[1]   20 ἁπάντων τὸ
κάλλος; Aldina   22 ταὐτὰ Guyet: ταῦτα codd.; cf. Isoc. *Hel.* 38
27 οὕτω πολλῷ Anastasi, cf. c. 15: οὐ πολλῷ codd.: οὐκ ὀλίγῳ Fritzsche
29 γεγεννηκόθ᾽ codd.: corr. Iensius

παρὰ φύσιν—καὶ διὰ τοῦτ' ἀξιῶν αὐτὴν ἔχειν παρ' ἑαυτῷ,
βούλεσθαι δ' ἐκδιδόναι πλαττόμενος αὐτὴν τῷ ταύτης ἀξίῳ,
τὰς παρ' ἀνθρώπων φεύγων αἰτίας, μηχανήν τινα μηχανᾶται
τῆς ἐπιθυμίας ἀδικωτέραν καὶ ἣν ᾤετο ῥᾳδίως ὅπερ ἠβούλετο
καταστήσειν· ὑπὸ γὰρ ἅρματι, ὡς οἷόν τε μάλιστα ἦν, εἰς 5
τάχος ὑπὸ τῆς τέχνης ἐξειργασμένῳ τοὺς ἐν Ἀρκαδίᾳ ζεύξας
ἐν τῷ τότε ταχίστους ἵππους ἡμιλλᾶτο πρὸς τοὺς μνηστῆρας
τῆς κόρης, ἆθλον τῆς νίκης παρελθοῦσιν αὐτοῖς αὐτὴν προτιθεὶς
ἢ στέρεσθαι τῆς κεφαλῆς ἡττηθέντας. καὶ ἠξίου δ' αὐτὴν
αὐτοῖς συναναβαίνειν τὸ ἅρμα, ὅπως ἀσχολούμενοι περὶ 10
ταύτην ἀμελοῖεν τῆς ἱππικῆς. οἱ δ', ἀποτυχόντος τοῦ πρώτως
ἁψαμένου τοῦ δρόμου καὶ τῆς κόρης ἐκπεσόντος μετὰ τοῦ
ζῆν, τὸ μὲν ἀποκνῆσαι πρὸς τὸν ἀγῶνα ἢ μεταθεῖναί τι τῶν βε-
βουλευμένων μειρακιῶδες εἶναι ὑπολαβόντες, τὴν δ' ὠμότητα
μισήσαντες Οἰνομάου ἄλλος ἄλλον ἔφθανεν ἀποθνῄσκων 15
ὥσπερ δεδοικὼς μὴ τοῦ τεθνάναι περὶ τῆς κόρης ἁμάρτῃ.
καὶ προῆλθέ γε μέχρι τρισκαίδεκα νέων ὁ φόνος· θεοὶ δ'
ἐκεῖνον τῆς πονηρίας μισήσαντες ταυτησὶ τούς τε τεθνεῶτας
ἅμα καὶ τὴν κόρην ἐλεοῦντες, τοὺς μὲν ὅτι κτήματος
ἀπεστέρηνται τοιούτου, τὴν κόρην δ' ὅτι τῆς ὥρας οὐ κατὰ καιρὸν 20
ἀπολαύοι, κηδόμενοί τε τοῦ νέου, ὅστις ἔμελλε—Πέλοψ δ' ἦν
οὗτος—ἀγωνιεῖσθαι, ἅρμα τε χαρίζονται τούτῳ κάλλιον τέχνης
πεποιημένον ἵππους τε ἀθανάτους, δι' ὧν ἔμελλε τῆς κόρης
κύριος εἶναι, καὶ γέγονέ γε, τὸν κηδεστὴν ἐπὶ τέρμασι τῆς νίκης
ἀπεκτονώς. 25

20 Οὕτω τὸ τοῦ κάλλους χρῆμα ἀνθρώποις τε θεῖον εἶναι δοκεῖ
καὶ τιμώμενον τῶν πάντων καὶ θεοῖς ἐσπούδασται πολλαχόσε.
διὸ δὴ καὶ ἡμῖν οὐκ ἂν ἔχοι τις μέμφεσθαι δικαίως προὔργου
λογισαμένοις τὸ ταῦτα περὶ κάλλους διεξελθεῖν. οὕτω μὲν δὴ
καὶ Ἀρίστιππος διῆλθε τὸν λόγον. 30

4 ἐβούλετο Fl.   8 παρελθοῦσιν Guyet: παρελθόντας codd. et,
ante ἆθλον trs., Reitz   αὐτοῖς αὐτὴν Ωω et fort. 1859²: αὐτοῖς
αὐτοῖς 1859¹   προτ.] προστ. Ωω   10 ἀποσχ. Fl.   11 πρῶτον
Fritzsche   17 cf. Pind. Ol. 1.79   27 τῶν codd.: ὑπὸ Guyet:
παρὰ Halm

83. ΧΑΡΙΔΗΜΟΣ Η ΠΕΡΙ ΚΑΛΛΟΥΣ

ΕΡΜΙΠΠΟΣ

Σὺ δὴ λοιπός, Χαρίδημε. ὅπως δ᾽ ὥσπερ κορωνίδα τῶν τοῦ **21** κάλλους καλῶν ἐπιθήσεις τὸν λόγον.

ΧΑΡΙΔΗΜΟΣ

Μηδαμῶς, ὦ πρὸς θεῶν, περαιτέρω προελθεῖν με βιάσῃ· ἱκανὰ γὰρ δηλῶσαι τὴν συνουσίαν καὶ τὰ νῦν εἰρημένα, ἄλλως 5 τ᾽ οὐδ᾽ ὅσαπερ εἶπον ἀπομνημονεύοντα. ῥᾷον γὰρ ἄν τις μνημονεύοι τῶν ἑτέροις εἰρημένων ἢ τῶν αὑτῷ.

ΕΡΜΙΠΠΟΣ

Ταῦτα μὲν δή ἐστιν ὧν ἐξ ἀρχῆς ἐπεθυμοῦμεν ἐπιτυχεῖν· οὐ γὰρ δὴ τοσοῦτον ἡμῖν τῶν λόγων ἐκείνων ἢ ὅσον ἐμέλησε τῶν σῶν ἀκοῦσαι. ὥστ᾽, ἢν τούτων ἀποστερήσῃς, κἀκεῖνα μάτην 10 ἔσῃ πεπονηκώς. ἀλλὰ πρὸς Ἑρμοῦ τὸν ἅπαντα λόγον, ὥσπερ ὑπέστης ἐξ ἀρχῆς, ἀποδοῦναι.

ΧΑΡΙΔΗΜΟΣ

Βέλτιον μὲν ἦν τούτοις ἀπαλλάττειν με τῶν δυσχερῶν ἀγαπῶντα· ἐπεὶ δ᾽ οὕτω προθυμῇ καὶ τῶν ἡμετέρων ἀκοῦσαι λόγων, καὶ τοῦθ᾽ ὑπηρετεῖν ἀνάγκη. ὧδε τοίνυν καὶ αὐτὸς 15 ἐποιησάμην τὸν λόγον·

Εἰ μὲν πρῶτος αὐτὸς ἦρχον περὶ τοῦ κάλλους λέγειν, προοιμίων **22** ἂν ἐδεόμην συχνῶν, ἐπεὶ δ᾽ ἐπὶ πολλοῖς ἔρχομαι τοῖς πρότερον εἰρηκόσιν ἐρῶν, οὐδὲν ἀπεικὸς τοῖς ἐκείνων κεχρημένον ὡς προοιμίοις ἐπιφέρειν ἑξῆς τὸν λόγον, ἄλλως τ᾽ οὐδ᾽ ἑτέρωσε τῶν 20 λόγων γινομένων, ἀλλ᾽ ἐνταῦθα καὶ τῆς αὐτῆς ἡμέρας, ὥστ᾽ ἐνεῖναι καὶ τοὺς παρόντας λαθεῖν ὡς ἄρ᾽ οὐχ ἕκαστος ἰδίᾳ λογοποιοῦσιν, ἀλλὰ τὸν αὐτὸν ἕκαστος ἐπὶ μέρους διεξέρχονται λόγον. ἑτέρῳ μὲν οὖν ἤρκει γ᾽ ἂν εἰς εὐφημίαν ἅπερ ὑμῶν

1 δὴ] δὲ Fl.   2 ἐπιθήσῃς codd.: corr. Bekker: ἐπιθήσῃ Fl.; cf. 59.26   τῷ λόγῳ Wyttenbach   7 Ταῦτα Fl.: Τοῦτο codd. ἀποτυχεῖν codd.: corr. Fl.   8 ἢ codd.: om. Fl.; cf. c. 25 11 ἀποδοῦναι codd.: ἀπόδος Fl.: ἀποδοῦναι, ἀπόδος Anastasi; cf. 31.7, 41.10 etc.

ἕκαστος ἔτυχεν εἰπὼν περὶ τοῦ κάλλους ἰδίᾳ, τούτῳ δὲ τοσοῦτον
περίεστιν ὥστε καὶ τοῖς ἐπιγιγνομένοις ἔξω τῶν νῦν εἰρημένων
οὐ δεῖν ἐπαίνων τῶν εἰς αὐτό· πλεῖστα γὰρ πολλαχόθεν αὐτὰ
πρῶτα δεῖν λέγειν ἕκαστα δόξαν παρίστησιν, ὥσπερ ἐν ἀνθέων εὐ-
τυχοῦντι λειμῶνι ἀεὶ τῶν φαινομένων ἄρτι προσαγομένων τοὺς   5
δρεπομένους. ἐγὼ δ' ἐκ πάντων ἐκλέξας ὅσα μοι δοκῶ
μὴ βέλτιον εἶναι παραλιπεῖν, λέξω διὰ βραχέων, ὅπως τῷ τε
κάλλει τὰ γιγνόμενα ἀποδώσω ὑμῖν τε τὸ μακρολογεῖν παρα-
23 λιπὼν δράσω κεχαρισμένα. τοῖς μὲν οὖν ἢ δι' ἀνδρείαν ἢ καθ'
ἑτέραν τινὰ τῶν ἀρετῶν ἡμῶν προέχειν δοκοῦσιν, ἢν μὴ τῷ   10
καθ' ἡμέραν ποιεῖν εὖ ἀναγκάζωσιν ἡμᾶς εὖ αὐτοῖς διακεῖσθαι,
βασκαίνομεν μᾶλλον, ἐξ ὧν τἂν οὐ καλῶς αὐτοῖς τὰ πράγματα
πραττόμενα σχοίη· καλοῖς δ' οὐ μόνον ⟨οὐ⟩ φθονοῦμεν τῆς
ὥρας, ἀλλ' εὐθύς τε ἰδόντες ἁλισκόμεθα ὑπεραγαπῶμέν τε
οὐδ' ἀποκνοῦμεν ὥσπερ κρείττοσιν, ὅσον ἂν ἡμῖν ἐξῇ,   15
δουλεύοντες αὐτοῖς. ἥδιον ἂν οὖν ὑπακοῦσαί τις ὥρας εὐ-
τυχηκότι ἢ προστάξειε τῷ μὴ τοιούτῳ, καὶ πλείω χάριν ἂν
εἰδείη τῷ πολλὰ προστάττοντι μᾶλλον ἢ τῷ μηδὲν ὁτιοῦν
ἐπαγγέλλοντι.
24   Καὶ τῶν μὲν ἄλλων ἀγαθῶν, ὧν ἂν ἐνδεεῖς ὦμεν, οὐ περαιτέρω   20
σπουδάζομεν τοῦ τυχεῖν, κάλλους δ' ἡμῖν οὐδεὶς οὐδεπώποτε
γέγονε κόρος, ἀλλ' ἐάν τε τὸν Ἀγλαΐης, τὸν εἰς Ἴλιόν ποτε
συναναβάντα τοῖς Ἀχαιοῖς, ἐάν θ' Ὑάκινθον τὸν καλὸν ἢ
τὸν Λακεδαιμόνιον ὑπερβαλλόμεθα Νάρκισσον κάλλει, οὐκ
ἀρκεῖν ἡμῖν δοκοῦμεν, ἀλλ' ὥσπερ δεδοίκαμεν μὴ λάθωμεν   25

4 ἐν codd.: om. Fl.   5-6 cf. 28.7, Ar. Ran. 1300
6 δοκεῖ Bekker   c. 23 cf. Isoc. Hel. 56-7   12 τἂν Fritzsche:
τ' ἂν codd.   13 πραττόμενα Guyet: πράττομεν codd.: ἃ πράττομεν
inserto ὡς post καλῶς Anastasi   καλοὺς codd.: corr. Bekker   οὐ²
om. codd., suppl. Fl.   15 ἀπωκνοῦμεν codd.: corr. Fl.   16 ἂν
1859: μὲν Ωω   18 μηδ' ὁτιοῦν Fl.   20-3 cf. Isoc. Hel. 55
22 cf. 60.9   cf. 77.30.1 etc., Hom. Il. 2.672   23-4 τὸν
καλὸν ἢ τὸν Λακεδαιμόνιον codd., at cf. 14.17, 45.45, 79.16: τὸν Λ. ἢ τὸν κ.
Burmann: τὸν Λ., ut glossema delere malim   24 ὑπερβαλλόμεθα Ν.
κάλλει Ωω et, Ν., primo ante ὑπ. addito deinde deleto, 1859: Ν. κάλλει
νικῶμεν Fl.   25 ἀλλ' ὥσπερ] ἀλλὰ Fl.

402

25 τοῖς ἐπιγενομένοις ἂν καταλιπόντες ὑπερβολήν. σχεδὸν δ' ὡς
εἰπεῖν πάντων τῶν ἐν ἀνθρώποις πραγμάτων ὥσπερ κοινὸν
παράδειγμα τὸ κάλλος ἐστί, καὶ οὔτε στρατηγοῖς εἰς κάλλος
ἠμέληται τὰ στρατεύματα συντάσσειν οὔτε ῥήτορσι τοὺς
λόγους συντιθέναι οὔτε μὴν γραφεῦσι τὰς εἰκόνας γεγραφέναι. 5
ἀλλὰ τί ταῦτα λέγω, ὧν τὸ κάλλος τέλος ἐστίν; ὧν γὰρ εἰς
χρείαν ἥκομεν ἀναγκαίως, οὐκ ἐλλείπομεν οὐδὲν σπουδῆς εἰς
ὅσον ἔξεστι κάλλιστα κατασκευάζειν· τῷ τε γὰρ Μενέλεῳ οὐ
τοσοῦτον ἐμέλησε τῆς χρείας τῶν οἴκων, ἢ ὅσον τοὺς εἰσερχο-
μένους ἐκπλήττειν, καὶ διὰ τοῦθ' οὕτω πολυτελεστάτους ἅμα 10
κατεσκεύασε καὶ καλλίστους, καὶ τῆς γνώμης οὐχ ἥμαρτεν· ὁ γὰρ
Ὀδυσσέως οὕτως ἀγασθῆναι λέγεται τούτους, κατὰ πύστιν
τοῦ πατρὸς εἰς αὐτὸν ἀφιγμένος, ὥστ' εἰπεῖν Πεισιστράτῳ
τῷ Νεστορίδῃ,

Ζηνός που τοιήδε γ' Ὀλυμπίου ἔνδοθεν αὐλή, 15

αὐτός θ' ὁ τοῦ μειρακίου πατὴρ οὐκ ἄλλου του χάριν μιλτοπαρήους
ἦγε τὰς ναῦς συστρατευόμενος τοῖς Ἕλλησιν ἐπὶ Τροίαν ἢ ὅπως
τοὺς ὁρῶντας ἐκπλήττειν ἔχῃ. καὶ σχεδὸν εἴ τις ἐξετάζειν
ἑκάστην βούλεται τῶν τεχνῶν, εὑρήσει πάσας εἰς τὸ κάλλος
ὁρώσας καὶ τούτου τυγχάνειν τοῦ παντὸς τιθεμένας. 20

26 Τοσοῦτον δὲ τὸ κάλλος τῶν ἄλλων ἁπάντων ὑπερέχειν δοκεῖ
ὥστε τῶν μὲν ἢ δικαιοσύνης ἢ σοφίας ἢ ἀνδρείας μετεχόντων
πολλά τις ἂν εὕροι τιμώμενα μᾶλλον, τῶν δὲ ταύτης τῆς ἰδέας
κεκοινωνηκότων βέλτιόν ἐστιν εὑρεῖν οὐδέν, ὥσπερ δὴ καὶ τῶν
μὴ μετεσχηκότων ἀτιμότερον οὐδέν· μόνους γοῦν τοὺς μὴ 25
καλοὺς ὀνομάζομεν αἰσχρούς, ὡς οὐδὲν ὄν, εἴ τί τις ἔχων τύχοι
27 πλεονέκτημα τῶν ἄλλων, κάλλους ἐστερημένος. τοὺς μὲν οὖν
ἢ δημοκρατουμένοις τὰ κοινὰ διοικοῦντας ἢ τυράννοις ὑπο-
τεταγμένους τοὺς μὲν δημαγωγούς, τοὺς δὲ κόλακας καλοῦμεν,

---

1 ἐπιγιγνομένοις Fl. 9 ἢ ὅσον] ὅσον τοῦ Schaefer
15 Od. 4.74, cf. Luc. 10.3, 36.15, 50.20 etc. 16 cf. Il. 2.637
18–19 ἐκ. ἐξ. Fl. c. 26 cf. Isoc. Hel. 54 24 καὶ om. Ωω
29 seq. cf. Isoc. Hel. 57

403

[*ΛΟΥΚΙΑΝΟΥ*]

μόνους δὲ τοὺς ὑπὸ ταύτῃ τῇ δυνάμει γενομένους θαυμάζομέν τε
φιλοπόνους τε καὶ φιλοκάλους ὀνομάζομεν καὶ κοινοὺς νομίζομεν
εὐεργέτας τοὺς τῶν καλῶν ἐπιμελητάς. ὅτε τοίνυν οὕτω μὲν
σεμνὸν τὸ κάλλος ἐστίν, οὕτω δὲ τοῖς πᾶσιν ἐν εὐχῆς μέρει
τυχεῖν κέρδος τε νομίζουσι τὸ τούτῳ τι διακονῆσαι δυνηθῆναι, 5
πῶς ἡμᾶς εἰκότως οὐκ ἄν τις ἐμέμψατο, εἰ τοσοῦτον ἔχοντες
κέρδος κερδαίνειν ἔπειθ᾽ ἑκοντὶ προϊέμεθα, μηδ᾽ αὐτὸ τοῦτ᾽
αἰσθέσθαι δυνηθέντες, ὅτι ζημιούμεθα;

28 Τοσοῦτον μὲν δὴ κἀγὼ τὸν λόγον ἐποιησάμην, πολλὰ τῶν
ἐνόντων μοι περὶ κάλλους εἰπεῖν ἀφελών, ἐπειδὴ τὴν συνουσίαν 10
ἐπὶ πολὺ παρατεινομένην ἑώρων.

ΕΡΜΙΠΠΟΣ

Εὐδαίμονές γε, οἳ τοιαύτης ἀπολελαύκατε τῆς συνουσίας·
σχεδὸν δ᾽ ἤδη κἀγὼ οὐδὲν ἔλαττον ὑμῶν ἔσχηκα διὰ σέ.

13 δ᾽ ἤδη 1859²: δὴ 1859¹ Ωω

84

ΝΕΡΩΝ

ΜΕΝΕΚΡΑΤΗΣ

Ἡ ὀρυχὴ τοῦ Ἰσθμοῦ, καὶ σοί, Μουσώνιε, διὰ χειρός, ὥς 1
φασι, γεγονυῖα, τῷ τυράννῳ νοῦν εἶχεν Ἕλληνα;

ΜΟΥΣΩΝΙΟΣ

Ἴσθι, ὦ Μενέκρατες, καὶ βελτίω ἐντεθυμῆσθαι Νέρωνα· τὰς
γὰρ περιβολὰς τῆς Πελοποννήσου τὰς ὑπὲρ Μαλέαν ξυνῄρει τοῖς
5 θαλαττουμένοις εἴκοσι σταδίων τοῦ Ἰσθμοῦ ῥήγματι. τοῦτο δ'
ἂν καὶ τὰς ἐμπορίας ὤνησε καὶ τὰς ἐπὶ θαλάττῃ πόλεις καὶ τὰς
ἐν τῇ μεσογείᾳ· καὶ γὰρ δὴ κἀκείναις ἀποχρῶν ὁ οἴκοι καρπός,
ἢν τὰ ἐπιθαλάττια εὖ πράττῃ.

ΜΕΝΕΚΡΑΤΗΣ

Ταῦτα δὴ διέξελθε, Μουσώνιε, βουλομένοις ἡμῖν ἀκροάσασθαι
10 πᾶσιν, εἰ μή τι σπουδάσαι διανοῇ ἕτερον.

ΜΟΥΣΩΝΙΟΣ

Δίειμι βουλομένοις· οὐ γὰρ οἶδ' ὅ τι χαριζοίμην ἂν μᾶλλον τοῖς
γε ἀφιγμένοις ἐς ἀηδὲς οὕτω φροντιστήριον ἐπὶ τῷ σπουδάζειν.
Νέρωνα τοίνυν ἐς Ἀχαΐαν ᾠδαὶ ἦγον καὶ τὸ σφόδρα αὐτὸν 2
πεπεικέναι μηδ' ἂν τὰς Μούσας ἀναβάλλεσθαι ἥδιον. ἐβούλετο δὲ
15 καὶ τὰ Ὀλύμπια, τὸν γυμνικώτατον τῶν ἀγώνων, στεφανοῦσθαι
ᾄδων· τὰ γὰρ Πύθια, τούτων μὲν ἑαυτῷ μετεῖναι μᾶλλον ἢ τῷ

Codices N et B (Vat. Pal. gr. 174) rettuli   libellus in Fl. deest
titulus ΝΕΡΩΝ Η ΠΕΡΙ ΤΗΣ ΟΡΥΧΗΣ ΤΟΥ ΙΣΘΜΟΥ, ΕΙ ΓΝΗΣΙΟΣ
Ald. (ΕΙ ΓΝΗΣΙΟΣ om. Bas.²)   de re cf. Philostr. V.A. 4.24, 5.7,
19, Suet. Ner. 19.2, 37.3, D.C. 63.16   5 εἰκοσισταδίῳ Bekker; cf. Th.
6.1   5–10 ΜΕΝ. Τοῦτο...ἕτερον NB: corr. Gesner   11 οὐ
Gesner: εὖ NB   12 cf. Ar. Nub. 94, Philostr. V.A. 3.50, 6.6
13 αὐτὸν N   15–16 cf. Suet. Ner. 23.1

'Απόλλωνι· μηδὲ γὰρ ἂν μηδ' ἐκεῖνον ἐναντίαν αὐτῷ κιθάραν τε
καὶ ᾠδὴν θέσθαι. ὁ δὲ Ἰσθμὸς οὐ τῶν ἄποθεν αὐτῷ βεβουλευμένων,
ἀλλ' ἐντυχὼν τῇ φύσει τοῦ τόπου μεγαλουργίας ἠράσθη, τόν τε
βασιλέα τῶν ἐπὶ τὴν Τροίαν ποτὲ Ἀχαιῶν ἐνθυμηθείς, ὡς τὴν
Εὔβοιαν τῆς Βοιωτίας ἀπέτεμεν Εὐρίπῳ τῷ περὶ τὴν Χαλκίδα, 5
ἔτι γε μὴν καὶ τὸν Δαρεῖον, ὡς ὁ Βόσπορος ἐγεφυρώθη αὐτῷ ἐπὶ
τοὺς Σκύθας· τὰ δὲ Ξέρξου καὶ πρὸ τούτων ἴσως ἐνενόησε,
μέγιστα τῶν μεγαλουργιῶν ὄντα, καὶ πρὸς τούτοις ⟨ὡς⟩ τῷ δι'
ὀλίγου ἀλλήλοις ἐπιμῖξαι πάντας ἔσοιτο τὴν Ἑλλάδα λαμπρῶς
ἑστιᾶσθαι τοῖς ἔξωθεν· αἱ γὰρ τύραννοι φύσεις μεθύουσι μέν, 10
διψῶσι δέ πῃ† ⟨   ⟩ καὶ ἀκοῦσαι τοῦτο φθέγμα.

3   Προελθὼν δὲ τῆς σκηνῆς ὕμνον μὲν Ἀμφιτρίτης τε καὶ
Ποσειδῶνος ᾖσε καὶ ᾆσμα οὐ μέγα Μελικέρτῃ τε καὶ Λευκοθέᾳ.
ὀρέξαντος δ' αὐτῷ χρυσῆν δίκελλαν τοῦ τὴν Ἑλλάδα ἐπιτροπεύ-
σαντος ἐπὶ τὴν ὀρυχὴν ᾖξε κροτούμενός τε καὶ ᾀδόμενος, καὶ 15
καθικόμενος τῆς γῆς τρίς, οἶμαι, τοῖς τε τὴν ἀρχὴν πεπιστευμένοις
παρακελευσάμενος ξυντόνως ἅπτεσθαι τοῦ ἔργου ἀνῄει εἰς τὴν
Κόρινθον τὰ Ἡρακλέους δοκῶν ὑπερβεβλῆσθαι πάντα. οἱ μὲν δὴ
ἐκ τοῦ δεσμωτηρίου τὰ πετρώδη τε καὶ δύσεργα ἐξεπόνουν, ἡ
στρατιὰ δὲ τὰ γεώδη τε καὶ ἐπίπεδα. 20

4   Ἑβδομηκοστὴν δέ που καὶ πέμπτην ἡμέραν προσεζευγμένων
ἡμῶν τῷ Ἰσθμῷ κατέβη τις ἐκ Κορίνθου λόγος οὔπω σαφὴς ὡς
δὴ τοῦ Νέρωνος μετεγνωκότος τὴν τομήν. ἔφασαν δὲ τοὺς
Αἰγυπτίους γεωμετροῦντας τῆς ἑκατέρας θαλάττης τὰς φύσεις

1 μηδὲ B: μὴ N   3 cf. V.S. 2.1.6   3–5 nusquam alibi
memoratum cognovi   6–7 cf. Hdt. 4.83 seq.   7–8 cf. Hdt.
7.22–5   8 ὡς τῷ Kayser: τὸ NB: τῷ Gesner   9 ἔσοιτο
L. A. Post: εἴσαιτο N, Pal.: ἐάσαι τὸ Urb. Gr. 118 (xvi saeculi supple-
mentum): εἴσαιτο Kayser: ἐάσει vel ἐάσοι conieci: an aliquid periit, e.g.
εἰσαεὶ ⟨ἐξέσοι⟩το?   11 διψῶσι Kayser: ψαύουσι codd.
locum mendosum esse, aliquid periisse intellexit Marcilius   τοῦτο]
τοιοῦτο Kayser   12–13 cf. 78.6, 85.4 etc.   13 τε] δὲ NB¹   14 τοῦ
Bourdelot: καὶ NB   cf. Suet. Ner. 19.2   16 ἀρχὴν] ὀρυχὴν
Pelletus   17 ξυμπόνως NB: corr. Kayser   21 Ἑβδομηκοστὴν
coniectura Oleario nota: ἑβδόμην NB

οὐκ ἰσοπέδοις αὐταῖς συντυχεῖν, ἀλλ᾽ ὑψηλοτέραν ἡγουμένους
τὴν ἐκ τοῦ Λεχαίου περὶ τῇ Αἰγίνῃ δεδοικέναι· πελάγους γὰρ
τοσούτου νήσῳ ἐπιχυθέντος κἂν ὑποβρύχιον ἀπενεχθῆναι τὴν
Αἴγιναν. Νέρωνα δὲ τῆς μὲν τοῦ Ἰσθμοῦ τομῆς οὐδ᾽ ἂν Θαλῆς
5 μετέστησεν ὁ σοφώτατός τε καὶ φυσικώτατος· τοῦ γὰρ τεμεῖν
αὐτὸν ἦρα μᾶλλον ἢ τοῦ δημοσίᾳ ᾄδειν. ἡ δὲ τῶν Ἑσπερίων 5
ἐθνῶν κίνησις καὶ ὀξύτατος ὡς τῶν ἐκείνῃ νῦν ἁπτόμενος, ὄνομα
δὲ αὐτῷ Βίνδαξ, ἀπήγαγεν Ἑλλάδος τε καὶ Ἰσθμοῦ Νέρωνα
ψυχρῶς γεωμετρήσαντα· τὰς γὰρ θαλάσσας ἰσογαίους τε καὶ
10 ἰσοπέδους οἶδα. φασὶ δ᾽ αὐτῷ καὶ τὰ ἐπὶ τῆς Ῥώμης ὀλισθαίνειν
ἤδη καὶ ὑποδιδόναι. τουτὶ καὶ αὐτοὶ χθὲς ἠκούσατε τοῦ προσ-
πταίσαντος χιλιάρχου.

ΜΕΝΕΚΡΑΤΗΣ

Ἡ φωνὴ δέ, Μουσώνιε, δι᾽ ἣν μουσομανεῖ καὶ τῶν Ὀλυμπιάδων 6
τε καὶ Πυθιάδων ἐρᾷ, πῶς ἔχει τῷ τυράννῳ; τῶν γὰρ Λήμνῳ
15 προσπλεόντων οἱ μὲν ἐθαύμαζον, οἱ δὲ κατεγέλων.

ΜΟΥΣΩΝΙΟΣ

Ἀλλ᾽ ἐκεῖνός γε, ὦ Μενέκρατες, οὔτε θαυμασίως ἔχει τοῦ
φθέγματος οὔτ᾽ αὖ γελοίως· ἡ γὰρ φύσις αὐτὸν ἀμέμπτως τε καὶ
μέσως ἥρμοκε. φθέγγεται δὲ κοῖλον μὲν φύσει καὶ βαρύ,
ἐγκεκλειμένης αὐτῷ τῆς φάρυγγος· μέλη δ᾽ οὕτω κατεσκευασ-
20 μένης βομβεῖ πως. οἱ δέ γε τόνοι τῶν φθόγγων ἐπιλεαίνουσι
τοῦτον, ἐπεὶ μὴ θαρρεῖ αὐτῷ, χρωμάτων δὲ φιλανθρωπίᾳ καὶ

2 δεδωκέναι N¹: δεδυκέναι B: corr. N²   4 Θαλῆς N
7–8 καὶ ὀξύτατος...βίνδαξ N et ante deletionem B   7 ὀξύτατος]
ὁ ὕπατος Kayser   ὡς] an τις?   ἐκείνῃ Kayser: ἐκείνης N
8 Βίνδιξ Kayser; cf. Plut. Galb. 4, D.C. 63.22   10 ἐπὶ B: ὑπὸ N: ἀπὸ
Guyet   11 cf. Philostr. V.A. 3.20, V.S. 1.21.4, 2.1.5   11–12 προσπτ.
LSJ: προπτ. NB; cf. Hdt. 7.22   18 μὲν B: μὴ N   cf. D.C.
61.20, Suet. Ner. 20.1   19 ἐγκειμένης NB: corr. Borthwick
μέλη B: μέλει N   19–20 κατεσκευασμένα N   20 βομβεῖ
N: βομβῶδές B   21 τοῦτο Marcilius   αὐτῷ NB: corr.
Jacobitz

ΦΙΛΟΣΤΡΑΤΟΥ

μελοποιίᾳ εὐαγώγῳ μὲν δὴ καὶ κιθαρῳδίᾳ εὐσταλεῖ καὶ ⟨τῷ⟩ οὗ
καιρὸς βαδίσαι καὶ στῆναι καὶ μεταστῆναι καὶ τὸ νεῦμα ἐξομοι-
ῶσαι τοῖς μέλεσιν, αἰσχύνην ἔχοντος μόνου τοῦ βασιλέα δοκεῖν
ἀκριβοῦν ταῦτα.

7   Εἰ δὲ μιμοῖτο τοὺς κρείττονας, φεῦ γέλωτος, ὡς πολὺς τῶν 5
θεωμένων ἐκπίπτει, καίτοι μυρίων φόβων ἐπηρτημένων, εἴ τις
ἐπ᾽ αὐτῷ γελῶν εἴη· νεύει μὲν γὰρ τοῦ μετρίου πλέον ξυνάγων
τὸ πνεῦμα, ἐπ᾽ ἄκρων δὲ διίσταται τῶν ποδῶν ἀνακλώμενος
ὥσπερ οἱ ἐπὶ τοῦ τροχοῦ. φύσει δ᾽ ἐρυθρὸς ὢν ἐρευθεῖ μᾶλλον,
ἐμπιπραμένου αὐτῷ τοῦ προσώπου· τὸ δὲ πνεῦμα ὀλίγον, καὶ 10
οὐκ ἀποχρῶν που δή.

ΜΕΝΕΚΡΑΤΗΣ

8   Οἱ δ᾽ ἐν ἀγῶνι πρὸς αὐτὸν πῶς ὑφίενται, ὦ Μουσώνιε; τέχνῃ
γάρ που χαρίζονται.

ΜΟΥΣΩΝΙΟΣ

Τέχνῃ μέν, ὥσπερ οἱ ὑποπαλαίοντες· ἀλλ᾽ ἐνθυμήθητι, ὦ
Μενέκρατες, τὸν τῆς τραγῳδίας ὑποκριτήν, ὡς Ἰσθμοῖ ἀπέθανεν· 15
ἴσοι γὰρ κίνδυνοι καὶ περὶ τὰς τέχνας, ἢν ἐπιτείνωσιν οἱ
τεχνάζοντες.

ΜΕΝΕΚΡΑΤΗΣ

Καὶ τί τοῦτο, Μουσώνιε; σφόδρα γὰρ ἀνήκοος τοῦ λόγου.

ΜΟΥΣΩΝΙΟΣ

Ἄκουε δὴ λόγου ἀτόπου μέν, ἐν ὀφθαλμοῖς δὲ Ἑλλήνων
9   πεπραγμένου. Ἰσθμοῖ γὰρ νόμου κειμένου μήτε κωμῳδίαν ἀγω- 20
νίζεσθαι μήτε τραγῳδίαν, ἐδόκει Νέρωνι τραγῳδοὺς νικᾶν. καὶ
παρῆλθον εἰς τὴν ἀγωνίαν ταύτην πλείους μέν, ὁ δ᾽ Ἠπειρώτης

1 μὲν del. Kayser   τῷ suppl. Kayser   8 δὲ διίστ.
B: διίστ. N: δ᾽ ἴστ. Fritzsche   10 πιμπρ. B   11 ὅπου δεῖ?
Bekker   16 ἴσοι] εἰσὶ Jacobs   21 Νέρων NB: corr. Schaefer
21 seq. cf. tamen Philostr. V.A. 4.24

ἄριστα φωνῆς ἔχων, εὐδοκιμῶν δ᾽ ἐπ᾽ αὐτῇ καὶ θαυμαζόμενος
λαμπρότερα τοῦ εἰωθότος ἐπλάττετο καὶ τοῦ στεφάνου ἐρᾶν καὶ
μηδ᾽ ἀνήσειν πρότερον ἢ δέκα τάλαντα δοῦναί οἱ Νέρωνα ὑπὲρ
τῆς νίκης. ὁ δ᾽ ἠγρίαινέ τε καὶ μανικῶς εἶχε· καὶ γὰρ δὴ καὶ
5 ἠκροᾶτο ὑπὸ τῇ σκηνῇ ἐπ᾽ αὐτῷ δὴ τἀγῶνι. βοώντων δὲ τῶν
Ἑλλήνων ἐπὶ τῷ. Ἠπειρώτῃ, πέμπει τὸν γραμματέα κελεύων
ὑφεῖναι αὐτῷ τοῦτον. αὐτοῦ δὲ ὑπεραίροντος τὸ φθέγμα καὶ
δημοτικῶς ἐρίζοντος εἰσπέμπει Νέρων ἐπ᾽ ὀκριβάντων τοὺς
ἑαυτοῦ ὑποκριτὰς οἷον προσήκοντάς τι τῷ πράγματι· καὶ γὰρ δὴ
10 καὶ δέλτους ἐλεφαντίνους καὶ διθύρους προβεβλημένοι αὐτὰς
ὥσπερ ἐγχειρίδια καὶ τὸν Ἠπειρώτην ἀναστήσαντες πρὸς τὸν
ἀγχοῦ κίονα κατέαξαν αὐτοῦ τὴν φάρυγγα παίοντες ὀρθαῖς ταῖς
δέλτοις.

ΜΕΝΕΚΡΑΤΗΣ

Τραγῳδίαν δὲ ἐνίκα, Μουσώνιε, μιαρὸν οὕτω πάθος ἐν **10**
15 ὀφθαλμοῖς τῶν Ἑλλήνων ἐργασάμενος;

ΜΟΥΣΩΝΙΟΣ

Παιδιὰ ταῦτα νεανίᾳ τῷ μητροκτονήσαντι. εἰ δὲ τραγῳδίας
ὑποκριτὴν ἀπέκτεινεν ἐκτεμὼν αὐτοῦ τὸ φθέγμα, τί χρὴ θαυμά-
ζειν; καὶ γὰρ δὴ καὶ τὸ Πυθικὸν στόμιον, παρ᾽ οὗ αἱ ὀμφαὶ
ἀνέπνεον, ἀποφράττειν ὥρμησεν, ὡς μηδὲ τῷ Ἀπόλλωνι φωνὴ
20 εἴη, καίτοι τοῦ Πυθίου καταλέξαντος αὐτὸν εἰς τοὺς Ὀρέστας τε
καὶ Ἀλκμαίωνας, οἷς τὸ μητροκτονῆσαι καὶ λόγον τινὰ εὐκλείας
ἔδωκεν, ἐπειδὴ πατράσιν ἐτιμώρησαν. ὁ δὲ μηδαμῶς εἰπεῖν ἔχων
ὅτῳ ἐτιμώρησεν, ὑβρίσθαι ὑπὸ τοῦ θεοῦ ᾤετο πραότερα τῶν
ἀληθῶν ἀκούων.

---

1 αὐτὴν NB: corr. Pelletus
4 ὑγρίαινέ N   7 καὶ om. N¹: ss. N²
10 ἔχοντες καὶ post διθύρους inser. Kayser
ἐτιμώρησαν NB: corr. Solanus
B: corr. Guyet   18–21 aliquantum differt Suet. *Ner.* 39.2, 40.3;
cf. quoque D.C. 61.16.2, 63.22.6

2 λαμπροτέρᾳ Kayser
9 τι Fritzsche: τε NB
16–22 *MEN. Εἰ δὲ*...
16 τραγῳδίαις uv. N: τραγῳδίαι uv.
19 ἐνέπνεον NB: corr. Coraes

ΦΙΛΟΣΤΡΑΤΟΥ

11 Ἀλλὰ μεταξὺ λόγων, τίς ἡ προσιοῦσα ναῦς; ὡς ἐπάγειν τι ἀγαθὸν ἔοικεν· ἐστεφάνωνται γὰρ τὰς κεφαλὰς ὥσπερ χορὸς εὔφημος, καί τις ἐκ τῆς πρῴρας προτείνει τὴν χεῖρα παρακελευόμενος ἡμῖν θαρρεῖν τε καὶ χαίρειν, βοᾷ τε, εἰ μὴ παρακούω, Νέρωνα οἴχεσθαι. 5

ΜΕΝΕΚΡΑΤΗΣ

Βοᾷ γάρ, Μουσώνιε, καὶ σαφέστερόν γε, ὅσῳ τῆς γῆς ἅπτεται.

ΜΟΥΣΩΝΙΟΣ

Εὖ γε, ὦ θεοί. ἀλλὰ μὴ ἐπευχώμεθα· ἐπὶ γὰρ τοῖς κειμένοις οὔ φασι δεῖν.

2 ἐστεφάνωται B, Bekker   τὰς κεραίας Bekker   3 τῆς om. N
7–8 ΜΟΥΣ. Εὖ γε ὦ θεοί. ΜΕΝ. Ἀλλὰ...δεῖν ΝB: εὐ γε ὦ θεοί. ΜΟΥΣ. Ἀλλὰ κτλ. Fritzsche: omnia Musonio tribui

85

ΕΠΙΓΡΑΜΜΑΤΑ

1

[Λουκιανὸς τάδ' ἔγραψα παλαιά τε μωρά τε εἰδώς,
μωρὰ γὰρ ἀνθρώποις καὶ τὰ δοκοῦντα σοφά.
κοὐδὲν ἐν ἀνθρώποισι διακριδόν ἐστι νόημα,
ἀλλ' ὃ σὺ θαυμάζεις, τοῦθ' ἑτέροισι γέλως.]

2 (A.P. 6.17, Jacobitz 49)

5 ΛΟΥΚΙΑΝΟΥ (?)

Ἀνάθημα τῇ Ἀφροδίτῃ παρὰ τριῶν γυναικῶν πορνῶν

Αἱ τρισσαί τοι ταῦτα τὰ παίγνια θῆκαν ἑταῖραι,
Κύπρι μάκαιρ', ἄλλης ἄλλη ἀπ' ἐργασίης.

SIGLA (2-63)

Pal. = Palatini 23 et Parisini Suppl. gr. 384 scribae
1 = prima manus ante correctionem
C = Palatini corrector (usque ad 9.563)
L = Palatini lemmatista (fortasse idem ac unus de scribis textus)
Pl. = Anthologia Planudea, Marcianus 481, anno 1302 scriptus

1. Citat Photius, *Bibl.* 128, qui τὸ τῆς βίβλου ἐπίγραμμα vocat codices Photianos Marc. 450 (x saeculi) et 451 (xii saeculi), Lucianeos recentes, Urb 120, Riccard. 25, Laur. 57.1, C.S. 77 rettuli   1 ἔγραψα Phot., Fl.: ἔγραψε Luc.   3 κοὐδὲν Marc. 450: οὐδὲν cett.   διά- κριτον Guyet; cf. Theoc. 22.163   **2.** Deest in Pl.; Lucillio Stadtm., Juliano Sakolowski trib.; cf. *A.P.* 6.12-16   5 Λουκιανοῦ mg. Pal. 6 ἀνάθημα τῇ Ἀφροδίτῃ (τῆς Ἀφροδίτης fort. Pal.[1]) κτλ. supra textum Pal., τῇ κτλ. (omisso ἀνάθημα) mg. iterat C   8 ἄλλη ἄλλης Pal.[1]: corr. C

411

ΛΟΥΚΙΑΝΟΥ?

ὧν ἀπὸ μὲν πυγῆς Εὐφρὼ τάδε· ταῦτα δὲ Κλειώ,
ὡς θέμις· ἡ τριτάτη δ᾽ Ἀτθὶς ἀπ᾽ οὐρανίων.
ἀνθ᾽ ὧν τῇ μὲν πέμπε τὰ παιδικά, δεσπότι, κέρδη,
τῇ δὲ τὰ θηλείης, τῇ δὲ τὰ μηδετέρης.

3 (*A.P.* 6.20, J 33)

[*ΙΟΥΛΙΑΝΟΥ*   5

Ἑλλάδα νικήσασαν ὑπέρβιον ἀσπίδα Μήδων
Λαῒς θῆκεν ἑῷ κάλλεϊ ληϊδίην·
μούνῳ ἐνικήθη ⟨δ᾽⟩ ὑπὸ γήραϊ, καὶ τὸν ἔλεγχον
ἄνθετο σοί, Παφίη, τὸν νεότητι φίλον·
ἧς γὰρ ἰδεῖν στυγέει πολιῆς παναληθέα μορφήν,   10
τῆσδε συνεχθαίρει καὶ σκιόεντα τύπον.   ]

4 (*A.P.* 6.164, J 34)

[*ΛΟΥΚΙΛΛΙΟΥ*

Ἀνάθημα Λουκιλλίου

Γλαύκῳ καὶ Νηρεῖ καὶ Ἰνοῖ καὶ Μελικέρτῃ
καὶ βυθίῳ Κρονίδῃ καὶ Σαμόθραξι θεοῖς   15
σωθεὶς ἐκ πελάγους Λουκίλλιος ὧδε κέκαρμαι
τὰς τρίχας ἐκ κεφαλῆς· ἄλλο γὰρ οὐδὲν ἔχω.   ]

1 cf. *A.P.* 5.161, 6.39, 6.356   2 ὥς] ὧν Herwerden
cf. *A.P.* 6.202   **3.** Tit. τοῦ αὐτοῦ (sc. Ἰουλιανοῦ ἀπὸ ὑπάρχων
Αἰγυπτίου) εἰς τὸ αὐτό (sc. Λαῒς ἀναθεῖσα τὸ κάτοπτρον τῇ Ἀφροδίτῃ) mg.
Pal.: εἰς τὸν αὐτόν (sc. ἀπὸ γυναικῶν) Λουκιανοῦ Pl.   7 ἔθηκεν Jacobs
ἑῷ Pal.   8 μούνῳ Pl.: μούνῳ δ᾽ Pal.: δ᾽ ante ὑπὸ trs. Jacobs
9 ἄνθετό σοι Pal., Pl.   10 cf. *A. Pl.* 16.130.1 (poema Iuliani)
11 τῆς δὲ editio Wecheliana   **4.** ἀνάθημα Λουκίλλου: Λουκιανοῦ uv.
mg. Pal.: ἀπὸ ναυαγῶν Λουκιανοῦ Pl.   Lucillio Brodaeum etc. se-
cutus dubitanter tribui; Lucianus de se loquens Λουκιανὸς in vers. eleg.,
14.28, scripsit; gratias tamen alienas vel fictas Lucianus agere potuit;
de re cf. *A.P.* 6.166   14 cf. Parthen. apud Gell. 13.27, Macr.
Sat. 5.17, Verg. *Georg.* 1.437, Luc. 78.5, 6   Νηρεῖ Pl., Gell.,
Macr.: Νιρεῖ Pal.: Νηρῆι metro emendato Scaliger   Ἰνοῖ καὶ Pal.,
Pl.: εἰναλίῳ Gell.: Ἰνώῳ Macr.   15 Σαμόθρηξι Pl.

85. ΕΠΙΓΡΑΜΜΑΤΑ

5 (*A.P.* 7.308, J 28)

ΛΟΥΚΙΑΝΟΥ

Παῖδά με πενταέτηρον, ἀκηδέα θυμὸν ἔχοντα
νηλειὴς 'Αΐδης ἥρπασε Καλλίμαχον.
ἀλλά με μὴ κλαίοις· καὶ γὰρ βιότοιο μετέσχον
5   παύρου καὶ παύρων τῶν βιότοιο κακῶν.

6 (*A.P.* 7.339)

[ΑΔΗΛΟΝ

Οὐδὲν ἁμαρτήσας γενόμην παρὰ τῶν με τεκόντων
γεννηθεὶς δ' ὁ τάλας ἔρχομαι εἰς 'Αΐδην.
ὦ μίξις γονέων θανατηφόρος· ὤ μοι ἀνάγκης,
10   ἤ με προσπελάσει τῷ στυγερῷ θανάτῳ.
οὐδὲν ἐὼν γενόμην· πάλιν ἔσσομαι, ὡς πάρος, οὐδέν·
οὐδὲν καὶ μηδὲν τῶν μερόπων τὸ γένος·
λοιπόν μοι τὸ κύπελλον ἀποστίλβωσον, ἑταῖρε,
καὶ λύπης λήθην τὸν Βρόμιον πάρεχε.   ]

7 (*A.P.* 9.74, J 13)

15   [ΑΔΕΣΠΟΤΟΝ

'Αγρὸς 'Αχαιμενίδου γενόμην ποτέ, νῦν δὲ Μενίππου,
καὶ πάλιν ἐξ ἑτέρου βήσομαι εἰς ἕτερον.

5. Tit. ΛΟΥΚΙΑΝΟΥ mg. C et (sub εἰς βρέφη) Pl.: εἰς παῖδα Καλλίμαχον
πέντε χρόνους ζήσαντα mg. add. L   2 cf. *Il.* 2.403, *Od.* 14.419 etc.
et *Il.* 24.526, Hes. *Th.* 489, *A.P.* 11.42.5   5 βιότου Pal., corr. C
6. Tit. ἄδηλον, ἐπὶ τίνι (ὑπὸ τίνος Hecker) τοῦτο γέγραπται· πλὴν ὅτι ἐν τοῖς
τοῦ Παλλαδᾶ ἐπιγράμμασιν εὑρέθη κείμενον· μήποτε δὲ Λουκιανοῦ ἐστιν. L:
om. Pl.   9 γενεῶν Pl.   11 cf. Kaibel 646, *A.P.* 10.118.3
γενόμαν Pal.   οὐδέν²: ἦα *A.P.* 10.118.3 qui versus cetera
idem est   12 = *A.P.* 10.118.4   13 τὸ Pal.ᵈ Pl.ᵈ: τόδε vel
τότε Pal.¹ Pl.¹   ἀποστίλβων Pal.   14 de re cf. *A.P.*
10.118.5–6   καὶ λύπης λήθην Pl.: καὶ λύπης ὀδύνην Pal.:
κὰς λύπης ὀδύνην, Hecker: καὶ λύπης ὀλέτην Ludwich: καὶ λήθην ὀδύνης
Brunck: κωλυτὴν δ' ὀδύνης Stadtmüller   **7.** Tit. 'Αδέσποτον
mg. C: Λουκιανοῦ (sub εἰς τύχην Pl.: εἴς τινα ἀγρὸν 'Αχεμενίδου ἀπ' ἄλλου εἰς
ἄλλον μετερχόμενον mg. add. L   de re cf. Hor. *Sat.* 2.2.133–5,
Luc. 8.26   16 de λεγόμην haesitavit Stadtm., cf. Hor. loc. cit.

ΛΟΥΚΙΑΝΟΥ?

καὶ γὰρ ἐκεῖνος ἔχειν μέ ποτ' ᾤετο, καὶ πάλιν οὗτος
οἴεται· εἰμὶ δ' ὅλως οὐδενός, ἀλλὰ Τύχης.]

8 (*A.P.* 9.120, J 8)
ΛΟΥΚΙΑΝΟΥ ΣΑΜΟΣΑΤΕΩΣ (?)
Φαῦλος ἀνὴρ πίθος ἐστὶ τετρημένος, εἰς ὃν ἁπάσας
ἀντλῶν τὰς χάριτας εἰς κενὸν ἐξέχεας.   5

9 (*A.P.* 9.367, J 2)
ΛΟΥΚΙΑΝΟΥ
Τὸν πατρικὸν πλοῦτον νέος ὢν Θήρων ὁ Μενίππου
  αἰσχρῶς εἰς ἀκρατεῖς ἐξέχεεν δαπάνας.
ἀλλά μιν Εὔκτήμων, πατρικὸς φίλος, ὡς ἐνόησεν
  ἤδη καρφαλέῃ τειρόμενον πενίῃ,   10
καί μιν δάκρυ χέων ἀνελάμβανε καὶ πόσιν αὐτὸν
  θῆκε θυγατρὸς ἑῆς πόλλ' ἐπὶ μείλια δούς.
αὐτὰρ ἐπεὶ Θήρωνα περὶ φρένας ἤλυθε πλοῦτος,
  αὐτίκα ταῖς αὐταῖς ἐτρέφετ' ἐν δαπάναις
γαστρὶ χαριζόμενος πᾶσαν χάριν, οὐ κατὰ κόσμον,   15
  τῇ θ' ὑπὸ τὴν μιαρὰν γαστέρα μαργοσύνῃ.

1 de με τότ' haesitavit Stadtm.   **8.** Tit. Λουκιανοῦ Σαμο-
σατέως mg. Pal. et (sub εἰς εὐχαρίστους καὶ ἀχαρίστους) Pl.: εἰς φαῦλον καὶ
ἀχάριστον τοῦ αὐτοῦ mg. add. L   de re cf. Thphr. *Char.* 20.9,
Xen. *Oec.* 7.40, Lucr. 3.936 etc.: condere potuit Lucianus, cf. 25.18, 70.61,
77.21.4, cf. quoque 85.9.2, 85.63.1   5 de metro cf. 85.48.6
9. Tit. Λουκιανοῦ (sub εἰς ἄσωτον) Pl.: Λουκιανοῦ Σαμοσατέως τὸ ἐπίκλην
ἀθέου. εἰς Θήρωνα τὸν υἱὸν Μενίππου ἀσώτως βιοῦντα ὑπόθεσις ἀρίστη mg. C:
εἰς ἄσωτον Λουκιανοῦ Flor. 91.8: Juliano trib. Sakolowski   7 cf.
85.7, Call. *A.P.* 12.148 etc.   8 cf. 85.8   δαπάναις Pal.[1]
9 cf. *A.P.* 11.393   11 δάκρυ χέων Pal.: δακρυχέων Pl.: δάκρυ χέοντ'
maluit Stadtm.; cf. *Il.* 1.357 etc.   12 ἐπιμήλια Pal.: ἐπιμείλια Pl.;
cf. *Il.* 9.147, 289   13 Θήρωνι Pl. περὶ φρένας Pal.: παρὰ φρένας Pal.[1]:
παρ' ἐλπίδας Pl., ἐλπ fort. in rasura; cf. *Od.* 9.362   15 cf. Thgn. 920;
cf. *Od.* 20.181 etc.

85. ΕΠΙΓΡΑΜΜΑΤΑ

οὕτως μὲν Θήρωνα τὸ δεύτερον ἀμφεκάλυψεν
οὐλομένης πενίης κῦμα παλιρρόθιον.
Εὐκτήμων δ᾽ ἐδάκρυε τὸ δεύτερον, οὐκέτι κεῖνον,
ἀλλὰ θυγατρὸς ἑῆς προῖκά τε καὶ θάλαμον.
5 ἔγνω δ᾽ ὡς οὐκ ἔστι κακῶς κεχρημένον ἄνδρα
τοῖς ἰδίοις εἶναι πιστὸν ἐν ἀλλοτρίοις.

10 (*A.P.* 10.26, J 3)

ΛΟΥΚΙΑΝΟΥ

Ὡς τεθνηξόμενος τῶν σῶν ἀγαθῶν ἀπόλαυε
ὡς δὲ βιωσόμενος φείδεο σῶν κτεάνων.
10 ἔστι δ᾽ ἀνὴρ σοφὸς οὗτος ὃς ἄμφω ταῦτα νοήσας
φειδοῖ καὶ δαπάνῃ μέτρον ἐφηρμόσατο.

11 (*A.P.* 10.27, J 9)

ΤΟΥ ΑΥΤΟΥ

Ἀνθρώπους μὲν ἴσως λήσεις ἄτοπόν τι ποιήσας
οὐ λήσεις δὲ θεόν, οὐδὲ λογιζόμενος.

12 (*A.P.* 10.28, J 5)

15 ΤΟΥ ΑΥΤΟΥ

Τοῖσι μὲν εὖ πράττουσιν ἅπας ὁ βίος βραχύς ἐστι,
τοῖς δὲ κακῶς μία νὺξ ἄπλετός ἐστι χρόνος.

2 cf. *Od.* 5.430, 9.485   3 ἐδάκρυε Pal. et uv. Pl.: ἐδάκρυσε
vix Pl., edd.   **10.** Tit. Λουκιανοῦ mg. Pal. et (sub εἰς
αὐτάρκειαν) Pl.   8 cf. Isoc. 1.9   10 cf. *A.P.* 9.19.10
11. Tit. τοῦ αὐτοῦ mg. Pal.: Λουκιανοῦ (sub εἰς θεούς) Pl.; sententia nostro
aliena videtur   14 θεόν contra metrum Pal., Pl.: θεούς Parisinus
1630, Lasc.; at cf. 85.8.2   **12.** Tit. τοῦ αὐτοῦ mg. Pal.:
Λουκιανοῦ (sub εἰς δυσπραγίαν) Pl.   16 πράττουσιν πᾶς Pal.:
πράττουσι πᾶς Pl.: corr. Scaliger

415

ΛΟΥΚΙΑΝΟΥ?

13 (A.P. 10.29, J 6)
ΤΟΥ ΑΥΤΟΥ

Οὐχ ὁ ἔρως ἀδικεῖ μερόπων γένος, ἀλλ' ἀκολάστοις
ψυχαῖς ἀνθρώπων ἔσθ' ὁ ἔρως πρόφασις.

14 (A.P. 10.30, J 7)
ΛΟΥΚΙΑΝΟΥ?

Ὠκεῖαι χάριτες γλυκερώτεραι· ἢν δὲ βραδύνῃ,   5
πᾶσα χάρις κενεή, μηδὲ λέγοιτο χάρις.

15 (A.P. 10.31, J 4)
ΛΟΥΚΙΑΝΟΥ

Θνητὰ τὰ τῶν θνητῶν καὶ πάντα παρέρχεται ἡμᾶς·
ἢν δὲ μή, ἀλλ' ἡμεῖς αὐτὰ παρερχόμεθα.

16 (A.P. 10.35, J 14)
ΛΟΥΚΙΑΝΟΥ   10

Εὖ πράττων φίλος εἶ θνητοῖς, φίλος εἶ μακάρεσσι,
καί σευ ῥηϊδίως ἔκλυον εὐξαμένου.
ἢν πταίσῃς, οὐδεὶς ἔτι σοι φίλος, ἀλλ' ἅμα πάντα
ἐχθρά, τύχης ῥιπαῖς συμμεταβαλλόμενα.

13. Tit. τοῦ αὐτοῦ mg. Pal.: Λουκιανοῦ (sub εἰς ἔρωτα) Pl.   3 cf.
69.50   14. Tit. Λουκιανοῦ (sub εἰς εὐχαρίστους καὶ ἀχαρίστους)
Pl.: ἄδηλον mg. Pal., loco inter Lucianea tributo: Luciano trib. Riccard. 25
5 an βραδύνῃς?   6 γένοιτο codex Dorvillio notus   15. Tit.
Λουκιανοῦ mg. Pal. et (sub εἰς τὸν ἀνθρώπινον βίον) Pl.   9 ἀλλ'
om. Pal.   16. Tit. Λουκιανοῦ mg. Pal. et (sub εἰς τύχην) Pl.
de re cf. Thgn. 79, 697, 929   11 Εὖ πράττων Pal.: μὴ πταίων Pl.
12 an καὶ σέο?   13 ἢν Pal.: ἂν Pl.   οὐδείς ἐστι σοι Pal.
14 ῥοπαῖς Pal., Pl.: corr. recc.: τε ῥοπαῖς Lascaris

85. ΕΠΙΓΡΑΜΜΑΤΑ

17 (A.P. 10.36, J 10)

ΤΟΥ ΑΥΤΟΥ

Οὐδὲν ἐν ἀνθρώποισι Φύσις χαλεπώτερον εὗρεν
ἀνθρώπου καθαρὰν ψευδομένου φιλίην.
οὐ γὰρ ἔθ' ὡς ἐχθρὸν προφυλασσόμεθ', ἀλλ' ἀγαπῶντες
ὡς φίλον ἐν τούτῳ πλείονα βλαπτόμεθα.

18 (A.P. 10.37, J 16)

ΤΟΥ ΑΥΤΟΥ

Ἡ βραδύπους βουλὴ μέγ' ἀμείνων, ἡ δὲ ταχεῖα
αἰὲν ἐφελκομένη τὴν μετάνοιαν ἔχει.

19 (A.P. 10.41, J 12)

ΛΟΥΚΙΑΝΟΥ

Πλοῦτος ὁ τῆς ψυχῆς πλοῦτος μόνος ἐστὶν ἀληθής,
τἆλλα δ' ἔχει λύπην πλείονα τῶν κτεάνων.
τόνδε πολυκτέανον καὶ πλούσιόν ἐστι δίκαιον
κλῄζειν, ὃς χρῆσθαι τοῖς ἀγαθοῖς δύναται.
εἰ δέ τις ἐν ψήφοις κατατήκεται ἄλλον ἐπ' ἄλλῳ
σωρεύειν αἰεὶ πλοῦτον ἐπειγόμενος,
οὗτος ὁποῖα μέλισσα πολυτρήτοις ἐνὶ σίμβλοις
μοχθήσει, ἑτέρων δρεπτομένων τὸ μέλι.

17. Tit. τοῦ αὐτοῦ mg. Pal.: Λουκιανοῦ (sub εἰς κόλακας) Pl.   de
re cf. Thgn. 121   3 καθορᾶν Pal.   5 πλείονας
βλάπτομεν Pal.   **18.** Tit. τοῦ αὐτοῦ mg. Pal.: Λουκιανοῦ (sub εἰς
φρόνησιν) Pl.   de re cf. Thgn. 329   8 ἐφελκομένην Pl.
19. Suppetit bis in Pl. (= Pl. 1 et Pl. 2)   tit. Λουκιανοῦ mg. Pal.
et (sub εἰς πλουτοῦντας) Pl. 1: om. Pl. 2   10–11 om. Pl. 2
11 λύπην Brunck: αὐτὴν codd.   12–17 pro poemate separato duxerunt
Pl. 2, Rittershusius, Brunck   12 τὸν δὲ π. Pal., Pl. 1
cf. Call. Ap. 33–4, Luc. 21.10   15 ἀεὶ Pl. 1   16 cf. A.P.
9.363.15, Nonn. 13.255   πολυτρύτοις Pl. 1   ἐνὶ] ἐν Pal.
17 δρεπτομένων Laur. 32.16: δρεπομένων Pal., Pl. 1¹: δρεψομένων Pl. 1², Pl.
2; cf. Anth. gr. 16.231.4

ΛΟΥΚΙΑΝΟΥ?

20 (A.P. 10.42, J 11)

ΤΟΥ ΑΥΤΟΥ

Ἀρρήτων ἐπέων γλώσσῃ σφραγὶς ἐπικείσθω·
κρείσσων γὰρ μύθων ἢ κτεάνων φυλακή.

21 (A.P. 10.43, J 17)

[ΑΔΗΛΟΝ

Ἓξ ὧραι μόχθοις ἱκανώταται, αἱ δὲ μετ᾽ αὐτὰς   5
γράμμασι δεικνύμεναι ζῆθι λέγουσι βροτοῖς.]

22 (A.P. 10.58)

[ΠΑΛΛΑΔΑ

Γῆς ἐπέβην γυμνός, γυμνός θ᾽ ὑπὸ γαῖαν ἄπειμι·
καὶ τί μάτην μοχθῶ, γυμνὸν ὁρῶν τὸ τέλος;]

23 (A.P. 10.107.1, Eur. Fr. 1025.1 Nauck)

[ΕΥΡΙΠΙΔΟΥ ἢ ΜΕΝΑΝΔΡΟΥ   10

θεοῦ μὲν ἐκτὸς οὐδεὶς εὐτυχεῖ βροτός.]

20. Tit. τοῦ αὐτοῦ mg. Pal.: Λουκιανοῦ (sub εἰς μυστήριον) Pl. de re cf. Od. 14.466, Thgn. 19, Critias apud Plut. Alcib 33, P. Louvr. 2391.8M (Heitsch 59.5.8), A.P. 10.46   2 γλώσσῃ Pal. et uv. Pl.: γλώσσῃ Pl.ʳ uv.   σφρηγὶς Pl.   **21.** Tit. Ἄδηλον mg. Pal. et (sub εἰς ὥρας καὶ μῆνας) Pl.: Palladae esse potuit (A.P. 10.44 nihil, A.P. 10.45 τοῦ αὐτοῦ mg. add. Pal.): Luciano trib. ed. Bas. 1563 Cognati testimonio citato 'Luciano hoc distichon in graeco epigrammatum codice vetustissimo tribuitur': eos errare qui in solario Herculaneensi inscriptum esse credunt monuit R. V. Kerr, cf. Kaibel, I.G. XIV.713; cf. A.P. 7.641, 9.780, 782, 806, 807   **22.** Palladae trib. Pal. et bis (sub εἰς τὸν ἀνθρώπινον βίον et εἰς πλουτοῦντας) Pl.: Luciano trib. Riccard. 25, Georgid. Gnom. (Boissonade, Anecd. 1.22); de inscriptione Lycia vide Bull. de Corresp. Hell. 1899, 337   8 θ᾽] δ᾽ Ricc. 25, Georg.   **23.** Tit. Euripidi trib. Pal: auctoris nomen (sub εἰς τύχην) om. Pl.: Menandro trib. Boissonade, Anecd. 1.155, Monostich. 235: Luciano trib. Lascaris, Dorvillius; Euripidis Pelei trib., Lydi, Mens. 4.7, cod. Scorialensis;

85. ΕΠΙΓΡΑΜΜΑΤΑ

24 (A.P. 10.122, J 15)

[ΛΟΥΚΙΛΛΙΟΥ

Πολλὰ τὸ δαιμόνιον δύναται, κἂν ᾖ παράδοξα·
τοὺς μικροὺς ἀνάγει, τοὺς μεγάλους κατάγει.
καὶ σοῦ τὴν ὀφρὺν καὶ τὸν τῦφον καταπαύσει,
5   κἂν ποταμὸς χρυσοῦ νάματά σοι παρέχῃ.
οὐ θρύον, οὐ μαλάχην ἄνεμός ποτε, τὰς δὲ μεγίστας
ἢ δρύας ἢ πλατάνους οἶδε χαμαὶ κατάγειν.   ]

25 (A.P. 11.10, J 27)

[ΛΟΥΚΙΛΛΙΟΥ

Τὸν τοῦ δειπναρίου νόμον οἴδατε· σήμερον ὑμᾶς,
10   Αὖλε, καλῶ καινοῖς δόγμασι συμποσίου.
οὐ μελοποιὸς ἐρεῖ κατακείμενος, οὔτε παρέξεις
οὔθ᾽ ἕξεις αὐτὸς πράγματα γραμματικά.   ]

26 (A.P. 11.17)

[ΝΙΚΑΡΧΟΥ

Ἦν Στέφανος πτωχὸς κηπεύς θ᾽ ἅμα· νῦν δὲ προκόψας
15   πλουτεῖ καὶ γεγένητ᾽ εὐθὺ Φιλοστέφανος,
τέσσαρα τῷ πρώτῳ Στεφάνῳ καλὰ γράμματα προσθείς·
ἔσται δ᾽ εἰς ὥρας Ἱπποκρατιππιάδης

---

sententia vix Lucianea videtur   versum sic contra metrum Pal.,
Pl.: οὐδεὶς ἐκτὸς trs. Boissonade: θεοῦ γὰρ ἐκτὸς οὐδεὶς εὐτυχεῖ βροτῶν Men.
Anecd.: θεοῦ γὰρ οὐδεὶς εὐτυχεῖ βροτῶν ἄνευ Men. Monostich.   24. Tit.
Λουκιλλίου mg. Pal.: Λουκιανοῦ (sub εἰς τύχην) Pl.: sententia a Luciano
haud aliena videtur   2–3 cf. Eur. Alc. fin. etc., Luc. 17.48,
69.325 seq., Hes. Op. 5–6   4 καταπαύει Pal.   5 παρέχει
Pal.   6–7 cf. Hdt. 7.10.ε, Hor. Carm. 2.10.9–10   25. Tit.
Λουκιλλίου mg. Pal.: Λουκιανοῦ (sub συμποτικὰ ἀστείσματα) Pl.: Luci-
anum Gellio scripsisse dubitanter coni. Baldwin   9 ἡμᾶς
Lascaris   26. Tit. Νικάρχου mg. Pal.: auctoris nomen (sub συμπ. ἀστ.
post A.P. 11.10, vide supra) om. Pl.: Luciano trib. editionis Wechelianae
scholium   14 κηπεύς θ᾽] καὶ παῖς Jacobs   17 ἔστα δ᾽ Pal.
Ἱπποκρατιππιδίας Pl.

ΛΟΥΚΙΑΝΟΥ?

ἢ διὰ τὴν σπατάλην Διονυσιοπηγανόδωρος·
ἐν δ' ἀγορανομίῳ παντὶ μένει Στέφανος.]

27 (*A.P.* 11.68)

[*ΛΟΥΚΙΛΛΙΟΥ?*

Τὰς τρίχας, ὦ Νίκυλλα, τινὲς βάπτειν σε λέγουσιν,
ἃς σὺ μελαινοτάτας ἐξ ἀγορᾶς ἐπρίω.   ]   5

28 (*A.P.* 11.80, J 20)

[*ΛΟΥΚΙΛΛΙΟΥ?*

Οἱ συναγωνισταὶ τὸν πυγμάχον ἐνθάδ' ἔθηκαν
Ἆπιν· οὐδένα γὰρ πώποτ' ἐτραυμάτισεν.   ]

29 (*A.P.* 11.81, J 21)

[*ΛΟΥΚΙΛΛΙΟΥ?*

Πᾶσαν ὅσαν Ἕλληνες ἀγωνοτεθοῦσιν ἄμιλλαν   10
πυγμῆς, Ἀνδρόλεως πᾶσαν ἀγωνισάμαν,
ἔσχον δ' ἐν Πίσῃ μὲν ἓν ὠτίον, ἐν δὲ Πλαταιαῖς
ἓν βλέφαρον· Πυθοῖ δ' ἄπνοος ἐκφέρομαι.

27. Tit. εἰς γραῖαν Λουκίλλου mg. Pal.: Λουκιανοῦ (sub εἰς γραίας)
Pl.¹: Λουκιλλίου Pl.², Lascaris: Lucillio edd. plerique, Lucillo Tarrhaeo
trib. Linnenkugel   de re cf. *A.P.* 11.69, 11.408 (vide infra),
Mart. 6.12   5 μελανωτάτας Pal.: μελανοτάτας Pl.: corr. Brunck
28. Tit. εις απιν τοῦ αὐτοῦ (sc. ac 11.75 = Λουκίλλου) mg. Pal.: nomen
auctoris (sub εἰς ἀγωνιστάς) om. Pl.: Luciano trib. Lascaris: Lucillio
plerique, Lucillo Tarrhaeo trib. Linnenkugel   cf. Luc. 21.33   8 Ἆπιν
Pl.: Ἆπιν Pal.: Ἄγιν Gow–Page: Ἄππιον, si metrum requiras, conieci
29. Tit. εἰς ἀνδρολέων τοῦ αὐτοῦ (sc. ac 11.75 = Λουκίλλου) mg. Pal.: nomen
auctoris (sub εἰς ἀγωνιστάς) om. Pl.: τοῦ αὐτοῦ (sc. Luciani) Lascaris: Lucillo
Tarrhaeo trib. Linnenkugel   10 ὅσην Pl.   11 ἀγωνισάμην Pl.
12 ἔσχον] an ἔσχισα?   13 ἐκφερόμαν Geffcken

85. *ΕΠΙΓΡΑΜΜΑΤΑ*

Δαμοτέλης δ' ὁ πατὴρ καρύσσετο σὺν πολιήταις
ἀραί μ' ἐκ σταδίων ἢ νεκρὸν ἢ κολοβόν.   ]

30 (*A.P.* 11.105)

[*ΛΟΥΚΙΛΛΙΟΥ*

Τὸν μέγαν ἐζήτουν Εὐμήκιον· ὃς δ' ἐκάθευδεν
μικρῷ ὑπ' ὀξυβάφῳ τὰς χέρας ἐκτανύσας.]

31 (*A.P.* 11.129, J 25)

[*ΚΕΡ⟨Ε⟩ΑΛΙΟΥ*

Ποιητὴς ἐλθὼν εἰς Ἴσθμια πρὸς τὸν ἀγῶνα
εὑρὼν ποιητὰς εἶπε παρίσθμι' ἔχειν.
μέλλει δ' ἐξορμᾶν εἰς Πύθια· κἂν πάλιν εὕρη,
εἰπεῖν οὐ δύναται, Καὶ παραπύθι' ἔχω.   ]

32 (*A.P.* 11.212, J 53)

[*ΛΟΥΚΙΛΛΙΟΥ*

⟨τέκνιον εὔμορφον, Διόδωρε, γράφειν σ' ἐκέλευσα·⟩
ἀλλὰ σύ μοι προφέρεις τεκνίον ἀλλότριον,
τὴν προτομὴν αὐτῷ περιθεὶς κυνός· ὥστε με κλάειν,
πῶς μοι Ζωπυρίων ἐξ Ἑκάβης γέγονεν·

1 ἐκορύσσετο Pl.   συνπολιήταις Pal.   2 μ' ἐκ Pl.: με Pal.
[*A.P.* 11.88 Λουκιλλίου Pl., Λουκίλλου Pal.; Lucillio plerique, Lucillo Tarrhaeo
Linnenkugel, Luciano ed. Bas. 1563 tribuunt   *A.P.* 11.90–4 τοῦ
αὐτοῦ (sc. ac 11.88) Pal., Pl.; eidem ac 11.88 plerique, Linnenkugel, ed.
Bas. tribuunt]   **30.** Lucillio trib. Pal., et (sub εἰς λεπτοὺς
καὶ μικρούς) Pl.: Luciano trib. Riccard. 25   4 δ' ἐκάθευδε Pl.:
δεκάθευδεν sic Pal.: δὲ κάθευδεν Ricc. 25   **31.** Tit. Κεραλίου mg.
Pal.: Λουκιανοῦ (sub εἰς ποιητάς) Pl.; cf. *A.P.* 11.144; auctor potuit Martiali
amicus esse, cf. Plin. *Ep.* 2.19, Mart. *Epigr.* 10.48 etc.   **32.** Epigr.
in Pl. deest   tit. εἰς ζωγρά[   ] λουκι[?] mg. Pal.: Luciano trib.
Jacobitz   12 lacunam unius versus linquit Pal.   exempli
gratia suppl. Boissonade; cf. *A.P.* 11.213   14 κλάειν Boissonade:
καλεῖν Pal.: κάμνειν Jacobs: κήδειν conieci   15 cf. Theoc. 15.13

ΛΟΥΚΙΑΝΟΥ?

καὶ πέρας ἒξ δραχμῶν Ἐρασίστρατος ὁ κρεοπώλης
ἐκ τῶν Ἰσείων υἱὸν Ἄνουβιν ἔχω.   ]

33 (*A.P.* 11.239, J 24)

[*ΛΟΥΚΙΛΛΙΟΥ?*

Οὔτε Χίμαιρα τοιοῦτον ἔπνει κακὸν ἡ καθ' Ὅμηρον,
    οὐκ ἀγέλη ταύρων, ὡς ὁ λόγος, πυρίπνους,   5
οὐ Λῆμνος σύμπασα καὶ Ἁρπυιῶν τὰ περισσὰ
    οὐδ' ὁ Φιλοκτήτου ποὺς ἀποσηπόμενος.
ὥστε σε παμψηφεὶ νικᾶν, Τελέσιλλα, Χιμαίρας,
    σηπεδόνας, ταύρους, ὄρνεα, Λημνιάδας.   ]

34 (*A.P.* 11.240)

[*ΛΟΥΚΙΛΛΙΟΥ?*   10

Οὐ μόνον αὐτὴ πνεῖ Δημοστρατίς, ἀλλὰ δὴ αὐτῆς
    τοὺς ὀσμησαμένους πνεῖν πεποίηκε τράγου.   ]

35 (*A.P.* 11.274, J 26)

ΛΟΥΚΙΑΝΟΥ

Εἰπέ μοι εἰρομένῳ, Κυλλήνιε, πῶς κατέβαινεν
    Λολλιανοῦ ψυχὴ δῶμα τὸ Φερσεφόνης;   15

1 cf. *A.P.* 11.402 (Luc. 85.43)   2 Ἰσείων Boissonade: ισιων (sic)
Pal.: ἰσικίων Jacobs, cf. Ath. 9.376b, *Ox. Pap.* 1730   cf. 21.8–9 etc.
33. Lucillio plerique, Lucillo Tarrhaeo trib. Linnenkugel   Tit. εἰς
βαρυόδμους Λουκίλλου mg. Pal.: Λουκιανοῦ uv. (sub εἰς δυσώδεις) Pl.   de
re cf. Mart. *Epigr.* 4.4, 6.93, *A.P.* 11.240 infra   4 οὔτι Pal.[1]: corr. Pal.[2]
cf. *Il.* 6.182   6 σύμπασα καὶ Pal.: σύμπασ' οὐχ Pl.   ἁρπυίων Pal.
7 cf. Luc. 31.6   8 Τελεσίλλα Pal.   **34.** Tit. τοῦ αὐτοῦ
(sc. ac 11.239) Pal.: nomen auctoris (sub εἰς δυσώδεις) om. Pl.: Lucillio
plerique Lucillo Tarrh. trib. Linnenkugel   11 δὴ Boissonade:
δι' Pal., Pl.   **35.** Λουκιανοῦ mg. Pal. et (sub εἰς πονηρούς) Pl.
14 cf. *Od.* 15.263, 24.114   cf. 79.2   κατέδυννε Pl.
15 cf. Philostr. *V.S.* 1.23.1, 2   δῶμα τὸ] δώματα coniecit
Beckby, cf. *A.P.* 7.483.3, Thgn. 974, 1296

85. ΕΠΙΓΡΑΜΜΑΤΑ

θαῦμα μέν, εἰ σιγῶσα· τυχὸν δέ τι καὶ σὲ διδάσκειν
ἤθελε· φεῦ, κείνου καὶ νέκυν ἀντιάσαι.

36 (A.P. 11.278)

[ΛΟΥΚΙΛΛΙΟΥ

Ἔξω παιδεύεις Πάριδος κακὰ καὶ Μενελάου
ἔνδον ἔχων πολλοὺς σῆς Ἑλένης Πάριδας.   ]

37 (A.P. 11.294)

[ΛΟΥΚΙΛΛΙΟΥ?

Πλοῦτον μὲν πλουτοῦντος ἔχεις, ψυχὴν δὲ πένητος,
ὦ τοῖς κληρονόμοις πλούσιε, σοὶ δὲ πένης.   ]

38 (A.P. 11.295)

[ΛΟΥΚΙΛΛΙΟΥ?

Εἴ τιν' ἔχεις Διόνυσον ἐνὶ μεγάροισι τεοῖσι,
τὸν κισσὸν ἀφελὼν θριδάκων φύλλοις στεφάνωσον.   ]

39 (A.P. 11.396, J 48)

ΛΟΥΚΙΑΝΟΥ

Πολλάκις οἶνον ἔπεμψας ⟨ἐμοί,⟩ καὶ πολλάκις ἔγνων
σοὶ χάριν, ἡδυπότῳ νέκταρι τερπόμενος.

1 θαῦμα· μένει Pal.   2 ἀντιασαι sic Pal.   **36.** Tit. εἰς γραμματικὸν
κερασφόρον Λουκιλλίου Pal.: τοῦ αὐτοῦ (sc. Lucillii) (sub εἰς γραμματικούς)
Pl.: τοῦ αὐτοῦ (sc. Luciani) εἰς κερασφόρον Riccard. 25   5 πολλῆς
Pal.   **37.** Tit. Λουκιλλίου mg. Pal.: Palladae (sub εἰς φειδωλούς)
trib. Pl.: τοῦ αὐτοῦ (sc. Luciani) εἰς πλούσιον πλουτόψυχον? Riccard. 25:
Luciano trib. Beckby, Palatini titulum in Λουκι(α)νοῦ correctum esse ratus
38. Tit. εἰς οἶνον φαῦλον ἀποσταλέντα αὐτῷ τοῦ αὐτοῦ (sc. Λουκιλλίου) Pal.:
Παλλαδᾶ (sub εἰς δῶρα) Pl.; cf. A.P. 11.396 (Luc. 85.39)   10 cf.
Od. 1.295   11 hexametri meri pro elegiacis epigrammatis Lucianeis
desunt; pes secundus nutat   **39.** Tit. Λουκια mg. Pal.: Pl. poema
deest: Lucillio trib. Helm. Franke, Zerwes: Palladae trib. Salmasius,
Jacobs   13 ἐμοί suppl. Salmasius

ΛΟΥΚΙΑΝΟΥ?

νῦν δ' εἴπερ με φιλεῖς, μὴ πέμψῃς· οὐ δέομαι γὰρ
οἴνου τοιούτου, μηκέτ' ἔχων θρίδακας.

40 (*A.P.* 11.397, J 44)

ΤΟΥ ΑΥΤΟΥ

Πολλὰς μυριάδας ψηφίζων Ἀρτεμίδωρος
καὶ μηδὲν δαπανῶν ζῇ βίον ἡμιόνων,   5
πολλάκις αἳ χρυσοῦ τιμαλφέα φόρτον ἔχουσαι
πολλὸν ὑπὲρ νώτου χόρτον ἔδουσι μόνον.

41 (*A.P.* 11.400, J 22)

ΛΟΥΚΙΑΝΟΥ

Ἵλαθι Γραμματικὴ φυσίζοε, ἵλαθι λιμοῦ
φάρμακον εὑρομένη "μῆνιν ἄειδε θεά".   10
νηὸν ἐχρῆν καὶ σοὶ περικαλλέα δωμήσασθαι
καὶ βωμὸν θυέων μήποτε δευόμενον.
καὶ γὰρ σοῦ μεσταὶ μὲν ὁδοί, μεστὴ δὲ θάλασσα
καὶ λιμένες, πάντων δέκτρια Γραμματική.

42 (*A.P.* 11.401, J 52)

ΤΟΥ ΑΥΤΟΥ   15
Ἰητήρ τις ἐμοὶ τὸν ἐὸν φίλον υἱὸν ἔπεμψεν,

2 cf. 85.38.2   **40.** Tit. τοῦ αὐτοῦ mg. Pal.: post 11.371
(Palladae), auctoris nomine omisso (sub εἰς φειδωλούς) Pl.: ἄδηλον Lascaris
4 cf. 46.12, 82.21   ψηφίζει Pl.   6 αἱ Pal.   **41.** Tit.
Λουκιανοῦ mg. Pal. et (sub εἰς γραμματικούς) Pl.: *A.P.* 11.400–5 Lucillio trib.
(vide infra) Engel, Helm, Prinz, Franke, Geffcken, Hermann etc.; cf.
A.P. 9.169 (Palladae)   9 cf. *Il.* 3.243, *Od.* 11.301   λιμοῦ
Brunck: μοῦσα codd.: cf. *Ep. Bob.* 46, 47, 64   10 εὑρομένη Pl.:
εὑρομένα Pal.   cf. *Il.* 1.1   13–14 cf. Arat. *Phaen.* 2–4, Luc.
8.16, 23.14, 24.24   14 λέκτρια Pal., Pl.: corr. Opsopoeus; cf.
Archil. 331W   **42.** Tit. τοῦ αὐτοῦ (sc. Luciani) mg. Pal.: nomen
auctoris (sub εἰς ἰατρούς) om. Pl.: τοῦ αὐτοῦ (sc. Agathii) Lascaris; vide ad
A.P. 11.400 (Luc. 85.41)   16 ἐὸν Pl.: νέον Pal.   cf. *Il.* 9.437–8

85. ΕΠΙΓΡΑΜΜΑΤΑ

ὥστε μαθεῖν παρ' ἐμοὶ ταῦτα τὰ γραμματικά.
ὡς δὲ τὸ "μῆνιν ἄειδε" καὶ "ἄλγεα μυρί' ἔθηκεν"
ἔγνω καὶ τὸ τρίτον τοῖσδ' ἀκόλουθον ἔπος,
"πολλὰς δ' ἰφθίμους ψυχὰς Ἄϊδι προΐαψεν,"
5   οὐκέτι μιν πέμπει πρός με μαθησόμενον.
ἀλλά μ' ἰδὼν ὁ πατήρ, Σοὶ μὲν χάρις, εἶπεν, ἑταῖρε,
αὐτὰρ ὁ παῖς παρ' ἐμοὶ ταῦτα μαθεῖν δύναται.
καὶ γὰρ ἐγὼ πολλὰς ψυχὰς Ἄϊδι προϊάπτω,
καὶ πρὸς τοῦτ' οὐδὲν γραμματικοῦ δέομαι.

43 (A.P. 11.402, J 50)

10   *ΤΟΥ ΑΥΤΟΥ*

Μηδείς μοι ταύτην, Ἐρασίστρατε, τὴν σπατάλην σου
ποιήσειε θεῶν, ᾗ σὺ κατασπαταλᾷς,
ἔσθων ἐκτραπέλως στομάχων κακά, χείρονα λιμοῦ,
οἷα φάγοιεν ἐμῶν ἀντιδίκων τεκνία,
15   πεινάσαιμι γὰρ αὖθις ἔτι πλέον ἢ πρὶν ἐπείνων,
ἢ χορτασθείην τῆς παρὰ σοὶ σπατάλης.

44 (A.P. 11.403, J 47)

ΤΟΥ ΑΥΤΟΥ

Μισόπτωχε θεά, μούνη πλούτου δαμάτειρα,
ἡ τὸ καλῶς ζῆσαι πάντοτ' ἐπισταμένη·

---

1 ταῦτα] an πάντα?   2–4 cf. Il. 1.1–3   **43.** Tit. τοῦ
αὐτοῦ mg. Pal.: auctoris nomen (sub εἰς λαιμαργούς) om. Pl.: τοῦ αὐτοῦ (sc.
Agathii) Lascaris; vide ad A.P. 11.400 (Luc. 85.41)   11 nomen
medici clari fortasse consulto electum; at cf. A.P. 11.83, 212, 259   cf.
A.P. 7.206, 11.17   12 ἢ uv. Pal.   13 cf. 69.123
14 cf. A.P. 11.196   15–16 πεινάσαιμι…σπατάλης om. Pl.
44. Tit. τοῦ αὐτοῦ (sc. ac A.P. 11.400) εἰς ποδαγρὸν mg. Pal.: nomen auctoris
(sub εἰς χωλούς) om. Pl.   de re cf. Juv. 13.96, Luc. 22.23, 38.11;
aliter tamen Luc. 36.31, 39 et 61.7 et libelli 69, 74   18 δαμάστειρα
Pal., Pl.: corr. Par. 1630; cf. Call. Fr. 267, Pfeiffer   19 ἢ Pal.

425

ΛΟΥΚΙΑΝΟΥ?

εἰ δὲ καὶ ἀλλοτρίοις ἐπιϊζομένη ποσὶ χαίρεις,
ὁπλοφορεῖν οἶδας καὶ μύρα σοι μέλεται·
τέρπει καὶ στέφανός σε καὶ Αὐσονίου πόμα Βάκχου.
ταῦτα παρὰ πτωχοῖς γίνεται οὐδέποτε.
τοὖνεκά νυν φεύγεις πενίης τὸν ἀχάλκεον οὐδόν,   5
τέρπῃ δ' αὖ πλούτου πρὸς πόδας ἐρχομένη.

45 (A.P. 11.404, J 39)

ΤΟΥ ΑΥΤΟΥ

Οὐδέποτ' εἰς πορθμεῖον ὁ κηλήτης Διόφαντος
ἐμβαίνει μέλλων εἰς τὸ πέραν ἀπίναι.
τῆς κήλης δ' ἐπάνωθε τὰ φορτία πάντα τεθεικὼς   10
καὶ τὸν ὄνον διαπλεῖ σινδόν' ἐπαράμενος.
ὥστε μάτην Τρίτωνες ἐν ὕδασι δόξαν ἔχουσιν,
εἰ καὶ κηλήτης ταὐτὸ ποιεῖν δύναται.

46 (A.P. 11.405, J 40)

ΤΟΥ ΑΥΤΟΥ

Ὁ γρυπὸς Νίκων ὀσφραίνεται οἴνου ἄριστα,   15
οὐ δύναται δ' εἰπεῖν οἷος ἂν ᾖ ταχέως·
ἐν τρισὶν ὥραις γὰρ θεριναῖς μόλις αἰσθάνετ' αὐτὸς
ὡς ἂν ἔχων πηχῶν ῥῖνα διακοσίων.
ὦ μεγάλου μυκτῆρος, ὅταν ποταμὸν διαβαίνῃ,
θηρεύει τούτῳ πολλάκις ἰχθύδια.   20

2 ὁπλοφορεῖν Pal., Pl.: ὁπλοφορεῖν τ' Stephanus: χὡπλοφορεῖν Buf-
fière: πιλοφορεῖν τε Jacobs   μύρα Pl.: μοῖρά Pal.
3 cf. A.P. 7.343.4, 363.7   5 νυν Brunck: νῦν Pal.: καὶ Pl.
χάλκεον Pl.; cf. A.P. 11.154, Il. 8.15 etc.   6 αὖ Jacobs: ἀντι sic
Pal.: εἰς Pl.   45. Tit. τοῦ αὐτοῦ (sc. ac A.P. 11.400, Luc. 85.41) mg.
Pal.: nomen auctoris (sub εἰς δυσειδεῖς) om. Pl.: nescio an poema Lucillio
tribuendum sit   de re cf. A.P. 6.166, 11.132, 342, 393   8 πορθ-
μίον Pal.   Διόφαντος Pal.: ἐμβαίνει Pl.   9 μέλλων εἰς τὸ
πέραν ἀπίεναι Διοφῶν Pl.   10 ἐπάνωθι Pl.   πάντα om. Pal.
46. Tit. τοῦ αὐτοῦ mg. Pal.: nomen auctoris (sub εἰς δυσειδεῖς) om. Pl.
15 cf. A.P. 11.406 (Nicarchi)   17 αἰσθάνεται Pl.   18–20 ὡς...
ἰχθύδια unius versus spatio relicto om. Pl.   18 ὡς ἀνέχων Aubreton
20 τούτου Pal.: corr. Salmasius

85. ΕΠΙΓΡΑΜΜΑΤΑ

47 (A.P. 11.408, J 38)

ΛΟΥΚΙΑΝΟΥ

Τὴν κεφαλὴν βάπτεις, γῆρας δὲ σὸν οὔποτε βάψεις,
οὐδὲ παρειάων ἐκτανύσεις ῥυτίδας.
μὴ τοίνυν τὸ πρόσωπον ἅπαν ψιμύθῳ κατάπλαττε,
5   ὥστε προσωπεῖον κοὐχὶ πρόσωπον ἔχειν.
οὐδὲν γὰρ πλέον ἐστί. τί μαίνεαι; οὔποτε φῦκος
καὶ ψίμυθος τεύξει τὴν Ἑκάβην Ἑλένην.

48 (A.P. 11.410, J 46)

ΛΟΥΚΙΑΝΟΥ

Τοῦ πωγωνοφόρου Κυνικοῦ, τοῦ βακτροπροσαίτου,
10   εἴδομεν ἐν δείπνῳ τὴν μεγάλην σοφίαν·
θέρμων μὲν γὰρ πρῶτον ἀπέσχετο καὶ ῥαφανίδων,
μὴ δεῖν δουλεύειν γαστρὶ λέγων ἀρετήν.
εὖτε δ᾽ ἐν ὀφθαλμοῖσιν ἴδεν χιονώδεα βόλβαν
στρυφνήν, ⟨ἢ⟩ πινυτὸν ἤδη ἔκλεπτε νόον,
15   ᾔτησεν παρὰ προσδοκίαν καὶ ἔτρωγεν ἀληθῶς,
κοὐδὲν ἔφη βόλβαν τὴν ἀρετὴν ἀδικεῖν.

49 (A.P. 11.420, J 51)

ΛΟΥΚΙΑΝΟΥ?

Αἱ τρίχες, ἢν σιγᾷς, εἰσὶ φρένες· ἢν δὲ λαλήσῃς,
ὡς αἱ τῆς ἥβης οὐ φρένες ἀλλὰ τρίχες.

47. Tit. Λουκιανοῦ mg. Pal.: Λουκιλλίου (sub εἰς γραίας) Pl.   de
re cf. 80.11.3, Mart. 3.42   3 ῥυτ. ἐκτ. Pal., Pl.: corr. scholium
Wechelianum   4 ψημιθίῳ Pal.   5 κοὐχὶ Pl.: ἢ οὐχὶ Pal.
cf. Greg. Naz. *Carm.* 1.2.29.3 (Migne 37.884)   7 cf. 22.17,
A.P. 5.103   **48.** Tit. Λουκιανοῦ mg. Pal.: nomen auctoris (sub εἰς
φιλοσόφους) om. Pl.: Lucillio trib. Franke; cf. 17.13–14, 77.21.3, 76 etc.
9 cf. Cerc. 1.2 (D.L. 6.76)   βακτρουπρ. Pal.   10 εἴδωμεν
sic. Pal.   σοφίην Pl.   13, 16 βολβαν sic Pal.: βολβὸν Pl.
14 ἢ suppl. Hermann   πινυτὸν Pal.: πινυτὰν Pl.: πινυτῶν Geffcken;
at cf. 85.8.2, 85.58.2 etc.   **49.** Tit. nomen auctoris om. Pal.:
Λουκιανοῦ (sub εἰς γῆρας καὶ γέροντας) Pl.

50 (*A.P.* 11.427, J 23)

ΛΟΥΚΙΑΝΟΥ

Δαίμονα πολλὰ λαλῶν ὀζόστομος ἐξορκιστὴς
ἐξέβαλ' οὐχ ὅρκων ἀλλὰ κόπρων δυνάμει.

51 (*A.P.* 11.428, J 19)

⟨*ΤΟΥ ΑΥΤΟΥ*⟩

Εἰς τί μάτην νίπτεις δέμας 'Ινδικόν; ἴσχεο τέχνης,   5
οὐ δύνασαι δνοφερὴν νύκτα καθηλιάσαι.

52 (*A.P.* 11.429, J 35)

ΤΟΥ ΑΥΤΟΥ

'Εν πᾶσιν μεθύουσιν 'Ακίνδυνος ἤθελε νήφειν·
τοὔνεκα καὶ μεθύειν αὐτὸς ἔδοξε μόνος.

53 (*A.P.* 11.430, J 45)

ΤΟΥ ΑΥΤΟΥ   10

Εἰ τὸ τρέφειν πώγωνα δοκεῖς σοφίαν περιποιεῖν,
καὶ τράγος εὐπώγων αἶψ' ὅλος ἐστὶ Πλάτων.

50. Tit. *Λουκια* mg. Pal.: *Λουκιανοῦ* (sub εἰς δυσώδεις) Pl.: *A.P.* 11.427–
36 Lucillio trib. Helm, Ammiano trib. Stadtmüller et alii   **51.** Tit.
εἰς 'Ινδὸν mg., auctoris nomine omisso, Pal. (vide *A.P.* 11.429): τοῦ αὐτοῦ
(sc. ac *A.P.* 14.431 = Luciani) (sub εἰς ἀδύνατον) Pl.; vide ad *A.P.* 11.427
de re cf. 31.28   5 τί om. Pal., Pl.¹: ss. Pl.² et Pal.ʳ   **52.** Tit.
τοῦ αὐτοῦ (sc. Luciani, si nomen in 11.428 neglegenter omissum est) mg.
Pal.: ἄδηλον (sub εἰς ἀνοήτους) Pl.; vide ad *A.P.* 11.427, 432   de re
cf. Thgn. 627–8   8 'Εν] Εὖ Lascaris   9 τοὔνεκαι καὶ Pal.
ἔδοξε Pl.: ἤθελε Pal.   **53.** Tit. τοῦ αὐτοῦ (sc. Luciani) mg. Pal.:
post *A.P.* 11.292 (Palladae), nomine auctoris omisso (sub εἰς φιλοσόφους)
Pl.; vide ad *A.P.* 11.427   de re cf. 9.13, 34.5 etc., *A.P.* 11.156
11 δοκεῖ Pl.   12 αἶψ' ὅλος Unger: αἰπόλος Pal.: εὔστολος Pl.

85. ΕΠΙΓΡΑΜΜΑΤΑ

54 (A.P. 11.431, J 18)

ΤΟΥ ΑΥΤΟΥ

Εἰ ταχὺς εἰς τὸ φαγεῖν καὶ πρὸς δρόμον ἀμβλὺς ὑπάρχεις,
τοῖς ποσί σου τρῶγε καὶ τρέχε τῷ στόματι.

55 (A.P. 11.432, J 36)

ΤΟΥ ΑΥΤΟΥ

Ἔσβεσε τὸν λύχνον μῶρος, ψυλλῶν ὑπὸ πολλῶν
δακνόμενος, λέξας· Οὐκέτι με βλέπετε.

56 (A.P. 11.433, J 41)

ΤΟΥ ΑΥΤΟΥ

Ζώγραφε, τὰς μορφὰς κλέπτεις μόνον· οὐ δύνασαι δὲ
φωνὴν συλῆσαι χρώματι πειθόμενος.

57 (A.P. 11.434, J 37)

ΤΟΥ ΑΥΤΟΥ

Ἢν ἐσίδῃς κεφαλὴν μαδαρὰν καὶ στέρνα καὶ ὤμους,
μηδὲν ἐρωτήσῃς· μῶρον ὁρᾷς φαλακρόν.

58 (A.P. 11.435, J 42)

ΤΟΥ ΑΥΤΟΥ

Θαυμάζειν μοι ἔπεισιν ὅπως Βύτος ἐστὶ σοφιστής,
οὔτε λόγον κοινὸν οὔτε λογισμὸν ἔχων.

54. Tit. τοῦ αὐτοῦ mg. Pal.: Λουκιανοῦ (sub εἰς ἀγωνιστάς) Pl.; vide ad A.P. 11.427   3 de metro cf. 85.48.6 etc.   **55.** Tit. τοῦ αὐτοῦ mg. Pal.: nomen auctoris, post 11.429, (sub εἰς ἀνοήτους) om. Pl.; vide ad A.P. 11.427   5 μωρος sic. Pal.: μωρὸς Pl.: corr. Ald.   ψύλλων Pal.   **56.** Tit. τοῦ αὐτοῦ mg. Pal.: τοῦ αὐτοῦ (sc. Lucillii) post A.P. 11.215 (sub εἰς ζωγράφους) Pl.   9 πειθομένην Pl.   **57.** Tit. τοῦ αὐτοῦ mg. Pal.: nomen auctoris (sub εἰς ἀνοήτους) om. Pl.; vide ad A.P. 11.427   12 μωρὸν Pal., Pl.; cf. 85.55.1   Φαλακρόν coniecit Aubreton   **58.** Tit. τοῦ αὐτοῦ mg. Pal.: nomen auctoris (sub εἰς ῥήτορας) om. Pl.; vide ad A.P. 11.427   15 μήτε...μήτε Pl. (fort. ex οὔτε...μήτε)   de metro cf. 85.48.6 etc.

59 (*A.P.* 11.436, J 43)

ΤΟΥ ΑΥΤΟΥ

Θᾶττον ἔην λευκοὺς κόρακας πτηνάς τε χελώνας
εὑρεῖν ἢ δόκιμον ῥήτορα Καππαδόκην.

60 (*Anth. gr.* 16.154, J 29)

ΛΟΥΚΙΑΝΟΥ ἢ 'ΑΡΧΙΟΥ

'Ηχὼ πετρήεσσαν ὁρᾷς, φίλε, Πανὸς ἑταίρην,   5
ἀντίτυπον φθογγὴν ἔμπαλιν ἀδομένην,
παντοίων στομάτων λάλον εἰκόνα, ποιμέσιν ἡδὺ
παίγνιον· ὅσσα λέγεις, ταῦτα κλύων ἄπιθι.

61 (*Anth. gr.* 16.163, J 30)

ΛΟΥΚΙΑΝΟΥ

Τὴν Παφίην γυμνὴν οὐδεὶς ἴδεν· εἰ δέ τις εἶδεν,   10
οὗτος ὁ τὴν γυμνὴν στησάμενος Παφίην.

62 (*Anth. gr.* 16.164, J 31)

ΤΟΥ ΑΥΤΟΥ

Σοὶ μορφῆς ἀνέθηκα τεῆς περικαλλὲς ἄγαλμα,
Κύπρι, τεῆς μορφῆς φέρτερον οὐδὲν ἔχων.

59. Tit. τοῦ αὐτοῦ mg. Pal.: nomen auctoris (sub εἰς ῥήτορας) om. Pl.;
vide ad *A.P.* 11.427   de re cf. *A.P.* 11.237–8, Philostr. *V.S.* 2.13
2 ἔην Pl.: ἦν Pal.: an ἂν ἦν?   **60.** Tit. εἰς τὸ αὐτὸ (sc. εἰς ἄγαλμα
'Ηχοῦς) Λουκιανοῦ, οἱ δὲ 'Αρχίου Pl.   5 cf. 29.12, 78.1.4, 79.2.4,
A.P. 6.79, 87, 9.27, 586, 825, *Anth. gr.* 16.152–3, 155–6   6 ἀδο-
μένην Pl.: ἀσομένην Pl.ʳ uv.   **61.** εἰς τὸ αὐτὸ (sc. εἰς ἄγαλμα 'Αφρο-
δίτης τῆς ἐν Κνίδῳ) Λουκιανοῦ Pl.   Luciano abiudicat Helm   de re
cf. 49.11–54, 50.18, 23 etc., *Anth. gr.* 16.159–62, 164–72   **62.** Tit. εἰς
τὸ αὐτὸ (sc. ac *Anth. gr.* 16.163) τοῦ αὐτοῦ Pl.   13 cf. Hdt. 5.60
(*A.P.* 6.7)

85. ΕΠΙΓΡΑΜΜΑΤΑ

63 (*Anth. gr.* 16.238, J 32)

ΛΟΥΚΙΑΝΟΥ

Εἰς τὸ κενόν με τέθεικε νόμου χάριν ὧδε Πρίηπον
Εὐστοχίδης, ξηρῶν κληματίδων φύλακα.
καὶ περιβέβλημαι κρημνὸν βαθύν. ὃς δ᾽ ἂν ἐπέλθῃ,
5   οὐδὲν ἔχει κλέψαι πλὴν ἐμὲ τὸν φύλακα.

63. Tit. εἰς ἕτερον Πρίηπον Λουκιανοῦ Pl.: Λουκιανοῦ εἰς ἕτερον Πρι-
ήπου Lascaris   de re cf. 45.21, 79.3, *Anth. gr.* 16.236–7, 239–43
2 τέθηκε uv. Pl.[1]   3 Εὐτυχίδης Lascaris; cf. *A.P.* 11.133, 177,
205, 208

431

ΤΙΜΑΡΙΩΝ Η ΠΕΡΙ ΤΩΝ ΚΑΤ᾽ ΑΥΤΟΝ ΠΑΘΗΜΑΤΩΝ

ΚΥΔΙΩΝ

1 Τιμαρίων ὁ καλός.

"ἤλυθας, Τηλέμαχε, γλυκερὸν φάος."

ἀλλὰ τί τὸ μέχρι τοσούτου κατασχόν σε τῆς ἐπανόδου καὶ ταῦθ᾽ ὑποσχόμενον ἐπανελθεῖν τάχιον;

"ἐξαύδα, μὴ κεῦθε νόῳ, ἵνα εἴδομεν ἄμφω."   5

πρὸς φίλον γὰρ ἐρεῖς παλαιὸν καὶ νέον.

ΤΙΜΑΡΙΩΝ

Ὦ φίλε Κυδίων, ἐπεί με τῶν Ὁμήρου ῥαψῳδημάτων ὑπέμνησας, μαθεῖν περὶ τῶν ἐμῶν παθῶν ἐπειγόμενος, χρὴ κἀμὲ τῶν τραγικῶν ῥημάτων δανείσασθαι τὸν ὑπὲρ τούτων λόγον ποιού-μενον, ὡς ἂν κομψῶν παθημάτων καὶ ἡ διήγησις κομψοτέρα   10 προβαίη μοι.

ΚΥΔΙΩΝ

Λέγε τοιγαροῦν, ὦ βέλτιστε Τιμαρίων, καὶ μὴ πρόῃ τὸν καιρόν· ἡμᾶς τε γλιχομένους μαθεῖν μὴ ἐπὶ μᾶλλον ἐκκαίῃς καὶ ἀλγύνῃς ὡς μάλιστα.

A = Vat. gr. 87, codex unicus qui hunc libellum inter Luciani libellos tradit
1 cf. 46.1   2 ἦλθες Od. 16.23, 17.41   4 cf. 18.7
5 Il. 1.363, cf. Luc. 21.1   6 cf. 38.2   13 ἐπὶ] an ἔτι?

ΤΙΜΑΡΙΩΝ

Αἲ αἴ,

"Τί ταῦτα κινεῖς κἀναμοχλεύεις,"

καὶ φέρεις ἡμᾶς 'Ιλιόθεν, κατὰ τὴν παροιμίαν; πλὴν ἀλλὰ
πεφροιμιάσθω μοι τὰ Εὐριπίδεια· πρέπον γὰρ ἐκεῖθεν ἐπὶ τοῖς
5 ὁμοίοις ἄρξασθαι.

"οὐκ ἔστιν οὐδὲν δεινόν, ὧδ' εἰπεῖν ἔπος,
οὐδὲ πάθος οὐδὲ ξυμφορὰ θεήλατος,
ἧς οὐκ ἂν ἄροιτ' ἄχθος ἀνθρώπου φύσις."

οὐδὲν γὰρ ὀϊζυρότερον γαῖα τρέφει ἀνθρώποιο. εἰ γάρ σοι κατὰ
10 μέρος διηγησαίμην τἀμά, βέλτιστε, κρεῖττον ἂν φαίης σε-
σιωπῆσθαι, καὶ μὴ ἐκλαλεῖσθαι πρὸς τοὺς ποθοῦντας ὑμᾶς.

ΚΥΔΙΩΝ

"Αρξαι λοιπὸν τῆς ἱστορίας, ὦ λῷστε, τοῦ ἡλιακοῦ φωτὸς 2
ἐπιδαψιλευομένου σοι· ἔτι γὰρ περὶ βουλυτόν ἐστιν. ἄλλως τε καὶ
ἡμᾶς ἐν φάει δεῖ πρὸς τὰ οἰκεῖα σωθῆναι, χρείας ἐπειγούσης
15 ἀναγκαίας.

ΤΙΜΑΡΙΩΝ

Οἶσθα, ὦ ἑταῖρε Κυδίων, μαθὼν ἐξ ἐμοῦ καθ' ὅν σοι συνετα-
ξάμην καιρόν, ὡς εὐσεβὴς ἦν καὶ θεῖος ὁ τῆς ἀποδημίας σκοπός.
καὶ οὐ χρὴ περὶ τούτου λέγειν ἡμᾶς περαιτέρω ἢ σὲ περὶ τῶν
ἐγνωσμένων μανθάνειν. ὡς δ' οὖν συνταξάμενοι τότε σοι τῆς
20 πόλεως ὑπεξήλθομεν, θεία τις ἐπικουρήσασα πρόνοια τήν τε ὁδὸν
εὐμάρησε καὶ τὰ κατὰ μέρος εὖ διέθηκεν. ἵνα γὰρ συλλήβδην
ἐρῶ, σατραπικαῖς δεξιώσεσι καὶ χορηγίαις ἡμᾶς ἐφωδίασε, φιλο-

2 Eur. *Med.* 1317; cf. Ar. *Nub.* 1397   3 cf. *Od.* 9.39,
Hld. 2.21.5   4 cf. 38.2 etc.   6–8 Eur. *Or.* 1–3, cf. Men.
Asp. 424–5, Luc. 21.1, D. Chr. 4.82, Cic. *Tusc.* 4.63   9 cf. *Il.*
17.446, *Od.* 18.130   13 cf. 19.1, Hld. 2.19.6   14 cf. *Od.*
21.429   cf. 21.41   16–17 cf. 18.5   21 cf. cc. 13, 25

σόφως καίτοι γε καὶ αὐχμηρῶς ἐσταλμένους. οὐδένα γὰρ τῶν
παροδίων φίλων καὶ ξένων πατρώων ἀγνῶτα παρείασεν·
ἀλλ' ὁ μὲν ἐπ' ἀγρὸν ἐξιὼν συνήντησεν, ὁ δ' ἐξ ἀγροῦ ἐπανιὼν
ἀπήντησεν· ἑτέρῳ δοῦλος ἐμήνυσεν, ἢ τυχὸν τὴν ὁδὸν πορευ-
όμενος καὶ περιπεσὼν ἀδοκήτως ἡμῖν, ἢ καὶ παρὰ τὴν ὁδὸν κατ'   5
ἄρουραν γεηπονῶν· καὶ ἁπλῶς, ἦν οὐδεὶς ὅστις ἡμᾶς ἰδὼν
οὐκ ἐξένισεν. ἑστιάσεις δὲ τούτων πολυτελεῖς καὶ ἡδείας τί ἂν
καταλέγοιμι, ἅπαξ ὑποθέμενος ταύτας τῷ λόγῳ σατραπικὰς καὶ
τυραννικάς; γνοίης δ' ἂν ἐκ τοῦ πράγματος, βέλτιστε, ὡς ἔστι
τις ἐπιστασία τοῦ παντός, ἀφ' ἧς πρόεισιν ἡ τοῦ ζῆν εὐκολία   10
τοῖς αἱρουμένοις φιλοσοφεῖν· καὶ γὰρ ἡμῖν, μηδέν τι πραγμα-
τευσαμένοις οἴκοθεν εἰς ἐφόδια ἢ μὴ ἐπισαξαμένοις βρωτὰ
καὶ ποτά, εὐθὺς ἐκ τῆς πρώτης ξενίας οὐ διέλιπεν αὕτη
χορηγοῦσα πολυτελῶς. τὰ μὲν δὴ τῆς καθόδου ἐν τούτοις ἦν,
λίαν εὐόδως καὶ ὑγιῶς ἔχοντα· τὰ δὲ τῆς ἐπανόδου καὶ λίαν   15
ὀδυνηρὰ καὶ τραγῳδίᾳ προσήκοντα.

ΚΥΔΙΩΝ

3   Ὡς λίαν αἰεὶ σχέτλιος εἶ περὶ τὰς διηγήσεις, ὦ λῷστε,
οὕτω συνεπτυγμένως κἀπιτροχάδην ἀεὶ διηγούμενος, ἐνδιάσκευον
δὲ μηδὲν ἀπαγγέλλων ἡμῖν. ἔτι γὰρ τὰ τῆς καθόδου μὴ ἀκριβῶς
ἀπαρτίσας τῷ λόγῳ, περὶ δὲ τῆς κατὰ χώραν ἐπιδημίας μηδέν   20
τι προσθείς, νόστου μνήσασθαι ἐπιβάλλῃ, καὶ ὥσπερ ὑπὸ κυνῶν
ἢ Σκυθῶν διωκόμενος, σπεύδεις τάχιον εἰσδῦναι τῷ λόγῳ
πρὸς τὸ Βυζάντιον, ὡς ἐνταῦθα μόνον κειμένης σοι
τῆς σωτηρίας καὶ τῆς τῶν διωκόντων ἀπαλλαγῆς. πλὴν ἀλλὰ
θάρρει, ὦγαθέ, δεινὸν οὐδέν τι πεισόμενος, ἂν τὰ σαυτοῦ   25
σχολαιότερον ἡμῖν διηγῇ, μηδενὸς ἐπικειμένου σοι φοβεροῦ.

ΤΙΜΑΡΙΩΝ

Ἄβαλε σοὶ τῆς ἀπληστίας, ὦ φίλε Κυδίων· ἀκόρεστος ἄρα εἶ
διηγημάτων καὶ ἀκουσμάτων ἀλλοδαπῶν. οὐκοῦν λέγωμεν τῆς

6 cf. 82.4   10 cf. Greg. Nyss. *PG.* 46, 128d
12–13 cf. Eur. *Suppl.* 1110   21 cf. *Od.* 3.142   27–8 cf. Hld. 3.4.11

ἀκολουθίας ἐχόμενα, συγγνωμονήσαις δ' ἂν πάντως, εἰ κορώνην
περιπτᾶσαν ἡμᾶς ἢ λίθον τοῖς τῶν ἵππων ποσὶ προσαραχθέντα,
ναὶ μὴν καὶ βάτον παρόδιον ἐπιδραξαμένην, τῇ διηγήσει μὴ
παρενείρωμεν. κατῄειμεν οὖν εἰς τὴν περίπυστον Θεσσαλονίκην,
5 πρὶν ἢ τὴν ἑορτὴν ἐπιστῆναι Δημητρίου τοῦ μάρτυρος· καὶ
εἶχεν ἡμῖν τό τε ψυχίδιον εὐθύμως, τό τε σωμάτιον ὑγιῶς.
ἐπεὶ δὲ ταὐτὸν ἡμῖν τε ἀργεῖν καὶ Ἰουδαίοις συοφαγεῖν, ὅτι
μὴ περὶ λόγους πονεῖν εἴχομεν, καὶ ἅμα τοῦ καιροῦ ἐνδιδόντος,
ἐς τὸν Ἀξειὸν ποταμὸν θήρας ἕνεκεν ἥκομεν.
10   Ποταμῶν δὲ οὗτος τῶν κατὰ Μακεδόνα ὁ μέγιστος, ὃς ἐκ τῶν
Βουλγαρικῶν ὀρῶν ἀρξάμενος κατὰ μικρὰ καὶ διεστηκότα
ῥευμάτια, εἶτα καὶ ἐς μισγάγκειαν πρὸς τῇ καθόδῳ συναγόμενος—
Ὅμηρος ἂν εἶπεν "ἠΰς τε μέγας τε"—παρὰ τὴν παλαιὰν
Μακεδονίαν καὶ Πέλλαν κάτεισι καὶ κατὰ τὴν ἐγγὺς πάραλον
15 εὐθὺς ἐκδιδοῖ. ἔστι δὲ ὁ τόπος λόγου ἐπιεικῶς ἄξιος· γεωργοῖς
παντοίων σπερμάτων ἀναδοτικὸς ἅμα καὶ τελεσιουργός, στρατι-
ώταις ἡδὺς ἐνιππάσασθαι, στρατηγοῖς ἡδίων συντάξαι καὶ παρα-
τάξαι φάλαγγας, καὶ δεξιὸς ὁπλιταγωγῆσαι, μηδέν τι
διασπωμένης τῆς φάλαγγος· οὕτως ἄλιθός ἐστιν ἡ χώρα καὶ
20 ἄθαμνος καὶ ὁμαλὴ ἐς τὰ μάλιστα. εἰ δὲ καὶ θηρεύειν βουληθείης,
φαίης ἄν, ὡς ἐνταῦθα καὶ μὴ ἐρῶσα τοῦ Ἱππολύτου ἡ Φαίδρα
ἐνιππάσαιτο εὐφυῶς καὶ κυσὶ θωύξαι καὶ "βαλιαῖς ἐλάφοις"
ἐγχρίψαιτο.
   Οὕτω μὲν ὁ κατὰ τὸν Ἀξειὸν ἔχει χῶρος· καὶ οὕτω καὶ ἡμεῖς 4
25 κατ' ἐκεῖνον τοῖς τε ἡμετέροις καὶ πατρῴοις ξένοις ἡδέως
συνδιαγαγόντες καὶ συνθηρεύσαντες τὸν πρὸ τῆς ἑορτῆς καιρόν.
ἐπιστάσης ἐκείνης, εἰς τὴν πόλιν αὖθις ἀντεπανήλθομεν· καὶ τοῖς
θείοις τεμένεσι καὶ ἱεροῖς προσελθόντες καὶ τὴν ὀφειλομένην

3 cf. 44.10, 48.7 etc.   4 seq. cf. Pl. R. 327a   6 cf. 73.26
7–8 cf. LXX, Lev. 11.7   12 μισγάνεα A: corr. Hase ex Il. 4.453
13 cf. Hld. 3.4.1   cf. Il. 2.653   15 cf. Hdt. 1.80 etc.
16 cf. Cornut. 28   20 cf. Hdt. 1.20 etc.   21–3 cf. Eur.
Hipp. 218–19   22 ἐνιππάσαιτο ⟨ἂν⟩ Ellissen; at
cf. cc. 9, 10 etc.   θωύξει A: corr. Hase: θωύξειε
Tode

τιμὴν ἀπονείμαντες, παρὰ τὴν ἔξω πυλῶν πηγνυμένην πανήγυριν διετρίβομεν. ἄρχεται δὲ πρὸ ἓξ τῆς ἑορτῆς ἡμερῶν, λήγει δὲ κατὰ τὴν δευτέραν τῆς κυρίας εὐθύς.

ΚΥΔΙΩΝ

Πάλιν ὁ φίλος ἡμῶν Τιμαρίων ἑαυτοῦ ἐγένετο, κἀπειδὰν λάθῃ, πρὸς τὸ οἰκεῖον ἄνεισιν ἦθος. εἰώθει γὰρ ἐν τῷ διηγεῖσθαι μόνης 5 ἀρχῆς καὶ τέλους μεμνῆσθαι, τὰ ἐν μέσῳ παρείς, καθὰ δὴ καὶ νῦν, ὥσπερ ἐκλαθόμενος τῆς ἐμῆς ἀξιώσεως καὶ τῆς αὐτοῦ ὑποσχέσεως, μηδέν τι κατὰ μέρος περὶ τῆς πανηγύρεως διηγησάμενος, μεγέθους τε αὐτῆς καὶ λαμπρότητος, πλήθους τε καὶ πλούτου καὶ ὠνίων πάντων, αὐτίκα περὶ ἀρχῆς καὶ τέλους αὐτῆς ἐμνημό- 10 νευσεν, ὡς ἤδη περιγράψων αὐτίκα καὶ τὴν διήγησιν· ἀλλ'

"οὐκ ἔλαθες Ἀτρέως υἱόν, ἀρηΐφιλον Μενέλαον".

ΤΙΜΑΡΙΩΝ

Δέδοικα, φίλε Κυδίων, εἴ σοι πειθοίμην, ὡς καὶ διανυκτερεῦσαι συμπεσεῖται ἡμῖν κατὰ τὴν σὴν γνώμην διασκευάζουσι τὴν διήγησιν. 15

Ἀλλὰ τί πάθω; τὰ τῶν φίλων τοιαῦτα, ὡς ἔοικεν, ἀπαραίτητα καὶ τυραννίδος ἐγγύς· καὶ οὐκ ἐνὸν παραιτήσασθαι τὸ ἐπίταγμα, ὁποῖόν ποτ' ἂν εἴη. λέγωμεν οὖν ἀρξάμενοι.

5 Ἑορτὴ δὲ ἦν τὰ Δημήτρια ὥσπερ ἐν Ἀθήνησι Παναθήναια καὶ Μιλησίοις τὰ Πανιώνια· γίνεται δὲ καὶ παρὰ Μακεδόσι μεγίστη 20 τῶν πανηγύρεων. συρρεῖ γὰρ ἐπ' αὐτὴν οὐ μόνον αὐτόχθων ὄχλος καὶ ἰθαγενής, ἀλλὰ πάντοθεν καὶ παντοῖος, Ἑλλήνων τῶν ἀπανταχοῦ, Μυσῶν τῶν παροικούντων, γένη παντοδαπὰ Ἴστρου μέχρι καὶ Σκυθικῆς, Καμπανῶν Ἰταλῶν Ἰβήρων Λυσι-τανῶν καὶ Κελτῶν τῶν ἐπέκεινα Ἄλπεων· καὶ συλλήβδην εἰπεῖν, 25

---

1 cf. Pl. Leg. 837c   2 cf. 42.46   4 cf. 78.2.2
7 αὐτοῦ non opus est; cf. c. 22   12 cf. Il. 17.1   13–15 cf.
Od. 11.328–30   16–17 cf. 25.39, 38.3 etc.   17 ἐνόν]
ἐμὸν Winterbottom   18 cf. 37.40 etc.   19 δὲ ἦν]
δή ἐστι Hase   21 cf. 44.47   23 ante γένη punctum
omisit Romano

86. ΤΙΜΑΡΙΩΝ

ὠκεάνειοι θῖνες ἱκέτας καὶ θεωροὺς ἐπὶ τὸν μάρτυρα πέμπουσι·
τοσοῦτον αὐτῷ τῆς δόξης κατὰ τὴν Εὐρώπην περίεστιν.

Ἐγὼ δέ, ἅτε Καππαδόκης ἐκ τῆς ὑπερορίου καὶ τοῦ πράγματος
μήπω πεπειραμένος, ἀλλ᾽ ἀκοῇ μόνῃ παρειληφώς, ἐβουλόμην
5 ὅλου γενέσθαι τοῦ θεάτρου κατὰ ταὐτὸν θεατής, ὡς ἂν μή τι τὴν
ἐμὴν ὄψιν ἐκφύγῃ ἀθέατον, ἐφ᾽ ᾧ καὶ ἀνῄειν ἐπὶ τὴν συγκειμένην
τῇ πανηγύρει ἀκρώρειαν, καὶ πάντα καθίσας ἐθεώμην κατὰ
σχολήν. ἦν δὲ τὰ ἐν αὐτῇ τοιάδε· ἐμπορικαὶ σκηναὶ ἀντιπρόσωποι,
στοιχηδὸν ἐκ παραλλήλου πηγνύμεναι· ἐπὶ μακρὸν οἱ στοῖχοι
10 διήκοντες, ἀντιπλεύρῳ τινὶ διαστάσει διέξοδον ἐν μέσῳ πλατεῖαν
εὐρύνοντες καὶ τῇ ῥύμῃ τοῦ πλήθους τὴν πάροδον ὑπανοίγοντες.
εἶπες ἂν ἐς τὸ πυκνὸν αὐτῶν ἀπιδὼν καὶ τὸ τῆς τάξεως πάρισον,
γραμμὰς εἶναι τούτοις ἐξ ἀντιθέτων στιγμῶν ῥυείσας ἐπὶ μακρόν.
ἐγκάρσιά που τῶν στοίχων ἕτεραι σκηναὶ παρεπήγνυντο καὶ
15 αὗται μὲν στοιχηδόν, ἐπὶ μακρὸν δ᾽ οὐκέτι, ἀλλ᾽ ὡσπερεὶ
σμικρόταται πόδες ἑρπυστικοῖς ὁλκοῖς παρεφύοντο. καὶ ἦν τὸ
πρᾶγμα ἐπιεικῶς ἀξιόθεον, δύο μὲν τοὺς στοίχους εἶναι τῷ
πράγματι, ἓν δὲ ζῷον τῇ θέᾳ δοκεῖν καὶ τῷ πυκνῷ καὶ παρίσῳ
τῆς στάσεως· ὁλκὸν γὰρ ἦν ἰδέσθαι σκηνῶν, ὑπὸ ποσὶ ταῖς
20 παρηρτημέναις ἐγκαρσίαις ὥσπερ ἐπερειδόμενον.

Ἐμοί, νὴ τὴν σὴν ἀγάπην, ἐκ τῆς ἀκρωρείας σκοπουμένῳ τὸ
διάγραμμα τῆς σκηνώσεως, ἰούλῳ τὸ πρᾶγμα εἰκάζειν ἐπῄει, ὃς
ἐν ὁλκῷ περιμήκει σμικροτάτους ὑπὸ γαστέρα καὶ πυκνοὺς
ὑποφαίνει τοὺς πόδας.

25 Εἰ δὲ καὶ τὰ ἔνδον ζητεῖς, ὦ φιλοπρᾶγμον ἑταῖρε, ὡς ὕστερον 6
κατιὼν ἐκ τῆς ἀκρωρείας ἐθεασάμην, παντοῖον εἶδος, ὅσα ἐν
ὑφάσμασι καὶ νήμασιν ἀνδρῶν τε καὶ γυναικῶν καὶ ὅσα ἐκ
Βοιωτίας καὶ Πελοποννήσου καὶ ὅσα ἐξ Ἰταλίας εἰς Ἕλληνας
ἐμπορικαὶ νῆες κομίζουσιν. ἀλλὰ καὶ Φοινίκη πολλὰ συνεισφέρει
30 καὶ Αἴγυπτος, Ἱσπανία καὶ Ἡράκλειοι στῆλαι ἱστουργοῦσαι τῶν
ἐπίπλων τὰ κάλλιστα. ἀλλὰ ταῦτα μὲν ἀμέσως ἐκ τῶν χωρῶν
πρὸς τὴν πάλαι Μακεδονίαν καὶ Θεσσαλονίκην κομίζουσιν ἔμ-

6 seq. cf. 26.5, Hld. 5.32   10–11 cf. Hdt. 4.52   13 τούτους
Hase   14 ἐγκάρσιαί Hase   18 ζῷον A   19 ὑπό]
ἐπὶ Hase   26–7 cf. Hld. 10.25.2

437

ποροι· Εὔξεινος δὲ πρὸς τὸ Βυζάντιον τὰ ἑαυτοῦ διαπέμπων
ἐκεῖθεν καὶ οὗτος κοσμεῖ τὴν πανήγυριν, πολλῶν ἵππων πολλῶν
ἡμιόνων ἀγόντων τὰ ἐκεῖθεν ἀγώγιμα, καὶ ταῦτα μὲν ὕστερον
κατιὼν ἐπῆλθον καὶ διεσκόπησα· ἔτι δὲ περὶ τὴν ἀκρώρειαν
ἱδρασμένῳ τὰ τῶν ζῴων γένη καὶ πλήθη θαυμάζειν ἐπήει μοι   5
καὶ ὅπως ἡ ἐκ τούτων βοὴ συμμιγὴς ἐξαίσια τοῖς ὠσί μοι προσέ-
πιπτεν, ἵπποι χρεμετίζοντες, βόες μυκώμενοι, πρόβατα
βληχώμενα, χοῖροι γρυλλίζοντες καὶ κύνες βαΰζοντες· ἕπονται
γὰρ καὶ οὗτοι τοῖς δεσπόταις ὁτὲ μὲν λύκων ὁτὲ δὲ καὶ φωρῶν
πολέμιοι.   10
Ἐπειδὴ ταῦτα οὕτω κατὰ σχολὴν ἐθεασάμην καὶ θεαμάτων
ἔμπλεως γέγονα, πάλιν ἐπὶ τὴν πόλιν ἠγόμην ἔρωτι θεαμάτων
ἑτέρων καὶ τῆς ἱερᾶς δηλαδὴ συνάξεως. γίνεται δ' ἐπὶ
τρεῖς αὕτη παννύχους διανυκτερεύσεις πολλῶν ἱερέων, πολλῶν
δὲ ναζιραίων ὑπὸ δύο χοροῖς διαιρουμένων καὶ τὴν ὑμνῳδίαν   15
πληρούντων τῷ μάρτυρι. ἐπὶ τούτοις ὁ ἀρχιερεὺς ἵσταται ἀρχι-
θεωρός, οἷά τις τὴν ἑορτὴν καθιστῶν ὡς εἰκὸς καὶ περὶ τῶν
πρακτέων διατατττόμενος. ἔννυχα μὲν δὴ ταῦτα καὶ ὑπὸ φωτὶ
καὶ λαμπάδι τελούμενα.
"Ἦμος δ' ἠριγένεια φάνη ῥοδοδάκτυλος Ἠώς", Ὅμηρος ἂν   20
εἶπεν, ὁ τῆς χώρας ἡγεμὼν ἐπὶ τὸν νεὼν παραγίνεται, μετὰ
δορυφορίας πολλῆς προϊὼν καὶ λαμπρότητος, πολλῶν ἱππέων,
οὐκ ὀλίγων δὲ πεζῶν τὴν πομπὴν διασκευαζόντων καὶ τὴν
προέλευσιν.

7   Ἐπεὶ δὲ πρὸ τῆς εἰσόδου μετέωρος ἦν ὁ δῆμος, καραδοκοῦντες   25
ὅσον οὔπω τὴν παρουσίαν αὐτοῦ, συνεξῆλθόν τισι τῶν ἐκ τοῦ
δήμου φιλοθεωρῶν· καὶ ὅσον σταδιαῖον διάστημα καὶ ταύτῃ
συνηντήκειν τῇ θεωρίᾳ καὶ γῆθος οὐ τὸ τυχὸν ἔσχον ἐκ τούτου
δὴ τοῦ θεάματος. τὸ μὲν οὖν ἄσημον ἄλλο πλῆθος, ὅσον ἐξ
ἀγροικίας καὶ ὅσον ἐκ τοῦ δήμου παρείπετο, τί ἂν καταλέγοιμι;   30
οἱ δέ γε λογάδες αὐτοῦ, στίφος ἂν εἴποι τις πελατῶν, θαυμαστὴν

5 ζῴων A   6 ἐξαισίως Hase   16–17 ἀρχιθέωρος Hase
20 Il. 1.477, Od. 2.1, Hld. 3.4.1   25 cf. Thuc. 2.8.2, Luc. 21.4,
58.28   27 φιλοθεώρων Hase   28 cf. 33.10, 54.14

86. ΤΙΜΑΡΙΩΝ

ἐνεποίουν τὴν πρόοδον, πάντες ἀκμάζοντες, πάντες σφριγῶντες,
ἄνδρες "Ἄρεος Ἐνυαλίοιο" μύσται καὶ τρόφιμοι, σηρικαῖς καὶ
καταστίκτοις ἀμφίοις τὴν περιβολὴν καλλυνόμενοι, οὗλοι τὰς
κόμας, ξανθοὶ τὰς κόμας· εἶπες ἂν τὸ τοῦ ποιητοῦ περιεργοτέρως
5 τὰς κόμας ἰδών· "κὰδ δὲ κάρητος" ἡ φύσις αὐτοῖς
"οὔλας ἧκε κόμας, ὑακινθίνῳ ἄνθει ὁμοίας".

Ἵπποι δὲ τούτοις Ἀρραβικοὶ γαυριῶντες ὑπέστρωντο, μετάρ-
σιοι τὼ πόδε καὶ τοῖς ἅλμασι δεικνύντες ὡς ἀέρος ἐφίενται καὶ
τὴν γῆν ἀποστρέφονται· ἐδόκουν συνιέναι καὶ τῆς περικειμένης
10 λαμπρότητος, ὅση ἐν χρυσῷ καὶ ἀργύρῳ τοὺς χαλινοὺς περι-
έλαμπεν ὥσπερ ὑποτερπόμενοι τῇ τῆς περιβολῆς φανητίᾳ καὶ
πυκνὰ τοὺς τραχήλους περιελίττοντες τοῖς στιλβώμασιν. οὗτοι
μὲν οὖν οὕτω προσίασιν ἐν εὐτάκτῳ κινήσει καὶ ἅλματι στρατι-
ωτικῷ τὴν πορείαν ποιούμενοι· καὶ διάλειμμα μικρὸν ἐπὶ
15 τούτοις καὶ ὁ δοὺξ ἐπῄει γαληνῷ τῷ κινήματι· Ἔρωτες δὲ
αὐτοῦ καὶ Μοῦσαι καὶ Χάριτες προέτρεχον καὶ ὑπέτρεχον. ὦ
πῶς ἄν σοι διηγησαίμην, Κυδίων φίλτατε, τὴν ἐνσκηνώσασαν
χαρμονὴν τῇ ψυχῇ μου τότε καὶ τὸ τῆς ἀγαλλιάσεως πλήσμιον;

ΚΥΔΙΩΝ

Εἰπὲ οὖν, ὦ κάλλιστε Τιμαρίων, τίς τε οὗτος ἦν καὶ τίνων
20 ἐκφὺς καὶ ὅπως σοι κατὰ τὴν ὁδὸν τῇ θέᾳ προσέπεσε καὶ τἆλλα
κατὰ μέρος διήγησαι, τῆς ἐξ ἀρχῆς ἡμῶν ἀξιώσεως ἐξεχόμενος.

ΤΙΜΑΡΙΩΝ

Τὸ μὲν οὖν γένος αὐτῷ, καθὼς ἐκ τῶν εἰδότων πολυπραγμο- **8**
νήσας ἀκήκοα, ἡρωϊκὸν καὶ εὔδαιμον ἑκατέρωθεν. ὅ τε γὰρ ἐκ
πατρὸς πάππος αὐτῷ τὰ πρῶτα φέρων τῶν ἐν τῇ μεγάλη Φρυγίᾳ
25 πρώτων καὶ πλούτῳ κομῶν καὶ δόξῃ βρενθυόμενος· καὶ γοῦν

2 cf. *Il.* 17.210–11 etc.   σηρικοῖς Tode; cf. 45.63
5 καδδ' ἐκ *A*: κὰδ δὲ ex *Od.* corr. Romano   5–6 *Od.* 6.230–1
9 cf. 15.14   16 cf. 78.15.3   ὑπέτρ.] ἐπέτρ. Hase
23–4 cf. *Od.* 1.170, Luc. 24.23 etc.   24 cf. 14.18 etc.
26 res ad Palaeologum aliquem spectat; vide Romano op. cit. 201

ἐξ αὐτοῦ ἢ περὶ αὐτοῦ παλαιοὶ λόγοι φερόμενοι ἐπίκλην αὐτῷ
τὴν ἀρχαιολογίαν ἠνέγκαντο. ὁ δέ γε πατὴρ οὐ μόνον "παλαιά
τε, πολλά τ᾽ εἰδώς", ἀλλὰ καὶ κατὰ χεῖρα γενναῖος καὶ στρα-
τηγεῖν τῶν ἄλλων εὐδοκιμώτατος, ταῦτ᾽ ἄρα καὶ τὴν καλὴν
ὀμευνέτιν ἆθλον ἀρετῆς στρατιωτικῆς ἀπηνέγκατο, τὰ πρῶτα 5
κἀκείνην τῶν πρωτίστων γενῶν φερομένην καὶ βασιλέων ἐξ
αἵματος κατιοῦσαν καὶ τῶν θρυλλουμένων Δουκῶν οὖσαν ἀπό-
γονον—ἡρωϊκὸν δέ, ὡς οἶσθα, τὸ γένος τοῦτο καὶ ὡς ἐξ
Ἰταλίας καὶ τῶν Αἰνειάνων μεταβὰν πρὸς τὴν Κωνσταντίνου
πολλοῖς ὑποψιθυρίζεται—. τὸν δέ γε ταύτης πατέρα τίς ἀγνοεῖ 10
τῶν πάντων, ὑπατείαις ἐμπρέψαντα καὶ στρατηγίαις ταῖς
μεγίσταις ἐξετασθέντα καὶ τῇ θυγατρὶ πάντοθεν τὸ ἀσύγκριτον
ἐπ᾽ εὐγενείᾳ βραβεύσαντα; ταῦτα μὲν οὖν ἠκηκόειν ἐκ τῶν τότε
παρόντων καὶ εἰδότων τὴν κατ᾽ αὐτὸν ἀρχαιολογίαν· "ὀλίγα"
ἴσως "ἐκ πολλῶν" καὶ μικρὰ ἐκ μεγάλων, ὡς ὁ καιρὸς ἐδίδου 15
τότε ἱστορηθέντα μοι. ἀλλ᾽ ἐπανίωμεν αὖθις ἐπὶ τὸν τοῦ λόγου
εἱρμὸν καὶ τῆς προόδου ἑξόμεθα.

9 Προῄει μὲν οὖν, ὡς ἔφην, στῖφος πελατῶν τῆς ὁδοῦ προηγού-
μενον· καί, ὥσπερ ἀπορραγέντος κάλω κατά τι διάστημα τῆς
συνεχείας τοῦ δρόμου διαλειπούσης, ὁ καλὸς ἀνεφάνη δούξ· καὶ 20
"οὔθ᾽ Ἕσπερος οὔθ᾽ Ἑῷος οὕτω θαυμαστὸς" ὡς ἡμῖν ἐκεῖνος
τῷ τότε παρανατέταλκε· "χαροποιοὶ οἱ ὀφθαλμοὶ αὐτοῦ, ὡς ἀπὸ
οἴνου, καὶ λευκοὶ οἱ ὀδόντες αὐτοῦ, ἢ γάλα". διηρθρωμένος τὸ
σῶμα, τὴν ἀναδρομὴν ἐπιμήκης, αὐτὸς ἑαυτῷ πρὸς πάντα τὰ μέλη
καλῶς ἔχων, καὶ σύμμετρος, ὥστ᾽ εἰκὸς εἶναι τὸ θρυλλούμενον 25
εἰπεῖν ἐπ᾽ αὐτῷ, ὡς οὐκ ἔστι προσθεῖναι οὔτ᾽ ἀφελεῖν. τό γε μὴν
σῶμά οἱ ὡσεὶ κυπάριττος ὄρθιον ἀνιὸν ἐκεῖ που ἐπὶ τὴν δειρὴν
ἐσιμοῦτο καὶ ὑπεκλίνετο, τὸ ἄμετρον ὥσπερ κολαζούσης τῆς
φύσεως καὶ πρὸς πᾶν εὐστρόφως ἔχειν τὸ προστυχὸν οἰκονομούσης

---

3 τ᾽ Α: τε Od. 2.188 etc.   9 Αἰνειαδῶν Hase   14–15 cf.
9.67, 17.26   17 ἐχώμεθα Hase   21 Arist. ΕΝ 1129b
22–3 LXX, Gen. 49.12   22 χαροποιοὶ Α, LXX codd. plerique:
χαροποὶ LXX codd. pauci   22–3 ὡς ἀπὸ οἴνου] ὑπὲρ οἶνον vel ἀπὸ
οἴνου LXX codd.   23 cf. 45.25, 58.14   25 συμμέτρως
Hase   26 cf. Arist. ΕΝ 1106b   οὔτ᾽ Α: οὐδ᾽ Hase

τὴν τῆς δειρῆς καμπυλότητα. πρώτη αὕτη τῶν ὀμμάτων ἐπιβολὴ καὶ ὡς ἐκ μήκους καὶ διαστήματος.

Ὁπηνίκα δ' ἡμῖν καὶ προσέστη προσισταμένοις καί, ὡς εἰκός, τὴν συντυχίαν ἀφοσιουμένοις, παντοδαπόν τι χρῆμα ἐδόκει καὶ
5 ἀτεχνῶς δυσκατάληπτον. οἷον γάρ τις κυκεὼν

"φάρμακα πολλὰ μὲν ἔχων ἐσθλὰ μεμιγμένα, πολλὰ δὲ
καὶ λυγρά",

τὸ τῆς ὄψεως αὐτῷ ἐποικίλλετο διατύπωμα, νῦν μὲν τὸ τῆς Ἀφροδίτης χάριεν προβαλλόμενον καὶ μικρὸν ἐντρανοῦντί σοι τὸ τοῦ
10 Ἄρεος σύντονον ἐκ τῶν ὀφθαλμῶν ἀνεπάλλετο, καὶ Διὸς μετ'
ὀλίγον τὸ μεγαλοπρεπὲς ἀνεφαίνετο, Ἑρμῆς δὲ καὶ κατ' ὄψιν
ἐμφανῶς διεδείκνυτο γοργὸν καὶ ἀγχίστροφον ὑποβλέπων, καὶ
μετέωρος ἀεὶ τὸ βλέμμα καὶ τοῖς προσπίπτουσιν ἕτοιμος συνδιατείνεσθαι πράγμασι καὶ τὸν λόγον τρανῶν καὶ διατιθέμενος εἰς
15 πειθώ. ὡς γοῦν ἐμοὶ τότε παρῆν, εἶχεν οὕτως αὐτῷ τῆς ψυχῆς τὸ
κατάστημα. κόμη δὲ αὐτῷ μέλαινα μὲν οὐδαμῶς, ξανθὴ δὲ οὐ
πάνυ· τῆς ἀκρότητος δὲ τούτων κολαζομένης κεκραμένον ἄλλο
τι βάμμα θαυμάσιον τὴν τρίχα ὑπέβαπτε. τό τε γὰρ μέλαν αὐχμηρὸν καὶ ἀνέραστον, τό τε ξανθὸν γυναικῶδες καὶ ἄνανδρον· τὸ
20 δὴ κεκραμένον ἐξ ἀμφοτέρων ἐν ἀνδρείᾳ φέρει τὸν ἔρωτα. Σαπφὼ
δέ τις αὐτῷ τὴν ὁμιλίαν ἐτόρευε γέμουσαν πειθοῦς καὶ χαρίτων
καὶ μουσικῆς ἐμμελείας. εἶπες ἂν ἀγασθεὶς σφόδρα τὸ Λακωνικὸν
τοῦτο· βαβαί, "σεῖος ἀνήρ", φθεγγομένου δ' ἀκούειν ποθήσειας.

Καὶ γοῦν ὁ γεννάδας πρὸς τῷ ἱερῷ τεμένει γενόμενος τὴν 10
25 ὡσιωμένην τῷ μάρτυρι θεοκλύτησιν ἀποδέδωκεν, εὐφημία τε
ἤρθη παρὰ τοῦ πλήθους ἐξ ἔθους ἀφοσιουμένη τῷ ἡγεμόνι· καὶ
κατὰ τὴν νόμιμον βάσιν ἔστη καὶ τὸν ἀρχιερέα παρεῖναί οἱ
διεκελεύσατο, νόμιμον ἴσως καὶ τοῦτο ἢ ἔθιμον.

Τότε γοῦν τῶν κατὰ τὴν ἑορτὴν μᾶλλον ἠκριβωμένων—οἷα
30 τούτους σχόντων τοὺς θεωρούς—ψαλμῳδία θειοτέρα τις ἐξη-

6–7 *Od.* 4.230 (ἔχων et καὶ additis), cf. Luc. 42.5   11–12 cf.
42.3, 79.11.3   20 δὴ *A*: δὲ Hase   23 σεῖος Hase, Arist.
EN 1145a: κεῖνος *A*: θεῖος Pl. *Men.* 99d   24 cf. 42.41 etc.
28 cf. Ath. *Deipn.* 4.151e

κούετο, ῥυθμῷ καὶ τάξει καὶ ἀμοιβῇ ἐντέχνῳ ποικιλλομένη πρὸς
τὸ χαριέστερον. ἦν δὲ οὐκ ἀνδρῶν μόνον ὕμνος ἀναπεμπόμενος,
ἀλλὰ δὴ καὶ γυναῖκες ὅσιαι καὶ μονάζουσαι περὶ τὸ πτερύγιον
εὐώνυμά που τοῦ ἱεροῦ, πρὸς δύο χοροὺς ἀντιφώνους διαιρεθεῖσαι
καὶ αὗται τὸ ὅσιον ἀπεδίδουν τῷ μάρτυρι. ἐπεὶ δὲ ἡ θεωρία καὶ   5
τὰ τοῦ ἐναγισμοῦ συνετελέσθη σύμπαντα νόμιμα, θεοκλυτή-
σαντες ἡμεῖς ὡς εἰκός, καὶ τῆς ἐπανόδου τὴν εὐκολίαν παρὰ
τοῦ μάρτυρος αἰτησάμενοι, τῷ δήμῳ παντὶ καὶ τῷ δουκὶ τοῦ
ἱεροῦ συνεξήλθομεν· καὶ ἀπήλθομεν οὗ κατελύομεν. καὶ τοὐν-
τεῦθεν ποίᾳ σοι γλώττῃ διηγησαίμην, Κυδίων, οἷά μοι συνέβη   10
τὰ λυπηρά; εἰ δὲ καὶ παρὰ μόνην τὴν τούτων διήγησιν ἀλύω
τὰ μέγιστα, πόσον ἂν εἴποις ἔσχον τὸ ἄλγος, τοιούτοις ἐμ-
πεδωθεὶς κακοῖς καὶ ὀλεθρίοις νοσήμασι;

ΚΥΔΙΩΝ

Λέγε, κάλλιστε Τιμαρίων, καὶ τὰ καθ᾽ αὑτὸν διηγοῦ, δι᾽ ἃ καὶ
τὸν παρόντα λόγον προυθέμεθα, ἐπειδὴ περὶ τῶν ἀλλοτρίων   15
ἱκανῶς διεξήεις μοι.

ΤΙΜΑΡΙΩΝ

11   Ἐπεὶ οὖν ἐκ τῆς ἑορτῆς ἐπανήλθομεν εἰς τὴν συνήθη κατάλυσιν,
λάβρος πυρετὸς ἐπιβρίσας ἐφ᾽ ὅλην ἐκείνην τὴν νύκτα σχεδὸν
ἡμᾶς ἡμιθνῆτας εἰργάσατο καὶ τῆς ἐπανόδου καίτοι λίαν ἐφι-
εμένους βεβαίως ἀπεῖρξεν ἐπὶ τοῦ σκίμποδος. οὗτος ὁ λόγος   20
τῆς ἐμῆς βραδυτῆτος, φίλε Κυδίων, ὃν ἀρχῆθεν τῆς ἱστορίας
ἐζήτησας. ἐδόκει γὰρ ἀναγκαῖον τὴν τοῦ νοσήματος ἡμᾶς
μεῖναι περίοδον, ὡς ἂν εἰδοποιηθέντι κατάλληλον καὶ τὴν ἰατρείαν
ἐνέγκωμεν. ταῦτ᾽ ἄρα λαχάνοις καὶ ὄξει τραφέντες τὴν ἡμέραν
ἐκείνην εὐφορώτερον διεξήλθομεν· καὶ τῇ μετ᾽ αὐτήν—τρίτη γὰρ   25
ἦν ἐκ τῆς ἀρξαμένης—πάλιν ὁ πυρετὸς ἐπεδήμησε, καὶ ἦν ὡς
ἀληθῶς τριταῖος, ἠκριβωμένως λόγοις ἰατρικῆς ἐπιστήμης δοκι-

5–6 cf. Hld. 3.1.1   9 καὶ ἀπ. Hase: ἀπ. καὶ Α: an ἀπ. δὲ?
12–13 ἐμπεδηθεὶς Hase; at cf. cc. 12, 13   14–16 cf. 22.17
20 καθεῖρξεν Hase   24 λαχ. καὶ Hase: καὶ λαχ. Α   26–7 cf.
22.23, Hp. Nat. Hom. 15, Gal. 18(2), 246

μασθείς. ἔνθεν τοι καὶ κοῦφον τὸ πρᾶγμα νομίσας, ὡς πεμπταίῳ
περιόδῳ πάντως γε λυθησόμενον (ἅτε τοιαύτην τούτου τὴν φύσιν
ἔχοντος), θαρρούντως ἠρξάμην τῆς ἐπὶ τὸ Βυζάντιον, ὡς ὀλίγαις
τισὶ τοὐντεῦθεν τὸν τριταῖον ἀποσεισάμενος εὖ οἴκαδ᾽ ἀφίξομαι.
5 ἦν δέ, ὡς ἔοικεν, ἡ τούτου κατάλυσις ὠδίνων ἀρχὴ καὶ νεκρώσεως
ἀπαρχή. ἐκείνου γὰρ λυθέντος, ἐκπύρωσις ἠκολούθησεν ἥπατος
καὶ δεινοτάτη γαστρόρροια, αὐτήν τε τὴν στοιχειώδη χολὴν
κενοῦσα σὺν αἵματι καθαρῷ καὶ τὰς σάρκας συντήκουσα καὶ τὴν
γαστέρα δίκην ἐχίδνης δαρδάπτουσα.
10 Ἦν οὖν ἰδεῖν πολλὰ τὰ δεινὰ ἑνὶ συγκυρήσαντα σώματι· ὅ τε 12
γὰρ τῆς πορείας κάματος, οὐδενὸς ἧττον νοσήματος καταλῦσαι
ἱκανὸς σῶμα καὶ τὸ ῥωμαλεώτατον· ἡ ἐξ ἥπατος πύρωσις κάμινος
ἄντικρυς· τῆς γαστρὸς ἡ διάρροια θάνατος ἐναργέστατος· ἡ
ἐνδομυχοῦσα δριμύτης ὄνυχες σιδηροῖ. ἐπὶ τούτοις ἀσιτία
15 μακρά, ποδηγὸς ἐπὶ θάνατον ἀπλανής. τούτοις πᾶσιν ἐμπεδω-
θέντα με, φίλε Κυδίων, ἱππάριόν τι φορτηγὸν ὥς τι τῶν
ἐπισαττομένων ἐπισαχθέντα ἦγε πρὸς τὸ Βυζάντιον. μέχρι
μὲν οὖν πολλοῦ, μᾶλλον δὲ τῆς πλείονος ὁδοιπορίας, ἥρκει
κενούμενον τὸ ταλαίπωρον τοῦτο σωμάτιον· ὁπηνίκα δὲ παρὰ
20 τὸν Ἕβρον ἠγγίσαμεν— ποταμὸς δὲ οὗτος τῶν κατὰ Θρᾴκην
ὀνομαστότατος—ἐνταῦθα καὶ τῆς ὁδοιπορίας καὶ τῆς βιώσεως
ἔστημεν ὡς οὐ βιώσιμον ὂν ἡμῖν τοῦ λοιποῦ. ὕπνος γὰρ ἐνταῦθα
τοῦ θρυλλουμένου ⟨ ⟩ καὶ θανάτου πατὴρ κατασχὼν ἡμᾶς, εἰς
ἀποδημίαν οὐκ οἶδα πῶς εἴπω τὴν εἰς Ἅιδου ἐστείλατο· καί
25 μοι φρίκη καὶ τρόμος ἔπεισι τοῦ πράγματος μνημονεύοντι καὶ
τὸ φωνητικὸν ἆσθμα τῷ φόβῳ ἐπέχομαι.

ΚΥΔΙΩΝ

Οὐκ ἂν φθάνοις, ὦ κάλλιστε Τιμαρίων, τὸν σύλλογον τοῦτον
διαλυσάμενος, εἰ μὴ καὶ τὴν ἐν Ἅιδῃ ἀποδημίαν, ὅπως ἔσχε σοι,
διηγήσαιο.

10 cf. 38.14   14 cf. Thphr. HP 4.2.1   19 παρὰ]
πρὸς Hase   20–1 cf. Hdt. 2.178   22 cf. Eur. Hcld. 606
23 τοῦ θρυλλουμένου A: ὁ θρυλλούμενος Garzya   lacunam
ante καὶ θαν. statuit Hase; cf. Il. 14.231, Hes. Th. 758–9   27 cf. 27.26,
57.2 etc.   28 Ἅιδῃ Tode: ἄδει A: ἄδου Hase; cf. c. 16

ΤΙΜΑΡΙΩΝ

13 Ἐπειδήπερ, ὦ φίλε Κυδίων, τὸ σωμάτιον κατειργάσθη μοι
πᾶν ἅμα μὲν τῇ γαστρορροίᾳ, τὸ δὲ μᾶλλον τῇ δι' ὅλων ἡμερῶν
εἴκοσιν ἀσιτίᾳ, τὸν πύματον, ὡς ἔοικε, κατέδαρθον ὕπνον.
Εἰσὶ δὲ ἐν τῷ παντὶ ὥσπερ ποίνιμοι δαίμονες, θείᾳ προνοίᾳ τοὺς
ἀφισταμένους τῶν θείων νόμων κολάζοντες· ἀλλὰ μὴν καὶ ἀγαθοί, 5
τοὺς ἀγαθοὺς ἀγαθύνοντες. οὕτω καὶ ψυχαγωγοὶ πάλιν ἄλλοι τὰς
ἤδη τοῦ σώματος διϊσταμένας ψυχὰς ὁτῳδήτινι τρόπῳ πρὸς
Πλούτωνα καὶ Αἰακὸν καὶ Μίνω κατάγοντες, ἵν', ἐκεῖσε δοκι-
μασθεῖσαι τρόποις καὶ νόμοις νεκύων, τὸν ἴδιον ἔπειτα κλῆρον καὶ
τόπον λήψονται. τοιοῦτον ἦν καὶ τὸ καθ' ἡμᾶς γεγονός· οὔπω γὰρ 10
ἦν τῆς νυκτὸς τὸ μεσαίτατον καὶ σκιοειδεῖς ἄνδρες, γνοφεροὶ τὴν
ὄψιν, ἀέρι πετόμενοι, κατὰ τὸν σκίμποδα γίνονται τὸν ἐμόν,
ἐν ᾧ τάχα κλιθεὶς ὑπνώττειν ἐπεβαλόμην. καὶ ἅμα εἶδον καὶ
πρὸς τὸ καινὸν ἐπεπήγειν τῆς θέας καὶ τὴν φωνὴν ἐπειχόμην,
καίτοι λίαν ἐντείνας, αὐτήν τε τὴν φωνητικὴν ὀργάνωσιν ἀκίνητον 15
ἔφερον. εἰ γοῦν ὕπαρ ἢ ὄναρ ἦν τὸ πρᾶγμα λέγειν οὐκ ἔχω, τὴν
κρίσιν ἀφῃρημένος ὑπὸ τοῦ δείματος· ὅτι δ' ἦν ἐναργὲς τὸ πρᾶγμα
καὶ μάλα τετρανωμένον, μέχρι καὶ νῦν δοκεῖ μοι παρίστασθαι.
οὕτως ἄρα ἦν μοι τὰ τότε δρώμενα φοβερά. ἐπεὶ δὲ ἐπέστησαν
καὶ ὥσπερ δεσμὸν ἄλυτον τῇ γλώττῃ ἐπέθηκαν, εἴτε τῷ φοβερῷ 20
τῆς ὄψεως εἴτε καὶ δυνάμει τινὶ λαθραίᾳ πεδοῦντες τὴν λαλιάν,
ψιθύρῳ τινὶ ὁμιλίᾳ τοῦτον εἶναί φασι τὸν ἀποβαλόντα τῶν
στοιχείων τὸ τέταρτον, τὴν χολὴν πᾶσαν κενώσαντα, καὶ τοῦ
λοιποῦ μὴ ἐξεῖναί οἱ ζῆν τρισὶ τοῖς λοιποῖς διοικούμενον· ὅτι καὶ
Ἀσκληπιῷ καὶ Ἱπποκράτει ἀπόφανσις ἀνεστήλωται γεγραμμένη 25
καθ' Ἅιδου, μὴ βιώσιμα εἶναι ἀνθρώπῳ τῶν τεττάρων ἑνὸς
λειπομένῳ, κἂν ἴσως ἔρρωταί οἱ καὶ τὸ σωμάτιον. "Οὐκοῦν
ἕπου, ταλαίπωρε", τραχυτέρως ἐξεφώνησαν, "καὶ τοῖς νεκροῖς
ὁμόνεκρος ἀριθμήθητι".

---

3 seq. cf. 34.25, 26   3 cf. h. Merc. 289   4 cf. Plut.
Mor. 277a   13 ἐπεβαλλόμην Hase   16 cf. Od. 19.547 etc.
17 cf. 32.5   20 cf. Od. 8.274–5   23 cf. tamen Hp.
Nat. Hom. 4–5, Gal. 1.492 seq., 5.672 seq.   29 cf. 77.3.1

86. ΤΙΜΑΡΙΩΝ

Ἐγὼ δέ—καὶ τί γὰρ ἄλλο δρᾶν ἔμελλον πάσης βοηθείας 14
ἐστερημένος;—εἱπόμην καὶ ἄκων δι' ἀέρος κατὰ ταὐτὸν ἐκείνοις
φερόμενος, κοῦφος εὐσταλής, ἀβαρὴς ἀπερισκελὴς τὼ πόδε, κατὰ
τὰς οὐριοδρόμους ναῦς ἀπόνως καὶ ῥεῖα προβαίνων ὡς καὶ ῥοῖζόν
5 τινα γαληνὸν ἐκ τῆς φορᾶς ἐξακούεσθαι, ὁποῖον ὄιστοὶ ἐκ τόξων
ἀφειμένοι διασυρίττουσι. κἀπειδὴ τὸν ποταμὸν ἀβρόχως περά-
σαντες, ὃν ὁ λόγος ὠνόμασε προλαβών, διὰ λίμνης Ἀχερουσίας,
ὡς ἐκεῖνοι καὶ ταύτην ὠνόμαζον, διωδεύκειμεν, στομίῳ τινὶ
προσηγγίσαμεν καταγαίῳ, μείζονι μᾶλλον ἢ κατὰ τὰ φρεάτια.
10 ἐνταῦθα τὸ ὑποφαινόμενον ἐκ τοῦ στομίου σκότος ἀηδές τι καὶ
μισητὸν ἔδοξε καὶ κατάγεσθαι οὐκ ἐβουλόμην. ἀλλ' οὗτοι
διαιρεθέντες μέσον ἐμὲ ἀπελάμβανον· κἀπὶ κεφαλὴν ἅτερος
τούτων εἰσδύνας κατὰ τὸ στόμιον, εἷλκε κἀμὲ δριμυτέρῳ τῷ
βλέμματι. ἐγὼ δὲ ἀντέβαινον ποσὶ καὶ χερσὶ τοῦ στομίου ἐπι-
15 δραττόμενος, ἕως ὁ κατόπιν ἑπόμενος, κονδύλους ἐκτείνας κατὰ
τῶν παρειῶν, ναὶ μὴν καὶ κατὰ τῶν μεταφρένων πληγὰς ἐπι-
θείς, ἀμφοτέραις ὦθσε κατὰ τοῦ ζοφώδους ἐκείνου χάσματος.
πολὺ γοῦν ἐκεῖθεν σκοτεινὸν ὁδεύσαντες ἐπ' ἐρημίας διάστημα,
μόλις ποτὲ κατὰ τὴν σιδηρᾶν πύλην γεγόναμεν, ᾗ τὰ τοῦ
20 Ἅιδου βασίλεια κλείεται, καὶ ἦν διαδρᾶναί τινα τῶν εἰσα-
γομένων ἀδύνατον. ἔστι γὰρ τῷ ὄντι φοβερὰ τῷ τε μεγέθει καὶ
τῷ βάρει καὶ τῷ ἐλατῷ τῆς σφυρηλατήσεως. οὐ γὰρ ἐκ ξύλων
εἴργασταί τι αὐτῇ, ἀλλὰ σίδηρος ἀδαμάντινος, ὅλη διόλου
μοχλοῖς ἀδαμαντίνοις κλειομένη ἀπιστουμένοις καὶ αὐτοῖς
25 τὸ μέγεθος καὶ τὴν ὁλκὴν καὶ τὴν περιγραφὴν τῆς παχύτητος.

Φύλακες δὲ αὐτῆς ἔξωθεν μὲν δράκοντες πυρώδεις τοὺς 15
ὀφθαλμοὺς καὶ κύων κάρχαρος μάλα, ὃν Κέρβερον ὠνόμαζον
Ἕλληνες, βλοσυρώτατον μάλα, εἰπεῖν δὲ καὶ φοβερώτατον.
ἔσωθεν δὲ αὐτῆς πυλωροί, σκιοειδεῖς ἄνδρες καὶ ἀμειδεῖς, πᾶσαν
30 ἀηδίαν ἐκ τῆς ὄψεως προβαλλόμενοι, αὐχμηροὶ καὶ κατεσκληκό-
τες, ὡς ἀπὸ λῃστείας ἄρτι κατιόντες καὶ τῆς ὀρείου διατριβῆς.
ἀλλὰ καίπερ οὕτω τυγχάνοντες ἄγριοι, τοὺς νεκραγωγοὺς ἰδόντες,

7 cf. 40.3   10–11 cf. 77.4.1, 34.25   14 seq. cf. 77.22.1, 19.4
16 cf. c. 3   19 cf. 49.32, 82.23, Il. 8.15   23 cf. 40.4   27 cf.
40.4

ἀσμένως τὰς πύλας διέστειλαν· ὅ τε Κέρβερος τὴν κέρκον τῇδε κἀκεῖσε περιελίττων, περιέσαινε προσκνυζώμενος καὶ οἱ δράκοντες ἡμέρως ἐσύριττον καί με εἰσῆγον οἱ νεκραγωγοὶ πειθήνιον ἐς τὰ μάλιστα. ποῦ γὰρ εἶχον ἀντιβαίνειν οὕτω ξενωθεὶς πάσης βοηθείας καὶ ἐπὶ φοβεράν τινα δίαιταν καὶ ἀλλόκοτον 5 ἀπαχθείς; καί με εἰσαχθέντα οἱ πυλωροὶ ἐντρανοῦντες περιεβλέποντο καὶ "Οὗτός ἐστι", φασίν, "ὁ παρ' Αἰακῷ καὶ Μίνωϊ χθές που θρυλλούμενος ὡς ἀποβαλὼν τῶν στοιχείων τὸ τέταρτον καὶ τρισὶ τοῖς λοιποῖς βιώσκων ἄνευ χολῆς Ἱπποκράτει καὶ Ἀσκληπιῷ καὶ τῷ λοιπῷ τῶν ἰατρῶν χορῷ παρὰ δόξαν 10 ἔχων τὸ ζῆν. εἴσαγε τὸν ταλαίπωρον φιλοσοφήσαντα περὶ τῆς τοῦ σώματος διαπλάσεως· ποῦ γὰρ εἰκὸς ἄνευ τῶν τεσσάρων στοιχειωδῶν χυμῶν ἄνθρωπον ζῆν τὴν ἄνω καὶ παρὰ τὸν βίον ζωήν;".

ΚΥΔΙΩΝ

16 Ταῦτα μὲν οὖν, φίλτατε Τιμαρίων, φοβερὰ καὶ αὐτὸς ἥγημαι 15 καὶ φρίττω κἀκ μόνης τῆς ἀκοῆς. ἀλλὰ πῶς ἐν τοσούτῳ ζόφῳ καὶ σκότει τὰς ὄψεις διεσκέψω τῶν πυλωρῶν καὶ τἆλλα, ὡς εἰκός, κατεμάνθανες;

ΤΙΜΑΡΙΩΝ

Φίλε Κυδίων, ἁπλῶς μὲν τὰ ἐν Ἅιδου πάντα ζοφερὰ καὶ ἀνήλια· ἔχουσι δὲ χειροποίητα φῶτα, ὁ μὲν ἐκ ξύλων καὶ 20 ἀνθρακιᾶς, ὁ δ' ἐκ κάδων, ὁ κοινὸς καὶ ἀγοραῖος ὄχλος· ὅσοι δὲ παρὰ τὸν βίον ἐλλόγιμοί ποτε καὶ λαμπρότεροι, καὶ λαμπάδας ἀνάπτουσι καὶ ὑπὸ φρυκτωρίᾳ διαιτῶνται λαμπρᾷ· τοιούτους ἐγὼ πολλοὺς ἔγνων παροδεύων τὰς σκηνώσεις τῶν νεκρῶν καὶ τὰς ἑστιάσεις αὐτῶν. 25

ΚΥΔΙΩΝ

Λέγε λοιπόν, ὦ φίλε, τὸν λόγον εἰς τὸν εἱρμὸν ἐπαναγαγών.

11 φιλοσοφήσοντα Romano   19–20 cf. 38.9, 40.2   21 κάδων A: κλάδων vel δάδων Hase

ΤΙΜΑΡΙΩΝ

Ἐπειδὴ γὰρ εἰσήχθην τὴν ἀδαμάντινην πύλην ἐκείνην, οὐκ ἔτι δι' ἀέρος, ὡς τὸ πρίν, ἐφερόμεθα, οὐδὲ σπουδῇ καὶ ῥοιζήματι καθαπερεὶ πολεμίαν γῆν τὸν ἄνω τόπον διαδιδράσκοντες, ἀλλὰ σχολῇ καὶ βάδην καὶ ῥᾴστῳ ποδί, τὸ μέν τι κεκοπιακότες ἐκ τῆς 5 συντόνου φορᾶς, ἴσως δὲ κἀμὲ οἱ ἀνηλεεῖς ἐλεήσαντες. πορευόμενοι δὲ πολλὰς ἀσήμους καὶ ἀγοραίους σκηνώσεις παρήλθομεν καὶ πανταχοῦ πάντες τοῖς νεκραγωγοῖς συνυπήντων καί, ὡς παῖδες παιδαγωγοῖς, ὑπανίσταντο.

Καὶ προσπίπτομεν καταλύσει τινὶ λαμπρᾷ τοῖς φωσίν. ἔκειτο 17 10 δὲ παρ' αὐτῇ γηραλέος τις, οὐ μάλα καθειμένος τὸν πώγωνα· ἔκειτο περὶ εὐώνυμον ἀγκῶνα καὶ τῇ εὐωνύμῳ χειρὶ τὴν παρειὰν ὑπεστήριζε. παρέκειτο δὲ αὐτῷ καὶ χύτρα χαλκῆ εὐμεγέθης κρεῶν ὑείων ταρίχων πλήρης καὶ κράμβης Φρυγίας, πιμελῆς τὰ πάντα μεστά. ἐνέβαλε δὲ ὁ γέρων κατὰ σχολὴν τῇ χύτρᾳ τὴν δεξιὰν πλὴν 15 οὐ κατὰ δύο ἢ τρεῖς τῶν δακτύλων· ἀλλ' ὅλῃ παλάμῃ ἀνειληφώς, χανδὸν ἐνεφορεῖτο καὶ ὥσπερ ὑπερρόφει τὰ διαρρέοντα. ἐδόκει δὲ ἀπὸ τῆς ὄψεως χαρίεις εἶναι καὶ ἀγαθὸς καὶ τοῖς παριοῦσιν ἱλαρὸν ἐνώρα καὶ χάριεν καί μοι ἐνιδὼν ἥμερόν τι καὶ γαληνόν, "Ἴθι, ὦ ξένε", φησί, "καὶ παριζήσας ἡμῖν ἔμβαλον καὶ αὐτὸς τῇ χύτρᾳ 20 καὶ νεκρικῆς ἑστιάσεως ἐμφορήθητι". ἐγὼ δὲ οὐκ ἤθελον, ἅμα μὲν τῇ τοῦ βίου μεταβολῇ τὸ φρονεῖν ἀφῃρημένος, ἅμα δὲ καὶ τοὺς νεκραγωγοὺς δεδιττόμενος μή μοι κονδύλους ἐπίθωνται. οὗτοι γὰρ τῇδε κἀκεῖσε τοὺς νεκροὺς ἀσπαζόμενοι ὡς ἐξ ἀποδημίας μακρᾶς, αὐτοί τε κατείχοντο ταῖς ὁμιλίαις κἀμοὶ καιρὸν ἐδίδουν 25 εἰς κατασκόπησιν τῶν νεκρικῶν διαιτήσεων. τοῦτον δή μοι σκοποῦντι τὸν γηραιὸν ἐφίσταταί τις ἐκ τῶν πολλῶν ἀγοραῖος ἀνήρ, χρηστός, ὡς ἔοικεν, ὃν καί με καθ' ἕκαστα ἀνηρώτα τίς τε εἴην καὶ πόθεν ὁρμώμενος καὶ ποίῳ θανάτου τρόπῳ κατήχθην εἰς Ἅιδου· κἀγὼ ἐξηγούμην αὐτῷ παρ' ἕκαστα τὴν ἀλήθειαν.

1 ἀδαμαντίνην Romano; cf. 42.17   4 cf. 19.2, 34.13, 41.3
14 ἐνέβαλλε Hase   19 ἔμβαλε Ellissen   22 δεδιττόμενος
in versu, δεδοικὼς mg. Α; cf. 18.5

447

18 Ὡς γοῦν οὗτος συνανεκράθη μοι ὁ ἀνήρ, ἠρόμην αὐτὸν τίς τε εἴη ὁ γηραιὸς οὗτος καὶ τοὔνομα ποῖόν ἐστιν αὐτῷ.

Ἡ δ᾽ ὃς ἀγαθὸς ἐκεῖνος καὶ ἡμέτερος ἤδη ξένος· "Ὄνομα μέν, ὦ νέηλυ, τοῦ γέροντος μὴ ἐρώτα· οὐ γὰρ ἀσφαλές σοί τε ἐρωτᾶν περὶ τούτου κἀμοὶ ἀποκρίνασθαι. Αἰακοῦ γὰρ καὶ Μίνωος νόμος 5 ἔμποινος ὥρισται κατὰ τῶν ἐρωτώντων ἢ ἀπολογουμένων περὶ τῆς ἐπωνυμίας τοῦ γέροντος· ἐν ἀπορρήτοις γὰρ τὰ περὶ τούτου, ὡς ἐκ νομικῆς διατάξεως, πέπτωκε. τἆλλα δὲ ἐρῶ σοι, τὰ ἐφειμένα, περὶ αὐτοῦ. γένος μὲν αὐτῷ ἐκ τῆς μεγάλης Φρυγίας, ὥς φασι, τῶν εὐπατριδῶν καὶ ἐλλογίμων. ἐβίω δὲ κατὰ 10 τὸν κόσμον μετὰ χρηστότητος ἐν γήρει τε πίονι καταλύει τὸν βίον καὶ νῦν, ὡς ὁρᾷς, ὑπὸ λιπαρᾷ πιμελῇ τὴν ἐν Ἅιδου διαβιβάζει κατάλυσιν".

Ταῦτα ὁ ξένος ἔλεγεν· ἐμοὶ δὲ τοὺς ὀφθαλμοὺς κύκλῳ περιελίττοντι δύο μύες τῇ ὄψει προσέπεσαν λιπώδεις παχεῖς λεῖοι 15 τὴν ἐπιφάνειαν, χοίροις ἐοικότες οἵους κατοικιδίους ἀλεύρῳ καὶ πιτύρῳ τρέφουσιν ἄνθρωποι.

Ἦν δ᾽ ἐγὼ πρὸς τὸν ἀγαθὸν ἐκεῖνον ἀσθμαίνων ὥσπερ τῷ καινῷ τοῦ θεάματος, "Φίλε χρηστότατε, πάντα μὲν ἁπλῶς τὰ ἐν Ἅιδου μισητὰ δοκοῦσι καὶ ἀποτρόπαια, καθὰ καὶ τοῖς ἐν βίῳ πρὸς ἀρὰν 20 εἰσι προχειρότατα. ὅτι δὲ μύες καὶ παρ᾽ ὑμῖν εἰσί, τοῦτο πάντων ἀφορητότερόν ἐστί μοι. μυσαττομένῳ γάρ μοι τούτους ὑπὲρ ἄλλο πᾶν μυσαρόν, ἐδόκει τις κουφισμὸς τῆς ἐνταῦθα καθόδου τὸ ἀπηλλάχθαι τῆς τούτων ὀχλήσεως. εἰ δὲ κἀνταῦθα δεήσει με πολεμεῖσθαι τοιούτοις, πάλιν ἄλλου θανάτου μοι χρεία καὶ 25 δευτέρας οὐκ οἶδα πρὸς ποῖον Ἅιδην καταγωγῆς".

19 Μικρὸν δὲ ὑπολαβὼν ὁ χρηστὸς ἐκεῖνος ξένος φησί· "Θαυμάζω σε, ὦ ἑταῖρε, τῆς ἀγροικίας καὶ ἀπειρίας τῶν πραγμάτων σαφοῦς. οὐκ οἶσθα ὡς γηγενεῖς εἰσι πάντες οἱ μύες κἂν ταῖς ἀνομβρίαις κατὰ μικρὸν σχιζομένης τῆς γῆς γένη μυῶν ἀναδίδονται; μᾶλλον 30 μὲν οὖν εἰκός ἐστι καταγαίους εἶναι τούτους καὶ καθ᾽ Ἅιδου πληθύειν ἢ ἐν τῷ κόσμῳ καὶ τῇ ἄνω ζωῇ. οὐ γὰρ ἐκεῖθεν ἡμῖν

5 seq. cf. 38.2   11 γήρᾳ Hase, at cf. *Ev. Luc.* 1.36 etc.
κατέλυε Hase   21 cf. *A.P.* 6.302, 303   25–6 cf. 77.7.2
29–30 cf. Arist. *HA* 580b

παραγίνονται, ἀλλ' ἐξ ἡμῶν καὶ τοῦ πυθμένος τῆς γῆς ἀνίασιν
εἰς τὴν ἄνω αὐτῆς ἐπιφάνειαν. ὥστε μὴ θαύμαζε εἰ καὶ παρ' ἡμῖν
εἰσὶ μύες, ἀλλ' ὅπως ἐθάδες εἰσὶ καὶ ἡμῖν ὁμοδίαιτοι, μυγαλῆς
καὶ τῶν ἐκείνης φόβων ἀμέριμνοι. ἢ οὐχ ὁρᾷς αὐτούς, ὅπως
5 ἐντρανοῦντες ἐσθίοντι τῷ παλαιῷ τούτῳ χαίρουσιν; ὥσπερ καὶ
ἀγαλλιῶνται καὶ τὰς σιαγόνας κροταλίζουσι καὶ τὼ χείλε τῇ
γλώττῃ διαλείχονται, ὥσπερ αὐτοὶ μᾶλλον ἢ ὁ γέρων τῆς πιμελῆς
ἐμφορούμενοι;".
Καὶ ἦν ὡς ἀληθῶς τοιοῦτον ὃ ἔλεγεν, ἀκριβῶς ἐμοῦ τοῖς μυσὶν
10 ἐντρανήσαντος. "'Ἀλλὰ βλέπεις", προσετίθει, "καὶ ὡς τῆς
γένυος τοῦ γηραλέου στοχάζονται καὶ τὸν ὕπνον αὐτοῦ περι-
μένουσι; κἀπειδὰν αἴσθωνται τῶν ῥογμῶν, οἵους αὐτὸς ὑπ-
νώττων ἐκτραγῳδεῖ, παριόντες οὗτοι τὴν γένυν περιλείχονται,
τοῦ πιμελώδους ζωμοῦ λελουμένην καὶ τῶν ἀπηρτημένων
15 ψιχίων σιτούμενοι κατακόρως καὶ ζῶσιν ἐκεῖθεν, οὕτως ὡς
ὁρᾷς παχυνόμενοι".
Ταῦτά μοι ἐδίδου γνῶναι ἡ ἐπὶ μικρὸν τῶν ἀγόντων ἡμᾶς 20
ἀσχολία· εἶτα ἐπέστησαν καὶ τοῦ πρόσω πάλιν ἠρξάμεθα καὶ ὅσον
στάδια τέτταρα ὡδευκότες καὶ πολλὰς σκηνώσεις ἀμείψαντες,
20 ἐντυγχάνομεν καταλύσει λαμπρᾷ ὑποκαιομένῃ λαμπάδι καὶ
σκηνῇ λευκοτάτῃ. καί τις βρυχηθμὸς ἐκ τῆς σκηνῆς ἀνεδίδοτο.
κἀγὼ περιβλεψάμενος καὶ τοὺς ἄγοντας πάλιν ἀσχολουμένους
ἰδὼν ἐπὶ συντυχίᾳ νεκρῶν—ὡς ἔοικε, γνωρίμων καὶ συνήθων
αὐτοῖς—, ἠρέμα πως καὶ ὥσπερ ὑποκλέπτων τὴν ὅρασιν, τῇ
25 σκηνῇ προσήγγισα κἀκ τῆς ὀπῆς ἐσκόπουν τί ἂν εἴη τὰ ἔνδον καὶ
τίνος ὁ βρυχηθμὸς ἐκεῖνος ὁ βαρυσυμφορώτατος.
Ἔκειτο οὖν χαμαί τις ἀνήρ, τοὺς ὀφθαλμοὺς ἐκκεκεντημένος
σιδήρῳ· ἔκειτο δ' ἐπ' εὐωνύμου πλευρᾶς καὶ ἀγκῶνος, δάπιδος
ὑποκειμένης Λακωνικῆς, εὐμεγέθης τὸ σῶμα, σαρκώδης οὐ πάνυ,
30 ὀστώδης δὲ μᾶλλον καὶ τὰ στέρνα εὐρύς.

"ἔκειτο μέγας μεγαλωστί, λελασμένος ἱπποσυνάων",

---

1 ἀνίασιν A: corr. Hase   3 cf. 7.4, 9.5 etc.   6 cf. Arist.
HA 516a   χείλεε Hase   15 cf. 31.2   23 cf. Pl. Lg.
797e   30 cf. Il. 3.194, Hld. 7.10.4   31 ἔκειτο A:
κεῖτο Il. 16.776

"οὐδ' ἐῴκει
ἀνδρί γε σιτοφάγῳ, ἀλλὰ ῥίῳ ὑλήεντι".

Παρ' αὐτῷ καί τις ἄλλος γηραιὸς ἐκάθητο, κουφίζων τάχα
λόγοις καὶ παραινέσεσι τὸ τῆς συμφορᾶς ἀχθεινότατον· ἀλλ' οὐκ
ἤθελεν, ὡς ἐφαίνετο, πείθεσθαι, συχνὰ τὴν κεφαλὴν ἀνανεύων 5
καὶ τῇ χειρὶ τὸν γηραιὸν παρωθούμενος· ὑπέρρει δέ οἱ καὶ δηλη-
τηριῶδες ἐκ τοῦ στόματος.

21 Ἐπεὶ γοῦν καλῶς τἀκεῖ κατενόησα καὶ τῶν ἀγόντων με λίαν
ἐπιστρεφόμενος ἀπέστην τῆς σκηνῆς καὶ ὅποι τούτους ἴδω
διεσκοπούμην, ἐντυγχάνω τινὶ τῶν νεκρῶν, παλαιῷ δέ, ὡς ἐδόκει, 10
καὶ τὴν ὄψιν κατεσκληκότι, ὁποίους πυρετοὶ μαρασμώδεις τοῦ
βίου ἐξάγουσι. καί με ἰδὼν ἀπὸ τοῦ χρώματος κατενόησε νεοθανῆ
ὄντα—οἱ γὰρ κατιόντες εἰς Ἅιδου νεόνεκροι ἀποσῴζουσί τι
μικρὸν ἐρυθήματος ζωτικοῦ κἀκ τούτου τοῖς παλαιοῖς ἑτοίμως
γνωρίζονται—καί με προσιὼν ἠσπάσατο καὶ "Χαῖρε", φησίν, 15
"ὦ νεόνεκρε, καὶ ἡμῖν ἀπάγγελλε περὶ τῶν ἐν βίῳ. οἱ σκόμβροι
πόσοι τοῦ ὀβολοῦ; αἱ πηλαμύδες, αἱ θύνναι καὶ τὰ μαινίδια;
τοὔλαιον πόσου; ὁ οἶνος; ὁ σῖτος καὶ τὰ λοιπά; ἀλλ' ὅ με διέλαθε
πάντων ἀναγκαιότατον, ἀφύων γέγονεν ἄγρα πολλή; ἔζων γὰρ
ἡδέως ἐξ αὐτῶν ὀψωνίζων ἐν βίῳ καὶ ἦσαν ἐμοὶ λάβρακος 20
τιμιώτερα".

Ταῦτα ἐκεῖνος εἶπε, κἀγὼ πρὸς ἕκαστα ἀπεκρινάμην τὴν οὖσαν
ἀλήθειαν. ὡς οὖν ἅπαντα ἐκείνῳ τὰ ἐν βίῳ ἀπήγγειλα καὶ αὐτὸς
ἐζήτησα μαθεῖν ἐξ ἐκείνου τίς τε εἴη ὁ τὴν σκηνὴν ταύτην οἰκῶν
καὶ ὁ παρακαθήμενος πρεσβύτης καὶ τὰ τοῦ βρυχηθμοῦ αἴτια. 25

22 Ἦ δ' ὃς ὁ ἀγοραῖος ἐκεῖνος ἀνήρ·
"Ὁ τὴν σκηνὴν ταύτην οἰκῶν, οὗ τοὺς μυχιαίους στεναγμοὺς
ἀκήκοας, οὗτός ἐστιν ὁ ἐκ Καππαδόκης περιώνυμος Διογενής· τὰ
δ' ἄλλα πάντως ἔγνως ἐν βίῳ περὶ αὐτοῦ, ὡς εἰς βασιλείαν ἀνήχθη,
ὡς ἐπὶ τοὺς ἑῴους Σκύθας ἐστράτευσεν, ὡς ἥλω αἰχμάλωτος. εἶτα 30
καὶ ἠλευθέρωται καὶ πρὸς τὸ Βυζάντιον ἐπανιὼν οὐκ ἐδέχθη πρὸς

1–2 *Od.* 9.190–1   1 οὐδὲ Hom.   2 ῥίῳ Hom.: οἴῳ A
15 seq. cf. 24.24   19 ἀφύων recte A: ἀφυῶν Ellissen   21 τιμι-
ώτεραι Hase, fort. recte   22–3 cf. Pl. *Phlb.* 48e   28 Διογένης
Ellissen

450

βασιλείαν, ἀλλὰ πολέμῳ εἶτα καὶ ὅρκῳ χειρωθεὶς καὶ παρα-
σπονδηδόν, ὡς ὁρᾷς, ἐκτετύφλωται, ἐμφορηθεὶς ἐπὶ τούτοις
δόλῳ τινὶ καὶ δηλητηρίου δεινοῦ. ὁ δὲ παρακαθήμενος πρεσ-
βύτης τῶν εὐπατριδῶν ἐστι τῶν κατὰ τὴν μεγίστην Φρυγίαν·
5 ἐχρῆτο δέ οἱ συμβούλῳ παρὰ τὸν βίον καὶ τῶν πρακτέων
κοινωνῷ. καὶ νῦν ἐλεήσας τὴν αὐτοῦ τύχην, κατὰ μνήμην τῆς
παλαιᾶς συνηθείας συνεχῶς παραγίνεται τῷ ἀνδρὶ καὶ κατὰ
τὸ δυνατὸν κουφίζειν ἐπιχειρεῖ τὴν μνήμην τῶν συμφορῶν
εἰκόσι λόγοις καὶ λογισμοῖς".

10 Καὶ ταῦτα ἐκεῖνος ὁ ἀγοραῖος ἀπήγγειλε καὶ οἱ ἄγοντες πάλιν
ἐπέστησαν καὶ σπουδαιοτέρως ἡμᾶς ἐκίνουν εἰς τοὔμπροσθεν καὶ
"Βαῖνε ταχύτερον", ἔλεγον πρός με, "τῇ συνόδῳ παραστησόμ-
ενος τῶν δικαστῶν καὶ ἡμῶν εὐθὺς ἀπαλλαγησόμενος".

"Καὶ δικαστῶν", ἦν δ' ἐγώ, "κἀνταῦθα σύνοδος καὶ δίκαι
15 πάλιν καὶ κρίσεις, ὡς ἐν τῷ βίῳ;".

"Καὶ μᾶλλον ἐνταῦθα", οὗτοί φασιν, "ὡς ὧδε τῆς ὅλης
ἀνθρώπου βιοτῆς ἐξεταζομένης κατὰ λεπτὸν καὶ τοῦ κατ' ἀξίαν
ἀποδιδομένου τῷ καθ' ἕνα καὶ μήποτε ἀναλυομένου τοῦ δόξαντος
τῇ συνόδῳ τῶν δικαστῶν".

20 Ταῦτα προϊόντων ἐλέγετο καὶ μικρόν τι προβάντων ἀπήντησεν 23
ἡμῖν ἀνὴρ ἐπιμήκης, λευκὸς τὴν τρίχα, τὸ σῶμα κατεσκληκώς,
χαρίεις δὲ ἄλλως καὶ στωμυλίας μεστὸς καὶ τὸ στόμα διογκῶν
ἐν τῷ λέγειν καὶ ἀνακαγχάζων εὐρύ, καὶ τοῖς νεκραγωγοῖς
"Χαίρετε" προσειπών, καὶ "τίς ἐστιν οὗτος ὁ νεόνεκρος, ὃν
25 ἄρτι κομίζετε;" ἐπειπών, ἐπ' ἐμὲ τοὺς ὀφθαλμοὺς ἔστρεφε καὶ
τὴν ὄψιν κατεσκόπει καὶ τρανῶς ἐνητένιζε. καὶ μικρὸν ὑπολαβών,
ἀνεβόησε τορόν τι μᾶλλον καὶ λαμυρόν· "Φίλοι θεοί, Τιμαρίων
οὗτός ἐστι, Τιμαρίων ὁ φίλτατος, ᾧ πολλάκις συνειστιάθην
πολυτελῶς κἀπὶ τῆς σχολῆς ἐφοίτησε παρ' ἐμοὶ τὸν σοφιστικὸν
30 ἐν Βυζαντίῳ θρόνον διέποντι". καὶ περιβαλὼν ἄμφω τὼ χεῖρε
γνησίως ἠσπάζετο.

Ἐγὼ δ' ὑπ' αἰδοῦς ἐπεπήγειν, οὕτω δεξιωθεὶς ὑπ' ἀνδρός, ὡς
ἐφαίνετο, μεγαλοπρεποῦς, αὐτὸς ἀγνοῶν τὸν ἀσπασάμενον καὶ

1–2 παρασπονδηθόν A: corr. Garzya: παρασπονδηθείς Hase   21 cf.
70.2   30–1 cf. Od. 11.211

ὅστις ἐστὶ μὴ γινώσκων καὶ ποίῳ μέτρῳ τοῦτον τιμῆς ὡς εἰκὸς
κατασπάσομαι. συνέγνω τοῦτο κἀκεῖνος καί μου τὴν ἄγνοιαν
ἰάσατο προλαβὼν καὶ "'Αγνοεῖς", ἔφη, "ὦ τᾶν, τὸν ἐκ
Σμύρνης Θεόδωρον, τὸν λαμυρώτατον σοφιστήν, οὗ κλέος ἐν
Βυζαντίῳ, ἐν ἀπαγγελίᾳ λόγων σεμνῶν καὶ λαμπρῶν;". 5
ταῦτα ἀκούσας ἐκπεπλήγμην τῷ καινῷ τῆς ὄψεως καὶ τῆς τοῦ
σώματος διαθέσεως καὶ "'Ω σοφιστά", ἦν δ' ἐγώ, "φωνὴν
μὲν καὶ λαμπρότητα λόγου καὶ διόγκωσιν στόματος καὶ σώμα-
τος εὐμεγέθειαν μνημονεύω καὶ παρὰ τὸν βίον τῷ Σμύρνηθεν
ἐκείνῳ σοφιστῇ παρεπόμενα. ὅτι δέ οἱ τὸ σῶμα ἐξήρθρωτο τῇ 10
ἀρθρίτιδι καὶ φοράδην ἀγόμενος ἐδημηγόρει παρὰ τῷ βασιλεῖ
καὶ κλινήρης ἐπ' ἀγκῶνος ἤσθιε, συμβαλεῖν οὐκ ἔχω πρὸς τὴν
ἐμφαινομένην σοι ταύτην ὑγίειαν καὶ εὐεξίαν τοῦ σώματος".

24 "'Εγώ σοι καὶ ταύτην τὴν ἀπορίαν", ἦ δ' ὃς ὁ σοφιστής,
"διαλύσω, κάλλιστε φοιτητῶν. ἄνω καὶ παρὰ τὸν βίον πολλὰ τοῖς 15
βασιλεῦσι πρὸς χάριν δημηγορῶν, πολλοὺς ἐκομιζόμην χρυσίνους
καὶ ὠφελείας ἐκαρπούμην οὐ τὰς τυχούσας· καὶ πάντα ἐκεῖνα
πρὸς ἑστιάσεις ἐκένουν πολυτελεῖς καὶ Συβαριτικὰ δεῖπνα. οἶσθα
δὲ καὶ αὐτός, πολλάκις ἑστιαθεὶς παρ' ἡμῖν, ὡς τυραννική τις ἡ
τῆς ἐμῆς τραπέζης διοίκησις ἦν. ἐκεῖθεν οὖν μοι πᾶσα ἡ τῆς 20
ἀρθρίτιδος αἰτία καὶ τὰ ἐπὶ τῶν δακτύλων λιθώματα, τῶν
φλεγματικῶν περιττωμάτων σφηνουμένων περὶ τὰς ἁρμονίας
καὶ λιθουμένων στερεῶς· ἀφ' ὧν ἀλγηδόνες ἐπιγινόμεναι τήν
τε ψυχὴν καὶ τὸ σῶμα κατέτρυχον· κἀντεῦθεν ἐταλαιπώρει
μοι τὸ σῶμα καὶ ἀσθενὲς ἦν. ἐνταῦθα δὲ τοὐναντίον ἅπαν 25
φιλόσοφος δίαιτα καὶ τράπεζα λιτὴ καὶ βίος ἀθόρυβος, εἰπεῖν
δὲ καὶ ἀμέριμνος. καὶ γὰρ ἐν καρδάμῳ τὰ πολλὰ καὶ μαλάχῃ
καὶ ἀσφοδέλῳ τὴν μαργῶσαν γαστέρα κατέπαυσα καὶ τὸ τοῦ
'Ασκραίου καλῶς ἔχον ἄρτι πεπληροφόρημαι· "οὐδ' ἴσασιν"
"ὅσον ἐν μαλάχῃ καὶ ἀσφοδέλῳ μέγ' ὄνειαρ". 30
Συνελόντι γοῦν εἰπεῖν, τὰ μὲν ἄνω καὶ παρὰ τὸν βίον σοφιστεία

3 cf. 22.17, 24.2 etc.   6 cf. 15.3, 37.39 etc.   11 cf. 22.10
cf. Hld. 9.26.2   17 cf. c. 7   21 seq. cf. 22.23
22 σφηκουμένων Hase   28 cf. Od. 18.2   29 ἔχειν Hase
29–30 Hes. Op. 40–1   29 οὐδὲ Hes.   30 καὶ] τε καὶ Hes.

86. ΤΙΜΑΡΙΩΝ

λόγων ἦν καὶ κομψότης δημοπρεπής· τὰ δὲ νῦν ταῦτα φιλοσοφία καὶ παιδεία σαφής, ἧττον λόγου μετέχουσα καὶ δημοκοπίας. ἀλλὰ ταῦτα μὲν ἐγώ σοι ἀπήγγειλα, τὴν πλάνην ἐξαλείφων τῆς σῆς ψυχῆς καὶ τὴν ἀρχαίαν ἡμῶν συνήθειαν ἀνανεούμενος. τοῦ λοιποῦ
5 δὲ οὐκ ἀμφίδοξα ἔσται σοι τὰ καθ᾽ ἡμᾶς· ἀλλ᾽ ἐρεῖς καὶ αὐτὰ πρὸς τὸν σὸν μυσταγωγόν, ποίῳ θανάτου τρόπῳ ἐξώσθης τοῦ βίου καὶ τίς σοι πρόφασις τῆς παρ᾽ ἡμᾶς καταβάσεως".

"Πρόφασις μὲν οὐδεμία θανάτου", ἦν δ᾽ ἐγώ, "παρέστη μοι, 25 διδασκάλων ἄριστε· οὔτε γὰρ πολέμου ξίφος ἢ λῃστεία ἢ
10 σύμπτωμα, οὐ νόσος χρονία, δι᾽ ἧς ἂν κατειργάσθη μοι τὸ σωμάτιον, ἀλλὰ τυραννίς, ὡς ἔοικε, τῶν παρ᾽ ὑμῖν τούτων νεκραγωγῶν, βιαίως τοῦ σώματος ἐκσπασάντων με, ζωτικῶς ἔτι ἔχοντος. ἵνα γὰρ ἐν συντόμῳ τὰ ἀπ᾽ ἀρχῆς ἄχρι τέλους σοι διηγήσομαι, κατά τινα χρείαν κατιὼν εἰς Θεσσαλονίκην, ἐν τῷ
15 μέλλειν ἐπανιέναι με, πυρετῷ λάβρῳ κατὰ δυσκρασίαν θερμὴν τοῦ ἥπατος περιπέπτωκα. ἐπηκολούθησε καὶ ῥεῦμα γαστρὸς ἄσχετον· τὸ κενούμενον ἅπαν χολῶδες ἦν, ὀλίγου καί τινος αἵματος ἐπιπολῆς ἐρυθαίνοντος. καὶ ἦν ἡ διάρροια συνεχὴς μέχρι κἀπὶ τὸν Θρᾴκιον Ἕβρον—οἶδας τὸν εὐρὺν καὶ ναυσίπορον ἐν Θρᾴκῃ
20 ποταμόν—ἥκομεν· κἀκεῖ που παρὰ τὴν ποταμίαν ἔπαυλιν καταλύσαντες, αὐτῷ τε καὶ τοῖς ἄγουσιν ἵπποις ἄνεσιν ἐνδιδόντες, τὴν ἑσπέραν ἐκείνην εὐφόρως ἔσχομεν τοῦ νοσήματος.

Ἔδοξεν οὖν μοι καὶ τὸ δεύτερον ἐκεῖ περιμεῖναι νυχθήμερον καὶ γέγονεν οὕτω· καὶ ἡ νὺξ ἧκεν καὶ πάντες ἐκάθευδον ἡδέως,
25 κἀγὼ κατέδραθον. καὶ περὶ τὸ μέσον ἀωρὶ τῶν νυκτῶν οἱ τελχῖνες οὗτοι νεκραγωγοὶ ἐφίστανται τῇ κλίνῃ, ἐμοῦ πρὸς ὀνείροις ἔτι ὄντος· καὶ τὴν φωνὴν ἐπεσχέθην τούτους ἰδὼν καὶ διυπνισθῆναι οὐκ ἴσχυσα. φαντασιούμενος δ᾽ οὕτως, ἐξήχθην τοῦ σώματος, ἄλλο μὲν οὐδὲν ἀκηκοὼς ὑπ᾽ αὐτῶν αἰτιώ-
30 μενον τῆς ἐξαγωγῆς αἴτιον ἢ ὅτι· "Οὗτός ἐστιν ὁ τῶν στοιχείων ἀποβαλὼν τὸ ἕν, ἅπασαν τὴν χολήν· καὶ μηκέτι βιώσιμα εἶναί οἱ

1 δημοτερπής Ellissen   5 αὐτὸς Hase   17 τὸ ⟨δὲ⟩
Ellissen   καὶ αἵματός τινος ὀλίγου Hase   18 ἐπι-
πολλῆς sic A; corr. Hase; cf. 80.9.2   19 cf. 19.2, 78.15.1
24–5 cf. 32.4   25 κατέδαρθον Hase

453

Ἀσκληπιῷ καὶ Ἱπποκράτει καὶ τῷ λοιπῷ τῶν ἰατρῶν χορῷ
δέδοκται. διαιρετέος οὖν τοῦ σώματος ὁ ταλαίπωρος".

26 Ταῦτα εἶπον ἐκεῖνοι· κἀγὼ οὐκ οἶδα ποίᾳ δυνάμει ἀγόμενος,
συνήχθην παρ᾽ ἑαυτῷ καθαπερεὶ πόκος ἐρίου καὶ διὰ μυκτήρων
ἐξήχθην καὶ στόματος εὐπετῶς, ὡς τὰ διὰ χάσμης ἐκ- 5
κρινόμενα πνεύματα· καὶ νῦν, ὡς ὁρᾷς, ἐν Ἅιδου κατῆγμαι
μνημονεύων τοῦ ποιητικοῦ τούτου·

"ψυχὴ δ᾽ ἐκ ῥεθέων πταμένη Ἀϊδόσδ᾽ ἐβεβήκει".

Πλήν, εἰ ἀληθεῖς εἰσιν οἱ τῶν κακοδαιμόνων ἐκείνων σοφιστῶν
περὶ εἱμαρμένης λόγοι, οὔπω εἱμαρμένον τῆς ζωῆς χρόνον 10
ἀνεπλήρωσα, βιαίως δὲ ἀφῃρέθην τοῦ σώματος. καὶ νῦν, εἴ τινές
εἰσι παρὰ τοῖς κάτω δίκαι καὶ κρίσεις, τὰς ἀδίκους πράξεις
ἀνασκευάζουσαι, σκόπησον ὅπως βοηθήσῃς μοι τῷ σῷ φοιτητῇ,
παρανομίας γραφὴν τῶν καταράτων τούτων κατοίσοντι".

Ταῦτα ἔλεγον καὶ ἐδάκρυον· καὶ ὅς, ἐπικλασθείς μου τῷ θρήνῳ 15
καὶ διατεθεὶς συμπαθεστέρως· "Θάρρει, ὠγαθέ, τούτου γε ἕνεκα·
καὶ βοηθήσομεν ὑπὲρ δύναμιν καὶ θαρροῦντως φαμὲν ὡς ἀναδοθεί-
ης πρὸς δευτέραν ζωὴν καὶ τὴν ποθουμένην σοι ἀναβίωσιν. σὺ
δὲ μόνον σκόπει ὅπως ἡμῖν καταπέμψῃς ἐκεῖθεν ὧν ἱμειρό-
μεθα, βρωσίμων φημὶ τῶν ἐθάδων μοι". 20

27 "Τὰ μὲν οὖν ὅσα νῦν φῇς", ἦν δ᾽ ἐγώ, "κομψότατε, ἄπιστα
πρὸ τοῦ γενέσθαι ὄντα, τεράστιά μοι δοκοῦσι καὶ ἀληθῶς
αἰνίγματα, ὁποῖα λιθοξόοι καὶ ζωγράφοι ἐν οἰκίαις πλάττουσιν,
ἱπποκενταύρους δηλαδὴ καὶ σφίγγας καὶ εἴ τι ἄλλο μυθῶδες τοῖς
παλαιοῖς ἀνεστήλωτο. πλὴν ἀλλὰ λέγε μοι, κάλλιστε σοφιστῶν, 25
τίνι τῶν εὐλόγων τεθαρρηκὼς φῂς οὕτως ἐλευθεροῦν ἡμᾶς, καὶ
ταῦτα Αἰακοῦ καὶ Μίνωος τῶν δικαστῶν Ἑλλήνων ὄντων καὶ τοῖς
Γαλιλαίοις ἡμῖν ἀπεχθανομένων, ὁποῖος σὺ τυγχάνεις Χριστοῦ
μύστης καὶ τρόφιμος".

"Οἷς μὲν ἁπλῶς τεθάρρηκα," ἦ δ᾽ ὃς ὁ σοφιστής, "οὐδ᾽ αὐτὸς 30
ἀγνοεῖς. ἔστι γάρ μοι καὶ νοῦ δεξιότης, ἐπιβάλλουσα ταῖς
προσπιπτούσαις ἀντιλογίαις ὀξέως καὶ ἀποδιδοῦσα ταχέως

6 ἐν] εἰς Ellissen; cf. cc. 17, 39   8 Ἀϊδόσδε βεβήκει
Il. 16.856, 22.362   24 cf. 63.3 etc.

ταῖς προτάσεσι καὶ τὴν ἀντίρρησιν πρόσφορον, καὶ ἀγχίνοια
ἐστοχασμένη τοῦ πρέποντος καὶ λόγος ῥοώδης ὁμοῦ καὶ διά-
τρανος, καὶ ἰατρικῶν ἐμπειρία δογμάτων· ἀφ' ὧν μικρᾶς τινος
δραξάμενος ἀφορμῆς, καταπαλαίσω τοὺς κομψοὺς τούτους καὶ
5 ἰατρικοὺς Ἑλλήνων θεούς.

Ἀσκληπιὸς μὲν γὰρ ὑπὸ τῆς κούφης αὐτοῦ δόξης καὶ τῆς 28
ψευδομένης θεώσεως οὐδὲ φθέγγεται πολλῶν ἐτῶν· κἄν τις
ἀνάγκη ἐπείγῃ ἐρωτώντων ἄλλων—αὐτὸς γὰρ ἀφ' ἑαυτοῦ πᾶσαν
ὁμιλίας πρόφασιν ἀποβάλλεται—δεῖ τὸν ἐρωτῶντα σχηματίσαι
10 τὸν λόγον πρὸς κατάφασιν καὶ ἀπόφασιν· εἶτα ἐκεῖνον κατὰ τὸ
δοκοῦν αὐτῷ κατανεῦσαι ἢ ἀνανεῦσαι τὴν κεφαλήν· καὶ τοῦτ' ἂν
εἴη Ἀσκληπιῷ ἀπόκρισις.

Ἱπποκράτης δέ, εἰ καὶ φθέγγεται, μικρὰ καὶ μονόστιχα ἢ τὸ
πολὺ δίστιχα, κἀκεῖνα αἰνιγματώδη καὶ δικαστηρίοις οὐ μάλα
15 προσήκοντα καὶ γελοῖα, ὁποῖα ἐκεῖνα· "πέπονα φαρμακεύειν καὶ
κινέειν, μὴ ὠμά", "ἐν τῇσι ταραχῇσι τῆς κοιλίης καὶ τοῖσιν
ἐμετοῖσι", παίγνια ταῦτα τοῖς ἀλλογλώσσαις δικασταῖς.

Μίνως μὲν Κρής, Αἰακὸς δὲ ἀκριβῶς Ἕλλην, ἐκ τῆς παλαιᾶς
Ἑλλάδος καὶ Θετταλίας· κἄν τις παρ' αὐτοῖς Ἴων ἢ Δωριεὺς τῶν
20 κατιόντων νεκρῶν δημηγορεῖν ἐπιβάλλοιτο, εὐθὺς οὗτοι γελῶσι
καὶ ἡδέως ἀνακαγχάζουσιν.

Ἐρασίστρατος δὲ σοφιστείας πάσης ἀμύητός ἐστι καὶ γραμ-
ματικῆς ἀμέτοχος, ἀλλὰ καὶ ἰατρικῆς ἐπιστήμης οὐκ εὖ ἥκων,
πείρᾳ δὲ μόνῃ λαβὼν τὸ κενὸν ἐκεῖνο κατὰ ἰατρικὴν δοξάριον, καὶ
25 φρονήσει ἐμφύτῳ καὶ τριβῇ πραγμάτων πολλῶν· ἀφ' ἧς καὶ τὸν
Ἀντιόχου πρὸς Στρατονίκην ἐφώρασεν ἔρωτα, ὅθεν καὶ ὑψώθη τὰ
μέγιστα.

Ὅ γε μὴν δαιμόνιος Γαληνός, ὃν ἐγὼ μᾶλλον τῶν ἄλλων 29
δεδίττομαι, κατὰ θείαν ἴσως ἐπικουρίαν ἄπεστι νῦν τοῦ συλλόγου
30 τῶν ἰατρῶν· τὸ δὲ αἴτιον, ὅ τι καὶ πρὸ μικροῦ ἠκηκόει αὐτοῦ
αἰτιωμένου, τὸ Περὶ διαφορᾶς βιβλίον πυρετῶν. καὶ νῦν ἐγγωνι-
άζει μακράν που πάσης συγχύσεως καὶ κραυγῆς ἀπηλλαγμένος

15–17 Hp. *Aph.* 1.22, 1.2   18 μὲν] μὲν γὰρ Hase   19 κἄν] καὶ εἴ
Hase   22 seq. cf. 44.17   24 cf. 55.8   26 cf. 15.14, 24.15

κατὰ μελέτην ἑτέραν τῆς προσθήκης τῶν ἐλλειμμάτων τοῦ
βιβλίου. ἔφη δέ ποτε, ὡς μείζων ἂν ἡ προστιθεμένη τῆς
προλαβούσης πραγματείας γένοιτο. ἀπόντος οὖν τούτου, μικρόν
ἐστιν ἔργον ἡμῖν ὑπερσχεῖν τοὺς κομψοὺς τούτους καὶ ἀναύδους
ἰατρούς.   5
Ἀλλὰ μηδὲ τοὺς ἑλληνοθρήσκους δικαστὰς δέδιθι· λίαν γάρ
εἰσι τοῦ δικαίου περιεχόμενοι· ἐφ᾽ ᾧ καὶ πρὸς τὸν δικαστικὸν
θρόνον ἀνήχθησαν. τό γε μὴν ἐξηλλαγμένον τῆς θεολογίας τῶν
ἐπιδίκων, οὐδὲν πρὸς αὐτούς· ἀνεῖται γὰρ τῷ βουλομένῳ τῆς
οἰκείας, ὡς βουλητόν, αἱρέσεως ἔχεσθαι. ἀλλ᾽ ὅμως τῆς τῶν   10
Γαλιλαίων δόξης ἐπὶ πᾶσαν τὴν οἰκουμένην διαδραμούσης
καὶ πᾶσαν τὴν Εὐρώπην κατασχούσης, τὰ πολλὰ δὲ καὶ τῆς
Ἀσίας, ἔδοξε τῇ προνοίᾳ καὶ τοιοῦτόν τινα καθίσαι τοῖς ἀρχαί-
οις Ἕλλησι τούτοις δικασταῖς σύνεδρον, καὶ νῦν Θεόφιλος,
ὅ ποτε βασιλεύσας ἐν Βυζαντίῳ, συνθεμιστεύει τούτοις, καὶ   15
οὐδέν τι ψήφισμα βεβαιοῦται, μὴ κἀκείνου συγκατανεύσαντος.
οἶσθα δὲ ἀκηκοὼς ἐκ τῶν ἱστορουμένων περὶ ἐκείνου, ὡς λίαν
δικαιότατος ἦν· ὥστ᾽ εἰκότως οὐδὲν δέος, παροφθῆναι ἡμᾶς
ἢ μὴν τοῦ δικαίου στερήσεσθαι. μόνον παρασταίημεν τῷ
δικαστηρίῳ· σὺ δ᾽ ὅρα, ὅπως ἐπίσχῃς αὐτὸν τοῦ λέγειν, ἀφυὴς ὢν   20
περὶ τὸ δικάζεσθαι· ἡμῖν δὲ δώσεις τοῦ λέγειν τὸ ἀπερίκοπον''.
30   Ἐν τοσούτῳ δὲ καὶ οἱ νεκραγωγοὶ πλησιάσαντες ἠρώτων
αὐτὸν εἰ γνωστός εἰμι παρ᾽ αὐτῷ. ἦ δ᾽ ὅς, ὅτι καὶ φοιτητής·
''Ἐλεύσομαι δὲ μεθ᾽ ὑμῶν καὶ συνδικάσομαι αὐτῷ καθ᾽ ὑμῶν,
οὕτως ἠδικημένῳ καὶ πρὸ ὥρας ἀναρπασθέντι τοῦ ζῆν''.   25
Ταῦτα εἶπε καὶ ἅμα πάντες ἐβαίνομεν καὶ τοῦ πρόσω εἰχόμεθα·
καὶ ὅσον στάδια πέντε καὶ δέκα διὰ τοῦ ζοφεροῦ ἐκείνου καὶ
σκοτεινοῦ χώρου ὁδεύσαντες, μόλις ποτέ τινος φωτὸς ὁρῶμεν
διαύγειαν. εἶτα καὶ ἐγγυτέρω τοῦ προιέναι γενόμενοι, μᾶλλον
ὁρῶμεν τὸ φῶς πλατυνόμενον καὶ οὕτω κατ᾽ ὀλίγον τοῦ σκότους   30
ἀπαλλαγέντες, ἐπὶ φωτεινὸν ἐξαγόμεθα τόπον, λειβόμενον ὕδατι
καὶ φυτοῖς παντοίοις κατάκομον καὶ ποταμῷ μεγίστῳ
καταρρεόμενον.

15–18 cf. 14.10   24 συνδικήσω Hase   29 τοῦ] τῷ Hase

86. ΤΙΜΑΡΙΩΝ

Ἄλση δὲ παντοῖα καὶ στρουθοὶ τορὸν μάλιστα καὶ μουσικὸν
ᾄδοντες καὶ πεδιὰς τούτοις πᾶσιν ὑπέστρωτο χλοερά· καὶ—ὡς ἐκ
τοῦ σοφιστοῦ ἠκηκόειν ἤδη προειληφότος τῇ γνώσει τῶν ἐν
Ἅιδου—οὐδὲ χειμὼν ἔπεισι τῷ χώρῳ ἢ ἀλλοίωσίς τις τοῦ
5 φαινομένου καταστήματος· ἀλλ' ἄφθαρτα καὶ ἀγήρω πάντα καὶ
μετὰ καρπῶν ἀϊδίων τὰ δένδρα καὶ ὥρα μία ἐαρινή, ἀμετάβλητος
τὸ παράπαν καὶ ἀναλλοίωτος. τοῦτο δ' ἦν τὸ περὶ τὸν βίον
θρυλλούμενον πεδίον Ἠλύσιον καὶ Ἀσφοδελὸς λειμών. ταῦτα
ἤκουσα παρὰ τοῦ σοφιστοῦ ὅτε πρῶτον μακρόθεν τὴν διαύγειαν
10 εἴδομεν.

Ὁπηνίκα δὲ κατὰ τὸν φωτεινὸν ἐγεγόνειμεν τόπον, αἰτησα- 31
μένου τοῦ σοφιστοῦ, μικρόν τι καθίσαντες ἐπὶ χλόης ἀνεπαυσά-
μεθα, καὶ ἀναστάντες εἶτα ἐπορευόμεθα ὅσον ἤδη τῷ δικαστηρίῳ
παραστησόμενοι.

15 Ἐγὼ γοῦν, ἅτε τῶν ἐκεῖ πραγμάτων οὐκ ἔμπειρος ὤν, ἄλλως
τε καὶ λέγειν οὐκ ἐπιτήδειος, ἐδεδίειν τὰ μέγιστα καὶ τῷ σοφιστῇ
προσήγγιζον καὶ τὴν πτοίαν ἀπήγγελλον. ὁ δέ με λόγοις σοφοῖς
ἐπανῆγεν εἰς εὐθυμίαν καὶ πάντα καλῶς ἕξειν ἡμῖν διετείνετο.
"Μόνον αὐτὸς ὅρα", φησίν, "ὅπως ἀναβιώσας στελεῖς ἐκεῖθεν,
20 ὧν χρείαν ἔχομεν· ἐξ οὗ γὰρ ἐνταῦθα κατῆλθον, ζωμὸς οὐ
παρετέθη μοι χοιρεία πιμελῇ λιπαινόμενος. ὅμως τἆλλα εἰσ-
αῦθις ἀκούσῃ, κυρωθείσης σοι παρὰ τοῦ δικαστηρίου τῆς
ἀναβιώσεως".

Ταῦτα καὶ τὰ τοιαῦτα λεγόντων ἡμῶν καὶ προϊόντων οὐκ ἀπὸ
25 τόξου βολῆς, ἐφάνη τὸ δικαστήριον καὶ δίκης ἤδη λυθείσης
ἠκηκόειμεν· Καῖσαρ ἀδίκως ὑπὸ Κασσίου καὶ Βρούτου ἀνῃρη-
μένος. τί μὲν οὖν ἀπεφάνθη λέγειν οὐκ ἔχω· ἔστρεφον γὰρ παρ'
ἑαυτῷ τὴν διάνοιαν πᾶσαν καὶ τῶν κατ' ἐμὲ εἰχόμην ὁλοσχερῶς.

Τέως γοῦν ὑπεξελθόντων ἐκείνων, εἰσαγωγεῖς τῶν δικῶν 32
30 παριόντες πρὸς ἡμῖν ἐγένοντο καὶ "Τί φῄς, ὦ νεόνεκρε σύ; καὶ
εἰσαχθήσῃ" φασί, "τὸ δικαστήριον".

1–2 cf. 14.5, 14   4 cf. *Od.* 4.566   5 cf. *Od.* 7.94
6 cf. 14.12   7 περὶ] παρὰ Hase   8 cf. 14.14, 38.11 etc.
22–3 cf. 38.11   24–5 cf. LXX, *Gen.* 21.16   29 ⟨οἱ⟩ εἰσαγωγεῖς
Hase   30 καὶ²] καὶ σὺ Hase   31 τὸ] εἰς τὸ Hase

Καὶ ὁ σοφιστὴς ὠθήσας ἀγκῶνί με εἰς τοὐπίσω, αὐτὸς
ἐδημηγόρει τοῦ λοιποῦ καὶ "Ὦ διάκονοι τοῦ δικαίου", φησίν,
"εἰσαγάγετε τάχιον ἡμᾶς ἐπὶ τοὺς δικαιοτάτους δικαστὰς καὶ
ὄψεσθε τὸ γενόμενον τῶν πώποτε μνημονευομένων ἀδίκων ἀσεβ-
έστερον ἅμα καὶ ἀνομώτερον, ὅπερ οἱ καλοὶ οὗτοι νεκροπομποὶ 5
περὶ τὸν ταλαίπωρον τοῦτον εἰργάσαντο. ἀλλ' ὑμῖν, ὦ δικαιότατοι,
τό γε νῦν ἔχον κατὰ τοὺς νεκρικοὺς νόμους ὑποτιθέντες, ἀφιστ-
άμεθα τῶν κακίστων τούτων ψυχαγωγῶν καὶ Μίνω καὶ Αἰακὸν
καὶ τὸν ἐκ Βυζαντίου Θεόφιλον ἐπικαλούμεθα κατὰ τῶν μιαρῶν
τούτων καὶ μισοδικαίων ἀνδρῶν. συσχόντες οὖν καὶ τούτους 10
τῷ δικαστηρίῳ παραστήσατε, κριθησομένους, ὧν ἕνεκεν εἰς
τοὺς νεκρικοὺς νόμους ἐξήμαρτον. ποῦ γὰρ τοῖς ἐν Ἅιδου
δέδοκται ψυχὴν ἀποσπᾶν τοῦ σώματος ἔτι ζωτικῶς ἔχοντος
καὶ τοῦ νοσοῦντος ἐφ' ἵππου τὴν ζωὴν διανύοντος καὶ ὅλην
ἀλεκτορίδα καθ' ἡμέραν ἐσθίοντος;". 15

33   Ταῦτα εἶπεν ὁ σοφιστὴς καὶ τοὺς νεκραγωγοὺς οἱ εἰσαγωγεῖς
συλλαβόμενοι ταῖς χερσὶν εἰσῆγον μεθ' ἡμῶν εἰς τὸ δικαστήριον
καὶ παρέστημεν ἅπαντες προκαθημένων Αἰακοῦ καὶ Μίνωος καὶ
Θεοφίλου τοῦ Γαλιλαίου.

Ἦν δὲ τοῖς Ἕλλησιν ἡ στολὴ πλατεῖα πάνυ καὶ σουδάρια ἐπὶ 20
κεφαλῆς κατὰ τοὺς τῶν Ἀρράβων ἡγεμόνας· κρηπῖδες δὲ αὐτοῖς
ἑστηκυῖαι, ἴῳ τὴν χρόαν ἐμφερεῖς. ὅ γε μὴν Θεόφιλος οὐδέν τι
λαμπρὸν ἢ ἀνθηρὸν ἐνεδέδυτο· λιτότητι δὲ καὶ αὐχμηρίᾳ συνε-
σκεύαστο καὶ ἐμελανείμόνει. ἐλέγετο δὲ κἂν τῇ βασιλείᾳ τοιοῦτος
εἶναι, ἄκομψος πάνυ τῷ φαινομένῳ καὶ ἀπέριττος· τῇ γε μὴν 25
εὐθυδικίᾳ καὶ τῇ ἄλλῃ ἀρετῇ πάνυ λαμπρὸς καὶ φιλότιμος. ἀλλὰ
καὶ οὕτως ἔχων αὐχμοῦ, χάριν τῶν ὀφθαλμῶν ἀπεδίδου καὶ
λαμπρὸς ἦν τὸ πρόσωπον καὶ τεθαρρηκώς.

Παρίστατο δέ τις αὐτῷ λευκενδύτης, ἀπώγων, ἐοικὼς τοῖς
περὶ τὰς βασιλίσσας τομίαις, λαμπρὸς μάλα κἀκεῖνος καὶ τὸ 30
πρόσωπον ἀποστίλβων δίκην ἡλίου· καὶ συχνὰ παρὰ τὸ οὖς
ὑπεψιθύριζε τῷ βασιλεῖ. κἀγὼ τὸν σοφιστὴν ἀνηρόμην· "Τοῦτον

24 μελανείμονι Α: corr. Hase: μελανειμονίᾳ Tode   29 cf. 34.25
31 cf. Ev. Matt. 17.2

86. ΤΙΜΑΡΙΩΝ

μὲν τὸν καθήμενον, ἐξ ὧν ἔφης μοι πρὸ τῆς χθές, συνέγνων εἶναι
τὸν ἐκ Βύζαντος Θεόφιλον. τὸν δὲ παριστάμενον τομίαν οὐκ οἶδα
ὅστις ἐστίν".

Ἡ δ' ὃς ὁ σοφιστής· 'ἀγνοεῖς, ὦ κάλλιστε Τιμαρίων, ὡς
5 ἑκάστου τῶν Χριστιανῶν βασιλέων ἄγγελος δέδοται τὰ ποιητέα
τούτῳ ὑποτιθέμενος; ἕπεται δὲ κἀνταῦθα τούτῳ, καθὼς αὐτῷ καὶ
παρὰ τὸν βίον συνείπετο".

Ταῦτα λεγόντων ἡμῶν πρὸς ἀλλήλους καὶ σιγμοῦ παρὰ τῶν
εἰσαγωγέων ἐξηχηθέντος, ὁ σοφιστὴς διογκώσας τὸ στόμα, οἷος
10 ἐκεῖνος, καὶ σεμνώσας τὸ πρόσωπον καὶ τὼ χεῖρε προσάλληλα
συνελίξας, τορόν τι μάλα ἐβόησε·

"Τιμαρίων Τιμονίκου Ὀξύβαντα καὶ Νυκτίωνα τοὺς νεκρα- 34
γωγοὺς παρανομίας γράφεται. τῶν γὰρ νεκρικῶν νόμων διαρρή-
δην βοώντων μὴ ἐν Ἅιδου καταχθῆναι ψυχὴν πρὶν ἂν τὸ σῶμα
15 ἢ ὁλόκληρον ἢ κατά τι τῶν καιρίων μορίων φθαρῇ καὶ τὰς τῆς
ψυχῆς ἐνεργείας ἀποσείσηται· πλὴν ἀλλὰ καὶ διαιρεθέντος τοῦ
σώματος τὴν ψυχὴν παραμεῖναί οἱ ἔξωθεν παρακαθημένην
μέχρι τῶν τριῶν ἡμερῶν καὶ οὕτω τοῖς νεκραγωγοῖς ἐξεῖναι
ταύτην παραλαβεῖν· οὗτοι, μηδενὸς τῶν θειοτάτων τούτων θεσπ-
20 ισμάτων φροντίσαντες, ἔτι καλῶς ἔχοντος Τιμαρίωνος, ἐσθίοντος
πίνοντος ἀστραβηλατοῦντος, οἱ καλοὶ καὶ παρὰ τοῦ δέοντος ὀξεῖς
οὗτοι νεκραγωγοὶ ἀωρὶ τῶν νυκτῶν ἐπιστάντες αὐτῷ κατὰ τὴν
παραποταμίαν ἔπαυλιν, βίᾳ τὴν ψυχὴν τοῦ σώματος διεῖλον
ἰσχυρῶς ἐμφυομένην τῷ σώματι καὶ δυσαποσπάστως αὐτοῦ
25 ἔχουσαν. ἐφ' ᾧ καὶ ὕφαιμος ἔτι ἐστὶ καὶ σταγόνες αἵματος ἰσχναὶ
αὐτῆς ἀποπίπτουσιν, ἅτε κεκραμένης βεβαίως τότε τῷ
σώματι ὅτε διήρητο βιαίως. δίκαιον οὖν ἐστιν, ὦ δικασταί,
ἀναβιῶναι πάλιν τὸν ἄνθρωπον καὶ τὸ ἴδιον ἀπολαβεῖν σῶμα
καὶ τὸν εἱμαρμένον ἀναπληρῶσαι χρόνον· εἶτα τοῖς φυσικοῖς
30 ὅροις διαιρεθέντα καταχθῆναι πάλιν ἐνταῦθα τοῖς νεκροῖς
δεόντως συνταγησόμενον".

Ταῦτα εἶπε καὶ ὁ Μίνως δριμύτερον τοῖς νεκραγωγοῖς ἐνιδών,
"Λέγετε" φησί, "καὶ ὑμεῖς, μοχθηρότατοι, πρὸς ταῦτα τὸ

5 ἑκάστῳ Hase   12 cf. 13.15   14 ἐν] εἰς Ellissen
19 μηδὲν Hase   21 ἀστράβη λαλοῦντος A: corr. Hase; cf. 46.2
24 cf. Pl. Ax. 365b   25 cf. 33.41

δοκοῦν ὑμῖν· οὐκ ἐν καλῷ γὰρ ὑμῖν κείσεται, εἰ παρὰ τοὺς
νεκρικοὺς νόμους φαίνοισθε διαπραξάμενοι".

Καὶ ὁ Νυκτίων, λαμυρώτερος ὢν τοῦ Ὀξύβαντος, φησίν·

35 "Ἡμεῖς, ὦ θειότατοι δικασταί, πρὸς ταύτην τὴν λειτουργίαν
ἐξ ἀρχαίων τῶν χρόνων, τῶν ἐπὶ τοῦ Κρόνου δηλαδή, κατα- 5
στάντες, ἀκριβῶς τὰ περὶ τῶν καταγομένων γινώσκομεν καὶ τὰς
αἰτίας πάσας ἐπιστάμεθα, δι᾽ ὧν ψυχὴ ἐπὶ τὸν Ἅιδην κατάγεται.

Τοῦτον οὖν τὸν ταλαίπωρον Τιμαρίωνα ἐκ Θεσσαλονίκης
παρατηρήσαντες ἄχρι τοῦ κατὰ τὴν Θράκην μεγίστου ποταμοῦ
ὑπὸ διαρροίας ἅπαν τὸ τέταρτον τῶν στοιχείων κενώσαντα, τὴν 10
χολὴν δηλονότι, καὶ παρὰ τῶν μεγίστων ἰατρῶν διδαχθέντες
κανόνα καθόλου μὴ πρὸς τῆς φύσεως εἶναι ἄνθρωπον ζῆν τρισὶ
στοιχείοις διοικούμενον, ὡς εἴδομεν ἐπὶ τριάκοντα νυχθημέροις
τὴν χολὴν κενουμένην, ἐπήλθομεν τῷ σκίμποδι καὶ τὴν ψυχήν,
ὡς μὴ θεμιτὸν αὐτῇ τοιούτῳ συνεῖναι σώματι, ἐξεκαλεσάμεθα. 15
ὑμῖν δέ, δικαιότατοι δικασταί, τὸ δοκοῦν ἀποφανθήτω καὶ ἡμεῖς
τοῖς νομίμοις ὑποκεισόμεθα".

Ταῦτα εἶπον ἐκεῖνοι· πρὸς ἀλλήλους δὲ οἱ δικασταὶ μικρὸν
ὑποψιθυρίσαντες, τὴν ἡμέραν ἐκείνην ἀνεβάλλοντο τὴν ἀπόφασιν·
δεῖν οὖν ἔφασαν ἡμῖν καὶ τῆς παρουσίας τῶν μεγίστων ἰατρῶν 20
Ἀσκληπιοῦ καὶ Ἱπποκράτους, ὡς μετ᾽ ἐκείνων ἄριστα κριθη-
σομένης τῆς ὑποθέσεως· "Δεῖται γὰρ ἐπιστήμης ἰατρικῆς. καὶ
τό γε νῦν ἔχον ἐπὶ μετεώρου λυθήτω τὸ δικαστήριον· ἐς τρίτην
δὲ ἡμέραν συνόντων ἡμῖν καὶ τῶν μεγίστων ἰατρῶν λυθήσεται
τὸ ἀμφιβαλλόμενον". 25

Ταῦτα εἶπον οἱ δικασταὶ καὶ ἀναστάντες ἐπὶ τὸ ἐνδότερον τοῦ
λειμῶνος ἐβάδιζον· καὶ ἡμᾶς οἱ εἰσαγωγεῖς λαβόντες ἅμα τοῖς
νεκραγωγοῖς ἐπὶ τὸν ζοφερὸν ἐκεῖνον τόπον ἐβάδιζον, πλὴν οὐ
μακρὰν εἰς τοὐπίσω, ἀλλ᾽ ἔνθα τῷ φωτεινῷ ἐκείνῳ συνάπτεται,
ὡς δοκεῖν εἶναι λευκόφως τὸ ἐκ τῆς μίξεως ἀμφοῖν παραφαινό- 30
μενον αὔγασμα.

36 Ἐν ὅσῳ δὲ τὰ τῆς δίκης πρότερον ἐσκοπεῖτο παρὰ τῶν

5 cf. Arist. Ath. 16.7   15 θεμιτὸν ⟨ὂν⟩ Ellissen
17 cf. 54.24   20–2 δεῖν οὖν..."Δεῖται] an Δεῖ νῦν (vel νυν)...
δεῖται?   30 λυκόφως Hase

86. ΤΙΜΑΡΙΩΝ

δικαστῶν, κύψας ἐμοὶ πρὸς τὸ οὖς ὁ σοφιστὴς "Ἴθι, ὦ οὗτος,"
ἔφη, "παρὰ τὴν πίτυν ἐκείνην" (δείξας ὑψηλὴν καὶ κατάκομον)
"καὶ παρὰ τὴν σκιὰν αὐτῆς εὑρήσεις λαχάνων εἴδη γνωστῶν σοι
καὶ μὴ γνωστῶν. πάντα ῥιζοτομήσας ἀνελοῦ παρ' ἑαυτῷ· ἔστι
5 γὰρ οὐδὲν ἐνταῦθα δηλητηριῶδες, ἀλλὰ πάντα ἡδέα καὶ τρόφιμα.
καὶ εἴ τίς σοι ἐνταῦθα παραμονὴ πρόκειται, τραφήσῃ τούτοις μεθ'
ἡμῶν καὶ χαρήσῃ· πνεύματος γὰρ θειοτέρου καὶ ἀέρος παρα-
πολαύοντα τὰ ἐνταῦθα φυόμενα, ἡδεῖαν ἔχουσι καὶ πρὸ τροφῆς
τὴν ὀδμὴν καὶ μετὰ τροφὴν τὴν ἐρυγήν".
10 Κἀγὼ ἑτοίμως πεισθεὶς τῷ διδασκάλῳ, ἀπῄειν παρὰ τὴν
πίτυν καὶ λαχανευσάμενος ὅσα εἰκός, φορτίον ἱκανὸν ἐπεσαξά-
μην· καὶ τῷ σοφιστῇ συνελθὼν εὐθὺς ἐξηλαύνομεν ἅμα τοῖς
ἄγουσι καὶ τοῖς ἀντικειμένοις· καὶ παρὰ τὴν συναφὴν τοῦ φω-
τεινοῦ καὶ ζοφεροῦ καταλύσαντες χώρου ὅσον νυχθήμερα δύο,
15 ἀρχομένου τρίτου, περὶ ἀλεκτόρων φωνήν, εἴκασεν ἄν τις,
ἀναστάντες ἐβαδίζομεν πρὸς τὸ δικαστήριον καὶ διανύσαντες
τάχιον τὴν ὁδόν, ἥκομεν παρὰ τὸ βῆμα τῶν δικαστῶν μηδενὸς
προειληφότος ἡμᾶς.
"'Ἠὼς μέν ῥα κροκόπεπλος ἐσκίδνατο πᾶσαν ἐπ' αἶαν".
20 Ἀσκληπιὸς δὲ καὶ Ἱπποκράτης καθήμενοι παρὰ τοῖς δικασταῖς
ἠγορέοντο καὶ διεσκόπουν τί ἂν ἀποφανθείη περὶ ἡμᾶς καὶ τῷ
κήρυκι ἀπήγγελλον ἄγειν ἐς αὐτοὺς τὴν πρὸ τριῶν τούτων ἡμερῶν
προτεθεῖσαν δίκην κατὰ Νυκτίωνος καὶ Ὀξύβαντος τῶν νεκρο-
πομπῶν. καὶ ὃς ἀνεῖπεν ὡς ἔθος· "Οἱ κατὰ Ὀξύβαντος καὶ
25 Νυκτίωνος γραψάμενοι πρότριτα, πάριτε νῦν, ὡς ἂν τὸ δόξαν τῷ
θειοτάτῳ δικαστηρίῳ τὴν σήμερον ἀποφανθῇ".
Καὶ οἱ εἰσαγωγεῖς λαβόμενοι πάντων ἡμῶν τῶν γραφόντων καὶ 37
γραφομένων, εἰσῆγον καὶ τῷ δικαστηρίῳ παρεστήσαντο· καὶ ὁ
μὲν σοφιστὴς ἐσκόπει περὶ τῶν λεκτέων, ἐγὼ δὲ τὴν ὅρασιν ἀεὶ
30 ἐς Ἀσκληπιὸν καὶ Ἱπποκράτην ἀπέτεινον. καὶ τοῦ μὲν Ἀσκλη-
πιοῦ πρόσωπον οὐκ εἶδον· κεκάλυπτο γὰρ χρυσοπάστῳ καλύπτρᾳ

4 ⟨ἃ⟩ πάντα Hase 6 παρανομὴ A: corr. Hase
11 cf. 46.2 15 ⟨τοῦ⟩ τρίτου Hase cf. Ev. Matt. 26.34
19 μὲν ῥα A: μὲν Il. 8.1: δὲ Il. 24.695 ἐκίδνατο Homerus
20–1 cf. Il. 4.1 28 εἰσήγαγον Hase 30 τοῦ] an τὸ?
30–1 cf. cc. 23, 42

461

διαφανεῖ μέντοι καὶ διαυγεῖ, ὡς ὁρᾶν μὲν ἐκεῖνον πάντα, αὐτὸν δὲ ὑπ' οὐδενὸς ὁρᾶσθαι κενῇ δόξῃ θεώσεως ἀγόμενον τὸν παράφρονα. Ἱπποκράτης δὲ Ἀρραβικός τις ἐδόκει, ὀρθοπαγὲς καὶ ἐς ὀξὺ λῆγον τὸ ἐν τῇ κεφαλῇ περιφέρων σουδάριον. χιτὼν αὐτῷ ποδήρης καὶ ἄζωστος καὶ συνεχὴς δι' ὅλου τὴν ᾤαν, μηδ' 5 ὁπωσοῦν σχιζόμενος· καθειμένος τὸ γένειον, μεμιγμένος ἐξ ἴσου τὴν πολιάν. τὴν κεφαλὴν ἐν χρῷ κεκαρμένος κατὰ τοὺς Στωϊκούς, ἴσως ἐκ τούτου παρειληφότος τοῦ Ζήνωνος τὴν ἀπόκαρσιν καὶ τοῖς αὐτοῦ αἱρεσιώταις νομοθετήσαντος.

Ἐμοῦ ταῦτα σκοποῦντος, ὁ γραμματεὺς εἰσῆγε τὸ γραμματεῖον 10 καὶ τὰ προγραφέντα εἰς ἐπήκοον ἀνεγίνωσκεν· ἦν δὲ τὰ γεγραμμένα· Τιμαρίων Τιμονίκου διώκων Ὀξύβαντα καὶ Νυκτίωνα, καὶ τὰ ἀπ' ἀρχῆς ἄχρι τέλους, εὐθὺς καὶ ἡ τῶν δικαστῶν διασκόπησις καὶ ἡ τῆς ἀποφάσεως ἀναβολὴ μέχρις ἂν Ἱπποκράτης καὶ Ἀσκληπιὸς σύνεδροι γένωνται. καὶ ἐπειδὴ τὰ τῆς ἀναγνώσεως 15 τοῦ γραμματείου τέλος εἰλήφει, μικρὸν ὑποψιθυρίσαντες πρὸς ἀλλήλους Ἱπποκράτης καὶ Ἀσκληπιός, προσκληθέντος καὶ Ἐρασιστράτου, σιωπὴν εἶτα πρὸς ὀλίγον ἐπετηδεύσαντο, καὶ μετ' ἐκεῖνα βλοσυρῶς πως ἀντωπήσας Ἱπποκράτης φησίν· "Ὦ Νυκτίων καὶ Ὀξύβα, τίνι τῶν νοσημάτων κατασχεθεῖσαν 20 τὴν Τιμαρίωνος ψυχὴν καὶ εἰ διαιρεθεῖσαν τοῦ σώματος ἢ μὴ διαιρεθεῖσαν ἀπ' αὐτοῦ, ἀλλὰ βίᾳ διελόντες, ἐρῶσαν ἔτι τοῦ σώματος, ὧδε κατηγάγετε νῦν, εἴπατε τῷ τέως ἡμῖν".

38 Καὶ οἱ νεκροπομποὶ μικρὸν ὑπολαβόντες "Ἡμεῖς, ὦ μέγιστε τῶν ἰατρῶν", φασίν, "οὐδέν τι παράνομον ἢ ἀπεοικὸς τοῖς 25 κανόσιν ὑμῶν διεπραξάμεθα. αὐτοὶ πάντως ἐστὲ οἱ κανόνα τοῦτον καθόλου κατὰ τὸν βίον πήξαντες, μὴ ζῷον εἶναι ἢ γενέσθαι ὃ μὴ τοῖς τέσσαρσι τούτοις ἐστοιχείωται, αἵματι φλέγματι μελαίνῃ καὶ ξανθῇ· εἰ δέ τι τῶν ζῴων ὁποιονδήποτε τῶν τεττάρων τούτων ἀποβαλεῖται, μηδὲ ζώσιμα εἶναί οἱ τοῦ λοιποῦ. 30
Κατὰ ταῦτα δὴ τὴν δεδομένην ἡμῖν λειτουργίαν ἐκπληροῦντες

---

3 cf. Plut. *Mor.* 340c   5 cf. 13.13, 14.46   6 cf. 38.6
7 cf. 29.20   23 τῷ] τὸ Hase   27–9 cf. Hp. *Nat. Hom.* 4
27 ζῷον A   28 μελαίνῃ Hase: μέλανι A: χολῇ μελαίνῃ Ellissen
29 ζώων A

ἐν τῷ κόσμῳ, ἐπειδὴ τὸν δείλαιον τοῦτον ἐπὶ τριάκοντα
ἡμέρας εἴδομεν ἀδιαστίκτως ἡμέρας καὶ νύκτας τὴν χολὴν ἐκ-
κρίνοντα μάλιστα καὶ σὺν αἵματι, συνέγνωμεν ἐκ τῆς τέχνης
μὴ βιώσιμα εἶναι τῷ ἀνθρώπῳ. ποῦ γὰρ ἂν κατελείφθη τοῦ
5 στοιχειώδους τούτου χυμοῦ παρ' αὐτῷ ἐπὶ τοσαύτας ἡμέρας καὶ
οὕτω συνεχῶς ἐκκρίνοντι; ἔνθεν τοι καὶ οὐδὲ βιαίῳ τὴν ψυχὴν
ὁλκῇ τοῦ σώματος διείλομεν, ἀλλ' ἐπιπολαίως τοῖς μυκτῆρσι
προσελθόντες, μικρᾷ τινι ἀναρροιβδήσει ταύτην ἀνιμησάμεθα,
οὐδὲ αὐτὴν ἀντικαθισταμένην· ἤδη γὰρ αὐτῇ κατείργαστο τὸ
10 σωμάτιον ὑπὸ τῆς χρονίας ἐκκρίσεως".

Ταῦτα ἔλεγον οἱ νεκραγωγοὶ καὶ ἐσιώπων· καὶ πρὸς ἡμᾶς οἱ
εἰσαγωγεῖς ἔφασαν· "Λέγετε καὶ ὑμεῖς τὸ παριστάμενον τάχιον,
ὡς ἂν ἀπαλλαγῇ τοῦ δικαστηρίου ὁ τῶν ἰατρῶν μέγιστος θεὸς
Ἀσκληπιός, πολλοῦ τε χρόνου καὶ πολλῶν ἐτῶν ἐνταῦθα μὴ
15 παριὼν διὰ τὴν δοθεῖσαν αὐτῷ θέωσιν τὰς τῶν ἀνθρώπων
ἐκκλίνων συνουσίας".

Καὶ ὁ σοφιστὴς διογκώσας τὸ στόμα, ἔλεγεν οὕτω·
"Θειότατοι δικασταὶ καὶ οἱ τῶν ἰατρῶν ὑμεῖς προστάται καὶ 39
ἀρχηγοί, ὅσα μὲν οἱ κατάρατοι οὗτοι μυσταγωγοὶ ἐρητόρευσαν
20 ἄδικον ῥητορείαν κατὰ ψυχῆς ταλαιπώρως συνείροντες, ἠκούσατε
νῦν· ὅτι δὲ καθ' ἑαυτῶν ταῦτα συνέπλεξαν, σκοπητέον ἐντεῦθεν".

Ἱπποκράτης δὲ τῷ μεταξὺ ἐπιστραφείς, ἠρώτα πρὸς τὸ οὖς
τῶν εἰσαγγελέων τινά, τίς ἂν εἴη καὶ πόθεν ὁρμώμενος ὁ λαμυρὸς
οὗτος καὶ στομφαστὴς καὶ τοῦ Τιμαρίωνος προηγόρων. κἀκεῖνος
25 ἅπαντα ἐξηγεῖτο περὶ αὐτοῦ, ὡς Σμυρναῖος μέν ἐστι τὸ γένος,
τραφεὶς δὲ ἐν Βυζαντίῳ καὶ τὸν σοφιστικὸν θρόνον ἐκεῖσε λαβών,
λαμπρίας ἐνέπλησε τὰ βασίλεια καὶ μεγάλης ἠξιώθη τιμῆς καὶ
χορηγίας παρὰ τῶν βασιλέων. ταῦτα ἐκεῖνος ἔλεγε πρὸς τὸν
Ἱπποκράτην, ἐμοῦ πρὸς μικρὸν ἀκροωμένου.

30 Καὶ ὁ σοφιστής, "Ὅτι μὲν οὐκ ἔτι γέγονε", φησί, "τὸ σῶμα
πρὸς θάνατον ἐπιτήδειον, αὐτοὶ πάντως φήσουσιν οἱ νεκραγωγοί.
σῶμα γὰρ ἔφιππον ἀνιὸν ἐκ Θεσσαλονίκης πῶς ἂν εἴη θνησιμαῖον

4 ἂν A: ἄν τι Hase: si τι supplendum, ante τοῦ malim   8 cf.
Hdt. 2.86   12 cf. 26.13   16 cf. Ael. VH 4.28
20 ταλαιπώρου Hase   24 τοῦ] ὁ τοῦ Hase

τοῦτο καὶ τοῦ ζῆν μὴ ἐπιτηδείως ἔχον; ἄλλως τε, νόμων κειμένων
νεκρικῶν διαιρεθῆναι τὴν ψυχήν, εἶτα γενέσθαι τὰς καθ' ἕκαστον
θρήσκευμον ὁσίας ἐπὶ τῷ τεθνεῶτι, ἄλλοις μὲν ἄλλως, Χριστι-
ανοῖς δὲ τριταίαν ἐνναταίαν καὶ τεσσαρακοστήν, καὶ οὕτω παρὰ
τὸν Ἅιδην κατῆχθαι. αὐτοὶ τὰς νενομισμένας ὁσίας μὴ ἀνα- 5
μείναντες τὴν ψυχὴν ἐν Ἅιδου κατήγαγον".

Καὶ ὁ Νυκτίων μάλα συντόνως ἐβόησεν· "Οὐκ ἦν ὁ τὴν ὁσίαν
πληρώσων τῷ Τιμαρίωνι· ὁδίτης γὰρ ἦν καὶ ξένος καὶ οὐκ ἔχων
τὸν ἀφοσιωσόμενον."

"Εἰ δὲ μὴ βίᾳ τὴν ψυχὴν διεσπάσατε, σκοπηθήτων νῦν παρά 10
τινων εὐόπτων ἀνδρῶν ἡ ταύτης ἐπιφάνεια· καὶ σάρκες σχεδὸν
ἔτι προσέχονται αὐτῇ βιαίως ἀποσπωμένη τοῦ σώματος".

40 Καὶ αὐτίκα ἐδόθησαν εἰς κατασκοπὴν Ὀξυδερκίων καὶ Νυκτο-
λεύστης καὶ κατὰ μέρος σκοπήσαντες τὴν ὅλην τῆς ψυχῆς
ἐπιφάνειαν πρὸς τοὺς δικαστὰς εἶπον· "Ἡ μὲν ὅλη ἐπιφάνεια τῆς 15
ψυχῆς, ἐπιπολαίως κατασκοπουμένη, λυθρώδης δοκεῖ τὸ χρῶμα
ὁποῖον οἱ ἐν πολέμῳ κοπιῶντες ἀναδιδόασιν ἱδρῶτα μεμιγμένον
αἵματι. κατὰ μέρος δὲ σκοπουμένοις ἡμῖν καὶ αἵματι καθαρῷ
βεβάφαται τόποι τινὲς ἔτι καὶ τοῦ ζωτικοῦ ἀτμοῦ ἀναδιδόντες τι·
καὶ σαρκῶν τινα ψήγματα προσκεκόλληνται, ὕφαιμα πάντα καὶ 20
ζῶντα".

Καὶ ὁ σοφιστὴς μάλα εὐρὺ ἀνεβόησεν· "Ἔχετε τὴν πληρο-
φορίαν ἤδη τῶν ἐμῶν λόγων, ὦ δικασταί· εἰ οὖν ἔτι στερρῶς οὕτω
πως τοῦ σώματος εἴχετο, πῶς αὐτῇ τὸ τέταρτον τῶν στοιχείων
ἅπαν ἐξήντληται, τῆς φύσεως, ὡς οἱ σοφώτατοί φασιν ἰατροί, τῇ 25
ἀποβολῇ τοῦ στοιχείου ῥᾳδίως ἀποδιδούσης καὶ τὴν ψυχήν; ὅτι
δὲ οὐ στοιχειῶδες ἦν τὸ κενούμενον ἀλλά, τῆς καθ' ἡμέραν τροφῆς
τῇ τοῦ ἥπατος ἐκκαύσει μεταβαλλομένης εἰς χολήν, ἀναγκαίως
τοιοῦτον ἦν καὶ τὸ ἐκκρινόμενον, χολῶδες καὶ αὐστηρόν, ἐκ
δευτέρας δῆλον ἔσται κατασκοπήσεως. ἔχει γὰρ ἡ τοῦ Τιμαρίωνος 30
ψυχὴ τὸν περὶ τὸ ἧπαρ τόπον ἅπαντα ἐκκεχολωμένον, ἔνθα ἡ

3 ἄλλως] ἄλλας Hase   6 ἐν A: εἰς Ellissen; cf. c. 26   9–10 inter
ἀφοσιωσόμενον et εἰ lacunam statuit Hase   20 τινὰ A, edd.
cf. Pl. Phd. 82e, Luc. 33.41   26 punctum interrog. om. A,
edd.

ἐξαιμάτωσις γίνεται· κἀκεῖθεν ἡ καθ' ἡμέραν τροφή, διαφθειρο-
μένη πρὸς τὸ χολωδέστερον, ἐποίει χολώδη καὶ τὴν τῶν σκυβάλων
ἀπόκρισιν· ὡς εἶναι τὸ ἐκκρινόμενον οὐ χολὴν στοιχειώδη καὶ
ἄκρατον, ἀλλ' αὐτὰ τὰ συνήθη ἐκκρινόμενα σκύβαλα μεμιγμένα
5 χολῇ, μᾶλλον ἢ ἔδει πλεοναζούσῃ διὰ τὴν τοῦ ἥπατος ἔκκαυσιν".

Ταῦτα εἶπεν ὁ σοφιστὴς καὶ οἱ δικασταὶ μικρὸν σιωπήσαντες, 41
κηρυχθείσης καὶ τῷ δικαστηρίῳ σιωπῆς καὶ πρὸς ἀλλήλους μετὰ
τῶν μεγίστων ἰατρῶν κοινολογησάμενοι καὶ τὰς ψήφους, ὡς ἔθος
αὐτοῖς, ἀνακυκήσαντες ἐν κυάμοις παρακειμένοις, τὴν νικῶσαν
10 ἡμῖν ἐψηφίσαντο καὶ τὸ γραμματεῖον προὐκομίζετο.

Καὶ ὁ Βυζάντιος σοφιστὴς παρειστήκει, διὰ τὴν περὶ τὸ
σχεδιάζειν ἀρετὴν καὶ ταχυτῆτα πρὸ πολλοῦ τεταγμένος παρὰ τὸ
βῆμα, ὡς καὶ τοῦτο παρὰ τῶν εἰσαγγέλων ἤκουσα· "Καὶ νῦν ὄψει
τοῦτον", φασίν, "οὐκ εἰς μακρὰν ὑπαγορεύοντα τῷ γραμματεῖ
15 τὴν ἀπόφανσιν".

Μικρὸν οὖν ἐφησυχάσαντες οἱ δικασταί, εἶτα καὶ τὸν Βυζάντιον
μετακαλεσάμενοι, συνεπομένου καὶ 'Αριστάρχου, κατὰ μέρος
ἐνετείλαντό οἱ τὰ τῆς ἀποφάσεως. καὶ αὐτίκα ὁ μὲν Βυζάντιος
ἐπρυτάνευεν, ὑποψελλίζων τὰ πολλά· οὔπω γὰρ τὴν ἀγκυλότητα
20 τοῦ χείλους ἀπέβαλεν. 'Αρίσταρχος ἐγραμμάτευε, Φρύνιχος ἐπε-
στάτει· κἀπειδὴ ἐπεδόθη τῷ γραμματικῷ πᾶν τὸ ἀποφανθέν, εἰς
ἐπήκοον πάντων τὸ γράμμα ἀνεγινώσκετο. εἶχε δὲ οὕτω·
"Δέδοκται τῷ θειοτάτῳ συνεδρίῳ τῶν μεγίστων ἰατρῶν καὶ τῷ
τεθεωμένῳ 'Ασκληπιῷ τὸν μὲν Νυκτίωνα καὶ 'Οξύβαντα, ἐπειδὴ
25 περὶ τοὺς νεκρικοὺς νόμους ἐξήμαρτον, ἀπεντεῦθεν ἐξωσθῆναι τῆς
τῶν ψυχαγωγῶν τάξεως· Τιμαρίωνα δὲ ἀναδοθῆναι τῷ βίῳ καὶ
τῷ οἰκείῳ ἐνοικισθῆναι σώματι. κἀπειδὰν τὸν εἱμαρμένον
ἀναπλήσῃ χρόνον, τελεσθέντων ἐπ' αὐτῷ τῶν ὁσίων, καταχθῆναι
πάλιν εἰς "Αιδου παρὰ τῶν κατὰ χώραν νεκροπομπῶν".

30 'Επὶ τούτοις τέλος τοῦ γράμματος ἔχοντος, ἀνέστησαν οἱ 42

4 αὐτὰ Hase: αὐτὴν A   9 ἐν κημοῖς Hase
13 εἰσαγγέλων A: εἰσαγγελέων Hase: ἰσαγγέλων dubitanter coniecit Romano
17 cf. 14.20   23 ἔδοκται (sic) A   25 an παρά?
ἀπ' ἐντεῦθεν ἐξωθῆναι Romano   26 cf. 34.25   27 cf. Pl.
Ax. 371c   30 τοῦ πράγματος Hase

δικασταὶ καὶ τὸ συνέδριον λέλυτο· καὶ οἱ μὲν δικασταὶ εἰς τὸν συνήθη τόπον τοῦ λειμῶνος ἐβάδιζον, κατ' ἄλλο δὲ τούτου Ἀσκληπιὸς μετὰ τῶν ἰατρῶν σχολαιότερον ὥδευεν.

Οἱ δὲ Χριστιανοὶ πάντες ἀνεβόων ὑφ' ἡδονῆς καὶ ἐσκίρτων καὶ τὸν Σμύρνηθεν σοφὸν κατησπάζοντο καὶ ἐξεθείαζον ἐν τοῖς 5 ἐπιχειρήμασι καὶ ταῖς οἰκονομίαις τοῦ λόγου καὶ διαθέσεσιν. Ἡμᾶς δὲ οἱ λαβόντες εἰσαγωγεῖς καθ' Ἅιδου ἀνέστρεφον· τούτοις γὰρ προστέτακτο ἡ πρὸς τὸν ἄνω τόπον ἡμῶν ἀνάδοσις. κἀπειδὴ στρεφόμενοι διὰ τῶν ἐν Ἅιδου ζοφερῶν τόπων ὡδεύομεν, κατηντήσαμεν οὗ τὰ τῶν φιλοσόφων καὶ σοφιστῶν ἦν διαιτήματα, 10 καὶ ὁ σοφιστὴς ἅμα μὲν ἐκ τῆς ὁδοιπορίας, τὸ δὲ καὶ τῆς συντόνου συννοίας κεκοπιακώς, ἐνταῦθά που κατὰ τὴν διατριβὴν τῶν σοφῶν κοινῶς αὐλίζεσθαι ἡμᾶς εἰσαγωγέας ἠρώτα· καὶ κατὰ τὴν αὔριον συνταξαμένους ἐκείνῳ παραμένοντι τοῖς σοφοῖς, τὴν ἐπὶ τὸν βίον τάχιον ἡμᾶς ἀπαλλάττεσθαι. 15

Καὶ γέγονεν οὕτω, καὶ

"ἄλλοι μέν ῥα θεοί τε καὶ ἀνέρες ἱπποκορυσταὶ
εὗδον παννύχιοι, ἐμὲ δ' οὐκ εἶχε νήδυμος ὕπνος",

ἀλλ' ἔρωτι γνώσεως τῶν ἐν Ἅιδου πάντων ἐγρήγορα δι' ὅλης νυκτὸς καὶ παρετηρούμην καθ' ἕκαστα. 20

43 Ἑώρων Παρμενίδα, Πυθαγόραν καὶ Μέλισσον, Ἀναξαγόραν καὶ Θάλητα καὶ τοὺς ἄλλους τῶν κατὰ φιλοσοφίαν αἱρέσεων ἀρχηγοὺς ἡσυχῇ καθημένους καὶ γαληνῶς μάλα καὶ ἡμέρως ὁμιλοῦντας καὶ διαλεγομένους ἀλλήλοις περὶ δογμάτων τινῶν. Διογένη δὲ ἀπεστύγουν καὶ ἀπωθοῦντο τῆς προσεδρίας· κἀκεῖνος 25 ἔβαινε τῇδε κἀκεῖσε, μὴ ὀκλάζων τὼ πόδε, ἄγριον δὲ τὸ ἦθος αὐτῷ καὶ σεσοβημένον καὶ πρὸς πάντα τὸν παριόντα οἷος ἦν διαπληκτίζεσθαι.

Ἑώρων καὶ τὸν ἐξ Ἰταλίας Ἰωάννην ἐκεῖ που παρὰ τὸν

---

1 cf. cc. 23, 37　　　11 καὶ Α: κἀκ Hase　　　17–18 Il. 2.1–2;
cf. Luc. 24.28, 29.2　　　18 ἐμὲ δ' οὐκ εἶχε] Δία δ' οὐκ ἔχε Homerus
21–3 cf. 14.17　　　21 Παρμενίδη fort. Α: Παρμενίδα Hase,
Romano, fort. Α: Παρμενίδην Ellissen: an Παρμενίδαν?　　　23 ἡσυχῇ Α
25–8 cf. 38.18　　　ἀπεωθοῦντο Hase　　　προεδρίας Α:
corr. Ellissen

Πυθαγόραν ἐθέλοντα παρεδράζεσθαι καὶ ὃς αὐστηρῶς αὐτὸν
ἀπεπέμπετο, "Ἔνδυμα τὸ τῶν Γαλιλαίων", φάσκων, "ἐνδεδυ-
μένος, ὦ μιαρώτατε, ὅπερ αὐτοί φασι θεῖον καὶ οὐράνιον ἄμφιον—
τὸ βάπτισμα δηλαδή—εἶτα ἐθέλεις τάττεσθαι μεθ᾽ ἡμῶν, τῶν ἐν
5 ἐπιστήμῃ ζησάντων καὶ σοφίᾳ συλλογιστικῇ; ἢ γοῦν τὸ καινὸν
τοῦτο ἔκδυθι περιβόλαιον ἢ τῆς ἡμῶν φατρίας ἀπότρεχε".
κἀκεῖνος ἐκδύσασθαι οὐκ ἤθελε.

Παρείπετο δὲ αὐτῷ καὶ ἀνδράριον ἡμίανδριον, ἀνδράποδον δέ,
εἰπεῖν οἰκειοτέρως, ἀστικόν, εὐτράπελον μάλα καὶ βωμολόχον,
10 τοῖς συναντῶσιν ἅπασι λοιδορούμενον, ἐμμέτρως μέντοι διὰ τῶν
ἰάμβων, διάκενον τὴν φρόνησιν καὶ μεγάλα μὲν ὑπισχνούμενον,
τὸν δ᾽ ἀμαθῆ ὄχλον ἐξαπατῶν· κἂν ἐντύχῃς αὐτῷ, εὑρήσεις οὐδὲν
σοφὸν οὐδὲ χάριεν. ἔοικε δὲ τὸ τοῦ διδασκάλου ἀπομάξασθαι
ἦθος. τοιοῦτος γὰρ ἦν κἀκεῖνος, βάσκανος λοίδορος ὑπόκυφος
15 οἰηματίας καὶ ὅσα τούτοις ἑπόμενα.

Πλὴν ἀλλὰ μελαμπύγῳ ἐνέτυχε· προσιὼν γὰρ τῷ κυνὶ Διογένει 44
καὶ ἀλαζονικωτέρως αὐτῷ ὁμιλεῖν ἐγχειρῶν κἀκείνου τὸ ἀταπεί-
νωτον ἄρτι μᾶλλον αὐξήσαντος, ἔλαθε βρόχῳ ἐμπεσών. ὁ γὰρ
Διογένης τὸ ἐπηρμένον αὐτοῦ μὴ ὑπενεγκὼν καὶ ὡσεί τις
20 ὑλακόμωρος κύων ἐμβριμησάμενος καὶ καθυλάξας, εἶτα κἀκείνου
ἀνθυλάξαντος (ἐζήλου γὰρ κἀκεῖνος τὸν κυνικὸν βίον), ἀλλήλοις
συνεπλάκησαν καὶ ὁ μὲν ἐξ Ἰταλίας ὀδὰξ τοῦ ὤμου εἴχετο,
Διογένης δὲ τῷ οἰσοφάγῳ ἐμφύς, οἷός τ᾽ ἦν ἀποπνίξαι τὸν
Ἰταλόν, εἰ μὴ Κάτων ὁ Ῥωμαῖος, καὶ αὐτὸς τοῖς φιλοσόφοις
25 παρεισφθειρόμενος, ἐξείλετο τοῦ στόματος Διογένους τὸν Ἰωάν-
νην. καὶ "Ὦ μιαρέ," ὁ Διογένης ἔφη, "Ἀλέξανδρος ὁ Φιλίππου,
ὁ πᾶσαν τὴν Ἀσίαν ὡς ἔπαυλιν μικρὰν δουλωσάμενος, προσελθών
μοι κατὰ τὴν Κόρινθον εἰληθερουμένῳ παρέστη καὶ μετ᾽ αἰδοῦς
τινος καὶ ὑποπτώσεως ὡμίλησε· σὺ δὲ κάθαρμα ὢν ἐν
30 Βυζαντίῳ καὶ τοῖς Γαλιλαίοις ἅπασι στυγητός, ἐξ ὑπεροχῆς

6 cf. 27.9, 77.20.8   8 cf. Ar. *Ach.* 517, Luc. 79.3.1
13 χάριον uv. *A*: corr. Hase   14 ὑπόκουφος Hase; at cf. Str. 6.1.12
16 cf. Ar. *Lys.* 802, Luc. 51.32   20 cf. *Od.* 14.29, 16.4
cf. 38.20   22 cf. 57.43   26 δ¹] ὁ μὲν Hase
26–9 cf. Plut. *Alex.* 14.2, D.L. 6.38   29 cf. 28.34, 77.3.1

467

τολμᾷς ἐμοὶ διαλέγεσθαι; μὰ τὴν κυνώδη φιλοσοφίαν, ἧς αὐτὸς
αἱρεσιάρχης καθέστηκα, εἰ τολμήσεις ἅπαξ προσλαλῆσαί μοι,
δευτέρας σοι δεήσει ταφῆς καὶ θανάτου ὀδυνηροῦ".

Καὶ ὁ Κάτων λαβόμενος τῆς χειρὸς Ἰωάννου, ἀπῆγεν αὐτὸν
μακράν· κἀπειδὴ κατὰ τοὺς σοφιστορητόρων τόπους ἐγένοντο, 5
ἀναστάντες οὗτοι λίθοις ἔβαλλον τὸν Ἰωάννην ""Ἄπαγε τοῦτον",
λέγοντες, "ἐξ ἡμῶν, ὦ Κάτων, οὐδέν τι προσήκοντα, ὃς οὐδὲ
γραμματικῆς εὖ ἥκων ἐν τῷ βίῳ καὶ γελοῖος ἐν τῷ λογογραφεῖν".

Οὗτος δὲ ὑπὸ πάντων ἀτίμως περιυβρισμένος, ὑποχωρῶν
καὶ στένων "Ἀριστότελες, Ἀριστότελες", ἔλεγε, καὶ "Ὤ
συλλογισμὲ καὶ σοφίσματα, ποῦ ἐστε; εἰ γάρ μοι παρῆτε νῦν,
κατεπολέμησα ἂν τοὺς ἀβελτέρους τούτους φιλοσόφους καὶ σο-
φιστὰς καὶ τὸν κάκιστον τοῦτον Παφλαγόνα καὶ χοιρέμπορον
Διογένην".

45   Ἐπὶ τούτοις ἦλθε καὶ ὁ Βυζάντιος σοφιστὴς καὶ τοῖς 15
μὲν φιλοσόφοις προσιὼν ἡδέως ἠσπάζετο παρ' αὐτῶν καὶ τὸ
"Χαῖρε, Βυζάντιε," πυκνὸν ἐλέγετο· πλὴν ἱστάμενος ὡμίλει
τούτοις, καὶ οὔτ' αὐτοὶ τοῦτον ἐκάθιζον οὔτ' αὐτὸς ἐπεβάλλετο.
παριὼν δὲ ἐπὶ τοὺς σοφιστάς, διαφερόντως ἐτιμᾶτο καὶ πάντως
αὐτῷ ἐξανίσταντο καὶ ἢ μέσον ἐκάθητο πάντων, ὁπότε αὐτὸς ἀφ' 20
ἑαυτοῦ ὤκλαζεν, ἢ πάντων ὑπερεκάθητο ἐκείνων βραβευσάντων
τὸ ἕδρασμα, θαυμαζόντων αὐτοῦ τῆς ἀπαγγελίας τὸ χάριεν, τὸ
γλυκύ, τὸ σαφὲς τῆς λέξεως, τὸ κοινόν, τὸ σχέδιον τοῦ λόγου καὶ
πρόχειρον, τὸ πρὸς πᾶν εἶδος λόγου ἐπιτήδειον καὶ οἰκεῖον· καὶ
"Ὤ βασιλεῦ ἥλιε", συχνάκις αὐτῷ ἐπέλεγον. λόγος δὲ οὗτος ἦν 25
αὐτῷ πρὸς βασιλέα πεπονημένος, ὡς ἔμαθον ἐρωτήσας καὶ περὶ
τούτου.

[ΚΥΔΙΩΝ]

Τί δέ, ὦ καλὲ Τιμαρίων, οὐκ ἐρεῖς μοι καὶ περὶ τοῦ Σμύρνηθεν
τοῦ σοῦ σοφιστοῦ, πῶς εἶχον τιμῆς τὸ τῶν σοφιστῶν συνέδριον;

2–3 cf. c. 18	5 τούς] τοὺς τῶν Hase	8 cf. 43.11
ἐν] ἣν ἐν Hase	9 Οὗτος δὲ] Οὕτω δὴ Hase	11 cf. Soph.
O.T. 946–7	13 cf. 42.9	19 πάντως] πάντες Hase
20 μέσος Hase	21 ὀκλάζοι Ellissen	

[ΤΙΜΑΡΙΩΝ]

Τοῖς μὲν κομψοῖς αἱρεσιάρχαις ἐκείνοις, ὦ Κυδίων, οὐδ᾽ ἐπλησίαζε τὰ πολλά, εἰ μὴ ὅτι χάριν ἐρωτήσεως καὶ κατασκευῆς τινος τῶν αἱρέσεων. τὰ πολλὰ δὲ τοῖς ῥητοροσοφισταῖς ἐκείνοις ὡμίλει, Πολέμωνι καὶ Ἡρώδῃ καὶ Ἀριστείδῃ· τούτοις γὰρ ὡς
5 ὁμοεθνέσι θαρρούντως προσεφέρετο καὶ γνησίως ὡμίλει, καὶ μέσον αὐτῶν ἀπελάμβανον, ὅτε ποθὲν παραγένοιτο, καὶ περὶ σχημάτων καὶ χαρακτήρων καὶ ἠθῶν ῥητορικῶν κρίτῃ ἐχρῶντο αὐτῷ.

Ταῦτα διέγνων, ὦ λῷστε, ὅσον νυκτὸς θερινῆς, ἑσπερόρθριον **46**
10 μετὰ τοῦ εἰσαγωγέως ἀναπαυσάμενος καὶ τοῦ σοφιστοῦ. ἀλλ᾽ ἐκεῖνοι ἐν τῷ τοσούτῳ ἐκάθευδον, ἐμοῦ καθ᾽ ἕκαστα διερευνωμένου. ἀναστάντων οὖν ἐκ τοῦ ὕπνου ὁ μὲν σοφιστὴς αὐτίκα ἐλθὼν κἀμὲ διανέστησε καὶ "'Ανάστηθι," ἔφη, "ὦ Τιμαρίων κάλλιστε, καὶ τὴν ἐπὶ τὸν βίον ἀνάστρεφε, πολλοῦ γε χρόνου μὴ
15 ἀναβιώσαντός τινος τῶν νεκρῶν. σὺ δ᾽ ὅρα ὅπως στελεῖς ἡμῖν ἐκεῖθεν ὧν ἱμειρόμεθα".

"Καὶ μάλα", ἦν δ᾽ ἐγώ, "πρόθυμος προσέσθαι σοι τὰ προσόντα μοι πάντα. πλὴν ἀλλὰ λέγε ὧν δέῃ ἐκεῖθεν, ὡς ἡμεῖς οὐκ ἀμελήσομεν τῆς σῆς θεραπείας· μόνον ἔντειλαι ἡμῖν περὶ
20 ὧν βούλει".

"Στεῖλον ἡμῖν, ὦ τᾶν, ἀρνειὸν πεντάμηνον, ἀλεκτορίδας τριετεῖς ἐσφαγμένας καὶ λιπώσας δύο, ὁποίας ὀρνιθοπῶλαι πιπράσκουσιν ἐν τῷ πρατηρίῳ, τέχνῃ τινὶ τῶν πωλούντων τὸ ἐγκείμενον αὐταῖς στέαρ ὑποχαλώντων διὰ γαστρὸς ἐπὶ τοὺς
25 μηροὺς ἔξω, δελφάκιον γαλαθηνὸν μηνιαῖον, συὸς θηλείας γαλαθηνὸν ὑπογάστριον, παχὺ μάλα καὶ πιμελῶδες".

Ταῦτα εἶπεν ὁ σοφιστὴς καὶ ἀσπασάμενος ἅμα καὶ συνταξάμενος, "Ὅδευε τὴν ἐπὶ τὸν βίον" ἐπεῖπεν, "ἀγαθῇ τύχῃ· ὅδευε τοῖς σοῖς τάχιον σωθησόμενος, πρὸ τοῦ φθάσαι τὴν φήμην εἰς τὸ
30 Βυζάντιον καὶ θρήνων ἐμπλῆσαι τοὺς κατὰ γένος ἅμα δέ σοι καὶ

---

3 τινὸς A   6 αὐτὸν Hase   17 πρόθυμος προέσθαι
vel προθύμως προσέσθαι Hase   21 ὦ τᾶν, ⟨ἔφη⟩, Hase
25-6 cf. 36.26   28 cf. 25.34, 27.1 etc.

κατὰ φιλίαν προσήκοντας· πολλοὶ δέ εἰσιν, ὡς ἐγίνωσκον, οἱ φιλοῦντές σε ".

Εὐθὺς οὖν ἐκείνου διαζευχθέντες ταχέως ὡδεύομεν, μὴ κατά τινα πρόφασιν ἐνδιδόντες τοῦ δρόμου. ὁδευόντων οὖν ἡμῶν, ἑωράκειν ἐν τῷ παριέναι περὶ τὸ εὐώνυμον μέρος τὸν ἐξ Ἀρμενίας 5 Φιλάρετον καὶ τὸν Φεραῖον Ἀλέξανδρον καὶ τὸν κάκιστον Νέρωνα κόπρον ἀνθρωπίνην ταράσσοντα, ὡς καί τι τῆς δυσωδίας φθάνειν κἀπὶ τὴν δίοδον. ἤλθομεν κἀπὶ τὸ στόμιον καὶ αὐτίκα, μήτινος ἐμποδίσαντος ἑπομένου τοῦ εἰσαγωγέως, ἀνεδόθημεν διὰ τοῦ στομίου πρὸς τὸν ἀέρα καὶ τὴν Πλειάδα καὶ τοὺς Ἄρκτους 10 κατείδομεν.

47 Κἀμοῦ ἀγνοοῦντος οἷ τράπωμαι πρὸς τὸ ἐμὸν σωμάτιον, ὥσπερ ἀνέμου πνεύσαντος, ἐφερόμην ἀέριος μέχρι πρὸς τὸν ποταμὸν ἐλθὼν ἔγνων τὴν οἰκίαν, ἐν ᾗ μοι τὸ σωμάτιον ἔκειτο. κἀκεῖθεν ἐκ τοῦ ποταμοῦ τῷ εἰσαγωγεῖ συνταξάμενος καὶ ἀπο- 15 στὰς αὐτοῦ, εἰσῆλθον διὰ τῆς ὀροφιαίας θυρίδος, ἣ ταῖς ἑστίαις εἰς διαφόρησιν τοῦ καπνοῦ μεμηχάνηται· καὶ προσφὺς τῷ σώματι διὰ μυκτήρων εἰσῆλθον καὶ στόματος. ἦν δὲ λίαν ψυχρόν, διά τε τὸ τοῦ χειμῶνος κρυερὸν καὶ τὸ τῆς νεκρώσεως μάλιστα. καὶ τὴν νύκτα ἐκείνην ἐδόκουν τῶν ῥιγώντων τις εἶναι· τῇ 20 ἐπαύριον δὲ συσκευασάμενος εἰχόμην τῆς ἐπὶ τὸ Βυζάντιον.

Καὶ νῦν ἰδοὺ σέσωσμαί σοι, φίλε Κυδίων, καὶ ἀπαγγέλλω σοι τἀμά· σὺ δ' ὅρα ὅπως εὑρήσεις τινὰς νεοθανεῖς, οἷς παραρτήσαντες καθ' ἕν τι τῶν ἐντεταλμένων τῷ σοφιστῇ στελοῦμεν πρὸς αὐτόν. μόνον ἔστωσαν μὴ τῶν σεμνῶν καὶ καθαροδιαίτων ἀνδρῶν, οἳ 25 τάχα ἂν μυσαχθήσονται τὴν διακονίαν, ἀλλὰ τῶν ἐν μακέλλῳ καὶ ῥυπαροδιαίτων Παφλαγόνων, οἳ κέρδος ἂν ἡγήσωνται τὸ μετὰ χοιρείου κρέατος καθ' Ἅιδου στέλλεσθαι. ἤδη οὖν ἡ ὥρα πρὸς τῷ καθεύδειν ἐστί, καὶ διαλυθέντες, φιλοπεῦστα Κυδίων, ἀπίωμεν οἴκαδε.

30

1 cf. Ar. *Ran.* 1503   7 ταράσσοντας Tode   cf. Plut.
Mor. 567f   9–10 cf. 38.22   10–11 cf. *Il.* 18.486–7
12 οἷ] ᾗ Hase   25 cf. 12.3   26 cf. 2.10 etc.

CORRIGENDA TOMORUM I–III

TOM. I

12.10 adde καὶ ante παραινεῖν
17.12 lege πυρπολῶν
28.15 adde ἄλλῳ post τῷ
42.2 adde αὐτῶν ante καὶ³
61.11 trs. [οἰκία] ante χρυσῷ
77.26 lege Χάρακος
83.12 pro οἷς lege οἷα
101.13 lege λέξω
160.1 lege δ' pro δὴ
183.1 adde καὶ ante τὸν
206.21 lege βάναυσός
231.19 lege παραστήσασθαι
242.1 lege Μηνὶ
294.26 adde ὡς post δὲ
308.9 lege αὔταρκες

TOM. II

18.22 lege εἴκασας
155.14 adde ἑορτὰς post ἐμμήνους
190.8 adde μὴ post ὡς
206.19 adde καὶ post ἂν
230.17 lege περιπλ.; dele notam crit.
254.2 adde καὶ ante τὴν
261.13 adde καὶ post καινῆς; dele notam crit.
295.29 ante ἐπικ. adde καὶ πάνθ' ὅσα δυνατὸς συλλαβὼν
299.31 adde τὴν ante πλησίον
315.3 lege καὶ νὴ Δία
331.12 adde ἡ ante κόπρος

471

TOM. III

20.27 lege κατάρχωνται
28.14 lege ὅρα pro ὅσα
59.2 lege ἀκροχειρισμῷ
60.10 adde καὶ ante δειρ.
65.5 lege ἐντετυχηκέναι
68.19 lege προπαρεσκ.
72.20 lege ἐπεὶ pro ἐπὶ
79.23 lege δοκέουσαι pro δοκέουσιν
82.7 lege τὰς πόλιας
85.19 adde αὐτῶν ante κενὴν
86.13 lege προσεκλήρωσέν σε
104.5 lege ἐζήτουν
123.21 adde πάντων post τοῦτο
125.14 lege πάντως
125.20 lege σοι pro μοι
130.9 lege ἀκούουσα
146.5 lege μεμπτὰς
146.10 lege τοιούτοις pro τούτοις
147.16 adde οὐ ante πρὸ
154.3 adde καὶ τράγους post εἰπεῖν
157.15 adde ἔχει ante καὶ
173.26 lege ἐξενίκησε
176.20 lege ἐδόκει
177.9 lege τοιαῦτα pro ταῦτα
178.13 lege ἄγεις pro ἔχεις
182.14 lege ὀκνῶ.
185.1 lege εἴδει
185.12, 16 lege εὔτροφ.
186.20 lege τοῖς pro ταῖς
201.5 lege οὗτοι
225.14 lege αὐτῶν
226.19 lege πλέοντος
234.5 lege Δημώνακτα
236.9 adde καὶ ante τῶν

236.10 lege μικρὰν
238.10 lege Ζηνόθεμιν
240.9 lege ἄλλον
245.27 adde τὰς post εἰς
255.2 lege αὑτοῦ
259.9–10 lege ἐξανίσταται
263.18–19 lege ἐπαινέσας
269.2 lege ἐθελουσίους
279.1 post ταῖς adde ἡμετέραις ὁρμαῖς ἐπακολουθεῖ καὶ τοῖς
307.15 lege ἐπινοοῦντες
312.14 adde ἢ τῷδε post τῷδε
314.7 lege συνάπτοντα·
315.13 lege τοιαῦτα pro ταῦτα
325.26 lege πιεῖν pro ποιεῖν
333.10 lege λαμβανόντων
333.25 adde οὐκ post χεῖρας
334.24 adde στήλην post χαλκῆν
337.16 lege ἐμβαλεῖν
343.21 lege βουλεύσουσιν
356.25 lege ἐπί
359.4 lege τρεπόμενοι
359.23 lege πρῶτος cum Herwerden (πρῶτον codd.)
372.22 lege μισθαρνοῦντας
379.14 adde πᾶν post τοῦτο

INDEX NOMINUM

numerus simplex   =   libellus passim
numerus duplex   =   libellus et caput
numerus triplex   addit caput dialogi e dialogis minoribus

Abauchas, Scytha quidam 57.61

Abdera 27.13; 34.32; 56.9; 59.1,2

Abonuteichos 42.1,9,10

Abradatas, vir Pantheiae 43.10,20

Abroea, Thessala quaedam 39.4

Abrotonum, meretrix quaedam 80.1

Absyrtus 45.53

Academia 24.21; 28.13,52; 29.32; 49.31; 58.23; 68.2; 80.10.2

Academici 14.18; 24.25,29; 28.43; 47.7

Acamas, filius Thesei 45.40

Acamas, promunturium Cyprium 73.7

Acanthus, Agrigentinus quidam 1.9

Acarnania 77.22.7; 80.1; 80.7.3

Achaemenides, dives quivis 85.7

Achaeus, poeta 64.6

Achaea, provincia 39.55; 51.22; 59.14

Acharnae 24.18; 25.50; 80.7.3

Achelous 45.50

Acherusia Palus 40.3; 86.14

Acherusius Campus 38.15

Achilles,

   (1) Pelides 3.1; 10.4; 14.19,22; 22.2,17; 33.46,47; 44.40; 45.9,46; 49.5,54; 50.20,25; 51.25; 57.10; 59.14,40; 64.2; 69.253; 70.33; 77.5.1; 77.6.1; 77.26; 78.10; 80.5.3; 80.13.3; 82.15

   (2) servus formosus quivis 61.24

Achivi 21.40; 22.13,25; 40.24; 58.7; 67.8; 77.5.2; 77.28.1; 83.24

Acinaces, pro deo Scythis habitus 21.42; 57.38; 68.4

Acindynos 85.52

Acis, ancilla quaedam 80.4.3,5

Acragas, vide Agrigentum

Acrisius 9.47; 22.13; 78.12

Acrocorinthus 24.11

Acropolis Athenarum 24.10; 25.51–3; 28.15; 37.17; 43.4; 73.20

Actaeon 45.41; 52.7; 55.2; 61.8; 79.18.2

Adimantus, Atheniensis fictus 73

Admetus,

   (1) rex Thessalicus 20.8; 30.4

   (2) poeta quidam 9.44

Adonis,

   (1) formosus ille 36.35; 44.6–8; 51.16; 79.19.1; 80.7.3

   (2) fluvius Syriacus 44.8

Adrastea, dea 17.23; 41.24; 51.30; 65.6; 80.6.2,3; 80.12.2

Adrastus,

   (1) Talai filius 45.43

   (2) iuvenis Phrygius 20.12

Adriaticum, mare vide Hadriaticum

Adyrmachus, Machlyenes regulus quidam 57.44–55

Aeacus 1.7; 19.4; 38.8,17; 40.4,16; 49.5,54; 55.45; 77.2.3; 77.6; 77.11.2; 77.13.3; 77.27; 86.13 seq.

Aedon 77.9.3; 82.18

Aeetes 45.53

Aegaeum, mare 55.43; 70.28; 73.9,32; 78.5.2; 78.9.1

Aegeus 40.5; 45.40

Aegiali, Paphlagonii 42.57

Aegina, insula 73.15; 84.4

Aeginitici, medimni 25.57

Aegisthus 10.23; 45.67; 49.47; 82.16

Aegium, oppidum Achaeae 52.6

Aegyptus, Aegyptii 18.5; 21.42; 22.18; 24.16,24; 28.36; 30.14–15; 34.31–9; 38.15; 40.21; 41.5–6; 43.11; 44.2 seq.; 45.19,37,59; 48.5–10; 51.10,21; 52.10,11; 55.17; 56.8; 57.27–34; 59.15; 60.6; 65.12; 68.5; 71.4; 73; 77.13.3; 78.8.1; 78.11.1; 79.7.1; 86.6

Aegyptus, Danai frater 45.44; 78.8.3

Aeneas 45.46; 48.20

Aenianes,
  (1) Thessali 58.39
  (2) Latini 86.8

Aeolocentaurus, commenticius quidam 13.42

Aeolus,
  (1) deus ventorum 45.46; 82.14
  (2) Hellenis filius 72.1

Aeroconopes, gens ficta 13.16

Aerocordaces, gens ficta 13.16

Aerope 45.43,67; 59.8

Aeschines,
  (1) orator 31.27, 32.12; 33.42,56; 41.10; 65.7
  (2) Socraticus 33.32,43; 43.17

Aeschylus 31.15; 55.3; 58.15; 66.3 citatur 49.54; 58.13; cf. 23; 66.3; 71

Aesculapius 3.5; 9.27; 21.21,26; 24.16,24; 28.42; 29.1; 34.10; 42.10,13–14; 45.45; 52.6,16;

55.4; 58.27; 59.16; 64.15,19; 68.1; 70.37; 79.15; 79.25.2; 86.13,25 seq.

Aesopus 14.18; 24.10; 51.5; 56.13; 70.84; cf. (Aesopica) 25.14; 28.32,36; 31.30; 34.5; 39.56; 51.3; 56.33; 65.5–6; 70.84; 76.18; vide quoque Babrius

Aethiopes 21.37,42; 29.6; 30.2; 31.28; 44.32; 45.18; 48.3,5,10; 70.31,35; 82.4

Aethiopia 23.17; 26.13; 44.16; 45.19,44; 56.8; 59.15; 70.32; 78.14.3

Aetion 36.42; 43.7; 62

Aetna, mons 24.13; 25.6,19,40; 55.1; 69.23; 77.6.4; 78.1.2; 78.10.2

Aetolia 30.1; 45.50; 80.13.2; 80.15.1

Afranius Silo, centurio fictus? 59.26

Agamemnon 3.1; 8.11; 17.12; 21.40; 22.25; 26.22; 27.22; 30.2,3; 33.44–5; 36.11; 38.15–16; 45.43; 49.47; 50.25; 59.8; 65.5; 73.46; 77.6.1; 77.23; 82.16; 84.2

Agasthenes, Aristippi pater 83.4

Agatharchides 12.22

Agathobulus, philosophus quidam 9.3; 55.17

Agathocles,
  (1) medicus quidam 19.6
  (2) Peripateticus quidam 9.29
  (3) Samius quidam 57.12–18
  (4) Stoicus quidam 24.16
  (5) tyrannus Siculus 12.10

Agathon, poeta 41.11

Agave 31.19

Agenor 44.4; 78.15.1

Aglaia 44.40; 83.24

Agnostos, Ignotus Deus 82.9, 29

Agora Atheniensis 47.1

Agrigentum 1; 2; 14.23; 62.3

Aiax,
  (1) Oileus 14.17; 45.46
  (2) Telamonius 14.7; 22.17;
    26.23; 33.44–9; 45.46,83 seq.;
    59.26; 66.1; 77.6.1; 77.23
Aidoneus 28.4; 38.10; 40.16; vide
  Hades
Alani 57.51–5
Alastores 38.11
Alcamenes 21.7; 43.3–6; 59.50;
  70.19; 80.7.1
Alcestis 40.5; 45.52; 77.28.3
Alcibiades 49.24,54; 55.43; 58.31;
  59.38; 68.11; 77.6.6
Alcidamas,
  (1) Cynicus quidam 17.12 seq.
  (2) orator 58.12
Alcinous 13.4
Alcmaeon 45.50, 84.10
Alcmena 50.19; 77.11.4; 79.4;
  79.14
Alcyone 13.31; 14.40; 72
Alectryon, iuvenis in gallum mu-
  tatus 22.3
Aletheia, Veritas Dea 28.16 seq.;
  51.4; 59.41
Alethion, Luciani pater 28.19
Alexander,
  (1) episcopus Nicaeensis, tom. 1,
    p. xiii, xviii, xix
  (2) Magnus 3.1; 10.1; 14.9;
    15.17; 22.25; 31.20–1; 33.35;
    41.5,10; 42.1,7,16; 44.40; 50.9;
    55.25; 58.40; 59.12,38,40;
    62.4–6; 64.8–11; 70.4,5;
    73.28,33 seq.; 77.12; 77.13;
    77.25; 86.44
  (3) medicus quidam 55.44
  (4) Pheraeus 24.15; 86.46
  (5) Pseudomantis 42
Alexandra, Lycophronis 46.25
Alexandria 42.44; 51.21
homunculus Alexandrinus 36.27
Alexicles quidam 34.14

Alexis, comicus 64.6
Alibantis, gens ficta 38.20
Allecto 69.6
Aloidae 26.3
Alopece, pagus Atticus 34.20;
  57.27; 80.2.2
Alpes, montes 86.5
Alpheus 45.48; 78.3
Althaea 30.1; 45.50
Amaltheae cornu 36.13; 41.6
Amastris 42.25,56–7; 57.57,60
Amazon 14.8; 37.34; 43.4,6
Ambraciotes 82.1
Amizoces, Scytha quidam 57.38–43
Ammon 48.8; 52.10; 77.12; 77.13;
  77.25.2
Ampelis, meretrix quaedam 80.8
Amphiaraus 42.19
Amphilochus 34.38; 42.19,29;
  52.12; 77.10
Amphion 10.18; 43.14; 45.41
Amphipolis 58.35,44
Amphitryon 77.11.4,5; 79.14; 83.7
Amphitrite 28.47; 78.6; 78.15.3;
  84.3
Amyclae 79.16.2
Amycus 79.25
Amymone 78.8
Amyntas, Philippi pater 77.12.1
Anaces, Dioscuri 17.9
Anaceum, Dioscurorum templum
  17.24; 25.10; 28.42
Anacharsis 14.17; 37; 68; 81
Anacreon 5.8; 12.10,26; 17.17
Anacreontea 69.29
Anaxagoras 25.10; 86.43
Anaxarchus, Alexandri parasitus
  33.35
Anaximenes, rhetor Chius 62.3
Anchises 35.5; 49.16; 52.8;
  79.19.1
Androcles, hospes fictus 83
Androgeos 45.49
Androleos, pugil 85.29

INDEX NOMINUM

Andromache 44.40; 45.27

Andromeda 10.22; 45.44; 59.1–5; 78.14; 82.9

Anemodromi, populus fictus 13.13

Anniceris, Cyrenaeus 58.23

Anteia, Proeti uxor 15.26

Antenor 43.19

Anthologia Palatina, Planudea 85

Antigone 45.43

Antigonus,
  (1) Cocles 12.11
  (2) Gonatas 12.11
  (3) medicus quidam 34.6 seq.
  (4) nurus corruptor 24.15

Antilochus 77.26

Antimachus, poeta 14.42

Antiochia, urbs Syria 45.76; 51.20

Antiochianus, historicus quidam 59.30

Antiochus, Soter 24.15; 59.35; 63.8–12; 64.9; 86.28

Antiope 21.5; 23.17; 79.4.2; 79.6.1; 79.8.2; 82.4

Antipater, dux Macedon 12.11; 58.28 seq.; 64.8; 73.33: cf.. 45.58

Antiphilus,
  (1) pictor 15.2–4
  (2) Alopeciensis quidam 57.27

Antiphon,
  (1) somniorum interpres 14.33
  (2) iuvenis quidam 80.7.3

Antisthenes 9.48; 28.23; 31.27; 33.43; 55.5; 56.11,16,20; 70.14.15; 77.21.3; 77.22

Anubis 21.8,9,42; 24.24; 27.16; 52.10; 57.28; 77.13.3; 78.11.2; 85.32

Anytus 9.11; 28.10; 29.6; 56.3

Aornus, arx Indica 41.7; 70.4; 77.12.6

Apelles 15; 36.42; 43.3,7,23; 45.35

Aphidna 22.17; 83.16

Aphrodite, vide Venus

Apis,
  (1) deus Aegyptius 26.13; 30.15; 44.6; 48.7; 52.10
  (2) pugil 85.28

Apollo, dialogi persona 21.26–31; 56; 79.3,11,16,17,21,25: artes 43.16; 52.16; 59.16; 69.76; 79.18; 82.5; Branchi amator 10.24; 79.6.2; Daphnes amator 13.8; 30.4; 45.48; 79.6.2; 79.16.1; 79.17.2; divitiae 21.10; 26.11; fidicen 24.27; 49.46; 78.7.1; 84.2; Hyadinthi amator 79.6.2; 79.16; 79.17.2; 83.9; Latona genitus 42.38, 78.9; ludi Pythii 37.9; 84.2; oracula 20.14; 21.6,28–31; 24.24; 26.12; 27.14; 29.1; 34.38; 41.13; 42.29,43,48; 48.23; 49.48; 52.12; 70.15; 84.10; servus 20.8; 30.4; templa 23.14; 29.1; 42.10; aliae mentiones 10.24; 18.9; 22.16; 30.3,4,10,11; 31.8,12; 37.7; 41.13; 42.13,36; 44.35; 45.25; 52.14,18; 59.30; 61.14; 64.4; 67.8; 69.314,321; 79.23.1; vide quoque Branchidae, Colophon, Delphi, Delus, Didyma, Patara

Apollodorus,
  (1) historicus 12.22
  (2) rhetor Pergamenus 12.23

Apollonius,
  (1) philosophus quidam 9.31
  (2) Rhodius 9.31; cf. 22.2; 45.51–3
  (3) Tyaneus 42.5; cf. 84

Aquileia 42.48

Arabes, Arabia 12.4; 14.5; 31.5; 34.17,24; 41.5; 44.10,13, 29,30; 49.40; 56.1; 82.28; 86.7 (equi); 86.33,37

Arachne 69.317

INDEX NOMINUM

Aratus, poeta 8.16; 23.14; 24.24; 85.41

Araxes 77.22.3

Arbaces, eunuchus quidam 24.15

Arbela 41.5; 77.25.3,5

Arcades, Arcadia 45.48; 48.26; 73.28–9; 77.12.2; 78.3.2; 79.2; 83.19

Arcesilaus, nomen fictum 9.19

Archelaus,
  (1) Euripidis hospes 33.35
  (2) philosophus 12.20
  (3) tragoedus quidam 59.1

Archemorus 45.44

Archias,
  (1) Thurinus 58.28–49
  (2) poeta cf. 85.60

Archibius, medicus quidam 22.10

Archilochus, poeta 31.27; 49.3; 51.1,2; 58.44; cf. 85.41

Archimedes 3.2

Architeles,
  (1) Areopagites quidam 68.2
  (2) gravis quidam 80.10.3

Archytas, Tarentinus 64.5

Arcti 86.46

Areius, Aegyptius 14.22

Areopagites, Areopagus 10.18; 25.46; 27.7; 29.4,9,12; 37.19,21; 45.39; 49.29; 68.2; 70.64; 80.7.2

Ares vide Mars

Aretaeus, Corinthius quidam 57.22,23

Arete, Alcinoi uxor 43.19; 50.7

Arethusa 78.3

Argathonius 12.10

Argiphontes, vide Mercurius

Argo, navis 22.2; 45.52; 56.29

Argos, Argivi 22.13; 24.18; 26.24; 48.12; 49.30,47; 57.5; 59.51; 62.1; 78.8.2; 78.14.3; 79.4.2

Argus, pastor 35.8; 45.43; 59.10; 79.7

Ariadne 14.8; 45.13,49; 52.5; 70.47

Ariarathes 12.13

Arignotus, Pythagoreus fictus 34.29 seq.

Arii, Eoi 12.4

Arion 14.15; 73.19; 78.5

Ariphrades 51.3

Ariphron, Sicyonius 64.6

Aristaechmus, miles fictus 80.13.2

Aristaenetus,
  (1) Atheniensis fictus 80.2.4
  (2) hospes fictus 17
  (3) philosophus fictus 80.10.3,4
  (4) epistolographus 80 (vide praefationem tomi iv), 83.1

Aristander Telmissius 82.21,22

Aristarchus,
  (1) grammaticus 14.20; 86.41; cf. 50.24
  (2) Phalereus quidam 16.1.8

Aristeas, dives quidam 77.21

Aristides,
  (1) iustus 14.10; 15.27; 20.16; 21.48; 25.24; 49.1; 58.36; 68.11
  (2) scriptor Milesius 49.1
  (3) Aelius 75; 86.45

Aristippus,
  (1) Cyrenaeus 9.62; 14.18; 27.12; 28.1; 29.13,23; 33.33; 38.13; 77.6.5
  (2) fictus quidam 83.4,13

Aristobulus, historicus 12.22; 59.12

Aristodemus,
  (1) Atheniensis improbus 42.4
  (2) tragoedus 21.3,41; 65.5

Aristogiton,
  (1) Demosthenis inimicus 58.48
  (2) tyrannicida 33.48

Ariston, Platonis pater 46.1

Aristonicus, demagogus 58.31

Aristophanes, comicus 28.25; 29.33; 31.27; 82
  loci citati vel adhibiti *Ach.* 28.1; 43.17; 58.20: *Av.* 13.29; 82.13;

Aristophanes (cont.)
  Nu. 71.6; 82.12,17,18; cf.
    Socrates; Ra. 26.24; 56.28;
    82.25,28; Th. 69.75: cf.
    24.10,13; 28.1; 29.33; 38.2;
    39.56; 56.32; 59.41; 74.40
Aristoteles 9.14.56; 28.1,4,25;
    28.26; 33.36,43; 36.24; 45.2,
    70; 47.3,4,9; 58.12,40; 70;
    77.13.4–6; 77.25.3; 86.9,44
Aristoxenus, musicus 12.18; 33.35
Armenia, Armenii 55.9; 59;
    73.33,34; 77.22.2–5; 77.25.2;
    86.46
Arrianus, historicus 42.2; cf. 59
Arsaces,
  (1) Eous aliquis 24.15
  (2) Mediae praefectus 77.22.2
Arsacidae 10.5
Arsacomas, Scytha fictus 57.44–55
Artabazus, Characis rex 12.16
Artaxerxes,
  (1) Mnemon 12.15; 22.25; 59.39
  (2) alius Persarum rex 12.15
Artemidorus,
  (1) avarus 85.40
  (2) nomen fictum 46.12
  (3) scriptor Ephesius 82.21–2
Artemis, vide Diana
Artemisia, Mausoli uxor, 77.29.2
Artemisium, proelii navalis locus
    41.18
Asander, Bospori rex 12.17
Ascalaphus 48.20
Asclepius, vide Aesculapius
Asia 31.6; 35.11; 42.2,9; 44.14,36;
    55.9,13; 57.17; 68.5; 83.17,8;
    86.29,44
Aspasia 22.19,20; 43.17; 45.25;
    47.7; 49.30
Assius, lapis 69.162
Assyrii 12.4; 21.42; 26.9; 29.27;
    30.5,13; 44; 45.58
Astasia, nomen fictum 74 init.

Astarte 44.4; cf. 31.3
Aster, Amphipolitanus 59.38
Asteropaeus 31.7
Astyanax 30.6; 45.76
Atalanta 45.50
Atarneus, urbs Mysia 47.9
Ate, dea Homerica 43.21
Ateas, Scytharum rex 12.10
Athamas 45.42,67; 48.14; 78.6.1
Athena, vide Minerva
Athenae 21.11; 24.6,10,24; 25.35,
    50–1; 27.12; 29.9; 37; 41.18;
    42.38; 43.4; 47.1; 51.15;
    57.19,21,57; 58; 59.38; 62.1;
    63.3; 68; 73.1,2,20; 77.1.1;
    77.6.5; 79.2.3; 80; 82.9,29
    etc.
Athenienses 8.12 seq.; 9.57; 24.16;
    25.5,9,24; 29.4 seq.; 30.10;
    33.42–3; 34.3; 40.10; 43.15,17;
    45.41; 46.25; 48.14;
    51.5,11,27; 58.36; 59.15,38,51;
    64.3; 68; 71.2; 77.12.2; 79.2.3;
    80 etc.
Athenodorus, Tarsensis 12.21,23
Athos 12.5; 41.18; 50.9; 59.12;
    77.6.2; 84.2
Atimarchus, nomen fictum? 51.27
Atlas 26.4; 44.38; 45.56; 79.4.2
Atreides, Atreidae 10.30; 38.16;
    59.8; vide Agamemnon,
    Menelaus
Atreus 45.43,67; 48.12; 86.4
Atrometus, Aeschinis pater 41.10
Atropos 19.4,15; 20.2.11; 59.38;
    vide Parcae
Attalus, Philadelphus 12.12; 24.15
Atthis,
  (1) historiae titulus 59.32
  (2) meretrix 85.2
Attica 16.7,8; 24.18; 25; 29.9; 34.3;
    36.35; 41.15; 45.39,40;
    51.11.15; 56.24; 68.10; 71.1;
    73.6,23; vide Atticus-a-um

Atticion, fictus quidam 46.3
Atticismus 46.14,25; cf. 18
Atticista 59.21; cf. 18
Atticus, scriba egregius 31.2,24
Atticus-a-um autochthones Attici
   68.3; crepis 41.15: drachmae
   39.46; lepores 43.15; mel
   73.23; mythi 45.39,40; nares
   71.1; oboli 40.10; oratores
   decem 68.10; paupertas
   56.24; philosophia 68.7; sales
   71.2; sermo 16; 18; 41; 46.25;
   talentum 42.49;73.13;thymum
   59.15; verba 59.15; voces
   51.11–12
Attis 21.8; 24.27; 30.7; 44.15;
   49.42; 52.9; 69.32; 79.20
Augeae stabulum 42.1; 56.23
Augustus 12.17,21; 45.34; 64.18
Aulon, fretum Ciliciam et Cyprum
   separans 73.7
Aulus, conviva 85.25
Ausonii, Romani 42.11
Ausonium, vinum 85.44
Autolycus 48.20
Avitus, Bithyniae praefectus 42.57
Aurea, Venus 77.19.3
Axius, flumen 86.4

Babrius 34.5; 70.20; vide Aesopica
Babylon 26.9,23; 28.19; 34.11 seq.;
   36.13; 38.6; 41.5; 42.16;
   44.10,14,18,32; 48.9; 56.8;
   70.28; 73.34,35,39,44; 82.29
Bacchae,
   (1) Euripidis 31.19
   (2) Maenades 74.171
Bacchanalia, vide Dionysia
Bacche, femina quaevis dissoluta
   45.3
Bacchi templum 31.11; 49.8; 70.37
Bacchis, meretrix 80.4
Bacchus, Dionysus 4; 21.12,21;
   24.27; 29.9; 30.5; 37.23; 41.7;

44.16,28,33;   45.10,22,39;
   49.12; 52.4–7; 55.4; 58.19,27;
   61.34; 69.78; 70.37,55; 71.6;
   77.12.6; 78.5.1; 78.6.1; 79.2.3;
   79.3; 79.4.2; 79.6.2; 79.12;
   79.22; 82.3; 85.38,44
Bacchylides 68.11
Bacis, oraculum 55.30
Bactra 70.28; 73.33–4; 77.13.4
Bactri, Bactria 12.4; 22.17; 42.43;
   51.14; 59.5; 71.4
Bagoas, eunuchus 47
Baptae, Eupolidis fabula 31.27
Barcetis, Scythae filia 57.50
Bardylis, Illyriorum rex 12.10
Bassus, sophista 31.23
Bastas, nomen musico cuidam in-
   ditum 51.3
Basthes, Scytha 57.43
Batrachion, coquus 31.21
Batalus, tibicen 31.23
Bebryces, gens Amyci 79.25.1
Belitta, Scytha 57.43
Bellerophon 15.26; 31.18; 45.42;
   48.13; 65.3; 69.254
Bendis, 21.8; 24.24
Beroea, urbs Macedonica 39.34
Bindax 84.5
Bion, Borysthenites 77.21.4
Bithyni,   Bithynia   36.23;
   42.6,9,10,57; 45.21; 77.25.6;
   80.14
Biton, Argivus felix 26.10
Blepsias,
   (1) Timoni invisus 25.58
   (2) foenerator 77.22.7
Boeotia, Boeotii 21.32; 26.12;
   33.42;   38.6,22;   48.11;
   58.18,33,37;   66.1;   77.10;
   77.12.2;   79.4.2;   79.14.1;
   80.5.4; 84.2; 86.6
Boreas 24.26; 25.54; 34.3;
   45.40
Borysthenitae 57.61

INDEX NOMINUM

Bosporus,
  (1) Cimmerius   42.57;   57.4,
    44,56; 68.3
  (2) Thracius 80.14.2; 82.3; 84.2
Brachmanes 12.4; 55.25,39; 56.6,7;
    57.34
Branchidae 29.1; 42.8,29,43; vide
    Didyma
Branchus, Apollinis deliciae 10.24;
    79.6.2
Brasidas 59.49
Briareus, Aegaeon 21.40; 79.1.2
Brimo, Prosperpina 38.20
Briseis 43.8; 50.24
Bromios, Bacchus 85.6
Bruttia, pix 42.21
Brutus, Caesaris interfector 86.31
Bubalus, praedo 42.52
Bulgarici, montes 86.3
Bulis, Spartanus 58.32
Bupalus, Hipponacti invisus 51.2
Busiris 14.23; 29.8
Byblus, urbs Poenicia 44.6 seq.
Bytus, sophista 85.58
Byzantium, Byzantii 42.6;
    58.18,33; 86.3 seq.

Cabbalusa cf. 14.46
Cadmus 16.5,12; 45.41; 52.4;
    58.19; 79.4.2; 79.12.2; 83.9
Caeneus 22.19; 33.45; 45.57
Caesar,
  (1) Iulius 86.31
  (2) Tiberius 12.21
Caesarea, urbs Maura 59.28
Calamis, statuarius 43.4,6; 80.3.2
Calanus, gymnosophista 55.25
Calauria 58.28,46
Calchas 45.36; 67.1
Callatianus, Demetrius 12.10
Callias, Atheniensis dives 20.16;
    21.48; 25.24
Callicratidas, Atheniensis fictus 49
Callidemides, captator fictus 77.17

Callides, pictor fictus 80.8.3
Callimachus,
  (1) poeta 59.57; citatur 49.48,
    49; cf. 21.10, 82.1
  (2) mortuus quinquennis 85.5
Callimedon, orator 58.46,48
Callimorphus, historicus vilis 59.16
Callinus, scriba quidam 31.2,24
Calliope 43.14,16; 48.10; 56.29;
    58.8
Callisthenes, historicus 58.15;
    77.13.6; cf. 77.12.4
Callisto 45.48; 77.9.3
Callistratus, orator 58.12
Calpurnianus, historicus vilis 59.15
Calumnia 15
Calydon, aper Calydonius 17.31;
    30.1; 31.14
Calypso,
  (1) Homerica 14.27,29,36; 33.10
  (2) serva 42.50
Camarina 51.32
Cambyses 12.14; 26.13; 71.4
Camnascires, Parthorum rex 12.16
Campani, Itali 86.5
Candaules 39.28
Canon, philosophi cognomen 17.7
Canopus 73.15
Cantharus, servus 56.28
Capaneus 45.76
Caphereus, promunturium 21.15
Cappadoces, Cappadocia 13.13;
    24.26; 39.36; 77.22.3; 85.59;
    86.5,22
Capua 77.25.6
Carambis, promunturium 57.57
Caranus, luctator 14.22
Carcinocheires, gens ficta 13.35
Cardianus, Eumenes 64.8
Careotis, fons fictus 14.33
Cares, Caria 27.19; 62.1; 73.32;
    77.29; 79.19.1; 80.14.2
Carimantes? 46.4
Carion servus 19.12

INDEX NOMINUM

Carneades 12.20

Carthago 77.25; cf. Hannibal

Caryae 45.10

Caryonautae, gens ficta 14.37

Caspium, mare 73.34: nives C. 59.19: portae C. 23.4

Cassander, rex Macedon 31.21

Cassandra 43.7

Cassiopea 45.44; 50.7

Cassius,
  (1) Avidius 59.31
  (2) Gaius 86.31

Castalia, fons 21.30; 26.6; 67.8

Castor 17.9,32; 45.10; 49.46; 73.9; 79.4.2; 79.25; vide Anaces, Anaceum, Dioscuri, Pollux

Cato, Censor 86.44

Caucasus 23; 26.3; 30.6; 71.1

Caulomycetes, gens ficta 13.16

Cebes, Pinacis auctor 36.42; 41.6

Cecrops 22.26; 25.23; 38.16; 51.11

Cedalion 10.28

Ceius, Prodicus 62.3; Bacchylides 68.11

Celer, praedo 42.52

Celeus, Eleusinius 45.40

Celsus, Luciani amicus 42.21.61

Celtae 21.13; 51.11; 59.5,31; 65.15; 86.5; cf. 59.19

Celtiberi 77.25.2

Cenchreae 59.29; 73.32

Cenchroboli, gens ficta 13.13

Centauri, Hippocentauri 21.21; 29.33; 45.48; 55.25; 56.10; 63.3–7; 69.304; 70.72; 71.5; 77.11.4

Centaurides, equus 31.5

Ceos 62.3; 68.11

Cepheus 45.44; 78.14

Ceralius 85.31

Ceramicus 21.15; 24.34; 28.13; 68.3; 73.24; 80.4.2; 80.10.4

Cerberus 19.28; 27.16; 34.14,24; 38.14; 40.4,11; 51.29; 56.31; 69.302; 77.4; 77.6.1; 77.13.3; 82.1; 86.15

Cercidas, cf. 85.48

Cercopes 42.4

Cercyon 21.21

Ceres, Demeter 24.27; 25.17; 45.40; 77.28.1; 80.7.1,4; 80.12.4; 83.16; cf. 86.5

Ceryces 42.39

Cethegus, consularis 9.30

Ceyx 72.1; 74.113

Chaereas,
  (1) aurifex fictus 46.9
  (2) iuvenis 17.7,45
  (3) alius 80.7

Chaerephon, Socratis amicus 41.13; 70.15; 72

Chaeronea 12.23; 58.38

Chalcedon 42.9,10

Chalcidia, colonia 45.32

Chalcis 57.19; 84.2

Chaldaei 12.5; 34.11; 56.8; 70.6; 77.12.2; 77.21.1

Chaos 45.37; 67.1; 69.102; 82.13

Charax 12.16

Chares, dux Atheniensis 58.37

Charicenus, senex fictus 82.20

Charicleia, meretrix 57.13–17

Charicles, Corinthius quidam 49.9 seq.

Charidemus, pulchritudinis laudator fictus 83

Charinus,
  (1) adulator iuvenis fictus 77.15
  (2) iuvenis fictus 80.4
  (3) fictus quidam 17

Charis, Charites 22.13; 35.15; 36.29; 41.11; 42.4; 43.9; 46.23; 50.26; 59.14,26; 61.34; 70.36,73; 80.13.4; 86.7

Charixenus, Corinthius quidam 57.22–3

Charmides,
  (1) Platonis avunculus 77.6.6
  (2) iuvenis fictus 80.2.4
  (3) alius iuvenis fictus 80.11
Charmoleos,
  (1) Massiliensis fictus 57.24
  (2) Megarensis fictus 77.20.3
Charoeades, captator fictus
    77.16.5
Charon 5.1; 19.21; 26; 34.25; 65.1;
    77.2; 77.14; 77.20.10; 77.22.9;
    77.25.5
Charops,
  (1) pater Nirei 77.30.1
  (2) cinaedus fictus 20.16
Charybdis 26.7; 51.27
Chelidoneae, insulae 49.7; 73.7,8
Chelidonium, meretrix ficta 80.10
Chelidonius, cinaedus fictus 36.33
Chenidas, miles fictus 80.13
Chersonesus Thracica 58.35; 78.6.1
Chimaera 15.26; 34.2; 38.13–14;
    77.24.1; 85.33
Chios, Chii 14.40; 51.3; 58.9,18;
    62.3; 73.43; 80.7.1
Chiron 76.15; 77.8; 77.26.1
Chleuocharmus, pauper fictus 82.21
Choaspes 38.7
Chorasmii, populus Eous 12.4
Christiani 42.25,38; 55.13 seq.; 82;
    86.33.39
Christus 55.11,13; 86.27
Chrysarium, meretricis mater ficta
    80.1.2
Chryses 30.3
Chrysippus 12.20; 14.18; 17.30–2,
    24.24; 27.20–5; 28.1,18–19;
    36.24; 56.31; 70.15,30,48,82,
    86; vide Stoa, Stoici
Chrysis,
  (1) matrona ficta 34.14–15
  (2) meretrix ficta 80.8
Cilices, Cilicia 24.16; 49.7; 52.12;
    73.32

Cinyras 14.25,31; 41.11; 44.9
Circe 14.35; 45.46,85; 48.24
Cirrha 2.4; 77.21.2
Cithaeron 45.41; 77.22.2; 78.6.1
Clarus, oraculi sedes 42.8,29,43;
    79.18.1; vide Colophon
Cleaenetus, Atheniensis fictus
    73.22
Cleanthes, Stoicus 12.19; 17.30,32;
    56.31
Clearchus, Xenophontis comes
    22.25; 77.12.2
Cleobis 26.10
Cleocritus, dives quidam 19.9
Cleodemus, Peripateticus fictus,
  (1) 17.6,9,15
  (2) 34.6 seq.
Cleolaus, nuntius fictus 82.28
Cleombrotus, Platonis discipulus
    82.1
Cleon 25.30; 59.38; 64.3; 71.2
Cleonae 26.23
Cleonymus, pulcher fictus 83.4
Cleopatra, Aegyptia 45.37; 65.5; cf.
    28.36
Clinias,
  (1) Alcibiadis pater 68.11; 77.6.6
  (2) rhetor fictus 24.16
  (3) fictus quidam 46.19
Clio,
  (1) Musa 43.16; 58.8
  (2) meretrix 85.2
Clitus, Alexandri amicus 59.38;
    77.12.3; 77.13.6
Clonarium, meretrix ficta 80.5
Clotho 19; 20.2,4; 26.13; 59.38;
    61.11; 69.107; 77.24.2,3
Clymene 79.20.1; 79.24.2
Clysma, portus Aegyptius 42.44
Clytaemestra 10.23; 45.43; 49.47
Cnemon, captator fictus 77.18
Cnidus, Cnidii 3.2; 21.10; 46.7;
    49.11–54; 50.18,23; 59.62
Cnossus 44.23

INDEX NOMINUM

Cocconas, Byzantinus nequissimus 42.6,9,10

Cochlis, meretrix ficta 80.15

Cocytus 26.6; 40.3; 69.2

Codrus 25.23; 58.46; 77.19.4

Colchis 57.3

Coliades, deae Amoris 49.42

Collytus 25.7,44,50; 80.7.2

Colocynthopiratae, gens ficta 14.37

Colophon 21.30; 29.1; 58.9; 79.18.1; vide Clarus

Colossus Rhodius 21.11; 24.12; 59.23; 70.71

Combabus 44.19–27

Comicus Incertus citatur vel a Kock aliisve agnoscitur 5.5; 7.11; 19.4; 20.1; 21.32,38; 25.23; 28.25,35; 29.1,4,20; 36.26; 37.10; 38.1; 39.18; 42.25; 46.20; 49.32,44,53; 51.17,28; 59.41; 71.2; 77.8.1; 78.2.4; 80.3.2; 82.5,25

Conon, dux 59.34

Copaides, anguillae 46.6

Coptos 34.33

Coraci, Orestes et Pylades 57.7

Corax, rhetor Siculus 51.30

Corcyraeus, orator 59.15

cordax, saltatio 4.1; 45.22,26

Core, Persephone 45.40

Corinna, meretrix ficta 80.6

Corinthus, Corinthii 21.9; 22.23; 31.5,19; 34.30; 35.13; 45.42; 49.9; 57.22; 58.38; 59.3,17,29; 62.1; 70.27–9; 73.1,32; 77.1.1; 77.21.1; 77.22.7; 80.5.2; 84; 86.44

Coroebus 34.3; 49.53

Coronis, Aesculapii mater 42.14,38

Coronus, rex fictus 13.29

Corybantes 24.27; 25.41; 45.8,79; 46.16; 69.38; 79.20.1

Corybas, deus 52.9

Cothornus, Theramenes 51.16

Cotys, dea 31.28

Cous, Hippocrates 70.1

Craneum, collis Corinthius 34.30; 59.3,29,63; 77.1.1

Cranion, mortui nomen fictum 38.20

Crates, Cynicus 9.48; 22.20; 28.23; 33.43; 55.15; 56.11,16,20; 77.21; 77.22

Cratinus 12.25

Craton,
    (1) Cynicus fictus 45
    (2) dives Sicyonius fictus 77.20.6,12
    (3) peraequator fictus 82.19–22

Creon,
    (1) Glauces pater 45.42
    (2) rex quivis tragicus 8.11; 38.16; 65.5; 73.46

Crepereius Calpurnianus, historicus fictus 59.15

Creta, insula 21.45; 26.5; 37.39; 44.4; 73.9; 78.15.4; 82.9

Cretes 8.37; 21.45; 25.6; 30.5,10; 34.3; 40.7; 45.8,49; 52.6; 69.37; 82.9; 86.28

Critias, fictus quidam 82

Critius, statuarius 34.18; 41.9

Critolaus, Peripateticus 12.20

Criton, veneficus fictus 17.32

Crocale, meretrix ficta 80.15

crocodilus, syllogismus Stoicorum 27.22; 70.81

Croesus 3.2; 20.12,14; 21.43; 22.23,25; 25.23,42; 26.10–13; 29.1; 36.20; 38.16; 50.20; 65.1; 73.26; 77.3; 77.6.2,6; 82.5

Cronia, Saturnalia 22.14; 36.37; 61

Cronides,
    (1) Zeus 21.1; 22.13; 25.6; 69.97,249
    (2) Poseidon 85.4

Cronion, Zeus 24.33; 82.14

Cronius,
  (1) Luciani amicus 55.1,37
  (2) Saturninus quidam 59.21
Cronos 20.8; 21.26; 23.3; 25.4;
  30.5,11;   36.37;   41.8;
  45.37,47,80;   48.21;   52.15;
  56.17;   61;   79.5.2;   79.14.2;
  83.11; 86.35
Cronosolon, sacerdos fictus
  61.10–18
Croton 22.18; 26.8; 27.6; 50.19;
  65.4
Ctesias, historicus 13.3; 14.31;
  34.2; 59.39
Ctesibius, historicus 12.22
Ctesiphon, urbs 73.34
Cupido, vide Eros
Curetes 8.37; 45.8
Cybebe 42.48; 51.11; 69.30; vide
  Rhea, dea Phrygia
Cybelus, colonia Atheniensis 16.7
Cyclades 57.17
Cyclops, Cyclopes 19.14; 25.19;
  26.7; 30.4,13; 34.2; 51.27;
  78.1; 78.2; vide Polyphemus
Cydias, dives fictus 73.38
Cydimache, mulier ficta 57.24–26
Cydimachus, dives fictus 19.8
Cydion, persona ficta 86
Cydnus 10.1
Cyllarabis 65.11
Cyllene 21.42; 24.34; 26.1
Cyllenii 21.42
Cyllenius, Hermes 79.2; 85.35; vide
  Mercurius
Cymbalium,
  (1) tibicina ficta 80.12
  (2) meretrix quaevis 80.14.4
Cyme, urbs Aeolia 28.32; 51.3;
  56.17
Cynegirus 9.53; 21.32; 41.18
Cynaethus, adulator 50.20,22
Cynici   17.12 seq.;   27.7–11;
  28.44–8;   36.34;   47.7;   55;

56; 57.27; 70.18; 76; 85.48:
  vide quoque Alcidamas, An-
  tisthenes;   Crates;   Crato,
  Cyniscus, Demetrius, Diogenes,
  Herophilus, Honoratus, Menip-
  pus, Peregrinus, Theagenes
Cyniscus, Cynicus fictus 19.7–29;
  20
Cynobalani, gens ficta 13.16
Cynosuria, regio Peloponnesia
  24.18
Cypris, Aphrodite 69.87; 85.2,62;
  vide Venus
Cyprus 28.19; 50.27; 70.71
Cyrene 33.33; 38.13; vide Anni-
  ceris, Aristippus
Cyrrane, dea mulierum 69.174
Cyrus,
  (1) maior 12.14; 14.9,17; 20.14;
  21.43; 26.9,13; 30.5; 71.4; cf.
  16.11
  (2) minor 12.15; 14.17; 22.25;
  cf. 16.11
Cyzicus 51.28

dactyli Idaei 45.21
Dadis, dies festus commenticius
  42.39
Daedalus 22.23; 24.2; 34.19; 43.21;
  45.13,49; 48.14,16
Damasias, athleta quivis 46.11;
  77.20.5,12
Damis,
  (1) Epicureus fictus 21.16–53
  (2) dives fictus 77.22.7
Damnippus, mortuus fictus 77.18
Damon,
  (1) Chalcidensis fictus 57.19–21
  (2) captator fictus 77.15
Damoteles, pugilis pater 85.29
Damoxenus, luctator fictus
  77.1.3
Damylus, iuvenis fictus
  80.11.2

Danae,
(1) Persei mater 21.2,5; 22.13;
25.13,41; 38.2; 45.44; 78.12;
78.14.1; 79.4.2; 79.6.1; 79.8.1
(2) Demonactis aequalis 9.47
Danaides 25.18; 60.6; 70.61;
77.21.4; 78.8; 80.13.4
Danaus 45.44; 77.21.4; 78.8.1
Dandamis, Scytha fictus 57.39–42
Daphne 13.8; 30.4; 45.48; 49.12;
79.6.2; 79.16.1; 79.17.2
Daphnis, meretricis mater ficta 80.6.2
Dardanus, Troiae conditor 83.7
Darius,
(1) Xerxis pater 21.53; 38.17;
71.4; 84.2
(2) Ochus 59.23
(3) Codomanus 77.12.4;
77.25.3–5
Datis, Persa 29.9
Daucetas, Anacharsidis pater 68.4
Davus, servus comicus 45.29
Decelia 49.24
Decrianus, Patrensis fictus 39.2
Deianira 45.40
Delium 33.43
Delphi,
(1) incolae 1; 2; 26.12
(2) oraculum 1; 2; 21.30; 24.24;
25.42; 26.11–12; 29.1;
31.8–10; 42.8,43,48; 43.7;
45.62,81; 48.23; 49.48; 51.10;
70.15,60; 77.21.1; 79.18.1:
vide Apollo
Delphis, meretrix quaevis 80.14.4
Delus 29.1; 30.10; 42.8; 45.16,38;
78.9
Demades, orator 33.42; 58.15,46
Demaenete, matrona ficta,
(1) 34.27
(2) 68.2
Demeas,
(1) orator fictus 25.49–53
(2) vir fictus 34.14

Demeter, vide Ceres
Demetrius,
(1) Callatianus, historicus 12.10
(2) Cynicus Neronis aequalis
9.3; 31.19; 45.63
(3) Platonicus, Ptolemaei Auletis
aequalis 15.16
(4) Poliorceta 50.20
(5) Sagalassensis, historicus
fatuus 59.32
(6) statuarius 34.18,20
(7) Suniensis Cynicus (fictus?)
57.27–34
(8) Martyr 86.3,5
Demochares, historicus 12.10
Democritus,
(1) philosophus 12.18; 27.13;
30.15; 34.32; 42.17,51; 55.7,45
(2) dives fictus 73.22
Demodocus 10.18
Demonassa, meretrix ficta 80.5.2
Demonax,
(1) philosophus Cyprius 9
(2) Ephesius fictus 57.13,17
Demophantus, faenerator fictus
80.8.2
Demosthenes,
(1) dux 59.38,49
(2) orator 21.14,23; 29.31; 31.4;
32.12; 33.42,56; 36.25;
41.9,10,17,21; 58
citatur vel adhibetur 21.15,23;
29.26; 33.42; 36.5; 41.4,15;
42.25; 58.5,10,16; 59.38
Demostratis, mulier fetida 85.34
Demostratus, Ponticus quidam
42.45
Demylus,
(1) aerarius fictus 34.25
(2) v.l. dives fictus 22.14
Dendritae, gens ficta 13.22
Derceto, Semiramidis mater 44.14
Deucalion 25.3,4; 41.20;
44.12,13,28; 45.39; 82.1

Dexinus, Xenophanis pater 12.20

Dexiphanes, Sostrati Cnidii pater 59.62

Dialogus, persona ficta 28.26; 29.28–34

Diana, Artemis 17.25; 21.44; 24.24; 30.1,13; 55.22; 57.2–7; 78.9; 79.3.1; 79.18; 79.23.2; 79.25.2; 80.2.3

Diasia 24.24; 25.7; 83.1,3

Dictaeum, antrum 78.15.4

Dido 45.46

Didymaeum, oraculum 42.29,43; 48.23; 79.18.1; vide Branchidae

Dindymus, mons 69.30

Dinias,
(1) Ephesius dives fictus 57.12–18
(2) dives fictus 77.17.1
(3) fictus quidam 46.10
(4) pater fictus 83.4

Dinomache, matrona ficta 80.7.2

Dinomachus,
(1) miles fictus 80.15.1
(2) Stoicus fictus 34.6–36

Dinomenes, pater fictus 57.30

Dinon,
(1) historicus 12.15
(2) fictus quidam 34.17

Diocles,
(1) Peripateticus 47.4
(2) alius quidam 42.52

Diodorus cf. 85.32

Diogenes,
(1) Cynicus 9.5,58,62; 14.18; 19.7; 27.7–11; 28.4,23 seq.; 29.13,24; 33.43; 38.18; 50.17; 55.5,15; 56.11,16,20; 59.3; 70.14; 77.1,11,13,21,29; 86.43 seq.
(2) Stoicus Seleucensis 12.20
(3) Romanus IV, 86.22

Diomedes,
(1) Tydides 21.40; 33.44; 77.6.1
(2) rex Thrax 14.23

Dion,
(1) Prusaeus Chrysostomus 55.18
(2) Syracusanus 22.25; 27.19; 33.2; 38.13
(3) Heracleotes, philosophus fictus 70.9
(4) persona ficta 46.11

Dionicus,
(1) dives fictus 73.24
(2) medicus fictus 17.1

Dionysia 25.51; 28.14,25; 36.16; 37.23; 45.22; 58.27,35; 66.3; 71.6

Dionysiopeganodorus, nomen fictum 85.26

Dionysius,
(1) Metathemenos 29.13,21
(2) rex Siculus maior 31.15; 36.35; 64.4
(3) rex Siculus minor 22.23; 33.32,33; 38.13
(4) quivis nominis divini possessor 50.27

Dionysodorus,
(1) epistularum Ptolemaei Lagi collector 64.10
(2) rhetor fictus 17.6 seq.

Dionysus, vide Bacchus

Diophantus,
(1) rhetor fictus 77.20.12
(2) herniosus quidam 85.45

Diopithes, dux 58.35,37

Dioscuri 22.20; 28.42; 36.1; 42.4; 45.10,40; 48.23; 73.9; 77.1.1; 80.14.4; 83.3,6: vide Anaces, Anaceum, Castor, Pollux

Diotima 43.18; 47.7

Diotimus,
(1) paedotribes fictus 80.10.1
(2) Megarensis fictus 83.3

INDEX NOMINUM

Diphilus,
   (1) philosophus fictus 17.6 seq.
   (2) iuvenis fictus 80.3
   (3) alius 80.12.1
Dipylon 68.2; 73.17,24,46; 80.4.3;
   80.10.2
Dirce 39.23
Discobolos, statua 34.18
Dodona 22.2; 24.24; 49.31
Dorcas, serva ficta 80.9
Dores 86.28
Dorio, nauta fictus 80.14
Dorius, modus 66.1
Doris,
   (1) Dionysii maioris uxor 31.15
   (2) Nereis 78.1; 78.12
   (3) serva ficta 80.2
Dosiadas, poeta 46.25
Dracon, legislator 15.8; 58.45
Drimylus, dives fictus 22.14
Dromo, servus quivis agilis 25.22;
   36.25; 80.10.2,4; 80.12.3

Ecbatana 41.18
Echecrates,
   (1) pauper fictus 70.81
   (2) alius 73.20
Echecratides, Timonis pater
   25.7,44,50
Echidna 69.303
Echinades, insulae 45.50
Echo 29.12; 78.1.4; 79.2.4; 85.60
Edessa 59.22,24
Elaphebolion, mensis 29.12
Elatus, Caeneos pater 22.19
Electra,
   (1) Orestis soror 27.22
   (2) fabula 10.23
Elenchus, deus fictus 28.17; 51.4:
   vide Menander
Elenxicles, Luciani avi nomen
   fictum 28.19
Eleos, vide Misericordia
Eleusinia 9.11,34; 19.22; 49.24

Eleusis 73.20; 77.22.2
Eleutherae 77.22.2
Elis, Elei 9.58; 45.47; 55; 59.51;
   70.39; 77.12.2
Elysii, campi 14.14; 20.17; 40.7;
   77.24.1; 86.30
Empedocles 14.21; 24.13,14; 28.2;
   33.57; 55.1–5; 56.2; 64.2;
   77.6.4
Empusa 45.19
Endymion 7.10; 13.11–19; 24.13;
   30.7; 42.39; 48.18; 52.8;
   79.19
Enipeus 78.13
Enneacrunus 25.56
Enodia, Trivia 73.15
Enyalius, Mars 59.26; 73.36; 86.7
Epaphus 45.59; 78.11.1
Ephesii, Ephesus 24.24; 27.13;
   51.10,22; 55.22; 56.9;
   57.13–14; 80.7.1
Ephialtes, Gigas 24.23; 26.3; 41.13
Epichares, persona ficta 83.1
Epicharmus 12.25; 41.1,8; 70.47
Epicrates, pater fictus 83.1
Epictetus 9.3,55; 31.13; 42.2;
   55.18
Epicurei 17.6,9; 21; 24.16,18,26;
   27.19; 28.43; 29.22; 33.10,30;
   34.24; 42.25,38,44; 47.3;
   70.14,16,36,48,68
Epicurus 14.18; 21.22; 28.1,4;
   29.2,20–2; 33.11–12,27,57;
   42.17,25,47,61; 56.19; 64.6;
   70.27 seq.
Epimenides 25.6; 34.26
Epimetheus 71.7
Epipolae 59.38,57
Epirotes, tragoedus 84.9
Epirus 31.21; 64.11
Epiurus, nauta fictus 80.14.2
Epius, equi Troiani faber 3.2; 14.22
Eponymi, heroes 37.17
Erasiclia, matrona ficta 80.10.3

INDEX NOMINUM

Erasistratus,
- (1) medicus quidam 85.43
- (2) lanius quidam 85.32
- (3) medicus clarus 86.28,37

Eratosthenes 12.27

Erchios 49.49

Erebos 82.13

Erechtheis, tribus 25.49

Erechtheus 38.16; 45.40; 51.11; 58.46

Erichthonius 10.27; 34.3; 45.39

Eridanus, flumen Padus 6; 45.55; 77.25.2; 79.24.3

Erigone 45.40; 52.5

Erinyes 19.23; 29.4; 34.5,25; 38.9,11; 40.6,8; 49.47; 77.6.1

Eriphyle 76.8

Eris 17.35; 35; 78.7; 83.10,17

Eros, Erotes 35.15–16; 41.6; 43.9; 45.7,38; 49; 59.23; 62.5; 67.1; 77.22.7; 77.27.2; 78.15.3; 79.3; 79.6; 79.9.3; 79.10.3,4; 79.11.3; 79.19,20; 79.23; 86.7

Erymanthus 24.11

Erythia, Geryonis insula 45.56

Erythraei, lapides 49.41

Erythraeum, mare 78.15.1

Ethocles, cf. 80.12.1

Evagoras, rex Cyprius 50.27

Evandridas, Elius fictus 70.39

Evangelus, citharoedus ineptus 31.8–10

Eubatidas, Corinthius fictus 34.30

Eubiotus, Bosporanorum rex fictus 57.51,54

Euboea 58.18,37; 84.2

Eubulides, Demosthenis praeceptor 58.12

Eubulus, Demosthenis inimicus 58.41

Euchenor, Polyidi filius 82.15

Euclides, archon 19.6; 70.76

Eucrates,
- (1) Demosthenis aequalis 58.31
- (2) dives fictus 22.7,32–3
- (3) alius dives fictus 77.15
- (4) philosophus fictus 34.6 seq.
- (5) senex fictus 70.11

Eucritus,
- (1) faenerator fictus 17.5 seq.
- (2) adulescens fictus 80.6.4

Euctemon,
- (1) Demosthenis inimicus 58.48
- (2) Menippi cuiusdam amicus 85.9

Eudamidas, Corinthius fictus 57.22,23

Eudemus, persona ficta 46.9

Eumecius, homunculus 85.30

Eumelus, citharoedus 31.10

Eumenes, Cardianus 64.8

Eumolpidae 42.39

Eumolpus 9.34; 37.34; 56.8

Eunomius, Corinthius fictus 77.21.2

Eunomos, Locrensis musicus 14.15

Eupator, Bosporanorum rex 42.57

Euphorbus 14.21; 22.4,13,17,20; 50.26; 51.5; 77.6.3: cf. Pythagoras

Euphorion, poeta 59.57

Euphranor, pictor 21.7; 36.42; 43.7–8

Euphrates 29.14; 38.7,9; 44.1,13,15,18; 59.24

Euphro, meretrix 85.2

Eupolis, comicus 28.25; 29.33; 31.27; citatur vel adhibetur 8.7; 9.10; 17.10; 22.24; 34.6; 49.29; 58.20; 62.8; 66.3; 71.2

Euripides 10.23; 12.23; 17.25; 21.41; 22.19; 28.3; 31.19,28; 33.35; 36.41; 38.1; 49.37,38; 59.1,5; 64.2; 65.10; 69; 74; 77.9.2

loci citati vel adhibiti, fabulae memoratae: clausulae Euripideae 17.48; 28.39; 69.325–34; *Andr.* 82.29; *Ba.*

Euripides (*cont.*)

28.3; 31.19; 51.19,32; *El.* 10.23; *Hec.* 38.1; 58.47; 82.29; *H.F.* 21.1; 38.1; *Hipp.* 15.26; 27.10; 31.28; 49.38; *I.T.* 49.47; 57.2; *Med.* 19.8; 22.19; 33.4; 65.10; 77.9.2; 86.1; *Phoen.* 5.4; 20.13; 21.3; 25.1; 29.21; 49.25; 64.2; 65.3; *Or.* 21.1,33; 28.3; 49.53; 61.38; 86.1; (vide quoque libb. 69 et 74 passim) Fragmenta: *Andromeda* 38.1; 59.1; *Danae* 22.14; 25.41; *Erech.* 41.8; *Mel. soph.* 20.10; 21.41; 70.47; *Meleag.* 17.25; *Phrix.* 12.23; *Syl.* 39.5; *Thy.* 70.28; *Fab. Incert.* 21.1,41; 28.3; 38.1; 49.31,37; 65.5; 85.23; vide quoque Tragicus Incertus; cf. 49.37

Euripus 84.2

Europa,
  (1) Agenoris filia 21.2; 44.4; 45.49; 78.15; 79.6.1; 79.8.2; 82.4; 83.7; cf. 79.4.2
  (2) continens 83.18; 86.5,29

Europus 59.20,24,28

Eurybatus 42.4

Eurydice, Orphei uxor 77.28.3

Eurystheus 21.21; 52.7

Eurytus, sagittarius 28.6

Eustochides, vinitor 85.63

Euthydemus, Peripateticus fictus 70.11

Euthydicus, Chalcidensis fictus 57.19–21

Eutychides, cf. 85.63

Euxinus, Pontus 37.14; 42.11; 82.3; 86.6

Exadius, Lapitha 33.45

Execestides, Solonis pater 77.6.4

Favorinus 9.12,13; 47.7

Fortuna, vide Tyche

Fronto, M. Claudius, dux Romanus 59.21

Gaius Patrensis 39.55

Galatae, Galatia 42.9,18,30,44; 63.8–11; 64.9; 80.13.1

Galatea 14.3; 78.1

Galene, Nereis 78.7

Galenus, medicus 86.29

Galilaeus 82.12; 86.27 seq.

Galli,
  (1) Cybeles sacerdotes 39.35–42; 44.15 seq.; 61.12
  (2) gentes occidentales 5; 77.25.2

Gallia 29.27

Ganymedes 21.21; 24.2,27; 35.1,6; 49.14; 52.8; 79.6.1; 79.8; 79.9.2; 79.10; 79.12.1; 82.4; 83.7

Garamantes 60.2

Gargaron 35.1,5; 79.10.2; 83.7

Gela 77.20.4

Gelon, rex Syracusanus 70.34

Genetyllides 49.42; 51.11

Geraestus 21.25

Geraneia 24.11

Gerasenus, Nicomachus 82.12

Germania 42.48

Geryon 5.2; 31.14; 45.56; 56.31; 57.62

Getae, Getica 24.16; 52.9; 59.5

Gigantes 21.3; 23.13; 24.33; 25.4; 30.14; 34.2; 45.38; 82.4; 83.18

Glauce, Corinthia 45.42,80

Glaucias, iuvenis fictus 34.14–15

Glaucus,
  (1) divus marinus 85.4
  (2) Minois filius 45.49; 67.8
  (3) Luciani aequalis 51.26
  (4) pugil Carystius 50.19; 62.8

Glycera, meretrix ficta 41.12

Glycerium, meretrix quaevis ficta 19.12; 80.1

Glycon, deus commenticius 42.18 seq.

Gnathonides,
(1) assentator fictus 25.45–8
(2) assentator comicus 56.19

Gniphon,
(1) faenerator quivis 19.17; 22.30; 27.23
(2) Timoni invisus 25.58

Goaesus, Omanorum rex 12.17

Gobares, Eous quidam 19.6

Goches, Sardanapalli aequalis 20.16

Gorgias,
(1) Leontinus 12.23; 28.22; 83
(2) amator fictus 80.8

Gorgo, Gorgones 10.19,25; 34.2,22; 43.1,14; 45.44; 59.19; 70.72; 78.14; 79.23.2; 82.8

Gorgona, meretrix ficta 80.1.1

Gorgos, rusticus fictus 80.15

Gosithres, Persa 12.15

Grammatike, personata 85.41

Grammis, serva ficta 80.13.4

Granicus 77.25.4

Gyarus 57.17

Gyges 29.21; 33.58; 73.42

Gylippus 59.38

Gyndanes, Scytha fictus 57.61

Gythium 80.14.2

Hades 19; 20.2,17; 21.32; 26; 34.2,24; 38; 42.25,33; 45.60; 48.24; 56.30; 69.197; 77; 82.1; 83.16; 85.5,6,42; 86.12 seq.

Hadriaticum, mare 24.26

Haemus 45.51; 56.25,33

Halcyone 13.31; 14.40; 72

Halicarnassus 77.29

Halirrhothius 45.39

Haloa 80.1; 80.7.4

Halys 3.2; 20.14; 21.20,43; 80.9.2

Hannibal 14.9; 77.25

Harmodius 33.48

Harmonia 58.19

Harmonides, tibicen 66

Harpina 55.35

Harpyiae 25.18; 85.33

Hebe 49.14; 77.11; 79.8.2

Hebraei 42.13

Hebrus 31.11; 56.25; 86.12,25

Hecate 19.7; 34.22 seq.; 38.9; 73.15; 77.1.1; 77.2.3; 82.1

Hector 8.18; 31.7; 33.45–6; 45.76; 52.12; 59.14; 70.33; 77.28.1

Hecuba 8.11; 22.17; 30.2; 45.27; 85.32,47

Hegesias, statuarius 41.9

Heimarmene, Moera 20.1; 65.8; vide Parcae

Helena,
(1) Menelai uxor 10.9; 14.8,15,25; 22.17; 28.31; 35.13; 36.11; 43.22; 44.40; 45.40,45; 47.3; 58.10; 65.1; 77.5.1; 77.27.1; 83.6 seq.; 85.36,47
(2) Isocratis opus 58.10; 83

Heliades,
(1) Solis filiae 6
(2) Solis filius 49.2

Heliaea 25.51; 49.18

Helicon 21.26; 31.3; 41.4; 43.16

Heliodorus 86

Heliopolis 44.5

Helios, Sol 6; 10.29; 11.6; 21.11; 22.3; 24.1,20,28; 29.1; 44.34; 45.17,42; 48.22; 49.2,7,8; 58.17; 61.23; 69.104; 79.14; 79.20.1; 79.21.1; 79.24

Hellanicus,
(1) historicus 12.22
(2) persona ficta 46.4

Hellanodicae 50.11; 55.31; 62.5; 70.39

Helle 78.6
Hellespontus 41.18; 58.35,37; 79.6
Hemitheon, Sybarita 31.23; 51.3
Heosphoros, vide Lucifer
Hephaestion 15.17; 50.27; 62.5;
    64.8; 77.12.4
Hephaestus, vide Vulcanus
Hera, vide Iuno
Heracles, Hercules 1.8; 5; 9.1; 13.7;
    17.14,16; 21.12,21,32; 22.2,17;
    23.20; 24.27; 26.4; 27.8;
    28.31–7; 29.20; 31.5,23;
    32.17; 37.38; 38.8,10,14; 42.4;
    44.3; 45.27.41,50,73,78;
    46.19; 49.1–4,54; 50.19;
    55.5,21,24,29,33,36; 56.23–32;
    58.19; 59.9,10,23; 65.5; 76.13;
    77.11; 77.12.6; 77.26.3;
    77.28.3; 79.4.2; 79.14; 79.15;
    82.14; 83.6,7; 84.3
Heraclia 42.57; 70.9
Heraclidae 45.40
Heraclides 14.22
Heraclitus 24.8; 27.13–14; 30.15;
    56.9; 59.2
Heramithres, Ser fictus 19.21
Herculis, columnae 70.4; 86.6
Hermae 21.43
Hermagoras, nomen fictum 21.33
Hermaphroditus, Veneris et Mer-
    curi filius 79.3; 79.17.2
Hermes, vide Mercurius
Hermias, Atarneus 47.9
Herminus, Aristotelicus 9.56
Hermippus,
    (1) Atheniensis fictus 83
    (2) comicus, cf. 79.12.1; 79.13
Hermocles, statuarius 44.26
Hermocrates, Syracusanus 59.38
Hermodorus, Epicureus fictus
    24.16,26
Hermoglyphice, personata 32.7–8
Hermolaus, orbus fictus 77.18

Hermon, Epicureus fictus 17.6,9
Hermotimus,
    (1) Clazomenius 7.7
    (2) Stoicus fictus 70
    (3) navicularius fictus 80.4.2
Herodes Atticus 9.24,33; 55.19,20;
    86.45
Herodicus, exercitator 59.35
Herodotus 10.20; 14.5,31; 34.2;
    45.78; 59.2,18,42,54; 62; cf.
    libb. 13, 14, 44, 48 passim
loci citati vel adhibiti vel
    memorati:
lib. 1 (secundum caput ordinavi):
    59.54; 59.18; 59.18; 10.20;
    39.28; 59.18,29; 78.5; 26.9–13;
    20.12; 27.3; 50.20; 20.12;
    20.14; 21.30; 29.1; 26.11;
    21.20,43; 82.5; 3.2; 26.13;
    27.3; 50.20; 22.23; 30.5; 12.10;
    13.23; 26.13; 40.21
lib. 2: 44.23; 40.21; 40.21; 40.21;
    44.45
lib. 3: 40.21; 30.5; 26.14; 44.25;
    22.16; 61.24; 14.5; 44.30; 56.1;
    44.25; 26.14; 21.53
lib. 4: 13.7
lib. 5: 59.60
lib. 6: 66.3; 5.8; 65.15; 82.29;
    35.1
lib. 7: 10.5; 58.32; 21.20; 58.48;
    59.60
Heron, gubernator fictus 73.6
Herophilus, Cynicus fictus 24.16
Hesiodus 14.22; 17.17; 20.1;
    23.3,13; 24.27; 30.8; 31.3;
    37.21; 38.3,4; 40.2; 41.3,4,7;
    45.23,24,61; 48.22; 49.3;
    55.41; 58.9,12; 61.5,6; 67 prae-
    sertim; 70.2,3; 73.20; 86.24
loci citati vel adhibiti vel memo-
    rati: Op. 14.18; 23.13; 29.21;
    33.14; 38.4; 49.37; 51.19;

INDEX NOMINUM

Hesiodus (*cont.*)
61.20; 67.6; 70.2–5,25; 73.20;
86.24; *Th.* 23.3; 30.5; 31.3;
34.2; 36.26; 38.3; 41.4; 45.24;
61.5,6,7; 67.1–3; 69.98;
71.7; 79.5.1; vide quoque
15.8; 17.41; 25.1
Hesperides 45.56
Hestia 17.31; 34.5; 70.35
Hetoemocles, Stoicus fictus
17.21–2
Hieropolis 44
Hieron, Syracusanus 12.10
Hieronymus, historicus 12.11,13,22
Himera 50.15
Himeraeus, Phalereus 58.31
Himeros, Veneris filius 35.15
Hipparchus, Thessalus fictus
39.1–4
Hippias,
(1) sophista 28.22; 62.3
(2) architectus 3
Hippocentauri, vide Centauri
Hippocleides 5.8; 65.15; 82.29
Hippocrates, medicus 14.7; 29.1;
34.21; 54.4; 70.1,63; 86.13,25
seq.
Hippocratippiades, nomen fictum
85.26
Hippocrene 31.3
Hippodamia 83.19
Hippogerani, gens ficta 13.13
Hippogypi, gens ficta 13.11
Hippolyte 14.8; 37.34
Hippolytus 15.26; 44.23,60; 45.40;
49.2; 86.3
Hippomyrmeces, gens ficta
13.12,16
Hipponax 31.27; 51.2
Hipponicus, Atheniensis dives
25.24
Hispania, Iberia 73.23; 86.5,6
Histiaeus, grammaticus fictus 17.6

Homerus ubique; vide praecipue
2.8; 13.3; 14.15–28; 21.39;
22.6; 34.2; 36.8,25; 37.21;
38.3; 43.8; 45.61; 48.22; 50.24;
58.1–26; 59.14,40,57; 61.5,6;
67.5; 77.25.3
loci citati vel adhibiti vel
memorati:
Il. 1.init. 30.5; 85.41,42; 24:
17.12; 40–1: 25.9; 82.8; 55:
35.10; 43.8, 69.93–4; 83.11;
69–70: 45.36; 92: 67.8; 102:
26.22; 115: 43.22; 131: 50.25;
149: 82.1; 156–7: 49.31; 193:
21.1; 201: 5.6; 10.20; 28.35;
206: 21.1; 30.11; 35.10; 79.13;
222: 24.19; 225–6: 56.30; 58.5;
248–9: 5.4; 33.44; 43.13;
250–2: 12.3; 50.20; 264: 33.45;
311: 49.23; 317: 23.19; 30.9;
345: 57.10; 354: 24.10; 25.1;
363: 21.1; 86.1; 396–406:
21.40; 79.1.2; 417: 26.19;
423–5: 21.37; 23.17; 29.2;
30.2; 82.4; 477: 86.6; 528:
24.33; 530: 59.22; 532: 10.9;
544: 22.13; 544–69: 83.8; 551:
35.10; 580: 25.1; 591: 26.1;
82.4; 591–4: 30.6; 598: 46.1;
599: 39.45; 608: 30.8;
Il. 2.1–2: 24.28; 29.2; 86.42; 2:
25.6; 3: 29.2; 59.22; 6 seq.:
21.40; 12: 26.23; 56–7: 32.5;
57: 22.8; 71: 10.20; 73.46; 89:
28.42; 103: 25.32; 26.1; 202:
24.30; 56.30; 212 seq.: 9.61;
14.20; 26.22; 38.15; 50.20;
59.14; 214: 56.30; 219:
77.30.1; 235: 58.7; 246–7:
56.30; 329: 67.8; 362: 34.24;
363: 28.1; 372: 33.44; 408:
17.12; 463: 28.42; 468: 28.42;
469: 7.5; 478: 50.25; 58.21;

494

Homerus (*cont.*)

59.8; 519: 2.8; 548: 24.12; 554: 73.29; 570: 26.23; 637: 83.25; 653: 86.3; 672–3: 77.30–1; cf. 17.41; 38.15; 49.23; 698–702: 69.259; 77.27; 77.28; 701: 19.8; 704: 69.258; 718: 69.257; 855: 42.57;

Il. **3**.16: 50.25; 35: 21.1; 82.1; 39: 77.27.1; 57: 28.5; 64: 21.10; 83.11; 65: 25.37; 79: 15.12; 108: 5.4; 150–2: 5.4; 156: 36.16; 157: 77.5.2; 219: 10.17; 222: 4.7, 58.5; 226–7: 26.8,9; 243: 85.41; 354: 56.30; 423: 10.9; 424: 43.8;

Il. **4**.1: 30.9; 2: 30.8; 46: 26.23; 111: 55.33; 130–1: 7.5; 141 seq.: 43.8; 171 seq.: 78.8.2; 182: 17.28; 31.18; 218–19: 34.10; 257–64: 33.44–5; 262–3: 33.45; 447: 17.17; 450: 17.17; 504: 59.22; 515: 21.1; 83.11;

Il. **5**.127–8: 24.14; 26.7; 201: 70.24; 293: 51.27; 306: 82.9; 336: 21.40; 341: 24.27; 373: 24.2; 429–30: 48.22; 442: 24.6; 70.5; 672: 25.1; 721: 83.11; 749: 30.8; 785–6: 40.15; 845: 29.21; 858: 21.40;

Il. **6**.46: 28.3; 48: 28.3; 112: 28.1; 142: 41.11; 150: 30.14; 164–5: 15.26; 168–70: 31.18; 65.3; 179 seq.: 85.33; 181–2: 56.30; 271 seq.: 30.2; 488: 65.8; 82.14; 518: 70.23;

Il. **7**.26: 21.31; 82.8; 99: 21.19; 109: 17.12; 125: 58.5; 195: 21.34; 312: 33.45;

Il. **8**.1: 86.36; 5: 21.14; 7: 21.6; 15: 49.32; 82.23; 19 seq.: 20.4,8; 21.14; 48.22; 59.8; 79.1.1; 83.8; 24: 21.45; 31:

21.1; 48: 79.10.2; 103–4: 5.7; 247: 24.11; 272: 33.49; 282: 8.37; 293: 8.6; 479–81: 61.6;

Il. **9**.191: 49.5,54; 82.18; 225: 64.2; 289–90: 85.9.6; 312–13: 56.30; 313: 15.24; 65.6; 82.18; 319: 77.26.2; 320: 9.60; 325–6: 36.11; 389–90: 43.22; 411–16: 82.15; 416: 82.16; 533–40: 21.40; 535: 21.6; 537: 17.25; 569: 38.9;

Il. **10**.3–4: 22.25; 160: 82.1; 447–8: 28.3;

Il. **11**.34.6: 59.19; 160: 63.10; 163–4: 8.18; 233: 51.27; 295: 50.25; 514: 52.6; 515: 34.10; 632–5: 70.12; 775: 55.7;

Il. **12**.201: 24.11; 243: 58.5; 322–4; 58.5;

Il. **13**.4–5: 24.11; 59.49; 246: 33.47; 295: 33.47; 563: 30.11; 636–7: 45.23; 665–8: 82.15; 730–1: 45.23; 775: 23.4; 70.63;

Il. **14**.1: 55.31; 148–9: 82.6; 214–17: 22.14; 35.10; 271: 52.15; 318: 79.9.3; 346–53: 82.11;

Il. **15**.11: 17.45; 18–19: 82.11; 137: 21.44; 202: 25.35; 710: 82.27;

Il. **16**.70: 70.33; 141–3: 31.7; 250: 24.25; 293: 33.46; 367: 33.46; 379: 63.10; 442: 82.14; 459–61: 13.17; 82.14; 477 seq.: 33.46; 502: 40.19; 617–18: 45.8; 641–3: 7.5; 776: 86.20; 812 seq.: 22.17; 847–50: 33.46; 856: 86.26

Il. **17**.1: 86.4; 51–2: 22.13; 210–11: 86.7; 363: 25.58; 446: 86.1; 599: 8.36;

Il. **18**.104: 24.29; 117–19: 82.14;

Homerus (*cont.*)

309: 15.10; 486–7: 86.46; 490
seq.: 24.16; 48.22; 494: 45.13;
507–8: 28.41; 561 seq.: 48.22;
590 seq.: 45.13; 48.22

Il. **19.**15 seq.: 10.4; 91 seq.: 43.21;
69.185–7; 160 seq.: 33.49; 225:
40.24; 282: 43.8; 50.24; 286:
50.24; 384 seq.: 10.4; 407 seq.:
22.2;

Il. **20.**7–8: 21.6; 32 seq.: 21.40;
61: 38.10; 69.197; 65: 28.3; 72:
21.41; 128: 20.1; 65.8; 226–9:
59.8; 227: 50.20; 336: 20.2;

Il. **21.**1–202: 31.7; 74: 21.1; 211
seq.: 78.10; 441 seq.: 30.4;

Il. **22.**60: 65.4; 158: 59.14; 159:
47.3; 262: 28.3; 338 seq.:
33.46; 362: 31.7; 495: 36.20;
65.6;

Il. **23.**83–4: 33.47; 89–90: 33.47;
116: 36.26; 430: 10.18; 36.26;
724: 77.21.1;

Il. **24.**210: 20.1; 320–1: 82.23;
348: 30.11; 602: 40.24; 695:
86.36

Od. **1.**1: 14.24; 30.5; 2: 33.10; 5:
34.1; 14–15: 33.10; 37 seq.:
82.16; 50: 26.14; 82.9; 58:
11.11; 170: 24.23; 82.23; 86.7;
266: 17.47; 290: 14.28; 351–2:
63.2; 421: 45.23;

Od. **2.**104–5: 56.21;

Od. **3.**8: 30.2; 23: 21.31; 142:
86.3;

Od. **4.**43 seq.: 68.9; 71–5: 10.3;
72: 10.16; 74: 36.15; 50.20;
51.19; 83.25; 121: 10.9; 220–1:
34.39; 45.79; 82.27; 228, 230:
42.5; 229: 24.12; 230: 86.9;
244–6: 33.10; 384 seq.: 45.19;
55.1; 58.24; 78.4; 601: 11.10;

Od. **5.**47–8: 45.85; 55 seq.: 14.36;

136: 11.11; 216: 43.20; cf.
14.36; 291–4: 26.7; 334: 43.13;

Od. **6.**12 seq.: 38.15; 15 seq.:
43.19; 46: 29.1; 102: 50.25;
102–9: 33.26; 230–1: 86.7;
231: 49.26;

Od. **7.**65 seq.: 43.19; 196–8:
82.14;

Od. **8.**169–73: 49.23; 224–8: 28.6;
230: 82.28; 264–5: 45.13; 266
seq.: 22.3; 48.22; 79.17.3;
79.21; 82.6; 273: 15.24; 325:
23.18;

Od. **9.**5–11: 33.10; 14: 36.1; 27–8:
11.10,11; 34: 11.1; 39: 86.1;
94: 8.3; 36.8; 100–2: 45.3; 105
seq.: 13.3; 78.2; 108–9: 33.24;
109: 2.8; 36.3; 41.8; 61.7,
20; 123: 2.8; 190–1: 42.15;
86.20; 302: 24.10; 316: 15.24;
332 seq.: 51.27; 346: 51.27;
369: 19.14; 508–12: 67.1; 525:
78.2.4;

Od. **10.**20 seq.: 13.3; 85: 49.5; 98:
24.22; 279: 30.11; 290,316,326:
45.85; 484: 11.11; 517 seq.:
26.22; 521: 22.5; 26.22; 38.15;
77.6.2;

Od. **11.**4–5: 38.9; 7: 5.8; 21 seq.:
48.24; 25,27,35–6: 38.9; 84–9:
48.24; 93–4: 8.17; 48.24;
164–5: 38.1; 235 seq.: 78.13;
241–6: 82.6; 298 seq.: 79.25;
301: 85.41; 305 seq.: 26.3; 308
seq.: 41.13; 315–16: 26.4;
328–30: 86.4; 333–4: 8.35;
344: 24.2; 487–91: 77.26.1;
539: 26.22; 38.11,21; 543–67:
77.23; 576–600: 41.13; 59.57;
582–92: 40.8; 77.7; 592 seq.:
40.8; 601 seq.: 77.11.1; 602:
77.11.5; 602–3: 77.11.1; 607:
21.32; 77.11.3;

Homerus (*cont.*)
Od. **12**.22: 42.14; 39 seq.: 8.3;
43.14; 45.3; 106: 56.20; 127–8:
48.22; 149: 5.8; 158: 8.3; 158
seq.: 8.19; 15.30; 173 seq.:
26.21; 61.32; 219: 59.4; 235
seq.: 26.7; 51.27; 343 seq.:
48.22; 350: 55.21; 395: 61.23;
395–6: 22.2;
Od. **13**.66 seq.: 43.19; 79 seq.:
33.11; 228: 82.3;
Od. **14**.5–28: 50.20;
Od. **15**.263: 85.35;
Od. **16**.23: 86.1; 44: 18.11; 67:
26.14; 187: 24.13;
Od. **17**.37: 50.25; 41: 86.1; 454:
49.23;
Od. **18**. init.: 38.15; 74: 5.8; 196:
43.9;
Od. **19**.54: 50.25; 341: 36.23; 518:
8.3; 521: 43.13; 560 seq.:
14.32–3; 22.6;
Od. **21**.429: 86.2;
Od. **22**.302: 21.31;
Od. **23**.314–15; 82.14;
Od. **24**.2–4: 79.11.4; 11–12:
82.21; 62: 43.13; 114: 85.35;
402: 64.6;
Honoratus, Cynicus 9.19
Horae 21.33; 30.8; 79.14.1
Horus, deus Aegyptius 22.18
Hyacinthus,
(1) Apollinis deliciae 14.17;
30.4; 36.35; 45.45; 73.43;
77.5.1; 79.6.2; 79.16; 79.17;
79.18.1; 83.9,24
(2) iuvenis quivis formosus 61.24
Hyades 13.29
Hydaspes 59.12
Hydra Lernaea 1.8; 21.21; 37.35;
49.2
Hydramargia vel aliquid simile,
urbs ficta 14.46

Hygeia, personata 3.5
Hylas 14.17; 73.43
Hymenaeus 35.16; 62.5
Hymettus 16.8; 24.11; 25.7; 29.8;
36.35; 41.11
Hymnis, meretrix ficta 80.13
Hypata, urbs Thessala 39.1
Hyperbolus, demagogus 25.30
Hyperborei 34.13–15; 51.3; 70.27;
73.44
Hyperides, orator 9.48; 33.42; 56;
58.31
Hypnus,
(1) portus somniorum 14.32
(2) rex somniorum 14.33
(3) deus 29.1; 52.14; 79.14.2
Hypsicrates, historicus 12.22
Hypsipyle 45.44
Hyspausines, Characis rex 12.16

Iacchus 45.39
Iambulus 13.3
Iapetus 5.1; 23.3; 61.7; 79.6.1;
79.11.1
Iapyx 77.21.2
Iasion, Cereri amatus 52.8
Iason 45.52; 70.73; 79.25.1
Iberia,
(1) Asiatica 59.29,50
(2) Hispania 73.23; 86.5
Icarius,
(1) Penelopae pater 43.20; 79.2
(2) Bacchi hospes 45.40; 52.5;
79.22.2
Icarius, sinus 24.3; 48.15
Icarus 22.23; 24.3; 43.21; 45.49;
48.15; 82.2
Iccus, exercitor gymnicus 59.35
Ida, mons Troianus 35; 42.2;
78.7.2; 79.8; 79.19.1; 82.4;
83.7
Idaei, dactyli 45.21
Idomeneus 33.44–7; 77.6.1

Ilation, saltator Thessalus 45.14
Ilias malorum 17.35
Ilienses, Troiani 28.38; 51.10;
56.18
Ilissus 10.4,5; 73.13
Ilithyia 44.38; 79.13; 79.18.2;
79.25.2; 80.2.3
Ilium 22.17; 26.23; 45.46; 65.1;
67.8; 77.28.1; 77.30.1; 86.1
Illyrii 58.34,48; 77.12.2
Inachus 26.23; 45.43; 78.11.1;
79.7
Indi, India 4; 7.1; 8.5; 22.16;
24.11; 30.11; 33.52; 39.53;
40.21; 41.18; 42.44,48; 44.32;
45.17,22; 55.25–7; 56.6;
57.34; 61.24; 70.5,27,71;
73.23,44; 77.12.3; 77.25.5;
78.15.1; 79.22.1; 85.51: eleph-
anti Ind. 34.24: formicae Ind.
22.16; 61.24: historia Ind.
59.31; lapilli Ind. 44.16,32;
49.41: pavo Ind. 73.23
Indopates, Ser fictus 19.21
Indus, flumen 59.31
Ino 45.42,67; 78.5.1; 78.6.1; 85.4
Insulae beatorum 14.5–29; 19.24;
20.17; 58.50
Io, Inachi filia 45.43; 78.11; 79.7
Ioannes Italus 86.43 seq.
Ioessa, meretrix ficta 80.12
Iolaus 1.8; 49.2; 77.15.2
Ion,
    (1) Platonicus fictus 17.7 seq.
    (2) alius Platonicus fictus 34.6
    seq.
Iones, Ionia 26.5; 29.27; 42.30;
43.2,17; 44.30; 45.79; 57.12;
58.9; 59.14; 66.1; 73.3,32;
77.25.4; 77.29.1; 80.7.1; 86.28
    lingua Ion. 44; 48; 59.16,18;
    62.2; modus Ion. 66.1
Ionius, sinus 49.6; 57.19; 70.28
Ionopolis 42.58

Iophon 12.24
Iphianassa, Nereis 78.14
Iphigenia 30.2; 57.2.6
Iris 30.8; 78.9
Irus 26.22; 38.15; 73.24
Isaeus 58.12
Isidorus Characenus 12.15,17
Isidotus, Nicostrati pater 59.9
Isis,
    (1) dea 22.18; 31.14; 34.34;
    73.5,15; 79.7; cf. 85.32
    (2) navis 73
Ismenias, tibicen inscitus 31.5
Ismenius, tibicen clarus 31.5
Ismenodora, tibicina ficta 80.5.4
Ismenus, heros Thebanus 58.19
Isocrates 12.23; 33.42; 41.17;
58.10,46; 83.6–27
Isodemus, poeta? 58.27
Issus 64.8; 77.25.3,4
Ister 26.5; 42.48; 60.4; 86.5
Isthmia 37.9,11,36; 84.9; 85.31
Isthmus Corinthius 37.16; 51.15;
73.19,20; 78.5.1; 84
Italia 12.9; 22.18; 26.5; 31.4;
42.30,36,38,53; 45.21,32,55,
67;47.12;49.6,10;51.10,22,27;
55.18; 57.18,19,24; 59.38,49;
62.5; 63.3; 73.1,9,14,23,44;
77.25; 86.6 seq.
Itali 86.5
Italica, lingua 39.44; 59.15
Ithaca 69.261; 78.2
Itys 69.52
Iudaei, medici 69.172
Iulianus, Aegypto praefectus 85.3
Iuno, Hera (dialogi persona)
21.2–5; 35; 79.8; 79.9; 79.18;
79.22: (mentiones aliae)
23.14; 28.12; 30.6,10; 32.8;
43.7; 45.21,39; 50.7,26; 52.18;
61.38; 69.94; 77.9.3; 78.7.2;
78.7.1; 78.9.1; 78.11; 79.12.2;
82.11,14; 83.12,17

Iuppiter (dialogi persona) 20; 21;
   27; 29.1–7; 35.1–2; 52; 56;
   79.5–10; 79.13; 79.15; 79.22;
   79.24
multa nomina gerens 25.1,4 etc.:
   Ammon 48.8; 52.10; 77.12,13;
   77.25.2; apotropaeus 42.4;
   divitiarum donator 61.14; ful-
   minator 42.40; 55.29; 69.299;
   82.4; hikesios 28.3: hospitalis
   (xenios) 49.6; 68.6; liberator
   (eleutherios) 58.50; Olympius
   55.4; 69.92; 83.25; philios
   24.3; 41.4; 57.12; 60.9; 62.7
amator mortalium multiformis
   21.2; 23.17; 34.2; 35.14;
   45.59; 52.7; 79; 82.4,7; 83.7,8
   etc.; vide Alcmena, Antiope,
   Danae, Europa, Ganymedes,
   Io, Leda, Leto, Semele; in
   Creta natus 30.5; 82.10; in
   Creta sepultus 21.45; 25.6;
   30.10; 34.3; 52.6; 82.10; Iovis
   statuae 21.25; 25.4; 44.31;
   59.27; vide Phidias; Iovis
   templa 23.14; 24.24; inimicos
   et noxios punit, vide Aescula-
   pius, Cronos, Gigantes, Ixion,
   Phaethon, Prometheus, Tita-
   nes; Iovis progenies; vide Bac-
   chus, Hercules, Idomeneus,
   Minerva, Minos, Sarpedon;
   Iuppiter parturiens 79.12.13;
   mentiones aliae 23; 24.25;
   29.2; 30; 40.2; 44.44; 46.15;
   48.8,22; 52; 59.8,27; 70.3;
   79 etc.
Iuppiter planes 48.17,22,27; 82.24
Ixion 28.12; 30.9; 38.14; 59.57;
   61.38; 69.11; 79.9

Labdacidae 15.1; 45.41
Labyrinthus philosophi agnomen
   17.6

Lacedaemon, Lacedaemonii 9.46;
   19.16; 24.16; 26.24; 35.13;
   37.38; 45.10–12,45–6; 48.25;
   56.27;58.32;62.1;66.3;77.1.4;
   79.16.1; 83.24: vide Dioscuri,
   Helena, Menelaus, Sparta
Lachanopteri, gens ficta 13.13
Laches,
   (1) Timonis aequalis fictus 25.58
   (2) Areopagites fictus 80.7.2
Lachesis 20.2; vide Parcae
Laconia 45.10; 56.27; 86.9,20
Laconicum, mare 19.16
Lacydes, tyranni pater fictus 19.8
Laertes 69.261; 77.23.1
Lagus 64.10
Lais, meretrix 14.18; 85.3
Laius 20.13
Lamia, monstrum 34.2
Lampichus, rex fictus 77.20
Lampis, miles fictus 77.22.7
Lamprias, iuvenis fictus 80.3
Lampsacus 79.3.2
Laodamia 45.53; 77.27,28
Laomedon 20.8; 30.4
Larissa 31.21; 39.3,11
Latina, lingua 36.24; 39.44;
   59.15,21; 64.13
Latona, vide Leto
Lazi, gens Scythica 57.44
Leaena, meretrix ficta 80.5
Learchus, Athamantis filius 52.7
Lebadia 38.22; 77.10
Lechaeum 84.4
Lectus, (Cline), dialogi persona
   19.27
Lecythion, fugitivus fictus 56.32
Leda 23.17; 35.14; 77.5.1; 79.4.2;
   79.6.1; 79.25.2; 82.4; 83.7
Lemnia, Athena 43.4–6
Lemnus, Lemniades 30.6; 45.53;
   49.2; 79.17.3; 80.13.4; 84.6;
   85.33
Leogoras, Agrigentinus 1.9

Leon, libelli 72 auctor?

Leonidas, rex Spartanus 41.18

Leontichus,
  (1) fictus quidam 34.6,39
  (2) miles fictus 80.13

Leosthenes, Atheniensis fortis 58.14

Leotrophides, dux Atheniensis 59.34

Lepidus, philosophus Epicureus 42.25,43

Lerna, regio Argolica 49.2; 59.29; 78.8: cf. Hydra

Lesbia,
  (1) Sappho 43.18
  (2) meretrix ficta 80.2.3
  (3) mulier Lesbia 80.5

Lesbonax, sophista Mytilenaeus 45.69

Lesbus 31.11; 49.30; 51.28

Lesche Delphica 43.7

Lethe 19.1,28; 25.54; 26.21; 40.5; 65.3; 77.13.6; 77.28.2

Leto,
  (1) Apollinis mater 17.25; 21.40; 42.38; 45.38; 69.321; 78.9; 79.18
  (2) Evagorae Cyprii uxor 50.27

Leucanor, Bosporanorum rex 57.44–51

Leucothea 14.35; 84.3

Lexiphanes, hyperatticistes fictus 46

Libanitis, dea 31.3

Libanus, mons 44.8,9; 79.19.1

Liburni 49.6

Libya, Libyes 24.15,26; 26.13; 34.7; 36.10; 44.36; 48.8; 60; 77.25; 78.14.2

Lollianus 85.35

Lonchates, Scytha fictus 57.44–55

Lotophagi 45.4

Lucanus, Ocellus 64.5

Lucianus 8.1; 14.28; 18; 32 titulus; 42.55; 55.1; 85.1

Lucifer (Heosphoros) 13.12,15,28, 32; 72.1

Lucillius 85

Lucillius naufragus 85.4

Lucius Patrensis 39

Lucullus 12.15

Luna, vide Selene

Lusitani 86.5

Lycaena, meretrix ficta 80.12.1

Lycambes 49.3; 51.2

Lycaon 31.7

Lycena, meretrix ficta 80.12.1

Lyceum 28.52; 29.32; 37.7; 46.2; 49.31; 77.1.1; vide Aristoteles, Peripatetici

Lychnos, (Lucerna), dialogi persona 19.27

Lycia 49.7; 73.8,32

Lycinus, dialogi persona 17; 43; 45; 46; 47; 49; 50; 67; 70; 73; 76

Lycophron 46.25

Lycoreus, mons 25.3

Lycurgus,
  (1) Baccho inimicus 45.51
  (2) legislator Spartanus 12.28; 14.17; 37.38,39; 48.25
  (3) orator Atticus 33.42

Lyde,
  (1) meretrix ficta 80.12.4
  (2) serva ficta 80.14.3
  (3) impudica quaevis 45.3

Lydi, Lydia 19.9; 21.30,43; 26.5,9,12,13; 29.1; 30.14; 35.12; 44.15; 45.22; 52.4; 58.9; 59.10; 66.1; 69.35; 77.3.2; 77.7.1; 77.25.4; 79.15.2; 79.22.1; 80.15.2; cf. Croesus

Lydius, modus 66.1

Lynceus 24.12; 25.25; 26.7; 50.20; 70.20; 77.9.1

Lyra, meretrix ficta 80.6

Lysias,
  (1) orator 10.4; 49.24
  (2) iuvenis fictus 80.12

INDEX NOMINUM

Lysimachus, dux Macedon 12.11; 24.15; 59.1

Lysippus 21.9,12

Lyson, Ephesius fictus 57.12,15

Lyxus, Herodoti pater 10.20

Macedones, Macedonia antiqua 33.42; 38.17; 40.10; 41.7; 42.6,7,16; 45.58; 49.29; 58.26–49; 63.11; 77.12; 77.13; 77.25; 86.3 seq.

Macedonia, provincia Romana 39.34,46; 62.7,8; 68.9

Macentes, Scytha fictus 57.44–55

Macetis, mulier dives 42.6

Machlaei, Indi 4.6

Machlyes, Machlyene, regio Scythica 57.44–55

Maeandrius, Samius 26.14; 38.16

Maenades 4.4; 55.2; 61.8; 79.2.4; 79.6.2

Maeon, Lydus 58.9

Maeotis, palus 57.4,46,52

Magi 12.4; 38.6; 56.8

Magidium, psaltria ficta 80.12.1

Magnus, praedo 42.52

Maia 23.5; 26.1; 79.2.2; 79.4; 79.11

Malchion, Syrus 59.28

Malea 63.3; 73.9; 84.1

Mallus, oraculi sedes 34.38; 42.29

Malthace, meretrix comica 41.12

Mandrobulus 36.21

Mantinea 73.28 seq.; 77.12.2

Marathon 21.32; 24.18; 29.9; 34.3; 38.16; 41.18; 58.36,49; 64.3; 79.2,3

Marcomanni 42.48

Marcus, imperator 42.48

Margites 34.3; 70.17

Mariantes, Scytha fictus 57.50

Mars, Ares,
(1) deus 21.40; 22.3; 35.2; 45.21,63; 48.20,22,27; 49.13,30; 50.25; 57.50; 59.8;
69.40; 79.1; 79.11.1; 79.20.2; 79.21; 79.23.1; 82.6; 86.7,9
(2) planes 82.24

Marsyas 31.5; 66.1; 69.314; 79.18.2

Massagetae, gens Scythica 26.13

Massilia 57.24–6

Massinissa, Maurorum rex 12.17

Mastira, Alana 57.51

Matthaei sancti evangelium 82.13

Mauri, Maurusia 59.28,31

Mausacas, Maurus 59.28

Mausolus 38.17; 77.29

Mazaea, Bosporitana 57.44,45

Medea 10.31; 45.40,53; 65.10; 70.73; 77.9.2

Medeius, historicus 12.11

Medi, Media 12.4; 19.6; 26.9; 31.5; 38.8; 41.18; 44.32; 52.9; 59.30,50; 73.36; 77.12.2; 77.22.2,5; 77.25.2; 85.3

Medusa 10.22,25; 43.1; 59.1; 78.14; cf. Gorgo

Megabyzus, divitis agnomen 25.22

Megacles,
(1) tyrannus fictus 19.8
(2) divitis agnomen 25.22

Megaera, Furia 69.4

Megalonymus, iurisconsultus fictus 46.9

Megapenthes, tyrannus fictus 19.8–13,25–7

Megapole, rustica ficta 39.28

Megara, Megarenses 19.6; 24.6; 45.41; 58.18,37; 77.20.3; 80.15.2; 83.3

Megilla, meretrix ficta 80.5

Megillus,
(1) Corinthius pulcher fictus 77.1.3
(2) pulcher fictus 19.22
(3) nomen Megillae assumptum 80.5

Melampus, vates 50.20

Melanopus, Homeri avus 58.9

Melanthus, captator fictus 77.16.5
Meleager 17.31; 30.1; 45.50; 77.26.3
Melesigenes, Homerus 58.9
Meletus 9.11; 20.16; 28.10; 29.6
Melia, nympha Thebana 58.19
Melicertes, Palaemon 45.42; 73.19; 78.5.1; 78.6.1; 84.3; 85.4
Melissus,
 (1) adulescens fictus 80.12.1
 (2) philosophus 86.43
Melitensis, canicula 17.19; 34.27; 36.34
Melitides, homo fatuus 49.53
Melitta, meretrix ficta 80.4
Melpomene 43.14
Memnonis statua 34.33; 57.27
Memphis 3.2; 21.42; 31.14; 34.34; 52.10; 73.15
Men, deus Phrygius 21.8 et, ubi lege, 21.42
Menander, comicus 41.12; 49.43; 56.19; 80 passim
 loci adhibiti vel citati *Dysc.* 25 passim (cf. 2.8); *Epitr. Fr.* 9 (K.–Th.): 21.53; *Mis.* A 11–12 Sandb.: 34.14; *Sam.* 129 etc. Sandb.: 25.46, 35.7 etc.; *Fr.* 211 (K.–Th.): 39.45; *Fr.* 333.12: 36.35; *Fr.* 639: 57.1; *Fr.* 717: 51.4, 59.41; *Fr.* 718: 49.43; *Fr.* 722: 21.1; *Fr.* 796: 49.42; cf. 85.23
Menecles, Macedo fictus 39.49
Menecrates,
 (1) Massiliensis fictus 57.24–6
 (2) pater fictus 70.50
 (3) alius pater fictus 80.7.3
Menelaus 7.5; 10.3; 14.8,26; 22.17; 35.14; 43.8; 68.9; 77.27.1; 78.4; 82.23; 83.17,25; 85.36; 86.4
Menippus,
 (1) Cynicus 24; 28.26; 29.33;

38; 56.11; 77.1–10; 77.20.7–13; 77.30
 (2) pater quidam Theronis 85.9
 (3) quidam 85.7
Menoeceus,
 (1) Creontis pater 38.16
 (2) Creontis filius 45.43
Mentor, poculorum artifex 46.7
Mercurius,
 (1) deus Hermes, vide praecipue 79.4,11: dialogi persona 19; 21; 23; 25.7–41; 26; 27; 29; 35; 52; 56.24–33; 77.2,5,14,15, 20; 79.1,2,4,7,12,14,16,17,21, 25; mentiones aliae 5.4; 7.12; 8.10; 22.2; 24.22,27,34; 30.11,14; 40.6; 43.16; 45.78,85; 48.20; 49.46; 50.27; 51.24; 61.14; 65.3; 73.18,20; 82.7; 83.1,9; 85.35; 86.9
 (2) planes 82.24
Meriones 33.47; 45.8
Mesopotamia 59.24 seq.; 73.34
Mesori, mensis Aegyptius 82.22
Metapontini 22.18
Methymna 78.5
Metiochus, Parthenopae amator fictus 51.25
Metrodorus, Epicuri discipulus 21.22; 42.17
Micion, Zeuxidis discipulus 63.7
Micyllus, sutor fictus 19.14–25; 22
Midas,
 (1) dives fabulosus 15.5; 25.42; 36.20; 38.18; 65.1; 73.21; 77.3; 77.6.2
 (2) auri amator quivis 22.6
 (3) servus fictus 19.11; alius 70.11
 (4) servus vinitor fictus 34.11
Midias, Demosthenis inimicus 20.16; 21.48
Milesiae, narrationes 49.1
Miletus 22.19; 43.17; 59.14; 77.29.1; 86.5; cf. Aspasia

INDEX NOMINUM

Milon, athleta 26.8; 50.19; 59.34; 62.8

Miltiades,
  (1) dux 15.29; 21.32
  (2) opus Aeschinis 33.32

Minerva, dea Athene vel Pallas, vide praecipue 79.13,23; artifex 23.13; 70.20; 71.3, glaucopis 30.11; 82.8; 83.11; Lemnia 43.4,6; 50.18,23: Polias 28.21; 80.7.1, cf. 25.51; 37.17; Salpinx 74.79; Stratia 80.9.1: mentiones aliae 7.5; 10.25–7; 18.10; 21.1,5; 28.33, 28.51; 30.2; 30.5,10; 35; 43.22; 44.32; 45.39; 46.19; 48.22; 51.27; 52.16; 66.3; 69.98,321; 70.76; 77.23.2; 78.7; 78.14.2; 79.1.2; 79.12.1; 79.23; 82.3,8; 83.8, 10–12 etc.

Minos 1.7; 14.8,13; 20.18; 34.19,20; 37.39; 38.11–13; 40.7; 45.41; 48.20; 67.8; 77.24; 77.25; 86.13 seq.

Minotaurus 14.44; 45.49

Misericordiae ara 25.42; 29.21

Misthon vide 31.23; 51.3

Mithres, deus 21.8; 52.9

Mithridates,
  (1) Ctistes 12.13
  (2) rex quivis Eous 73.28

Mithrobarzanes, Chaldaeus fictus 38.6 seq.

Mitraeorum montes 57.52

Mnason, adulescens fictus 34.22

Mnemosyne 45.36

Mnesarchus, Pythagorae pater 22.4,17; 46.19

Mnesippus, persona ficta 57

Mnesitheus, navicularius fictus 21.15

Moerichus, Corinthius dives fictus 77.21

Moera, Moerae 20; 34.25; 44.32; 61.11; 65.8; 77.16.1; 77.24.2,3;

77.27.2; 78.6.2; 82.14; vide Parcae

Momus 4.8; 8.32; 14.3; 21.19–49; 24.31; 35.2; 52; 59.33; 70.20

Mopsus 18.5

Mormo 34.2

Moschion, iuvenis fictus 80.11.3

Moses 82.13

Musae 21.26; 24.27; 28.6; 30.5; 31.3,8; 36.25; 41.4; 43.16,23; 59.8,14,16,42; 62.1; 67.4–8; 84.2; 86.7

Musaeus 45.15

Musarium, meretrix ficta 80.7

Musca 7.10

Musonius 55.18; 84

Muziris 59.31

Mycenae 26.23; 45.43; 57.5

Mygdonii 30.10

Myia,
  (1) virgo in muscam mutata 7.10
  (2) poetria formosa 7.11
  (3) meretrix Atheniensis 7.11
  (4) Pythagorica 7.11

Myrmidones 24.19

Myron 21.7; 22.24; 32.8; 34.18; 70.19

Myropnus, fugitivus fictus 56.32

Myrrha, Adonidis mater 45.58

Myrrhine, canicula 36.34

Myrrhinusius 73.1,10

Myrtale, meretrix ficta 80.14

Myrtilus 45.47

Myrtium,
  (1) meretrix ficta 77.22.7
  (2) alia similis 80.2

Myrto, Socratis uxor 72.8

Mysi 24.11; 59.49; 86.5

Mysia 42.2

Narcissus,
  (1) Cephissi filius 14.17; 77.5.1; 83.24
  (2) puer quivis formosus 61.24

INDEX NOMINUM

Nauplius 14.29; 45.46
Nausicaa 33.26; 43.19
Neanthus, Pittaci filius 31.12
Neapolis 45.32
Nebris, serva ficta 80.10.2
Nechraei, gens Indica 56.6
Necracademia 14.23
Necysieus, nomen fictum 38.20
Negretus, fons fictus 14.33
Neleus 33.35
Nemea 29.2; 34.8; 45.44; 79.7
Nemesis, dea 39.35; 44.32; vide
    Adrasteia
Neoptolemus 45.9
Nephele, Helles mater 45.42; 78.6.2
Nephelococcygia 13.29
Neptunus, Posidon dialogi persona
    78.2,3,5,6,8,9,13; 79.12: men-
    tiones aliae 20.8; 21.9,24,25;
    22.24; 24.27; 26.7; 28.33,
    47,51; 30.4,11; 45.42; 52.14;
    58.46; 59.8; 70.20; 76.13;
    78; 79.1.2; 79.11.1; 79.25.2;
    80.14.2; 82.6; 83.9; 84.3
Nereis, Nereides 50.7; 78.3.1; 78.6;
    78.7; 78.10.2; 78.14; 78.15.3;
    79.5.2
Nereus 69.90; 73.10; 85.4
Nero 45.63,64; 84; 86.46
Nesiotes 34.18; 41.9
Nessus 45.50; 55.25
Nestor,
    (1) Pylius 12.3; 14.17; 25.48;
        34.44,45; 38.18; 43.13; 50.20;
        55.31; 70.12; 77.6.4; 77.26.2;
        83.25
    (2) Tarsensis 12.21
Nicaea, urbs ficta 59.31
Nicander 60.9
Nicarchus, poeta cf. 85.26
Nice, dea 28.39
Nicias 33.34; 59.38; 64.3
Nicomachus Gerasenus 82.12
Nicon, nasutus quidam 85.46

Nicostratus, athleta 59.9
Nicylla, anus 85.27
Nigrinus 8
Nilus 41.6; 42.44; 57.27; 60.4;
    73.15,44; 79.7; 80.14.2
Ninus 26.23; 51.25
Niobe 27.25; 32.14; 40.24; 43.1;
    45.41; 50.27; 69.316; 79.18.1;
    82.1,18
Nireus, Graecus formosus 25.23;
    38.15; 44.40; 49.23; 50.2;
    77.5.1; 77.19.4; 77.30; 83.24
Nisaei, equi 59.39
Nisibeni 59.15
Nisus, Scyllae pater 30.15; 45.41
Notus, ventus 24.26; 78.11; 78.15
Novum, Testamentum cf. 82, 86
Nox, personata 24.21
Numa 12.8; 14.17; 51.8
Numidia 3.6; 36.17; 70.23,26
Nycterion, dux fictus 13.15
Nyction, persona ficta 86.34
Nyctiporus, flumen fictum 14.33
Nyctoleustes, persona ficta 86.40
Nyctoum, Noctis templum 14.33
Nymphae 21.6; 78.3.1; 79.12.2
Nysa 79.12.2

Oceanus 13.5; 21.6,37; 77.25.5
Oceanus Occidentalis 65.15
Ocypus 74
Ocellus Lucanus 64.5
Odysseia, vide Homerus
Odysseus, vide Ulixes
Oebalus 79.16.1
Oedipus 36.41; 45.41; 69.255
Oedipus Coloneus 12.24
Oeagrus, Orphei pater 48.10
Oeneus 17.25; 21.40; 30.1
Oenoe 24.18; 80.15.2
Oenomaus 45.47; 83.19
Oenone 35.3
Oenopion, bibentium minister
    51.21

Oeta, mons 26.5,6; 45.50; 49.54; 70.7–10; 77.11.5; 79.15.1
Ogmius, Hercules Gallus 5
Ogygia,
(1) insula 14.29,36
(2) tempora 49.37
Olmeius 31.3
Olympia, ludi Olympii 21.25; 22.8; 24.24,25; 25.4,50,53; 26.17; 30.11; 36.13; 37.9 seq.; 45.47; 50.11; 51.5; 55; 56.7; 59.35; 62; 66.4; 70.39–43; 73.44; 84.2,6
Olympias, Alexandri mater 42.7; 77.13.1; 77.25.2
Olympii, dei 79 etc.
Olympium, templum Iovis Atheniense 24.24
Olympius, Pericles 43.17
Olympus,
(1) mons 24.11; 26.3,4; 52.15; 55.29,39; 79
(2) tibicen 31.5; 66.1
Olynthus 58.35,44; 59.38; cf. Demosthenes
Omani 12.17
Omphale 59.10; 79.15.2
Oneirus, deus fictus 29.1
Onesicritus, historicus 12.14; 55.25; 59.40
Onomacritus, persona ficta 46.3
Onomarchus, persona ficta 46.4
Onosceleae, mulieres marinae fictae 14.46
Ophion, Titan 69.101
Oreos, urbs Euboica 21.25
Orestes 10.23; 27.22; 45.46; 49.47; 57.1–8,35; 79.3.1; 84.10
Orion 10.28.29
Orithyia 34.3; 45.40
Orodocides, Simonidi Amorg. invisus 51.2
Oroetes,
(1) satrapes 26.14
(2) Armenius 77.22.2,5

Oropus 58.44
Orpheus 10.18; 28.2; 30.14; 31.8,11,12; 38.8; 45.15,51; 48.10; 56.8,29; 61.8; 77.28.3
Osiris 44.7; 45.59; 77.13.3
Osroes, dux Parthus 42.27; 59.18,19,21,31
Ossa, mons 26.3
Othryades, Spartanus 26.24; 41.18
Otus, Gigas 24.23; 26.3; 41.13
Outis, Ulixes 51.27
Oxyartes, Medus fictus 19.6
Oxybas, persona ficta 86.34
Oxydercion, persona ficta 86.40
Oxydracae, gens Indica 56.6; 59.31; 77.12.5
Oxyroes, Osroes Graece versus 59.18

Pacate, formosa Apelli picta 43.7
Pactolus 65.1
Paean, deus medicus 69.143; 79.15.2
Paeaniensis, Demosthenes 29.31; 41.21
Paedeia, dea ficta 32.9–18
Paetus, medicus 42.60
Pagis, meretricis fictae agnomen 80.11.2
Paguridae, gens ficta 13.35
Palaestine 34.16; 51.10,27; 55.11; 73.33
Palaestra, serva ficta 39.2–16
Palamedes 10.30; 14.17; 15.28; 16.5; 38.18; 45.46; 77.6.4
Pallas, vide Minerva
Pammenes,
(1) Stoici discipulus fictus 17.22
(2) adulescens fictus 80.4.1
Pamphylia 73.32
Pamphylius, sinus 49.7; 73.8
Pamphilus,
(1) fictus quidam 47
(2) iuvenis fictus 80.2

INDEX NOMINUM

Pan 4.2,4,6; 24.27; 25.42;
29.10–12; 30.14; 34.3; 45.48;
52.4; 79.2; 79.10.1; 85.60
Panathenaea 8.13; 36.37; 37.9,12;
70.7; 86.5
Pancrates, Aegyptius fictus 34.34–6
Pandemos, Venus profana 41.25;
51.11; 58.13; 80.7.1
Pandion 43.13; 45.40; 66.1
Pandionis, tribus 58.45; 80.9.4
Panionia 86.5
Pannychia, fons fictus 14.33
Pannychis, meretrix ficta 80.9
Panope, Nereis 78.7
Panthea,
  (1) Lucio Vero amata 43; 50
  (2) Abradatae uxor 43.10,20
Panthous, Euphorbi pater 22.13,17
Paphlagones, Paphlagonia 42.9
  seq.; 51.14; 56.27; 80.13;
  86.44,47
Paphia, Venus 85.3,61
Paphii 30.10
Paraetonia, promunturium Cyren-
  aicum 59.62
Parcae, Moerae tres 20.2,3; 26.16;
  82.14; vide Atropos, Clotho,
  Heimarmene, Lachesis, Moera
Pariani 55.14
Paris 33.46; 35; 44.40; 45.45;
  50.25; 56.18; 77.27; 78.7;
  83.10,17; 85.36
Parmenides 86.43
Parmenion, dux Macedon 22.25;
  58.33
Parmeno, militis satelles fictus 80.9
Parnassus 26.5
Parnes 24.11; 29.8; 33.43; 73.19
Paros 49.13; 51.1; 69.160
Parrhasius 36.42; 43.3,23
Parrhesiades, Lucianus 28
Parthenis, meretrix ficta 80.15
Parthenium, mons 29.9; 79.2.3
Parthenius, poeta 59.57

Parthenope, mulier libidinosa 45.2
Parthi 12.4; 59; 73.33; 82.28
Parthonicica, historia ficta 59.32
Parysatis, regina Persica 59.23
Pasion, navicularius fictus 80.12.1
Pasiphae 39.51; 45.49; 48.16
Patara 29.1; 34.38; 80.14.2
Patrae, Patrensis 39.55; 51.5,6;
  55.30,36
Patroclus 17.42; 22.17; 33.46,47;
  49.54; 50.24; 57.10; 82.14
Pauson, pictor 58.24
Pegasus 32.15; 34.2
Pelamus, dux fictus 13.38
Pelasgi 47.7
Pelasgicum, murus 28.42,47; 29.9;
  59.15
Peleus 17.35; 33.47; 58.5; 77.26.1;
  78.7.1; 80.13.3; vide Achilles
Pelias 45.52; 50.2
Pelides, Achilles 42.34
Pelion, mons 26.3
Pella 42.6,7,12,15; 86.3
Pellichus, Corinthius quidam 34.18
Pelopeia 45.43
Pelopidae 15.1; 45.43
Peloponnesus 24.18; 25.50; 26.24;
  35.14; 51.15; 83.16; 84.1; 86.6
Pelops 45.43,54; 69.256; 83.7,9,19
Pelusium, Pelusiotae 15.2; 21.42
Penelope,
  (1) Homerica 14.29,36; 43.20;
  50.7; 56.21; 80.12.1
  (2) Panos mater 79.2
Penia, Paupertas personata
  25.29–33
Pentelicus, mons 21.10
Pentheus 28.2; 31.19; 45.41; 52.7;
  55.2; 61.8; 79.22.1
Perdiccas, Alexandri successor
  12.13; 15.18; 22.25; 31.21;
  59.35; 77.13.2
Peregrinus, Proteus 9.21; 31.14; 55;
  56.1–3

506

Pergamum 24.24; 34.38
Periander 14.17; 46.1; 78.5.2
Pericles 22.19; 25.10; 43.17; 45.36; 49.29,30; 58.20,37; 68.11; cf. 59.26
Perilaus, faber Agrigentinus 1.11–12
Peripatetici 27.26; 28.43,50; 33.27; 34.14; 47.3; 70.11 seq.; vide Agathocles, Bagoas, Cleodemus, Critolaus, Diocles, Euthydemus, Herminus, Theophrastus, Lyceum
Persae, Persia 8.21; 12.4; 20.42; 21.13,42; 22.23; 24.11; 25.42; 26.9,12; 30.5; 33.27; 36.29; 40.21; 41.5,6; 45.40,54; 49.52; 59; 70.33; 73.30,31; 77.12.2; 77.21.3; 82.28
Persephatta = seq. 79.19.1
Persephone 38.9; 40.1,6; 45.40; 77.28; 79.19.1; 80.7.1; 83.16; 85.35
Perseus 10.22,25; 27.25; 42.11,58; 45.44; 59.1; 78.12; 78.14; 82.9
Phaeaces 8.35; 13.3; 14.35; 38.15; 45.13
Phaedra 15.26; 31.28; 44.23; 45.2,49; 86.3
Phaedrus, Socratis discipulus 10.4; 49.24,31; 77.6.6
Phaethon 6; 13.12–20; 25.4; 45.55; 48.19; 79.24
Phalaris 1; 2; 14.23; 29.8; 55.21
Phalericus, portus 72.8
Phales 21.42
Phanias, iuvenis fictus 80.4.4
Phanomachus, dives fictus 73.27
Phaon, portitor 50.2; 73.43; 77.19.2; 80.12.1
Pharus 24.12; 59.62; 73.7
Phasiana, avis 36.17; 73.27
Phello, insula ficta 14.4
Phellopodes, gens ficta 14.4

Phemius 10.18
Pherecydes, Syrius 12.22
Phidias 21.7; 22.24; 24.24; 30.11; 32.8,9; 33.2; 43.3,4; 45.35; 50.14,23; 55.6; 59.27,51; 70.19,54
Phidon, captator fictus 77.16.5
Philaenis,
    (1) auctor obscena 49.28; 51.24
    (2) meretrix ficta 80.6.1
Philaretus, rex Armenius 86.46
Philebus, cinaedus fictus 39.36
Philematium, meretrix ficta 80.11
Philemon, comicus 12.25; 64.6
Philetaerus, rex Pergamensis 12.12
Philiades, assentator fictus 25.48
Philinus,
    (1) persona ficta 46.4
    (2) faber fictus 80.6.1
Philinna, meretrix ficta 80.3
Philios, vide Iuppiter
Philippides 64.3
Philippopolis 56.25
Philippus, Alexandri pater 12.10; 14.9; 31.21; 32.12; 33.42; 38.17; 41.10; 42.1; 56.25; 58.5,33–40,48; 59.3,38; 73.28; 77.12; 77.13.1; 77.25.1,4; 86.44
Philo,
    (1) amicus ad quem lib. 59 scribitur
    (2) persona ficta 17
    (3) navicularius fictus 80.2
    (4) pulchritudinis laudator fictus 83
Philocles, persona ficta 34
Philocrates, Demosthenis aequalis 33.42; 58.41
Philoctetes 31.5; 33.10; 45.46; 55.21,33; 69.257; 85.33
Philolaus, philosophus 64.5
Philomela 44.40; 51.25; cf. 69.49–53
Philosophia, personata 29.28; 56

Philostephanus, nomen fictum 85.26

Philostratus, mercator fictus 80.9

Philoxenus, Cythereius 15.14; 31.15

Phineus 25.18; 50.20; 67.1; 77.9.1

Phoboi, Timores personati 40.6

Phocaea 46.7

Phocion, Demosthenis aequalis 14.17; 20.16; 21.48

Phocis, Phocii 26.12; 49.47; 58.35; 77.12.2

Phoebis, meretrix ficta 80.4.5

Phoebus, vide Apollo

Phoenices, Phoenicia 15.2; 24.1,16; 42.13; 44.3 seq.; 45.58; 51.10,19,28; 57.4; 73.33; 78.15.4; 80.14.2

Phoenix,
 (1) Achillis praeceptor 77.26.1
 (2) avis fabulosa 73.44

Pholoe, mons 24.11

Pholus, Centaurus 17.14

Phragmos, Pseudologistae nomen inditum 51.26

Phrixus 48.14; 78.6.2

Phrontis, Fronto Graece versus 59.21

Phrygia, Phryges 3.6; 8.37; 21.42; 24.2; 28.38; 38.15,18; 44.15; 45.8,34; 49.42; 52.4; 69.31,34; 77.3.2; 77.19.3; 77.23.1; 77.25.4; 77.26.1; 78.10.2; 79.8; 79.20.1; 86.8,18

Phrygia, dea 44.15

Phrygius modus 66.1

Phryne, meretrix formosa 19.22; 58.12

Phrynichus, Atticista 86.41; cf. 18

Phrynon, Demosthenis aequalis 58.41

Phrynondas, homo nequissimus 42.4

Phthia 77.26.1

Phylace 77.28.1

Phyllis, Sithonis filia 45.40

Physis, Natura 85.17

Pindarus 17.17
 loci citati vel adhibiti vel memorati Ol. 1.1: 22.7; 25.41; Ol. 6.4–5: 3.7; cf. 21.14; Nem. 1.6: 50.20; Fr. 9 B(owra): 58.19; 11 B: 24.27; 64 B: 58.10; cf. 25.50; 184.1 B: 58.11; 208 B: 50.20; 235.1–3 B: 45.67; 239 B: 50.19; 313 B: 43.8; 50.26

Piraeus 21.15; 28.47; 58.10,35,45; 68.3; 73; 77.22.7; 80.4.2; 80.6.1

Pirithous 45.60; 57.10; 79.9.3; 83.16

Pisa, urbs Elea 24.24; 30.11; 62.8; 85.29

Pisces, Zodiaci signum 48.7

Pisidae, Pisidia 19.9; 73.32; 80.9.2

Pisistratus, Nestoris filius 83.25

Pittacus 12.18; 31.12; 77.6.4

Pityocamptes 14.23; 21.21; 29.8

Pitys, Panos comes 79.2.4

Plataeae 41.18; 49.18; 85.29

Plato,
 (1) comicus 36.21; cf. 79.14
 (2) philosophus 7.7; 9.14,33; 10.4; 12.21; 14.17,23; 17.39; 18.6,7,10; 24.24; 27.15–18; 28; 29.33–4; 31.27; 33; 34.6,24,27; 36.24,25; 37; 41.9,17,26; 42.25; 45.2,34,70; 46.1,22; 49.24,31; 56.18; 58.12,23, 47; 60.9; 64.4,6; 70.14; 72; 73; 77.6.5; 85.53
 loci citati vel adhibiti vel memorati Alc. 1 135c: 36.24; Ap. 17d: 29.33; 18b: 71.6; 21a: 45.25; 22a: 27.16; 36e: 23.4; 41b: 14.17, 38.18, 77.6.4; Chrm. 153a: 33.43; Ep. 3.315b: 64.4;

Plato (cont.)
  Ep. 8.354d: 36.24, Euthd. 291b:
  33.23; Grg. 451e: 64.6; 463
  seq.: 29.34; 523 seq.: 19.24–8;
  Ion 534b: 33.19; La. 181b: cf.
  33.43; Lg. 811c: 58.5; 814–16:
  45.34; cf. 14.17; 24.24; 27.17;
  Ly. 205e: 27.15; 35.1; 222c:
  8.5; Mx. 235e: 45.25; Phd.
  105e: 29.34; 117–18: 29.5;
  55.37,42; cf. 7.7; 34.24,27;
  58.47; Phdr. 227a: 58.1;
  229–30: 10.4; 37.16; 49.31;
  56.10; 71.5; 73.35; 82.3; 236e:
  27.16; 237a: 10.4; 23.13;
  34.39; 245a: 58.5; 246e: 28.22;
  29.33; 41.26; 247a: 23.18;
  247b: 29.33; 247c: 30.8; 248a:
  30.10; cf. 49.24; 60.9; 83; Prt.
  309a: 49.24; 320d: 24.24;
  328d: 8.35; 343a: 56.9; R.
  344d:58.16;359e:29.21;73.42;
  391e: 58.13; 436 seq.: 45.70; cf.
  9.33; 461e: 14.19; 17.39; 27.17;
  56.18; 487a: 59.33; 514 seq.:
  8.4; 34.16; 516 seq.: 34.16;
  56.10; 605d: 23.6; 616b: 30.8;
  617e: 36.42: cf. 14.17; 27.17;
  73; Smp. 174b: 18.10; 179–80:
  49.54; 58.13; 201d: 43.18; 219
  seq.: 14.19; 27.17; 47.7; 49.49;
  cf. 17; 83; Thg. 122b: 31.25;
  41.1; Tht. 178d: 33.5; 179d:
  33.4; 183d: 18.8; 28.9; Ti. 35a,
  41d: 29.34; 92c: 50.28
Platonici 28.43,49; 47.3; 70.16 seq.;
  vide Academici, Carneades;
  Demetrius, Ion, Nigrinus, Pol-
  emon, Xenocrates
Pleiades 13.29; 57.19; 67.1; cf.
  86.46
Plethrium, pars Gymnasii Elei
  55.31
Plisthenes 69.256

Pluto 19.1; 25.21; 34.25; 38.10; 40;
  69.13,111; 77; 79.4.1; 86.13;
  vide Hades
Plutocles, satrapes fictus 14.33
Plutus 25.10–40; 36.42
Pnyx 21.11; 29.9; 37.17; 49.29
Podagra, dea ficta 69; 74; 85.44
Podalirius 42.11,39,59; 74 init.
Podarces, dux Homericus 69.258
Poeas, Philoctetis pater 69.257
Poecile, Stoa 21.16,33; 24.34;
  28.13,16; 80.8.2; 80.10.2
Poenae, deae ultrices 38.9,11; 40.6
Polemon,
  (1) Academicus 29.13–17
  (2) miles fictus 80.9
  (3) rhetor 86.45
Polias, Athena 28.21; 80.7.1
Pollux, vide Polydeuces
Polus,
  (1) sophistes 28.22; 62.3
  (2) tragoedus 21.3,4; 38.16,17;
    65.5
Polybius,
  (1) historicus 12.22
  (2) indoctus quidam 9.40
Polyclitus 21.7; 30.11; 32.8,9;
  34.18; 45.75; 55.9
Polycrates 26.14; 38.16; 45.54;
  73.26
Polydamas, athleta 50.19; 52.12;
  59.35; 62.8
Polydeuces,
  (1) Castoris frater 17.9,32;
    45.10,78; 50.19; 73.9; 77.1;
    79.4.2; 79.25; vide Dioscuri
  (2) Herodi Attico dilectus
    9.24,33
Polygnotus 43.7,23
Polyidus 45.49; 67.1
Polymnia 43.16; 45.36
Polynices 64.2
Polyphemus 51.27; 78.1; 78.2
Polyprepon, tibicen fictus 17.20

Polystratus,
  (1) orbus fictus 77.19
  (2) alius fictus 43; 50
Polyxena 8.11; 28.31
Pompeiopolis, urbs Asiatica 59.15
Pontici 27.7; 42.17
Pontus,
  (1) Euxinus 46.6; 57.3–4
  (2) provincia 42.10 seq.;
    45.64,79
Porus 59.12; 77.25.5
Posidon, vide Neptunus
Posidonius,
  (1) Apamensis 12.20
  (2) quivis nominis divini posses-
    sor 50.27
Potamon, rhetor 12.23
Pothinus, Luciani inimicus 41.24
Pothos, Veneris comes 35.16
Praxias, navicularius fictus 80.7.1
Praxiteles 21.10; 22.24; 30.11;
    32.8; 43.4–6; 49.11 seq.; 50.23;
    59.51
Priamus 35.1; 36.11; 38.17; 50.25;
    69.252; 78.7.2; 83.10,17
Priapus 45.21; 79.3; 85.63
Priscus, dux Romanus 59.20
Procne 44.40; cf. 69.50
Prodicus, sophistes 28.22; 62.3; cf.
    32.6–16
Proetus, Anteiae vir 15.26
Prometheus 20.8; 21.1; 23; 30.5–7;
    34.2; 36.26; 45.38; 49.9,36,43;
    71; 79.5
Propontis 82.3
Proserpina, vide Persephone
Protarchus, dives quivis 25.22
Protesilaus 33.46; 40.5; 45.53;
    52.12; 77.27; 77.28
Proteus,
  (1) deus marinus 30.5; 45.19;
    55.1,28; 58.24–5; 73.6; 78.4
  (2) Peregrinus 31.14; 55.1
Protogenes, servus quidam 42.50

Proxenidas, Hellanodices 62.4
Proxenus,
  (1) dux Atheniensis 58.37
  (2) fictus quidam 83.1
Prusias, rex Bithynus 77.25.6
Prytaneium 23.4; 28.46
Psettopodes, gens ficta 13.35
Pseudalexander 31.20
Pseudologistes 51
Pseudomantis 42
Pseudoneron 31.20
Pseudophilippus 31.20
Pseudosophistes 18
Psyllotoxotae, gens ficta 13.13
Ptoeodorus, orbus fictus 77.17
Ptolemaeus,
  (1) Soter 3.2; 12.12; 22.25;
    64.10; 71.4; 77.13.4
  (2) Philadelphus 12.12; 24.15
  (3) Auletes 15.16
  (4) Philopator 15.2
  (5) quivis Sotere excepto 73.28
Pygmaei 70.5
Pylades 10.23; 49.47; 57.1–8;
    79.3.1
Pylae (Thermopylae) 58.35; 80.9.4
Pylos 30.2; 43.13
Pyrallis, meretrix ficta 80.12.1
Pyramides 40.22; 57.27; 73.15
Pyriphlegethon 19.28; 26.6; 34.24;
    38.10; 40.3; 77.6.1; 77.24.1
Pyrrha, Deucalionis uxor 41.20
Pyrrhias,
  (1) coquus quivis 38.15
  (2) servus quivis 25.22; 27.27;
    34.24; 36.23
Pyrriche, saltatio 45.9
Pyrrho, Scepticus 24.25; 27.27;
    29.13,25
Pyrrhus, rex Epirensis 3.1; 31.21;
    64.11
Pythagoras 1.10; 9.14; 14.21,24;
    22; 27.2–6; 28.4,10,25–43;
    42.4,25,33,40; 45.70; 46.19;

Pythagoras (*cont.*)
49.30; 51.5; 56.9; 64.5; 70.30 seq.; 77.6.3; 82.12; 86.43: vide Apollonius Tyanensis, Archytas, Arignotus, Myia, Ocellus, Philolaus, Theano, Samos

Pytheas, Demosthenis inimicus 58.15,46,48

Pythia, Pytho, ludi Pythii 21.28; 31.8; 37.9,36; 45.62; 70.60; 84.2.6; 85.29,31

Pythias, mulier ficta 80.12

Pythius Apollo 41.13; 49.48; 64.4; 69.321; 84.10: vide Delphi, Pythia

Python,
(1) orator Byzantinus 58.5,32
(2) Demonactis aequalis 9.15
(3) draco 45.38

Pytine, comoedia Cratini 12.25

Quadi, gens Germana 42.48

Quintillus, cui lib. 12 scribitur 12.1,29

Regilla, Herodis Attici uxor 9.33

Rhadamanthys 1.7; 14.6–23; 19.13; 38.2,10,21; 40.7; cf. 79.4.1

Rhea 8.37; 22.13; 25.6; 30.5,7; 42.13; 44.15; 45.8,37; 61.5; 79.14.2; 79.20; 79.23.1

Rhodochares, perditus fictus 19.17

Rhododaphne,
(1) planta 39.17
(2) perdito nomen inditum 51.27

Rhodope,
(1) mons 45.51; 56.25
(2) femina libidinosa 45.2

Rhodus, Rhodius 13.18; 21.11; 44.26; 49.7,8; 57.27; 58.18; 63.9

Rhoeteum 26.23

Roma, Romani 8; 9.40; 12.8; 36; 42; 43.17; 45.20; 51.8,21;

55.4,19; 59.15 seq.; 63.3; 64.13; 77.25; 86.44

Roxana 43.7; 62.4–6

Rubrum, Mare 10.12; 49.41; 78.15.1

Rufinus, Demonactis aequalis 9.54

Rutilianus 42

Rutilia, mulier formosa 42.39

Sabazius 24.27; 52.9

Sabinus, cui lib. 65 scribitur 65.1

Sacae 12.4

Sacauracae Scythae 12.15

Sacerdos, Tianus quidam 42.43

Salaethus, legislator Crotoniensis 65.4

Salamis 21.20; 41.18; 58.36; 82.5

Salaminii 82.5

Salii 45.20

Salmoneus 25.2; 69.312; 82.4

Salpinx, Athena 74.79

Samippus, Arcas fictus 73

Samosata 59.24

Samothraces 44.15; 85.4

Sapheneia, Claritas dea 46.23

Sappho 36.36; 43.18; 49.30,46,53; 86.9

Sardanapallus 20.16; 21.48; 26.23; 38.18; 41.11; 44.40; 77.3; 77.6.2

Sardis 21.43; 26.9; 36.13; vide Croesus

Sarpedon 13.17; 33.46; 82.14

Saturnalia 22.14; 36.37; 61

Saturninus, dux Romanus 59.21

Saturnus,
(1) deus; vide Cronos
(2) planes 82.24

Satyri 4; 45.22,79; 52.4; 74.171

Satyrion, scurra fictus 17.19

Satyrus, tragoedus 21.41; 38.16

Sauromatae, Scythae 57.39–40

Sceleton, pater fictus 38.20

Sceptici 27.27

Scheria 33.11

Scintharus, Cyprius fictus 13.33
    seq.; 14.1,41

Scipio,
    (1) Africanus maior 77.25
    (2) Aemilianus 12.12

Sciron, praedo 14.23; 21.21; 29.8;
    saxa Scironia 78.5.1

Scopas 46.12

Scorodomachi, gens ficta 13.13

Scotussa, oppidum Thessalicum
    59.35

Scribonius 12.17

Sculptura, personata 32.7–8

Scylla,
    (1) monstrum marinum 26.7
    (2) Nisi filia 45.41

Scyrus 45.46

Scythae, Scythia 7.9; 8.37; 12.15;
    21.13,42; 23.4; 24.15,16,26;
    26.13; 30.6,13; 33.42,52; 37;
    40.21; 44.12; 45.46; 49.36,47;
    51.2,11; 52.9; 56.8; 57; 68;
    70.33; 77.12.3; 77.25.4;
    79.3.1; 79.18.1; 80.10.4;
    82.17,29; 84.2; 86.3,5,22

Selene 7.10; 24.11,20; 29.1; 30.7;
    34.14; 42.35,39; 44.4,32; 56.1;
    79.14.2; 79.19

Seleucia 73.34

Seleucus, Nicator 12.11; 22.25;
    24.15; 44.17,18; 45.58; 50.5;
    59.35; 64.10

Semele 21.2; 44.16; 45.39,80;
    79.4.2; 79.12

Semiramis 44.14,33,39

Septem contra Thebas 45.43

Septuag. 86

Seres 12.5; 19.21; 45.63

Seriphus 78.12.2

Servius Tullius 12.8

Severianus, M. Sedatius 42.27;
    59.21–6

Sibylla 42.11; 55.29,30

Sicilia 26.5; 27.12; 33.32–4; 38.13;
    56.2; 57.19; 59.38; 64.3; 69.24;
    70.34,71; 77.6.5; 77.19.2; 78.1;
    78.3; 78.9

Sicyon 24.18; 41.15; 57.22; 73.20;
    77.15;   77.20.12;   77.21.2;
    80.14.2

Sigeum 26.23

Silenus 4; 24.27; 52.4

Simiche,
    (1) mortua ficta 19.22
    (2) meretrix ficta 80.4

Simon,
    (1) pauper fictus 22.14
    (2) parasitus fictus 33

Simonides,
    (1) poeta Ceius 12.26; 16.5:
        citatur 50.19
    (2) poeta Amorgius 51.2
    (3) nomen Simonis assumptum
        22.14

Simylus,
    (1) navicularius fictus 57.19
    (2) mortuus fictus 77.19

Sinatrocles, rex Parthus 12.15

Sindiani, gens Scythica 57.55

Sinope 29.24; 42.11; 51.19; 55.5;
    56.27; 59.3; 77.11.5; 77.29.1;
    vide Diogenes

Sipylus, mons 43.1; 69.317

Sirenes 8.3; 10.19; 26.21; 43.14;
    45.4,50

Sirius 27.16

Sisinnes, Scytha fictus 57.57–60

Sisyphus 20.18; 22.26; 34.25;
    38.14; 69.12

Sisyphium, onus 73.21

Smyrna 16.9;   43.2–3;   58.9;
    86.23,39,42

Socrates,
  (1) 9.6,58,62; 10.4; 14.17,19,23;
    15.29; 17.39; 20.16; 21.48;
    27.15–18; 28.1–3,10; 29.5;
    32.12; 33.19,43,56,57; 34.24;
    38.18; 41.13; 43.17–18; 45.25;
    47.9; 49.23,31,48,49,54; 55.5,
    37; 56.3; 70.48; 72; 77.4;
    77.6.4–6
  (2) novus 55.12
  (3) Luciani aequalis 18.5–8
Sol, vide Helios
Soli 28.19
Soloecista fictus 18
Solon 12.18; 15.8; 26.10–12; 37;
    49.48; 58.45; 68.6–11; 77.6.4
Sophocles 10.23; 12.24; 36.41;
    55.3; 58.27; loci citati vel
    adhibiti Aj. 665: 36.38; Ant.
    388: 58.44; El. 369: 17.4; O.C.
    58: 25.50; Fr. 401 R: 17.25; cf.
    8.1; 10.23; 19.16; 33.43; 37.20;
    69; 74
Sophroniscus, Socratis pater 29.5
Sopolis, medicus fictus 46.18
Soros, metricis agnomen 80.11.3
Sosandra, opus Calamidis 43.4,6;
    80.3.2
Sostratus,
  (1) architectus Cnidius 3.2;
    49.11; 59.62
  (2) Boeotus Luciani aequalis 9.1
  (3) praedo 77.24
  (4) homo improbus, fort. idem ac
    (3) 42.4
  (5) fictus quidam 17.32
Sosylus, equiso fictus 22.29
Sparta, Spartani 35.13–16;
    37.38–40; 51.15; 66.3; 79.2.2;
    vide Lacedaemon
Spartiatae 33.43; 49.30; 64.3
Sparti, Thebani 34.3; 45.41
Spatinus, Medus fictus 24.15

Sperchis, Spartanus 58.32
Sphacteria 64.3
Stagira 28.19; vide Aristoteles
Stentor 40.15
Stephanus, pauper 85.26
Stesichorus 12.26; 14.15; 50.15;
    65.1
Stheneboea 44.23; 45.42
Stirieus, pagus 80.9.4
Stoici 41.18; 21.4–53; 27.20–5;
    28.43–51; 33.10,27,30;
    36.33–4; 42.25; 47.3,7; 70;
    86.37 etc.; vide Agathocles,
    Athenodorus, Chrysippus,
    Dinomachus, Diogenes Seleu-
    censis, Epictetus, Hetoemocles,
    Marcus Imperator; Musonius,
    Nestor Tarsensis; Thesmopolis,
    Timocles, Zeno, Poecile
Stratonice, Seleuci uxor 15.14;
    24.15; 44.17–26,40; 45.58;
    50.5; 86.28
Strombichus, pater fictus 73.10
Struthias, adulator comicus 56.19
Struthobalani, gens ficta 13.13
Stymphalides, aves 21.21
Styx 52.15; 77.4.1
Sulla 31.4; 63.3
Sunium 29.8.9; 38.16; 57.27
Sura, urbs Eoa 59.29
Susa 73.33; 82.28
Sybaris 31.23; 51.3; 86.24
Synanche, Pseudologista 51.27
Syracusae, Syracusani 12.10;
    22.25; 58.18; 59.38,57; 70.34;
    78.3.2
Syria, Syrii 28.19; 29.14,25–35;
    31.19; 34.16; 36.10; 42.51; 44;
    45.58; 51.10,21,27; 55.4,14,43;
    57.28; 59.28–30; 69.265;
    73.44–6; 80.4.4; 80.14.2
Dea Syria 39.35–9; 44
Syrophoenix, Cadmus 52.4

Syrus, servus fictus 57.28–34
Syrtis maior 60.6

Taenarum 19.4; 78.5
Talos, Cretensis 28.42; 34.19; 45.49
Tanagra 22.4
Tanais 57.39; 77.25.5
Tantalus 19.29; 20.17,18; 25.18;
  26.15; 29.21; 30.9; 34.25;
  38.14; 40.8; 43.1; 45.54; 49.53;
  59.57; 60.6; 69.11; 77.7
Taraxion, satrapes fictus 14.33
Tarentum, Tarentini 15.16; 22.18;
  27.6; 31.8; 41.15
Tarichanes, gens ficta 13.35
Tarquinius, Superbus 12.8
Tarsenses, Tarsus 12.21; 51.20
Tartarus 20.8; 24.33; 34.24; 38.14;
  40.8; 48.21; 49.32; 52.15; 61.5;
  69.3,295; 77; 79.23.1; 82.4,13
Taureae palaestra 33.43
Tauri 21.44; 49.47; 57.3–8; 79.3.1
Taurus, Zodiaci signum 48.7
Taygetus 24.11; 79.16.2
Tegea 31.14; 79.2.3
Telamon 33.46
Telegonus 14.35; 45.46
Telemachus 10.3,30; 46.12; 68.9;
  82.23
Telemus 67.1
Telephus 8.38; 22.26; 30.5
Telesilla,
  (1) Argiva 49.30
  (2) mulier fetida 85.33
Tellus, Atheniensis felix 14.17;
  26.10
Teres, Odrysarum rex 12.10
Tereus 36.41; 44.40
Termerium, malum 46.11
Terpsichore 43.14
Terpsion, captator fictus 77.16
Testamentum, Vetus, Novum 86
Tethys 69.94
Teucer 33.46,49

Thais,
  (1) meretrix ficta 80.1
  (2) alia similis 80.3
  (3) formosa comica 41.12
Thalassa, pro dea habita 78.10
Thalassopotes, dux fictus 13.42
Thales 3.2; 12.18; 77.6.4; 84.4;
  86.43
Thamyris, vates 10.18; 28.6
Thanatos, pro deo habitus
  26.2,8,17
Thanatusia, ludi funebres 14.22
Thargelia, Milesia 47.7
Thasos, Thasii 49.27; 52.12; 59.35
Theagenes,
  (1) athleta 52.12; 59.35
  (2) Peregrini amicus 55
  (3) philosophus fictus 19.6
Theano,
  (1) Troiana 43.19; 50.7
  (2) Pythagorea 43.18; 49.30
Thebae,
  (1) Boeotiae 31.14; 34.3; 42.19;
    45.41,76; 51.19; 58.19,35,38;
    66; 69.255; 74 init.; 77.12.3;
    77.22; vide Pindarus, Tiresias
  (2) Aegyptiae 58.9
Themis 21.19
Themistocles 15.27,29; 58.37
Theocles, Atheniensis fictus 80.12.1
Theodorus,
  (1) nomen fictum 46.12
  (2) Smyrnaeus 86.23 seq.
Theodatas,
  (1) Rhodius, Antiochi Soteris
    aequalis 63.9
  (2) Ptolemaei Philopatoris(?)
    legatus 15.2
Theogiton, Satyri pater 38.16
Theognis, poeta citatur vel memor-
  atur 25.26; 36.5; 49.48; 65.10;
  85.35
Theomnestus, Lycini amicus fictus
  49

Theon, gymnasta 59.35
Theophilus, Imperator 86.29,32 seq.
Theophrastus 58.12: *Chr.* 3 adhibetur 24.24: cf. 45.33
Theopompus 12.10; 51.29; 56.32; 59.59
Theoxenus, historicus quidam 68.8
Theramenes, Cothurnus 49.50; 51.16
Thericles, figulus 46.7
Thermopylae, vide Pylae
Theron, Menippi cuiusdam filius 85.9
Thersagoras, poeta fictus 58
Thersites 9.61; 14.20; 26.22; 31.7; 38.15; 50.20; 56.30; 59.14; 77.30
Thesaurus, personatus 25.29,40
Theseus 14.8,19,22; 15.26; 21.21; 22.17; 29.20; 35.14; 40.5; 45.40,60; 57.10; 58.10; 70.47; 76.13,14; 83.16
Thesmophoria 49.10; 80.2.1
Thesmophoros, Demeter 25.17; 80.7.4
Thesmopolis,
  (1) philosophus fictus 22.10
  (2) Stoicus Luciani aequalis 36.33,34
Thespiae 49.11,17
Thespias, mulier ficta 80.15.2
Thespis,
  (1) citharoedus Thebanus quidam 31.9
  (2) tibicen Ptolemaei Lagi 71.4
Thessalia, Thessali, Thessalae 30.4; 39; 40.5; 45.14,52; 58.35,39; 63.6; 69.258; 77.12.2; 78.7.1; 80.4; 86.28
Thessalonice 39.46,49; 86.3 seq.; cf. 62.8
Thetis 23.21; 77.23; 78.7; 78.10; 78.12; 79.1,2; 79.5; 80.13.3

Thmuis, urbs Aegyptia 41.24
Thoas 57.6
Thon, Aegyptius 42.5
Thracia, Thraces 21.21,42; 24.15; 30.11; 31.11; 33.42; 37.34; 42.9,18; 43.14; 45.40,51; 51.11; 56.8,24; 59.49; 61.8; 77.12.2; 77.22; 79.22.1; 80.9.4; 86.25,35
Thrason, iuvenis fictus 80.12.1
Thrasycles,
  (1) philosophus fictus 25.54–8
  (2) heres fictus 77.21.2
Thucritus, orbus fictus 77.16
Thucydides 16.9; 31.4; 33.48; 45.36; 46.22; 59; 64.3; 73.3; citatur 42.8; 45.36; 59; cf. 11.10; 13.17,19; 34.6; 36.9; 37.20; 41.1
Thyestes 30.5; 36.41; 45.43,67,80; 48.12; 61.6
Thynnocephali, gens ficta 13.35 seq.
Tiberis 42.27
Tiberius, imperator 12.21
Tibius, servus quivis 22.29; 25.22; 34.30; 36.25; 45.29; 80.9.5
Tigranes,
  (1) Armeniorum rex 12.15
  (2) nomen Homeri fictum 14.20
Tigrapates, regulus Scytha fictus 57.44
Tigris 38.7
Tillorobes, praedo 42.2
Timaeus 12.10,22
Timarchus, Aeschinis inimicus 31.27; 51.27; 65.7
Timocles,
  (1) Stoicus fictus 21
  (2) Luciani amicus 36
Timocrates,
  (1) philosophus Heracleota 9.3; 42.57
  (2) Lesbonactis doctor, fort. = (1), 45.69

INDEX NOMINUM

Timolaus, persona ficta 73
Timon, Atheniensis solitarius
14.31; 25
Timonicus, pater fictus 86.34
Timotheus, tibicen Thebanus 31.5;
66
Tiraeus, rex Characis 12.16
Tiresias 12.3; 22.19; 38.1,6,21;
45.57; 48.11,24; 49.27; 77.9;
77.23.1; 80.5.4; 82.3
Tiridates, Eous quivis 80.9.2
Tiryns 64.2
Tisias, rhetor 51.30
Tisiphone 19.23; 40.19
Titanes 21.3; 45.21,37,79; 59.23;
61.5; 71; 79.24.1; 82.4
Titanius, nomen Romanum Graece
versum 59.21
Tithonus 52.8; 70.50; 77.17.1
Titianus, Romanus 59.21
Titormus, robore praeclarus 59.34
Tityus 20.17; 34.25; 38.14; 41.13;
45.38; 59.57; 77.24.1
Tius, urbs Bithyna 42.43
Tmolus 69.34; 79.22.1
Tomyris 26.13
Toxaris, Scytha 57; 68
Tragica Adespota 89 N: 70.61; 290
N: 8.31; 291 N: 28.2; 292 N:
64.2; 293 N: 21.2; 294 N:
22.14; 295 N: 7.11; 388 N:
46.17: Adesp. 290a Snell:
55.39; Adesp. 295a Snell: 49.3;
(187, N Eur. 929a Snell: 49.37)
Triballi 58.34,48
Tricaranus,
(1) Cerberus 82.1
(2) liber Theopompo tributus
51.29; 56.32
Triephon, persona ficta 82
Triphales, comoedia 56.32
Triptolemus 32.15; 34.3; 45.40
Triton 78.8; 78.14
Tritones 25.54; 78.9; 78.15.3; 85.45

Tritonomendetes, gens ficta
13.35-9
Troas 55.43; 77.27.2; 78.6.1
Troezen 21.21; 44.60; 58.27
Troia 22.17; 26.23; 30.2; 33.10,44;
35; 41.20; 50.20; 52.12; cf.
Ilium
Troiani 5.4; 28.38; 31.7; 35;
36.16; 45.8; 77.23.2; 77.26.2;
82.15; 83.18,24
Trophonius 38.22; 52.12; 77.10
Tryphena, meretrix ficta 80.11
Tyaneus, Apollonius 42.5,6
Tyche, Fortuna personata 65.8
Tychiades, Lucianus 33; 34
Tyndareus 45.45
Tyro, Salmonis 14.3; 77.5.1; 78.13;
82.6
Tyroessa, insula ficta 14.25
Tyrrheni 45.22
Tyrus 15.2; 44.3; 77.25.5

Ulixes, Odysseus 4.7; 8.19; 10.30;
11.11; 13.3; 14.15-35; 15.28;
25.23; 26.21; 33.10,11,49;
34.1; 36.8; 38.8,18; 40.5;
45.4,13,46,83; 48.24; 49.23;
51.27; 58.5; 61.32; 64.2;
69.261; 70.59; 77.6.1; 77.19.4;
77.23; 77.26; 78.2; 83.25; vide
Homerus
Urania, Venus Caelestis 44.32;
58.13; 70.73; 80.5.4; 80.7.1
Uranus 23.16; 30.5; 34.2; 45.37;
61.12; 67.1
Utis, Nemo 78.2.1

Venus,
(1) dea Aphrodite dialogi per-
sona 35; 79.19; 79.20; 79.23:
mentiones aliae 7.12;
21.10,40; 22.3; 24.27; 30.10;
35; 41.11; 43.4,6,8,23;
44.6,9,32; 45.11,37,63,73;

INDEX NOMINUM

Venus (*cont.*)
    48.20,22;   49.2,5,11–16,42;
    50.7,13,18;   51.11;   58.13;
    61.34; 69.87; 77.19.2,3; 78.7;
    78.15.3;   79.3.1;   79.11.3;
    79.17–21;   79.23;   80.3.3;
    80.5.1,4;   80.7.1;   80.14.3;
    82.6,8;83.10,11,17;85.2,61,62;
    86.9: cf. Pandemos, Urania
    (2) planes 82.24
Veritas, vide Aletheia
Vesta, Hestia 17.31; 34.5
Vindex 84.5
Vologesus = rex Parthus Vologases
    iii 59.14,19,31
Vulcanus, Hephaestus 10.27,29;
    20.8;   22.3;   23.1–5,   26.1;
    30.5–8; 45.13,39,63; 48.22;
    55.29,30; 70.20; 78.10; 79.5.2;
    79.8;   79.11;   79.13;   79.17;
    79.18.1; 79.21; 82.6

Xanthippe 72.8
Xanthus,
    (1) fluvius Troicus 78.10
    (2) Achillis equus 22.2
    (3) urbs Lycia 29.1
Xenocrates, Academicus 12.20;
    58.12,47
Xenophanes, philosophus 12.20
Xenophilus, musicus 12.18
Xenophon,
    (1) historicus 12.21; 18.5;
    32.6–17; 43.10; 59.2,23,39: cf.
    73.35–8; 77.12.2
    (2) Luciani comes quidam 42.56

Xerxes 38.17;   41.18;   58.32,36;
    77.6.2; 84.2
Xois, oppidum Aegyptium 41.24

Zacynthus 57.19,21
Zamolxis, deus Scytharum 14.17;
    21.42; 52.9; 68.1,4
Zeno,
    (1) Stoicus 9.14; 12.19; 17.30;
    28.19; 33.43; 70.15,29; 86.37
    (2) iuvenis fictus 17.5,6
    (3) quivis Iovis de nomine voca-
    tus 50.27
Zenodotus, grammaticus 14.20;
    50.24
Zenophantus, parasitus fictus
    77.17
Zenothemis,
    (1) Stoicus fictus 17.6 seq.
    (2) Massiliensis fictus 57.24–6
Zephyrus 14.12; 45.45; 69.47;
    78.11; 78.15; 79.16.2; 82.3
Zeus, vide Iuppiter
Zeuxis 25.54; 43.3; 63
Zires, vocabulum vel nomen Scyth-
    arum 57.40
Zodiacus 13.28
Zoilus, cf. 50.24
Zopyrion,
    (1) servus quivis 36.23
    (2) puer 85.32
Zopyrus,
    (1) paedagogus fictus 17.26
    (2) Darii amicus 21.53
Zoroastres 38.6 seq.